Louis TESTE

Anatomie

de la

République

(1870-1910)

PARIS

LIBRAIRIE DU XXᵉ SIÈCLE

25, rue du Couédic

1910

Louis TESTE

Anatomie

de la

République

(1870-1910)

PARIS

LIBRAIRIE DU XXe SIÈCLE

25, rue du Couédic

—

1910

Quelques-unes des personnes à qui a été communiqué le manuscrit de ce livre, ont fait observer que son titre paraît avoir deux sens.

M. Bertin l'aîné — on l'a aussi raconté de son fils Edouard et de son fils Armand, de son frère M. Bertin de Vaux et de son neveu le général, c'est une anecdote de famille — disait à un jeune homme qui entrait dans son journal, le plus académique de France : « Quand, dans un article, vous écrirez le mot Madrid, ayez soin d'écrire, avant ou après, le mot Espagne, parce qu'il se trouverait toujours un imbécile pour croire que c'est Madrid au Bois de Boulogne. »

Il est donc expliqué que le mot « anatomie » n'est ici employé que dans le sens d'analyse, qui est courant depuis le dix-septième siècle où, entre autres, Fénelon, La Bruyère, Mme de Sévigné lui ont donné ses lettres de grande naturalisation.

Cette anatomie-là ne tue pas. Jusqu'à sa mort, un gouvernement qu'on anatomise demeure ce qu'il y a de plus vivant dans un pays, puisque ce pays lui paye l'impôt. Mme de Sévigné a même dit : « Nous ferons une anatomie de la Bretagne. » La Bretagne n'en est pas morte, puisqu'elle a donné à la troisième république son premier président, le général Trochu ; trois de ses présidents du conseil, MM. Jules Simon, Waldeck-Rousseau et Briand ; et l'écrivain que l'on a appelé son « génie anticatholique », M. Ernest Renan.

Un peu avant que Mme de Sévigné anatomisât la Bretagne, Pierre Dumoulin publiait son Anatomie de la Messe, dont le titre a suggéré le sien à l'auteur, et son anatomie n'a pas non plus tué la messe, puisqu'elle est encore dite dans toutes les églises de France, dont cette république a dépossédé le clergé pour les donner aux communes qui ne les ferment pas, parce qu'elles y sont encore attachées, si relâchée que soit devenue leur religion.

Il y a concordance exacte entre le titre et le livre qui n'est, en effet, qu'une analyse, fibre musculaire par fibre nerveuse, — du moins celles qui, à raison ou à tort, ont retenu l'attention de l'anatomiste; — de cette république, de ses organes, de sa structure, de son caractère, de son esprit, de son fonctionnement et de ses fonctionnaires, de sa marche et de sa voie, sans les horizons de l'histoire, le poids de la statistique ni le piquant des mémoires : broussailleuse et rébarbative, mais avec des particularités que le hasard a fait voir à l'auteur et avec les anecdotes que les vieilles gens ont toujours dans leur sac.

Anatomie de la République

(1870-1910)

I

Substructure de la troisième république

Monarchies et républiques qu'ont vues de 1844 à 1910 un Français né en 1844 et de 1779 à 1844, le père de ce Français né en 1779 et dont les insurrections et les coups d'État ont été l'origine, même depuis qu'en 1848 leur a été donné pour fondement le suffrage universel. Mais soixante-deux ans de suffrage universel ont constitutionnellement formé les Français à l'idée qu'ils peuvent se donner tous les gouvernements, toutes les institutions et toutes les lois qu'ils veulent, les éloignant ainsi de plus en plus du gouvernement aristocratique, « le gouvernement des meilleurs », — et serait le type de l'aristocrate celui qui aurait le plus de naissance et de fortune, le plus de force et de beauté, le plus de vertus, le plus d'intelligence, de savoir et de talents, c'est-à-dire qui aurait le moins à désirer pour lui et le plus à donner à son pays, — parce que le suffrage universel, même sans intention basse, élit ceux qui ne sont pas assez « distants » de lui pour ne pas les comprendre, et ceux qui sont encore plus près de lui et qui lui font le plus la cour. Plus leur niveau baisse, plus ils sont « tonnants et triomphants », comme Louis XIV disait de Mme de Montespan, et M. Fallières pourrait répéter le mot de Jacques II d'Angleterre à ses laquais, en recevant une députation de douze membres de la chambre des communes : « Des fauteuils, des fauteuils, voici douze rois ! »

Recommandé aux Condé par Bossuet, vivant à leur cour dans l'ombre de Monsieur le Duc, admirant Louis XIV même dans la révocation de l'édit de Nantes ; légitimiste, comme l'on disait de 1844 à 1883, en France et hors de France, en défendant Jacques II jusqu'à l'invective contre Guillaume III, La Bruyère écrit pourtant : « Quand on parcourt, sans la prévention de son pays, toutes

les formes du gouvernement, l'on ne sait à laquelle se tenir : il
y a dans toutes le moins bon et le moins mauvais. Ce qu'il y a de
plus raisonnable et de plus sûr, c'est d'estimer celle où l'on est né
la meilleure de toutes et de s'y soumettre. » Rien n'était plus facile à La Bruyère, puisqu'il est né sous Louis XIV et qu'il est
mort sous Louis XIV.

Mais à quelle forme du gouvernement doit se tenir un Français
qui est né en 1811, sous la charte constitutionnelle du 9 août 1830,
modifiée par la loi du 29 décembre 1831, qui a aboli l'hérédité de la
pairie ; sous Louis-Philippe Ier, élu roi des Français sur les barricades, sur les ruines du trône de Charles X, roi de France, chef
de sa maison, par 219 membres de la chambre des députés, sur
429, cette chambre n'ayant pas de mandat constituant et n'étant
que législative, et par 89 membres de la chambre des pairs sur
363 ; et qui a vécu sous la deuxième république, le second empire, la troisième république, et, en 1910, entend les partis dis-
puter encore sur la constitution de cette république et sur la république elle-même ?

En 1811, Louis-Philippe, comme avait fait, avant lui, Charles X,
se raidissait contre le courant qui, en quatorze ans, avait fait
baisser le nombre des pairs ducs de quarante-huit à vingt-six et
monter de zéro à trente-neuf celui des pairs sans titre et sans la
particule, où le peuple voit le premier degré de la noblesse. La « campagne des banquets réformistes » ne put le faire céder pour la réforme électorale, pour l' « adjonction des capacités » au cens, comme si la couronne que lui avaient votée les trois cent-huit pairs
et députés sur sept cent quatre-vingt-douze était trop étroite pour
supporter tout élargissement du suffrage, et, la veille de sa
chute, il disait encore au comte de Montalivet, à « son Talivet » :
« Non, vous n'aurez pas votre réforme !... »

Mais, où l'embarras de ce Français de 1811 paraît sans issue,
c'est dans cette deuxième république, ce second empire et cette
troisième république, qui forment non pas trois gouvernements,
mais trois groupes de gouvernements, les gouvernements de
chacun de ces groupes n'ayant de commun entre eux que le
nom, et chaque gouvernement ayant son organisme et sa mécanique.

La deuxième république comprend six gouvernements :

I. — LE GOUVERNEMENT PROVISOIRE DU 24 FÉVRIER 1848. — Lui
aussi est issu des barricades, des ruines du trône de Louis-Philippe. Ses onze membres se sont eux-mêmes élus : sept, MM. Dupont de l'Eure, Alphonse de Lamartine, Crémieux, François Arago, Ledru-Rollin, Garnier-Pagès et Marie, à la chambre des députés envahie par la foule et parmi les membres de cette cham-

bre, et quatre, MM. Armand Marrast, Louis Blanc, Flocon et Albert, qui n'étaient ni députés ni pairs, à l'Hôtel-de-Ville, où la foule était maîtresse sans partage. Aucun pair n'osa s'élire, pas même « le vicomte » Victor Hugo, qu'on allait voir plus républicain que Lamartine.

Les Sept prétendaient être, à eux seuls, le gouvernement et faire des autres les secrétaires de ce gouvernement, mais les Quatre firent sonner leur origine populaire et obtinrent d'y entrer au même titre, M. Dupont « ayant la présidence ».

M. Dupont n'a jamais été au pouvoir que comme l'oiseau sur la branche. Premier ministre choisi, en 1830, par Louis-Philippe, il avait contresigné la nomination de ses collègues sans être président du conseil. On le retrouvait, en 1848, « ayant la présidence » du gouvernement, mais n'en étant pas président. Enfin, il devait être « président provisoire » du ministère de ce gouvernement, dont il gardait la « présidence » non moins provisoire.

Tous les portefeuilles que les Sept ne se réservèrent pas pour eux-mêmes furent donnés à deux de leurs collègues de la chambre des députés dissoute. MM. Hippolyte Carnot et Eugène Bethmont, et à M. Goudchaux et au général Bedeau, qui n'avaient appartenu à aucune des deux chambres. En deux mois et huit jours, le portefeuille de la guerre passa successivement du général Bedeau aux généraux Subervie et Cavaignac, à l'astronome François Arago et au lieutenant-colonel Charras. M. Armand Marrast fut nommé liquidateur général de la liste civile de Louis-Philippe et administrateur des biens des Orléans, et MM. Louis Blanc et Albert, président et vice-président de la « commission du gouvernement pour les travailleurs ». Seul M. Flocon ne fut rien que membre du gouvernement, et sa femme, qui aimait fort la bagatelle, disait, en levant la jambe : « C'est nous, maintenant, qui *sont* les princesses. » M. Alexandre Martin, dit Albert, ouvrier mécanicien, signait les arrêtés de sa commission et les décrets de son gouvernement : « Albert, ouvrier. » Aucun de ses collègues ne signait « paysan » ou « avocat », « bourgeois » ou « astronome », « noble » ou « académicien ». Peut-être était-ce pour faire sa cour à la « midinette » d'alors qui chantonnait la romance à la mode dans la rue :

> C'est moi qu'on nomme avec orgueil
> Charlotte la républicaine.
> Je suis la rose plébéienne
> Du quartier Montorgueil.

Enfin, le libraire Pagnerre, éditeur de M. Louis Blanc, du vicomte de Cormenin et de l'abbé de Lamennais, était secrétaire général du gouvernement, et M. Barthélémy Saint-Hilaire, traducteur d'Aristote et membre de l'académie des sciences morales et politiques, chef du secrétariat. Il a rempli les mêmes fonctions auprès de M. Thiers, de 1871 à 1873. Il était né traducteur et secrétaire, et il a toujours été grand marcheur.

Les Onze, les Quinze et les Dix-Sept ont gouverné sans constitution et sans assemblée. Ils ont pu, ainsi, comme d'un trait de plume, remplir la mission qu'ils s'étaient donnée de décréter la république et de l'établir sur le suffrage universel, en abolissant le cens de deux cents francs et en abaissant l'électorat de vingt-cinq ans à vingt et un.

L'origine, la nature et la condition du pouvoir en ont été changées. Sans doute on ne saurait concevoir un gouvernement sans le consentement exprès ou tacite du peuple, c'est-à-dire de l'ensemble des sujets d'une monarchie ou des citoyens d'une république, parce que si le peuple se retirait de lui, ce gouvernement ne pourrait plus rien et ne serait plus rien ; mais avec le suffrage universel, derrière lequel ni forces ni fictions ne sont en réserve, et qui est tout, ce consentement est nécessairement exprès et, pour se l'assurer, le gouvernement est un candidat perpétuel en perpétuelle tournée électorale.

Après avoir accompli sa révolution, le gouvernement provisoire a remis sa démission à l'assemblée constituante élue le 4 mai 1848 par le suffrage universel au scrutin de liste par département, ainsi qu'il en avait ordonné.

II. — LA COMMISSION EXÉCUTIVE DE L'ASSEMBLÉE CONSTITUANTE. — Ses cinq membres, MM. François Arago, Marie, Garnier-Pagès, Alphonse de Lamartine, Ledru-Rollin, aucun n'en étant « le président » ou n'en « ayant la présidence », et Pagnerre, secrétaire général, ont été élus, le 10 mai 1848, par l'assemblée constituante et parmi les membres de cette assemblée. Elle a gouverné par un conseil des ministres pris par elle « hors de son sein », mais parmi les membres de l'assemblée qui l'avait élue elle-même et sous l'autorité et le contrôle de cette assemblée, le secrétaire général de la commission ayant entrée et voix délibérative au conseil, lui-même sans président. Cette factice hiérarchie de membres de l'assemblée constituante, ces trois corps de collègues, emboîtés l'un dans l'autre, faisaient une machine lente pour la délibération et lourde pour l'action. L'assemblée constituante s'en rendit compte lorsqu'une insurrection menaça de la renverser, comme Louis-Philippe et Charles X.

III. — LA DICTATURE DU GÉNÉRAL CAVAIGNAC. — Aussi le général Cavaignac, ministre de la guerre de cette commission, fut-il investi par l'assemblée constituante, le 24 juin 1848, de « tous les pouvoirs exécutifs » de la commission démissionnaire, et il les a exercés, comme le dictateur romain sous le regard du sénat, pour réprimer les « journées de juin ».

Cinq mois après, le suffrage universel n'en élisait pas moins président de la république le prince Louis-Napoléon Bonaparte, contre le général Cavaignac, par 5.434.226 voix, contre 1.448.107. Le général Cavaignac, lui, représentait la république, et le prince Louis-Napoléon Bonaparte, lui, représentait l'empire. Après l'élection du neveu de celui qu'il appelait « le plus grand des hommes », M. Thiers aurait pu dire, ce qu'il dit seulement après le coup d'État du 2 décembre 1851 : « L'empire est fait ! »

De 1848 à 1910, la population de la France, agrandie de la Savoie et de Nice, mais diminuée de l'Alsace-Lorraine, s'est accrue de quatre millions d'habitants, tandis que celle de ses dix villes principales et de leurs dix départements s'est accrue davantage. Par là, l'on peut mesurer l'évolution urbaine et industrielle de la population rurale et agricole. En 1848, la France était un pays de paysans, qui, depuis la révolution de 1789, avaient acheté plus de terre qu'ils n'en avaient pu payer, qui en avaient été expropriés jusqu'à trois fois, et qui se remettaient à sa conquête sans découragement, sinon sans inquiétude. Sans doute ils n'étaient pas fâchés de voter comme les anciens censitaires, mais ils avaient peur de leur inexpérience électorale et plus encore de la république, dont les ateliers nationaux et les « journées de juin » venaient de leur rappeler les souvenirs redoutés du premier essai de cette forme du gouvernement, et ils sentaient le besoin d'un protecteur.

Mais les Orléans étaient tombés de la veille et ils étaient censitaires, les Bourbons étaient plus censitaires encore et ils étaient tombés deux fois. Napoléon Ier aussi était tombé, non devant des barricades, mais sous la coalition de l'Europe, et sa gloire emplissait toujours le monde. Ce petit, pauvre et malingre gentilhomme était parti de si peu, pour dresser le trône impérial sur les ruines de la république révolutionnaire et de la monarchie traditionnelle, que le peuple avait cru s'y asseoir avec lui et devenir le peuple des peuples, lorsqu'il devenait le roi des rois. Il ne s'était senti pleinement propriétaire que sous son règne et à un degré moindre sous Louis-Philippe, mais, sous la république, il redoutait une perturbation socialiste, comme, sous les Bourbons, il avait redouté quelque retour à l'ancien régime. Son élu, d'ailleurs, avait poussé contre Louis-Philippe les deux pointes de Strasbourg et de Boulogne, qui lui faisaient croire qu'il y avait en lui du sang de « l'oncle » et espérer qu'il empêcherait les incursions sur son gouvernement.

IV. — LA PRÉSIDENCE DU GÉNÉRAL CAVAIGNAC. — On désigne communément sous ce nom le second gouvernement du général Cavaignac. L'Almanach national le mentionne ainsi : « Présidence du général Cavaignac, chargé du pouvoir exécutif ». Depuis 1700, cet Almanach est l'Almanach du gouvernement français, sous les titres d'Almanach national pour les trois républiques, d'Almanach royal et national pour Louis-Philippe, d'Almanach impérial pour les deux empires, et d'Almanach royal pour les Bourbons du dix-neuvième siècle et du dix-huitième. Il n'a publié que deux portraits, ceux de Napoléon III et de l'impératrice Eugénie, en 1854. — Mais le titre du général Cavaignac était : « Président du conseil des ministres, chargé du pouvoir exécutif. »

C'est le 29 juin 1848 que l'assemblée constituante l'en a investi, en reconnaissance de la répression des « journées de juin ». Il a pris ses collègues du ministère dans cette assemblée et il a gouverné avec eux sous l'autorité et le contrôle de l'assemblée, et toujours sans constitution. Mais c'est sous sa « présidence » que l'assemblée constituante a donné à la république la constitution du 4 novembre 1848, qui devait déposséder de sa fonction le général Cavaignac, et qui séparait le pouvoir législatif et le pouvoir exécutif, jusqu'alors confondus, les définissait et les délimitait. Une assemblée unique élue au suffrage universel et au scrutin de liste par département. Un conseil d'État élu par cette assemblée et devant être consulté sur tous les projets et propositions de lois, les projets de règlements d'administration publique et de décrets. Un président de la république élu pour quatre ans par le suffrage universel, dont le « verdict » porte, en l'espèce, le nom de « plébiscite » ; prêtant serment « au sein de l'assemblée », « en présence de Dieu et devant le peuple français », « de remplir tous les devoirs que lui impose la constitution », ne pouvant ni « dissoudre » l'assemblée, ni la « proroger », ni « mettre obstacle à l'exercice de son mandat », sous peine, « par ce seul fait », d'être « déchu de ses fonctions », mais « nommant » ses ministres et les « révoquant », et président de la république et ministres étant « responsables », « chacun en ce qui le concerne ». Enfin, comme dans la confédération helvétique, ou aux États-Unis, un vice-président de la république élu par l'assemblée, sur la présentation de trois candidats faite par le président de la république, et présidant le conseil d'État.

Entraînée par le courant populaire, l'assemblée constituante a introduit dans la constitution du 4 novembre 1848 la maîtresse pièce du second empire, en donnant pour président à la république l'élu du peuple, un Bonaparte plébiscité, l'héritier de César et César sans emploi. Aucun souverain héréditaire n'a autant de puissance qu'un président de la république plébiscité, parce que ce souverain ne s'appuie que sur le consentement tacite du peuple, dont le degré n'est pas connu, tandis que le président s'appuie sur son consentement exprès, dont le degré est public, et qu'il doit faire tout ce qui est dans ce consentement, puisqu'il n'a été élu que pour le faire, lors même que ce serait une chose dangereuse. Mais, en même temps qu'elle lui donnait cette puissance, elle lui en refusait l'usage. Il avait plus de puissance que Louis XIV et moins de pouvoir que M. Fallières. Elle-même se mettait entre le peuple et lui, entre la volonté de l'un et l'ambition de l'autre.

V. — LA PRÉSIDENCE DU PRINCE LOUIS-NAPOLÉON BONAPARTE OU PRINCE-PRÉSIDENT. — Par application de cette constitution du 4 novembre 1848, ce prince a donc été élu, le 10 décembre 1848, président de la république par un plébiscite, et il a prêté serment, « au sein de l'assemblée constituante », en la forme constitutionnelle. Le comte Boulay de la Meurthe a été élu, le 20 janvier 1849, vice-président de la république, présidant le conseil d'État, sur la présentation du prince-président. L'assemblée constituante a ensuite cédé la place, le 28 mai 1849, à l'assemblée législative.

Les deux premiers ministères du prince-président ou ministères du 20 décembre 1848 et du 2 juin 1849, tous deux pris par lui, l'un dans l'assemblée constituante, et l'autre dans l'assemblée législative, avaient un de leurs membres « chargé de présider le conseil des ministres en l'absence du président de la république » : mais, à partir de son troisième ministère, ou ministère du 31 octobre 1849, pris par lui, comme le deuxième, dans l'assemblée législative, ce titre a été supprimé. Dans un message du même jour à cette assemblée, le prince-président lui rappelait que « tout un système » avait « triomphé au 10 décembre », « le nom de Napoléon » étant « à lui seul tout un programme », et que « la France cherchait la main, la volonté de son élu ».

Si le suffrage universel s'était donné un protecteur en ce prince-président, il y avait en ce protecteur un maître aussi et l'assemblée législative allait lui donner l'occasion de jouer le premier rôle, comme pour lui faire mieux jouer le second. Le 31 mai 1850, elle avait, en effet, voté une loi qui exigeait trois ans de domicile pour être électeur, et qui, écartant toutes les autres preuves du code civil, n'admettait qu'une seule preuve du domicile, l'inscription à la contribution personnelle, inscription qui ne pouvait se faire qu'à vingt et un ans et qui, combinée avec les trois ans de domicile, reportait l'électorat de vingt et un ans à vingt-cinq. Cette loi retranchait ainsi trois millions d'électeurs sur dix millions, et, comme la constitution du 4 novembre 1848 exigeait un minimum de deux millions de suffrages pour l'élection du président de la république par le plébiscite, faute de quoi l'assemblée, constituante ou législative, l'élirait elle-même, cette élection plébiscitaire était plus difficile, puisque deux millions sur sept faisaient près du tiers pour sa validité, au lieu de deux millions sur dix, c'est-à-dire le cinquième seulement. L'assemblée législative avait augmenté d'autant ses chances de reprendre l'élection du président de la république. Mais les bandes d'ouvriers agricoles et industriels, qui formaient le gros des trois millions d'électeurs retranchés, n'en chantaient qu'avec plus de défi le refrain d'une chanson bonapartiste, en en scandant chaque syllabe :

Po-lé-on,
Nous l'au-rons !

Et ils terminaient par un : « Vive l'empereur ! » menaçant.

Le prince-président pouvait donc dire que la France cherchait de plus en plus « la main de son élu ».

VI. — ENFIN, LE GOUVERNEMENT DU COUP D'ÉTAT DU 2 DÉCEMBRE 1851. — Cette fois, « la main » de l' « élu » allait se faire sentir. On l'attendait, on en pressentait presque le moment et, la veille, *les Demoiselles de Saint-Cyr*, d'Alexandre Dumas, donnaient une recette de 243 francs seulement à la Comédie-Française.

Par ce coup d'État, qui a fait couler le sang, comme les insurrections du 24 février 1848 et des 29, 30 et 31 juillet 1830, d'où sont issues la deuxième république et la monarchie de juillet, le prince-président a dissous l'assemblée législative et le conseil d'État, s'est emparé de tous les pouvoirs et a aboli la loi du 31 mai 1850.

Lorsqu'à Chislehurst, l'impératrice Eugénie disait à M. Victor Duruy, en parlant du coup d'État : « C'est un boulet que toute sa vie on traîne au pied », elle entendait qu'avec plus de politique, le prince-président serait tout de même devenu Napoléon III et n'aurait pas eu à traîner ce boulet-là. Mais il n'en a pas moins fait ratifier sa prise de possession par le plébiscite des 20 et 21 décembre 1851, qui lui a donné 7.439.216 suffrages, alors que celui du 10 décembre 1848, qui l'avait élevé à la présidence de la république, lui en avait donné 2.004.000 de moins. Fort de cette consécration, il a fait la constitution du 14 janvier 1852.

Cette constitution, tirée de la constitution de l'an VIII, lui conférait, pour dix ans, « la présidence du gouvernement de la république ». Il était « responsable devant le peuple », auquel il avait « toujours le droit de faire appel ». « Il gouvernait au moyen des ministres, du conseil d'État, du sénat et du corps législatif ». « La puissance législative s'exerçait collectivement par le président de la république, le sénat et le corps législatif. » Mais le prince-président avait « seul l'initiative des lois ». Il « nommait » ses ministres, qui ne « dépendaient » que de lui, n'étaient « responsables » que « chacun en ce qui le concerne » des « actes du gouvernement » et ne pouvaient être « membres du corps législatif ». Il nommait, également, les membres du conseil d'État, qui étaient révocables par lui, et les membres du sénat, qui étaient « inamovibles et à vie ». Le corps législatif était élu par le suffrage universel, au scrutin uninominal, « un député à raison de 35.000 électeurs ». Son président, comme celui du sénat, était nommé par le président.

Ce n'était pas encore l'empire, mais ce n'était déjà plus la république, parce que tout le monde répétait le mot de M. Thiers : « L'empire est fait ! » Ainsi, en violant les lois, en versant le sang, « en faisant peur », les hommes politiques ont pu faire l'empire dictatorial de 1852, en 1848 la république et le suffrage universel, en 1830 substituer la branche cadette à la branche aînée de leur dynastie historique, abolir l'hérédité de la pairie et abaisser le cens, et ils n'espéraient pas le moindre de ces changements de ce qu'ils appelaient « le libre jeu des institutions ».

Le second empire comprend deux gouvernements :

1° L'EMPIRE DE LA CONSTITUTION DU 14 JANVIER 1852 ET DU SÉNATUS-CONSULTE DU 7 NOVEMBRE 1852, ou empire dictatorial ou césarien, nom qui plaisait au créateur de cet empire, historien de César. — A cette constitution, le sénatus-consulte avait ajouté le rétablissement de l'empire en la personne du prince-président, sous le nom de Napoléon III. Sénatus-consulte ratifié par le plébiscite des 21 et 22 novembre 1852, qui a donné 7.824.189 suffrages au nouvel empereur, 324.973 de plus que le plébiscite ratificatif du coup d'État, et qui a été « promulgué » et est devenu « loi de l'État », le 2 décembre 1852.

Mais le suffrage universel s'était bientôt rassuré dans le silence de l'empire césarien, et, une fois rassuré, il devenait frondeur. Napoléon III donna du ressort à cette fronde par la guerre d'Italie. En affranchissant la Lombardie et, par contre-coup, les duchés de Parme et de Modène, la légation de Bologne et le grand-duché de Toscane de leurs gouvernements diversement césariens aussi, il faisait faire à ses sujets cette réflexion que ce qui était vérité en-deçà des Alpes était erreur au-delà, et qu'au-delà il renversait à coups de canon ce qu'en-deçà il maintenait par une sorte d'état de siège. L'état de siège ne peut d'ailleurs survivre longtemps aux circonstances qui l'ont fait établir, parce que la volonté et le bras se détendent et que le corps social se renouvelant sans cesse, en moins de dix ans les idées et les intérêts ne sont plus les mêmes. Aussi, dès le 24 novembre 1860, Napoléon III rétablissait-il, en faveur du corps législatif, l' « adresse » par laquelle la chambre des députés pouvait « transmettre » à Louis-Philippe, à

Charles X ou à Louis XVIII « les vœux du pays ». En même temps qu'il ouvrait aux « idées libérales » cette première brèche dans la constitution de 1852, le « libérateur de l'Italie » les développait dans le corps social, par une suite de mesures inspirées de leur esprit sur la boulangerie et la boucherie, les théâtres et les journaux, les coalitions et les grèves. Enfin, le 20 mai 1867, l' « adresse » était remplacée par le droit, pour les membres du corps législatif et du sénat, d'interpeller le gouvernement.

Napoléon III s'acheminait ainsi, d'étape en étape, vers la transformation de son empire et, le 8 septembre 1869, il décrétait que l'empereur et le corps législatif auraient « l'initiative des lois », que les ministres pouvaient être « membres du sénat et du corps législatif », qu'à l'ouverture de chaque session le corps législatif nommait son président, que le budget des dépenses était « présenté au corps législatif par chapitres et par articles ».

2° L'EMPIRE LIBÉRAL OU L'EMPIRE ÉMILE OLLIVIER. — Le 2 janvier 1870, M. Émile Ollivier recevait de Napoléon III la mission d' « appliquer, dans leur esprit comme dans leur lettre », les réformes du 8 septembre 1869. Un sénatus-consulte du 20 avril suivant « retirait le pouvoir constitutionnel au sénat et le restituait à la nation », le sénat gardant seulement « les attributions d'une chambre législative ». Enfin, Napoléon III convoquait « le peuple français » dans « ses comices », le 8 mai, « pour adopter ou rejeter ce projet de plébiscite » : « Le peuple approuve les réformes libérales opérées dans la constitution depuis 1860 par l'empereur, avec le concours des grands corps de l'État, et ratifie le sénatus-consulte du 20 avril 1870. »

Le surlendemain du plébiscite du 8 mai 1870, la première statistique générale de ce plébiscite était publiée :

« ...Vote des départements ; il manque encore trois arrondissements : Oui, 6.887.272 ; non, 1.473.117. Votes connus de l'armée : Oui, 227.336 ; non, 39.364. Votes connus de la marine : Oui, 23.758 ; non, 5.874. Total : 7.160.311 Oui et 1.523.628 Non. Il manque encore une partie des votes de l'armée et tous les votes civils et militaires de l'Algérie... »

Bien que fataliste et secret, Napoléon III fut troublé de ces 45.238 Non de l'armée et de la marine, où le service était alors de sept ans, et il montra son trouble en adressant au maréchal Canrobert, commandant l'armée de Paris, un « ordre général », où il affirmait que ces chiffres avaient été « exagérés » et que sa « confiance » dans l'armée n'était pas « ébranlée ». Néanmoins, la statistique définitive du plébiscite engloba dans les mêmes chiffres les Oui et les Non civils, militaires et marins : 7.358.786 Oui et 1.571.939 Non. C'est surtout pour ces Non que l'empire avait fait ses réformes de 1860 à 1870, mais ils les repoussaient parce qu'ils ne voulaient pas de l'empire.

La troisième république, qui va être le sujet de cette Anatomie, dont les lacis et les retours et leur détail rebuteront le plus intrépide, comprend quatre gouvernements :

1° LE GOUVERNEMENT DU 4 SEPTEMBRE OU GOUVERNEMENT DE LA DÉFENSE NATIONALE. — Pour la substitution de la troisième république au second empire, il n'y a pas eu effusion de sang entre Français, leur sang étant répandu par « les Prussiens », comme on appelait alors les Allemands, dans leur marche sur Paris. Lorsque, le 4 septembre 1870, Paris apprit que Sedan, son armée et Napoléon III s'étaient rendus, en un instant la place de la Concorde et le Palais-Bourbon, où siégeait le corps législatif, furent envahis par la foule criant : « Déchéance ! Vive la république ! » Malgré ces sommations, les députés républicains se refusaient à proclamer la république, dans cette enceinte où ils avaient prêté serment à l'empire. Un des envahisseurs s'était hissé à la tribune, d'où il vociférait : « La république ! la république ici, tout de suite ! » Cris nombreux : « Vive la république ! » M. Gambetta : « Oui, vive la république ! Citoyens, allons la proclamer à l'Hôtel-de-Ville ! » Et, après avoir proclamé la « déchéance de l'empire », pour proclamer quelque chose, « ici, tout de suite », M. Gambetta et ses collègues républicains, suivis de leurs clients et de la foule, se donnant du citoyen et de la citoyenne, criant : « Vive la république ! », chantant la *Marseillaise* et le *Chant du Départ*, brisant les enseignes aux armes impériales, charbonnant sur les murs : « Liberté, Egalité, Fraternité », se rendirent à l'Hôtel-de-Ville.

La première république avait été proclamée par la convention aux Tuileries, où les Bourbons avaient résidé si rarement. Mais la commune de Paris, qui avait succédé au conseil de ville après la prise de la Bastille, avait fait de l'Hôtel-de-Ville le foyer du républicanisme et, de ce foyer, elle avait terrorisé la constituante, la législative et la convention. Aussi, ce sanctuaire républicain était-il devenu, pour la république, comme sa cathédrale de Reims. Le gouvernement provisoire du 24 février y avait reçu les acclamations de la place de l'Hôtel-de-Ville, du « Parlouer-au-Borjois », l'ancienne place de Grève, le Forum de Paris où, de tout temps, l'on avait discouru, discuté, acclamé, invectivé, où, après s'être pris de bec, les partis en étaient venus aux mains, s'étaient fouettés, roués, écartelés, pendus, assommés, sabrés, brûlés, décapités, guillotinés, fusillés, pêle-mêle avec les criminels et où toutes ces voix d'outre-tombe crient : « Révolution ! »

Le gouvernement du 4 septembre a été encore plus liturgique que son prédécesseur de 1848, puisqu'il est venu en procession s'y proclamer, pour ne rien perdre des effluves consécrateurs de ce lieu privilégié, et il s'y est établi pour sa durée. Il y a été remplacé par la commune de 1871, qui a réduit en cendres le bel et vieil édifice communal, et l'avenir dira si le nouvel Hôtel-de-Ville, reconstruit sur ses ruines et sur son plan agrandi, a hérité de son privilège.

Entre les deux premières républiques, la monarchie de juillet, baptisé par La Fayette « la meilleure des républiques », avait créé ce pèlerinage et institué ce sacre : le vieux « commandant général de la garde nationale » y avait donné l'accolade à Louis-Philippe. Napoléon Ier s'était fait sacrer à Notre-Dame par Pie VII, et Charles X à Reims par le cardinal de La Fare, mais Louis XVIII et Napoléon III ne se sont pas fait sacrer.

Le gouvernement qui se constitua lui-même à l'Hôtel-de-Ville, le 4 septembre 1870, se composait des députés de Paris : MM. Emmanuel Arago ; Crémieux, de 1848 ; Glais-Bizoin, Garnier-Pagès, Jules Ferry, Jules Favre, Eugène Pelletan, Henri Rochefort, et hormis M. Thiers, qui avait refusé. M. Thiers n'avait jamais aimé essuyer les plâtres des gouvernements en construction, ni la poussière des gouvernements en démolition. Même en 1830, où il était dans tout son feu, on ne l'avait vu ni dans le ministère du 1er août, ni dans le ministère du 11 août, mais dans celui du 2 novembre seulement, quand la charte du 9 août avait déjà deux mois d'essai. Avant que ses collègues de la députation parisienne lui eussent fait des ouvertures, l'impératrice régente lui en avait fait faire par son vieux confident qui l'avait fait sauter tout enfant sur ses genoux, M. Prosper Mérimée, et M. Thiers avait répondu que rien ne pouvait plus sauver la dynastie impériale. Il avait, d'ailleurs, écrit l'histoire des guerres de la révolution, du consulat et de l'empire ; il avait beaucoup discouru sur les questions militaires ; il s'était fait une renommée de stratégiste, de nouveau Jomini, et il y tenait. Mais comme il ne pouvait être que le chef du gouvernement de la régente ou du nouveau gouvernement, parce que personne n'eût osé lui offrir la seconde place et que lui-même ne s'y fût pas mis, il aurait eu la responsabilité de la guerre et il n'ignorait pas que la meilleure critique des opérations militaires ne vous rend pas plus capable de dresser le plan de ces opérations ou de les diriger, que la critique de la poésie ou de la peinture ne vous fait peintre ou poète.

Les députés de Paris s'étaient adjoints MM. Gambetta, député des Bouches-du-Rhône ; Ernest Picard, député de l'Hérault, et Jules Simon, député de la Gironde. Ils avaient élu pour leur président le général Trochu, gouverneur militaire de Paris, et pour leur vice-président M. Jules Favre, et ils avaient donné les portefeuilles qu'ils ne se réservaient pas pour eux-mêmes, à MM. Dorian, député de la Loire ; Magnin, député de la Côte-d'Or ; au général Le Flô et au vice-amiral Fourichon.

Si le gouvernement provisoire du 24 février avait espéré tenir « les faubourgs » par l'ouvrier Albert, le gouvernement du 4 septembre espérait les tenir par leur coqueluche, le marquis de Rochefort-Luçay, M. Henri Rochefort, dont les pamphlets « boulevardiers » faisaient leur régal.

C'est le 17 août 1870, que Napoléon III, poussé jusque par les hautes sphères de l'opinion publique, avait nommé le général Trochu gouverneur militaire de Paris. Le général Trochu avait accepté à trois conditions : la première, que Napoléon III rentrerait du camp de Châlons à Paris ; la deuxième, que la garde mobile reviendrait également de Châlons à Paris ; et la troisième, que l'armée du maréchal de Mac-Mahon et toutes les forces disponibles se reconstitueraient sous Paris. Aucune de ces conditions n'ayant été remplie, il se prétendait délié de ses engagements envers Napoléon III et la régente. Bref, ce gouverneur de Paris, que la capitulation de Sedan avait fait le premier lieutenant de l'empire et qui considérait la continuation de la guerre comme une « héroïque folie », la révolution du 4 septembre l'a mis à la tête de son gouvernement, pour servir de trait d'union entre l'ancien gouvernement et le nouveau, pour jeter une ancre dans cette tempête, arrêter les Allemands devant Paris et donner à la France le temps de se ressaisir et de les repousser.

Le peuple parisien, qui a toujours le mot pour rire, même dans la situation la plus tragique, dans une révolution devant l'ennemi, les baptisa aussitôt « le gouvernement des Jules » Jules Trochu, Jules Favre, Jules Simon, Jules Ferry. Mais il n'y avait pas Jules César. Son titre était : « République française, gouvernement de la défense nationale » ; et celui de son chef : « Gouverneur militaire de Paris, président du gouvernement de la défense nationale ». Le plus souvent, le général Trochu signait : « Le gouverneur de Paris, président du gouvernement », ou simplement : « Le gouverneur de Paris ». Mais les membres du gouvernement disaient et écrivaient couramment : « Le gouvernement de la république » ou : « La république ». Et c'était, en effet, la république, quoique ce correctif de l'abstrait par le concret, cet artifice d'en-tête laissât un judas entr'ouvert pour ceux qui n'étaient pas républicains ou qui désiraient pour la république une origine moins irrégulière. Leur nombre devait être encore grand, à en juger par le plébiscite du 8 mai. Le nouveau gouvernement avait intérêt à ne pas les mécontenter outre mesure et il les contenait avec cette espérance, en se décorant d'ailleurs d'un titre que seule la postérité décerne d'ordinaire. Mais son titre définissait son rôle et le limitait. Il a gouverné sans constitution et sans assemblée Paris

2

bombardé, ruiné, réduit à la sportule, rationné pour les vivres, mais pas pour les boissons, désœuvré, tuant le temps à politiquer, aigrissant son patriotisme, surexcité par les manèges des factions et des bandes, en proie à la fièvre « obsidionale » jusqu'au délire. Ce délire avait un caractère funèbre. Bien que la partie la moins vigoureuse de la population eût quitté Paris avant le siège et y eût été remplacée, pour moitié, par des troupes ou des habitants de la banlieue plus solides, la mortalité était trois fois plus grande que pendant la période correspondante 1869-1870 et elle atteignit son maximum après l'armistice, par la variole surtout, la bronchite, la pneumonie, la fièvre typhoïde, comme si tout espoir était perdu, ce ne fût plus la peine de vivre, et comme si le ravitaillement qui devait redonner de la vie aux assiégés la leur ôtait. Jours sombres d'automne et d'hiver, encore assombris par toutes ces morts ; où l'on ne communiquait plus que par ballons et par pigeons avec la province, qui ne renvoyait que de rares échos, et où l'on avait comme l'hallucination de rencontrer au tournant de la rue le cercueil de la Patrie.

Ne pouvant briser ce cercle de fer et d'isolement, l'on s'en prenait à soi-même, l'on se haïssait, l'on s'invectivait, ce n'étaient que menaces d'incendie et de massacre. Le 31 octobre, cette guerre civile avait déjà éclaté. Le maniaque de la conspiration, M. Auguste Blanqui, et le braque du coup de main, M. Gustave Flourens, à la tête de la foule surexcitée par la reddition de Metz et du maréchal Bazaine, avaient envahi l'Hôtel-de-Ville, où le gouvernement de la défense nationale était en séance. Pendant que M. Gustave Flourens, en uniforme de major de la garde nationale de Belleville, debout sur la table des délibérations, proclamait la « déchéance » de ce gouvernement « ici, tout de suite », comme, il n'y avait pas deux mois, M. Gambetta avait proclamé, au Palais-Bourbon, la déchéance de l'empire, un voyou prenait, sur cette table, la carafe des orateurs et en versait l'eau dans le faux-col de M. Garnier-Pagès, en lui disant : « Tiens, bois un coup, vieux bouquet ! » Avec sa tête en bois, emmanchée d'un long cou, ses longs cheveux plats d'un blanc sale et au bout recourbé, son grand faux-col droit et évasé lui montant jusqu'aux oreilles, M. Garnier-Pagès avait l'air, en effet, d'un vieux bouquet.

Le gouvernement du général Trochu chassait sur ses ancres. Aussi, le 3 novembre, ce gouvernement recourait-il à un plébiscite au petit pied pour se raffermir. Tous les électeurs présents à Paris y prirent part, y compris les soldats, marins, mobiles, gardes nationaux. Il y eut 557.996 voix pour le gouvernement et 62.638 voix contre lui. Sur ces 620.634 voix, il y avait 245.676 voix militaires de toutes armes et de toutes qualités, dont 236.623 pour le gouvernement et 9.053 contre. Au plébiscite du 8 mai, non seu-

lement les collègues du général Trochu avaient voté contre le
gouvernement impérial, puisqu'ils étaient républicains et qu'ils
ne voulaient pas de l'empire, mais ils avaient repoussé le principe
même du plébiscite du gouvernement direct du peuple, se montrant ainsi moins démocrates que Napoléon III et M. Emile Ollivier, et ils ne sont pas encore devenus plébiscitaires. Mais le
31 octobre, où le major Flourens proclama la commune, en même temps que leur déchéance, l'on aurait pu dire aussi : « La
commune est faite ! » Et, pour s'en sauver, le gouvernement de
la défense nationale fit un accroc à son principe et se fit plébisciter. On l'entendait d'ailleurs tous les jours acclamer la commune, et, à quarante ans de distance, bourdonne encore dans
l'oreille, se mêlant aux cris de : « Vive la commune ! » cette marche militaire piaillée par les gamins dans les rues sales comme
des chemins de village, et mal éclairées, de loin en loin, par des
lampes à pétrole :

> As-tu vu Bismar-que
> Sur la route de Châtillon ?

Même pour les gamins, M. de Bismarck était l'Allemagne et la
guerre. On voyait partout ses espions et ses agents. Lorsqu'à neuf
heures du soir l'on apercevait une chandelle à un cinquième
étage, — les pauvres gens se servaient encore beaucoup de chandelles, — aussitôt un rassemblement se formait devant la maison
et épiait la fenêtre d'où un traître faisait des signaux à M. de Bismarck.

Mais plus redoutables étaient ceux qui ont tenu à la gorge le
gouvernement impérial, puis le gouvernement du 4 septembre et
les ont empêchés de faire face à l'ennemi dans leur indépendance
et dans leur force. Si les milliers d'hommes qui se sont ensuite
fait tuer pour la commune par l'armée française s'étaient fait
tuer par les Allemands pour la France, Paris eût tenu les assiégeants en telle haleine que ces assiégeants eussent eu besoin de
renforts et que les armées de M. Gambetta en auraient reçu un
puissant élan contre les envahisseurs ; mais ils n'étaient bons que
pour la guerre civile, comme d'autres ne sont bons ni pour cette
guerre ni pour aucune autre.

C'est à travers ces difficultés et dans ces limites que le gouvernement du 4 septembre a dû remplir la mission qu'il s'était assignée. Pour la remplir au-delà des lignes allemandes d'investisse-
ment, il avait, dès le 6 septembre, envoyé en province une délégation de ses membres et de ses ministres, MM. Crémieux, Glais-
Bizoin et l'amiral Fourichon, qui siégea d'abord à Tours et ensuite à Bordeaux. A eux trois, ils avaient 200 ans. M. Crémieux
était né dans les premiers mois du directoire, il était leur doyen
d'âge à tous. M. Glais-Bizoin était leur sous-doyen. L'amiral n'a-

vait qu'un aîné parmi les autres, M. Garnier-Pagès, et, flanqué
de ces deux civils septuagénaires, il était la minorité et ne pouvait
en faire qu'à leur tête, deux têtes de singes qu'il aurait ramenés
des colonies : M. Crémieux, avec sa tête ronde, ses cheveux cré-
pus, sa figure rasée, sauf deux petites pattes de lapin, son nez en
l'air, ses petits yeux baguenaudiers et son air satisfait ; M. Glais-
Bizoin, « le lettré de Saint-Brieuc », avec sa barbe safran et sel,
son allure négligée et flasque, qui lui donnait l'air d'être toujours
en pantoufles, et son chapeau demi-haute forme, poilu et gris, qu'il
portait hiver comme été et qui lui faisait comme un turban en peau
de mouton. Bien qu'il fût glabre, M. Crémieux était une de « ces
vieilles barbes de 48 », comme les jeunes républicains qui s'agi-
taient autour de M. Gambetta appelaient leurs devanciers de la
deuxième république, dont le gouvernement provisoire l'avait même compté parmi ses membres, son nom avait roulé un peu partout, dans la politique, au barreau, au théâtre, où Rachel l'appelait « mon papa » ; dans les lettres, les affaires, les arts, et roulé
si fort que, pour échapper à tout ce bruit, M. Crémieux aurait dû
se réfugier à la Trappe, s'il n'avait été israélite et s'il avait pu se
lasser jamais d'entendre parler de lui et d'en parler soi-même. Il
lui fallait des « procès d'affaires » où il ne lui fût pas possible de se
mettre tout le temps en scène, pour exposer les faits en pleine lumière, discuter le droit sans longueur ni lacune et pour que son
esprit facile et musard ne fît pas le beau à toutes les occasions
dont abondent les « causes célèbres ». A Tours, il fut l'hôte et le
commensal de l'archevêque Mgr Guibert, et tous deux firent bon
ménage, en vieillards qui savent que bien peu de choses valent la
peine qu'on ne s'entende pas.

Mgr Guibert est mort cardinal-archevêque de Paris. Ses lettres
à M. Grévy sur l'Eglise de France sont écrites comme les meilleurs morceaux des hommes d'Etat et de parlement du dix-septième siècle, dont l'ordinaire et le tous-les-jours que l'on est accoutumé d'admirer, tant est grande la prévention en faveur de
leur temps, est rebutant par la longueur, l'enchevêtrement et l'imprécision. Aux alentours de l'archevêché, devenu le ministère du
travail, dont les travaux sont moins connus que ceux d'Hercule,
et même tout à fait ignorés, l'on disait que Mgr d'Hulst tenait la
plume de ce paysan solide et serré. Haut et froid, très entiché de
traditionalisme politique, bien qu'orléaniste, et très hardi dans les
affaires de l'Eglise, prélat romain, vicaire général de Paris, recteur de son institut catholique, député du Finistère, orateur, écrivain, mêlé à tout et partout remarqué, mais d'un talent sec et
aride, où l'on ne retrouve pas l'ampleur des lettres du cardinal, il
avait néanmoins, dans le privé, de l'abandon et de la fantaisie et
appelait volontiers Léon XIII : « Ce vieil ecclésiastique. »

Rien que leur âge et leurs ridicules rendaient MM. Crémieux et Glais-Bizoin impropres à enflammer les populations, à lever des armées, à repousser l'invasion, et ils semblaient porter à la province la paix plutôt que la guerre.

Dans le même temps qu'il les y envoyait, le gouvernement de la défense nationale envoyait, en effet, M. Thiers à Londres, à Saint-Pétersbourg, à Vienne et à Florence, pour y négocier une intervention diplomatique, sinon militaire, qui assurerait à la France une paix moins onéreuse.

Enfin, le 18 septembre, M. Jules Favre se rendait au château de Ferrières, auprès du comte de Bismarck, pour traiter de cette paix. S'il y avait dans Paris un fracas guerrier, maintes illusions dans les vertus libératrices de la république, et, en même temps, la croyance que la guerre finirait bientôt, il y avait aussi dans le nom du gouvernement de la défense nationale un sens plus général que celui qu'on y avait vu tout d'abord, cette défense comprenant tous les moyens de sauvegarder les intérêts nationaux, et, en quatorze jours, on allait, sous son couvert, de la guerre à la paix. Mais, avec sa brutalité de boucher, qui, d'un coup de massue, abat sa victime, M. de Bismarck ôta toute espérance à M. Jules Favre en l'accueillant par cette déclaration : « Strasbourg est la clef de la maison, nous devons l'avoir. Il nous faut aussi les deux départements du Haut et du Bas-Rhin, une partie de celui de la Moselle avec Metz, enfin Château-Salins et Soissons. »

Or, un décret du roi de Prusse, daté du quartier général d'Herny, le 11 août, antérieur de plus d'un mois à l'entrevue de Ferrières, antérieur de dix-huit jours à la capitulation de Sedan, et alors que l'empire était encore debout, constituait le gouvernement de l'Alsace-Lorraine dans les limites mêmes où il est en 1910. M. de Bismarck les étendait pour montrer qu'elles pouvaient être étendues. Il n'avait jamais fait la guerre comme l'on se bat en duel, sans profit matériel, se mesurant et se comptant, « à la Napoléon III », et de ses guerres des Duchés et de Bohème, il avait retiré des territoires. Un ennemi n'est vraiment abattu que lorsqu'il a perdu, non pas une bataille, ni même plusieurs, mais un territoire, parce qu'alors il lui manque un de ses membres ; l'amputation en est visible à tous, tous le voient déchu et lui-même se reconnaît déchu tant qu'il ne reconquiert pas le territoire perdu.

L'Alsace-Lorraine était « la clef de la maison » et aussi la porte et les tours d'entrée, et leur possession devait assurer la grandeur et la sécurité de l' « Unité allemande ». Ni à Sedan, ni avant Sedan, l'empire ne pouvait les céder, parce qu'il n'était pas assez fort pour le faire, et qu'en faisant cette guerre il s'était précisément proposé de se redonner la force qu'il n'avait plus. Ni après Sedan, ni à Ferrières, la république n'était pas non plus encore assez forte pour les céder, elle ne l'était même pas assez pour continuer la guerre, sans faire établir, par l'ennemi lui-même, que leur cession était la condition de la paix.

Quiconque a vécu en ces temps-là, ni du côté des renverseurs, ni du côté des renversés, et sans avoir vu sa fortune amoindrie ou accrue, en observateur indépendant et attristé, peut affirmer, sans crainte de se tromper, que si l'un ou l'autre avaient fait la paix à cette condition, le gouvernement de la défense nationale et Napoléon III auraient été renversés. Mais ni l'un ni l'autre n'ont tenté de sauver une partie de l'Alsace-Lorraine en en cédant le reste au vainqueur, pour ne pas sacrifier le point d'honneur et leur existence qui n'en a pourtant guère été moins courte.

Le lendemain de Ferrières, les Allemands achevaient d'investir Paris, et, le surlendemain, les troupes de Victor-Emmanuel entraient dans Rome par la brèche de la villa Bonaparte, à la porte Pia, et l'Unité italienne se trouvait achevée et annonçait « l'Unité allemande ».

C'est alors que le gouvernement de la défense nationale envoya M. Gambetta insuffler l'esprit de guerre au triumvirat bicentenaire de Tours. Ce gouvernement était un duodécemvirat qui s'était institué de son chef et que le pays, détaché de Napoléon III par Sedan, avait laissé faire de son gré, fonctionnaires et armées de ce prince ayant suivi les duodécemvirs, comme, cinq semaines auparavant, ils étaient passés du ministère Ollivier au ministère Palikao. Il gouvernait sans constitution, sans assemblée, sans conseil d'État, sans autre contrôle public que la presse, les clubs et la rue. Il avait la tête et les deux tiers de son corps dans Paris, assiégé et isolé du pays, lequel était gouverné par l'autre tiers, composé des plus âgés et du plus jeune, et le triumvirat, devenu quatuorumvirat, recevait ses instructions ou ses représentations, au hasard des ballons et des pigeons voyageurs, de sorte que, sous cette direction incertaine, M. Gambetta était maître de la délégation du gouvernement et a été le dictateur de la guerre, accepté d'ailleurs par l'opinion publique, comme l'avait été le gouvernement d'où il était issu, pour faire, ou presque, comme si ce gouvernement n'existait pas.

II. — LE GOUVERNEMENT DE M. THIERS, APPELÉ AUSSI LE PRINCIPAT DE M. THIERS. — Lorsque le gouvernement de la défense nationale se crut à bout, et malgré M. Gambetta, qui voulait « la guerre à outrance » et qui ne tenait pas compte de ses ordres, il signa un armistice avec les Allemands, pour convoquer une assemblée nationale, qui déciderait de la continuation de la guerre ou de la conclusion de la paix. Cette assemblée fut élue le 8 février 1871, au scrutin de liste par département. Vingt-six départements y envoyèrent M. Thiers avec plus de deux millions de suffrages. Ce plébiscite au petit pied l'imposait à l'assemblée nationale comme chef du gouvernement qu'elle devait faire pour remplacer le gouvernement de la défense nationale, démissionnaire entre ses mains. Aussi, le 17 février, votait-elle, « à la presque unanimité », le « décret » suivant : « M. Thiers est nommé chef du pouvoir exécutif de la république française. Il exercera ses fonctions sous l'autorité de l'assemblée nationale, avec le concours des ministres qu'il aura choisis et qu'il présidera. » M. Thiers signa les « actes officiels » : « président du conseil, chef du pouvoir exécutif de la république française » ; mais tout le monde l'appela aussitôt, et jamais autrement : « Monsieur le président ». Le 31 août de cette même année, l'assemblée nationale modifia ainsi son « décret » du 17 février : « ...Le chef du pouvoir exécutif prendra le titre de président de la république française et continuera d'exercer, sous l'autorité de l'assemblée nationale, tant qu'elle n'aura pas terminé ses travaux, les fonctions qui lui ont été déléguées... »

La république était « le régime de fait », mais elle n'était pas « le régime de droit » ; elle n'avait « aucune existence légale » ; elle était comme sa devancière, la deuxième république, du 24 février au 8 novembre 1848, et en donnant à M. Thiers « une appellation plus précise », un titre plus républicain, le titre républicain des républiques modernes, l'assemblée nationale faisait un pas de plus vers la reconnaissance, la légitimation et l'établissement de la république. Elle liait aussi M. Thiers à son sort, ils devaient tenir ensemble. Mais les époux n'étaient pas bien assortis et leur contrat n'était pas bien fait, puisqu'elle pouvait le rompre à son gré en renversant le ministère dont M. Thiers était le président, et, par conséquent, le président du conseil avec les ministres qui ne faisaient que suivre la politique de leur président. Et, en effet, le 24 mai 1873, M. Thiers dut donner sa démission, la vie commune n'étant plus possible dans le ménage du 31 août 1871, où les époux se trompaient l'un l'autre, celle-ci allant à la monarchie et celui-là allant à la république.

Dès le 31 août, M. Thiers avait sans doute redouté ce divorce, car, le surlendemain même, il s'était donné un vice-président du conseil des ministres, pour le remplacer en cas d' « absence » ou d' « empêchement », c'est-à-dire pour le dégager des mauvais pas et lui assurer une sorte d'irresponsabilité. Mais comme, de son côté, l'assemblée nationale lui avait fait payer son titre de « président de la république » en l'obligeant « d'informer de son intention le président de l'assemblée nationale », toutes les fois qu'il croirait « nécessaire » « d'être entendu par elle », pour lui rendre difficile l'accès de la tribune, où sa renommée de premier orateur parlementaire de son temps lui aurait permis d'exercer le principat dont lui et ses amis estimaient que son « plébiscite » l'avait investi, un président du conseil ainsi tenu en main par une assemblée qui se piquait d'être le parlementarisme même, était un phénomène dans la zoologie politique. En l'élevant à cette dignité sous la dictée électorale, l'assemblée nationale avait l'arrière-pensée, ou la pensée subconsciente, de le renverser à l'occasion. Elle le pouvait d'autant mieux que les esprits étaient montés contre les coups d'Etat du pouvoir exécutif contre le pouvoir législatif, tandis que, un coup d'Etat de celui-ci contre celui-là — et c'était un petit coup d'Etat à cause du petit plébiscite qui avait imposé à l'assemblée nationale le choix de M. Thiers, — pouvait déplaire par ses intentions et par son but, mais était en soi dans la mentalité générale.

III. — LE SEPTENNAT DU MARÉCHAL DE MAC-MAHON. — Dans l'héritage de M. Thiers, que lui avait dévolu l'assemblée nationale, le maréchal de Mac-Mahon recueillit la présidence du conseil avec ses autres prérogatives, ou charges, mais il n'a jamais « informé » le président de cette assemblée de son « intention » d'être « entendu » par elle ; et ni l'un ni l'autre ne l'ont jamais regretté. Si la présidence de M. Thiers a été modifiée une fois, celle du « maréchal », comme on disait alors, l'a été deux fois. Mais ces deux modifications sont deux transformations, deux gouvernements.

La première, ou le septennat, forme le troisième gouvernement de la troisième république, et la deuxième fera l'objet du paragraphe suivant et de tout ce livre, qui sera comme tissé sur elle. Ainsi, du 24 mai 1873 au 20 novembre de la même année, le maréchal a été le continuateur de M. Thiers, sauf à la tribune parlementaire. Par une autre particularité du parlementarisme de cette époque, il ne faisait pas partie de l'assemblée et il était tout de même président du conseil. Mais, le 20 novembre, l'assemblée lui a confié pour sept ans la présidence de la république, et c'est ce qu'on a appelé le septennat, bien que la république ne fût ni constituée ni instituée, ni légitimée, seulement reconnue par cette assemblée comme une enfant naturelle, conçue sous le regard ironique des envahisseurs, et trouvée et assistée, à qui l'on donne le biberon mais non le sein.

Désormais, le maréchal avait pour sept ans les pouvoirs hérités de M. Thiers et liés à l'assemblée, et dont l'assemblée s'était déliée sans mettre fin à elle-même, et ce septennat était indépendant d'elle et au-dessus d'elle, ou plutôt un peu plus que ceux de M. Thiers, car il ne s'appuyait sur aucune institution, il n'avait aucune garantie et il semble que si l'assemblée avait voulu le renverser, elle l'aurait pu tout aussi bien qu'elle avait renversé M. Thiers et qu'en 1879 l'ont renversé les républicains, malgré la constitution de 1875, la primauté du parlement sur le président n'ayant pas failli un jour en ces quarante années.

La troisième partie de la présidence du maréchal s'est écoulée, d'abord de la constitution du 25 février 1875, qui a défini et fixé sa fonction, au 8 mars 1876, date de la transmission des pouvoirs de l'assemblée nationale au sénat et à la chambre des députés, élus en vertu de cette constitution, et ensuite de ce 8 mars au 30 janvier 1879, date de sa démission. De sorte qu'il y a eu quatre gouvernements dans le septennat du maréchal, qui n'a été qu'un quinquennat.

IV. — LA CONSTITUTION DU 25 FÉVRIER 1875. — Elle comprend la dernière partie de la présidence du maréchal et les présidences de MM. Grévy, Carnot, Casimir-Périer, Félix Faure, Loubet et Fallières. Aucune constitution n'a duré aussi longtemps depuis la chute de l'ancien régime, mais ses auteurs monarchistes s'y sont toujours complu moins que dans l'assemblée nationale qui l'a faite, et il est à remarquer que si c'est une assemblée unique qui a constitué la troisième république, comme les deux premières, d'ailleurs, c'est aussi une assemblée unique qui a aboli l'ancien régime et la monarchie, une assemblée décidant et agissant plus aisément que deux, et un homme encore mieux qu'une assemblée, ce qui faisait souhaiter à M. Ernest Renan, le « bon tyran », « fait à l'image de Dieu », aussi intelligent, savant, bon et juste qu'homme peut l'être. Mais une dynastie ou une suite élue de « bons tyrans » ne se sont pas encore vues et ceux qui en approchent le plus, ce sont les papes.

Comme les inspirateurs de cette constitution étaient orléanistes, ou dans « l'état d'esprit orléaniste », elle a toujours paru une adaptation de la monarchie de Louis-Philippe à la société française de 1875, avec le roi en moins et le suffrage universel en plus, et la crue, sans cesse montante depuis, des bourgeois, des citadins et des ouvriers. Mais son « fonctionnement » n'est pas le même, ni son rendement non plus, et les constitutions, les institutions et les lois ne valent que par leur rendement, qui n'est pas toujours celui que leurs auteurs en attendaient.

Ainsi, en 1910, sous la présidence de M. Fallières et le ministère de M. Briand, un Français, né en 1811, sous le règne de Louis-Philippe et le ministère du maréchal Soult, duc de Dalmatie, a vu une monarchie et une république, insurrectionnellement issues des barricades, un empire issu d'un coup d'État du pouvoir exécutif contre le pouvoir législatif, et une nouvelle république illégalement issue de l'effondrement de cet empire devant l'invasion ; et dans ces quatre régimes, quinze gouvernements, ou plutôt quinze types de gouvernement, treize chefs d'État, sans compter

un gouvernement acéphale ou quinquécéphale, et trois cent-
soixante ministres qui ont ruiné en lui, à mesure qu'il se formait,
le respect du pouvoir et de ses dépositaires, ce respect ne pouvant
embrasser un si grand nombre d'institutions et de personnes ennemies et destructrices les unes des autres, et seul le temps, c'est-à-
dire l'oubli d'un côté et de l'autre la légende, pouvant leur donner
ce que les contemporains ne sauraient voir.

Sous la leçon des événements dont il a été le témoin et qui forment pour lui la tradition, celle où il n'y a pas de fable, où il n'y
a que la réalité, quelle tradition certaine pourra-t-il transmettre
à ses enfants, et quels principes puisés dans l'expérience des
temps qu'il a vécus et non dans les siècles révolus, embellis par
ceux-ci ou enlaidis par ceux-là, mais dormant leur dernier sommeil dans l'histoire ? Et quels principes, quelle tradition, puisés
aux mêmes sources, des temps qu'il a vécus avant lui, son père
a-t-il pu lui transmettre à lui-même, pour le guider à travers les
ruines incessantes, car ce que le père a vu peut tout de même
mieux servir au fils, leur temps « issant » l'un de l'autre, que ce
qu'ont vu leurs aïeux au troisième, sixième ou douzième degré, et
qu'on ne sait jamais bien, et dont le temps est trop éloigné et trop
différent d'hier, d'aujourd'hui et de demain ? Si donc son père
avait, en 1844, le même âge que lui en 1910, c'est-à-dire soixante-
cinq ans — et ces paternités automnales, quasi-hivernales, ne sont
pas rares ni toujours obscures ; son père avait soixante-cinq ans
lorsque Saint-Simon est né, et le sien soixante-neuf ans, lorsqu'a
vu le jour M. Frédéric Mistral, dont la Provence fête la verte vieillesse — il serait né en 1779.

Or, qu'a vu le Français de 1779-1844, père du Français de 1844-
1910 ? Né sous Louis XVI, il a vu quatre Louis XVI, ce prince
ayant été chef de quatre monarchies différentes, comme Napoléon III l'a été de deux. Le même homme peut même être successivement le chef des deux formes matrices et contraires du gouvernement, d'une république et d'une monarchie, comme Napoléon III et Napoléon Ier.

I. — LE LOUIS XVI DE L'ANCIEN RÉGIME. — L'origine du roi se perd
dans la nuit des temps ou dans la profondeur des cieux. Napoléon Ier disait qu'Alexandre-le-Grand avait eu raison de se faire
descendre d'un dieu. Si ses peuples l'avaient cru, il en aurait sans
doute tiré une grande force, mais il n'est pas sûr qu'ils l'aient cru,
puisqu'il a légué son empire « au plus digne », c'est-à-dire à celui
qui saurait s'en emparer. Mais personne n'a défini avec plus de
hauteur que Louis XV le pouvoir royal sous l'ancien régime, dans
sa réponse au parlement de Paris, le 3 mars 1766 : « C'est en ma
personne seule que réside l'autorité souveraine... C'est à moi seul

qu'appartient le pouvoir législatif, sans dépendance et sans partage. L'ordre public tout entier émane de moi. J'en suis le gardien suprême. Mon peuple n'est qu'un avec moi ; les droits et les intérêts de la nation, dont on ose faire un corps séparé du monarque, sont nécessairement unis avec les miens et ne reposent qu'entre mes mains. »

M. Taine en a donné une définition plus « bourgeoise », plus « populaire » même, mais qui concrète mieux la conception royale des Bourbons : « La France est à eux », dit-il, « comme le domaine est à son seigneur, et le seigneur ne manque pas à l'honneur, parce qu'il est prodigue et négligent. C'est son bien qu'il dissipe, et personne n'a le droit de lui demander des comptes. Fondée sur la seigneurie féodale, la royauté est comme elle une propriété... » Pour un peu, il dirait ce que le maréchal de Villeroy, en soldat courtisan qui descend de cheval pour mettre les pieds dans le plat, avait dit à Louis XV enfant, en lui montrant le peuple assemblé sous les fenêtres de son palais : « Sire, tout ce peuple est à vous ! »

Peut-être Louis XV exagérait-il à dessein, pour faire peur au parlement qui lui faisait peur, car il répétait à ses familiers : « Vous ne savez pas ce qu'ils font et ce qu'ils pensent ; c'est une assemblée de républicains ! » Peut-être aussi ces parlementaires n'étaient-ils républicains que parce que le monarque était autocrate.

Lorsqu'en 1875, M. Taine a analysé l'organisme royal et social de l'ancien régime, avec la certaine humeur chagrine que donne l'étude de l'histoire dans ses causes, ses ressorts et ses détails, qui montrent les hommes les plus puissants le jouet des plus petits événements et méritant de l'être, les républicains ne lui ont pas ménagé leurs suffrages ; mais, lorsqu'il a ensuite appliqué sa méthode à leurs « ancêtres » de la révolution, il n'a pas eu auprès d'eux le même crédit.

Par ses 177 millions de revenu, qu'il n'employait pas tout à son usage particulier, puisqu'il avait créé, pièce par pièce, un Etat dont la charpente s'élevait en s'arc-boutant de tous les points de la France jusqu'à lui et qu'on l'entrevoyait déjà sans lui et se maintenant par sa propre force — 177 millions de 1789, avec vingt-six millions d'habitants, à mettre en regard du budget de plus de quatre milliards de 1910, avec trente-neuf millions d'habitants, la plus-value de l'agriculture, de l'industrie, du commerce, de la finance, de la colonisation et la dépréciation de l'argent ; — par son conseil, ses intendants, ses subdélégués, le roi intervenait dans la moindre affaire locale. Mais, en dépouillant de leur souveraineté ses rivaux, plus anciennement ses tuteurs ou ses maîtres de la féodalité et de l'Eglise — et pour les en dépouiller plus facilement — il avait respecté en eux les propriétaires, il les avait

exemptés totalement ou partiellement de l'impôt, il leur avait
laissé des privilèges, des simulacres et des hochets qui leur donnaient l'illusion d'être encore autre chose que des gens très riches,
portant de beaux noms et de beaux titres ; mais comme ses autres
sujets, ils ne pouvaient rien être dans l'État que ce qu'il lui plaisait qu'ils fussent.

Depuis le concordat de 1516, il nommait les dignitaires de
l'Église, il distribuait la moitié du revenu du clergé. Les nobles
n'étaient que ses officiers ou ses courtisans, mais ils avaient ses
préférences et ses grâces, encore plus sous Louis XVI que sous
Louis XIV, qui flattait les bourgeois pour accentuer la défaite des
princes et des nobles de la Fronde, bien que « le premier bourgeois
de France », le premier président du parlement de Paris, dont la
fille épousait d'ordinaire un duc, lorsque lui-même avait épousé
la fille d'un traitant richissime, la fortune s'étant assez épurée
dans ses mains pour passer dans des mains ducales — aujourd'hui
il est fait l'économie de l'intermédiaire — ne pouvait paraître à la
cour qu'en habits de laine, bien que les nobles y fussent tous en
habits de soie. En 1789, il fallait être noble pour être sous-lieutenant, ou même évêque. En dehors de ce retour en arrière et au dernier moment, les amusettes laissées aux nobles et au clergé n'en
étaient pas moins impopulaires. Vers 1850, et même 1860, de vieux
paysans racontaient encore, d'un air mauvais, qu' « avant la révolution », ils devaient mettre un bâton, long d'un pied, au collier de
leurs chiens de garde, pour les empêcher de chasser dans les récoltes et dans les bois. Ces mêmes paysans parlaient aussi de
« Jean-Jacques Rousseau » et de « Monsieur de Voltaire », sans
qu'il fût possible de démêler le pourquoi de leur familiarité pour
l'un et de leur déférence pour l'autre. Le comte de Provence et le
comte d'Artois, frères de Louis XVI ; le duc d'Orléans, premier
prince du sang, et le duc de Penthièvre possédaient à eux quatre
le septième du sol, qui représentait une bien plus grande partie
de la fortune française qu'en 1910, pour toutes les causes ci-dessus.
Le duc d'Orléans avait onze millions et demi de revenu, et
lorsqu'il mourut sur l'échafaud, après y avoir envoyé Louis XVI,
il devait soixante-quatorze millions. La couronne possédant un
dixième du sol, le clergé un cinquième et la noblesse un autre cinquième, la moitié de la France, la plus belle et la plus riche, appartenait à 270.000 personnes, dont la plupart de celles du second
ordre ne descendaient pas des anciens gouvernants. L'autre moitié
appartenait aux vingt-six autres millions de Français — mais
pour un cinquième aux communes — qui payaient presque tout
l'impôt, 81 fr. 71 sur 100 francs de revenu, selon M. Taine, dont
les chiffres ont été contestés avec raison, mais sans que son tableau ait été rectifié par articles : de sorte qu'ils auraient dû être

plus riches qu'aujourd'hui pour manger seulement du pain, puisque sur 1.000 francs de revenu, le fisc ne leur laissait que 182 fr. 90,
— si l'on en jugeait d'après 1910.

Toujours est-il qu'outre les impôts pour l'entretien de l'Etat, ils
supportaient par contre-coup les charges des anciens régimes,
théocratique et féodal, qui avaient gardé leurs biens après qu'ils
ne remplissaient plus l'office auquel ces biens pourvoyaient Mais
ces tableaux synoptiques ont le défaut de ne montrer que l'armature économique et fiscale des peuples, et non l'ingéniosité de leur
vie, qui en tempère souvent les rigueurs et en prépare la réforme.

II. — LE LOUIS XVI DES ÉTATS-GÉNÉRAUX ET DE L'ASSEMBLÉE NA-
TIONALE. — Sans doute, pour les contemporains, toute l'histoire
dont a été témoin le père du Français de 1844, le Français de
1779, tient dans ces six périodes : l'ancien régime, la révolution,
le consulat, l'empire, la restauration et le gouvernement de juillet, et s'il serait superflu, autant que fastidieux, d'entrer dans
toutes les subdivisions, comme pour celles de 1844 à 1910, où
la situation présente plonge ses racines immédiates, il est néanmoins nécessaire de rappeler les principales d'entr'elles, pour
mieux montrer l'enchevêtrement et la complexité de ses origines.

A peine Louis XVI avait-il réuni les états-généraux que l'on
vit, mais en grand, avec toute la différence qu'il y avait entre les
états-généraux et le parlement de Paris — le même phénomène
qui s'était produit dans ce parlement, à la discussion de l'édit du
tarif, en 1647, et qu'a décrit le cardinal de Retz : « L'on chercha,
en s'éveillant, comme à tâtons, les lois ; on ne les trouva plus,
l'on s'effara, l'on cria, on se les demanda ; et dans cette agitation,
les questions que leurs explications firent naître, d'obscures qu'elles étaient et vénérables par leur obscurité, devinrent problémati-
ques ; et de là, à l'égard de la moitié du monde, odieuses. Le peuple entra dans le sanctuaire : il leva le voile qui doit toujours couvrir tout ce que l'on peut dire, tout ce que l'on peut croire du droit
des peuples et de celui des rois, qui ne s'accordent jamais si bien
ensemble que dans le silence. » Cependant, par ses origines et
ses pouvoirs, le parlement de Paris ne pouvait pas faire renverser
« le droit des rois » par « celui des peuples » sans usurpation par
trop flagrante, sans révolution par trop séditieuse, tandis que les
états-généraux le pouvaient presque « constitutionnellement », ce
qui ne veut pas dire sagement, puisqu'ils n'ont pu substituer un
ordre continu à l'ordre aboli — et comme la contre-partie de ce
qu'avait fait le roi qui, contrairement aux us et coutumes, ne les
avait pas réunis depuis cent soixante-quinze ans et semblait recourir à eux parce qu'il était aux abois, et de lui-même revenait
à ses commencements, où ceux dont les états-généraux se considéraient comme les ayants-droit lui disaient : « Qui t'a fait roi ? »

Lorsqu'en 1906 le storthing norvégien a déposé Oscar II et rompu l'union de la Norvège et de la Suède, il n'était qu'un parlement législatif en cours de législature, mais il ne formait qu'un corps avec la nation norvégienne, et lorsqu'il y a entente parfaite dans un peuple, monarchie et république ne sont plus que des mots et peu importe qui les efface. Aussi la Norvège forme-t-elle aujourd'hui une monarchie indépendante avec son roi propre, et le nouvel État a-t-il été reconnu par toutes les puissances, sans en excepter la Suède, aussitôt qu'un plébiscite a eu ratifié la révolution du storthing.

Aussitôt les états-généraux constitués, le tiers, malgré la noblesse, le clergé et le roi, s'érigeait en assemblée nationale et contraignait les deux autres ordres à s'y fondre avec lui dans l'égalité de ses membres. C'était la nation se dressant contre le roi. L'instinct populaire ne s'y trompa pas. Aussi la lie s'empara-t-elle de la Bastille comme de la citadelle « de l'arbitraire royal ». Le comte de Ségur, ministre plénipotentiaire de Louis XVI auprès de Catherine II, écrivait : « En Russie, dans cet empire du mystère et du silence, la nouvelle de la prise de la Bastille arrivait à peine, que vous auriez vu des hommes de toute nation crier, pleurer sur les places ; ils se jetaient dans les bras l'un de l'autre en se disant la nouvelle : « Comment ne pas pleurer de joie ? La Bastille est prise ! » Jusqu'en Russie, la Bastille symbolisait ainsi l'ancien régime, et la chute de l'une annonçait la chute de l'autre, et sa chute partout. La révolution de 1789 était mondiale autant que française, et il ne lui a pas fallu un siècle pour pénétrer jusque dans l'empire de Catherine II, où l'émancipation des serfs par Alexandre II et l'institution de la douma par Nicolas II marquent ses progrès. Plus de quarante ans après, le prince de Talleyrand, qui ne croyait que ce que doit croire un homme qui sait vivre, écrivait avec non moins d'assurance à sa petite-nièce, Mlle Pauline de Périgord : « C'est du 14 juillet que datent tous les grands changements dans la civilisation moderne. »

En même temps que la chute de la Bastille annonçait la chute de l'ancien régime, d'autres événements montraient de quel côté tomberait ce régime. Si l'opinion publique prenait parti pour Necker contre Louis XVI, « un des principaux motifs », disait Condorcet, « c'est qu'il nous arrivait d'une république » et « qu'il était protestant ». Devenu le jouet de ce tremblement de terre qui mettait dessus ce qui était dessous, Louis XVI apparaissait au balcon des Tuileries, coiffé du bonnet phrygien. Il signait « la déclaration des droits de l'homme et du citoyen ». Il signait « la constitution civile du clergé ».

L'assemblée nationale légiférait, décrétait, constituait, gouvernait, régnait. Elle était devenue le roi, et le roi était devenu le tiers. Dans l'Almanach royal de 1789, le roi, la famille royale et leurs maisons occupaient vingt-huit pages. Ils n'en occupaient plus que deux dans l'Almanach royal de 1790 et il n'y avait plus de maisons. Mais l'assemblée nationale y avait trente-cinq pages et demie, et soixante-dix-neuf dans celui de 1791, où le roi et les siens n'avaient plus qu'une page trois quarts. A son retour de Varennes, elle le mit par « décret » « en retrait d'emploi » et aux arrêts, enjoignant aux ministres de « faire, chacun dans son département, et sous sa responsabilité, les fonctions du pouvoir exécutif ». Elle défaisait ainsi, pièce par pièce, la monarchie, comme l'assemblée nationale de 1871 a fait pièce par pièce la république. On jouait un soir à la bouillotte, chez cette Mᵐᵉ Pourrat, que Benjamin Constant voulut épouser plus tard, après son divorce. « Mais, qu'est-ce donc que cette assemblée ? » demanda un joueur. « C'est la quatrième dynastie », répondit Mᵐᵉ Pourrat. « Eh bien », dit un autre, « cette dynastie-là sera Charlemagne ».

III. — LE LOUIS XVI DE LA CONSTITUTION DU 3 SEPTEMBRE 1791. — On a dit que cette constitution est « le pacte social le plus parfait qui ait jamais régi un peuple » ; elle n'a pas duré un an et la durée d'une constitution est une condition de sa perfection, puisqu'elle n'est faite que pour « régir », pour maintenir dans une règle et dans une voie, et non pour être admirée dans une académie comme une œuvre d'esprit. Et elle a été établie non pas dès la réunion des états-généraux, en 1789, et sur l'initiative royale, mais après que, pendant plus de deux ans, le roi eut été dépouillé et tourné en dérision, et alors qu'il était comme déchu. Aussi le peuple ne s'y trompa-t-il pas et appela-t-il le roi « le roi Veto », et le roi et la reine « monsieur et madame Veto », du nom du veto suspensif emprunté à la constitution des États-Unis et attribué au roi et qui était encore la pièce caractéristique du nouveau pouvoir royal. S'il est une des meilleures institutions des États-Unis, appliqué en 1791 à l'héritier de Louis XV et de Louis XIV, à un roi qui avait été absolu et qui ne l'était plus malgré lui, et qui était aussi peu fait pour être roi constitutionnel que roi absolu, ce veto, en effet, prêtait à la dérision.

D'ailleurs, si elle a été la mine où ont puisé toutes les constitutions françaises postérieures, cette constitution de 1791 avait un défaut, qui, à lui seul, lui aurait ôté sa « perfection » : elle instituait une assemblée unique, en face du roi ; et une assemblée unique, même élue au suffrage censitaire, comme l'a été cette législative, chargée d'appliquer la constitution de 1791, œuvre de l'assemblée nationale de 1789 ou constituante, est plus redoutable pour un roi, que deux assemblées ou même trois, parce que trois ou deux représentent la nation, chacune pour sa part et à sa manière,

et ne la représentent pas chacune personnellement, directement
et totalement, et, même réunies, semblent usurpatrices et factieu-
ses, tandis qu'une assemblée unique semble la nation elle-même,
et le roi, fût-il, comme Louis XVI, le représentant de la plus illustre dynastie de l'Europe, est toujours devant elle comme un accusé devant ses juges.

IV. — LE LOUIS XVI DE LA CONVENTION. — Ce premier « roi des
Français » — des sept souverains qui ont suivi, quatre ont porté le
titre d'empereur ou roi des Français, au lieu de roi de France,
l'idée démocratique de chef succédant à l'idée féodale de propriétaire ; — avait déjà été « suspendu de ses fonctions » par la législative, comme un maire l'est par le gouvernement de M. Fallié-
res, et ses ministres révoqués, remplacés et chargés par elle, sous
le nom de « conseil exécutif », de l'administration et de l'exécution
des lois, et la convention nationale, que la législative, se jugeant
pourtant impuissante, avait convoquée, parce que les dangers de
la patrie « étaient parvenus à leur comble », sous l'égide de « ce
pacte social le plus parfait » de la constitution de 1791, à sa deuxième séance, abolissait la monarchie et proclamait la république, et,
quatre mois après, envoyait Louis XVI à l'échafaud.

V. — LOUIS XVII ET LA CONVENTION. — Si le « roi des
Français » n'a régné qu'un jour avec la convention, et encore « suspendu de ses fonctions », le « règne » de son fils, reconnu par des
fidèles et des princes qui n'avaient pas le pouvoir de lui donner
le pouvoir, comme « roi de France », sous le nom de Louis XVII,
est encore plus fictif, puisqu'il n'en a pas un instant rempli les
fonctions. Plus fictif aussi que celui de Napoléon II. Mais ces
deux règnes fictifs brouillent encore l'histoire de ces temps brouil-
lés et y ajoutent de l'obscurité, surtout dans l'esprit des enfants, à
qui on l'enseigne et qui se montrent toujours troublés de ces fictions historiques, de ces « chefs de l'histoire », dont on ne peut
citer un acte ni une parole. Par contre, on rencontre encore, en
1910, d'anciens légitimistes ayant ténacité et loisirs, qui cherchent
des « descendants authentiques » de Louis XVII pour « embêter les
Orléans ».

VI. — LA CONVENTION ET LE COMITÉ DE SALUT PUBLIC. — La convention a duré du 20 septembre 1792 au 26 octobre 1795, et bien
qu'une assemblée souveraine soit comme un souverain autocrate, qu'elle gouverne autocratiquement et que peu importent ses
méthodes et ses instruments, puisque tous ont pour but, comme
pour ressort, l'autocratie, il n'est néanmoins pas inutile de les rappeler, parce qu'ils ont été les élaborateurs du régime qui a suivi,
et tous ces régimes se sont suivis en s'engendrant les uns les au-

tres par génération inconsciente et comme animale, par la formation de la société et de l'État nouveaux, dont le faîte est resté provisoire puisque chaque génération l'a refait à sa guise. Le 18 mars 1793, elle avait décrété la formation d'un comité de défense générale ou de salut public, composé de vingt-cinq de ses membres, et dont la mission était de « préparer et proposer toutes les lois et mesures nécessaires pour la défense extérieure et intérieure de la république ». Cette assemblée, nombreuse et tumultueuse, jetait ainsi une ancre.

VII. — LA CONVENTION ET LA CONSTITUTION DU 24 JUIN 1793. — En établissant cette constitution, la convention semblait jeter une autre ancre dans des eaux plus profondes. La constitution de 1793 instituait un corps législatif — « un député en raison de 40.000 individus » — qui « propose des lois et rend des décrets », avec un conseil exécutif, composé de vingt-quatre de ses membres et « chargé de la direction et de la surveillance de l'administration générale », mais seulement « en exécution des lois et des décrets du corps législatif ».

Cette constitution, soumise à l'acceptation du peuple, avait été acceptée par 1.801.918 suffrages, contre 11.610. C'était le premier plébiscite. 11.610 Non, comme si tout eût été inutile, et qu'il n'y eût qu'à laisser tomber le vent !

Mais la constitution de 1793 paraît plutôt un acte de recul de la convention, puisque son application était subordonnée à l'élection d'une assemblée nouvelle. Aussi, à la réflexion, à la pensée des responsabilités qu'elle avait encourues en abolissant la royauté et en guillotinant le roi, elle prit peur et elle dénicha dans ses archives cette constitution mort-née, et resta en fonctions, pour se couvrir contre tout retour, en inspirant à tous la terreur qu'elle ressentait, en terrorisant la France par ses crimes et l'Europe par ses victoires, et en creusant ainsi entre le passé et l'avenir un précipice qu'elle aurait voulu à jamais infranchissable.

VIII. — LA CONVENTION ET LA TERREUR. — La terreur régnait depuis l'érection des états-généraux en assemblée nationale, et c'est par la terreur qu'avaient jusqu'alors régné cette assemblée nationale, l'assemblée législative et la convention, terreur qui avait varié de forme, d'intensité et d'étendue, selon les circonstances, toujours plus hardie et plus entreprenante, et que toutes avaient exercée avec l'aide et sous l'aiguillon de la commune de Paris et la convention, avec, en plus, le comité de salut public et ses comités de sûreté générale et le tribunal révolutionnaire, mais terreur de fait, terreur administrative, qui allait devenir terreur légale, terreur de droit, s'il y avait un droit contre le droit, si le droit naturel n'était supérieur aux hommes, bien qu'il ne puisse

3

pas toujours les garantir contre eux-mêmes, à cause de l'inculture ou de l'oblitération de leur conscience.

Le 10 octobre 1793, en effet, la convention avait adopté à l'unanimité le décret suivant : « Article 1er. Le gouvernement provisoire de la France est révolutionnaire jusqu'à la paix. — Article 2. Le conseil exécutif provisoire, les ministres, les généraux, les corps constitués, sont placés sous la surveillance du comité de salut public, qui en rendra compte tous les huit jours à la convention. » La loi c'est qu'il n'y a plus de loi, le droit c'est qu'il n'y a plus de droit, et tant pis pour les Français si leur tyran polycéphale serait mieux à sa place à l'école, au cabanon, au bagne ou au gibet, leurs biens et leurs personnes n'ont d'autre garantie que le hasard et de hurler avec les loups ne les préserve pas de la gueule de ces loups, qui se mangent entre eux.

Entre temps, le 1er avril 1794, elle avait supprimé son conseil exécutif provisoire et remplacé ses ministres par douze commissions exécutives « subordonnées » au comité de salut public.

Ce régime a duré jusqu'au 9 thermidor an II, ou 27 juillet 1794 — car ce Français de 1779-1841 a vu changer jusqu'au calendrier où avait été inscrite sa naissance, mais où a été aussi inscrite sa mort — où la convention, rassurée, y a mis fin en envoyant à la guillotine l'état-major des pourvoyeurs du bourreau. Avant de se séparer, elle avait voté la constitution de l'an III (22 août 1795), connue dans l'histoire sous le nom de « directoire exécutif » ou plutôt « directoire » tout court.

IX. — LE DIRECTOIRE. — Cette constitution de l'an III a institué un parlement à deux chambres, un corps législatif, avec un conseil des cinq cents et un conseil des anciens, alors que la convention, la législative et la constituante, avaient été des assemblées uniques. Une assemblée se meut mieux que deux et moins bien qu'un autocrate, mais sa responsabilité étant collective, et celle de l'autocrate personnelle, elle peut davantage, d'autant qu'elle paraît représenter le pays, non pas mieux, mais dans toutes ses classes, parce que ses membres appartiennent à toutes.

La législative ne pouvait tenir debout parce que la constituante l'avait établie sur des ruines croûlantes et non sur des fondations bien en terre, et le directoire allait de même démontrer que si la convention avait achevé le gros œuvre de démolition et de reconstruction que pouvaient faire des assemblées uniques, et que la première n'avait fait qu'à demi, ou au tiers, ce qui restait à faire demandait plus de lien et d'unité. Et alors, à ces assemblées absolues succédant à des rois absolus, allaient succéder, en une progression restreignante et centraliste, cinq directeurs, puis trois consuls, un premier consul et l'empereur, absolu aussi, non d'un absolutisme organique comme avant la révolution, mais d'un absolutisme « à la moderne », personnel, fait de ses vertus et de ses vices, et dont M. Victorien Sardou a vulgarisé la notion, sous cette république, en faisant dire à Madame Mère : « Pourvou que ça doure ! »

Ces directeurs étaient un président, un Fallières à cinq têtes, qui nommait ses ministres et gouvernait avec deux chambres, selon la fiction constitutionnelle. Toutes ces assemblées de la révolution avaient des bases moins démocratiques que celles du consulat et de l'empire, du second empire et des deux autres républiques, puisqu'elles étaient élues au deuxième degré et que l'éligibilité et l'électorat étaient censitaires, avec, en plus, pour l'éligibilité au conseil des anciens, la condition d'être quadragénaire, comme pour le sénat de la troisième république, marié ou veuf, et les veufs doivent un souvenir à la constitution de l'an III, car les constituants ont toujours eu peu de sollicitude pour eux.

Après ses six mois des deux sièges de 1870-71, où il mourait de mort, mais plus encore d'envie de revivre et de festoyer, pour se mieux prouver qu'il revivait, Paris a encore renforcé la réputation du directoire festoyeur après sept années révolutionnaires.

X. — LE DIRECTOIRE DU COUP D'ETAT DU 18 FRUCTIDOR. — L'opérette a égayé, sous cette république, le coup d'Etat du directoire contre un de ses membres et des membres des conseils aussitôt convoqués à l'Odéon et à l'école de médecine pour ratifier cette « opération de police un peu rude » faite par le général Augereau contre les complices présumés du général Pichegru et donner au directoire tous les pouvoirs nécessaires « pour étouffer la conspiration royaliste et prévenir la guerre civile et l'effusion générale du sang qui allaient en être la suite inévitable », mais qui mettaient sens dessus dessous la constitution de l'an III :

> Les soldats d'Augereau sont des hommes
> Et toutes femmes que nous sommes
> Je crois bien que nous les valons,
> Car nous faisons des hommes
> Tout ce que nous voulons.

Maintes fois, depuis 1870, l'exécutif et, à son défaut, le généralat, a été sollicité de « fructidoriser », « brumairiser » le législatif ; mais « l'opération » n'a pas été faite sans doute parce que le courant était, malgré les récifs, pour celui-ci contre celui-là, tandis que, de 1797 à 1801, c'était le contraire.

XI. — LA COMMISSION CONSULAIRE EXÉCUTIVE. — L'exécutif polycéphale ayant ainsi présenté même le danger de trahison, le corps législatif, après le coup d'Etat du 18 brumaire, réduisit ce danger de cinq à trois, en abolissant le directoire et en instituant une commission consulaire composée de trois consuls. Mais, un mois après, cette chambre des célibataires et cette chambre des maris, ou ex-maris, mettaient au jour une œuvre plus forte, la constitution de l'an VIII, inspirée de la conception américaine, que, pour assurer l'équilibre dans les deux formes du gouvernement — lesquelles penchent chacune du côté de son principe — dans la république, le président doit gouverner, comme aux Etats-Unis, tandis que, dans la monarchie, le roi ne doit que régner, comme en Angleterre.

Le premier et le second empires se sont efforcés à paraître une conception entre les deux formes : mais bien qu'il y eût là du vrai circonstanciel, et pour leurs partisans plus que pour leur mécanisme, et qu'une cour, une noblesse et le faste ne soient pas plus en eux-mêmes, monarchiques que républicains, et que la monarchie ne soit pas plus condamnée au pâté d'anguilles que la république au brouet noir, la rencontre de ces rehaussements et de l'hérédité fait d'un gouvernement une monarchie, ou alors qu'est-ce que la monarchie ? et si un tel gouvernement est une république, qu'est-ce, en ce cas, que la république ? La constitution de l'an VIII a été plébiscitée comme les deux précédentes.

XII. — LE CONSULAT AVEC LA CONSTITUTION DE L'AN VIII. — Cette constitution semble l'œuvre d'un pince-sans-rire, qui aurait médité la déclaration de Louis XV du 3 mars 1766, aussi bien que la constitution des Etats-Unis du 17 septembre 1787, et qui, instruit par les élections sinon des états-généraux, du moins de la législative, de la convention et du corps législatif, se faisait peu d'illusions sur la pureté et les lumières du suffrage censitaire ou universel, direct ou à plusieurs degrés.

Elle instituait premier consul pour dix ans « le citoyen général Bonaparte », auteur du coup d'Etat du 18 brumaire, d'où elle était issue, et lui adjoignait un second et un troisième consuls, également décennaires, comme les assesseurs d'un président de tribunal, ou le diacre et le sous-diacre de l'officiant. Des ministres, un conseil d'Etat, un tribunat de cent membres, âgés d'au moins vingt-cinq ans, un corps législatif de trois cents membres d'au moins trente ans, et un sénat conservateur de quatre-vingts membres d'au moins quarante ans, — le premier consul n'en avait que trente. — Il nommait les ministres et le conseil d'Etat. Les autres consuls nommaient soixante sénateurs, et le sénat devait lui-même se compléter d'année en année et pourvoir aux vacances, sur une liste de trois candidats présentés, l'un par le corps législatif, l'autre par le tribunat, et le troisième par le premier consul.

Le sénat nommait le tribunat et le corps législatif sur la liste nationale : c'est-à-dire que les électeurs communaux — vingt et un ans et un an de domicile — élisaient le dixième d'entre eux, et c'est parmi ce dixième que devaient être pris les fonctionnaires de l'arrondissement. Ce dixième se « sélectionnait » à son tour d'un dixième, et c'est parmi ce nouveau dixième que devaient être pris les fonctionnaires du département, et enfin ce second dixième s'épurait d'un troisième dixième, où devaient être pris les fonctionnaires de l'État.

Les consuls faisaient rédiger les projets de loi et les règlements d'administration publique par le conseil d'État. Le tribunat les discutait et exprimait son vœu pour leur adoption ou leur rejet en séance publique. Le corps législatif en ouïssait, aussi en séance publique, l'exposé par trois tribuns, et la défense par trois conseillers d'État, et les adoptait ou les rejetait à la muette.

Quant au sénat conservateur, il connaissait, à huis clos, des listes d'éligibles et des actes du corps législatif et du gouvernement, que le tribunat lui déférait pour cause d'inconstitutionnalité seulement et, par une sorte d'inceste, il nommait les consuls, qui l'avaient d'abord nommé.

XIII. — LE SÉNATUS-CONSULTE ORGANIQUE DE LA CONSTITUTION (LA CONSTITUTION DE L'AN VIII) DU 16 THERMIDOR AN X. — Dans l'Almanach national de l'an XI, où se trouve, pour la première fois, publié ce sénatus-consulte, est insérée la recommandation suivante : « En écrivant au premier consul, président de la république italienne, on dit : « Citoyen premier consul et président. » En lui adressant la parole, on dit : « Citoyen premier consul ». C'est là son seul titre. La conclusion du concordat de 1801, faite à la presque seule volonté du premier consul, dans des vues politiques supérieures aux horizons de son État encore tout asservi à ses origines révolutionnaires, avait, mieux encore que tous ses autres actes, montré que cette constitution emboîtée et divisionnaire avait fait de lui le maître de la France, et lorsque, après le 18 floréal an X, le sénat l'eût nommé premier consul à vie, et que ce sénatus-consulte eut été ratifié par un plébiscite,

Déjà Napoléon perçait sous Bonaparte.

XIV. — NAPOLÉON Ier, EMPEREUR DES FRANÇAIS. — Il n'est donné ici que le squelette des institutions, ce qu'il en est nécessaire d'entrevoir dans ce « cinématographe ».

Le sénatus-consulte du 28 floréal an XII, qui institue l'empire, porte dans son article 1er : « Le gouvernement de la république est confié à un empereur, qui prend le titre d'empereur des Français. » C'était la monarchie dans la république, quelque chose comme le régime d'Auguste, que les politiques hésitent encore à classer parmi les républiques ou parmi les monarchies. Mais le même sénatus-consulte ayant institué, par son article 3, l'hérédité de l'empire « dans la descendance directe, naturelle et légitime de Napoléon Bonaparte », et cette hérédité ayant été ratifiée aussi par un plébiscite, la question est tranchée : l'empire était une monarchie et le mot de république n'y était maintenu que pour ménager les susceptibilités de ceux dont elle avait fait la fortune.

Ces susceptibilités s'étaient dissipées et tous étaient faits à leur train, à leurs dignités, à leurs cordons, à leurs titres, mieux que ceux qui les regardaient en se souvenant de leurs origines et de leurs actes, lorsqu'en 1807, Napoléon Ier abolit le tribunat qui rappelait les temps oratoires de la république, l'épée n'aimant pas plus la langue que la langue n'aime l'épée, parce que toutes les deux n'aiment pas à partager leur empire.

En évoquant Napoléon Ier, peu de Français associent à son nom les sénatus-consultes du 28 floréal et du 16 thermidor, et la constitution de l'an VIII, parce que les pouvoirs publics n'étaient que ses commis et que, dans l'ordre constitutionnel ou légal, aucune barrière n'arrêtait son génie, ni aucun garde-fou ne le protégeait contre lui-même.

Lorsqu'on se sent quelque impatience contre son temps, le meilleur calmant est de fermer les yeux en se représentant les deux hommes qui dominent encore de haut les trois cents dernières années, où se sont élaborées les institutions modernes, dans deux petits tableaux : Après le sacre, grand banquet aux Tuileries, et, à la table d'honneur, l'impératrice Joséphine, ayant à sa droite Napoléon Ier, et, à sa gauche, Pie VII ; et Louis XIV, allant rejoindre ses armées, en carrosse ouvert, ayant à sa gauche la reine, en face de lui Mme de Montespan en stage, et, en face de la reine, Mlle de La Vallière en titre, et les populations échelonnées sur le passage. Ces tableaux font voir ce qu'il y a de ripopée dans l'histoire et dans la politique qui est l'histoire en formation.

XV. — LE GOUVERNEMENT PROVISOIRE DE 1814. — L'épopée impériale ayant fini dans l'invasion, comme l'absolutisme royal dans la révolution, et, après leur entrée dans Paris, les alliés ayant signifié qu'ils ne traiteraient pas avec Napoléon Ier, sur la proposition de Charles-Maurice de Talleyrand-Périgord, ci-devant évêque d'Autun, prince de Bénévent et vice-grand-électeur (500.000 francs de traitement), qui, la veille, une serviette sous le bras, un plateau de vermeil à la main, présentait un verre de limonade à son maître, le sénat conservateur institua un gouvernement provisoire de cinq membres et proclama la déchéance de « l'ogre de Corse », inscrit, avec les siens, à l'assistance publique de Marseille, à leur arrivée de leur île, et le corps législatif la proclama à son tour, et les ex-tribuns regrettèrent, sans doute, de ne pouvoir en faire autant.

XVI. — LOUIS XVII OU LOUIS XVIII, ROI DES FRANÇAIS, AVEC LA CONSTITUTION DU 6 AVRIL 1814. — Sur la proposition du gouvernement provisoire, le sénat conservateur et le corps législatif avaient voté cette constitution, qui donnait le titre de « roi des Français » à « Louis-Stanislas-Xavier de France » — le comte de Provence — « frère du dernier roi », mais sans le « numéroter », bien que cette qualité de « frère du dernier roi » semblât impliquer qu'il devait s'appeler Louis XVII. « Le gouvernement français est monarchique et héréditaire de mâle en mâle, par ordre de primogéniture », disait cette constitution. « Le pouvoir exécutif appartient au roi. Le roi, le sénat et le corps législatif concourent à la formation des lois... la sanction du roi est nécessaire pour le complément de la loi... » La constitution devait être « soumise à l'acceptation du peuple français » et, aussitôt après, le roi devait jurer de l'observer et de la faire observer.

XVII. — LA LIEUTENANCE-GÉNÉRALE DU ROYAUME AVEC LE COMTE D'ARTOIS. — Encore sur la proposition du gouvernement provisoire, le sénat avait « décrété » : « Le sénat défère le gouvernement provisoire de la France à S. A. R. Mgr le comte d'Artois, sous le titre de lieutenant général du royaume, en attendant que Louis-Stanislas-Xavier de France, appelé au trône des Français, ait accepté la charte constitutionnelle », c'est-à-dire la constitution du 6 avril 1814. De son « décret » comme de sa constitution, le sénat écartait le nom de Bourbon, bien qu'il rétablît les Bourbons sur le trône, en contre-partie de ce qu'il avait, dix ans auparavant, conservé la république, tout en y mettant l'empire, et bien que cette apparente répugnance n'empêchât pas « S. A. S. le prince de Bénévent, président du gouvernement provisoire », de devenir, moins d'un mois après, ministre des affaires étrangères de Louis XVIII, roi de France et de Navarre.

XVIII. — LOUIS XVIII, ROI DE FRANCE ET DE NAVARRE, AVEC LA CHARTE CONSTITUTIONNELLE DU 4 JUIN 1814. — Tout en reconnaissant que les « bases » de la constitution du 6 avril 1814 « étaient bonnes », Louis XVIII avait déclaré ne pouvoir l' « accepter », « un grand nombre d'articles portant l'empreinte de la précipitation », et, en effet, elle avait été « rédigée » à la hâte, mais en réalité parce qu'il voulait « octroyer » la charte et la faire « accepter » au sénat et au corps législatif, au lieu de l' « accepter » d'eux, afin qu'elle dût son existence au pouvoir royal et non au pouvoir populaire, et qu'ainsi 1814 procédât de 1789 et la tradition fût renouée.

Mais son renouement était quasi une antinomie, parce que le propre d'une tradition est de faire croire à sa pérennité et que son brisement en atteint la foi autant qu'elle-même. Peut-être aussi y avait-il dans l'esprit de Louis XVIII l'idée que le pouvoir dût être imposé pour être obéi, le souvenir que le fondateur de sa dynastie, Henri IV, avait dû conquérir, l'épée à la main, le trône qui lui appartenait par « droit de naissance », droit qui n'est qu'un mot, s'il n'est pas soutenu par la force, et qu'à l'origine des sociétés le premier qui avait donné un coup de poing à ses semblables les avait commandés, parce qu'en osant les attaquer, il leur avait démontré qu'il saurait les défendre.

Toujours est-il que la charte « octroyée » fut « acceptée » par les deux chambres et « jurée » ensuite par le roi, mais pas « à son sacre », ainsi qu'elle le prescrivait, parce qu'il ne s'est jamais fait sacrer, mais dans une séance ultérieure des chambres, ce qui était plus conforme à son « voltairianisme ».

Elle proclamait les Français « égaux devant la loi », le roi « inviolable et sacré » et ayant « seul » la « puissance exécutive », mais « ses ministres » « responsables » ; la puissance législative s'exerçant « collectivement » par la chambre des pairs et la chambre des députés ; et le roi proposant « la loi » et « seul » la sanctionnant et la promulguant, et nommant les pairs en « nombre » « illimité » et « à vie » ou « héréditaires », suivant son bon plaisir.

C'est, en substance, ce que les émigrés, dans leur impolitique mais naturelle opposition, et ses répugnances, lui avaient permis d'importer des institutions anglaises, si contraires aux traditions des Bourbons, et les deux pays étant d'ailleurs si différents d'histoire, de mœurs et d'intérêts, mais qui paraissait le plus juste prix de sa restauration.

XIX. — NAPOLÉON Ier ET L'ACTE ADDITIONNEL AUX CONSTITUTIONS DE L'EMPIRE DU 22 AVRIL 1815. — À son retour de l'île d'Elbe et après la fuite de Louis XVIII, Napoléon Ier avait décrété cet acte, en vertu duquel le pouvoir législatif « serait exercé par l'empereur et par deux chambres », « la première », ou « chambre des pairs », « héréditaire », nommée en « nombre » « illimité » par l'empereur, et la seconde, ou « chambre des représentants », « élue par le peuple » au nombre de 629 membres, « âgés de 25 ans au moins »... « Tous les actes du gouvernement » devant « être contresignés par un ministre à département » et « les ministres » « responsables des actes du gouvernement signés par eux, ainsi que de l'exécution des lois ». L'assemblée du Champ-de-Mai du 1er

juin ratifia cet acte additionnel, mais par un nombre de suffrages très inférieur aux plébiscites précédents.

C'est dans un esprit analogue qu'a été institué, cinquante-cinq ans après, par son neveu, l'empire libéral de M. Emile Ollivier, comme si la monarchie libérale était « l'aboutissement » de la monarchie césarienne.

XX. — NAPOLÉON Ier ET LA COMMISSION DE GOUVERNEMENT DU 22 JUIN 1815. — La chambre des représentants s'étant déclarée « en permanence » parce que « l'indépendance de la nation est menacée » — souvenir du comité de salut public — et ayant décrété que « toute tentative pour la dissoudre » serait « un crime de haute trahison », avait institué une commission de gouvernement de cinq membres, sous la présidence de Fouché, duc d'Otrante, et altéré ainsi dans son fondement l'acte additionnel et les constitutions de l'empire, et instauré un empire nouveau.

XXI. — NAPOLÉON II. — Après Waterloo et la seconde abdication de Napoléon Ier, mais avant son départ pour Sainte-Hélène, la chambre des représentants, et après elle la chambre des pairs, avaient déclaré que « Napoléon II » était « devenu empereur des Français, par le fait de l'abdication de Napoléon Ier et par la force des constitutions de l'empire » et chargé la commission de gouvernement d' « assurer à la nation les garanties dont elle avait besoin... ». Mais le 7 juillet, cette commission avait « fait connaître » à Louis XVIII, « par l'organe de son président, qu'elle venait de se dissoudre », c'est-à-dire qu'elle plantait là Napoléon II — dont les alliés ne voulaient pas, de peur qu'il ne fût aiglon et que l'aiglon ne devînt aigle — et que le chemin du trône était libre.

XXII. — CHARLES X, ROI DE FRANCE ET DE NAVARRE. — La charte de son prédécesseur Louis XVIII. Mais autre roi, autre homme, autre esprit de la charte, l'esprit « émigré », contre lequel, dès 1815, le duc d'Orléans, qui allait être Louis-Philippe, prémunissait Louis XVIII, bien que lui-même en eût une pointe, puisqu'il appelait « Buonaparte » celui dont il allait aussi ramener les cendres de Sainte-Hélène.

Avec les Bourbons et la chambre des députés de cette charte, qui devaient avoir quarante ans et payer une contribution directe de mille francs, et dont les électeurs devaient en payer une de trois cents et avoir trente ans, l'on pouvait pousser à droite aussi loin qu'à gauche avec la république et la chambre de la constitution de 1875, élue à vingt-cinq ans par des électeurs de vingt-et-un, au suffrage universel et direct. Esprit dont s'est surtout fait l'interprète le prince de Polignac, dont le nom avait déjà été fatal à Marie-Antoinette et à Louis XVI, avec la duchesse de Polignac, et devait l'être encore à Napoléon III, avec le duc de Gramont, Polignac par les femmes, et devrait l'être à la république, disent les fatalistes, avec le marquis de Polignac, fait chevalier de la Légion d'honneur par le président Fallières, pour avoir réuni beaucoup d'aéronautes autour de ses chais de champagne.

Charles X, et même Louis XVIII, espéraient que leurs services de 1814 et 1815 avaient rescellé le pacte des Bourbons avec la France, descellé sous leur frère Louis XVI, et comme si ce descellement n'avait pas témoigné de la fin de la fiction nécessaire à ce pacte, que tant de siècles semblaient avoir scellé pour toujours. Mais les peuples sont attachés à leurs institutions moins pour les services qu'ils en ont reçus que pour ceux qu'ils en attendent, et lorsqu'ils n'en attendent plus, leurs vrais sentiments se font jour pour ceux qui dirigent ces institutions, mais aussi en tirent titres, honneurs, pouvoir, plaisirs, richesses et gloire. Il y a un mot mélancolique d'Henri IV sur cette secrète haine des peuples pour leurs gouvernements, même les plus acclamés.

XXIII. — LE GOUVERNEMENT PROVISOIRE, OU LA COMMISSION MUNICIPALE DE PARIS DES 29-31 JUILLET 1830. — L'esprit « émigré » ayant suggéré à Charles X les ordonnances de 1830, qui suspendaient la liberté de la presse, dissolvaient la chambre des députés, réformaient le régime des collèges électoraux et les règles des élections et restreignaient le droit d'amendement ; les députés dissous nommèrent, sous le nom de commission municipale de Paris, un gouvernement provisoire de six membres, dont étaient M. Jacques Laffitte, M. Casimir Périer et le général comte de Lobau — l'année suivante maréchal de France — et qui lui-même, nomma un ministère dont étaient le baron Louis, le général et futur maréchal Gérard, le duc Victor de Broglie et M. Guizot, pas tout à fait de « plats bourgeois », opposant ainsi un acte anticonstitutionnel à un acte inconstitutionnel, une insurrection à une usurpation.

XXIV. — LA LIEUTENANCE GÉNÉRALE DU ROYAUME CONFÉRÉE AU DUC D'ORLÉANS. — Parallèlement, les députés envoyaient une délégation au duc d'Orléans pour lui offrir la lieutenance générale du royaume, en attendant les résolutions ultérieures, et le duc d'Orléans l'acceptait en maintenant en fonctions les ministres du gouvernement provisoire, toujours sous le nom de commissaires, à l'exception du duc de Broglie, que remplaçait le maréchal comte Jourdan.

XXV. — LOUIS-PHILIPPE Iᵉʳ, ROI DES FRANÇAIS. — Si son père avait voté la mort de Louis XVI, lui-même s'asseyait sur le trône du chef de sa maison, le duc de Bordeaux, en faveur de qui Charles X et le dauphin, duc d'Angoulême, abdiquaient, facilitant ainsi l'accession de la branche cadette, par les embarras d'une minorité et d'une régence. Danton le lui avait prédit, en lui conseillant toutefois de parler moins. En l'acceptant, et même en le préférant à Charles X, la France ne lui avait pas promis de tenir plus à lui qu'elle n'avait tenu aux Bourbons, aux Bonaparte ou à la république, qu'elle avait tous rejetés comme citrons vidés de leur jus, lorsqu'elle en avait eu ce qu'elle avait espéré ou qu'elle avait été déçue dans ses espérances, sans tenter de les amender par un changement de personnel et de politique.

Il y a encore deux autres remarques à faire : la première, que ces gouvernements se sont tous imposés à elle par la force et la ruse, et la deuxième, que, sous le désordre ou le hasard extérieur de leur succession, il y a un enchaînement et une logique que leurs auteurs eux-mêmes n'ont pas vus : l'assemblée unique et absolue qui succède au pouvoir royal absolu et se renouvelle trois fois pour creuser plus profond l'abîme et dresser plus haut la montagne entre l'ancienne et la nouvelle société ; un monarque absolu se créant lui-même pour montrer à l'ancienne société que, même au lendemain du siècle de Louis XIV, on pouvait improviser un monarque et une dynastie comme dans les sociétés primitives et pour donner à la société nouvelle tant de gloire militaire et organisatrice, qu'elle s'imposerait même aux tenants de l'ancienne : lorsque Napoléon Ier a disparu de la scène, une monarchie constitutionnelle avec l'ancienne dynastie nationale, pour sacrer l'État nouveau, comme ont fait les monarchistes de la troisième république en lui donnant sa constitution et le gouvernement des ducs ; et une fois cet État oint des mains de ceux qui étaient le monarchisme même, le chef de la branche cadette de cette dynastie introduit encore davantage la monarchie dans l'État nouveau, en substituant à la charte octroyée une charte acceptée, en donnant au parlement la prééminence sur le monarque, et en abaissant à trente ans et à cinq cents francs l'âge et le cens de l'éligibilité à la chambre des députés.

Le premier pair de Charles X et de Louis XVIII, rallié à Louis-Philippe, « au roi-citoyen », au « roi de la garde nationale », ou l'un des premiers, n'était pas un « anobli » de la veille, mais le dernier président du conseil de Charles X, que la réputation de sa maison, « l'esprit des Mortemart », mettait hors pair, le duc de Mortemart.

Le Français de 1779 a donc vu jusqu'en 1811, à la naissance de son fils, beaucoup plus de choses, et de plus grandes, que celui-ci, qui, de 1811 à 1910, n'a vu de grand que les deux sièges de Paris. Il a vu la fin d'un monde et le commencement d'un autre, la plus grande révolution dans le moindre temps des annales françaises, et leur plus grande épopée militaire ; vingt-deux gouvernements avec onze constitutions, et même seize, sous le pavillon intercurrent de la monarchie, de la république et de l'empire ; la dynastie nationale se divisant en deux dynasties ennemies sur les ruines de son trône; et une troisième dynastie surgissant du peuple pour les évincer toutes deux ; un roi de France et de Navarre devenant roi des Français, et un roi des Français devenant roi de France et de Navarre, deux rois de France et de Navarre, et un roi des Français, et deux empereurs des Français, dont les flatteurs du premier faisaient un « empereur de France ». Et les commissions, les comités, les directeurs, les consuls, les lieutenants généraux !... On se demande comment, à traverser tant de changements, de systèmes, de partis, d'enseignes et de noms, sur ce Sinaï toujours dans les éclairs et les tonnerres, ce Français de 1779 était encore sain de corps et d'esprit en 1811.

Mais s'il y a encore des hommes nés en 1811, l'on n'en cite plus qui soient nés en 1779, et comme tous les Français de quarante ans sont nés sous cette république, c'est la grande majorité des Français qui n'ont vu qu'elle, et c'est donc trois ou quatre générations antérieures qui ont vu le reste : de sorte que, passant par trois, quatre ou cinq cerveaux ou filtres, l'histoire de ces derniers cent trente ans a plus modifié l'esprit français que si elle n'avait passé que par deux, d'autant que ces variations de la forme du gouvernement ont comme multiplié les variations du fond en les faisant paraître encore plus nombreuses et plus profondes.

Il y a, dans ces essais d'organisation de l'Etat, une ironie supérieure : dès qu'on a touché à l'ancien régime, qui était déjà plus que séculaire, au degré où il était en 1789, il a croulé presque tout d'un bloc ; et les constitutions de 1791, de l'an VIII et de 1852, et même la charte de 1811, qui sont encore admirées par beaucoup de doctes et d'amateurs ès-sciences constitutionnelles, n'ont duré que quelques années, bien que leurs auteurs se fussent promis quasiment l'éternité pour elles et pour le régime qu'elles instauraient, tandis que la constitution de 1875 a déjà duré plus que la charte de 1814 et la constitution de 1791 réunies, et même plus que les constitutions de 1852 et de l'an VIII ensemble, bien que ses auteurs se fussent flattés de lui faire enterrer la république et ressusciter la monarchie et qu'elle ait fait tout le contraire.

Si, en 1789, l'on pouvait dire que le peuple français était tout entier né sous cette forme du gouvernement, l'on n'a plus pu, depuis, le dire d'aucune autre forme du gouvernement, sauf pour la forme actuelle, mais pour la grande majorité des Français seulement.

Néanmoins, les Français se sont ralliés assez pour les laisser s'essayer, en votant pour elles ou en ne votant pas contre elles, à toutes les formes du gouvernement qui leur ont été imposées : mais ils ne s'y sont jamais ralliés que sous bénéfice d'inventaire, et dès que l'inventaire, plus ou moins long, ne leur a pas donné ce qu'ils en espéraient, ils se sont laissés imposer un régime nouveau, quoique dans la suite de l'évolution, aucune transformation d'une constitution en vigueur depuis dix ans ou davantage n'ayant pu réussir, ni la transformation libérale de deux empires par le sénatus-consulte de 1870 et l'acte additionnel de 1815, ni la transformation autoritaire des monarchies des deux branches de la dynastie nationale par le refus de l'adjonction des capacités de 1848 ou par les ordonnances de 1830.

D'ailleurs, depuis la révolution de 1848, tous les Français ont vécu, en monarchie comme en république, sous le régime du suffrage universel, où le plus grand nombre ne possède rien ou peu, ne sait rien ou presque rien, ne comprend pas les affaires publiques ou les comprend mal, et où l'on voit, pendant les élections, un peu ce que les anciens voyaient pendant les saturnales, où les esclaves se considéraient et étaient considérés, comme les égaux même des patriciens, et même les brimaient ; non que les élections soient toujours des orgies et des désordres, car souvent, même à Paris, l'on ne s'en aperçoit qu'aux affiches des candidats ; mais parce qu'alors le dieu Nombre se sent plus puissant que la société, que la civilisation, et les rancunes des siècles ne le portent que trop à les jeter bas, d'autant que les élus, même lorsqu'ils appartiennent aux classes supérieures et aux opinions aristocratiques, n'en sont pas moins ses élus et ses créatures.

Ce périodique remue-ménage et sens dessus dessous, donne au corps social ce que Retz appelle la « fièvre d'État » et il est difficile que rien s'y fixe dans ces troubles, ces orgueils, ces ambitions, ces appétits, qui sont comme une meule niveleuse, « farinière » et socialiste, bien que le socialisme ait aussi d'autres causes, des causes économiques surtout, et qu'il soit autant et plus développé qu'en France, dans des pays qui ont de tout autres institutions politiques.

On ne saurait, d'ailleurs, pousser à l'extrême une institution quelconque, parce qu'à ce point, toutes tombent dans l'absurde : absurde en soi qu'un enfant posthume soit roi, comme Alphonse XIII, en sortant du sein de sa mère ; absurde en soi que la moitié plus un des électeurs confèrent le pouvoir ; mais comme une origine matrice permet mieux au pouvoir de se développer dans la légende et de s'établir dans l'âme de tous, la naissance et l'élection — consentement tacite ou exprès du peuple — sont les origines les plus répandues ; elles donnent à peu près les mêmes résultats pour les qualités natives de leurs élus, et leurs amis du premier degré eux-mêmes ne prétendent pas que les présidents de la troisième république soient supérieurs aux monarques leurs contemporains, les uns et les autres pris dans leur moyenne, mais les monarques sont élevés pour leurs fonctions et les présidents les apprennent au déclin de leur vie.

Il est vrai que les talents des hommes, ou leurs disgrâces, bouleversent tous les systèmes : Mazarin avait fait élever Louis XIV dans l'ignorance pour le mieux dominer, et l'on n'a dit, depuis, d'aucun monarque, qu'il ait rempli la fonction royale avec autant de maîtrise ; Louis XIV avait confié le grand dauphin à Bossuet, qui n'a rien pu en tirer, et le duc de Bourgogne à Fénelon, qui passe pour l'avoir retourné. Ainsi, rien que le caractère de Louis XIV aurait rendu impossible le régime du premier ministre tout puissant, à la Richelieu, régime où serait peut-être revenu son fils ; et l'on a pu dire de son petit-fils qu'il aurait réformé la monarchie avec les états-généraux. Trois générations, trois systèmes.

II

Ce qui restait de monarchisme en 1870

*A la chute du second empire, à part des quartiers de province lé-
gitimistes et des cercles orléanistes, ce qui restait de monarchisme dans le peuple français était bonapartiste et comprenait
le gros de ce peuple, le surplus étant républicain, et principalement ceux qu'on appelle aujourd'hui « les intellectuels », les
grandes villes et les centres industriels et qui étaient ce qu'il
y avait de plus actif dans la politique. Néanmoins, à aucune
des législatures de cette république, les bonapartistes n'ont
réuni la majorité parlementaire ni même la majorité dans la minorité, parce qu'étant « suffrage-universalistes », plébiscitaires,
ils avaient, plus que les orléanistes, surtout plus que les légitimistes, trouvé des équivalences dans la république et qu'ils s'y
sont fondus en plus grand nombre. Ils n'ont pu davantage, non
plus que les légitimistes, les orléanistes et des républicains, faire
aboutir une conspiration militaire contre la république ou les
républicains, soit parce que l'opinion publique était moins hostile au jacobinisme qu'au césarisme, soit parce qu'avec le service
plus court, et surtout obligatoire, l'armée est moins solide, moins
passive et moins dans la main des généraux.*

A la chute du second empire, ce qui restait de monarchisme
dans le peuple était bonapartiste, sauf en quelques quartiers. Les
paysans gardaient bon souvenir de Louis-Philippe, qui avait fait
la loi de 1836 sur les chemins vicinaux ; mais ces chemins étaient
faits, Louis-Philippe était mort, son petit-fils et héritier, le comte
de Paris, avait trente-deux ans, et était, depuis l'âge de neuf ans,
en Angleterre. Il n'était connu que d'un petit nombre de pèlerins
choisis, qui se gardaient d'assombrir son exil et qui, d'ailleurs,
espéraient ce qu'ils désiraient. Cependant, quelques années avant
la guerre de 1870, revenant d'Angleterre, le vieux duc de Broglie
dit à M. Xavier Marmier : « J'ai dit au comte de Paris que s'il
faisait donner aux siens la naturalisation anglaise, ils auraient
plus d'avenir en ce pays aristocratique, que dans la France démocratique, en restant les bons Français qu'ils sont ». Le comte de
Paris n'avait jamais fait acte de prétendant, et même, sous le ministère Émile Ollivier, il avait demandé au corps législatif, avec

le prince de Joinville, le duc d'Aumale et le duc de Chartres — leur pétition était signée dans cet ordre, ses oncles avant son frère — d'abroger la loi d'exil et de les laisser rentrer en France, où ils auraient été, par conséquent, sujets de Napoléon III. Le 18 janvier 1871, le comte de Paris écrivait à M. Elsingre : « Je suis plus républicain que mes amis. » Et, à quelques jours de là, dans sa circulaire aux électeurs de l'Oise, appuyant cette déclaration, le duc d'Aumale ajoutait : « Rien dans le passé de ma famille ne me sépare de la république. »

Mais les bonapartistes, légitimistes et républicains n'en assuraient pas moins qu'il était prétendant d'autant plus redoutable qu'il paraissait ne prétendre à rien et que son parti tenait sur un canapé. Mais ils voyaient sans doute quelques chaises autour de ce canapé, car ils s'en préoccupaient plus que jadis les Troyens du cheval de bois que les Grecs introduisaient dans leur ville. Les députés orléanistes, républicains et légitimistes du corps législatif avaient prêté, comme leurs collègues bonapartistes, le serment sans lequel on n'y pouvait siéger : « Je jure obéissance à la constitution et fidélité à l'empereur » ; et ils portaient, sur la coquille de leur épée, sur les neuf gros boutons dorés de leur habit, en « drap bleu national », et sur les six petits boutons pareils de leur gilet blanc, l'aigle de l'empire.

Le comte de Chambord était depuis quarante ans en exil, dont il avait pris le chemin au même âge que le comte de Paris. Son grand-père Charles X avait été renversé pour n'avoir rien accordé, et son grand-oncle, Louis XVI, avait passé du trône à l'échafaud pour n'avoir rien refusé. Il n'avait pas d'enfant, il était le dernier de la branche aînée des Bourbons et son héritier était le comte de Paris, le chef de la branche cadette : et s'il était monté sur le trône et que son héritier lui eût succédé, le petit-fils du roi dépossédé aurait ainsi mis en possession le petit-fils du roi qui avait dépossédé son grand-père. La plus grande partie de la noblesse étant légitimiste et possédant encore la plupart des châteaux, il y avait des légitimistes partout et en vue. Leurs pèlerinages en Autriche, à Frosdhorf, résidence du comte de Chambord, étaient plus nombreux et plus publics que les visites isolées et discrètes d'amis ou de lettrés à Twickenham ; il y avait plus de dévotion et plus de foi, et, quelquefois, s'y joignaient des paysans et des ouvriers des cantons où s'était conservée l'influence légitimiste. Mais, dans les derniers temps de Napoléon III, où il y eut l'exposition de 1867, des visites de souverains et de grandes fêtes publiques, comme aussi des grèves, les obsèques de M. Victor Noir, et où l'on put mieux observer le mouvement des esprits, l'on entendit crier : « vive l'empereur ! » ou « vive la république ! » mais jamais « vive la monarchie ! » ou « vive le roi ! » ou « vive le comte de

Chambord ! » ou « vive le comte de Paris ! », et il y avait chez les républicains une audace qui inquiétait quelques-uns de leurs alliés presque autant que l'empire, parce qu'ils ne voyaient pas ce que leur pays ou leur parti gagneraient à la substitution du régime républicain au régime impérial, qui les éloignerait encore davantage des institutions des deux branches des Bourbons, et qui serait neuf et variable.

Napoléon III avait été fait prisonnier comme Napoléon Ier, François Ier, Jean II le Bon, saint Louis, Louis IV d'Outremer, Charles III le Simple ou Chilpéric II, l'un des sept « rois fainéants » de la première race et dont la dynastie n'a pas été renversée pour cet accident. Lorsqu'on dit qu'à cette nouvelle l'empire a été renversé par la république, l'on doit entendre qu'elle n'a pas été son héritière d'élection, mais qu'il a senti se briser le lien qui l'unissait au peuple français, qu'il a jugé la résistance inutile, qu'il a disparu et que la république lui a succédé en vertu de cette conception issue on ne sait d'où, ni on ne sait de quoi, que lorsque le souverain lâche pied, la république prend sa place, comme la nuit suit le jour, avant même qu'aucun gouvernement se soit improvisé. Ce n'est plus : « Le roi est mort ! vive le roi ! », mais : « Le roi ou l'empereur est parti, vive la république ! » Ce jour-là, pas une main ne s'est levée contre ses ennemis, ni tendue pour le retenir : on ne rencontrait plus un bonapartiste dans Paris, et même un philosophe aurait eu de la tristesse en voyant cet abandon et cette régente qui s'enfuyait dans le coupé du dentiste américain Evans, où peut-être elle se rappelait Mlle Eugénie de Montijo, « la belle Diane », conduisant dans Madrid sa voiture à deux cerfs et rêvant de destinées fabuleuses. Quelque temps après, la comtesse de Montijo, sa mère, disait : « Quand ma fille était impératrice des Français », comme elle aurait dit : « Quand ma fille était préfète. »

La chute fut telle que M. Prosper Mérimée écrivait, le 4 septembre même à M. Panizzi : « ... Tout ce que l'imagination la plus lugubre pouvait inventer de plus noir est dépassé par l'événement. C'est un effondrement général... » Et, neuf jours après, le 13, dix jours avant sa mort, il écrivait encore au même ami : « ...Vous me gardez quelque chose à votre banque. J'ai encore des actions du chemin de fer du Nord qui m'assurent quatre ou cinq mille francs par an ; enfin, j'ai en rentes françaises un revenu d'environ seize à dix-huit mille francs. Que restera-t-il de ces rentes ? Quelque chose, je crois, assez pour enterrer leur propriétaire, qui est bien malade et sur ses fins... » Son *ex-libris* portait pour devise la traduction de deux mots grecs — un peu détournés de leur sens — du plus ancien des poètes comiques, Epicharme : « Souviens-toi de ne pas croire. » Dans toute sa correspondance, jusqu'au 4 septembre, il s'en est inspiré, et l'on voit qu'il avait peu de confiance dans la solidité de l'empire et un attachement quelquefois impatient à l'impératrice et à l'empereur. Le 15 mars 1831, après le sac de l'archevêché de Paris, M. Prosper Mérimée écrivait à Stendhal : « Vous ne pouvez vous faire une idée de l'inquiétude des gens riches. Elle est tout à fait comique, pour nous autres gueux. Vous avez perdu un beau spectacle : celui du pillage de l'archevêché. Rien n'était drôle comme une procession où figuraient nombre de savetiers et d'arsouilles de toute espèce, en chasubles, mitres, marmottant des prières et aspergeant le public d'eau bénite, qu'ils puisaient dans des pots de chambre. La garde nationale se tenait les côtes de rire et n'empêchait rien. Il n'y a pas de religion dans ce pays-ci. Un épicier disait : « Pourtant, on a tort de fatiguer ainsi les effets de M. l'archevêque. Moi, je me f... de la religion, je l'em... Mais il en faut pour le peuple. » En 1831, M. Prosper Mérimée était parmi les « gueux » et en 1870, parmi les riches, membre de l'académie française, « sénateur à vie », mais il ne l'a pas été jusqu'à sa mort, avec trente mille francs de traitement ; grand-officier de la Légion d'honneur, avec ses petites entrées à la cour. Ce moribond à la plume d'une sécheresse recherchée, ne croyant à rien avec un grand ennui en soi et comique, avait d'un coup d'œil mesuré le naufrage du siège. On ne sait pas pourquoi l'on classe à part et au-dessous les sièges sous Charles VI et Charles VII, sous Louis XI et Henri III, mais l'on ne compte que six grands sièges de Paris : son siège par Labiénus, le lieutenant de César ; son siège par les Normands, son siège par Henri IV, ses deux sièges par les alliés, en 1814 et en 1815, et son siège par les Allemands, en 1870-1871. De sorte que les deux Napoléons sont tombés sous l'invasion qui a fait trois fois le siège de Paris, trois sièges sur six.

Comme la colère du peuple parisien s'exhale toujours le lendemain en chansons, il y en eut bientôt un répertoire pour les cafés-concerts, où les assiégés allaient le soir attendre l'heure de se coucher, au bruit de la canonnade, qui finit par leur être si familier que, dans les premiers jours après l'armistice, le sommeil, déshabitué du silence, ne leur venait plus. Les survivants se rappellent encore le refrain de l'une d'elles, qu'ils reprenaient en chœur, et où le surnom de Badinguet, donné à Napoléon III après son évasion du fort de Ham en 1846, les déridait de leur abrutissement. C'était « le boulanger, la boulangère et le petit mitron » de 1789, accommodé à 1870 :

L' pér' et la mèr' Badingue,
A deux sous tout l' paquet,
L' pér' et la mèr' Badingue
Et le p'tit Badinguet.

Peu à peu s'est dégagé le mot de l'énigme de cette politique extérieure de Napoléon III, qui échouait ainsi dans le plus grand siège que Paris ait soutenu et que chansonnait si chétivement la muse populaire, elle aussi réduite au rationnement obsidional. Napoléon III était le subjectivisme même. Toute sa politique extérieure qui, par secousses successives, a détaché de lui la France, déconcertée et inquiète, a ses origines dans sa naissance et dans son mariage. Les satires, contre le lit et le trône du roi Louis de Hollande et de la reine Hortense, le poursuivaient depuis son enfance. Il désirait se marier dans une famille royale héréditaire, régnante ou non. Il avait même porté son choix sur une famille qui ne régnait plus. Il aspirait à la main de la princesse Catherine Wasa, morte en 1907, veuve du roi Albert de Saxe. Mais il avait naguère conspiré avec les carbonari contre Grégoire XVI et contre l'Autriche, et le comte de Cavour disait qu'il ne se guérirait jamais de « toujours conspirer ». Il avait ses équipées de Strasbourg et de Boulogne. Il avait son coup d'État. Il y avait la maussaderie des puissances au rétablissement de l'empire. Le tsar Nicolas Ier avait refusé de l'appeler « monsieur mon frère » et prétendait ne lui donner que du « sire et bon ami ». L'empereur aussi avait refusé la « majesté » à Louis XIV dans les lettres de chancellerie ou lettres contre-signées, mais la morgue impériale avait trouvé à qui parler en la morgue royale et « ces lettres furent bannies entre eux, et ils s'écrivaient, l'un à l'autre de leur main, en une égalité en tout parfaite », dit Saint-Simon. Pendant la présidence de M. Loubet, à la façon des cochers d'omnibus parisiens, les souverains se tutoyaient avec une affectation tourmentée, en courant sans cesse les uns chez les autres, comme si la révolution était à leurs trousses et comme s'ils négociaient à la hâte une sainte-alliance ou s'ils cherchaient un refuge à l'occasion. C'est l'empereur allemand qui a mis à la mode ce tutoiement des « citoyens » de la guillotine en 1793, et cette familiarité démagogique semblait « le 93 » des nobles manières et du bon ton. Des deux autres « puissances du nord », l'Autriche et la Prusse, qui refusaient, avec la Russie, de donner du « monsieur mon frère » à Napoléon III, la Prusse fut la première à renoncer à « ces humiliations à la Louis-Philippe », comme les appelait le nouvel empereur, et à suivre l'exemple de l'Angleterre qui, dès le premier jour, l'avait reconnu selon la formule. L'Angleterre a toujours eu les bonnes grâces de Napoléon III et elle en a retiré toute sorte d'avantages, et Napoléon III n'est intervenu contre la Prusse ni dans la guerre des Duchés, ni dans la guerre de Bohême. Mais le préjugé contre lui était si fort, qu'au lendemain du jour où il avait fait du roi de Sardaigne le roi d'Italie, Victor-Emmanuel II dit à son propre ministre plénipotentiaire, le prince

de La Tour-d'Auvergne : « Qu'est-ce que ce b....-là ? Le dernier venu
des souverains, un intrus parmi nous. » Et, sous son masque impassible, Napoléon III était si ulcéré d'être ainsi traité en aventurier, que son ministre confident, le futur duc de Persigny, s'em-
porta un jour à dire au corps diplomatique : « Avec lui, cent ans
de paix !... Sans lui, la guerre révolutionnaire, qui renversera tous
les trônes, excepté le sien. » Pour ses contemporains aussi, Henri
IV était un aventurier. Dix ans après sa mort, une grande dame,
une légitimiste de l'époque, parlait encore avec dévotion de « feu
monsieur de Ravaillac ». Il avait eu beau remettre la France sur
ses pieds et à son rang, et même au-dessus, et écrire de si jolis
billets aux femmes, Henri IV ne trouvait pas grâce auprès de cette
« chevaucheuse » de nuages qui devait être laide. Nonobstant, le
petit-fils de cet « aventurier », de cet « intrus », Louis XIV, est
devenu la source de la légitimité, le type du roi, « le grand roi ».
Mme de Maintenon ne l'en a pas moins tenu trente-cinq ans sous sa
coiffe, et ensemble ils ont légitimé ses bâtardes et ses bâtards et
les ont mariés aux princes et aux princesses du sang, comme pour
qu'un chacun sût que la famille royale elle-même n'était plus rien
que par le bon plaisir du roi. Mais bien que Napoléon III voulût
entrer dans « la famille des rois » seulement par une porte hors
d'usage, l'Autriche, sous l'influence de l'archiduchesse Sophie, mère de l'empereur François-Joseph, avait fait échouer son projet de
mariage avec la princesse Catherine Wasa. C'est alors qu'avec un
air de défi à l'Europe, il annonça aux grands corps de l'État, réunis
autour de son trône, son mariage de « parvenu » avec Mlle Eugénie
de Montijo, et que la menace de M. de Persigny commença de se
réaliser dans sa première partie, car la seconde devait tourner contre son maître. Les puissances signataires des traités de 1815 en
avaient elles-mêmes aboli les clauses contre les Bonaparte en reconnaissant Napoléon III comme empereur des Français, le « sire et bon
ami » étant aussi efficace que le « monsieur mon frère », mais il
semblait désigner un souverain du second rang plus qu'un égal et
frère des autres souverains, le chef d'une nouvelle dynastie dans le
lit de l'ancienne. Cette interprétation malséante du plébiscite consécrateur de l'empire a coûté à Nicolas Ier la guerre de Crimée. Outre le : « sire et bon ami », l'Autriche avait l'affaire Wasa, et si
l'attentat d'Orsini vint lui rappeler ses engagements de jeunesse
avec les carbonari, Napoléon III saisit l'occasion de se mettre en
sûreté du côté de l'Italie et de faire sentir à François-Joseph la
main du « parvenu » qui avait déjà poussé Nicolas Ier à la mort.
La guerre de Crimée n'avait donné que de la gloire à la France
et la guerre d'Italie lui donna, en plus, le duché de Savoie et le
comté de Nice, ses frontières naturelles du sud-est. Mais, en
même temps, Napoléon III troublait la paix religieuse en France,

par l'unification de l'Italie, qui ne pouvait s'achever que par l'annexion des Etats de l'Eglise, c'est-à-dire par la tradition de la papauté à l'Italie, et il créait sur cette frontière des Alpes complétée un grand Etat rival, au lieu de ces petits Etats rivaux entre eux, que la politique française opposait l'un à l'autre. Et comme il avait entrepris cette unification au nom du « principe des nationalités », pour en couvrir les motifs véritables, la Prusse entreprit aussitôt la guerre des Duchés, qui ne lui rendit pas la puissance qu'elle avait perdue à Iéna, mais qui montra sa résolution de la reprendre, et, au nom de ce même principe, contre lequel ne pouvait s'élever Napoléon III, elle se fit le champion du vieux rêve allemand de l'unité allemande, comme le Piémont s'était fait le champion du vieux rêve italien de l'unité italienne. Mais ces deux unités ne pouvaient s'établir et se consolider que par la défaite de la France, qu'elles dépossédaient de sa suprématie, et par une défaite dont un démembrement serait la marque durable et visible, et ferait du démembré un manchot ou un boiteux et lui donnerait l'âme et la politique d'un vaincu. Les incertitudes de Napoléon III trahissaient ses craintes. Mais il était toujours à briser la « politique de morgue » et ne pouvait s'en arracher. Après avoir vaincu deux puissants monarques qui l'avaient humilié, et fait tomber quatre souverains petits par les Etats, mais grands par la naissance, qui avaient savouré son humiliation, il voulait faire des rois par-delà les mers, n'y ayant pas réussi en Europe.

Un an après son mariage, le 23 janvier 1854, au bal des Tuileries, l'impératrice Eugénie avait dit au baron de Hubner, ambassadeur d'Autriche : — « La reine Isabelle II ne tardera pas à être détrônée et... aura l'Espagne qui y entrera le premier !... » — « On dit du bien du roi de Portugal », répondit M. de Hubner. — « Comment », s'écria l'impératrice en souriant, « et l'archiduc Maximilien, frère de l'empereur ? » — « Ah ! madame, vous faites de la diplomatie. » — « Du tout, je dis vrai. » La reine Isabelle n'est tombée du trône que le 29 septembre 1868, après trente-cinq ans de règne. L'impératrice avait été sa sujette et le roi dom Pedro V était de la même péninsule qu'elle. Elle aurait voulu donner aux Espagnols, devant qui elle brillait à Biarritz, un roi de sa main et qui ne fût pas d'une dynastie française : Bourbon ou Orléans. Cette candidature du frère de François-Joseph donnait le change sur la guerre d'Italie et lorsqu'ensuite, le trône d'Espagne n'étant pas encore vacant, il mit l'archiduc Maximilien sur le trône du Mexique, Napoléon III paraissait un vainqueur magnanime. Son ministre d'Etat, « le vice-empereur », M. Rouher, disait que c'était « la plus grande pensée du règne ». Cet empire « latin » devait faire contre-poids à l'empire anglo-saxon des Etats-Unis. Les Etats-Unis avaient alors trente-deux millions d'habitants et ils en ont quatre-vingt-onze en 1910, tandis qu'aux mêmes dates le Mexique en avait huit et qu'il en a quatorze. Si donc les États-Unis étaient un péril pour la France, la race latine et l'Europe, c'était un péril encore très lointain, — et la Prusse était un péril très prochain — Napoléon III ne le pouvait conjurer qu'en prenant parti pour le sud dans la guerre de sécession et en faisant des États-Unis deux confédérations rivales. Mais le comte de Paris et le duc de Chartres servaient dans le nord, — le duc de Chartres avait servi dans l'armée piémontaise pendant la guerre d'Italie, — Napoléon III était antiesclavagiste et la France l'était non moins que ces trois princes. Avant même la fin tragique de l'empereur Maximilien, cette chimère lointaine avait si fort troublé les esprits que, malgré le péril prussien qui se rapprochait chaque jour davantage, le vice-empereur arrêtait lui-même dans les mains de son souverain l'instrument ébréché dont il avait été fait un usage si inattendu : il refusait au maréchal Randon, ministre de la guerre, les augmentations d'effectifs et d'armements pour le réparer. Et pendant qu'à l'exposition de 1867 Napoléon III voyait enfin tous les souverains aux pieds de l'impératrice, et qu'il rêvait de leur montrer bientôt « le couronnement de l'édifice », « l'empire libéral », M. de Bismarck battait le pavé de Paris, disant au fonctionnaire des affaires étrangères attaché à sa personne : « Savez-vous ce qui me frappe le plus dans votre Paris ?.. C'est que tous les hommes ont une chaîne de montre en or à leur gilet. Comme vous êtes riches !... » On bat les riches et ils payent. Pour les battre, M. de Bismarck sut choisir l'occasion.

En 1870, la reine Isabelle n'était plus sur le trône et la régence du maréchal Serrano laissait la porte ouverte. L'empire était en transformation : les anciennes institutions n'étaient plus et les nouvelles s'essayaient sous le verbe du plus artiste des orateurs, M. Émile Ollivier. A 81 ans, M. Ollivier a autant d'enthousiasme et d'illusion que lorsqu'il était le plus jeune préfet de la deuxième république. Il saisit au vol une idée, un mot, lancés devant lui, et il en tire un feu d'artifice entre quatre-z-yeux, comme il ferait devant le premier aréopage du monde. La maussaderie des « oui » du plébiscite et l'audace des « non » montraient que la sève ne montait plus et que la vie se retirait. Napoléon III souffrait de la maladie dont il devait mourir le 9 janvier 1873. Le prince impérial n'avait que quatorze ans, l'impératrice était inquiète comme femme, comme mère, comme souveraine. Elle haïssait le prince Napoléon, qui le lui rendait. C'est elle qu'il fallait frapper au vif pour faire éclater cette guerre, que la Prusse cherchait depuis Sadowa, qu'elle désirait depuis la guerre des Duchés, à laquelle elle se préparait depuis l'entrée de Napoléon Ier à Berlin, et que Napoléon III, ses partisans et ses adversaires n'avaient su ni prévenir en intervenant pour le Danemark ou pour l'Autriche, ni se mettre en état de la soutenir. Il n'y avait pas de coup plus direct que la candidature du prince Léopold de Hohenzollern au trône d'Espagne, parce que l'impératrice entendait toujours avoir la haute main sur ce trône et que la sœur de lait de Napoléon III, Mme Cornu, faisait la navette entre son « frère » et cette branche catholique de la maison de Prusse, et, les unissant, la candidature se doublait de duplicité et presque de trahison. Mais devant les protestations françaises, le roi Guillaume, qui avait soixante-treize ans, et dont le règne avait deux pages utiles dans l'histoire de Prusse, eut une hésitation. Il retira la candidature du prince Léopold et le ministère Ollivier se déclara satisfait de ce retrait qui, par contre, ne parut pas suffisant à la jeunesse bonapartiste. M. Paul de Cassagnac disait au ministère Ollivier : « ... La reculade est consommée. Ce ministère aura désormais un nom : le ministère de la honte !... Ministres du 2 janvier, dont les paroles imprudentes ont réveillé la France endormie ; vous qui marchiez à sa tête et qui semblez vouloir fuir à cette heure, prenez garde ! La France, une fois lancée vers l'ennemi, ne saurait être arrêtée, et si vous persistez à lui barrer le passage, elle saura bien vous passer sur le corps. » Et M. Albert Duruy concluait : « La guerre évitée ne serait que la guerre ajournée à très court délai. » De son côté, M. de Bismarck ne craignait rien tant que cet ajournement, comme il l'a montré par sa falsification de la dépêche d'Ems, qui a fait déclarer la guerre à Guillaume Ier par Napoléon III : il lui fallait la guerre parce qu'il savait que la Prusse était prête et que la France ne l'était pas, et qu'il ne faut jamais remettre à demain ce qu'on peut aujourd'hui, parce qu'on n'est jamais sûr que ce qu'on peut aujourd'hui, on le pourra demain. Bien qu'il ne fût pas homme de guerre et qu'il n'ait jamais su la guerre, Napoléon III se mit à la tête de ses troupes, à Châlons, puis à Sedan. Mais le vieux général Jomini, qui avait si fort troublé Napoléon Ier en lui annonçant sa marche de Mayence sur Bamberg, était mort depuis un an et n'avait pu lui donner un plan de campagne contre les Allemands, comme il lui en avait donné un pour la guerre d'Italie. Le maréchal Canrobert disait que, sur le champ de bataille, Napoléon III était un « automate ». Le soir de la bataille de Magenta, le comte de Foras l'avait trouvé planté devant une petite maison en retrait de la route, « les traits tirés, le nez allongé, les joues creusées, les moustaches et les cheveux », toujours cosmétiqués, « décollés et défaits », mais la voix et le ton calmes. A Sedan, comme à Magenta, l'« automate » était silencieux et absent. Son ministre de la guerre, le maréchal Lebœuf, avait dit au corps législatif : « Il ne nous manque pas un bouton de guêtre ! » Mais tout manquait : commandement, discipline, effectifs, armements, équipements, approvisionnements. La mort même manqua à Napoléon III qui, pour un si grand désastre, n'eut que le sort de Louis-Philippe pour le refus de « l'adjonction des capacités » et de Charles X pour les ordonnances.

Pourtant, la « démocratie rurale » ne passa pas de plain-pied de l'empire à la république, elle a le pied plus lourd et plus lent que ses représentants au parlement. Il arrive, d'ailleurs, que les partis se survivent longtemps sous des couverts, en groupes, en caste, en secte ou en solitaires : La Bruyère rencontrerait encore des jacobites en Angleterre, mais il en rapporterait, en pensant à Louis XIV, un portrait d'Edouard VII, « ce ses sujets représentent comme leur meilleur roi depuis l'heptarchie anglo-saxonne. Cette démocratie avait fait le second empire, tandis que ses autres gouvernements ont été faits sans elle et sa prospérité s'était développée sous lui. La tutelle de Napoléon III la rassurait contre elle-même et contre les autres, et l'opposition ou la bouderie des châteaux la maintenaient en confiance. Son bonapartisme a persisté dans ses votes légitimistes, orléanistes, républicains, boulangistes et autres, sous lesquels la guerre et les coalitions électorales et parlementaires l'avaient contrainte de se réfugier jusqu'à ce que, par des dégradations successives et des insuccès répétés, et avec les générations nouvelles, elle ait pris sa forme de 1910. Des trois dynasties, les Bonaparte ont eu pourtant un plus grand choix de prétendants, sous cette république, et ont pu en faire le siège de plus de manières : Napoléon III, le prince impérial, le prince Napoléon et le prince Victor sont, en effet, très divers. En 1872, M. Thiers affectait de redouter une conspiration de Napoléon III, ce qui rendait l'assemblée nationale plus docile. Napoléon III s'était fait opérer de la pierre pour venir en France se mettre à la tête de trente ou quarante généraux qu'il avait décidés à le rétablir sur le trône. La taille de la pierre avait « réussi », comme disent les chirurgiens ; mais il n'en mourait pas moins quelques mois après et la conspiration ne fit d'autre victime que son auteur. Dix ans après, trente ou quarante généraux aussi, dont quelques-uns les mêmes, et la plupart sans commandement, se rencontraient chez l'ingénieur Ducros, qui avait jeté, pendant le siège, un pont trop court sur la Marne, que Pie IX avait fait comte et M. Thiers préfet. M. Thiers l'avait envoyé à Saint-Etienne remplacer le baron de l'Espée, assassiné par les « communards », que le conseil municipal stéphanois réchauffait dans son sein. Aussitôt arrivé, M. Ducros manda ce conseil à la préfecture et, se campant devant lui : « Regardez-moi bien », leur dit-il. « Est-ce que j'ai la tête d'un otage ? A bon entendeur, salut ! Vous pouvez vous retirer ! » Saint-Etienne, qui était en insurrection, devint, en un clin d'œil, sage comme une image. Longtemps après, les mères de cette ville, pour faire taire leurs enfants, leur disaient : « Si tu ne le fois pas, j'irai chercher Ducros ! » Et ils se taisaient soudain. De haute et forte stature, la figure martiale, le verbe du commandement, M. Ducros avait beaucoup d'esprit, une conversation étincelante, mais il ne fallait pas l'entendre souvent, et le comte de Chambord ne l'avait entendu que quelques fois, et était resté sous le charme. Par des familiers de M. Grévy et de M. Gambetta, il savait tout ce qui se passait à l'Elysée et chez son « dictateur occulte », et même il avait copié des lettres que celui-ci recevait. Sur ces articles, Aristophane eût été jaloux de son humoristique férocité à railler. Parmi ses généraux en civil, c'est lui qui paraissait le général. Bref, le général Cluseret, ancien « délégué à la guerre » sous la commune, filleul de Louis-Philippe, devait faire, aux fêtes du 14 juillet, une échauffourée à la Villette et le général Ducrot — le comte Ducros prononçait Ducrotte le nom de son homonyme phonétique — le général Ducrot devait se ruer, du cabinet du colonel Leperche à la caserne de la Pépinière, contre cette échauffourée, et, sur ses cadavres fumants, proclamer Henri V, pendant que des troupes de Paris et de Versailles s'empareraient des points stratégiques, politiques et administratifs de la capitale, c'est-à-dire du grand ressort de l'horloge française. Mais, ce jour-là, le général Cluseret eut la colique, sans que l'on sût quel intérêt il avait eu à l'avoir, et tout ce rêve resta un rêve.

Des quatre « grandes conspirations » dites « des généraux » qui ont inquiété ou troublé la troisième république, si la première était bonapartiste et la deuxième légitimiste, les deux autres n'ont pas eu ce caractère exclusivement antirépublicain et dynastique, et toutes deux sont sorties de l'œuf. Même la troisième s'est ébrouée éperduement, pendant trois ans, se racontant, se publiant, se trompettant à en assourdir l'univers. Créature de M. Clémenceau, et son républicanisme tintinnabulant sur son cheval noir, le général Boulanger était disputé par la république et par la monarchie. Il devait être le Monk du comte de Paris, du prince Napoléon et du prince Victor, et le dictateur ou l'imperator de républiques variées, voire l'empereur d'un nouvel empire, et Guillaume II disait, dans un rire sardonique : « Ernest Ier viendra me voir à Berlin. » Ernest était l'un des prénoms du général Boulanger. Mais un lièvre livré à tant de cuisiniers qui veulent l'accommoder à tant de sauces ne paraît jamais sur la table. Enfin, la dernière de ces conspirations a été celle des funérailles de M. Félix Faure, où le général Roget a arrêté M. Paul Déroulède, au lieu d'arrêter le président Loubet, et où ont été mêlés des monarchistes. M. Déroulède a du chauvinisme, de la bravoure, de l'honneur, l'amour de la gloire, les formules flamboyantes, et, avec sa haute taille et sa mâle figure, ornée d'un nez à la don Quichotte, l'on dirait le tambour-major de la république. Depuis plus d'un quart de siècle, il défile, le drapeau tricolore déployé, où l'on lit en lettres d'or : « Alsace-Lorraine ! Élection du président de la république par le peuple ! » Si l'élection du président par le parlement rend le parlement absolu, son élection par le peuple ne ferait que déplacer l'absolutisme, que le transférer au président, et la première partie de la devise de M. Déroulède : « Alsace-Lorraine ! » rappelle la politique du chef d'État plébiscité qui a perdu ces deux provinces. Mais l'arrestation de M. Déroulède par le général Roget est la moralité de ces conspirations. Les généraux — surtout ceux qui n'ont pas de commandement et ne savent comment occuper leurs loisirs, — écoutent, attentifs et réservés, quelquefois opinent du bonnet ou même émettent leur avis, « à la militaire », et l'on croit les tenir : mais leur inexpérience et leur appréhension des responsabilités politiques et civiles les font se ressaisir, les changements de gouvernement et les vicissitudes de leur carrière les ayant rendus souples et diplomates : dès qu'ils ont leur uniforme, la discipline les reprend, et sitôt qu'ils sont à la tête de leurs troupes, ils n'obéissent plus qu'au ministre de la guerre. Quels ordres leur a donnés, le 4 septembre 1870, le général comte de Palikao, ministre de la guerre de l'impératrice régente, contre le gouvernement de la défense nationale ? Aucun. Au contraire, le général Le Flô, ministre de la guerre du nouveau gouvernement, leur en a donné et ils ont obéi. Telle a été, pendant le XIXᵉ siècle, sauf au retour de l'île d'Elbe, leur conception de leur devoir vis-à-vis de l'État et des gouvernements qui ont successivement dirigé cet État. Mais, au retour de l'île d'Elbe, il y avait celui qui revenait et qui est unique dans l'histoire de France. À la vérité, depuis la loi du 24 juillet 1873, l'armée française est divisée en dix-neuf armées, — une vingtième leur a été ajoutée en 1898, — ces vingt armées forment chacune un corps complet avec tous ses organes, dans une région délimitée, et le ministre de la guerre ne les commande que par ses vingt lieutenants, qui ont des pouvoirs propres et constants. Ces vingt commandants de corps d'armées rappellent les gouverneurs de province qui, de 1595 à 1655, jusqu'à Louvois, ont donné tant d'inquiétude aux premiers Bourbons. Mais le service obligatoire fait entrer dans l'armée nombre de soldats d'origine, de culture ou de fortune égales ou supérieures à celles des officiers, les communications sont plus rapides et la centralisation plus effective, et lorsqu'il commandait le 13ᵉ corps d'armée, à Clermont-Ferrand, le général Boulanger n'a pas plus tenté de mettre la main sur l'État que lorsqu'il était ministre de la guerre et qu'il exerçait le commandement toujours obéi. De tous ces conspirateurs, Napoléon III seul avait l'étoffe, mais l'étoffe était usée. Il en avait pris l'art en Italie, à la bonne époque, après que la révolution de juillet y avait rallumé le désir de s'af-

franchir des « quatre jougs : le joug étranger, le joug clérical, le joug absolutiste et le joug séparatiste. » S'unifier
dans l'indépendance de ses voisins et de l'Eglise et dans
la liberté constitutionnelle était pour l'Italie la terre promise, et
aucune autre voie ne lui étant possible, elle s'y achemina
par les souterrains. Aujourd'hui qu'elle y vit, l'art de la conspiration n'y fleurit plus que par la branche de l'assassinat, en
fleurs rares mais éclatantes : ce sont des Italiens qui ont assassiné
le roi Humbert, l'impératrice Elisabeth, M. Carnot, M. Canovas.
Le prince impérial est mort si jeune qu'on ne peut pas lui reprocher d'avoir manqué de la première vertu des prétendants, qui
est de monter sur le trône — la seconde étant de s'y maintenir.
Sans doute, faute de pouvoir autrement conquérir la confiance des
Français, dans son esprit d'entreprise et dans son courage, il alla
au Zoulouland, se battre sous le drapeau du pays qui lui donnait
l'hospitalité. Bien que les désastres de 1870 ne lui fussent pas im-
putables, Paris l'avait chansonné et criblé de sobriquets, mais lorsqu'elle apprit que « le petit prince » avait été tué là-bas, si loin,
la grand'ville se couvrit d'un léger voile de tristesse. Il lui a laissé
le vague souvenir d'un prince sentimental et un peu mystique. Il
avait des théories décentralisatrices, comme le comte de Chambord, qui, dans l'intimité, a pourtant confessé son goût pour la
constitution de 1852, comme le comte de Paris, comme son père
lui-même. Mais son ministre de l'instruction publique n'avait qu'à
regarder l'heure à la pendule pour dire à Napoléon III quel thème
ou quelle version faisaient les élèves de tous les lycées de France,
basques et flamands, bretons et provençaux ou berrichons, et lui
montrer qu'il y avait loin de cette constitution de 1852 à une décentralisation quelconque. Napoléon Ier était aussi partisan
de la monarchie constitutionnelle et de la garde nationale, mais
pour son successeur. « Codes promis à l'avenir », a dit Victor Hugo.
Après la mort de Napoléon III, l'impératrice Eugénie et M.
Rouher avaient recueilli son influence sur son fils. M. Rouher était
d'une demi-génération plus jeune que M. Dufaure et M. Dufaure
d'une demi-génération aussi plus jeune que M. Dupin l'aîné ; mais
tous trois étaient de la même école d'hommes d'affaires, durs au
travail, la mémoire grenier d'abondance. exposant lumineusement,
mais avec lourdeur, les questions les plus ardues à la tribune. Le
baron Baude, ambassadeur de France au Vatican, à la fin de Pie IX
et au début de Léon XIII. disait du cardinal bénédictin français
Pitra : « C'est une bibliothèque sans fenêtres. » Ces hommes politiques étaient une étude d'avoué du même style. Après que, le 27
octobre 1873, en s'ensevelissant dans le drapeau blanc, le comte
de Chambord eût dissipé, sauf pour ceux qui ne voulaient
pas voir, la dernière illusion de restauration bourbonienne, et,

tant qu'il vivrait, de restauration orléaniste, la branche cadette s'étant ressoudée, le 5 août précédent, à la branche aînée et ayant abdiqué toute prétention au trône pour la durée de cette branche aînée, le parti bonapartiste releva la tête.

En 1874 et en 1875, la monarchie impériale sembla prendre le rôle abandonné par la monarchie royale. Mais les légitimistes et les orléanistes occupaient le pouvoir et ses avenues et, sous cette mainmorte, la clientèle de la république s'augmentait sans cesse, comme on le constatait à chaque élection, politique ou administrative. Par jalousie, contradiction et paradoxe, dans un bel esprit, le premier prince du sang, le prince Napoléon, traversait d'ailleurs la politique du prince impérial, comme il avait traversé, pendant tout son règne, celle de Napoléon III, à qui pourtant il devait encore plus que Napoléon III à Napoléon Ier. Comme l'on disait devant sa sœur, la princesse Mathilde, que peut-être il aurait mieux valu que Napoléon Ier n'eût pas existé, parce qu'il n'était pas sûr que la France eût plus gagné que perdu à l'épopée napoléonienne : « Eh ! s'écria-t-elle, vous oubliez que, sans lui, je vendrais des oranges à Ajaccio ! » A son passage de l'enfance à la jeunesse, de l'exposition de 1867 à la guerre de 1870, le prince impérial avait vu les extrémités des choses humaines. Voltaire écrivait d'Amsterdam à Mme de Bernières : « Nous rencontrâmes le pensionnaire — le grand pensionnaire ou premier ministre des états-généraux de Hollande — à pied, sans laquais, au milieu de la populace. » Celui qu'on a appelé le petit-fils de Voltaire, M. Edmond About, aurait pu rencontrer à Londres, en plus mince équipage encore, le petit pensionnaire de l'impératrice Eugénie à Chislehurst et faire un crayon moitié pitoyable et moitié moqueur de ce prétendant sans terre et sans argent, de ce prince impérial à qui il avait fait sa cour aux « séries » de Compiègne. Aussi ce prince avait-il estimé qu'après Sedan et Metz, la France ne reviendrait pas de la république à l'empire par des pamphlets, des réquisitoires, des élections, ni des intrigues, mais que l'héritier du trône impérial devait d'abord mettre, entre lui et ces souvenirs, un peu de gloire et faire des partisans à sa personne pour en faire à sa cause. Il en a été victime. Sacrifice inutile, mais qui est rare.

Bien différente a été la politique du prince Napoléon. Il avait toujours été ennemi du mal-être et ami de ses aises, et le peuple qui voit tout en idéalisation ou en caricature, l'avait surnommé, pendant la guerre de Crimée : « Craint-Plomb », « Plon-Plon ». Son orgueil, son impatience, son emportement, son décousu, lui faisaient toujours faire le contraire de son intérêt. « César déclassé », disait de lui l'un de ses familiers, M. Edmond About. César au masque gras. Il n'avait pas sa « folie » hors de Paris, comme les personnages et les financiers du XVIIIe siècle, mais à quelques tours de roues du Palais-Royal, avenue Montaigne, et l'architecture et le nom de cette « folie », « la maison pompéienne », avaient aussi l'air césarien. Au Palais-Royal, il tenait bureau d'opposition contre Napoléon III, et il y trônait parmi des républicains. A la chambre de 1876 comme à la législative de 1849, et à la constituante de 1848, il affichait des opinions républicaines, il siégeait avec les 363 républicains qui donnaient l'assaut au maréchal de Mac-Mahon, en répétant l'ultimatum de M. Gambetta : « Se soumettre ou se démettre ! » Mais, comme Napoléon III, le prince impérial et son fils aussi, il demandait l'appel au peuple, c'est-à-dire le plébiscite.

Suivant cette théorie, le peuple a seul le droit de faire son gouvernement et il ne peut le faire que par le plébiscite. Tout gouvernement fait par un plébiscite ne peut être défait que par un autre plébiscite, et tout gouvernement fait autrement que par un plébiscite peut être défait n'importe comment, puisqu'il est illégitime, usurpateur et intrus. Par conséquent, les plébiscites de la constitution de 1793 et de la constitution de l'an III établissant la république, ont aboli toutes les institutions antérieures et scellé la pierre tumulaire sur le passé, et ces plébiscites eux-mêmes ont, à leur tour, été mis à néant par les huit plébiscites sur lesquels s'appuyaient les Bonaparte pour demander qu'un nouveau plébiscite confirmât ou abrogeât les plébiscites sur la constitution de l'an VIII ou consulat du général Bonaparte, sur le sénatus-consulte de l'an X ou consulat à vie du consul de l'an VIII, sur le sénatus-consulte de l'an XIII ou empire de Napoléon Ier, sur l'acte additionnel ou rétablissement de l'empereur de l'an XIII, sur l'élection du prince Louis-Napoléon Bonaparte à la présidence de la république en 1848, sur la constitution de 1852 ou présidence décennale de ce prince avec la puissance impériale, sur le sénatus-consulte de la fin de cette année 1852 ou empire de Napoléon III, et enfin sur le sénatus-consulte de 1870 ou empire libéral. Ces huit plébiscites sont bonapartistes, puisque les deux Napoléons en ont été bénéficiaires : mais les deux premiers, le cinquième et le sixième, sont républicains, et les quatre autres seulement sont impériaux. Seul aussi le cinquième est créateur et tous les autres ne sont que ratificateurs, le peuple n'avait pas l'option entre plusieurs gouvernements soumis à son choix, il n'avait à se prononcer que pour ou contre un gouvernement établi sans sa participation, et qui lui donnait à choisir entre lui et rien. Au cinquième plébiscite, au contraire, le peuple avait à choisir le président de la république entre tous ceux qui sollicitaient ses suffrages : d'abord le chef du gouvernement, le général Cavaignac ; M. Ledru-Rollin, « le père du suffrage universel » ; Lamartine, qui disait : « J'ai pour moi les femmes et les jeunes gens » ; M. Raspail, le vulgarisateur du camphre dans les classes populaires ; le prince Louis-Napoléon Bonaparte, simple « représentant du peuple à la constituante » ; et l'élection de ce prince a ainsi été faite en toute liberté. Mais, en s'appuyant sur ces huit plébiscites pour demander l'appel au peuple, le prince Napoléon définissait et précisait cet appel : c'était l'élection du président de la république par le plébiscite, qui avait réussi à son cousin en 1848 et dont il espérait le même succès pour lui-même. Cette politique a aussi échoué parce que les dates du 10 décembre 1848 et du 2 décembre 1851, et celles du 8 mai 1870 et du 15 juillet suivant étaient restées dans les mémoires avec le caractère de cause à effet, et que, dans le « plébiscitage » d'un prince impérial ou royal, l'on croyait voter : coup d'État, monarchie, césarisme, guerre, la reproduction de ce que l'on avait vu.

Comme M. Lambert de Sainte-Croix lui demandait ce qu'il ferait si la question plébiscitaire se posait jamais, le comte de Paris lui répondit, le 2 mai 1888 : « ...La nation a la clef de la maison dans sa poche, il faut bien la lui demander pour y entrer. Selon les circonstances, on peut donner à la nation les moyens de se prononcer, soit par un vote direct, soit par l'élection d'une assemblée constituante, cela revient au même quant au principe. La consultation nationale, quelle qu'elle soit, ne crée pas le droit, ce droit historique, impondérable, et cependant si puissant, dont la maison de France a le dépôt traditionnel, mais elle crée la légalité. En sanctionnant le pacte entre le peuple et le dépositaire de cette tradition, elle lui donne la force, l'autorité. Si elle se prononce en faveur d'un autre gouvernement, elle n'abroge pas le droit, elle n'abolit pas la tradition, elle ne crée pas, comme le prétendent les plébiscitaires, un droit nouveau, mais elle fait un gouvernement qui, sans être légitime, est légal... »

Ainsi le plébiscite de la constitution de 1793 a fait de l'histoire de France, de l'histoire antérieure à cette constitution un cabinet d'archives, où il n'y a plus que des documents pour l'historien, des enseignements pour le politique, des méditations pour le philosophe, des anecdotes pour le curieux.

Ainsi, l'empire libéral est toujours le gouvernement de droit, malgré les neuf législatures de la troisième république, et seul un nouveau plébiscite pourrait donner le droit à un autre gouvernement.

Ainsi, dix plébiscites, trois républiques, deux empires et la branche cadette de la maison de France, se substituant à la branche aînée en 1830, n'ont pu davantage abolir « le droit impondérable » de cette maison sur le pays dont elle porte le nom, et si un plébiscite se prononçait unanimement contre elle, son mariage mystique, quoique unilatéral, ne devrait prendre fin qu'avec son dernier prince.

Ces trois théories — républicaine, impérialiste, monarchiste — des origines et de la nature du pouvoir sont si dissemblables qu'elles semblent issues de trois races, bien que celle du milieu participe, par certains côtés, des deux autres.

Si le prince impérial tenait plus des monarchistes, le prince Napoléon tenait plus des républicains, non seulement par l'écorce, bien que dans ses effusions républicaines il n'ait jamais dispensé personne de lui donner du monseigneur et de l'altesse impériale, — mais encore par le fond, il était de leur sang, il avait leur esprit. Aucun d'eux n'était plus ardent pour la guerre d'Italie, plus adversaire du pouvoir temporel, plus antipapiste, anticlérical, sans religion, mais il était spiritualiste, déiste et concordataire, parce que le concordat était l'œuvre de son oncle et qu'il avait la superstition de tout ce qui venait de celui à qui sa sœur devait de ne pas vendre des oranges. Les monnaies frappées dans les premiers temps du premier empire portant en exergue : « République française, Napoléon empereur », il voulait aussi être empereur de la république. Comme les six autres prétendants, maintes fois, il s'est entendu dire par ses partisans : « Monseigneur, montez à cheval ! » Mais feignant de ne pas comprendre que cela signifiait « faire un coup de force », que ses conseillers ne lui indiquaient pas d'ailleurs, il ne faisait pas la réponse consacrée depuis 1830 : « Quand l'heure sonnera, je serai prêt ! » Les plus grands événements n'ont pu mettre en branle cette cloche suspendue dans les nuages et qui devait sonner l'heure si souvent annoncée et si longtemps attendue. Le prince Napoléon répondait : « D'abord, moi, je n'ai pas de cheval ! » Le 18 avril 1868, vendredi saint — on faisait maigre, ce jour-là, chez « la Païva » — le prince Napoléon avait dîné chez Sainte-Beuve, avec MM. Taine, Ernest Renan, Gustave Flaubert, Robin, de l'académie des sciences, section de l'anatomie et de la zoologie, — cinq anatomistes, — et M. Edmond About, moineau lâché dans une cathédrale et voletant du nez des saints sur la croix du tabernacle. Il y avait, entre autres plats, un filet au madère et un faisan truffé, arrosés de château-margaux, de nuits, de musigny, de château-yquem et de champagne. Un plat maigre avait été fait exprès pour une « dame pieuse », au dire du secrétaire de Sainte-Beuve, M. Jules Troubat, bien placé pour se connaître en « dames pieuses » ; mais la « dame pieuse » et frugale fut empêchée, par sa santé, de se rendre à ces agapes, qui firent autant de scandale que « la débauche de Roissy », bien que Sainte-Beuve se soit défendu de toute préméditation mécréante et qu'il ait mis son faisan et son filet sur le compte du hasard. Sainte-Beuve est mort en 1869 et ses obsèques ont été civiles ; M. Flaubert en 1880 et ses obsèques ont été célébrées à la petite église de Croisset ; M. About en 1881, et ses obsèques ont été civiles, comme celles de Sainte-Beuve ; M. Renan en 1892, et ses obsèques civiles ont eu lieu aux frais de l'État, et M. Taine a été enterré en 1893, selon le rite protestant, bien qu'il fût né dans la religion catholique. MM. Taine, Renan, About et Flaubert ont répandu le chinisme politique et religieux dans les classes cultivées de cette république. M. Taine n'en est pas moins, maintenant, adopté comme un oracle par des monarchistes et des catholiques. Observateur bourré de savoir et toujours aux aguets, mais pyrrhonien, plus habile à l'analyse qu'à la synthèse, répugnant aux généralisations qui pouvaient être prises pour une profession de foi, il a passé au creuset l'ancien régime, la révolution, l'empire, Napoléon Iᵉʳ... et ses yeux brûlés par les fourneaux ont vu en laid des éléments dissociés, comme l'accoucheur qui ne verrait, dans la maternité, que l'accouchement. « En 1849 », a-t-il écrit en 1875, « j'avais vingt et un ans ; on me proposait d'être royaliste ou républicain, démocrate ou conservateur, socialiste ou bonapartiste ; je n'étais rien de tout cela, ni même rien du tout, et parfois j'enviais tant de gens convaincus qui avaient le bonheur d'être quelque chose. » Si, en effet, ainsi qu'il l'a dit, « le vice et la vertu sont des produits comme le vin et le vitriol » et s' « il n'est pas plus immoral d'être vicieux que d'être bossu », à quoi bon choisir entre tel ou tel système de gouvernement ? Comment même juger un gouvernement, un homme, un acte, et au nom de quel principe, de quelle esthétique même ? « Etre quelque chose », au contraire, est sinon avoir une foi, du moins avoir une règle. En se faisant enterrer dans le protestantisme, il s'est fait enterrer dans le libre examen, où il avait toujours vécu, tandis que, en l'état des mœurs, les obsèques civiles sont une affirmation et par conséquent une borne. Enfin, celui en l'honneur de qui Sainte-Beuve avait donné son dîner du vendredi saint, le prince Napoléon, est mort à Rome, dans une chambre d'hôtel, entouré de sa femme, la princesse Clotilde, la piété même, dans ce qu'elle a de plus élevé et à la fois de plus minutieux, et du cardinal Mermillod, fils d'un boulanger de Carouge, faubourg de Genève, prédicateur et confesseur pour femmes du monde, si féru de princes et de princesses et qui en connaissait tant qu'il s'embrouillait et vous donnait des nouvelles toutes fraîches de tel et tel qui étaient morts depuis deux ans. Lorsque, d'évêque d'Hébron chez les infidèles, il fut préconisé évêque de Lausanne et Genève, en résidence à Fribourg, et qu'il prit possession de son siège, Fribourg le reçut comme un roi, et il disait : « Fribourg n'est pas une république, c'est une épiscopie ! » Mais cette épiscopie lui fit bientôt voir qu'elle était une république, elle le trouva trop genevois et pas assez catholique du terroir, et, pour le soustraire au particularisme fribourgeois, Léon XIII dut l'appeler auprès de lui comme cardinal de curie. Au bref, les obsèques du prince Napoléon furent religieuses, comme il convenait à un prétendant concordataire et neveu de l'auteur du concordat. Mais, même à l'article de la mort, il refusa de recevoir le prince Victor, qui s'était séparé de lui après les décrets de M. Grévy contre les congrégations religieuses, le père approuvant ces décrets et le fils les désapprouvant, et le dualisme institué par le prince Napoléon contre Napoléon III, puis contre le prince impérial avait été ainsi continué contre lui-même, de 1852 à 1891, Bonaparte contre Bonaparte. Peut-être Napoléon III, qui était superstitieux, aurait-il trouvé, en caressant sa moustache, que c'était là un « retour des choses d'ici-bas » et il aurait souri de ce que ce sceptique de « la maison pompéienne », qui avait vécu pendant vingt-cinq ans en révolte contre les chefs de sa dynastie, avait été mordu au vif par la révolte plus discrète de son fils et sa révolte sur la question religieuse.

Depuis 1886, le prince Victor vit en exil à Bruxelles, où il a vu Léopold II ne pouvant intervenir que par à-coups dans le gouvernement de son royaume, mais se rabattant sur sa famille, où il a été despote, sur les affaires, où il a été retors, et sur les plaisirs, où la vieillesse n'a pas pu l'atteindre. De loin le prince Victor apparaît comme un esprit tranquille dans un corps solide, plus Savoie que Bonaparte, plus constitutionnel que césarien, et qui, de temps à autre, publie une protestation interruptive de la prescription, que ses adversaires reconnaissent comme judicieuse. Mais les jugements que l'on porte sur les vivants, surtout sur ceux qui ne sortent pas des douceurs de la vie privée pour s'engager dans des entreprises publiques, ne sont jamais que provisoires, parce que ces vivants peuvent avoir des fleurs d'arrière-saison qui font oublier toute leur vie. C'est à 73 ans que le roi Guillaume de Prusse a été proclamé empereur allemand dans la galerie des glaces du château de Versailles, le 18 janvier 1871 ; et c'est à la soixantaine qu'a succédé à la reine Victoria ce prince de Galles, dont les Anglais n'aimaient pas qu'on parlât devant eux et dont, aujourd'hui, ils sont si fiers. Ce n'est même que la mort qui achève l'homme et qui lui donne sa physionomie définitive dans son cadre entier.

Ainsi, la seule monarchie — et même l'unique gouvernement — dont le chef ait été spontanément et librement choisi et élu par le suffrage universel, et la seule qui eût des racines générales dans le peuple, cette monarchie n'a pu, en quarante ans, se relever, bien qu'elle ait eu quatre chefs, très différents de caractère et de politique. Ni Napoléon III, le « doux entêté », comme l'appelait la reine Hortense, avec ses conspirations de généraux, du 4 septembre 1870 au 9 janvier 1873 ; ni le prince impérial, rêvant du lit des Bourbons pour les Bonaparte, et du légitimisme bonapartiste, du 9 janvier 1873 au 1er juin 1879 ; ni le prince Napoléon, empereur de la république « bousingote » du 1er juin 1879 au 18 mars 1891 ; ni le prince Victor, prétendant aux allures constitutionnelles depuis

5

le 18 mars 1891 : — aucun de ces prétendants n'a pu faire élire une seule des neuf législatures sur la question de l'appel au peuple, sous l'une quelconque de ses trois formes : plébiscite créateur, comme a été celui du 10 décembre 1848 ; plébiscite ratificateur, comme ont été tous les autres, ou « referendum », comme il y en a fréquemment en Suisse, où l'on convoque le peuple pour l'adoption ou le rejet d'une loi ; et aucun non plus n'a pu réunir la majorité de la minorité dans une législature, au sénat et à la chambre, comme à l'assemblée nationale qui les a précédés, le groupe bonapartiste a toujours été le plus petit, mais aussi le plus actif et le plus bruyant, parce qu'il est de même race que les républicains, de race démocratique, race plus vigoureuse et aussi plus rude. Des bonapartistes ont tenté d'opposer au prince Victor le prince Louis, alors qu'il était général au service de la Russie, dans l'espoir qu'il saurait mieux « monter à cheval » ; mais le prince Louis s'est refusé à jouer contre son frère le rôle que celui-ci a joué contre leur père. Il est presque d'usage d'ailleurs de prêter aux cadets les vertus que l'on voudrait chez les aînés, ainsi a-t-on fait en Russie pour le grand-duc Michel contre son frère Nicolas II, et ainsi fait-on en Allemagne pour le prince Eitel-Frédéric contre le prince royal et impérial Frédéric-Guillaume.

Mais à mesure que les populations bonapartistes se « débonapartisaient » et se reclassaient suivant leurs affinités électives ou naturelles, les partis républicains surtout s'en grossissant, la racine nourricière du bonapartisme se desséchait. Napoléon Ier, qui l'avait toujours animé comme de sa « présence réelle », se retirait de l'arbre politique pour devenir un personnage purement historique, et l'on aurait dit qu'en mourant le prince Napoléon avait emporté dans la tombe ce qui restait encore de lui : le masque napoléonien. Un bonapartiste qui se présenterait aux élections de 1910 en se recommandant de Napoléon Ier paraîtrait presque aussi étrange qu'un ex-légitimiste qui s'y recommanderait de Louis XIV, ou un orléaniste d'Henri IV ; et l'on irait quérir le médecin pour eux et pour le républicain, comme il y en avait par milliers après la guerre de 1870, qui renouvellerait les malédictions de M. Auguste Barbier. Maintenant, on parle de Napoléon — ou de Bonaparte — comme disent encore quelques vieux joueurs de bouillotte ou de boston, sans haine comme sans amour, sauf M. Frédéric Masson qui raconte tout, comme si tout grandissait son héros, dont les misères font mieux en effet ressortir la grandeur ; et l'Europe subjuguée par celui qui n'avait pas subjugué ses deux femmes, semble mieux sous sa botte. Du plus bas au plus grand, il n'y a que mélange et contradiction : Ravachol déterrait les morts pour les dépouiller de leurs bijoux et tentait de faire sauter à la dynamite le procureur général Bulot et il était tout de gâteries pour les enfants de l'ou-

vrier qui lui donnait l'hospitalité à Saint-Denis. On commence même à parler avec sérénité de Napoléon III, les bonapartistes faisant
bon marché de sa politique extérieure, et les autres ne dédaignant
pas sa politique intérieure, tel un homme qui n'aurait pas mal gouverné son ménage, mais qui aurait mal géré son commerce. Le
nom de Napoléon reste le plus connu en France après celui
de Jésus-Christ, mais tous deux ont moins de fidèles ; toutefois, si
l'on se rappelle que dans le dernier tiers du dix-septième siècle le
cardinal Le Camus se plaignait que la plupart des paroisses de
son diocèse, dont les deux capitales étaient célèbres, l'une pour son
parlement et l'autre pour son sénat, ignoraient jusqu'au nom de
Jésus-Christ, jusqu'au nom de Dieu lui-même. le temps présent est
bien loin de ce temps-là, car il n'est pas une paroisse de France
où pareille ignorance soit signalée. Mais les conseils municipaux,
les conseils d'arrondissement, les conseils généraux, la chambre, le
sénat, le ministère et le chef de l'Etat ne sont pas, pour cela, bonapartistes ou chrétiens. On pourrait presque dire que le lobe droit
du cerveau français est réservé à l'histoire et le lobe gauche à la
politique. Après les élections législatives de 1885, le successeur de
ce cardinal, Mgr Fava, qui était loin d'avoir son savoir et son talent,
mais qui a eu une prescience singulière de l'influence que la franc-
maçonnerie devait prendre dans la république, racontait que, à la
cérémonie de confirmation, dans une bourgade de son diocèse qui
avait presque tout entière voté pour la liste radicale et anticléricale, le conseil municipal, maire en tête, avait assisté en corps, puis
avait pris place, autour de lui, à la table du curé. Entre la poire
et le fromage, Mgr Fava demanda en souriant au maire comment
ses administrés avaient des opinions politiques et des croyances
religieuses si dissemblables : « Ah ! monseigneur, répondit le
maire, après avoir jeté un regard circulaire sur ses collègues,
si nous avions voté pour l'autre liste, vous seriez le maître, tandis que, comme cela, nous avons fait une moyenne !... »
Ses adversaires même parlent du prince Napoléon — le prince
Victor n'aime pas, depuis la mort de son père, qu'on l'appelle le
prince Victor, et il désire qu'on l'appelle le prince Napoléon — avec
plus de sérénité encore que de Napoléon III ou de Napoléon Ier.
Quand la presse n'est pas libre, les écrivains politiques n'ont de
talent que contre le gouvernement qui les muselle ; mais lorsqu'elle
l'est, ils n'en ont que contre leurs amis ou leurs chefs qui les gê-
nent. L'ancien représentant du comte de Paris, son ministre de
la parole, le comte d'Haussonville, faisant, en 1906, dans un petit
diptyque, les portraits du prince Napoléon et du duc d'Orléans.
disait du premier : « ... Prince d'âge mûr, si digne, si sage, si mesuré dans ses propos et circonspect dans ses actes ;... » et du duc
d'Orléans : « ... Mais... si la France se souvenant d'un prince plus

jeune, dont elle a entendu parler depuis qu'il eut vingt ans, tantôt
en bien, tantôt en mal, se disait : « En Angleterre, il y a un homme », la France aurait raison. » — « Tiens, fit un bonapartiste
méfiant, M. d'Haussonville fait de mon prince un Orléans et du
sien un Bonaparte. Heureusement, ce n'est qu'après avoir mis ce
« tantôt en bien, tantôt en mal », comme un clocher au milieu du
village, et le « tantôt en mal » en étant la flèche, qu'il conseille
à la France d'aller voir en Angleterre, c'est-à-dire après lui avoir
donné l'envie de n'y pas aller. » En recherchant les qualités de ses
adversaires et les défauts de ses amis, outre qu'il se montre équi-
table, M. d'Haussonville peut supporter avec plus de patience le
gouvernement des uns et attendre avec moins d'impatience le gouvernement des autres, et ainsi s'écoule, sans trop de déboires, la
vie d'un philosophe. Il est d'ailleurs fâcheux pour un philosophe
que son idéal se réalise, parce que cet idéal tombe des puretés de
la pensée dans les impuretés du fait, devient la réalité, remplaçant
la réalité abolie, qui n'était que l'idéal accumulé des générations
précédentes, et presque aussitôt menacée, à son tour, par l'idéal
de ceux qui n'ont pas la première place dans la réalité nouvelle.
Et ce bonapartiste ajoutait : « Aller en Angleterre ! » cela équivaut
à l'ancienne formule que les légitimistes mettaient dans la bouche du comte de Chambord : « Je suis le droit, la vérité et la vie. »
Eh ! si le prince de M. d'Haussonville est tout cela, que ne se met-
il lui-même sur le trône ! Rien n'horripile plus les Français que de
s'entendre dire qu'on a le droit de les gouverner, que soi seul on
peut les sauver. Si l'on a tant de vertus pour exercer le pouvoir,
comment n'a-t-on pas, d'abord, celle de le prendre ? S'il attend
qu'on aille le chercher de l'autre côté de la Manche, il a le temps
d'y mourir. Comme mon prince à Bruxelles, d'ailleurs ! » Les dernières déclarations du duc d'Orléans, du 20 mars 1910, sont un des
meilleurs morceaux de la littérature politique des prétendants,
depuis quarante ans : mais ces morceaux n'ayant jamais été suivis des actes corrélativement efficaces, sont restés lettre morte,
tous les changements de régime, depuis et y compris celui de
l'ancien, ayant été constitutionnellement préparés par la propagande écrite et orale, qui discrédite les idées établies et accrédite des
idées nouvelles, mais inconstitutionnellement accomplis. A tous,
il a fallu la prise de la Bastille. Mais la crainte du ridicule, si
générale chez les Français cultivés et polis, a, depuis quarante ans,
plus d'une fois sauvé cette Bastille.

III

Pour avoir continué la guerre et pour avoir fait la paix

En continuant la guerre, la république a répondu au sentiment national, et à la volonté nationale en faisant la paix, et s'est ainsi donné une assiette nationaliste. Mais à l'élection de l'assemblée nationale de 1871, aux bonapartistes qui avaient mal engagé la guerre, et aux républicains qui l'avaient mal continuée, les électeurs ont préféré une majorité de légitimistes et d'orléanistes qui n'y avaient pris part que pour se battre et qui se présentaient, d'ailleurs, sur les mêmes listes que des républicains, et même sous l'étiquette républicaine, avec le programme de rétablir la paix et l'ordre. M. Thiers ayant été élu par vingt-six départements et par plus de deux millions de suffrages, l'assemblée nationale ne pouvait pas ne pas le mettre à la tête de l'État : mais avant même de l'y mettre, et sans que rien ne l'y obligeât, sinon l'agitation républicaine ambiante, elle s'était donnée pour président le chef le plus qualifié de la minorité républicaine, M. Grévy, s'enfermant ainsi, dès le premier jour, dans la république. Dès que la paix et l'ordre furent rétablis, qu'ils furent rassurés et qu'ils virent quelle couleur prenait l'assemblée nationale, les électeurs votèrent en masse pour les républicains aux élections complémentaires de cette assemblée. Mais le brouillamini des legs des régimes antérieurs est resté compliqué de l'équivoque des listes électorales ainsi « panachées ».

Dans la foule qui se pressait sur les marches du Palais-Bourbon, le 4 septembre 1870, l'on ne voyait pas seulement des républicains, l'on voyait aussi des légitimistes, comme le baron de Larcinty ; des orléanistes, comme le duc Decazes, qui devait être, de 1873 à 1877, ministre des affaires étrangères de la république ; comme M. Lambert de Sainte-Croix, qui avait amené son jeune fils Alexandre pour lui montrer « comment se fait une révolution », et qui devait faire, en 1885, avec le comte de Paris, les élections constitutionnelles de l'opposition au ministère Brisson, successeur du ministère Jules Ferry, et issu de la politique « ferryste ». Il y avait aussi, à l'intérieur du Palais-Bourbon, au corps législatif, des députés orléanistes, comme M. Estancelin, et des députés légitimistes, comme le duc de Marmier. M. Estancelin était sourd et disait des vérités à bride abattue. Il était si orléaniste, qu'il parlait toujours de ses princes et qu'il était toujours en colère contre eux et les haïssait de n'être pas sur le trône... Il racontait qu'après la révolution de février, le duc de Morny lui avait dit, chez la comtesse Le Hon : « Il n'y a rien à faire avec vos princes, qui ne veulent mettre ni l'épée à la main, ni la main à la poche ; il faudra se passer d'eux ! » Ce mot avait dû bien traduire sa pensée, car il le répétait avec une pétulance toujours nouvelle. Aussi, l'a-t-on, jusqu'à sa mort, appelé « le jeune Estancelin ». Comme lui, les orléanistes et les légitimistes allaient, sous les ordres de la république, défendre leur pays contre l'étranger, comme c'est le devoir de tout Français, quel que soit le gouvernement — et recevoir de la république grades, emplois, commandements, distinctions, décorations. Le légitimiste et ultramontain baron de Charette, lieutenant-colonel des zouaves pontificaux, avait été fait, lui aussi, par M. Gambetta, général au titre auxiliaire et chevalier de la Légion d'honneur, puis officier par M. Thiers. Un si beau soldat que rien qu'à le voir, on avait envie de se battre. Ce grand paysan normand d'Estancelin était aussi plus militaire que le chef du gouvernement de la défense nationale, M. Jules Favre, et que M. Gambetta, le dictateur de la guerre. Pourquoi donc les orléanistes et les légitimistes ont-ils laissé les républicains remplacer le gouvernement impérial au lieu de le remplacer eux-mêmes ? Ils avaient été en prison avec les républicains en 1851, et ils s'étaient retrouvés, en 1863, dans l' « union libérale » contre l'empire décembriste, les républicains toujours en tête. Et, pour ne pas remonter plus haut, après 1793, 1814, 1830, 1848, 1851, 1870, dans la bouche des républicains, des bonapartistes, des orléanistes et même des légitimistes, les mots de légalité et de droit n'ont plus qu'un sens politique tout subjectif. Tous se sont emparés du pouvoir quand et comme ils ont pu, sans regarder aux circonstances, ni aux moyens. Si, le 4 septembre 1870, les légitimistes et les orléanistes — alors ennemis quoique alliés — ont laissé les républicains prendre le pouvoir, les y encourageant même de leur présence, c'est que, eussent-ils été réconciliés et réunis, eux et leurs princes, il leur aurait été encore plus difficile de le prendre qu'au gouvernement impérial de le garder, parce que Paris n'était pas plus avec eux qu'avec le gouvernement : Paris était avec les républicains et pour la république ; et comme il était aussi pour la continuation de la guerre, en lui donnant les deux, les républicains allaient jouer au gagne à tout coup, et même à qui perd gagne. Si, en effet, ils avaient été victorieux, il y avait encore dans le peuple trop de mo-

narchisme extratraditionnel et à base de popularité et de dictature, pour que le général qui leur aurait donné la victoire ne pût
se mettre la couronne sur la tête. Le général qui donne la victoire
n'est pas le général qui gagne une bataille, comme le général d'Aurelle de Paladines à Coulmiers, et le général Faidherbe à Bapau-
me, mais celui qui décide du succès de la guerre et conquiert ainsi
le premier rang dans son pays. Les généraux Faidherbe et d'Aurelle de Paladines n'ont rien été dans l'État — le général Faidherbe
est mort dans le poste doré et vain de grand chancelier de la Légion d'honneur — parce qu'ils n'avaient pas délivré la république
de l'invasion, tandis que le maréchal de Mac-Mahon a été mis à
sa tête pour l'avoir délivrée de la commune, qui lui avait fait courir
le même péril. Mais l'exemple a montré qu'avec les forces dont ils
disposaient et de la façon dont ils en disposaient et dont les autres partis les en laissaient disposer et coopéraient à leur disposition, sans avoir tenté d'en disposer eux-mêmes et d'en disposer
mieux, il n'était pas possible aux républicains de refouler les Allemands hors des frontières. Le siège de 1814 avait duré trois
jours et celui de 1815 huit, et il ne semblait pas aux Parisiens
que les fortifications de Louis-Philippe, et surtout les vivres réunis dans les derniers jours du gouvernement impérial prolonge-
raient le nouveau siège de leur ville plus de deux ou trois semaines.
Mais, avec cette impression d'ailleurs fugitive, la république les
ensorcelait, ils s'imaginaient qu'elle les rendait invulnérables.
Quelques jours avant la mort du comte de Chambord, en 1883,
un gentilhomme du Forez, M. de Rotaillé, disait, la figure boule-
versée et les bras au ciel : « Mais pourquoi annonce-t-on que le
comte de Chambord va mourir ? Il ne mourra pas. Il ne peut pas
mourir ! » Comme ce légitimiste, les républicains, eux aussi, enclins au merveilleux, avaient l'exaltation de la défense nationale,
mais ils n'avaient pas l'exaltation de la victoire dont les Japonais
ont donné un si vif exemple dans leur guerre contre les Russes.

La deuxième république a fait l'expédition de Rome et la première a pu se vanter d'avoir battu l'Europe, mais elle n'a commencé la guerre qu'après Valmy et avec les armées de Louis XVI,
tandis que la troisième l'a commencée après Sedan avec des armées qu'elle a dû improviser et où les troupes régulières étaient
en aussi petit nombre que les volontaires dans les armées de 1792.
Mais si la première et la troisième républiques sont nées dans la
guerre, elles aussi ont été précédées de rêveries sur la paix perpétuelle, la fraternité des peuples, la transformation des sabres en
socs de charrue. Cette ère-là, ce millénaire, étant attendu depuis
des siècles, le mieux est d'être toujours plus fort que le plus fort,
pour le tenir en respect. Si, après Sadowa, M. Rouher et MM.
Fould, le marquis de la Valette, Baroche, Béhic, le marquis de

Moustier, Vuitry, Victor Duruy, avaient forcé leur collègue, le maréchal Randon, à abandonner le ministère de la guerre, l'année suivante, MM. Jules Favre, Jules Simon, Ernest Picard, Glais-Bizoin, Bethmont, Hippolyte Carnot, Magnin, Hénon, Garnier-Pagès, dont la plupart devaient faire partie du gouvernement de la défense nationale, avaient fait la même opposition au successeur du maréchal Randon, au maréchal Niel, dont le projet de réorganisation de l'armée était pourtant plus restreint. L'Alsace-Lorraine a été le prix de l'opposition des uns et des autres, surtout des premiers qui, ayant le pouvoir, savaient et pouvaient, si tant est qu'en 1867, et même en 1866, il ne fût pas déjà trop tard. Victor Hugo, qui était républicain depuis la chute de Louis-Philippe, et M. Edgard Quinet, qui l'était depuis toujours, étaient très hostiles à l'unité allemande, que ces autres républicains et ces bonapartistes laissaient ainsi se faire. Reprenant à peu près la formule de Châteaubriand et de M. de Bonald, Victor Hugo écrivait : « Il faut, pour que l'univers soit en équilibre, deux grands États du Rhin, l'Allemagne sur la rive droite, la France sur la rive gauche. » Ce qui voulait dire que l'Allemagne étant déjà sur la rive gauche, la France devait être plus forte qu'elle pour la faire repasser sur la rive droite et, par conséquent, qu'elle devait avoir l'armée Niel et mieux l'armée Randon, ou mieux encore une armée plus forte que l'armée Randon et l'armée la plus forte qu'elle puisse avoir. Mais les futurs membres du gouvernement de la défense nationale discutaient l'abolition des armées permanentes et la création d'une armée « à la suisse », la « levée en masse » et même le désarmement. M. Garnier-Pagès disait : « L'influence d'une nation dépend de ses principes. Les armées, les rivières, les montagnes, ont fait leur temps. La vraie frontière, c'est le patriotisme. » M. Garnier-Pagès a encore une postérité en 1910 : M. Jean Jaurès, M. Gustave Hervé... L'histoire n'instruit pas les peuples ; il faut que chaque génération fasse ses bêtises ; et le plus souvent, ce sont modestement les mêmes. Sous une autre tente de l'opposition à Napoléon III, le comte de Falloux écrivait contre la loi Niel : « Je suis l'adversaire de la nouvelle loi militaire, dont l'application prolongée désolerait nos familles, dépeuplerait nos campagnes »; et, encore sous une autre tente, qui recevait quelquefois la visite des hôtes de la précédente, le prince de Joinville reprochait à cette même loi « de dépasser la limite des sacrifices qu'un pays doit demander en temps de paix à sa population ». Mais telle qu'elle avait été réduite par le corps législatif et le sénat, la loi Niel paraissait pourtant suffisante à son auteur. « Il faut être prêt ! » lui avait dit M. Thiers. « Nous le sommes ! » lui avait répondu le maréchal Niel. Le maréchal mourut en 1869 et ne vit pas, en 1870, qu'il n'avait pas bien vu en 1868.

Presque toutes ces guerres de Napoléon III et de Napoléon Ier paraissent, à beaucoup de Français, la guerre pour la guerre, et leur souvenir est un argument pour l'antimilitarisme, le pacifisme et l'internationalisme, qui sont entrés depuis dix ans dans le vocabulaire universel. Après une longue période de paix, comme celle de 1871 à 1910, où la grande majorité des Français sont nés, même ceux qui savent l'histoire, se persuadent, aussi volontiers que ceux qui l'ignorent, que l'armée est inutile puisqu'ils ne l'ont jamais vue servir à son objet, qui est la guerre, et leur esprit, que n'a pas désillusionné l'expérience personnelle, est rebelle à l'idée que lorsque cet objet leur apparaîtra comme une vipère sur laquelle ils auront mis le pied, ou comme un dogue qui leur sautera à la gorge, il sera trop tard pour se faire une armée s'ils n'en ont pas une toute prête et qui doit toujours être prête.

Après le traité de Francfort, la république a réorganisé l'armée pour se prémunir contre une agression de l'Allemagne, mais en faisant espérer la revanche, la reprise de l'Alsace-Lorraine, la conquête du Rhin, et en en caressant elle-même l'espoir, qui s'est peu à peu affaibli et n'est plus qu'une fumée. Cette perspective de relèvement national a fait supporter allègrement aux Français les charges militaires qui se chiffrent en argent, avec ce que M. Waldeck-Rousseau appelait « le manque à gagner » des soldats sous les drapeaux, par plus de milliards qu'il ne s'est écoulé d'années, bien que l'impuissance de l'armée à remplir son office pendant la guerre de 1870-1871 et la rigueur de sa répression de la commune eussent laissé des ressentiments dans les parties basses du peuple. Pendant dix ans, plusieurs fois par semaine, quelque officier ou soldat isolé, ou une sentinelle, était insulté, attaqué ou désarmé. Sur le passage du président de Mac-Mahon et de ses troupes, il y avait toujours des cris de : « vive la république ! » que tout le monde interprétait comme une protestation contre les sentiments antirépublicains que les crieurs prêtaient à l'armée et au président. Ce n'est qu'après le siège de l'abbaye de Frigolet par le général Billot, en exécution des décrets de M. Grévy contre les congrégations religieuses, que cette partie basse, voyant l'armée se plier à toutes les besognes, désarma à demi. Elle désarma tout à fait lorsque le général Boulanger, ministre de la guerre, fit partager aux soldats leur soupe avec les grévistes, et qu'il sermonna Mgr Cotton, évêque de Valence, sans mettre plus de coton que ce prélat n'en mettait lui-même dans ses sermons aux pouvoirs publics, à la grande admiration des femmes du monde, qui couraient après ses directions, et que l'on appelait « les cottonnières ». Elle devint même militariste le jour où le général Boulanger établit le service militaire obligatoire, même pour les « clercs », « les curés sac au dos », comme disait son lieutenant civil, M. Georges Laguerre. Mais, de ce point culminant, où il exécutait sur son cheval noir *Tunis* des fantasias contre ses ennemis du dedans et du dehors, il ne fit qu'un bond à la frontière lorsque le gouvernement de M. Carnot le menaça de l'arrêter. C'était le temps où, mieux valant être officier que soldat, toute la jeunesse dorée était officier, où les belles dots les épousaient, croyant épouser l'Alsace-Lorraine, et où les docteurs en médecine, en droit, ès sciences, ès lettres, ne pouvaient plus conduire à l'autel que les neuf muses, et devaient former cette génération d' « intellectuels » qui, dix ans plus tard, à la reprise du procès Dreyfus, ébranla avec rage et l'armée et la patrie. Toutes les fois, d'ailleurs, que la France a été menacée de la guerre — en 1875, par M. de Bismarck ; et 887, à l'incident Schœnebelé, encore par M. de Bismarck ; de 1887 à 1891, pendant tout son ministère, par M. Crispi, qui semblait à la fois la mouche du coche et le porte-parole de la triplice ; en 1898, à Fachoda, par l'Angleterre, malgré l'alliance russe ; en 1905, au Maroc, derechef par l'Allemagne ; — les armées et les flottes françaises ne se sont pas trouvées prêtes à soutenir la guerre, et toutes ces rencontres se sont terminées par l'humiliation de la France. Alors, on s'est demandé combien d'années et de milliards il fallait encore avant de ne plus subir tous les outrages. A mesure, d'ailleurs, que l'on s'éloigne de 1870, s'affaiblit le ressort de l'effort militaire. Il y a plus loin de 1910 à Sedan que de 1852 à Waterloo, et la première guerre de Napoléon III n'a pas été contre les compatriotes de Wellington ou de Blücher, mais contre les Russes. Ainsi la politique offensive de Napoléon III et la politique défensive de la troisième république ont toutes deux engendré l'antimilitarisme Garnier-Pagès et l'antimilitarisme Gustave Hervé, parce qu'elles ont été également subjectives et que l'on y a vu un intérêt personnel plus que l'intérêt national.

Mais dans les dernières années du second empire, les républicains s'étaient montrés plus accessibles que les autres partis aux théories antimilitaristes, pacifistes et internationalistes : un des plus célèbres d'entre eux, M. Jules Simon, avait même le numéro 606 dans l' « internationale », et jusque vers 1880, où il se joignit à elle en tirailleur, l'opposition antirépublicaine l'appelait 606. Avec leur gouvernement de la défense nationale, ils avaient pris en main la cause contraire et donné, par cette conversion et par cet exemple, tout son ressort à la guerre. Comme pour leur effet sur le peuple les événements ne sont pas ce qu'ils sont en réalité, mais seulement ce qu'ils semblent être, et qu'il ne les voit jamais que sous forme de grandes fresques, dont des parties seraient tombées, la guerre de 1870-71 lui est apparue en deux de ces fresques. D'abord, les armées impériales captivées en deux coups de filet à Sedan et à Metz, 250.000 hommes s'en allant prisonniers en Allemagne, avec leurs généraux, leurs maréchaux et leur empereur, « livrés par Bazaine », le maréchal Bazaine, que, de Sedan à Metz, le gouvernement de la défense nationale appelait « le glorieux Bazaine », aventurier bon pour la guerre de guérillas, mais étranger à la grande guerre, ambitieux alourdi par l'âge, et qui ne voyait pas qu'en réservant son armée, dont il était d'ailleurs incapable de se servir, pour jouer le premier rôle dans l'État, il se mettait dans l'impossibilité d'en jouer aucun, parce que l'opinion publique ne lui pardonnerait point de ne s'être pas au moins battu pour son pays. Ensuite, M. Gambetta était allé en ballon, de Paris assiégé, donner à la délégation du gouvernement de la défense nationale à Tours la vie qu'elle n'avait pas. Lorsque le chancelier prince de Bülow était secrétaire de l'ambassade d'Allemagne à Paris, M. Gambetta lui racontait : « La France était à genoux; je lui ai dit : « Relève-toi et marche ! » et elle a marché. » Ni le 4 septembre, ni le 7 octobre, jour de son ascension, personne ne demandait la paix, ni n'aurait osé la demander, — il n'y avait eu que la démarche nécessaire de M. Jules Favre à Ferrière, nécessaire pour son gouvernement, — la France, ou tout au moins Paris, dont il pouvait seulement bien juger lui-même. ne demandait qu'à « marcher ». Mais il fallait que quelqu'un la fît « marcher », et ce fut M. Gambetta, bien qu'on ne fût plus au temps de Pline l'ancien, avocat, naturaliste, historien, écrivain militaire, général de cavalerie dans les armées de Germanie, grammairien, amiral de la flotte de Misène, procurateur, dont la diversité des connaissances expliquait la diversité des fonctions, chose alors commune à Rome et qui faisait la force et l'honneur des Romains. On retrouve les mêmes cumuls et quelquefois les mêmes aptitudes, mais avec moins d'éclat, dans la société plus neuve et moins policée des États-Unis. Avocat de trente-deux ans, M. Gambetta s'était fait connaître surtout par sa plaidoirie dans le procès Baudin, où M. J.-J. Weiss s'était défendu lui-même, et à qui il avait dit, au sortir de l'audience : « Weiss, vous avez « charmantement » parlé » ; et par ce discours au corps législatif où il avait soutenu que le suffrage universel peut faire, dans ses explorations, des dictateurs, des empereurs et même des rois, mais qu'il va toujours ou que toujours il revient à son cours naturel, à son niveau, qui est la république. Fils de Gênois et de Cadurcienne, chevelu et barbu d'un noir de corbeau, borgne, le nez sémite et le visage bourgeonné, déjà menacé d'embonpoint, il avait le verbe charnu, sanguin, coloré, massif, où le sentiment et l'idéal — même en ses lettres d'amour, — filtraient douloureusement comme les calculs du foie, mais verbe patriote, enflammé, audacieux, foudroyant. Cette république a connu d'autres orateurs aussi inlassables, mais d'opinions, de qualité et de genre divers, tels que : MM. Pouyer-Quertier, Chesnelong, le

père de l'évêque ; de Gavardie, Auffray, Jaurès, pouvant par
ler n'importe quand et sur n'importe quoi, même sur rien.
Depuis lors, les expériences ou les expéditions aéronautiques des
Crocé-Spinelli, des Sivel, des Wilfrid de Fonvielle, des Lambert,
des Giffard, des Dupuy de Lôme, des frères Tissandier, des frères
Renard, des frères Godard, — à l'origine les frères Montgolfier,
science de frères, — des Krebs, des Laussedat, des la Vaulx, des
Santos-Dumont, des Blériot, des Latham, des Ferber, des Marchal,
des Paulhan, etc., ont familiarisé le public avec l'emploi des aéros-
tats ; mais, le 7 octobre 1870, les ballons ne servaient guère que le
jour, pour les fêtes publiques, comme les feux d'artifice, la nuit de
ces fêtes, et lorsque « l'Armand-Barrès » déposa M. Gambetta dans
les bois d'Epineuse, la France crut vraiment que c'était l'âme de
la patrie que lui envoyait sa capitale encore toute puissante, faisant et défaisant les gouvernements, les institutions et les lois, et
elle entendit en effet le : « Lève-toi et marche ! » avec sa trompette
guerrière. M. Gambetta avait le caractère emporté, violent, dominateur, — « fou furieux », disait M. Thiers, — et il fit peur ; mais il
avait aussi de l'ouverture, de l'attirance, du liant, et les funérailles
que Paris lui a faites, en 1883, — magasins fermés et population ac-
courue sur le passage du cercueil — après qu'il avait été abandonné par le mont Aventin bellevillois, après que la chambre elle-même avait renversé son « grand ministère », après que sa popularité
et son influence étaient tombées : ces funérailles ont montré qu'il
avait touché les plus profonds ressorts de l'âme française.
Il jugeait lui-même sa dictature militaire lorsqu'il disait : « Je
fais marcher les généraux comme des pions sur un damier. » Il
connaissait peu les pions et pas du tout le damier, et son chef d'é-
tat-major général civil, M. de Freycinet, et son sous-chef, M. de
Serres, étaient non moins étrangers à l'art de la guerre.
Ces armées improvisées, sans instruction, sans discipline, mal
équipées, mal armées, mal ravitaillées, — leurs fournisseurs, la
plupart malhonnêtes, ont les premiers fait fortune avec la république et ont ensuite soutenu cette république pour se mettre à
l'abri des responsabilités civiles et pénales et dans l'espoir de
faire d'autres bonnes affaires, à la faveur de sa reconnaissance, —
mal encadrées, mal commandées, mal dirigées : ces armées avaient
à repousser les armées allemandes, qui avaient vaincu les armées
de Napoléon III, et les armées de Napoléon III se sont mieux bat-
tues que les armées de M. Gambetta, puisqu'elles ont eu un plus
grand nombre d'hommes tués. Des armées de M. Gambetta, l'on
ne pouvait espérer que de beaux épisodes, des rencontres honorables, des avantages partiels, — et il y en a eu, surtout des premiers, — mais aucune action d'ensemble ni efficace. Tant que Paris a tenu, elles ont pu faire illusion, parce que le point fixe et les

mouvements rayonnants paraissaient se soutenir et se coordonner. Mais, après sa capitulation, elles firent l'effet de sable mouvant. M. Gambetta et les gambettistes — et aussi les généraux, le général Chanzy, par exemple, — voulaient continuer la guerre, soit par entraînement du patriotisme et de l'action devant des armées victorieuses qui poursuivaient si lentement leurs avantages et qu'il semblait qu'on pût user prochainement, soit par crainte de perdre la république ou le pouvoir. Le général Chanzy avait opposé aux Allemands, sur les lignes de Marchenoir, une résistance de trois jours et effectué avec succès une retraite sur le Mans ; mais M. Thiers lui disait, de son ironique petite voix de fausset : « Mon cher général, les retraites ne suffisent pas pour la guerre, il faut gagner des batailles. » Le grand fait de la guerre de 1870-71 et l'un des plus grands des annales militaires du monde, et sans lequel tous les autres eussent été impossibles, c'est le siège de Paris. Il a été moins glorieux pour le vainqueur, qui n'avait que des soldats en toute puissance, que pour le vaincu, dont les troupes étaient presque toutes improvisées, qui avait cette population de vieillards, de femmes et d'enfants, d'une ville de deux millions d'âmes, et qui a plus souffert. Mais il n'a pas fait tomber de l'imagination populaire ce fragment de fresque, où l'on voit M. Gambetta descendre de ballon en province, lever des armées et tenir quatre mois devant l'ennemi, parce que la fresque ou légende grandit toujours l'homme qui a fait un acte national populaire.

Mais, le 8 février 1871, à l'élection de l'assemblée nationale, l'on avait le sentiment qu'on avait fait ce qu'on devait puisqu'on avait fait ce que l'on avait pu, personne n'ayant essayé, autrement que par des critiques, de faire mieux que M. Gambetta et ce demi-italien, demi-français, ayant été tout le génie de la « défense nationale ». Ses origines rappellent Napoléon Iᵉʳ, Necker, Mazarin. Napoléon Iᵉʳ, né en Corse presque en même temps que la Corse, rameau sauvageon d'Italie, naissait à la France, et, par conséquent, Italien dans toute sa verdeur, qui a tiré la France des embourbements de la révolution. Le Genevois Necker, que Louis XVI se voyait imposer par le peuple parisien pour réformer le régime et révolutionner l'État. L'Italien Mazarin, qui, parmi tous ces factieux de la Fronde, où il y avait si peu de cœurs français, a pu dire que si son langage n'était pas français, son cœur l'était : « son cœur » était manière italienne de parler chez cet homme, qui n'avait ni haines, ni amitiés ; mais sa politique a été française, en effet, et il se l'est fait payer royalement, et de ses propres mains, par la France. Ainsi, dans les quatre grandes dernières crises organiques de ce pays, c'est un étranger qui a joué le premier rôle, et, trois fois sur quatre, un Italien qui a joué le rôle le plus français. Aussi bien M. Gambetta avait été peu secondé par le génie des gé-

néraux : aucun général en chef ne s'était montré capable de diriger
une armée de quatre ou cinq corps, ni le maréchal de Mac-Mahon,
ni le maréchal Bazaine, ni le général d'Aurelle de Paladines, ni le
général Ducrot, ni le général Bourbaki, pas même les généraux
Faidherbe et Chanzy, plus jeunes, plus actifs, éclairés par l'ennemi depuis le commencement de la guerre, et c'est moins à ce qu'il
avait fait qu'à ce qu'il avait voulu faire que l'on pensait.
C'est pourquoi lorsque, drapeau, tambour, maire et curé en tête,
les électeurs allaient voter au chef-lieu de leur canton — la chambre de 1885 a aussi été élue au scrutin de liste, mais les élections se
sont faites dans chaque commune — ils ne devisaient pas sur les
avantages ou les inconvénients de la monarchie ou de la république, mais sur l'impossibilité de la guerre et la nécessité de la
paix. Ils voulaient le rétablissement de la paix, de l'ordre et du
travail, et ils ont voté pour les candidats de la paix, qui devaient
rendre son cours à la vie normale, sans regarder au-delà. A Paris,
l'on ne regardait même pas si loin et l'on ne savait pas si bien ce
que l'on voulait. Il y avait plusieurs listes de candidats, et chaque
journal patronnait celle qui se rapprochait le plus de ses opinions
ou qui s'en éloignait le moins, toutes étant plus au moins des cotes
mal taillées, afin de réunir un plus grand nombre de suffrages. Le
doyen des journaux monarchistes et français, dont la fondation remonte à Louis XIII, écarta ces « listes de con-
centration » et en composa une pour ses lecteurs légitimistes.
Y figuraient, entre autres, M. Thiers, qui voulait la paix et le général Chanzy, qui voulait la guerre, et qui tous deux voulaient la
république ; M. Casimir Périer, second du nom, alors encore im-
matriculé comme l'un des gros bonnets de l'orléanisme, et M. de
Kératry, qui avait été préfet de police du gouvernement de la défense nationale et avait fait reconduire les princes d'Orléans à la
frontière ; le baron de Larcinty, légitimiste, et le colonel Stoffel,
bonapartiste ; le général de Charette, ultramontain et ultra-dévot
à Pie IX, et M. Augustin Cochin, l'ami du comte de Montalembert, qui appelait Pie IX « l'idole du Vatican », et de ces autres
catholiques dits gallicans ou libéraux, Mgr Dupanloup, le duc de
Broglie, le père Lacordaire, M. Foisset, le comte de Falloux ;
MM. Grévy et Louis Blanc, républicains de naissance, comme
leurs inattendus électeurs-là étaient venus au monde légitimistes
de même que l'on naît blond ou châtain, M. Grévy, qui avait fait le
coup de feu derrière les barricades contre Charles X, et M. Louis
Blanc, qui s'est fait enterrer civilement. Ceux qui avaient plus
qu'une opinion, ceux qui avaient un dogme, en dehors duquel il
n'était pas de salut, prenaient ainsi un peu au hasard et au vol
leurs quarante-trois candidats parmi les noms que l'on entendait,
comme l'on attrape des mouches qui bourdonnent. Sans doute, Na-

poléon III était responsable de la guerre, puisqu'il l'avait déclarée, et qu'un gouvernement ne saurait alléguer qu'il a été induit
en erreur ou qu'il a eu la main forcée, c'est-à-dire reconnaître
qu'il a failli à sa fonction, qui est d'être maître de ses actes et
conscient de leurs conséquences : mais on le chargeait, lui et les
bonapartistes, même des fautes de leurs adversaires ; le nom de
bonapartiste était presque une injure, et un décret de M. Gambetta frappait d'inéligibilité les anciens ministres, sénateurs, conseillers d'État, préfets et candidats officiels de Napoléon III et dut
être rapporté sur représentation de M. de Bismarck, l'assemblée nationale devant être librement élue pour traiter valablement avec
l'Allemagne. Nonobstant, et bien qu'ils n'eussent pas encore eu le
temps de s'attacher à autre chose et qu'ils préfèrent les vainqueurs, dont ils attendent quelque office, aux vaincus qu'il leur
faut remettre en selle, les électeurs obéirent à leur ressentiment,
durable à l'égard des uns et passager à l'égard des autres, et écartèrent, comme d'un commun accord et d'instinct, les hommes qui
avaient si mal engagé la guerre et ceux qui l'avaient si mal conduite, ceux-ci avec moins d'ensemble parce qu'ils avaient répondu
au sentiment national par leurs efforts de « défense nationale », et
aussi parce qu'ils avaient le pouvoir, qui pèse toujours d'un si
grand poids sur les élections, rien que par le fait qu'ils ont le pouvoir. « Il a suffi d'être ennemi de l'empire pour être nommé membre de cette assemblée ! » y dit un jour le duc d'Audiffret-Pasquier.
Il y avait un quarteron de bonapartistes — pas même un quarteron de province, un quarteron de Paris, — et dont la plupart taisaient leur bonapartisme. Pourtant, toute la politique de l'assemblée nationale lui a été inspirée par la haine de l'empire, qui lui
avait donné l'invasion et la république, et cette haine lui en donnait à son tour la peur ; elle le voyait sans cesse renaître des racines générales qu'il avait dans le peuple, alors que ces racines, à
l'insu du peuple lui-même, avaient été coupées par l'invasion. Même après qu'elle eut proclamé sa déchéance, comme le sous-officier qui tire un coup de revolver dans l'oreille du soldat que le peloton d'exécution vient de fusiller, et qu'elle l'eut retué, elle était
poursuivie par son fantôme. Elle comptait 768 membres, dont 231
nobles ou soi-disant tels — beaucoup étant « autoanoblis » ou fils
d' « autos » — et sur ces 231 nobles, 39 étaient républicains. Mais
ce chiffre de 231 nobles fit voir blanc aux uns et rouge aux autres.
On distinguait alors par des couleurs les partis politiques, — les
prêtres et les cléricaux étaient les noirs, les légitimistes les blancs ;
les opinions élégantes mais indécises étaient roses ou gris perle ;
on appelait les révolutionnaires les rouges, et lorsqu'on ajoutait
sang de bœuf, on les écrasait de son mépris sous le poids du bœuf ;
il y avait aussi les bleus, les tricolores, les arcs-en-ciel, etc. — On

les désignait encore, et l'un et l'autre se font toujours plus ou moins, par la place qu'ils occupaient à l'assemblée : extrême droite, droite, centre droit, centre gauche, gauche, extrême gauche ; ou par leur doctrine dominante, républicains, bonapartistes, orléanistes, légitimistes, en donnant à chacun de leurs groupes ou sous-groupes la définition qui lui était particulière de cette doctrine : républicain conservateur, républicain libéral, républicain progressiste, républicain radical, républicain anticlérical, républicain socialiste, etc. Avec ces 231 nobles, il semblait que la France passait par dessus la bourgeoisie du second empire et du gouvernement de juillet, pour revenir à la seconde de ses « classes dirigeantes » qui l'avait gouvernée sous la restauration et qu'une troisième restauration bourbonienne s'ensuivrait. Car on parlait beaucoup alors des « classes dirigeantes », bien que depuis la révolution française, elles inclinassent de plus en plus à n'être que des « classes exécutantes », la moindre insurrection renversant leurs gouvernements. Personne ne s'avisa d'ouvrir l'Almanach impérial de 1870 et d'y constater que sur les 161 membres du sénat, 102 étaient nobles ; que sur les 296 membres du corps législatif, 106 étaient nobles ; — même observation que ci-dessus pour leurs parchemins — qu'ainsi les 460 membres du dernier parlement impérial comptaient 208 nobles, tandis que les 768 membres du premier parlement républicain n'en comptaient que 231, et qu'en cinq mois, dans le passage de l'empire à la république, la proportion des nobles était tombée des environs de la moitié aux environs du tiers, et rien que pour le corps législatif comparé à l'assemblée nationale, tous deux élus par le suffrage universel, de plus du tiers à moins du tiers. Mais comme le serment politique était aboli, de grandes familles étaient sorties de leurs tentes, et les Maillé, les Durfort, les Harcourt, les Gontaut-Biron, les Mortemart, les Uzès, les La Rochefoucauld jetaient sur l'assemblée nationale un grand éclat nobiliaire qui semblait l'envelopper toute. Le parti le plus nombreux à l'assemblée nationale était l'orléanisme et ceux qui étaient dans ce que M. Léon Renault a appelé « l'état d'esprit orléaniste », état d'esprit que M. Thiers a défini par l'exemple des frères Antonin et Amédée Lefèvre-Pontalis : « Antonin est républicain, Amédée est légitimiste ; mais tous deux sont orléanistes. » Venaient ensuite les républicains, qui étaient 250, près du tiers de l'assemblée, à cause des élections multiples ; puis les légitimistes, et enfin les bonapartistes, et à peu près autant d'isolés, de « sauvages », qui ne jugeaient pas nécessaire d'avoir une opinion sur la république et sur la monarchie, de monter dans l'une ou l'autre de ces tours d'ivoire pour faire la paix, rétablir l'ordre, restaurer les finances, réorganiser l'armée. Ces « sauvages » étaient nombreux, le 8 février, mais lorsqu'ils furent, le

12, à Bordeaux, où l'assemblée s'était réunie, — Paris étant encore
investi par les Allemands — les uns se rangèrent parmi les républicains en voyant les monarchistes et les autres parmi les monarchistes en voyant les républicains. Le duc de Broglie, prenant
pour un huissier de l'assemblée son collègue Sébert en habit et
cravate blanche, lui tendit un objet qui l'embarrassait, et ce notaire parisien se sentit soudain passer de « l'état d'esprit orléaniste » à « l'état d'esprit républicain ». En 1871, des notaires, des
avoués, des médecins, des avocats, des magistrats, portaient encore l'habit et la cravate blanche, et, dès le matin, semblaient aller
en soirée ou en revenir, et des prêtres du clergé de Paris portaient le chapeau haut de forme. Sous le second empire,
tout ce clergé, sauf l'archevêque, portait ce chapeau-là, et
des hommes du monde eux-mêmes portaient l'habit, tel le marquis
de Bérenger-Sassenage, dont le pantalon gris-perle témoignait
au moins qu'il ne sortait pas du bal et dont la qualité de biblio-
phile expliquait bien des archaïsmes. L'habit semblait d'ailleurs un
vestige de l'ancien régime et ces croquants de légistes ou de mé-
diocastres voulaient sans doute s'en faire accroire. Beaucoup de
républicains, — ceux qui avaient été opposés ou étrangers à
l'engagement et à la conduite de la guerre, — d'orléanistes et de
légitimistes, avaient été élus sur la même liste, et, en partie, par
les mêmes électeurs, — car les électeurs républicains avaient
voté pour les candidats républicains de la liste, mais pas
toujours pour les autres candidats, puisque dans la majorité des
départements, le candidat de ces listes mixtes élu par le plus grand
nombre de voix était un républicain, ce qui faisait disproportion
entre le nombre des suffrages républicains et le nombre des députés républicains, et aussi imbroglio et incertitude — et si ces élus
avaient la même origine et le même mandat, ce qui les rapprochait
et les gênait à la fois, ils savaient que les suites les diviseraient,
bien que leur premier acte paraîtrait sceller leur alliance gouvernementale sur leur alliance électorale. M. Thiers avait été élu par
vingt-six départements, il avait plus de deux millions de voix, plus
que n'en avaient donné les premier, deuxième et sixième plébiscites, et c'était même le premier plébiscite improvisé par les électeurs, et sous une forme nouvelle. Le général Trochu avait été élu
dans neuf départements, M. Gambetta dans six, M. Jules Favre
dans cinq, et ces trois chefs du gouvernement de la défense nationale pouvaient y voir un hommage au principe de leur « défense »
sinon à leur « défense » elle-même : mais ils pouvaient voir aussi,
contrastant avec cet hommage, dans la déroute de leurs agents officiels ou officieux, une protestation contre ces tyranneaux locaux
qui s'en étaient donné à plein cœur contre les libertés et les droits
dont la veille ils étaient les prôneurs assourdissants. Du côté des

6

monarchistes des diverses écoles, seul le général Changarnier — qu'on avait surnommé Bergamote parce qu'il se servait de ce parfum « très suave » aux narines du savant et simple M. Littré — avait été élu par quatre départements pour avoir, dès le début de la guerre, à soixante-douze ans, mis son épée au service de Napoléon III, que M. de Montalembert lui-même ne détestait pas davantage. En février 1870, quelques jours avant sa mort, M. de Montalembert, douloureux et défait sur sa chaise-longue, étendait la main vers les Tuileries, où Napoléon III offrait à la liberté le rameau d'Ollivier, et, les dents serrées, il disait : « J'espère qu'un jour le diable boira du feu liquide dans le crâne de ce gredin-là ! » Si les monarchistes — légitimistes, orléanistes et bonapartistes, étant également partisans de l'hérédité dynastique, étaient également monarchistes — si les monarchistes formaient plus des deux tiers de l'assemblée, leur maîtrise n'était qu'apparente. Outre l'embrouillamini de leurs origines, ils avaient trois conceptions de la monarchie et six plutôt que trois, le plus petit de leur groupe, le groupe bonapartiste, étant lui-même divisé en empire Ollivier et en empire Rouher, qui n'étaient pas le même empire ; ils étaient ennemis les uns des autres autant que des républicains, puisque chacun voyait dans les autres un obstacle à son avènement, et que les autres voyaient en lui le même obstacle pour eux ; ils avaient trois dynasties qui s'étaient injuriées, renversées, proscrites, dépouillées et assassinées les unes les autres, et deux drapeaux, le drapeau blanc pour les Bourbons et le drapeau tricolore pour les Orléans et les Bonaparte. Le véritable maître de cette assemblée, où il n'y avait pas de majorité homogène, et où il ne pouvait y avoir que des coalitions, c'était M. Thiers.

Si M. Thiers avait refusé de faire partie du gouvernement de la défense nationale, il avait accepté de ce gouvernement la mission d'aller solliciter des grandes puissances une intervention armée ou diplomatique en faveur de la France, et, malgré son âge et la saison, on l'avait vu à Londres, à Pétersbourg, à Vienne et à Florence. A Florence, il avait été précédé par M. Sénard, une « vieille barbe de 48 » et même une « archibarbe », puisqu'il avait été président de cette constituante qui, en croyant faire la république, avait fait l'empire. Victor-Emmanuel II avait déjà refusé à son gendre, le prince Napoléon, de faire pour Napoléon III ce que Napoléon III avait fait pour lui en 1859. Victor-Emmanuel embrassa M. Sénard « sur les deux joues », en lui exprimant le regret « de ne pouvoir rien faire » ; et le vieil avocat républicain pleura de joie d'avoir été embrassé par ce roi, rustre aux moustaches et à la barbiche énormes, les moustaches relevées à la croque-mitaine, grossier de goûts et de langage, marié morganatiquement à la fille d'un tambour-major et grand retrousseur de souillons, mais finaud, ambitieux et politique. M. Thiers ne fut pas plus heureux que M. Sénard, mais Victor-Emmanuel le jugea plus fin et ne l'embrassa pas. Dès le 6 septembre, M. Wasburn, ministre plénipotentiaire des Etats-Unis à Paris, avait déclaré à M. Jules Favre qu'il avait « mission de reconnaître le gouvernement de la défense nationale comme le gouvernement de la France » et il avait ajouté « les félicitations du gouvernement et du peuple des Etats-Unis... qui auront appris avec enthousiasme la proclamation de cette république ». Les Etats-Unis se souvenaient de l'expédition du Mexique, cette chaleur en témoignait. Mais les républicains attendaient en vain les secours de la « grande république sœur ». Avaient suivi aussitôt les Etats-Unis, la Suisse qui se souvenait de Napoléon Ier et s'était toujours méfiée de Napoléon III ; l'Italie qui allait, quinze jours après, s'emparer de Rome et la régence du maréchal Serrano qui devait se terminer en décembre par l'élection du duc d'Aoste au trône de la reine Isabelle. Mais les autres puissances n'avaient pas intérêt au même empressement et, sans en rien obtenir que des paroles flatteuses pour lui, M. Thiers avait pourtant tiré de ces paroles une considération dont son gouvernement avait eu un reflet. Grâce à ce voyage circulaire, que les circonstances rendaient émouvant, la république se trouvait reconnue par les puissances avec moins de froideur que ne l'avaient été Napoléon III et Louis-Philippe. Avec son plébiscite au petit pied et l'auréole que lui avaient faite la reine Victoria, le tsar Alexandre II, l'empereur François-Joseph et le roi Victor-Emmanuel, M. Thiers était si bien le successeur désigné du général Trochu, le chef « né » du nouveau gouvernement, que l'assemblée nationale l'élut, le 17 février, sans concurrent et sans discussion, à mains levées, « presque à l'unanimité », dit le procès-verbal de l'élection.

Mais, dans sa formule d'élection, elle avait fait ce que n'avait pas osé faire le gouvernement de la défense nationale. Dans son intitulé, ce gouvernement avait constaté le fait républicain — par ce fait même que l'on n'était plus en monarchie l'on se trouvait en république — mais il ne s'était pas incorporé le mot de république, il l'avait laissé en marge : « République française, gouvernement de la défense nationale ; général Trochu, gouverneur militaire de Paris, président du gouvernement de la défense nationale. » L'assemblée nationale, au contraire, avait « décrété » : « M. Thiers est nommé chef du pouvoir exécutif de la république française. » La république était incorporée au titre même du chef de l'Etat. Il en portait le nom, et bien que dans « le considérant » de son « décret » elle eût inséré cette réserve : « Avant qu'il soit statué sur les institutions de la France », l'assemblée nationale avait statué sur la forme même de ces institutions, elle avait introduit le fait dans le droit. Sans doute, république veut dire « la chose pu-

blique », et rien de plus. Sans doute monarchie veut dire « le gouvernement d'un seul » et pas autre chose. Sans doute, tout gouvernement ayant pour cause, pour objet et pour fins « la chose publique », « la chose publique » est dans la monarchie aussi bien que
dans la république. Sans doute, tout gouvernement s'exerçant, en
fin de compte, par l'action d'un seul, que ce « seul » agisse en son
nom personnel et de sa propre initiative, ou qu'il agisse comme
agent exécutif d'un monarque, d'un parlement, d'une assemblée,
d'une constitution, d'un comité ou d'un conseil, son action n'en est
pas moins l'action d'un seul, « le gouvernement d'un seul » et « le
gouvernement d'un seul » est dans la république non moins que
dans la monarchie. Il l'est même plus dans les deux plus anciennes républiques, dans les deux républiques-types, la confédération
helvétique et les Etats-Unis, que dans les monarchies constitutionnelles, et surtout dans le chef-d'œuvre des monarchies et républiques, la monarchie anglaise. Le président de la confédération helvétique est toujours l'un des sept membres du conseil fédéral ou
conseil des ministres qui gouverne la confédération et il reste toujours « chef » d'un « département », un ministère, « département
intérieur » ou ministère de l'intérieur, « département militaire »
ou ministère de la guerre, « département politique » ou ministère
des affaires étrangères, et il a ainsi une part personnelle et directe dans l'une des branches du gouvernement dont il est le chef.
Le président des Etats-Unis a une part encore plus grande dans le
gouvernement de son pays, puisqu'il n'est pas élu par le congrès
ou réunion du sénat et de la chambre des représentants, comme
l'est le président de la confédération helvétique par la réunion du
conseil national et du conseil des Etats en assemblée fédérale,
mais par un corps électoral spécial qui le rend indépendant du
congrès ; qu'il est « commandant en chef » des armées et des flottes, et même des milices ; qu'il peut renvoyer tout bill au congrès,
dont les deux tiers des voix sont alors nécessaires pour la validité
du bill ; et ses pouvoirs donnent bien mieux l'idée du « gouvernement d'un seul » que ceux des souverains constitutionnels. Seulement, les présidents suisse et américain ne sont pas « accompa-
gnés de gardes, de tambours, d'officiers et de toutes les choses qui
plient la machine vers le respect », comme dit Pascal. Le chef de
la république peut être à vie : le général Bonaparte a été élu, en
1802, premier consul à vie de la république française. Il peut même être roi : la république de Pologne avait un roi, mais les souverains héréditaires ne portaient pas le deuil du roi de Pologne
parce que la souveraineté ne lui venait pas de ses ascendants et
qu'il ne la transmettait pas à ses descendants, qu'elle était conférée par la diète et que l'électivité est le propre de la république.
Ce roi de la république peut même être absolu à vie : le chef de la

« république chrétienne » est le pape et les souverains héréditaires,
pour la même raison, n'ont pas porté le deuil de Léon XIII, ni de
Pie IX, pas plus que celui de Grégoire XVI et de Pie VIII, pourtant
morts souverains temporels en même temps que souverains spiri-
tuels, et ayant gouverné les États de l'Église avec plus d'absolutisme que l'Église elle-même — le concile du Vatican n'ayant pas
encore eu lieu, — parce que le pape est élu par le sacré-collège.
On peut donc mettre dans la monarchie tout ce qu'on met dans
la république et l'on peut mettre dans la république tout ce qu'on
met dans la monarchie : mais ce vieux protocole hautain marque la
borne : l'hérédité est le principe de la monarchie et l'élection celui
de la république, et la monarchie élective n'est qu'une république
qui se donne des airs de monarchie, un bourgeois gentilhomme. Si
les gouvernements électifs avaient pour leur principe le même culte
que les gouvernements héréditaires pour le leur, le maréchal de
Mac-Mahon aurait porté le deuil de Pie IX et M. Loubet celui de
Léon XIII. Mais, l'assemblée nationale qui, en tête de ce premier
« décret », s'était intitulée « dépositaire de l'autorité souveraine »,
ne pouvait, sans s'engager, employer l'un ou l'autre de ces mots de
république et de monarchie, parce que la langue historique, politique et populaire, leur donnait une signification tout autre et qu'ils
évoquaient des souvenirs et des espérances, des doctrines et des
passions, qui en créaient la valeur active. Sur son passage à Bordeaux et autour du théâtre où elle siégeait, la foule criait : « vive
la république ! » et l'assemblée en subissait à son insu l'influence.
Il n'y manquait pourtant pas d'hommes qui connaissaient M.
Thiers, dont le rôle, depuis quarante ans, était d'ailleurs du premier ordre. N'étant encore que général en chef de l'armée d'Italie, Bonaparte avait dit à M. de Coblentz, au traité de
Campo-Formio, en voyant le dais et le trône de l'empereur d'Autriche : « Tenez, avant de commencer, faites ôter ce fauteuil, car je
n'ai jamais vu un siège plus élevé que le mien sans avoir envie
aussitôt de m'y placer. » M. Thiers était comme Bonaparte et, en
ajoutant à son titre de « chef du pouvoir exécutif » les mots « de
la république française », l'assemblée avait dressé le dais et le
trône à l'ancien premier ministre de Louis-Philippe, qui, depuis
longtemps, ne croyait plus aux institutions monarchiques en France, bien qu'il préférât la monarchie représentative à tout autre gouvernement. Le 22 septembre 1855, après la prise de Sébastopol, qui
l'avait enthousiasmé, M. Thiers écrivait à M. Buffet qu'une des
causes de sa désaffection des dynasties françaises était dans ce
que Pascal appelle « les grimaces » — il y avait un grain d'anarchie dans Pascal, et s'il avait vécu à la cour de Versailles, peut-
être serait-il mort fou — : «...Je ne vais pas voir les dynasties », écrit
donc M. Thiers ; « j'en ai par dessus la tête... On négocie la ma-

nière dont on s'abordera, et si on s'abordera. La reine Amélie rendra-t-elle visite au comte de Chambord ? Ce dernier lui dira-t-il votre majesté ou ma cousine ? La duchesse d'Orléans ira-t-elle ensuite à Claremont voir la reine pour paraître ratifier sa démarche sans y adhérer réellement ? Tout cela est misérable et ne tient aucune place dans l'opinion publique... Des ombres qui se promènent dans les Champs-Elysées, s'entretenant de leurs intérêts et oubliant que la vie n'est plus en eux... »

En 1906, M. Roosevelt a télégraphié à M. Fallières : « Au président de France », comme on dit le président des Etats-Unis et non de la république américaine, le président de la confédération helvétique et non de la république suisse ; comme on disait le doge de Venise, le stathouder des Provinces-Unies ou des Pays-Bas. Comme, sous la première république, l'on invoquait beaucoup les Grecs et surtout les Romains, bien que l'Etat français de 1871 n'eût rien à tirer de ces peuples si différents et de ces temps si lointains : or, la Rome républicaine employait la formule qu'on lit encore en abrégé sur ses monuments : S. P. Q. R. (*senatus populus que romanus*, le sénat et le peuple romain). Président de France, roi de France, empereur des Français, formules concrètes et usitées. Chef du pouvoir exécutif, « république française », formules abstraites et rares. A la formule « république française », qu'elle avait trouvée dans l'héritage du gouvernement de la défense nationale, l'assemblée avait ajouté celle de « chef du pouvoir exécutif », qu'elle était allée déterrer dans la dictature du général Cavaignac et dans la constitution de 1791, où elle signifiait tout le contraire de ce qu'elle signifiait en 1848, l' « exécutif » Louis XVI n'étant qu'une machine à signer et ayant signé tout ce qui devait amener « la terreur ». Pour se dégager de la révolution du 4 septembre et pour ne pas s'engager sur la forme du gouvernement, elle aurait dû faire de M. Thiers non pas le « chef du pouvoir exécutif de la république française », mais le « chef du gouvernement de l'assemblée de France ». Mais si la majorité de cette assemblée était monarchiste de sentiment et de langage, elle était républicaine — républicaine blanche — d'humeur et d'action ; elle avait été trop longtemps éloignée des affaires et confinée dans l'opposition de salon ou la bouderie de château ; autant que les républicains, elle avait la fringale de discourir, de publier, de légiférer, de régner, de gouverner, de faire le maître ; et cette fringale ne se pouvait sans doute assouvir que dans le tumulte républicain, puisqu'au lieu de s'en dégager, elle s'y engrenait par des formules et par des actes que, seuls, expliquent ce républicanisme souterrain et cette « fusionnomanie » avec les républicains, qui l'avaient mise depuis le 4 septembre dans leurs rangs et dans leur dépendance. En effet, la veille de « décréter » M. Thiers « chef du pouvoir exécutif de la république française », et comme pour lui donner tout son caractère républicain, elle avait acclamé comme président de l'assemblée, non pas un de ses chefs, pas même un de ses membres ne portant pas ombrage à la minorité républicaine, mais le chef de cette minorité elle-même, M. Jules Grévy, élu par son seul département du Jura. Si grande était sa peur que le pouvoir si longtemps attendu et qui lui était tombé comme du ciel, ne lui échappât, qu'elle s'enfonçait dans ce qui était, c'est-à-dire dans la république, tout en protestant de son monarchisme ; plus même elle faisait la république, et plus elle célébrait la monarchie, et au terme de son mandat, elle devait dire — et peut-être croire — qu'elle n'avait fait l'une que pour mieux faire l'autre. Mais, si elle posait ainsi, dès le premier jour, le principe de la république, par instinct de conservation personnelle, et si elle la faisait ensuite pièce par pièce et à mesure que les circonstances l'y amenaient, en s'aveuglant et en s'étourdissant sur son œuvre, les républicains ne voyaient pas davantage cette œuvre, tant ils craignaient, de leur côté, qu'elle ne cachât violence ou ruse qui ferait effectivement de la république une monarchie. Ils ne voyaient pas que cette majorité ne pouvait subsister que dans la république ; qu'elle se divisait dès qu'elle cherchait à en sortir, parce que ni dynastie, ni monarchie, ni moyen de restauration ne lui servaient de lien, que c'était son impuissance en dehors de l'état républicain qui enroulait sous son propre poids cet agglomérat monarchique dans la république et qu'aucune république ne serait plus durable que celle qui serait faite par ces monarchistes. Mais, au milieu des tristesses et des soucis, les yeux de M. Thiers flamboyaient derrière ses lunettes d'or, sa figure pétillait de malice et son toupet blanc se dressait comme la crête d'un coq.

Sans doute, la troisième république date du 4 septembre 1870, et aucune contestation ne s'est jamais élevée sur ce point ; mais, encore une fois, le mot de république était resté en marge du gouvernement de la défense nationale, institué ce jour-là par les républicains, et il n'en faisait pas officiellement partie. C'est ainsi que la convention d'armistice du 28 janvier 1871 a été conclue « entre M. le comte de Bismarck, chancelier de la confédération germanique, stipulant, au nom de S. M. l'empereur d'Allemagne, roi de Prusse, et M. Jules Favre, ministre des affaires étrangères du gouvernement de la défense nationale, muni de pouvoirs réguliers... » Au contraire, le traité de paix du 10 mai 1871 a été conclu entre : « M. Jules Favre, ministre des affaires étrangères de la république française ; M. Pouyer-Quertier, ministre des finances de la république française, et M. de Goulard, membre de l'assemblée nationale, stipulant, au nom de la république française, d'un côté ; de l'autre, le prince Othon de Bismarck-Schœnhausen, chancelier de l'empire germanique, etc... » Des deux côtés, les gouvernements s'étaient transformés. Mais c'était le gouvernement institué par les monarchistes, le 17 février 1871, qui portait le titre de « république française » tout court, et qui signait la paix de Francfort. Si donc c'est la république, spécialisée dans la défense nationale, qui a continué la guerre, répondant au sentiment national que la France ne pouvait pas faire la paix, après un mois de guerre, sans tenter un nouvel effort qui, au moins, sauverait l'honneur, ce n'est pas un gouvernement ainsi spécialisé et encore moins amorphe, qui a mis fin à cette guerre et qui a fait la paix, répondant cette fois à un autre sentiment national que la paix était nécessaire, parce que la guerre n'était plus possible et allait à la ruine : c'est la république. Les ultras, les chevau-légers, comme on les appelait encore, disaient même que la monarchie — qui n'en pouvait courir le risque puisqu'elle n'existait pas — ne saurait signer la cession de deux provinces, et que la responsabilité de ce démembrement en devait incomber à la république.

Maintenant que ces événements sont déjà dans la brume, avec la méthode dont M. Michelet a tiré de si saisissantes réalités, mais aussi tant de faux effets, l'on a pu montrer la république s'appuyant tour à tour sur le sentiment le plus haut d'un peuple, l'honneur, et sur son intérêt le plus profond, l'existence, pour faire la guerre et pour faire la paix, et s'établissant ainsi sur les deux pierres angulaires : mais ceux qui ont vécu les misères de cette époque, où il y a eu tant de contradictions, de hasards et de laisser-aller, craignent de voir dans cette architecture synthétique un artifice plus propre à amoindrir l'histoire qu'à la sublimiser, tout en se rappelant le mot de M. Gambetta, qui prêchait peut-être pour son saint, et sans s'en douter. Comme M. Floquet se défendait devant lui d'avoir crié sur le passage du tsar Alexandre II, pendant l'exposition de 1867, le : « vive la Pologne, monsieur ! » qui lui avait ouvert la carrière politique, mais qui l'y gênait dans son avancement : « Mon cher, lui répondit M. Gambetta, c'est comme si tu l'avais crié, puisqu'on le croit ! » Celui dont M. Gambetta a dit qu'il parlait « charmantement » et que ses amis appelaient familièrement Jiji, des initiales de ses prénoms, J. J., en ses flâneries boulevardières, développait quelques-unes de ces considérations avec une verve dont le « gramophone » n'a malheureusement pas recueilli les étincelantes ondes persuasives.

IV

Entre la commune et le drapeau rouge et la monarchie et le drapeau blanc, la république, avec le drapeau tricolore, est apparue comme le « juste milieu » qui est la voie accoutumée des peuples.

Mais si le drapeau rouge a effrayé la république, le drapeau blanc l'a rassurée comme rendant la monarchie impossible, et, la première peur passée, son grand souci a été, en l'enveloppant et en l'absorbant, de ne pas laisser se reformer sur son front son avant-garde en commune, tant et si bien qu'elle est peu à peu devenue presque son avant-garde elle-même. De leur côté, les monarchistes, dont leurs dynasties, leurs divisions et les origines parlementaires rendaient le ressort incertain, ont eu peur aussi de faire renaître, sous une autre forme, cette commune qui avait déclaré se faire contre les projets de restauration monarchique, et leur ressort n'a plus eu de force, et, au lieu de restaurer la monarchie, ils ont donné une constitution à la république, pour donner au moins une règle au gouvernement existant.

Après s'être donné pour président M. Grévy, M. Thiers pour chef de son gouvernement et pour gouvernement la république, la majorité monarchiste de l'assemblée nationale en vint aux controverses monarchiques et dynastiques, et les électeurs se demandaient si vraiment ils avaient mis tant de choses dans leur vote. Le 2 juillet 1871 et les 7 janvier et 9 juin 1872, il y eut trois séries d'élections partielles à l'assemblée nationale, par suite d'options, de démissions ou de décès, — rien qu'à la première série, vingt-quatre députés, élus le 8 février à 94 sièges, avaient dû opter et laisser ainsi 70 sièges à pourvoir — et il n'y eut que dix pour cent de légitimistes, d'orléanistes et de bonapartistes élus, en proportion décroissante à chaque série, les électeurs entrant chaque fois plus nombreux dans la république, lavée de son péché originel par son inscription dans le titre du gouvernement légal, tandis que la majorité monarchiste revenait de l'hypothèse à la thèse.

Cependant, Paris était encore plus troublé que pendant le siège, parce qu'il n'avait plus le siège pour l'occuper et qu'il était tout entier à la république, laquelle ne l'avait pas sauvé des assiégeants, mais avait conservé pour lui toutes ses vertus miraculeuses entre les Français.

La période du dreyfusisme de 1899 à 1905 ne peut donner qu'une très faible et très obscure idée des façons de penser, de parler et d'agir de Paris, en l'hiver et au printemps de 1871, et le dreyfusiste ou l'antidreyfusiste le plus délirant se serait trouvé terre-à-terre, parce que Paris n'était pas alors pris par un point seulement, mais par tous les points, et comme mis hors de soi « par la fièvre obsidionale » et jeté dans l'aliénation totale.

Les critiques adressées au gouvernement de la défense nationale, puis au gouvernement de M. Thiers, sur l'insuffisance des mesures préventives contre le déchaînement de cette aliénation, sont justes en elles-mêmes : il aurait fallu désarmer la garde nationale, prolonger plusieurs mois ses trente sous par jour et ses secours en vivres et en vêtements, reculer d'autant l'échéance des loyers et des effets de commerce, ne pas lui abandonner les points stratégiques de la capitale et la capitale elle-même, etc. Mais l'on ne saurait juger l'histoire de l'angle où l'on est ; quand on la juge, on ne peut la juger que de l'angle où étaient ceux qui la faisaient, et bien que ceux qui la faisaient, c'est-à-dire les gouvernants, ne fussent pas institués pour suivre les gouvernés, mais pour les diriger, ils ne pouvaient pourtant pas faire comme si ces gouvernés étaient autres que ce qu'ils étaient et comme si rien de ce qui était n'existât, ce qui aurait fait d'eux des « surhommes », suivant l'expression de M. Nietsche, des « surhommes » tout-puissants et infaillibles, qu'ignorent, hélas ! à l'envi, républiques et monarchies. « Tu ignores donc, mon fils, combien peu d'habileté l'on rencontre chez ceux qui gouvernent les hommes ! » disait à son fils, effrayé de la négociation qu'il lui avait confiée au congrès de Westphalie, le vieux et sceptique conseiller de Gustave-Adolphe, le chancelier Oxenstiern.

Très après coup, tous les partis ont condamné M. Jules Favre au pilori de l'histoire — et lui-même en a demandé « pardon à Dieu et aux hommes » — pour avoir, contre toute prudence, consenti, dans la convention d'armistice du 28 janvier 1871, à désarmer les troupes de Paris, sauf douze mille hommes, accordés par M. de Bismarck « pour le service intérieur », et à laisser ses armes à la garde nationale, « chargée du maintien de l'ordre ». Mais, le 28 janvier, le 29, le 30, le 31, ou même les semaines suivantes, l'on ne lisait ni l'on n'entendait ces arrêts. Outre qu'il était plus que difficile au négociateur du gouvernement du 4 septembre de demander le désarmement de cette garde nationale qui l'avait, à la tête du peuple parisien, porté au pouvoir, quatre mois auparavant, et qui était l'armée de la république, rien n'eût plus humilié Paris, qui traitait déjà ce gouvernement de « capitulard » et de traître, rien n'eût été plus propre à soulever la révolte de tout côté. D'ailleurs, il eût fallu, pour la désarmer, une force qui lui fût supérieure, et les troupes étaient exténuées par le service dont la garde nationale leur avait laissé la charge, honteuses de la défaite, démoralisées, travaillées par l'indiscipline, atteintes du délirium général, et elles ne demandaient qu'à être désarmées et qu'à regagner leurs foyers, tandis que la garde nationale entendait garder ses armes, son fusil seul lui assurant sa sportule, étant son gagne-pain, puisqu'il n'y en avait pas d'autre, et un gagne-pain lui permettant de fainéanter, de politiquer, de tenir le haut du pavé, de faire le maître elle aussi, à quoi tout le siège avait été employé à l'organiser, à la fédérer et à l'entraîner, par les républicains ultras et non pourvus qui, dès la chute de l'empire, rêvaient de faire la commune, pendant que les autres cherchaient à établir la république. La désarmer était aussi impossible qu'il avait été impossible de débloquer Paris, et il y aurait fallu les Allemands, allant de rue en rue et de porte en porte, si tant est que l'exaspération et le désespoir leur eussent laissé autre chose que des ruines et des cendres. Tel était l'avis du ministre de la guerre, le général Le Flô. M. Jules Favre a été pris dans un cul-de-sac où quoi qu'il fît était une faute et où il devait succomber à ce que les Italiens appellent « la force irrésistible ». Il était à la fois bilieux et sentimental, grand artiste dans la parole, en ayant les enivrements et les angoisses et aimant le danger qui les donne. Presque chacune de ses phrases était précédée d'un hoquet, qui semblait un effort impuissant mais qui faisait admirer les envols imprévus et harmonieux de son éloquence. Les caricaturistes, qui l'avaient toujours représenté en Jupiter chevauchant les nuées et tenant en main le tonnerre, ne le montrèrent plus qu'en pénitent, la corde au col, et versant des larmes grosses comme des poires. Il avait plaidé pour Mlle de La Merlière, c'est-à-dire pour l'authenticité de l'apparition de la Vierge à la Salette, et, né catholique, il est mort protestant.

C'est cette garde nationale, plus nombreuse que les armées de la France réunies, qui a donné à l'insurrection du 18 mars 1871, non pas sa forme, mais sa force et sa durée. La forme flottait dans l'air, à chaque changement de gouvernement et au-dessus de la république, depuis la première révolution, depuis la commune qui avait poussé la monarchie dans l'abdication et la république dans le crime. On appelait ses partisans communards, et plus rarement communeux, et leurs survivants s'étant cherché des ancêtres et des parchemins plus anciens, les *ciompi* de Florence, les chaperons blancs des Flandres, les jacques et les pastoureaux de France, les bagaudes de la Gaule, les mercenaires de Carthage, voire les plébéiens de Catilina et des Gracques, s'appelèrent communistes et plus précieusement communiers. La commune, installée par le comité central de la fédération de la garde nationale, à l'Hôtel de Ville, pavoisé de drapeaux rouges, était en effet une assemblée plébéienne mais pas rurale ; et encore n'était-elle plébéienne que pour une moitié et à des degrés divers en cette moitié.

Dans toutes les classes sociales, d'ailleurs, de la plus haute à la plus basse, chaque catégorie de chacune d'elles est comme une série de feuillets superposés ; au recto de chaque feuillet est écrit le mot « démocratie », en opposition au feuillet supérieur, et au verso le mot « aristocratie », en opposition au feuillet inférieur.

Sur les quatre-vingts membres de la commune — le conseil municipal qui lui a succédé a le même nombre de membres — trente-et-un étaient ouvriers et formaient le groupe le plus nombreux et le plus compact, une dizaine employés de magasin et une demi-douzaine maîtres d'école, et c'était la majorité plébéienne. Mais la minorité, si tant est que la majorité ne prétendît pas être tout entière du même bois, comptait douze journalistes, dont quelques-uns — MM. Charles Delescluse, Félix Pyat, Jules Vallès, Auguste Vermorel — ont laissé un nom ; une demi-douzaine de médecins sans malades et qui se sont vengés sur le corps social en essayant de le mettre en boudins et en saucisses, et l'un d'eux était même un prêtre défroqué, le docteur abbé Pillot qui, en 1848, avait fondé sur l'athéisme et le communisme la secte politico-religieuse des « pillotistes » ; il y avait aussi un pharmacien de la rue de Rivoli, M. Miot, qui avait une bien belle barbe de patriarche, et même un gentilhomme, mais un gentilhomme pour bêtes, le vétérinaire Régère de Montmore ; un demi-fou qui signait : « Babick, enfant du règne de Dieu et parfumeur », et qui était « fusionnien », ou disciple de la fusion des religions, imaginée par M. de Toureil ; enfin, un fou échappé de Charenton, où il fut réintégré après la commune, M. Jules Allix, inventeur des « escargots sympathiques ».

Mais la gloire de la commune était le peintre Gustave Courbet, qui disait du Titien et de Léonard de Vinci : « Ce sont des filous » ; et de Raphaël : « Quant à M. Raphaël, il a fait sans doute quelques portraits intéressants, mais je ne trouve dans ses tableaux aucune pensée ». C'est ce que disait de lui-même son compatriote et ami Proudhon : « Courbet n'est que peintre... Il ne sait ni parler ni écrire... Il ne pense que par pensées détachées. Il a des impressions isolées... Dans ses générations irréfléchies, il croit que tout est changeant, la morale comme le droit... » Mais Courbet admirait Véronèse, Rembrandt, Ribera, Zurbaran, Ostade, et surtout Holbein et Velasquez. Lui-même, grand peintre par la facture plus que par la composition, l'avarice et la vanité en personne, vanité d'un beau paysan de brasserie, vantard et « en disant de fortes et de roides » à étonner ceux qui ne s'étonnent pas, et sur cet article rendant des points à Proudhon, ce qui n'était pas facile, et à son autre ami et compatriote, Mgr Bastide, aumônier des troupes françaises à Rome avant la guerre de 1870, et qui définissait sa propre fonction en termes si rabelaisiens qu'on ne saurait les reproduire ici. Mgr Bastide devint fou, d'ailleurs, en apprenant qu'il devenait riche par héritage, lui qui était le désintéressement même ! Courbet n'avait pas l'ombre d'un doute que ses soixante-dix-neuf collègues de la commune égalitaire mis bout à bout en colonne ne lui arrivaient pas à la cheville.

Sans doute, l'assemblée nationale ne possédait pas dans son sein un aussi grand peintre — en 1871 la politique étant le sujet de toutes les conversations, des logements ouvriers aux hôtels du faubourg Saint-Germain, et la foule s'assemblant, le soir, autour des réverbères pour lire les journaux, l'on entendait sans cesse la locution à la mode : le sein de la France, le sein de la nation, le sein du pays, le sein de l'assemblée, le sein du gouvernement, le sein du ministère, le sein des partis, le sein de la gauche et le sein de la droite, les seins jouaient un grand rôle dans les débats de l'assemblée vertueusement installée à Versailles, ils n'en jouaient pas un moindre dans la commune, la femelle d'un de ses généraux, le général Eudes, donnant une soirée au palais de la Légion d'honneur en bottes vernies, bas de soie rose, et pour tout autre vêtement le grand cordon de l'Ordre en sautoir — non, l'assemblée nationale n'avait pas de Courbet dans son sein, son artiste était un amateur, M. Jules Buisson, légitimiste, qui croquait avec esprit ses collègues sur un album, dont il fit présent à M. Thiers ; mais elle abondait en hommes considérables par leur naissance, leur fortune, leur situation sociale, leur savoir, leurs talents, leurs mérites et leur honneur, et elle était au premier rang des assemblées, quoiqu'on lui en déniât la qualité essentielle, l'esprit politique. Mais elle était emmurée, comme M. Jules Favre. L'addition de ses trois partis monarchiques et dynastiques — sans compter leurs subdivisions — donnait pour total la république, et comme son parti républicain avait plus de cohésion pour défendre la république, qui existait en chair et en os, qu'aucun des autres pour la remplacer par sa monarchie, puisqu'il ne savait pas le moyen de ce remplacement et qu'il n'en avait pas le pouvoir, les républicains et la république devaient l'emporter aussi inévitablement que la commune avait été l'aboutissement du siège, son épanchement de pus.

L'assemblée communale de Paris avait été élite par 591.710 voix, c'est-à-dire par la masse du corps électoral, moins sa fleur, qui n'avait pas voté ou qui était allée voir éclore le printemps. Elle aurait donc pu être plus plébéienne, les ouvriers parisiens, dont tant sont artistes — et il y en avait dans la commune, — se considérant comme une aristocratie dans la classe ouvrière, et celle-ci tenant les paysans pour une classe inférieure, « les ruraux », comme ils disaient dédaigneusement d'eux et de leurs représentants à Versailles ; les employés de magasin aussi auraient pu être remplacés par des charretiers ou des portefaix, et les maîtres d'école par ceux à qui ils n'avaient pas encore appris à lire. Tant y a que si elle n'était pas le plébéianisme à l'état pur, où il n'y a plus que des mâles et des femelles, il n'y manquait que quelques degrés, et qu'elle a tout de même donné l'image un peu embellie de cet État plébéien sans alliage.

Entre la commune de Paris, qui n'était pas au plus bas, et l'assemblée de Versailles, qui n'était pas au plus haut, — il s'en fallait de bien davantage — le contraste, pourtant, frappait tous les yeux et faisait paraître cette assemblée et son gouvernement beaucoup plus grands qu'ils n'étaient. D'ailleurs, le chef de ce gouvernement, M. Thiers, était de l'académie française, et aucun autre chef d'État n'en a jamais été. Deux de ses ministres, MM. Jules Dufaure et Jules Favre, en étaient aussi. Un autre ministre, le baron de Larcy, était légitimiste démissionnaire de ses fonctions judiciaires en 1830.

M. Thiers, ni ses ministres, ni les membres de l'assemblée nationale ne portaient d'uniforme ni de signe distinctif, et « les choses qui inclinent la machine vers le respect » étaient toutes du côté de la commune. On rencontrait ses membres dans les rues de Paris, même à pied et isolés, roides comme des pontifes, portant, en sautoir, une écharpe rouge à glands d'or et, à la boutonnière, une rosette rouge sur ruban rouge à franges d'or. Ils s'allouaient quinze francs par jour, et les Parisiens qui en gagnaient alors autant pouvaient l'aller dire à Rome. Depuis l'armistice, toute la canaille d'Europe s'était abattue en ses chamarres garibaldiennes ou polonaises, castillanes ou valaques, comme une volée d'oiseaux de proie aux cent plumages, sur Paris en détresse, pour s'en partager les dépouilles avec la canaille autochtone. Ces oripeaux de tous pays, avec les insignes des membres de la commune et les uniformes de ses fonctionnaires et de sa garde nationale, tranchant sur les vêtements usés et pisseux des habitants du siège et sur les haillons des troglodytes que cette grande commotion sociale avait fait sortir de dessous terre pour voir si le moment était venu de prendre possession du dessus où il y a du soleil, du bien-être et de la joie, faisait de Paris, décapitalisé par Versailles, une « cour des miracles ».

Comme le gouvernement de Versailles, le gouvernement de Paris avait un ministère : guerre, finances, subsistances, relations extérieures, enseignement, justice, sûreté générale, travail et échange, services publics ; mais les titulaires de ces neuf départements s'appelaient, non pas ministres, mais délégués, délégué aux services publics, délégué à la guerre ; et ils n'avaient pas de chef, non plus que la commune, dont chacune des trente et une séances a eu un président différent ; c'était un gouvernement acéphale. Le département de l'intérieur y était réduit à la sûreté générale, au régime de la police, c'est-à-dire de l'espionnage, de la délation, de l'arrestation préventive et des otages, et par un de ces tours qu'elle appelait jésuitiques, mais qu'elle faisait communard, la commune avait maintenu, comme annexe à la sûreté générale, cette préfecture de police avec laquelle les communards avaient eu si souvent maille à partir, en lui accolant un préfixe qui la supprimait, tout en la laissant subsister, et l'ex-préfecture de police continua d'être la préfecture de police, et même devint le grand instrument de son règne.

L'idée du département du Travail institué par M. Clémenceau dans son ministère de 1906 lui est venue de la commune de 1871, sur la frontière de laquelle il braconnait, et cette commune ne l'a empruntée ni au nouveau régime, ni à l'ancien, elle est de son cru. Le premier titulaire n'en a donc pas été l'Algérien Viviani, mais le Hongrois Fraenckel. Il est encore à noter que la commune a redonné aux affaires étrangères le nom de relations extérieures qu'elles avaient sous Napoléon Ier, bien que ses relations ne s'étendissent pas au-delà du grand état-major allemand.

Pour les communards, tout et quiconque n'étaient pas communards étaient Versaillais, et pour les Versaillais, tout et quiconque n'étaient pas Versaillais étaient communards : donc, lorsqu'en regard du ministère versaillais on vit le ministère communard ; lorsqu'en regard de MM. Thiers, Dufaure, Jules Favre, de Larcy, Jules Simon, le général Le Flô, Lambrecht, Pouyer-Quertier, l'amiral Pothuau, Ernest Picard, l'on vit MM. le général Cluseret — général au titre américain — Jourde, Viard, Paschal Grousset, Vaillant, Protot, Raoul Rigault, Fraenckel, Andrieu : il apparut, tant chacun avait hâte de reprendre le train de sa vie, que le même pavillon ne couvrait pas la même marchandise, qu'il y avait république et république, et même qu'elles se tiraient des coups de canon ; qu'elles ne s'engendraient pas plus l'une l'autre, que l'empire n'avait engendré la troisième, la monarchie de juillet la deuxième, et la monarchie millénaire la première, et qu'il fallait en chercher ailleurs les origines. Le premier service rendu par la commune à la république a donc été de lui servir de repoussoir, de la faire valoir par le contraste et de calmer, sinon de dissiper, la crainte qu'elle inspirait par ses partisans, autant que par ses ancêtres.

Parmi les électeurs et les soldats de la commune, il n'y avait pas que des scélérats, des aventuriers, des spéculaires, des désespérés, des faibles « qui faisaient comme les camarades » : il y avait aussi un très grand nombre d'hommes nouveaux, dont la foi religieuse avait tourné en foi politique, dont la foi chrétienne s'était muée en foi républicaine, qui croyaient à la république avec une foi dont l'imprécision ne mettait pas de limite aux progrès et au bonheur que ces dix lettres contenaient pour eux. La rumination de leur foi pendant le siège les avait échauffés au degré où les métaux entrent en fusion et chacun coulait par son faible. De partout on leur répétait que « les Versaillais » allaient renverser la république, rétablir la monarchie des Bourbons, « le trône et l'autel », avec le drapeau blanc. Et même la perfidie brodait le sacré-cœur sur ce drapeau, et cette foule dévotieuse était persuadée que seule la commune pouvait sauver son idéal, sa république.

Mais si l'insurrection du 18 mars 1871 s'est accomplie comme la révolution du 4 septembre 1870, devant l'ennemi, et le même ennemi, mais plus près et définitivement vainqueur, elle avait versé le sang pour s'accomplir et la situation était tout autre. L'assemblée nationale avait été élue pour rétablir la paix et l'ordre, et si le 4 septembre avait été agréé pour remplacer un gouvernement qui s'en était allé comme une vapeur, parce qu'il voyait que tout se détachait de lui, et pour continuer la guerre parce que cette continuation répondait au sentiment national, le 18 mars apparut comme un danger et une humiliation de plus, et on le vit dans toute son horreur, avec l'exaspération de tomber d'un abîme dans un autre. Mais ceux qui ont vécu pendant la commune, à Paris, ceux qui ont assisté à cette « semaine sanglante » de mai, si ensoleillée et si « épanouissante », où elle a succombé dans une lutte farouche, où tant de ses partisans se sont fait tuer aux cris de : « vive la commune ! » et : « vive la république ! » ceux-là n'ont pas retrouvé une telle foi politique chez leurs autres contemporains. Aucun bonapartiste, orléaniste ou légitimiste n'a fait à ses princes et à sa cause le sacrifice de sa vie. Ils s'étaient battus contre les Allemands, et même en plus grand nombre que les républicains, occupés à se garder des communards et aussi à diriger la guerre et l'État ; mais s'ils ont versé leur sang pour leur patrie, ils ont laissé leurs adversaires verser le leur pour leur parti, et il est dans l'ordre que les partis qui ne se battent pas soient battus par ceux qui se battent. Ce n'est pas en parlant de la commune, mais c'est peut-être en pensant à elle, que M. Weiss a dit son fameux : « C'est beau, un beau crime ! » Bien qu'il eût été lié avec les familiers de Twickenham et qu'il eût été ensuite secrétaire général des beaux-arts dans le ministère Ollivier, les dynasties l'ont laissé aller à la république, perdant en lui l'un des plus habiles écrivains dans l'art de rendre la politique attrayante par la philosophie et l'histoire. Lorsqu'en 1873, il fut élu conseiller d'État par l'assemblée nationale, il disait : « Ce n'est pas comme écrivain estimé de mes confrères et exerçant quelque influence sur l'opinion, qu'ils m'ont élu, c'est comme ancien fonctionnaire de l'empire. Ils haïssent l'empire et n'ont d'autre politique que cette haine, mais ils ont encore davantage l'amour des fonctions publiques, le respect de ceux qui les remplissent ou qui les ont remplies, la « fonctionnomanie française ». Vers 1880, il prophétisait en la forme un peu outrée des oracles : « Le dix-neuvième siècle français finira dans une guerre religieuse. » Protestant, il était partisan du pouvoir temporel du pape.

En se faisant tuer pour elle, ces communards n'ont pas sauvé la commune, mais ils ont cimenté de leur sang cette république qu'ils croyaient s'abandonner à leurs communs adversaires. Ceux qui avaient alors l'âge d'homme ont reçu, de la commune et de l'invasion allemande, un tour d'esprit spécial ; ils n'ont, depuis lors, cessé de vivre sous leur influence et dans l'hypothèse de leur retour, et ils continuent de voir tout de leur angle, dans l'avenir comme dans le présent, alors que les jeunes générations ne voient plus uniquement ou même plus du tout de cet angle.

Dans leur for intérieur et à leur insu, la commune avait fait peur de la monarchie aux monarchistes pour leur pays. A Paris, la commune s'expliquait par le siège et sa force était tout obsidionale. Mais elle avait eu les « filiales » les plus variées en province, et toutes contre la monarchie ; à Lyon et à Marseille entre autres, à Lille, Nantes, Bordeaux, Toulouse, Narbonne, Saint-Etienne, Limoges, Nevers, le Creusot, Cosne, Grenoble, Vierzon et en d'autres villes. Malgré l'immense majorité d'hommes d'ordre, monarchistes ou républicains, que le corps électoral avait élus à l'assemblée nationale ; malgré l'inscription légale de la république dans le gouvernement de M. Thiers ; malgré la présence dans ce gouvernement du vice-président du gouvernement de la défense nationale, M. Jules Favre ; de deux membres de ce gouvernement, MM. Jules Simon et Ernest Picard ; et d'un de ses ministres, le général Le Flô, qui retenait le gros du parti républicain : l'assemblée nationale et M. Thiers ne réduisirent qu'à grand'peine la commune et l'insurrection communarde qui s'était étendue sur tout le territoire, comme en témoignent les sept ou huit mille soldats tués ou blessés par les communards, rien qu'au second siège de Paris.

Les difficultés de cette réduction grossirent pour eux le danger que courrait une entreprise de restauration monarchique, qui n'était pas explicitement prescrite comme le rétablissement de la paix et de l'ordre, dans le mandat de l'assemblée nationale et qui réunirait contre elle tous les partisans de la république, ceux qui avaient massacré les communards, comme les communards eux-mêmes. Toutes leurs paroles protestaient contre cette crainte, mais tous leurs actes en témoignaient, même leurs actes antérieurs à la commune, leurs deux grands actes virginaux, actes instinctifs

7

et spontanés, où s'étaient révélées leur nature et leur mesure : l'élection de M. Grévy et la collation de la république à M. Thiers ; et comme en témoignèrent leurs actes subséquents, même ceux qui semblaient les éloigner le plus de la république et qui ne les en éloignaient que pour les y ramener et les y rattacher davantage, comme le remplacement de M. Thiers par le maréchal de Mac-Mahon. Leur foi a été ainsi stérilisée dès le début par ce venin secret qui a été bien plus actif après la commune, tout en se dissimulant sous les fleurs des beaux discours, des grands projets et de la mise en scène du rétablissement de la monarchie. Le spectre de la commune les tirait par leurs basques. Ils revoyaient l'incendie de l'Hôtel de Ville, du Ministère des finances, du Palais-Royal, du Louvre, des Tuileries, de la Cour des comptes, aujourd'hui la gare d'Orsay, mais que la république a laissée plus d'un quart de siècle en ruines, où toute une flore et toute une faune avaient élu domicile, pendant que les poutrelles en fer du toit servaient l'hiver de dortoir aux corneilles, — suggestif détail de mauvaise administration, parce qu'il est en plein Paris.

Chacun avait la hantise propre de l'épisode ou du fait divers dont il avait été témoin ou dont le récit lui avait été fait par un témoin, car l'on ne voit pas plus l'ensemble d'une bataille que celui d'une guerre, l'on ne voit que le coin ou les coins où l'on est successivement. Les pétroleuses au bonnet phrygien, dont les soupiraux des caves bouchés avec du plâtre rappelèrent des mois et des années le souvenir le plus terrifiant pour les Parisiens, parce que tous pouvaient en être victimes ; le fusillement des quatre incendiaires de l'Hôtel de Ville, devant la façade du palais du Luxembourg, rangés en ligne et tournant à la rue de Tournon leur dos ceint d'une pancarte, où les deux ou trois cents voisins ou passants assemblés lisaient : « Incendiaire de l'Hôtel de Ville » ; l'un du milieu, un petit trapu, se tournait sans cesse vers le peloton d'exécution, mais tous quatre foudroyés tombèrent à plat ventre sur le trottoir, et la foule blême se précipita pour s'emparer des quatre écriteaux ; les omnibus, les tapissières, les tombereaux emportant à grand train au charnier les cadavres empilés comme des sacs ; le square Saint-Jacques, où l'on avait à la hâte enfoui d'autres cadavres, dont les jambes et les bras émergeaient du sol en végétations horribles et puantes ; à cinquante pas du monticule de fédérés qui obstruait l'entrée de la rue Soufflot, le délégué à la sûreté générale troué de balles, l'étudiant Raoul Rigault, aux yeux appuyés et fouilleurs derrière son lorgnon, qui fuait pour tuer, sans colère ; le bruit s'étant répandu dans le quartier qu'il avait été fusillé rue Gay-Lussac, toute la journée, au risque d'attraper quelque balle perdue, des pèlerins défilèrent devant lui, plus silencieusement que quelques jours après, devant la dépouille de Mgr Darboy, archevêque de Paris, dans la chapelle ardente de l'archevêché, parce qu'ils étaient saisis de cette terreur sacrée qu'inspirent les monstres. Mais, de tous ces tableaux et de cent autres, celui qui est resté le plus vivant, c'est le « massacre des otages », le massacre de Mgr Darboy, de M. Bonjean, président de la chambre civile de la cour de cassation ; de l'abbé Deguerry, curé de la Madeleine ; des dominicains d'Arcueil.

L'archevêque de Paris ! Bien que ce nom frappe l'imagination populaire. De même, la guerre a fait périr plus de bourgeois que de nobles, plus d'ouvriers que de bourgeois, et plus de paysans que d'ouvriers, par la raison qu'il y a plus de paysans que d'ouvriers, plus d'ouvriers que de bourgeois et plus de bourgeois que de nobles, et néanmoins l'on parle toujours des Luynes, des Dampierre, des Vogué, des Coriolis, on rappelle leur dernier geste ou leur dernière parole, ou on les leur prête, bien que le paysan, tombé comme un sac de pommes de terre sur le champ de bataille, ait eu une aussi belle mort, parce que la beauté n'est pas dans la manière de mourir mais dans la cause de la mort, et que tous étant morts pour leur patrie, leur mort a eu la même beauté et mérite la même reconnaissance. De même encore la « midinette féministe » et l'ouvrier socialiste aiment mieux voir des princes et des marquises dans le feuilleton de leur journal que des ouvriers et des « midinettes », ou des commerçants et des usiniers qu'ils coudoient tous les jours, bien qu'ils englobent sous la même dénomination de patrons, de bourgeois, de riches, d' « aristos », ou de « la haute » tous ceux qu'ils envient.

Un chevau-léger de l'assemblée nationale, qui avait été dans l'enregistrement et qui enregistrait ses impressions, le baron de Vinols, a noté qu' « on s'est exagéré la force de la majorité monarchiste de l'assemblée », que « les élections complémentaires de juillet 1871 l'affaiblirent notablement » et que « ce fut seulement pendant cinq mois, du 8 février au 2 juillet », qu'elle eût été en nombre pour faire la monarchie. Or, pendant ces cinq mois, le comte de Chambord vint au château de Chambord et ce chevau-léger refusa d'y aller lui rendre hommage, parce que « mandataire des électeurs... investi de leur confiance... il se croyait tenu de garder une attitude entièrement indépendante... » Si donc, pendant cette période, les monarchistes étaient en nombre pour faire la monarchie, ils n'étaient pas en disposition de la faire, comme le marque, avec quel éclat, le refus de l'un des plus intransigeants, M. de Vinols : tous étaient dans « l'état d'esprit républicain blanc », pas fâchés, dans leur politique conservatrice, de « garder une attitude entièrement indépendante » avec leurs trois dynasties, leurs monarchies variées et imprécises dans leurs rêves, et leurs deux drapeaux ; les électeurs, étonnés d'avoir élu des députés qui parlaient de faire la monarchie, se dégageaient de cette maldonne en élisant désormais des députés qui leur promettaient de ne pas faire « une nouvelle révolution » et de maintenir la république ; et l'insurrection communarde, comme par les grondements qui l'ont précédée et qui l'ont suivie, avait donné aux monarchistes la crainte que la république ne mît la France à feu et à sang pour se défendre. Mais, tout en subissant dans le fait ces impossibilités, leur foi et leur amour-propre protestaient contre elles dans le verbe et en même temps qu'ils établissaient la république sur le sol, ils édifiaient la monarchie dans les nuages et dans cette contradiction et cette illusion qui sont devenues leur seconde nature et leur état normal, se trouve la genèse de la république troisième du nom.

Entre la commune qu'elle venait de réprimer et la monarchie au drapeau blanc qui, seule, avait enseignes déployées, la république faisait figure nouvelle. On ne pouvait plus la traiter en république plébéienne, en république du quatrième État, puisque ses canons, ses mitrailleuses et ses chassepots venaient de faire de la chair à pâté de tant de milliers des plus militants de cet État. Elle était un gouvernement du tiers, comme le second empire, comme la monarchie de juillet. Elle était un moyen terme entre le drapeau blanc et le drapeau rouge. Elle était la plaine où le char de l'État aime à ne pas briser ses ressorts, et comme les monarchistes étaient maîtres de ce char, comme ils lui avaient donné son conducteur et qu'ils en occupaient les bancs, les plus difficiles trouvaient que M. Thiers était « homme parfaitement au courant de tous les ministères, très intelligent et très actif malgré son âge ». Au bref, ils n'étaient pas trop mal contents et avaient fort bonne mine. Cette disposition était alors propre à ces partis, partis non pas politiques, mais historiques, non pas tories ou wighs, conservateurs ou libéraux, ou de quelque autre substantialité, mais ayant leur idéal derrière eux et regardant en arrière, attendant que la révolution qui les avait renversés les ramenât automatiquement au pouvoir, comme une roue qui tourne, et leur rendît leurs dépouilles. Mais comme les intérêts et les idées sont toujours en mouvement et sans cesse se modifient, et qu'ils s'étaient emprisonnés en des formules indicatrices uniquement de la forme du gouvernement, mais non de sa substance, ni même de son mécanisme, ils étaient des politiques sans politique, des doctrinaires sans doctrine, et leur nom lui-même n'était qu'une inscription tumulaire.

Ceux donc qui avaient conservé, reconquis ou conquis, dans le nouvel état de choses, leur place au soleil, ne regardaient plus tant au régime, car s'occuper des affaires publiques, la main à la pâte, vous détache de tout ce qui n'est que spéculation. Il ne suffit pas, d'ailleurs, qu'un parti se donne tous les plumages et tous les ramages ; il lui faut encore faire sa cour pendant la saison et pendant

la viduité de l'âme, et non lorsqu'elle est grosse d'autres amours.
Voici, par exemple, un jeune homme arrivé à l'électorat en 1865,
en plein « réveil libéral », qui choisit l'école néo-orléaniste, indépendante des serviteurs survivants de Louis-Philippe et où les
Prévost-Paradol, les J.-J. Weiss, les Saint-Marc-Girardin, les John
Lemoinne, les Edouard Hervé professaient « les libertés nécessaires » à l'usage des esprits cultivés et discrets ; la souplesse et la
force de l'heureux alliage des institutions britanniques, tour à tour
dirigées par M. Disraëli et par M. Gladstone ; et leur déférence
pour les princes d'Orléans exilés dans cette Angleterre, modèle et
éducatrice des gouvernements modernes et dont ils admiraient les
doctrines, les maximes et l'art. De sa petite académie libre, cet
orléaniste est transplanté à l'assemblée nationale de 1871, où il
voit à sa droite les douairiers de la monarchie de juillet, et à sa
gauche les « ruraux » dans « l'état d'esprit orléaniste » et travaillés
des douleurs de la ponte ; et le voilà tiers parti du tiers parti dans
une assemblée où il y a encore trois autres partis, qui tous trois
seraient inconstitutionnels s'il y avait une constitution et si cette
constitution avait son assise dans le tiers parti. Il n'est pas au bout.
Survient en 1873 la « fusion » de la branche cadette et de la branche aînée, et il est mi-orléaniste et mi-légitimiste, mi-parti sur tiers
parti. Cette « fusion » n'ayant pas donné la monarchie espérée,
les ruraux et les douairiers donnent une constitution à la république, et il est cette fois dans la république pourvue de ses organes. Maintenant qu'elle peut voler de ses propres ailes, cette
république rompt avec ces liaisons plus flatteuses que sûres, elle
épouse les républicains en justes noces aux élections de 1876. Patience ! Par la mort du comte de Chambord, en 1883, la branche cadette devient branche unique et légitime et le néo-orléaniste de 1865
est métamorphosé en légitimiste, au moment même où le légitimisme disparaît, les légitimistes se titrant désormais royalistes pour ne
pas paraître garder leurs positions vis-à-vis du comte de Paris, et
les orléanistes se dénommant monarchistes pour marquer qu'ils
ne mettaient pas toute la monarchie dans le monarque. Tous ap-
prenaient, dans le même temps, la flexibilité de cette doctrine réputée inflexible : de par le comte de Chambord et pour ses partisans,
et bien que comme lui il ne fût pas sur le trône, son neveu don Carlos était « roi légitime » d'Espagne ; et aussitôt le comte de Chambord endormi dans la paix du Seigneur, de par le comte de Paris et
pour ses partisans, son beau-frère Alphonse XII, roi en titre et
en fonction, devenait roi légitime de la même Espagne, et don Carlos tombait au rang de prétendant illégitime. Comme « il faut souvent changer d'opinion pour rester toujours de son parti », au dire
de Retz, le disciple du néo-orléanisme avait encore à traverser quelques tribulations. Il voit le comte de Paris n'avoir d'oreilles que

pour M. Paul de Cassagnac sonnant l'hallali du parlementarisme
et la fanfare de l'impérialisme et faire les élections constitutionnelles de 1885. Il le voit, en 1888, dans le boulangisme, dans le césarisme sud-américain et, lorsqu'à sa mort, en 1894, son fils, le duc d'Orléans succède à sa prétendance, les familiers du duc d'Aumale
lèvent les yeux au ciel, en s'écriant que c'est le duc de Chambord,
parce qu'il s'est entouré d'un escadron de jeunes ducs, ses camarades d'enfance, les ducs de Luynes, d'Uzès, de Lorge, Decazes. Le
jour de la mort du comte de Paris, le journaliste parisien le plus
fécond et dont la facile élégance coulait d'elle-même dans les journaux de toutes opinions sans y être dépaysée et sans se contredire,
et qui était héritier présomptif du fauteuil de M. Ernest Legouvé à
l'académie française, M. Henry Fouquier, demandait si ce prince
laissait des fils, montrant que les prétendants ont toujours été
cantonnés dans de certains cercles, même en ce Paris où des raffi-
nés ignorent ce qui devrait faire partie de leur raffinement.

Mais, en 1871, toutes ces métamorphoses étaient encore dans
l'œuf, tandis que le légitimisme était en pleine action dogmati-
sante : aux grands maux, il fallait les grands remèdes, à la révolution la contre-révolution, au drapeau rouge et au drapeau tricolore, engendreur du drapeau rouge, le drapeau blanc ; au droit
populaire le droit divin, au régime électif le régime héréditaire, à
la république et aux monarchies à base d'élection et d'essence
républicaine, la monarchie légitime. Mais là, il y avait une brisure,
les légitimistes ne disant pas de quoi serait faite cette monarchie
dont la qualité de « légitime » déterminait la succession royale
seulement, et non les institutions. A les entendre presque tous,
depuis la révolution de 1789, tout était mauvais, comme à entendre
presque tous les autres Français, tout était mauvais avant cette
révolution. Pour ceux-ci, l'histoire de France commençait en 1789,
et pour ceux-là elle finissait à cette date.

L'histoire de France a commencé avec la France, elle est faite
de tout ce qui s'est fait du premier jour à celui-ci, et ce qui s'est
fait aujourd'hui et ce qui se fera chaque jour dans l'avenir s'y
ajoutera. Mme de Staël disait que ce qui la dégoûtait de l'histoire,
c'était de penser que ce qu'elle voyait en serait un jour ; elle le
disait sous Napoléon Ier ; on peut donc le dire et on l'a dit dans
tous les temps. Il ne faut voir l'histoire que de loin pour la voir
en beau, dans l'enfilade des salons, — le salon empire, le salon
Louis XV, le salon Louis XIV, le salon Henri II... — mais pour
ceux qui l'aiment comme Montaigne aimait Paris, jusqu'en ses
« verrues » — et ceux-là seuls l'aiment véritablement et la comprennent — ils ne sauraient souffrir des verrues d'avant 1789, ni
même des verrues d'avant leur naissance, fussent-elles grosses
comme des bosses, dès lors qu'elles n'existent plus ; ils ne souf-

frent que des verrues vivantes, ne fussent-elles pas plus grosses que la tête d'une épingle, et ils ne se fâchent que contre elles, s'ils n'ont pas le moyen de les enlever ou la philosophie de s'y faire, d'autant que l'on est toujours soi-même la verrue de quelqu'un. Ce qui enorgueillissait le plus les « quatre-vingt-neufvistes », c'était que leurs pères avaient fait « la plus difficile révolution de leur pays », sinon du monde ! Mais il y avait beau temps que leurs rois en avaient fait une bien plus difficile en abattant la féodalité.

Les légitimistes ne pouvaient s'y heurter de front sans s'y briser; aussi ne renouvelaient-ils pas la déclaration faite par Louis XV au parlement de Paris sur la nature de la monarchie ; mais ils déclaraient nécessaire de reprendre le mouvement réformiste de 1789 en 1789 et de « renouer la chaîne des temps », sans expliquer ce que cela voulait dire et comment on pourrait remonter aux états-généraux du 5 mai 1789, sans abolir tout ce qui s'était fait depuis, sans abolir la France nouvelle et sans restaurer l'ancienne France. Restaurer les Bourbons par dessus les Orléans, les Bonaparte et la république était déjà difficile, mais les restaurer par dessus les Bourbons eux-mêmes, par dessus Charles X et Louis XVIII, et par dessus le Louis XVI du 5 mai 1789 au 22 septembre 1792, c'était projeter une de ces restaurations que Châteaubriand appelait « la pire des révolutions ». Aussi, le comte de Chambord voilait-il bientôt cette chimère d'une formule religieuse, fine et sceptique : « Il faut que Dieu règne en maître pour que je gouverne en roi ! » Si Dieu régnait en maître, ce serait le paradis terrestre avant la pomme, et l'on n'aurait besoin ni de monarchie ni de république. Mais, comme aucun peuple n'a jamais revu cet âge d'or, poser une telle condition, c'était renoncer à la couronne. Entre ces hauteurs inaccessibles et les bas-fonds de la commune, maintenant que la commune était vaincue et la paix rétablie avec l'Allemagne, la vie renaissait, l'on était heureux rien que de vivre, le gouvernement de M. Thiers était le pont aux ânes, voire « la sente gazonneuse et fleurante » de Montaigne.

Si, comme don de joyeux avènement, un roi ou un empereur avait versé le sang d'autant de ses sujets que la république, dans la répression de la commune, sans doute il se serait fait redouter, mais le « boulet » qu'il aurait traîné pendant tout son règne eût été bien plus lourd que celui de Napoléon III, dont le coup d'Etat n'a été qu'une saignée auprès de ce massacre. Tout de suite après la commune, le bruit s'accrédita dans Paris et s'y fixa comme en un phonographe, que « trente à quarante mille communards » avaient été tués, et c'est là la tradition ou la légende. Un membre de la commune et son économiste internationaliste, M. Benoît Malon, au nez de travers et à l'air sournois, a prétendu « trente-sept mille ». Mais le maréchal de Mac-Mahon, qui commandait en chef la répression, a déclaré « exagérée » l' « évaluation » à dix-sept mille du général Appert. Quant aux communards faits prisonniers et dont les uns ont été déportés et les autres relâchés, M. Thiers les a évalués à « trente ou trente-cinq mille ». Pas de statistique, pas de certitude. Même réduite aux « évaluations » de M. Thiers et du maréchal de Mac-Mahon, la répression de la commune a été « une bonne purge », moins encore par la quantité des matières évacuées que par l'assainissement de tout le corps, par la crainte qu'elle a inspirée et qu'elle inspire encore, les communards survivants rêvassent-ils une revanche, étant, dans les masses populaires, rien que par leurs récits de ce temps-là, des avertisseurs et des reteneurs. Ils appelaient alors et ils appellent toujours M. Thiers « le sinistre vieillard », — mais il ne déplaisait point à M. Thiers de passer pour un homme terrible, — et comme la république s'était fait la réputation d'être le désordre, par la répression du plus grand désordre depuis « la terreur », elle s'était mise à la tête de l'ordre.

Le roi des Belges Léopold II a toujours passé pour aimer mieux gouverner avec la gauche, parce qu'il était sûr de la droite, tandis qu'il ne l'était pas de l'autre, et qu'il l'avait ainsi sous la main. Les Français sont de cette école. Depuis 1789, ils n'ont que des gouvernements de la main gauche, par opposition à ceux que l'on reçoit tout faits de ce qu'on appelle le droit divin, le droit naturel, le droit historique, ou plus simplement la résignation des peuples à qui les siècles ont appris qu'il leur faudra toujours gagner leur pain et payer l'impôt à la sueur de leur front. Ce sont ces gouvernements traditionnels qui portent le titre de légitimes. Dans leurs gouvernements de gauche eux-mêmes, les Français se sont toujours portés à gauche ; mais, à mesure qu'au pouvoir cette gauche prenait du poids et de l'assiette, il lui poussait une branche en avant, et ils sont ainsi devenus la variété gauchère de la plante humaine.

Un mois après la commune, une grosse branche poussait de ce côté-là à l'assemblée nationale et inclinait tout le tronc : mais ladite branche, n'étant pas communarde, n'entravait pas la renaissance du pays ; et c'est le premier avantage que la république recueillait de la répression de la commune. Toutefois, ces élections républicaines du 2 juillet 1871 étaient encore moins un progrès des idées républicaines, encore à l'état de germination sourde dans les campagnes, qu'un coup de barre très net contre le légitimisme à drapeau blanc, qui avait surgi des élections du 8 février, où les électeurs ne l'avaient pas mis. Mais ce coup de barre a éveillé dans le pays le sentiment pour la république qu'en 1803 le premier consul Bonaparte disait à Mme de Rémusat avoir eu pour la révolution : « Je ne comprenais pas grand'chose à la révolution, cependant elle me convenait. L'égalité qui devait m'élever me séduisait. »

En même temps que la république prenait conscience de sa force et de sa fonction, et qu'elle la donnait aux autres, en s'amputant elle-même de ses parties les plus vigoureuses, la « gauchomanie » prenait chez elle une fixité superstitieuse : — Ne plus laisser se reformer sur son front de bataille une nouvelle commune en l'enveloppant et en se l'assimilant sans cesse. Elle a pu le faire tant qu'elle a pu lui faire peur d'une réaction monarchique, où, cette fois, commune et république sombreraient toutes deux. Pendant leur mue ou leur passage du bonapartisme au républicanisme, les paysans élisaient des légitimistes et des orléanistes pour leurs opinions conservatrices, qui leur étaient communes avec les bonapartistes, et non pour leurs sentiments dynastiques : la guerre avait tellement décrédité le personnel bonapartiste éligible, que ce qui restait de la majorité monarchiste de l'assemblée nationale fut réélu ou remplacé par des similaires jusqu'à leur réduction à l'impuissance par les invalidations systématiques et par le temps et jusqu'à transformation nouvelle de l'opposition.

Après le 16 mai, les républicains furent pris de la folie de l'invalidation : ils invalidaient en masse leurs adversaires et les réinvalidaient jusqu'à ce que les électeurs qui n'étaient pas attachés à leurs élus par le double lien des opinions et des sentiments se lassassent de les réélire. Pas une des sept législatures qui ont suivi le 16 mai, pas même celle de 1906, n'a été exempte de ces invalidations contre toute équité et contre toute utilité. Car une forte opposition monarchique était impuissante, même après l'extinction de la branche aînée, rien que par la rivalité des deux dynasties subsistantes, l'absence d'un prétendant populaire, l'affaiblissement des idées monarchiques et le progrès des idées républicaines.

Depuis le 4 septembre 1870 et jusqu'à l'embrigadement des « camelots du roi », en 1908, Paris n'a pas entendu seulement cent hommes acclamer, dans la rue, l'un des sept prétendants ou un prince quelconque de leur maison, alors que des centaines de mille hommes ont acclamé Alphonse XIII, Edouard VII, Victor-Emmanuel II, Nicolas II et une paire de schahs. Mais cette forte opposition monarchique aurait été très utile à la république — et elle lui a été très utile tant qu'elle a pu durer, — pour contenir la commune et pour se contenir elle-même : c'était un frein qu'il lui aurait fallu inventer, s'il n'avait existé, et, puisqu'il existait, en avoir soin comme de la prunelle de ses yeux, parce qu'il existait en dehors d'elle et qu'il ne lui coûtait ni génie, ni effort, ni sacrifice. Un gouvernement sans frein est comme un peuple sans gouvernement, et l'un mène à l'autre. Si la monarchie sans frein des tsars était, au temps de Joseph de Maistre, une autocratie tempérée par l'assassinat, elle est devenue, sous Nicolas II, après la guerre de Mandchourie et avant sa « constitutionnalisation », l'anarchie dans l'autocratie. Depuis le ministère Waldeck-Rousseau, la république fait l'expérience de ce régime sans frein. La commune pèse, sur elle, d'un tel poids, que l'on s'est maintes fois demandé si elle n'avait pas enfin le dessus. Pas plus, en effet, que la république ou la monarchie, la commune n'a un type unique : elle emprunte au temps, au milieu et aux circonstances, sa forme, son personnel, son programme et son action. Bien qu'elle se modelât sur elle, la seconde a différé de la première, et, en incarnant trop la seconde dans les circonstances du siège, l'on ne pourrait voir, si elle se produisait, sa résurrection sous les espèces appropriées aux circonstances du premier quartier du vingtième siècle, on serait surpris par elle, comme l'a été M. Thiers en 1871.

V

Le gouvernement des ducs

Non seulement les monarchistes ont donné une constitution à la république, mais, en 1877, ils ont gouverné cette république constituée, avec un tel concours de la noblesse, qui est réputée la classe la plus réfractaire à la république, que leur gouvernement a été surnommé « le gouvernement des ducs », tout en prétendant rester monarchistes et s'en fermant ainsi la porte pour après leur chute du pouvoir, puisqu'ils n'y pouvaient plus constitutionnellement rentrer. En 1874, alors que le septennat était établi et que la constitution était sur le chantier, que l'on était donc en pleine activité républicaine et que les monarchistes pouvaient avoir plus d'éloignement à y participer qu'en 1877 à s'accommoder du fait accompli, rien que dans les administrations publiques mentionnées dans l'Almanach national, l'on comptait 3.115 nobles. Aussi a-t-on dit que les monarchistes ne répugnaient à la république que lorsqu'ils n'en avaient pas le gouvernement; mais ce n'est là qu'un trait, car l'on ne fait le plus souvent qu'autre chose que ce que l'on voudrait, heureux encore de n'être pas forcé à faire le contraire, par crainte d'un plus grand mal pour l'État. Mais comme toute la politique roulait alors sur la question de république et de monarchie, la noblesse a joué un premier rôle, et ce rôle explique la place qui lui est faite ici.

Ce n'est que du 17 mai 1877 au 12 décembre suivant, du troisième ministère du duc de Broglie au ministère du général de Rochebouet, pendant la période du seize-mai, que le gouvernement du maréchal de Mac-Mahon, duc de Magenta, a été appelé le « gouvernement des ducs », parce que le duc d'Audiffret-Pasquier était président du sénat, le duc de Broglie président du conseil, et le duc Decazes ministre des affaires étrangères. Par ce surnom aristocratique, qui a dû faire tressaillir d'aise Saint-Simon dans sa tombe, les républicains voulaient le discréditer auprès du corps électoral, à qui la constitution de 1875 avait fait faire un grand pas dans la démocratie. Mais, en réalité, il convient surtout à la période du gouvernement mac-mahonien, qui va du premier ministère du duc de Broglie ou ministère du 24 mai, au deuxième ministère Dufaure, du 25 mai 1873 au 9 mars 1876, parce qu'alors, à mesure que les élections étaient de plus en plus républicaines et que la république se munissait de ses institutions, cette république s'emplissait, du bas au faîte, de serviteurs dont les noms rappelaient toutes les monarchies disparues.

Mais le maréchal de Mac-Mahon n'a pas été l'initiateur de cette accession des monarchistes aux charges, fonctions et emplois de la république : c'est M. Thiers, à qui l'élection de M. Grévy par les monarchistes à la présidence de l'assemblée nationale avait fait voir clair dans leur sac.

Dans les grandes crises nationales, les plus hautains et les plus indépendants n'ont pas à se mettre à couvert en alléguant, comme il est d'usage à l'ordinaire, bien que personne n'en soit dupe, qu'ils ont accepté telle fonction publique pour servir leur pays, ou qu'ils l'ont refusée pour ne pas servir le gouvernement, selon que leur manège pour l'obtenir a réussi ou non : « Tous peuvent se faire honneur de travailler au relèvement du pays, quel que soit le régime régnant. » — C'était alors la formule sacramentelle, le mot de passe. Aussi M. Thiers n'avait-il pas seulement un ministre légitimiste, M. de Larcy, qui ne démérita pas pour cela du « trust » des monarchistes, puisqu'on le retrouve avec le légitimiste M. Depeyre, l'orléaniste duc Decazes, et le bonapartiste M. Magne, et le général du Barail, dans le second ministère du duc de Broglie. Ses ambassadeurs étaient le duc de Broglie lui-même, le comte d'Harcourt, le vicomte de Gontaut-Biron, le comte de Vogüé, le marquis de Bouillé, le général Le Flô, le marquis de Banneville, le comte de Bourgoing ; et ses ministres plénipotentiaires : le marquis de Noailles, le vicomte de Saint-Ferriol, le marquis de Gabriac, le comte de Gobineau... Les derniers ambassadeurs de Napoléon III avaient été le comte Benedetti, le général Fleury, le marquis de Banneville, M. Bourée, le marquis de la Valette, le baron Mercier de Lostende. Sans doute, M. Thiers n'était pas fâché, lui, homme du tiers, « le petit bourgeois », comme il s'appelait avec une modestie vaniteuse, d'avoir des ministres et des ambassadeurs nobles : mais il en attendait aussi du lustre pour son gouvernement, pour la république et pour la France humiliée par la défaite et par la guerre civile. Il les engageait ainsi dans la république par leur porte de prédilection, la porte des ambassades qui les introduisait dans les monarchies et dans les cours, et comme chez eux. Mais les quatre fonctionnaires, représentants et agents les plus directs et les plus personnels du gouvernement sont l'ambassadeur, le général commandant un corps d'armée, le procureur général et le préfet. Des six généraux commandant les six corps d'armée, deux aussi étaient nobles : le maréchal de Mac-Mahon et le général du Barail. M. Thiers avait aussi quatre procureurs généraux nobles et trente-cinq préfets nobles. Ces préfets étaient les organes mêmes du président du conseil des ministres, chef du pouvoir exécutif de la république française, puis président de cette république, c'est-à-dire de M. Thiers. L'exemple donné par les ambassadeurs de M. Thiers a peu à peu entraîné toute la noblesse et, par un premier tableau des ministres nobles des neuf présidents, l'on verra son ascension dans tout l'État et sa chute, et aussi celles de cette partie de la bourgeoisie qui, par sa fortune, son ancienneté, son illustration, ses opinions ou sa vanité, se pique de suivre d'aussi près qu'elle peut la noblesse.

I. — Le général TROCHU

Aucun membre du gouvernement de la défense nationale ni aucun de ses ministres n'est noble.

II. — M. THIERS

Six de ses ministres sont nobles : Le baron de Larcy, le général de Cissey, M. de Goulard, M. Teisserenc de Bort, le comte Charles de Rémusat, M. de Fourtou.

III. — Le maréchal de MAC-MAHON

Dix-huit de ses ministres sont nobles : Le duc de Broglie, le géral du Barail, le vice-amiral de Dompierre d'Hornoy, M. de La Bouillerie, le duc Decazes, M. de Fourtou, le baron de Larcy, le vice-amiral marquis de Montaignac, le vicomte de Cumont, le général baron de Chabaud La Tour, le vicomte de Meaux, M. de Marcère, M. Teisserenc de Bort, le vice-amiral Gicquel des Touches, le général de Rochebouët, le marquis de Bonneville, le vice-amiral baron Roussin, le comte de Saulce de Freycinet.

IV. — M. GRÉVY

Cinq de ses ministres sont nobles : M. de Marcère, le comte de Saulce de Freycinet, M. de Mahy, M. de La Porte, M. Séveriano de Hérédia, Cubain comme M. José-Maria de Hérédia, élu sous cette république membre de l'académie française.

V. — M. CARNOT

Trois de ses ministres sont nobles : Le comte de Saulce de Freycinet, M. de Mahy, M. de La Porte.

VI. — M. CASIMIR-PÉRIER

Aucun de ses ministres n'est noble.

VII. — M. Félix FAURE

Un de ses ministres est noble : Le comte de Saulce de Freycinet.

VIII. — M. LOUBET

Trois de ses ministres sont nobles : Le général marquis de Galliffet prince de Martigues, M. de Lanessan, le comte de Saulce de Freycinet.

IX. — M. FALLIÈRES

Un de ses ministres est noble : Le vice-amiral Boué de Lapeyrère, dans le ministère Briand.

La plupart des ministres nobles de M. Thiers et du maréchal de Mac-Mahon — pas tous, tels que M. de Rémusat, M. de Freycinet, M. Teisserenc de Bort, — défendaient, le jour, leur gouvernement, c'est-à-dire la république, à la tribune de l'assemblée nationale, du sénat ou de la chambre des députés, et, le soir, dans le monde, ils étaient légitimistes, orléanistes, bonapartistes ou entre deux eaux. Mais, à partir de M. Grévy, les ministres nobles ou dont le nom a la forme nobiliaire, — ce qui, pour le peuple, est tout un — se sont tous déclarés républicains, sans en excepter le prince de Martigues, qui n'aimait pas les congrégations religieuses, mais qui souhaitait à sa république un président Roosevelt ; et quelques-uns, comme M. de Lanessan, ont eu des doctrines « très avancées ».

En même temps que, le 24 mai 1873, l'assemblée nationale renversait M. Thiers et le remplaçait par le maréchal de Mac-Mahon, pour qu'il allât à droite, il s'accréditait que ce changement de président de la république devait préparer les logis à la monarchie. Les livres, les brochures, les articles, les discours, en un mot la propagande qui s'était faite depuis l'élection de l'assemblée nationale, et surtout depuis la chute de la commune, en faveur de la fusion des Bourbons et des Orléans et de la restauration de la monarchie en la personne du comte de Chambord, chef de leur maison, la maison de France, portait ses fruits : du 24 mai 1873 au 27 octobre suivant, où le comte de Chambord écrivit à M. Chesnelong qu'il mourrait dans les plis du drapeau blanc. L'on ne parla pas, en effet, d'autre chose : l'assemblée nomma une commission, la « commission des neuf », « pour suivre l'affaire », comme elle aurait fait pour le tarif des douanes ou le privilège des bouilleurs de cru ; le gouvernement fit construire en grand secret un carrosse dans lequel le comte de Chambord, devenu Henri V, devait faire son entrée dans Paris, et qui est aujourd'hui remisé au château de Chambord, et chacun s'en alla à la mer ou à la montagne, à la chasse ou à la pêche, attendant que la France allât, en grande pompe, chercher dans sa retraite l'héritier de Charles X, comme Alexandre avait fait chercher Abdolonyme, héritier des rois de Sidon, suivant la légende de Justin et de Quinte-Curce.

S'il y avait dans la ligue plus que du tumulte républicain, si l'on y disait : « Nous voulons être gouvernés comme les Suisses », ce n'étaient là que des étincelles républicaines, et la France était monarchique. Pourtant, en cette France monarchique, Henri IV dut ajouter le droit de conquête à son droit de naissance et entrer dans Paris à coups de canon et aussi à coups de vingt-cinq traités d'intérêt privé avec des chefs de la ligue et à coups de millions, et il disait gentiment : « Pour parfaire le bon œuvre du salut et repos de l'Estat, nous avons porté ce qui estoit non seulement de notre devoir et pouvoir, mais quelque chose de plus qui n'eust peut-être pas esté, en autre temps, bien convenable à la dignité que nous tenons. » C'est qu'en toute entreprise politique il y a des intérêts, des mécontentements, des vanités, des ambitions et des cupidités à rallier. Or, en pleine république, et quand chaque élection marquait un pas de plus dans la « républicanisation » du pays, le comte de Chambord n'a rien fait ni rien fait faire pour ce ralliement, sans quoi la restauration était impossible, parce que toutes ces forces, les plus vives et les plus agissantes, y auraient fait obstacle.

Le 5 août 1873, il avait reçu, à Frohsdorf, la soumission et l'hommage de son cousin, le comte de Paris, chef de la branche cadette. Et ce fut tout ! Si sincère qu'eût été leur réconciliation, elle ne pouvait pas avoir éteint du coup des rivalités de famille qui duraient depuis deux cents ans et les remplacer par l'union et le sacrifice. Le comte de Chambord était de l'autre côté de la cinquantaine, gros, chauve et boiteux. Sa femme était plus âgée que lui, d'une laideur renfrognée, confite dans le passé et dans la dévotion, recluse, étroite, jalouse, redoutant tout dérangement dans la monotonie de leur vie boudeuse, mais toujours respectée. Il semblait se dire : « Quelle figure ferions-nous, vieilles gens que nous sommes, dans le carrosse royal, à notre entrée à Paris ? Et quelle ne serait pas la déconvenue des Parisiens, si frondeurs, que Napoléon Ier et Louis XIV eux-mêmes ont dû, presque pendant tout leur règne, se soustraire à leur curiosité ? »

Cette fusion ne s'était pas faite dans la tempête de l'invasion étrangère et de la guerre civile, qui rapprochait les esprits et les cœurs ; elle n'avait pas jailli des entrailles déchirées de la France ; elle n'avait pas été l'oraison jaculatoire de ce peuple en détresse ; elle avait été entreprise après que la plaie eut été recousue et que le classement de l'assemblée nationale eut démontré, comme deux et deux font quatre, qu'il n'y avait de majorité monarchiste que dans la fusion des légitimistes et des orléanistes, et de restauration concevable de la monarchie que dans la fusion de leurs princes et dans les doctrines de la majorité et de ceux de leurs adversaires que la restauration aurait pu ensuite rallier.

Après avoir fait la navette entre les deux branches, la fusion se fit deux ans et onze mois après la chute de Napoléon III, les circonstances ne lui donnant plus l'élan et la fécondité nécessaires, le pays s'étant républicanisé plus qu'il ne croyait lui-même sous la bonne administration de M. Thiers et du maréchal de Mac-Mahon et sous tant d'exemples illustres et inattendus. Si son drapeau blanc faisait craindre que lui aussi ne voulût remonter avant 1830 et même avant 1789, dans le très privé, le comte de Chambord laissait voir son faible pour la constitution de 1852, ce qui ne le mettait en retard que de vingt et un ans, tous les partis, en 1873, étant en réaction contre elle, si tant est qu'il fût en retard parce qu'il cherchait, dans la dernière constitution autoritaire, le moyen de se défendre contre ses partisans, qui venaient de renverser M. Thiers pour n'avoir pas suivi leur politique.

C'est seulement en 1851 qu'était morte, chez lui, sa tante, la duchesse d'Angoulême, la hautaine, sombre, dure, douloureuse et tragique fille de Louis XVI, dont Napoléon Ier avait dit qu'elle était « le seul homme de sa famille » — mot que l'on a appliqué, plus tard, à sa belle-sœur, la duchesse de Berry, — et qu'on a pourtant appelée « la touchante Antigone » de son oncle Louis XVIII. A sa mort, l'on ne trouva pas trace de sa fortune, mais, en heurtant son sac à ouvrage accroché à une chaise de sa chambre, l'on fut étonné de la lourdeur de ce réticule : on l'ouvrit et l'on trouva, sous la broderie interrompue, des poignées de diamants. Elle avait réalisé tout son avoir en ces valeurs portatives et elle les avait toujours sous la main pour les emporter avec elle à la première alerte. Sa jeunesse s'étant passée sous l'influence d'une femme aussi pénétrée de la terreur de la révolution, et lui-même ayant vu, en 1830, que cette terreur n'était pas vaine, il était naturel que le comte de Chambord se retranchât, tantôt derrière le drapeau blanc et tantôt dans une formule métaphysique, non par indifférence pour son pays ni par incuriosité du pouvoir, mais parce qu'il ne pouvait partager la confiance de ses partisans dans l'avenir d'une restauration sous la troisième république, trois républiques depuis la chute de l'ancien régime et trois dynasties ne pouvant paraître un simple accident à son esprit averti par l'infortune des siens et la sienne propre et rendu plus libre par l'éloignement, mais lui apparaissant, au contraire, comme les phases obstétricales d'une ère nouvelle.

Avec la constitution de 1852, le drapeau blanc n'aurait plus été que le drapeau du deuil des institutions mortes, mais dont l'impopularité était toujours allée se ravivant sous les regrets des uns et sous la haine des autres. Il inspirait encore plus de méfiance que le drapeau rouge — méfiance d'un ordre tout différent — parce que le drapeau rouge n'était que le symbole d' « un mauvais mo-

ment à passer », comme l'on venait d'en refaire l'expérience avec
la commune ; tandis que le drapeau blanc était le symbole de la
résurrection d'une société abhorrée, non seulement dans ses parties déchues et mauvaises, mais tout entière et en bloc, jusqu'à la
déraison. Dans cette période monarchique du 24 mai au 27 octobre, un mot partit de l'Elysée, qu'on attribua au maréchal de
Mac-Mahon : « Si le drapeau blanc paraît, les chassepots partiront tout seuls ! » Dans le même temps, comme on lui demandait
ce qui se disait autour de lui de la restauration de la monarchie,
un vieux paysan, très homme d'ordre, fort honnête homme, qui
ne manquait, le dimanche, ni la messe ni les vêpres, et qui était
maire de son village aux environs de Lyon, répondait : « Si c'est
le comte de Chambord, ça ne fera rien ; mais si c'est Henri V, ça
fera sale ! »

Le drapeau blanc a été le linceul volontaire d'un prince qui
voyait, dans sa restauration, non pas le retour d'un peuple à la
dynastie qui avait présidé à sa formation, à son unité et à sa grandeur, mais une restauration par élimination électorale des responsabilités de la guerre, par rencontre des électeurs sur des hommes
dont les opinions politiques avaient été étrangères à leur choix,
une restauration académique et mondaine, avec de rares racines
dans le peuple, mais sans racines dans le sol, sans solidité et sans
lendemain. On retrouve la mélancolie de ce divorce dans son testament : c'est au duc de Parme et non à la France, qui le lui avait
offert, en 1821, par souscription publique, qu'il a légué son château de Chambord, la laissant ainsi libre de toute reconnaissance.
Et après que le comte de Paris lui eut « protocolairement » disposé
tout devant lui pour le faire monter sur le trône, d'un geste, le
comte de Chambord avait renversé ce qui lui paraissait un château de cartes et entraîné avec lui dans la tombe le chef de la branche cadette, vengeant ainsi la branche aînée des ancêtres de ce
prince dans son acte de loyalisme lui-même.

Le 24 mai 1873 leur apparaissant une entreprise monarchique,
les monarchistes s'installaient dans les fonctions de l'Etat pour
coopérer à cette entreprise, et particulièrement la noblesse, qui
était le foyer du monarchisme. M. Thiers leur en avait ouvert la
porte et le maréchal de Mac-Mahon était tout embarras à leur accès. On fait une révolution pour forcer l'Etat et en occuper les
fonctions, soit à cause des avantages personnels qu'on y trouve,
soit à cause des moyens qu'elles donnent de modifier la législation
ou les institutions. Les légitimistes et les orléanistes en étaient devenus les maîtres sans coup férir par la brèche républicaine du
4 septembre. Mais après le 27 octobre, où tout espoir de voir le
comte de Chambord sur le trône s'était évanoui ; après le 19 novembre, où l'assemblée nationale avait nommé le maréchal de

8

Mac-Mahon président de la république pour sept ans, et, par conséquent, fait pour sept ans, de la république, le gouvernement légal, et par le même vote, prescrit l'élection, dans les trois jours, de la commission des trente, chargée de l'examen des lois constitutionnelles qui devaient donner à la république son organisme et son « fonctionnement »; après cela, il ne s'agissait plus de tirer la monarchie de la république, mais de maintenir la république en dehors des doctrines républicaines et des républicains eux-mêmes, entre les mains et dans les doctrines des monarchistes qui la détenaient. Quinze jours après l'institution du septennat, le comte de La Rochefoucauld, duc de Bisaccia, mort duc de Doudeauville, était nommé ambassadeur à Londres. Enfin, en 1874, sous le ministère du général de Cissey, en pleine élaboration de la constitution, en plein forgement de l'armure de la république, la noblesse était dans toutes les administrations, et tous les pouvoirs de l'État; en voici le tableau dans ses lignes principales :

PRÉSIDENCE DU MARÉCHAL DE MAC-MAHON
Ministère du général de Cissey (1874)

Assemblée nationale .... 226 nobles
Président de la république.................. 1 noble

Maison du président, mentionnée par l'Almanach national de 1874 comme voici : — « M. Robert, lieut.-col. d'état-major, chef du cabinet ; M. le vicomte d'Harcourt, secrétaire de la présidence. Maison militaire : M. le marquis d'Abzac, col. d'état-major ; M. Broye, id. ; M. de Vaulgrenant, chef d'escadrons d'artil., aides de camp ; M. le prince de Berghes Saint-Winock, lieut. au 7° chass.; M. de Langsdorff, lieut. de vaisseau, officier d'ordonnance. » — M. d'Harcourt, que tout Paris appelait « Emmanuel d'Harcourt », était le maître Jacques de l'Élysée; le répertoire du maréchal, et l'on s'amusait à les faire dialoguer : « Quelle heure est-il, Emmanuel ? » — « Il est midi, monsieur le maréchal. » — « Cet Emmanuel, il sait tout ! »... 5
Ministère : Le général de Cissey, le duc Decazes, le général baron de Chabaud La Tour, le contre-amiral marquis de Montaignac de Chauvance, le vicomte de Cumont, dont les républicains de seconde classe et des classes au-dessous ne prononçaient le nom qu'en le retournant. Tous députés à l'assemblée nationale et compris dans les 216... ...
Cabinet du ministre des affaires étrangères et secrétariat, protocole et directions : 8 sur 19. Ambassadeurs et ministres plénipotentiaires, secrétaires et attachés : 105 sur 133. Consuls généraux et consuls : 35. Aux noms déjà cités et dont quelques-uns se retrouvent plusieurs fois parmi les diplomates de la troisième républi

que — il y a trois Harcourt, trois La Rochefoucauld, trois Vogüé, etc. — il faut ajouter les Rochechouart, les Ségur d'Aguesseau, les Béthune, les Clermont-Tonnerre, les La Ferronnays, les Béarn, les La Tour-Maubourg, les Saint-Aulaire, les Salignac-Fénelon, les Cossé-Brissac, les La Tour du Pin-Chambly de la Charce, les Saint-Vallier, les Polignac, etc. De la fleur de la noblesse à la noblesse que l'on fait soi-même, à M. Collin de Plancy, né Collin, la troisième république a fait défiler dans ses ambassades toute la hiérarchie. En 1874, les ambassadeurs du maréchal de Mac-Mahon étaient : le vicomte de Gontaut-Biron, le duc de La Rochefoucauld-Bisaccia, le marquis d'Harcourt, le marquis de Bouillé, le marquis de Noailles, le général Le Flô, M. de Corcelles, le comte Melchior de Vogüé, le comte de Chaudordy, créé par Pie IX comte de Monte-Porzio, devenu comte de Chaudordy par la transposition du titre et de la particule devant son nom patronymique. Le comte de Monte-Porzio, rustique, capable, mais théoricien, était ambassadeur à Berne. C'est le maréchal de Mac-Mahon qui a créé cette « ambassade de famille ». Les ambassadeurs de M. Fallières sont : MM. Paul Cambon, Jules Cambon, Crozier, Jusserand, Gérard, Louis, Bompard, Revoil, Barrère et le comte Le Pelletier d'Aunay à Berne. De tous ces pays d'ambassade, celui où la noblesse est le moins bien vue est précisément celui où il reste un ambassadeur noble 118

Maréchaux de France : 2 sur 4 : le maréchal comte Baraguey d'Hilliers, le maréchal Canrobert, le maréchal comte de Mac-Mahon, duc de Magenta, et le maréchal Lebœuf. Généraux de division et de brigade en activité, en disponibilité ou à la réserve : 225 sur 552. Colonels dans les trois mêmes positions : 96, sans compter les lieutenants-colonels, les chefs d'escadrons et de bataillon, les capitaines, les lieutenants et les sous-lieutenants. Intendants généraux inspecteurs, intendants divisionnaires et sous-intendants militaires, sans compter les adjoints à l'intendance : 41. Des 18 commandants de corps d'armée, 7 étaient nobles et le 7e corps était commandé par le duc d'Aumale. L'armée et la diplomatie étaient les deux carrières préférées de la noblesse. La diplomatie parce que la plupart des puissances étant en monarchie elle s'y trouvait dans son cadre, et l'armée parce que le métier des armes étant le plus périlleux et le plus noble. Mais, depuis que le service militaire est obligatoire, mieux vaut être officier que soldat et le mérite de l'officier se trouve diminué de l'obligation du service d'autant que, en temps de paix, — et cette république n'a été qu'une longue paix avec quelques expéditions coloniales et quelques alertes du côté de l'Angleterre et surtout de l'Allemagne, — la fonction de l'armée est de protéger le gouvernement, — et aucun gouvernement ne pourrait subsister sans cette protection — de lui faire escorte dans les cérémonies publiques et de cavalcader à la portière de Mme Grévy ou de Mme Fallières. Sans doute cette cavalcade est dans les traditions de la galanterie française, mais ni un évêque sous le régime du concordat, ni un conseiller à la cour d'appel, ni un professeur à la Sorbonne, bien que fonctionnaires aussi, à des titres et à des degrés très divers, ne sont unis par des liens aussi familiers au gouvernement.. 361

Vice-amiraux et contre-amiraux dans les trois positions : 29 sur 79. Capitaines de vaisseau et de frégate : 72. Sans compter les lieutenants de vaisseau, les enseignes et les aspirants. Il n'y avait plus d'amiraux et il n'en a pas été créé depuis la guerre de 1870, non plus que de maréchaux, comme pour marquer le deuil de la marine et de l'armée, et aussi, à partir de M. Grévy, par défiance républicaine de ces grandes situations militaires. M. Thiers avait eu l'idée de faire des maréchaux et, entre autres, le général Trochu, pour honorer le siège de Paris qui, en soi et par soi, en méritait l'hommage. Mais le général Chanzy, qu'il avait rabroué pour son outrance belliqueuse et qui ne voyait pas dans ce rabrouement son bâton, avait riposté au moment opportun : « Que celui qui veut le bâton de maréchal aille le chercher de l'autre côté du Rhin ! » et la riposte coupa court au projet. Mais, depuis la guerre, la population de la France est restée à peu près stationnaire, tandis que celle de l'Allemagne la dépasse, aujourd'hui, de plus d'un tiers, pour un territoire qui n'a que quatre mille trois cents kilomètres carrés de plus. Il est donc plus difficile aux généraux français d'aller chercher leur bâton de maréchal dans cette forêt de baïonnettes toujours plus serrées, qu'à ces baïonnettes de venir en France chercher de l'argent ou de la terre, ou lui faire donner pour rançon ses colonies. Les guerres de la révolution et de l'empire et ses continuelles révolutions, ont fatigué la race française, et les guerres du second empire, funestes même lorsqu'elles étaient heureuses, et la catastrophe finale, lui ont donné la crainte que son gouvernement ne se trompe sur l'opportunité et l'utilité d'une guerre. — Si le duc d'Aumale commandait le 7e corps d'armée, son frère, le prince de Joinville, était le doyen des vice-amiraux en activité 101

Avec l'administration préfectorale, l'on arrive au rébus du gouvernement du maréchal de Mac-Mahon, aux préfets de la république fourriers de la monarchie. Préfets : 43 ; secrétaires généraux : 29 ; sous-préfets : 131 ; conseillers de préfecture : 99 ; maires des chefs-lieux de département et d'arrondissement et des villes de plus de 20.000 âmes, nommés par le gouvernement : 323. Un préfet de la république avait beau porter un nom illustre sous la monarchie et marqué du sceau de la monarchie et avoir lui-même professé des opinions monarchiques, il n'en était pas moins préfet de la république, et le bon sens populaire ne pouvait comprendre qu'il ne servait pas la république.............................. 625

Conseil d'État : conseillers, maîtres des requêtes et auditeurs : 21. — Cour de cassation : présidents et conseillers : 8. — Cour des comptes : premier président, conseillers maîtres, conseillers référendaires et auditeurs : 57. — Cours d'appel : premiers présidents, présidents de chambre et conseillers : 138 ; procureurs généraux : 12 ; avocats généraux et substituts du procureur général — les premiers avocats généraux avaient été supprimés par M. Thiers — : 26 ; présidents, vice-présidents, juges et juges suppléants des tribunaux de première instance : 260 ; procureurs de la république près ces tribunaux, 57 ; et substituts du procureur de la république : 81 ; greffiers en chef des cours d'appel et des tribunaux de première instance : 10 ; juges de paix : 171, sans compter leurs suppléants. Officiers ministériels : avoués près les cours d'appel : 11 ; avoués près les tribunaux de première instance : 40. Notaires : 64. Il n'y avait plus de noblesse de robe, mais la noblesse avait pris la robe après la révolution et, à la fin du règne de Charles X, elle comptait 23 magistrats à la cour de cassation et 370 dans les cours royales, qui estimaient que la protection du droit et la distribution de la justice — les magistrats de la restauration n'avaient pas d'aussi gros traitements que ceux de la troisième république — pour ne pas demander le sacrifice de la vie et pour ne pas avoir l'éclat des cours, n'en étaient pas moins une importante part de la puissance publique, et que les sénateurs de la république romaine, qui étaient d'autres seigneurs que leurs pères dépossédés par la révolution, puisqu'ils formaient un gouvernement aristocratique, tempéré par en bas mais non par en haut, ne se croyaient pas amoindris parce qu'ils devaient plaider en personne devant les tribunaux pour les gens de leur *gens* ou clients dont ils étaient les patrons.............................. 956

En 1874, le ministère de l'instruction publique comptait 16 fonctionnaires nobles : recteurs, inspecteurs d'académie, inspecteurs de l'enseignement primaire, doyens et professeurs de facultés : 27 ; professeurs au collège de France, à l'école des langues orientales et fonctionnaires divers du bureau des longitudes, du muséum d'histoire naturelle et des bibliothèques publiques de Paris : 30. C'est dans cette branche de l'administration publique que la noblesse était la moins nombreuse. Comme le ministère des cultes et celui des beaux-arts étaient joints au ministère de l'instruction publique et qu'à eux trois ils n'en formaient qu'un, il faut ici remarquer que sur 49 archevêques et évêques nommés par le maréchal de Mac-Mahon, 4 seulement étaient nobles : Mgr de Cabrières, Mgr Le Hardy du Marais, Mgr de Briey et Mgr de la Foata. Déjà la noblesse n'entrait presque plus dans le clergé séculier : on en donnaît pour raison que les prêtres concordataires étaient des manières de fonctionnaires sans liberté apostolique : mais cette raison n'était pas la bonne, puisque la noblesse servait l'Etat dans toutes les branches et à tous les degrés : lorsqu'elle était religieuse, son âme était monacale et tournée vers le cloître ; et lorsqu'elle était seulement cléricale, elle n'était pas sacerdotale, elle n'était pas attirée par le presbytère. L'enseignement n'avait pas, non plus, d'attraction pour elle, mais, d'aventure, il ne la diminuait point : pour avoir son mari professeur de langue et littérature chinoise et tartare-mandchou au collège de France, la belle marquise d'Hervey de Saint-Denys n'en remportait pas moins tous les suffrages dans le monde, où MM. Caro et Larroumet, professeurs à la mode, auraient eu bien des bonnes fortunes s'il leur avait plu de cueillir des fleurs ailleurs que dans la philosophie et dans la littérature 73

Inspecteurs généraux des finances : 8 sur 11 ; inspecteurs : 11 ; trésoriers-payeurs généraux : 42 ; receveurs particuliers : 92 ; percepteurs de ville : 68, sans compter les percepteurs ruraux ; directeurs et inspecteurs des contributions directes : 21 ; directeurs, inspecteurs et vérificateurs de l'enregistrement et des domaines : 52 ; conservateurs des hypothèques : 36 ; directeurs des douanes : 35 ; directeurs, inspecteurs, sous-directeurs, receveurs principaux, receveurs, entreposeurs et entreposeurs des contributions indirectes : 65 ; manufactures de l'Etat : 10 ; direction générale des postes, directeurs, receveurs principaux et contrôleurs, sans compter les emplois subalternes de cette branche des finances et des autres : 65. Les trésoriers-payeurs généraux ne pouvaient en rien coopérer à la restauration monarchique, et ces sinécuristes n'étaient là que pour leur sinécure. Lorsqu'ils étudient les institutions de la troisième république, les étrangers demeurent interdits devant ces trésoriers-payeurs généraux, — qui sont les fonctionnaires les mieux payés et les moins utiles, fils des receveurs généraux des précédentes monarchies et petits-fils des fermiers généraux de l'ancien régime, surtout depuis qu'elle a développé son réseau de voies ferrées et de communications postales, télégraphiques et téléphoniques, multiplié les succursales provinciales de la banque de France, du comptoir national d'escompte et du crédit foncier, qui en ont respectivement 127, 111 et 81, que des établissements de crédit privé, tels que le crédit lyonnais, qui a des succursales dans maintes villes, complètent ce réseau et ensemble drainent, gardent et transmettent l'argent de partout à Paris, en toute sûreté et à toute vitesse. Mais en parcourant la liste des actuels titulaires de ces trésoreries somptueuses, l'on est encore bien plus stupéfait de voir pour la première fois la plupart de leurs noms et l'on se demande quels services ils ont pu rendre, à l'insu de tous, à la répu-

blique, pour qu'elle paye ainsi à ne rien faire le trésorier-payeur
général du Rhône, par exemple, deux ou trois couples de commandants de corps d'armée 497

Avant de clore cette nomenclature partielle mais suffisante et
déjà fastidieuse, il faut noter encore 49 inspecteurs généraux, ingénieurs en chef et ingénieurs ordinaires des ponts et chaussées ;
11 inspecteurs généraux, ingénieurs en chef et ingénieurs ordinaires des mines ; 77 conservateurs, inspecteurs, sous-inspecteurs
et gardes généraux des eaux et forêts, et 22, sur 29, inspecteurs
généraux des haras et directeurs de dépôts d'étalons. Et ces 22 sur
29 sont tout un trait de mœurs. C'était alors dans la cavalerie —
cavalerie, chevalerie — qu'entrait la noblesse, et c'est toujours son
arme de choix, — partie pour ce vague souvenir, partie parce
qu'appartenant en général à des familles riches ou dont les chevaux sont le luxe, elle est cavalière de naissance, et ce talent
lui permet de ne pas passer par l'école polytechnique, l'école d'application de Fontainebleau, l'école supérieure de guerre ou même
Saint-Cyr et de rester réunie. Les groupements par origine et par
condition sont naturels, universels, éternels : seulement, par ses
noms historiques et ses titres, ses terres et ses châteaux, et par ses
alliances et ses relations, le groupement nobiliaire est plus en vue
et plus envié, et il semble aussi plus fermé et plus isolé. On lui
a, dès longtemps, appliqué le portrait du duc de Bourgogne par
Saint-Simon, et ce portrait est devenu le sien, surtout au regard
de la bourgeoisie, qui, étant plus près d'elle, en reçoit plus d'ombrage et en est plus jalouse : « ... De la hauteur des cieux, il ne
regardait les hommes que comme des atomes avec lesquels il n'a-
vait aucune ressemblance, quels qu'ils fussent ; à peine messieurs
ses frères lui paraissaient-ils intermédiaires entre lui et le genre
humain... » C'était là le portrait de l'héritier de Louis XIV avant
ce que l'on a appelé sa « conversion » : mais après cette « conversion », on l'entendit, dans les salons de Marly, formuler des maximes à la Fénelon qui durent paraître bien hardies pour le lieu et
pour l'époque et dont la plus célèbre : « Un roi est fait pour les
sujets et non les sujets pour lui », conduit à cette autre que « les
sujets sont les maîtres » et justifie la noblesse royaliste d'avoir
servi la république mac-mahonienne. Sous la présidence de M. Félix
Faure, le vicomte de C..., qui porte l'un des plus célèbres noms du
dix-neuvième siècle, et non moins snob que M. Faure, disait au
général baron de C...., illustre pour ses héroïques faits d'armes, et à
M. de M..., très homme du monde : « Pour moi, l'homme commence
au baron !... » Le commencement d'homme, le baron, sourit, un
peu jaune, et la particule se mit à aboyer : « Mais qu'avez-vous ? »
lui dit le vicomte. « N'étant pas homme », répondit la particule,
« mais me sentant son meilleur ami, c'est-à-dire chien, j'aboie ».

Il serait très fâcheux que ces sociologues-là disparussent, car ils sont bien plus amusants que les autres.

Pendant la république mac-mahonienne, sauf quelque solennité, l'on ne vit point trop de disparate entre fonctionnaires nobles et non nobles, leur voisinage leur étant mutuellement utile en refrénant les uns et en redressant les autres, et d'ailleurs le pouvoir réglant ceux qui l'exercent et les rivalités de classes et d'un bout à l'autre de la même classe, qui sont le ressort interne et secret de la politique, se manifestant avec leurs impertinences et leurs froissements, surtout dans les relations privées, où le plus souvent on les cherche par envie de monter, par où l'on se rend insupportable à soi, et par vanité de paraître, par où l'on se rend insupportable aux autres. En prenant pour exemple Paris, où les groupements sociaux sont moins fermés qu'en province, — où, depuis le 16 mai 1877, ils n'ont presque pas cessé d'être en froid, en brouille ou en guerre, — la noblesse n'est pas le plus fermé de tous. Hors cette partie restée fidèle à la pénombre du comte de Chambord et qui ne publie pas ses séjours dans ses hôtels, ni ses villégiatures dans ses châteaux, ses cures à la mer, aux eaux ou à la montagne, ni les convalescences de ses cures, ni ses équipages, ses autos et sa livrée, ni ses déjeuners, ses goûters, ses diners et ses soupers par grandes ou petites tables fleuries de roses roses ou de roses rouges, ni ses matinées, ses sauteries, ses five-o'clock ou ses « cinq à sept », ses bridges, ses réceptions « en cure-dents » après diner, ses raouts, ses bals, ni ses chasses, ses rallies-paper, ses tennis, ses canotages, son équitation, ses foot-ball, ni sa présence aux premières ou aux répétitions générales, ni ses toilettes dans leurs détails les plus intimes, ni l'épingle de cravate, ni le coupe-papier qu'elle donne ou qu'elle reçoit en cadeau de mariage, et qui, en un mot, ne veut pas endurer l'esclavage de la mode et l'ennui du plaisir. On désigne sous le nom topographiquement inexact de « faubourg Saint-Germain » cette noblesse dont la réserve rappelle, par contraste, les tentations qu'exerçait, les premières années de cette république, dans les jardins du Luxembourg, la claquette de la marchande d'oublis, avec son monotone, mais narquois refrain :

> Voilà l' plaisir, mesdam's,
> Voilà l' plaisir!
> N'en mangez pas, mesdam's,
> Ça fait mourir!

Et les petites « dames » du Luxembourg, les « étudiantes », en mangeaient à en mourir. Mais cette noblesse qui n'a pas mordu au « plaisir », qui n'a pas cédé à la tentation de se donner en spectacle comme sur un théâtre, vivant chez elle et entre elle, dans ses hôtels ou dans ses châteaux, est un des groupements français dont l'aspect a le plus de dignité.

Si le précédent duc de Talleyrand, alors qu'il était prince de Sagan et « le maître des élégances », avait été pris de la fantaisie d'explorer le sénat, la chambre, le conseil d'État, la cour de cassation, l'état-major général de l'armée, l'institut, le conseil de l'ordre du barreau de Paris, la confédération générale du travail, qui sont dans leur sphère et à leur manière des compagnies princières et ducales, comme le monde, au premier rang duquel il appartenait et dont la noblesse est de fondation et de droit, et ses autres membres des agrégés, et comme les membres libres de l'académie des beaux-arts : si « le maître des élégances » avait fait cette exploration pour faire de l'une d'elles le foyer de ses relations et de sa vie, il n'aurait pu ni s'y habituer, ni même s'y établir, parce que ce sont des cercles spéciaux. Si, en 1874, au contraire, il avait plu à MM. de Raynal et de Carnières, présidents de chambre à la cour de cassation, à leurs collègues, les conseillers marquis d'Oms, barons Zangiacomi, Alméras-Latour, Hély d'Oissel, et MM. de Peyramont et de Chenevière, qui faisaient partie du monde par le passe-partout de leur particule ; s'il leur avait plu d'y fréquenter, ils y fussent passés tout de go, parce qu'il n'y a là que des formes : l'un d'eux y aurait même eu du succès comme boute-en-train, car il est mort pourvu d'un conseil judiciaire. Nul doute, non plus, que le premier président de cette cour, M. Devienne, dont Napoléon III avait apprécié la diplomatie féminine, n'y eût été également accueilli pour ses mérites, malgré la modestie de son nom et la sévérité de sa charge.

Lorsqu'on se plaint de ceux qui sont au-dessus de soi par les avantages de la naissance, de la personne, de la fortune ou de la fonction, l'on n'a qu'à écouter ceux qui sont au-dessous pour l'un de ces points ou pour tous, et l'on entendra les mêmes plaintes contre soi-même. On geint à tous les degrés de l'échelle. Même si l'on pouvait leur apprendre ce que sont un Thiers, un Jean-Baptiste Dumas, un Victor Hugo, un Joseph Bertrand, un Littré, un Chevreul, un Taine, un Pasteur, un Renan, un Berthelot, paysans et ouvriers resteraient presque tous convaincus que seuls travaillent et sont des « travailleurs » ceux qui font un travail manuel et que les autres sont les bénéficiaires, les oisifs et les heureux : c'est l'esprit paysan, l'esprit ouvrier, l'esprit peuple, bien que tant d'ouvriers soient intelligents, cultivés, polis, vrais artistes, dont les professions libérales auraient avantage à faire leurs amis et leurs compagnons, mais qui ont, elles aussi, des préjugés contre le travail manuel et même contre le commerce, contre l'industrie, préjugés qui leur viennent peut-être de ceux qu'ils appellent leurs pères, les Romains, mais que n'avaient pas les Grecs, dont la civilisation romaine n'a été que la fille massive.

Et cet esprit se retrouve jusqu'au-dessous de l'échelle, parmi les vers de terre, les mendiants, puisque Léon XIII a canonisé le mendiant français Benoît-Joseph Labre, — que la loi française aurait puni si elle l'avait pris en flagrant délit de mendicité, — pour ne l'avoir pas eu, pour avoir dédaigné le manège par lequel les hommes cherchent à se faire illusion les uns aux autres sur leur importance et pour avoir traversé la vie avec simplicité et avec douceur.

Mais si la noblesse est plus en proie à la vanité et plus en butte à l'envie, c'est parce qu'elle est inaccessible, la troisième république ne faisant pas plus de nobles que ses devancières et Napoléon III, Louis-Philippe, Charles X et Louis XVIII en ayant fait très peu, bien qu'ils eussent pu en faire chacun autant que Napoléon Iᵉʳ, leurs règnes ayant été très riches en bourgeois distingués et de plus en plus nombreux dans toutes les branches de l'activité privée et publique. Tout en se plaisant à s'entourer de la noblesse comme de leurs ornements naturels, — et le contraste était dans tout son relief, — ils ont craint de faire œuvre surannée en faisant des nobles, de tourner contre leur trône la démocratie, c'est-à-dire les paysans et les ouvriers, que leur culture et leur aisance élevaient en foule à la bourgeoisie, d'où il leur aurait sans doute été agréable de s'élever à la noblesse, l'ambition étant plus intrépide lorsqu'elle est plus près de son point de départ. Si haut qu'elle soit, et malgré la révolte de son orgueil, toute famille a commencé par là, sinon par un Benoît-Joseph Labre, moins la sainteté, qui ne l'aurait mis que sur les autels ; si, chaque matin, à leur réveil, les rois et la noblesse avaient fait une méditation d'une minute sur cette vérité, ils ne se seraient pas abandonnés aux rêvasseries mythologiques sous lesquelles la monarchie a succombé.

Ainsi, depuis 1814, des milliers de familles ont fait honneur à leur pays autant que la plupart de celles qui sont nobles, — légitimement nobles, s'entend ; — beaucoup même l'ont illustré, et il n'y a aucune raison pour que ces familles ne soient pas nobles, alors que les autres le sont ; il y en a beaucoup moins encore pour que celles-là prennent des airs vis-à-vis de celles-ci, airs auxquels la royauté n'a pas soustrait ces bons et grands serviteurs du pays en se les attachant par la parenté mystique de l'anoblissement, et qui ont fait plus de mal que les républicains à la monarchie. La révolution de 89 avait déjà été la « révolution du dépit », et cette révolution a continué. Il n'y a donc plus, pour s'incorporer à la noblesse, que la collation des titres, — à titre onéreux ou gracieux, — par le saint-siège ou par un gouvernement étranger : ces titres n'ont pas de valeur légale en France, mais ils sont acceptés dans le monde, avec un sourire d'envie, par les « membres libres », et avec un sourire d'encouragement par les « membres de droit ». Il y a aussi l'auto-anoblissement. On n'est jamais aussi bien anobli que par soi-même, parce qu'on se fait le nom qui vous plaît et qu'on lui donne le titre qui lui sied. Se faire duc est impossible, ou presque, si le pape n'y passe pas. Saint-Simon disait qu' « un duc du pape, c'est moins que rien ». Mais, de son temps, le pape n'était pas infaillible, c'est-à-dire son infaillibilité n'était pas proclamée, il n'était pas, comme aujourd'hui, sans conteste omnipotent dans l'Eglise, et, depuis la guerre de 1859 et surtout depuis la guerre de 1870, il fait, en France, ce qu'il n'y avait pas fait depuis Louis XIV et même depuis François Ier. Un duc de Léon XIII ne manquait pas de glisser aux Dangeau des fêtes et cérémonies mondaines : « Mettez-moi avec les ducs ! » et ils l'y mettaient, et un jour ses descendants descendront des croisés, si — ce qu'à Dieu ne plaise ! — la pauvreté ne les fait pas retomber dans les bas-fonds, où l'on pense plus à chercher son pain qu'à se trouver des ancêtres. Sous la présidence Faure, il y avait, à la gare du Nord, un lampiste du nom de Bardonenche, descendant de ce vicomte de Bardonenche, seigneur de la Tour de Bramefan — nom sinistre et prophétique — et de moult autres lieux autour du Mont-Cenis, dont il était au onzième siècle, l'aigle planeur, un œil sur l'Italie et un œil sur la France, guettant le rôle que lui ont dérobé ces renards qui sont devenus la maison de Savoie. On compte sur les doigts les familles nobles françaises qui remontent au onzième siècle. Mais s'il est presque impossible de se faire soi-même duc, il n'est que difficile de se faire prince ou marquis, surtout marquis, la princerie se coulant mieux parce qu'on est accoutumé à passer les princeries incertaines au saint-empire romain, décédé en 1806 sans avoir été ni romain ni saint. De 1872 à 1880, le prince Joseph Lubomirski, d'une maison féodale de la Pologne mineure, publiait, dans les journaux parisiens, des romans dont plusieurs furent remarqués, et M. Aurélien Scholl, qu'on appelait petit-fils de Rivarol, et qui cultivait avec esprit le calembour, lui disait en plaisantant : « Tu n'es ni lu, ni beau, et peut-être pas mirski ! » Mais on se fait comte plus facilement qu'on ne se fait avocat, — ce qui n'est pourtant pas difficile, — et ces comtes et autres gens de qualité, issus ainsi de cette république, ont formé autour de la noblesse une légion de volontaires que l'argot a baptisés du nom de « rastaquouères ». En attendant que l'occasion transcrive leurs noms et leurs titres sur les registres de l'état civil, il leur faut déposer cette parure dans l'antichambre des agents de change et des notaires pour la vente de leurs immeubles et pour le transfert de leurs rentes, et les auteurs de comédies ont négligé ces petites scènes de la vie parisienne, qui mettent quelque gaieté dans les offices ministériels. Comme on lui demandait pourquoi il se faisait appeler Casanova de Seingalt puisqu'il s'appelait Casanova tout court, Casanova répondit : « Parce que cela me fait plaisir ! » La réponse est sans réplique. Aussi la noblesse a-t-elle toujours été indulgente à ces usurpations, dont elle est pleine, et qui sont de tous les temps et même des meilleures époques. Elle se rebiffe d'abord, elle hausse les épaules, elle rit ; puis elle se dit que, tout compte fait, c'est un hommage qui lui est rendu et des auxiliaires qui lui viennent. Sans doute ce ne sont pas ceux qui en seraient les plus dignes qui se couronnent ainsi de leurs mains, et s'il avait bien de l'esprit, de l'ingéniosité, de la drôlerie, Casanova était un peu aussi « rastaquouère », escroc et même « Monsieur Alphonse », comme disait M. Alexandre Dumas fils.

Mais toute usurpation est conquête, toute conquête est ambition, énergie, audace, action, et dans l'action dédain des lois, règles et usages, donc, personnalité supérieure, et toute supériorité, dans tous les ordres, est sélection, c'est-à-dire aristocratie. D'où étonnement et passivité des autres. Les rois eux-mêmes ont toujours eu une considération inquiète pour les nobles dont les ancêtres passaient pour n'être pas des créatures de la couronne et pour s'être faits eux-mêmes dans la nuit des temps, où l'imagination a trop beau jeu contre l'histoire. Si l'on voulait, comme Napoléon Ier, remettre la noblesse au point, il faudrait procéder à une revision d'abord et à une promotion ensuite. Une revision parce que, depuis 1870 surtout, sous l'influence des institutions républicaines et de l'esprit républicain progressif, la noblesse a subi des dégradations successives : du pouvoir absolu avec le comte de Chambord, elle est passée à la monarchie constitutionnelle avec le comte de Paris, et de cette monarchie à l'état républicain avec le duc d'Orléans, de la retenue à la distension et de la distension au relâchement, et elle a été peu à peu envahie par les « rastaquouères » ; elle-même s'est altérée par la déclinaison des titres et les relèvements de titres et de noms, aussi fantaisistes qu'illégaux, quoique la république leur laisse libre cours, sauf dans les actes publics, lorsque la négligence ou la complicité de ses agents ne les y introduit pas. Mais on ne verrait jamais la fin de cette revision, puisque Louis XIV lui-même dut y renoncer, en un temps où la noblesse était une institution politique, le second ordre de l'État, où elle avait des règles et un contrôle, où il était plus difficile de se passer de la collation royale et où la bourgeoisie, non moins jalouse et ambitieuse qu'aujourd'hui, était infiniment moins nombreuse. Quant à la promotion de nobles qui viendrait ensuite, elle devrait être si nombreuse et elle serait si difficile à établir que l'on n'y réussirait pas mieux qu'à la revision et que la double entreprise échouerait entre deux tris et entre deux ris. A aucun moment, ni

en 1874, ni même pendant le gouvernement des ducs, la république n'en a eu la velléité.

Les trois dernières monarchies, pourtant si différentes, ont mis
le plus possible de nobles dans les charges, fonctions et emplois de
la cour et de l'Etat, pour se donner vis-à-vis des puissances les apparences de l'ancienne monarchie et l'illusion de sa solidité, mais
elles ne l'ont pas entrepris davantage, parce qu'elles ne considéraient plus la noblesse comme un corps politique susceptible de restauration, l'hérédité de la pairie n'étant que l'ombre de ce corps et
une ombre qui a dû suivre les Bourbons en exil. Sous Louis-
Philippe, les nobles n'étaient plus même des bourgeois titrés que
lorsqu'ils étaient censitaires, parce que les censitaires seuls étaient
électeurs, que les électeurs seuls étaient citoyens actifs, et qu'à
cause de leur cens ou fortune on les appelait bourgeois, leur corps
électoral étant composé de nobles, de bourgeois et de paysans, et
ce nom moyen ne désignant déjà plus que les hommes aisés.

Mais, depuis 1848, l'Etat politique français est établi sur le suffrage universel ; depuis 1870, sur le suffrage universel pur, c'est-
à-dire qui n'est plus tempéré par l'inamovibilité des membres de
la chambre haute et par l'hérédité du chef de l'Etat. Tous les électeurs sont égaux, et tous les éligibles aussi, et tous leurs élus. Il
n'y a point de classes sociales, point de riches ni de pauvres, point
de lettrés ni d'illettrés, point d'intelligents ni d'inintelligents ; il
n'y a que des électeurs qui votent et des électeurs qui ne votent
pas, et que des éligibles qui sont élus et des éligibles qui ne sont
pas élus.

Sous la présidence Fallières, la république a refusé de rétablir
les droits de succession sur les titres nobiliaires pour ne pas reconnaître ainsi la noblesse, qui se trouve sans barrières contre les
invasions et dont les invasions sont également sans barrières. Du
moment que la noblesse s'ouvre à ces déclinaisons, relèvements,
substitutions, promotions étrangères ou privées et autres usurpations et que ses gazettes et gazetiers, — d'Hozier d'aujourd'hui
mais plus puissants, qui la tiennent comme ils tiennent tous ceux
qui ne se confinent pas dans la vie privée, presque érémitique,
par la vanité quotidienne, — du moment que ces d'Hozier les enre-
gistrent, publient et accréditent, et que le public, le suffrage universel, le *consensus populi* les répète, accepte et consacre, comme
il fait des réputations, bonnes ou mauvaises, que ses journaux font
aux hommes politiques, écrivains, artistes, couturiers, modistes et
valeurs à lots : cette anarchie devient l'ordre. Mais à cet ordre,
avant la fin du vingtième siècle, la noblesse sera si nombreuse qu'il
n'y aura plus de nobles que ceux qui ne le seront pas et que le vaniteux à rebours qui se vantait de ses deux cents ans de roture
aura été un malin sans le savoir et pourra alors se dire que son

rêve, secrètement caressé, enfin se réalise et qu'il est vraiment
noble. Pour en revenir au fait qui a été le point de départ de ces
notations, les administrations des haras, des eaux et forêts, des
mines et des ponts et chaussées comptaient, en 1874, 159 fonctionnaires nobles.. 159

Soit un total de.................................... 3.115 nobles.

Ainsi, en 1874, sous la présidence du maréchal de Mac-Mahon et
le ministère du général de Cissey, la république établie pour sept
ans par l'assemblée nationale et que l'assemblée nationale travaillait à doter de ses institutions et à en faire le régime régulier
même au delà de ces sept ans, 3.115 nobles remplissaient des charges, fonctions et emplois de l'État, à tous les degrés et dans toutes
les branches, sans compter, comme il a été dit, ceux des rameaux
de ces branches, et étaient proportionnellement bien plus nombreux que les non nobles au service de la république. Puisque le
cardinal Perraud a fait adopter le mot chic par l'académie française, l'on peut dire qu'en monarchie rien n'est plus chic que le
roi, la famille royale et ceux qu'ils honorent de leur faveur et que
la noblesse ne vient qu'après et n'en est que le reflet ; tandis qu'en
république elle est au premier rang et y est chic par elle-même ; là
où elle n'est pas, n'est pas le monde, c'est-à-dire le dessus du panier et la fleur, y eût-il les hommes les plus élevés par la charge
et le talent, par la politesse et l'aménité, et les femmes les plus
élégantes et les plus jolies ; les modes elles-mêmes, lancées par
les actrices qui jettent le mieux de la poudre aux yeux, ne réunissent les suffrages des personnes de goût que lorsque la théorie des
baronnes aux duchesses les a faites siennes.

La noblesse est reine de la république, sauf en politique, et encore y a-t-elle été avec le maréchal et demi-reine avec M. Thiers et
n'a-t-il tenu qu'à elle de prolonger sa royauté. Elle a raison de ne
pas se plaindre de l'envie dont elle est l'objet, car cette envie est le
secret de son prestige, et ce prestige est tel qu'il lui arrive de
s'y prendre elle-même. On dirait que, même pour elle, il n'y a
de vrai demi-monde que celui qui la singe en se parant de ses
noms et de ses titres, sauf ceux de marquise et de duchesse, qui ne
peuvent non plus se glisser dans ces jardins d'un jour, où ils n'auraient pourtant pas le temps de pousser leurs racines jusqu'aux
croisades. Et le bourgeois, d'ailleurs, paye plus cher le frôlement
de ces parchemins de l'amour et du hasard. Quand à son mariage
de fin d'automne, il y a quelque quinze ans, « Son Insolence » le
marquis de M... sonnait chez une de ses amies : « — Mme de Flatenoy ? — Madame est à la campagne. — A Flatenoy, sans
doute ? » Et le vieux marquis fit une vieille pirouette sur ses vieux
talons. La noblesse orne le mérite et même y supplée dans le tous-
les-jours, elle donne de l'assiette et de l'aisance et vous met hors

rang pour prétendre à tout. Respect pour l'histoire nationale, ou ce qui semble en être, étonnement devant des noms qui ne sont pas faits comme les autres, envie, habitude et snobisme. Respect, car ce serait en manquer à son pays et à soi-même de n'avoir pas une considération particulière pour les familles qui ont depuis plus longtemps que les autres et avec plus d'éclat servi leur pays ; mais encore faut-il, pour que cette considération s'étende à ceux qui les représentent, que ceux-ci ne fassent pas la poussette dans les cercles, et à celles qui en ont reçu le nom à leur naissance, qu'elles ne soient pas les maîtresses de financiers pour leurs écus.

La « race » ne préserve donc ni des écus ni de la poussette. Elle ne donne pas non plus le génie de toujours diriger les affaires publiques, puisqu'elle ne les dirige plus depuis que Louis XIV l'a si implacablement courbée à la chambellanie, que Napoléon Iᵉʳ disait qu'elle seule savait servir, et à part les individus qui ajoutent leur effort personnel et leur valeur propre. La « race » est inactive et en retard. Elle a plus de vanité que d'ambition, alors que toutes les autres classes sociales — hormis les non nobles qui jouent à la noblesse — ont plus d'ambition que de vanité ; la vanité a même déteint sur tout le parti monarchiste, dont elle a toujours été le foyer, et les monarchistes ont plus de vanité que d'ambition et les républicains plus d'ambition que de vanité. L'étonnement devant la conformation des noms nobles, si risible et si fréquent, a inspiré au chansonnier Mac-Nab, à l'occasion du mariage du duc de Bragance, devenu le roi dom Carlos de Portugal, avec la princesse Amélie, fille du comte de Paris, une bouffonnerie, dont les princes d'Orléans riaient aux larmes :

> Bragance, on l' connaît c't oiseau-là,
> Faut-il qu' son orgueil soy' profonde
> Pour s'être f... un nom comm' ça !
> Peut donc pas s'app'ler comm' tout l' monde ?

En 1874, et même sous le gouvernement des ducs, les journaux à trois sous, à deux sous, voire à un sou, ne pénétraient que peu ou pas dans les campagnes — l'*Union*, au château légitimiste intransigeant : la *Gazette de France*, au château légitimiste libéral ; le *Journal des Débats*, au château bourgeois lettré ; le *Siècle*, au château industriel ou commercial à fraîche date et quelquefois au cabaret ; l'*Univers* ou le *Journal des Villes et des Campagnes*, plus agricole que politique, chez le curé, un ou deux de ces journaux par village, et souvent aucun, château étant pris ici au sens campagnard, qui va de la principale maison au château proprement dit, lequel a des catégories nombreuses. D'autre part, comme le service militaire et l'enseignement primaire n'étaient pas encore obligatoires et que le développement industriel et commercial ne faisait que de commencer, les populations rurales étaient encore stables, isolées, peu au courant. Elles étaient habituées à voir incompatibilité et contradiction entre la république et la noblesse, entre le spoliateur et le spolié, et si la noblesse, tout entière ou en partie, avait tour à tour servi les trois dynasties, ces populations n'en revenaient pas qu'avec cet élan elle servit la république, alors que les quelques républicains qu'elles pouvaient observer étaient toujours déchaînés contre les nobles et les châteaux. Aussi furent-elles très troublées et très étonnées lorsqu'en 1874 elles virent à la porte de leurs mairies les affiches blanches officielles portant les noms du maréchal de Mac-Mahon, duc de Magenta, président de la république française — non pas d'une république de hasard, mais d'une république légale, d'une république septennale ; — du général de Cissey, vice-président du conseil et ministre de la guerre ; du général baron de Chabaud La Tour, ministre de l'intérieur ; de leur préfet, le marquis de Villeneuve-Bargemon ; le marquis d'Auray de Saint-Pois, le marquis de Chambon, le marquis de Nadaillac ou le marquis de Fournès ; et de leur sous-préfet, le vicomte de Bernis, le comte de Béarn, M. de Beaupoil de Saint-Aulaire, le comte de Lastic-Saint-Jal, le marquis de Saillant, M. de Chanaleille, le comte Le Gonidec, M. de Salvaing de Boissieu, le comte de Flers, M. de Waru, le vicomte de Vesins, le comte de Montlaur ou M. des Hours. C'était à reculer d'épouvante.

Les paysans ne pouvaient s'expliquer pareille révolution, puisque la république avait toujours été l'ennemie de « monsieur le comte » et que « monsieur le comte » avait toujours été l'ennemi de la république, que « monsieur le comte », qu'il fût quelque chose dans le gouvernement ou qu'il n'y fût rien, était toujours « monsieur le comte », avec son château, ses terres, ses gens, ses chevaux et ses chiens ; que son fils était toujours sûr de faire un riche mariage, parce que ce n'était pas le fils de M. le sous-préfet, de M. le préfet, de M. le ministre, ni même de M. le président de la république qu'on épouserait, mais le fils de « monsieur le comte ». Les présidents Trochu, Thiers, Grévy et Félix Faure n'ont pas eu de fils et les deux premiers ni fille non plus, mais les présidents de Mac-Mahon, Carnot, Casimir-Périer, Loubet et Fallières ont eu des fils dont aucun n'a fait un mariage noble, sauf ceux du maréchal, dont l'aîné, le lieutenant-colonel Patrice de Mac-Mahon, a épousé une princesse royale, la princesse Marguerite d'Orléans.

A l'exception de la noblesse, aucune classe sociale ne peut attendre sous l'orme la réalisation de ses espérances politiques, parce que la plupart de leurs membres ont à s'ouvrir une carrière, à y faire leur chemin, à préparer l'avenir de leurs enfants, et, par suite, à composer avec les pouvoirs établis, avec « le gouvernement », comme elles appellent toute monarchie, tout empire, toute république, en les ramenant à leur commune fonction de gouverner, et elles descendent ainsi du rêve à la réalité, de l'absolu au relatif, de l'abstrait au concret, elles pénètrent dans le sol au lieu de se perdre dans les nuages ; tandis que la noblesse a, dans son ensemble, en elle-même, tout ce qu'il lui faut pour se maintenir au premier rang, sans se commettre avec des gouvernements qui ne sont pas le sien, ni avec des personnes qui ne sont pas de son choix.

Depuis que les derniers économistes ont reçu leurs invalides à l'institut et laissé le champ libre aux socialistes, après le leur avoir ouvert et aplani, les socialistes ne cessent de rugir contre le capital, contre l'argent qui est pourtant leur obsession et leur idole. Ils lui reprochent de manquer d'idéalisme. Celui qui tire vanité de sa richesse est non moins fâcheux que celui qui la tire de sa naissance, de ses belles manières, de ses talents, de ses succès ou de ses infortunes, et ce dernier est le plus fâcheux parce que l'on peut rabrouer les autres ; l'on doit, lui, le subir. Mais, de tous les reproches que l'on fait à l'argent, celui-là est le moins juste, car, depuis des siècles, il est le plus incorrigible des idéalistes et des prodigues et plus souvent croqué que don Juan n'a croqué de cœurs, sans cesse il recommence. S'il refuse ses dots aux talents et aux mérites, c'est-à-dire aux réalités et aux valeurs qui ajoutent au patrimoine national, il en poursuit les titres et les noms. Une fois trois quarts sur deux, ils ne sont pas vrais, et lorsqu'ils sont vrais, il sait non moins que ceux qui les portent ne sont pas ceux qui les ont mérités et que sur leur tête ce n'est qu'un souvenir, pur idéal, pure fiction. Mais, en argentant les titres, il leur ôte le délabrement ; il leur rend de l'éclat ; et en se titrant, il s'ôte à lui-même son ton dur et criard, il se donne de la patine, un air ancien et cette surprise recueillie qu'inspire aux hommes tout ce qui n'est pas d'hier, qui a bravé les injures du temps et dont les origines s'embrouillent. La femme d'un associé d'agent de change, née noble, et qui sait ce qu'en vaut l'aune, ne se prive pas moins depuis dix ans même de l'omnibus, bien qu'elle soit riche, pour faire une plus grosse dot à sa fille et lui faire épouser un marquis, il lui faut un marquis, et quand sa fille sera marquise, elle mourra heureuse, idéaliste jusqu'au sacrifice de tous les instants.

Depuis 1870, l'on n'a pas encore cité l'un de ces beaux noms qui ait refusé une grosse dot, non pas une dot ainsi constituée par l'hystérie maternelle, mais de celles où « il y a des choses qui font trembler », comme disait Bourdaloue aux traitants, à leurs gendres du parlement et à leurs petits gendres de la cour, et parmi ceux qui leur jettent la pierre, presque tous regrettent de ne pouvoir en faire autant. Si les titres, vrais ou faux, flattent toujours l'œil et l'oreille, l'argent, d'origine pure ou non, est « toujours de bonne mai-

9

son » pour les épouseurs, comme dit M⁫ᵉ de Sévigné. Et si trente
ans après qu'elle est tombée du pouvoir, et après trente ons de
république démocratique, la noblesse suscite encore chez l'argent
un renoncement si parfait, ceux qui n'en ont pas été les témoins ne
peuvent mesurer en quel abîme elle a plongé, en 1875, l'âme rurale,
en gouvernant la république, en travaillant pendant deux ans
à lui forger la constitution la plus solide et la plus souple, en se
serrant plus nombreuse et plus combative autour de cette constitution et en lui faisant un rempart du gouvernement des ducs. Elle
ne pouvait avouer qu'entre quatre-z-yeux que le septennat était fait
pour donner au comte de Chambord le temps de mourir et de céder
la place à un prince plus entreprenant — il est mort trois ans après
l'expiration du septennat, mais le maréchal a donné sa démission
trois ans avant — parce que c'eût été avouer ce qu'elle avait toujours nié, le droit de choisir le prince, même par cette exclusion
détournée. Moins encore pouvait-elle dire à ses paysans ce qu'elle
se disait à elle-même pour se faire illusion sur son œuvre et ce
qu'elle faisait entendre à ses adversaires pour leur suggérer un
doute sur le caractère et l'avenir de cette œuvre, que la constitution étant monarchique sous son étiquette républicaine, en sept
ans, le pays aurait, lui, le temps de s'apercevoir que la pièce principale, le monarque, y manquait, et qu'il demanderait qu'on l'y
mît pour qu'elle fonctionnât dans sa plénitude ; car, en leur bon sens
terre-à-terre, ces paysans lui auraient répondu que lorsqu'ils voulaient récolter du froment, ils ne semaient pas de l'avoine, et qu'en
faisant la république, on ne préparerait pas la monarchie.

Bien entendu, ces réflexions s'étendent aux monarchistes quel-
conques qui ont suivi cette politique : mais c'est l'exemple des nobles, c'est le gouvernement des ducs qui a le plus influé sur l'esprit
public, parce qu'ils étaient considérés — ils l'avaient toujours été
et ils le sont encore — comme les défenseurs nés de la monarchie
et ses futurs premiers auxiliaires, et comme ils se montrent très
positifs et très avisés dans leurs alliances, la crainte qu'ils ne
laisseraient rien échapper du pouvoir a toujours refroidi leurs alliés
et plus encore ceux qui ont des préjugés contre eux et contre la monarchie. Ceux-ci trouvaient, au contraire, que la république les tem-
pérait, « les mettait au pas » : ils en remplissaient les fonctions en
fonctionnaires qui avaient seulement plus bel air que leurs collègues républicains. Mais ils se complaisaient dans une énigme qui
a été le ver rongeur de leur politique et dont le pays devait bientôt
se lasser.

Après avoir, dès le premier jour de l'assemblée nationale, vidé
le fond du sac et montré « l'inévitabilité » de la république, ils subissaient « l'inévitabilité », mais ils ne se ralliaient pas à la république, ils faisaient la république mais ils ne se faisaient pas répu-

blicains, ils la constituaient pièce par pièce, de propos délibéré, mûri et répété, de 1871 à 1875, mais de mauvaise grâce, en redoublant leurs déclarations et leurs manifestations monarchiques, sans passer jamais aux actes, et se rendaient impossible leur retour constitutionnel au gouvernement de cette république, lorsqu'ils l'auraient perdu, parce qu'ils se mettaient en dehors de leur œuvre même et se posaient en adversaires de leur propre constitution, et le pays se demandait comment on pouvait faire la république sans être républicain et quelle répugnance on pouvait avoir à se dire républicain lorsqu'on pourvoyait la république des organes de la vie et qu'on la gouvernait et que l'on en bénéficiait, c'est-à-dire que l'on faisait les actes les plus républicains.

Dans ce casse-tête chinois, à la fois comique et douloureux, il y avait un confluent de partis historiques qui se débattent contre les nouveautés en tâchant à sauver, pour le bien public et pour le leur, le plus possible ; des cas de conscience, de l'amour-propre, l'empire des mots, des subtilités politiques. Il en était une à deux faces, l'une ingénue et l'autre astucieuse, mais bien commode, où leurs scrupules se réfugiaient pour rester dans la république, constituée par eux, sans y être ; c'était l'article 8 de la loi constitutionnelle du 25 février 1875, relative à l'organisation des pouvoirs publics, dit article 8 de la constitution, laquelle comprend l'ensemble des lois constitutionnelles et organiques de la république française. Cet article conférait aux chambres le droit de déclarer, par délibérations séparées et prises dans chacune à la majorité des voix, qu'il y a lieu de réviser les lois constitutionnelles ; par ce petit judas, sous le gouvernement des ducs, comme après sa chute, les monarchistes rappelaient, pour se rassurer et pour narguer, qu'ils sortiraient de la république quand les chambres le voudraient, — bien que les chambres ne fussent pas à leur discrétion, — tant et si bien que les républicains se fâchèrent et comme rien ne les a jamais gênés lorsque la république et leur parti ont été en jeu, ils l'ont fermé à double tour par la loi des 13 et 14 août 1884, qui dispose que « la forme républicaine du gouvernement ne peut faire l'objet d'une proposition de revision » et que « les membres des familles ayant régné sur la France sont inéligibles à la présidence de la république ».

Deux princes ont aspiré jusqu'à leur mort à cette présidence, le prince Napoléon et le duc d'Aumale, le premier par tradition napoléonienne, par thèse et par fougade, mais sans trop y croire, et le second a toujours espéré que les modérés des républicains et des monarchistes feraient avec lui une république princière, un juste milieu entre la république et la monarchie ; l'esprit du gouvernement de juillet a toujours soufflé en lui — et sa fortune, sa gentilhommerie, ses talents, sa renommée, promettaient le la mettre au rang des plus brillants gouvernements. Mais, en 1873 déjà, les légitimistes qui se méfiaient des Orléans, surtout de lui, et qui étaient, eux aussi, piqués de démocratie, l'avaient écarté de la succession de M. Thiers et lui avaient préféré le maréchal de Mac-Mahon, qu'ils comptaient tenir mieux dans la main et qui refusa une entrevue au comte de Chambord ; et, en 1898, espérer encore cette royauté sans couronne témoignait de la solidité, jusqu'en sa coquetterie, de ce prince d'élite.

Ouvert ou fermé, le judas de l'article 8 est puéril ; car, si les chambres donnaient la couronne au duc d'Orléans ou au prince Victor, la couronne n'en serait pas moins donnée ; mais avec les chambres de 1910, l'hypothèse seule en serait ridicule, si elle n'était purement spéculative.

Tant il y a que la noblesse a été nombreuse dans le principat de M. Thiers et plus encore dans le mac-mahonal, particulièrement dans le gouvernement des ducs, et que ce gouvernement des ducs a été presque un gouvernement nobiliaire, mais non un gouvernement aristocratique. L'aristocratie est un état du gouvernement aussi compatible avec la république — république romaine — qu'avec la monarchie — monarchie britannique — mais c'est au sol, qu'elle se prend, s'attache et s'appuie. Ce sont les grands propriétaires du sol, quand l'état social les fait en même temps chefs des habitants, qui lui donnent sa valeur ; par exemple, aujourd'hui, en Angleterre, que l'on cite encore comme le pays de l'aristocratie, le sol n'est plus la source de la richesse, les trois-quarts de ses habitants ont émigré dans les villes, où ils se livrent à l'industrie, au commerce ou à la mendicité, et la couronne a beau adjoindre aux grands propriétaires du sol déserté, les grands industriels ou commerçants et les grands hommes, les populations industrielles ou commerçantes, par l'esprit du travail en commun et par la puissance de l'association, échappent au gouvernement patronal, et les grands hommes, lorsqu'ils ne sont que du deuxième ou du troisième rang, — et ceux du premier sont si rares qu'on ne peut les compter dans le calcul des institutions et, d'ailleurs, ils déjouent les calculs, s'affranchissent des règles et brisent les cadres ; — les grands hommes n'ont que l'autorité d'une renommée passagère.

Mais tous ces fonctionnaires nobles de M. Thiers et du maréchal de Mac-Mahon peuvent soutenir la comparaison avec leurs collègues ou leurs successeurs sous les six autres présidents, à en juger par le rang que la noblesse occupait en 1871 à l'institut et en regard duquel il est instructif de mettre celui qu'elle occupe en 1910 :

	1871.	1910.
Académie française......................	14	5
Académie des inscriptions et belles lettres...	14	5
Académie des sciences	15	5
Académie des beaux-arts..................	7	3
Académie des sciences morales et politiques..	5	8
	55	26

26 réduits à 23, trois faisant partie de deux académies.

De 1871 à 1910, diminution de plus de la moitié. Après la démission du maréchal de Mac-Mahon, les fonctionnaires nobles se sont égrenés peu à peu par démission, révocation, retraite ou décès et ont été ainsi écartés de l'Etat, où ils ne se trouvent plus qu'en trop petit nombre pour que leur corps soit occupé et tenu en haleine. Dans sa brillante émigration à l'intérieur, ce corps excite plus la curiosité que le gouvernement et la comédie-française, et sa dernière recrue craindrait que les peuples ne fussent inquiets si elle ne leur faisait savoir que son déjeuner a été de six couverts. Sans mettre jamais une barrière entre lui et l'Etat qui l'a institué, l'institut a toujours été attentif à n'être pas en désaccord avec son temps, il a toujours eu une pointe d'opposition, il s'est toujours aussi ouvert avec plaisir à la noblesse et il lui est très agréable d'avoir pour confrère le duc de La Trémoïlle, dont les archives familiales sont si intéressantes et qui s'excuse avec tant d'affable courtoisie d'être « sourd comme une trappe », et le baron Edmond de Rothschild, qui a de si beaux meubles. Les Rothschild — le baron Edmond est le second, et avant lui c'était le baron Alphonse, qui disait, pendant l'affaire Dreyfus : « Depuis Jésus-Christ, aucun juif ne nous a causé plus d'ennuis que Dreyfus » ; — les Rothschild ont fondé une dynastie à l'académie des beaux-arts, comme les Ségur, les Broglie, les Haussonville, les Vogüé, à l'académie française.

Il faut donc, pour que l'institut ne compte plus que vingt-trois nobles, que les beaux meubles eux-mêmes se fassent rares, et c'est dommage ; car c'est beau un beau meuble. Cette diminution de la noblesse à l'institut, correspondant à son élimination de l'Etat, montre que la direction des affaires publiques est nécessaire à une classe sociale, même à la plus haute, pour ne pas déchoir de son rang intellectuel. En 1882, un ancien chevau-léger de l'assemblée nationale de 1871, le baron de Vinols, déjà cité, jetant de sa retraite un mélancolique regard en arrière, disait de cette assemblée : « ... M. de Broglie, excepté, il n'y avait pas dans la droite de personnalité saillante ni d'orateur éloquent et vigoureux ; la gauche en comptait un grand nombre. Cette différence de ressources parlementaires entre les deux grands partis rivaux

tenait à plusieurs causes : la première, c'est qu'un grand nombre
de députés de la gauche devaient leur siège à leur notoriété de
savoir ou de talent, à leur audace, à leur ardeur, à leur ambition,
qualités indispensables dans les luttes politiques ; tandis que la
plupart des députés de la droite avaient été élus à cause de leur
position sociale, de leur fortune ou de leur honorabilité, toutes
qualités assez inertes dans les discussions parlementaires... » Et
cet homme candide et sincère, que les deux dernières années de
l'assemblée avaient déjà ramené sur terre et qui, rentré chez lui,
dans le prosaïsme de la vie réelle, dans la vérité des choses, avait
tout à fait repris pied, ajoutait que, pour mettre le comte de Chambord sur le trône, « il eût fallu un héros et des martyrs ». Au lieu
de ce héros et de ces martyrs, il n'avait vu qu'une majorité monarchiste trébucher à travers les ruines et laisser un lambeau à
chaque heurt, entraînée par le courant à faire toujours le contraire
de ce qu'elle voulait, et qu'elle ne voulait que comme l'on veut
une chose que l'on se sent impuissant à faire, et, finalement,
donner une constitution à la république et mettre dans cette constitution tout ce qu'elle avait de monarchisme et qui semblait la
souris de la fable sortant de la montagne en mal d'enfant, de la
montagne de ses traités, de ses discours, de ses poésies, de ses
oraisons et de ses rêves, d'où la monarchie devait ressusciter, dépouillée de ses erreurs et de ses fautes et rayonnante de tout ce
qu'elle avait fait de grand et d'utile depuis ses origines jusqu'à
sa chute.

Mais s'il en était le premier, M. de Broglie n'était pas le seul
orateur de la droite à l'assemblée nationale. Il y avait le duc
d'Audiffret-Pasquier, que son apostrophe au second empire :
« Varus, Varus, rends-nous nos légions ! » lancée à propos, avec
véhémence, haine au cœur et larmes aux yeux, a fait entrer à
l'académie française, « parti des ducs » : caractère difficile, emporté, cassant. Il y avait le duc d'Aumale, M. Numa Baragnon —
tribun blanc, dont ses amis n'ont pas tiré tout le parti qu'ils pouvaient, et qui, lorsqu'il descendait de la tribune, ruisselant de
sueur, répandait une odeur de boue, très prisée des réunions populaires ; — M. Batbie, un esprit très fin dans un corps très épais ; —
M. Édouard Bocher, M. Lucien Brun, M. Buffet, M. Chesnelong,
M. Depeyre, Mgr Dupanloup, M. Ernoul, M. de Fourtou, M. Magne,
M. Mathieu-Bodet, M. Rouher.

Il y avait encore de nombreux hommes de savoir et de talent,
très capables de faire, sur une question spéciale, un rapport ou
un discours, qu'aurait couronné l'académie des sciences morales
et politiques, mais qui n'étaient pas à proprement parler des orateurs, c'est-à-dire des hommes toujours prêts, comme M. de
Broglie, à intervenir dans les débats parlementaires, et ayant

assez de puissance oratoire et de popularité au dehors, — M. de Broglie n'avait aucune popularité, ni aucun autre orateur de la droite, non plus, tandis que la plupart des orateurs de la gauche étaient populaires, et parce qu'ils étaient de la gauche, — pour faire voter l'assemblée autrement qu'elle ne voulait.

A gauche, MM. Emmanuel Arago, Bardoux, Barthélemy Saint-Hilaire, Beaussire, Bérenger, Paul Bert, Berthauld, Paul Bethmont, Louis Blanc, Bozérian, Henri Brisson, Challemel-Lacour, Crémieux, Ducarre, Dufaure, Jules Favre, Jules Ferry, Gambetta, Goblet, Jules Grévy, Laurier, Le Royer, Littré, — pas orateur, mais savant à feuilleter comme son dictionnaire, et qui écrivait toujours « M. de Chambord » au lieu de « M. le comte de Chambord » ou du « comte de Chambord », grave symptôme chez un grand savant, honnête homme et pas du tout démagogue que cette dérogation à la langue politique ; — Magnin, Méline, Alfred Naquet, Eugène Pelletan, Ernest Picard, Edmond de Pressensé, Rouvier, Jules Simon, Thiers, Vacherot, Waddington, Wallon — « le père de la constitution », dont M. de Broglie méritait bien mieux le titre ; — et la liste des orateurs de la gauche, comme celle des orateurs de la droite, pourrait être allongée.

Mais la principale différence entre ces orateurs, c'est que ceux de droite parlaient contre le vent, avec le découragement de n'être pas entendus et de ne pas se sentir en communion avec la foule, tandis que ceux de gauche parlaient sous le vent, que chacune de leurs paroles allait à son adresse et que d'un mot ils électrisaient l'opinion, par exemple lorsque M. Gambetta lança son ultimatum au maréchal de Mac-Mahon : « se soumettre ou se démettre ! » Ce n'était pas la monarchie qui se trouvait en puissance dans l'âme française, c'était la république : et en voulant tirer autre chose de cette potentialité, l'on n'en tirait qu'avec plus de force son naturel, plein et entier effet.

VI

La constitution de 1875 telle que l'usage l'a faite

En interdisant la tribune de l'assemblée nationale à M. Thiers, parce que sa parole les séduisait, et en le renversant, parce qu'il leur disait où ils allaient et où ils sont allés, en effet, les monarchistes ont dit d'avance ce que devait être leur constitution et en tenant publiquement en suspicion le maréchal de Mac-Mahon, parce qu'il avait été élu par les monarchistes et en l'acculant à sa démission, parce qu'il avait, constitutionnellement, quoique impolitiquement, usé de son droit de dissolution, les républicains ont dit ce qu'est cette constitution, qui n'est pas ce que dit son texte, mais ce que l'usage en a fait. Le président n'est rien, le sénat peu de chose, la chambre presque tout, et même lorsqu'elle récalcitre, elle est menée par son extrême-gauche avec d'autant plus de facilité qu'elle n'a jamais eu le contre-poids d'une droite constitutionnelle, ses factions de droite étant antirépublicaines, c'est-à-dire anticonstitutionnelles, et qu'elle est gauchère par la force des choses, dans un pays qui est comme né gaucher, puisque ses gouvernements de droite eux-mêmes ont chacun marqué un pas à gauche : le gouvernement des ducs a fait se demander à toutes les classes inférieures pourquoi elles répugneraient à la république, puisque ce qu'il y avait de plus haut par la naissance la gouvernait ; le coup d'État du 2 décembre, en renversant la république, a rétabli le suffrage universel, que M. Gambetta disait, à la fin du second empire, aboutir à la république ; la restauration, avec des institutions imitées des institutions anglaises, que n'aimaient pas les Bourbons, les a pliés, eux et leurs partisans, à la société moderne et a mis l'ancien régime au service du nouveau... Ne rencontrant pour ainsi dire pas d'obstacles du côté du président, ni du côté du sénat, ni du côté du suffrage universel, la chambre, tantôt s'enhardissant, tantôt s'affolant, est peu à peu devenue une « conventionnelle », une renardière, d'où ces renards tendent partout leurs rets sur le pays et aux frais du pays, pour s'en assurer la jouissance.

La constitution de 1875 a été l'extravasation des monarchistes dans cette constitution où ils se sont mis tout entiers. C'était la constitution des constitutions, la constitution hermaphrodite, la constitution à double fin, voire à toutes fins, puisqu'elle pouvait servir indifféremment à la république et à la monarchie, et même conduire de l'une à l'autre, le paysan ou l'ouvrier, au retour des champs ou de l'usine, devant dire à sa femme en mangeant la soupe : « Catherine, nous avons une bien belle constitution, mais n'es-tu pas d'avis qu'elle serait bien plus belle, si le président s'appelait roi ? » Et Catherine devait opiner du bonnet, la monarchie remplacer la république, et le roi Y le président X, comme une plaque en remplace une autre dans le cinématographe. L'événement a dissipé cette illusion d'hommes qui voulaient se persuader qu'ils ne cessaient pas d'être monarchistes en donnant une constitution à la république, mais qui ne la lui donnaient que pour que les républicains ne la lui donnassent pas dans un esprit plus conforme à la tradition républicaine et procédant de la deuxième république ou de la première, bien qu'à en juger par le sort des constitutions de ces deux républiques, une constitution qui s'en serait inspirée aurait eu les mêmes effets et n'aurait pas eu une plus longue durée : mais lorsqu'on est au pouvoir, on ne l'abandonne pas, on y est retenu, dans la crainte de livrer son pays à ses adversaires, par ce que, sous cette république, l'école criminaliste italienne a appelé la force irrésistible ou semi-irrésistible. Mais non seulement ils se sont tout entiers mis dans cette constitution, ils y ont encore mis les républicains qui, depuis plus de trente ans, y prospèrent comme une plante grasse dans un pot, et la France elle-même, à qui ce harnais va si bien, est fait de si bon cuir et si bien cousu que, depuis qu'elle a des constitutions, elle n'a jamais vécu si longtemps sous la même, ni même la moitié de ce temps. Et nul n'a pu la défaire, pas même ceux qui l'ont faite, parce qu'ils ne l'ont faite que pour qu'elle ne pût pas être défaite par un coup d'Etat comme le 2 décembre ou le 18 brumaire, ou par une insurrection comme le 24 février ou les 29, 30 et 31 juillet, et qu'ils se sont pris à leur propre piège, en n'en gardant pas la clé, qui était le constitutionnalisme.

Tout en faisant l'acte le plus républicain qu'un républicain puisse faire, la constitution de la république, ils ne cessaient, en effet, de se déclarer monarchistes, et ils l'étaient ou croyaient l'être, mais monarchistes qui déteignaient et qui mettraient longtemps encore à perdre leur couleur ou à se l'avouer. Car ils étaient déjà, sans le savoir et en se révoltant qu'on le dise, de simples républicains blancs. Ils se défiaient surtout les uns des autres : les orléanistes craignaient qu'en accordant leurs paroles et leurs doctrines avec leurs actes, en passant de la monarchie constitutionnelle au républicanisme blanc, les légitimistes ou les bonapartistes ne se rabattissent brusquement sur la monarchie, ne ralliassent tout ce qui restait encore de monarchistes, et ne les laissassent isolés et impuissants dans la république ; et, de leur côté, les légitimistes et les bonapartistes avaient la même crainte, les uns vis-à-vis des autres, et tous vis-à-vis des orléanistes. Tant et si bien que lorsqu'ils sont tombés du pouvoir avec le maréchal de Mac-Mahon, ils ont laissé la clé de la constitution à leurs ennemis à tous, c'est-à-dire qu'ayant fait une constitution où l'on ne peut entrer par violence ou par ruse, pour s'en emparer et pour la changer, ils n'y pouvaient plus rentrer par la seule voie ouverte, par la voie constitutionnelle, comme parti constitutionnel de droite, comme parti conservateur, parce qu'ils se disaient toujours monarchistes et qu'on ne peut pas plus être constitutionnel dans une monarchie en se disant républicain, qu'on ne peut l'être dans une république en se disant monarchiste, la première condition du constitutionnalisme étant d'adhérer au principe de la constitution, étant d'être républicain sous la république et monarchiste sous la monarchie, afin que la monarchie et la république soient assurées, autant que possible, de n'être pas trahies, le constitutionnalisme étant le loyalisme.

De toutes les constitutions françaises, celle à laquelle on a le plus souvent comparé la constitution de 1875, c'est la charte de 1830 : certains aussi trouvent que Louis-Philippe ressemblait physiquement à Louis XIV, un Louis XIV bourgeois, avec un parapluie, et que leur règne à tous deux a été le règne de la bourgeoisie. Mais la charte de 1830 établit la monarchie et la constitution de 1875 établit la république, et pour si nombreuses que soient les analogies entre ces deux régimes, qui n'ont jamais existé nulle part à l'état pur et dont les infinies variétés sont des croisements historiques, il n'en subsiste pas moins une différence de principe, la monarchie reposant sur le principe d'hérédité et la république reposant sur le principe d'élection, et aussi une différence d'idéal, sans quoi, puisqu'on peut mettre dans la monarchie tout ce qu'on peut mettre dans la république, et réciproquement, hormis l'hérédité dans celle-ci et l'élection dans celle-là, les hommes ne se disputeraient pas, depuis tant de siècles, sur cette question. Pour toute réponse à une vive attaque de son oncle, le cardinal Fesch, Napoléon Ier le prit par la main, le conduisit à la fenêtre, qu'il ouvrit, et lui dit : « — Voyez-vous là-haut cette étoile ? — Non, sire. — Regardez bien. — Sire, je ne la vois pas. — Eh ! bien, moi, je la vois. » Un républicain est toujours un cardinal Fesch pour un monarchiste, et un monarchiste est toujours un cardinal Fesch pour un républicain. Mais la question se complique de ce que l'histoire a mis beaucoup d'étoiles au ciel de France. Cette différence d'idéal explique pourquoi les monarchistes ne se rallient pas à la république, bien qu'ils l'aient dotée de sa constitution, dont ils auraient fait la constitution de leur monarchie, s'ils avaient pu faire cette

monarchie ; mais s'ils ne sont pas constitutionnels dans la république, s'ils y sont anticonstitutionnels — contre leur propre constitution — ce sont des agneaux d'anticonstitutionnels, parce qu'ils
n'ont pas plus de ressort pour attaquer et détruire leur œuvre que
tout auteur pour la sienne, d'autant qu'ils y ont mis tout ce qu'ils
savaient, hors le mot de monarchie avec ce qu'il comporte de
dynastique, mais auquel ils tenaient moins qu'au reste, puisqu'ils
l'ont sacrifié à ce reste. Lorsqu'on leur dit ces vérités de sens commun, volontiers ils vous répondent ou ils pensent que vous êtes
un ennemi ou tout au moins un malcontent, et ils se fâchent lorsqu'on ajoute que leur opposition de principe ou de mots, sans actes, hors cadre et en marge, est comme un moulin à vent, là-bas
dans la lande, où l'on ne met pas de blé et qui ne moud que du
vent.

Leur histoire ne permet pas de penser que si l'on substituait
roi à président et monarchie à république dans la constitution de
1875, en n'y changeant pas un autre mot, sauf l'élection du président, qui devrait être remplacée par l'hérédité royale, — c'est-à-
dire si l'on changeait simplement l'idéal, la direction, si la plaque
Bastille de l'omnibus Madeleine-Bastille était retournée du côté
Madeleine, les républicains se rallieraient davantage et se montre-
raient aussi agnelets. Dans la charte de 1830, la plaque est donc
du côté Madeleine : monarchie, roi, hérédité ; tandis que dans la
constitution de 1875, elle est du côté Bastille : république, président, élection. Mais le président est rééligible : la constitution ne
limitant pas ses réélections, il est rééligible jusqu'à sa mort. Ayant
été élu à quarante-six ans, M. Casimir-Périer aurait pu être élu
quatre fois s'il avait vécu aussi longtemps que M. Thiers, et sa
présidence aurait été un règne aussi long que ceux de Napoléon III
et de Louis-Philippe réunis.

Mais avant la constitution de 1875, le général Trochu et M. Thiers
ayant dû donner leur démission et, sous le régime de cette constitution, le maréchal de Mac-Mahon, M. Grévy, pour son second
septennat, et M. Casimir-Périer ayant dû aussi donner la leur, et
MM. Carnot, Félix Faure et Loubet ayant eu maints obstacles à
surmonter pour arriver à leur assassinat, ou à leur mort subite
avant le terme de leur septennat, ou à son terme, l'article constitutionnel de la rééligibilité présidentielle est resté lettre morte
depuis le 2 décembre 1887. Ainsi, les présidents ont eu autant de
peine à accomplir leur septennat que les empereurs et les rois,
leurs prédécesseurs du siècle dernier, à se maintenir sur le trône.
A noter pour mémoire que des républicains et des monarchistes prétendent que le comte de Chambord, le comte de Paris et le duc d'Orléans auraient eu, avec la constitution de 1875, le même sort que les
présidents démissionnaires, avec cette différence que leur abdication

ou leur renversement auraient entraîné avec eux la monarchie, comme pour leurs grands-pères avec des constitutions plus monarchiques, et pour les Bonaparte avec des constitutions impériales et césariennes, tandis que toutes ces crises présidentielles n'ont même pas ébranlé la république.

Depuis les élections de 1876, d'ailleurs, le septennat a toujours paru trop long à l'observateur plus encore qu'aux compétiteurs à la présidence et aux partis. La constitution de 1848 avait fixé à quatre ans la durée des pouvoirs du président, comme aux États-Unis, et la constitution de 1875 l'a quasi doublée, pour réhabituer le pays à la stabilité du pouvoir suprême, pour lui redonner le goût de la monarchie, en quoi non plus elle n'a pas réussi. Mais sept ans sont en soi un temps long, la multiplicité et la rapidité des communications faisant aller tout plus vite, et il en résulte que le septennat finit souvent dans une situation tout autre que celle où il a commencé et pour laquelle le président a été élu et était fait. Il n'est pas, en effet, souverain constitutionnel tenant la balance entre la droite et la gauche, gouvernant tour à tour avec l'une et avec l'autre, et s'appliquant à les apaiser dans la soumission à la constitution et la fidélité à la couronne. Il est élu par un parti et par une politique, pour une politique et pour un parti, et s'il avait appartenu à un autre parti, et s'il avait représenté une autre politique, il n'aurait pas été élu : par conséquent, il est l'homme de la politique et du parti qui l'ont porté à la présidence. Ce caractère lui a été estampillé par le premier président de la constitution, le maréchal de Mac-Mahon, dont le gouvernement a fait élaborer et voter cette constitution, en a fait la première application, en a établi la jurisprudence, et personne n'avait plus qualité pour le faire que ceux qui étaient aux sources et étaient les sources mêmes.

Après les élections de 1876, qui donnaient la majorité à la gauche de la chambre et à la droite du sénat, le maréchal de Mac-Mahon se trouvait entre deux chambres ennemies, d'accord avec le suffrage restreint, dont les représentants ne l'avaient pas élu, et en désaccord avec le suffrage universel, dont les précédents représentants l'avaient élu, mais dont les nouveaux représentants avaient une politique différente.

La constitution était toute neuve, et sa marche était encore incertaine : le maréchal hésitait. A la démission du ministère Buffet, qui avait fait les élections du plus loin possible, au point qu'il n'avait pas fait réélire son chef lui-même, et aucun accident ne coule mieux à fond le chef d'un gouvernement parlementaire, — M. Buffet était l'homme le moins propre à ces besognes, et, en dehors de ses mercuriales, il n'était fait que pour présider un sénat ne riant jamais, ou pour être contrôleur général des finances sous l'ancien régime, et les finances eussent été en mains probes, économes, vigilantes, entendues mais un peu étroites — le maréchal eut un ministère intérimaire Dufaure : ce n'était pas le péché, mais c'était la tentation, et la tentation dura du 28 février au 8 mars, où il prit un ministère Dufaure, puis, le 12 décembre, un autre ministère républicain, un peu plus avancé, un ministère Jules Simon, comme aurait pu faire Louis-Philippe, mais il n'était ni roi, ni empereur, il était président, et président en l'an 1876. Sans doute, M. Dufaure était républicain, mais il avait été le bras droit de M. Thiers, et le ministre de Louis-Philippe, et ce paysan saintongeois devenu non pas le premier avocat, mais le premier avoué de son temps, avec ses habits et ses habitudes de 1810, ses manières bourrues, ne déplaisait pas à ce qui restait de campagnard bourguignon dans le duc de Magenta, grand chasseur, qui, pendant que ses ministres délibéraient, tambourinait sur les vitres en marmonnant : « beau temps de perdreau ! » ou un mot plus militaire, mais il n'en allait pas de même avec M. Jules Simon.

Cet ex-suppléant de M. Victor Cousin à la Sorbonne, doux, onctueux,   en nuances, à la parole perfide comme l'onde et séduisante comme une sirène, vous glissant entre les doigts avec la prestesse et l'ironie d'un homme heureux, élu le même jour sénateur à vie et membre de l'académie française, c'est-à-dire immortel, disent les membres de cette académie, et compatriote et ami de M. Renan, comme qui aurait dit ami du fils du diable, cet homme insaisissable faisait au maréchal l'effet d'un serpent dans son verre de schnick. Aussi le rejeta-t-il brusquement un beau matin de printemps, le 16 mai 1877, où le serpent avait l'air plus narquois que d'habitude. Par un effet inattendu, le coup redressa l'esprit de M. Jules Simon et le rapprocha du maréchal, en même temps qu'il donna plus de nerf, de précision, de brillant, de finesse et de charme à l'écrivain, et surtout à l'orateur, si bien qu'aux élections de 1885, il était fort en faveur auprès du comte de Paris, qui avait dit de lui avant le 21 mai : « C'est un ministre que nous n'envions pas à M. Thiers. »

Après avoir chassé M. Jules Simon, — on qualifiait alors de ce mot l'acte du 16 mai, — le maréchal prit un ministère de Broglie, qui fit la dissolution et procéda à de nouvelles élections. L'action de ce ministère, dans les élections de 1877, fut encore plus fâcheuse que l'inaction du ministère Buffet dans les élections de 1876. Les monarchistes avaient voté et constitué la république, mais ne s'étaient pas républicanisés, et M. Buffet ne donnait pas de direction aux électeurs, et ne leur expliquait pas ce mystère, chacun se guidant comme il pouvait dans cette cave. Mais M. de Broglie, — son lieutenant, M. Bardy de Fourtou, était bardé de formules hardies, mais ses actes étaient débiles, — M. de Broglie faisait éclairer la cave : son gouvernement de la république recommandait de voter contre les républicains. A mettre en regard l'hypothèse du gouvernement de la monarchie du duc d'Orléans ou du prince Victor recommandant de voter contre les monarchistes. S'adresser à plus de dix millions d'électeurs en ce langage sibyllin, c'était comme vouloir n'être pas compris, c'était courir à un échec. Mais cet embrouillamini dans cet imbroglio venait de ce que les monarchistes qui avaient fait la constitution de la république ne se disaient pas républicains, et que les républicains ne se disaient pas constitutionnels, parce qu'ils concevaient encore la république sous les espèces de la deuxième, ou même de la première, sous les espèces conventionnelles et jacobines, et que leurs doctrines étaient subversives de l'ordre établi, et comme les monarchistes avaient peur du fond plus que de la forme, ils craignaient qu'une majorité républicaine ne fît un coup de force contre le président et le sénat, ne « jacobinisât » la constitution et surtout ne bouleversât l'ordre religieux, social et économique, tandis qu'une majorité antirépublicaine tenue en garde par les échecs monarchiques, — chat échaudé ne revient pas en cuisine, — se contenterait de gérer le régime de 1875, qui constituait une transaction entre les monarchistes et les républicains, entre la monarchie et la république. C'était trop subtil et bon pour une académie ou tout au plus pour une assemblée.

Aussi les électeurs comprirent-ils seulement que le maréchal était prisonnier des survivants de la majorité de 1871, qui voulait la monarchie, mais qui avait fait la constitution de la république et l'avait élu, et qu'il ne se résignait pas à se soumettre à la majorité de 1876, qui n'avait pas fait la constitution, mais qui voulait la république et les suites républicaines de la république, et réclurent-ils cette majorité de 1876, mais, cette fois, contre le ministère, contre le maréchal, contre le sénat, contre tout ce qui restait de l'assemblée nationale, et la majorité de 1877 arriva unie, irritée, belliqueuse, résolue à s'imposer.

En ces conflits, des deux parts l'on s'échauffe, l'on ne reprend pas tout de suite son sang-froid, et l'on ne revient que peu à peu à l'objectivité. Le maréchal remplaça, le 23 novembre, son ministère de Broglie par le ministère extraparlementaire du général de Rochebouët, qui sentait la poudre. Ceux qui parlent toujours de coups d'État ne sont pas ceux qui les font, et ils ne sont capables que d'en solliciter une place : mais depuis le 4 septembre, aucun homme n'a montré, par ses actes, plus de velléités d'en faire un, et, pourtant, il n'en a pas fait, parce que monarchistes et républicains ne se rendaient pas compte de l'évolution qui s'était opérée en eux, et dont la constitution de 1875 était l'expression instinctive, mais ils la subissaient; et cette constitution avait été tout entière faite en réaction de ce qui s'était fait depuis 1849, et en haine de quoi s'était formée la génération nouvelle, et tout entière elle était arc-boutée et bandée pour empêcher coups d'Etat du chef de l'Etat, pouvoir personnel ou influence du chef de l'Etat, guerres déclarées par le chef de l'Etat, dont le but national n'apparaîtrait pas éclatant à la nation, qui ne voit les choses que lorsqu'elles lui sont sur le nez, et pour assurer la souveraineté et la toute-puissance au parlement, « remède à tous ces maux », mais « source d'autres maux » qu'elle n'a pas prévus et que ce régime antérieur à la cons-titution et qui date du 12 février 1871 fait aujourd'hui couler avec abondance. La constitution est fille des guerres de Napoléon III. Aussi, le 13 décembre 1877, le maréchal s'est-il « soumis » e. re-prenant un ministère Dufaure, et, un an après, le 30 janvier 1879, il s'est « démis ». Avec les républicains, il ne se sentait pas dans son « monde », mais dans un monde étranger, ennemi, dont il ne comprenait ni les habitudes, ni le langage, ni les idées, ni le but et dont il n'était pas davantage compris. Tel M. Fallières avec un ministère et un parlement monarchiques, catholiques et réaction-naires, et transporté avec eux dans le monde, la fine fleur du mon-de, l'ex-faubourg Saint-Germain. M. Fallières regarderait une étoile et les autres une autre. Le maréchal n'a pu être Louis-Phi-lippe, ni Napoléon III, mais seulement ce que la constitution de 1875 lui a permis d'être, un chef de parti, qui a tenté de relever son parti, lorsque son parti est tombé, mais qui n'y a pas réussi et qui ne pouvait pas y réussir. Sans doute, il n'avait pas le suffrage secret de tous les généraux pour sa politique et pour sa personne, et le maréchal Canrobert lui-même s'est plus d'une fois plaint de lui dans le privé. Mais, depuis le traité de Francfort, aucun géné-ral n'a eu plus d'autorité sur eux, le duc de Magenta, le vain-queur de la commune, le maréchal-président était au-dessus de leurs compétitions, au rebours du général Boulanger, dont tous, sauf une demi-douzaine, jalousaient la fortune, rien que politique, et n'attendaient que l'occasion du croc-en-jambe. Néanmoins, le maréchal n'a pas fait de coup d'Etat, bien qu'il ait été le seul hom-me de cette troisième république en situation de le tenter, mais il lui manquait l'opinion publique, qui s'était prononcée contre son gouvernement, aux élections de 1876, et contre sa personne, à cel-les de 1877.

En même temps que l'on entrevoit ici la difficulté d'un coup d'Etat contre la constitution de 1875, l'on voit qu'un président peut être arrêté dans son septennat par une saute de vent, par un chan-gement de parti au pouvoir, ce temps étant trop long pour qu'à l'élection présidentielle l'on puisse prévoir ces revirements. Le sep-tennat a encore un autre inconvénient, celui-là personnel au pré-sident et provenant du préjugé, qui a toujours été général en Fran-

ce, que la monarchie est en soi aristocratique et fastueuse, et la république démocratique et simple, et Châteaubriand lui-même
s'étonnait d'avoir rencontré, dans Philadelphie, Washington en
voiture à quatre chevaux, — il sortait toujours en voiture à quatre
ou six chevaux, deux laquais debout derrière, — et il disait :
« Washington, d'après mes idées d'alors, était nécessairement Cincinnatus ; et Cincinnatus en carrosse dérangeait un peu ma république de l'an de Rome 296. » Aussi, cite-t-il l'an 296 et Cincinnatus :
mais la république romaine était aristocratique, et aussi la république athénienne, jusqu'à Solon, et la république carthaginoise, et la
vénitienne, et la gênoise, et la florentine, à des degrés divers, avec
des alternances et en des formes différentes, mais où les arts et
le luxe rivalisaient avec les plus brillantes monarchies. Mais la
France a toujours été en monarchie, elle ne conçoit la république
et la monarchie que sous les mêmes espèces, les espèces monarchiques, puisque la constitution de 1875 est un harnais fait pour
les deux ; il suffirait même de laisser ce harnais sur le dos du président Fallières, en décrétant que désormais M. Fallières portera
pour nom son prénom d'Armand, que ce prénom sera numéroté
Armand Ier et titré Armand Ier, roi de France ou des Français, ou
empereur des Français, et que son fils André lui succèdera et ses
héritiers de mâle en mâle et suivant l'ordre de primogéniture, pour
que, par ce seul fait, la république se changeât en monarchie ou en
empire, et que les Fallières devinssent la cinquième race, si les Bonaparte sont la quatrième.

Le président est donc aux lieu et place du monarque, il en a l'appareil et l'apparat, mais à la portion congrue, à bon marché. Sa
liste civile est de douze cent mille francs par an. Il habite l'Elysée.
Il a la jouissance de l'habitation et de la chasse, avec bois de
chauffage, légumes, fleurs et fruits, des palais et châteaux de Versailles, Saint-Germain, Fontainebleau, Compiègne, Rambouillet, et
de leurs dépendances, des autres domaines et forêts de l'Etat, dont
jouissaient les souverains, ses prédécesseurs.

Comme ces insectes qui prennent la couleur des arbres, plantes
et fleurs, sur lesquels ils vivent, sur ce vieux tronc monarchique,
dans ces vieux palais royaux, avec ce vieux protocole à peine mis
au point de la fonction présidentielle et presque pour les seules
formules, en sept ans, il se sent devenir roi, et, après son septennat, retombé dans la vie privée, il se croit un roi en exil. Quelque
temps après avoir quitté l'Elysée, isolé dans son hôtel du Trocadéro, aux petites terrasses babyloniennes, M. Grévy disait à une
amie de sa femme, en caressant ses petites-filles, aujourd'hui la
vicomtesse de Kergariou et la baronne Cerise : « Je n'ai pas voulu
me séparer de mon gendre pour ne pas me séparer de ma fille et

de ces charmantes enfants, et, n'est-ce pas, madame, qu'elles valent mieux que le royaume de France ? » M. Loubet qui, avant son avènement à la présidence, était de mœurs encore plus simples que M. Grévy, et la simplicité même, depuis qu'il n'est plus président, erre comme une âme en peine, en quête d'un banquet de mutualistes ou d'étudiants à présider. Heureux M. Félix Faure d'être mort président, car son snobisme l'aurait fait mourir de ne plus l'être, et cette mort lui aurait été plus cruelle ! Dans le royaume des ombres, il doit faire entendre, avec des clignements d'yeux, qu'il est mort comme Attila sur le sein d'une femme. Chateaubriand disait « crevé ».

Si le maréchal de Mac-Mahon n'a pu forcer la constitution, il ne l'a pas faussée non plus : seulement de sa main un peu gauche, un peu rude, il en a tâté les prérogatives, privilèges et attributs présidentiels, et ils lui sont restés dans la main, comme des institutions factices, comme des ornements plaqués contre la constitution pour donner le change sur l'horreur qu'elle cache de tout ce qui n'est pas le pouvoir parlementaire. Et la « soumission » du maréchal a été la « soumission » de tous ses successeurs, de M. Grévy comme de M. Carnot, de M. Casimir-Périer comme de M. Félix-Faure, de M. Loubet comme de M. Fallières : et lorsqu'il a dit, le 15 janvier 1895, dans son message de démission aux chambres, que le président septennal de 1875 est « dépourvu de moyens d'action et de contrôle », et qu'il est « condamné à l'impuissance », M. Casimir-Périer a été leur interprète à tous, il a été le verbe de la présidence de la république, il a donné la grande glose de la constitution. Certes, cette « impuissance », il n'en avait pas fait la découverte du 25 juin 1894 au 15 janvier suivant, pendant sa présidence ; le 25 juin, en acceptant son élection, il savait ce qu'en valait l'aune, comme aurait dit son arrière-grand-père Claude, qui avait fait le commerce des mousselines et des toiles peintes ; il était la quatrième génération politique de sa famille, toutes les quatre mêlées aux plus grands événements et rompues aux plus grandes affaires ; il avait été président de la chambre et président du conseil : mais l'affaire Dreyfus ayant été engagée sans son « contrôle » et lui-même ayant été acculé à la retraite, il a couvert cette humiliation par cet avertissement à son pays sur les dangers de l' « impuissance » du chef de l'État. Il n'a pas été dit qu'il eût laissé des mémoires, souvenirs ou notes sur sa présidence, mais on l'a dit du maréchal de Mac-Mahon, et il en existe de M. Grévy, où M. Clémenceau est peint au vif.

Le duc d'Aumale ayant été écarté de la succession de M. Thiers, l'assemblée nationale ne jugea pas possible de la donner à un autre de ses membres, et elle la donna au maréchal de Mac-Mahon : mais, sans cette circonstance, tous les successeurs de M. Thiers auraient été pris dans le parlement, et ils l'ont tous été, en effet, hormis le maréchal, parce que le parlement est comme le sacré-collège : ces deux assemblées considéreraient comme étrangers et incomplets le président et le pape qui ne sortiraient pas de leurs rangs. Sénateurs et députés sont les hauts barons de la république, et élu par eux et parmi eux, le président n'est que le premier parmi ses pairs ; il est de leur chair et de leur sang, il est à eux par ses origines et par ses habitudes, il est leur prisonnier et leur chose. Le prendre en dehors de leur corps prédestiné serait une révolution. Le général Trochu, considéré dans cette Anatomie comme le premier président de la troisième république, n'a pas été élu par les assemblées représentant le pays, mais il a été désigné par les acclamations de Paris, au choix du gouvernement de la défense nationale, et, qui n'a pas assisté à sa revue, le 14 septembre, du Champ-de-Mars aux Champs-Elysées, aux grands boulevards et à la Bastille, n'a pas le soupçon de ce que peut être la popularité : les ovations boulangistes n'ont été que parades de tréteaux auprès de la foi et de l'extase des troupes et des foules sur le passage du sauveur, qui ne les a pas sauvées de la capitulation et qui semblait le saint-sacrement s'élevant, avec la guérison, sur les têtes des malades de Lourdes.

M. Thiers a été élu par l'assemblée nationale comme élu de la France en même temps que comme le plus capable de rétablir la paix et l'ordre que voulait cette assemblée, dont la vue, ce jour-là, n'allait pas plus loin. On vient de voir comment et pourquoi a été élu le maréchal de Mac-Mahon, que la répression de la commune avait fait l'homme le plus considérable en dehors de l'assemblée.

M. Grévy a été élu parce qu'il avait été président de l'assemblée nationale et qu'il jouissait d'une réputation de dignité et de sagesse hors de pair dans son parti. A sa chute, M. Jules Ferry semblait avoir toutes les chances de lui succéder : mais les boulangistes qui voulaient pourtant un « pouvoir fort », fomentèrent contre lui une agitation qui fit reculer les chambres et leur fit élire, au lieu de cet homme, le plus pugnace des ministres qu'eût encore eus cette république, un neutre, M. Carnot, triste, doux, pacifique, qui n'en montra pas moins plus de résolution que le fanfaron, sentimental et fuyant général Boulanger.

C'est en souvenir de son grand-père qui avait pris d'une main si impérieuse le pouvoir des mains de M. Laffitte, le ministre du « gouvernement par abandon », que M. Casimir-Périer a été élu pour tenir en respect « l'hydre de l'anarchie » qui avait poignardé M. Carnot. C'est le procureur général Victor Fochier, beau-frère de M. Lépine, préfet de police, et aujourd'hui conseiller à la cour de

cassation, qui, dans son réquisitoire contre Caserio, l'assassin de
M. Carnot, a évoqué cette hydre mythologique qui renaît sans cesse de ses cendres mais qui tout de même parut un peu vieille. Ce
fut une résurrection dont on aurait souri n'eût été l'horreur d'une
telle mort que cette hydre et cet assassinat causèrent aux républicains qui, depuis quinze ans déjà, avaient perdu tout ce qui leur
était resté de naïf. Eh quoi, un président de république assassiné
comme un simple monarque ! Ils n'en revenaient pas, bien que
l'histoire montre qu'aucune forme du gouvernement ne met les
chefs d'Etat à couvert des assassins et cette républ'que elle-même
a vu assassiner les présidents Carnot, Garfield, Mac-Kinley, Bor-
da et Heureaux, tout comme le tsar autocrate Alexandre II, les
rois constitutionnels Humbert Ier, et Alexandre Ier, la reine Draga,
pourtant d'origine bourgeoise sinon plébéienne, et l'impératrice
Elisabeth, toujours en voyage, loin de la politique et de son mari,
l'empereur François-Joseph d'Autriche, dont le gouvernement faisait l'envie de M. Eugène Pelletan, qui demandait à Napoléon III
« la liberté comme en Autriche », mais qui ne l'a pas obtenue même de son fils, M. Camille Pelletan, le marin du cabinet Combes.

M. Félix Faure n'a pas non plus été élu pour lui-même, mais
contre M. Brisson, franc-maçon lugubre, et contre M. Waldeck-
Rousseau, qui était alors un sphinx dont l'énigme ne sollicitait pas
la curiosité, tant sa personne était peu sympathique.

Si M. Méline, qui venait d'avoir le plus long ministère, après le
second ministère Jules Ferry, n'a pas succédé à M. Félix Faure,
c'est d'abord parce qu'il était le chef du parti protectionniste et que
son protectionnisme aurait donné à son élection une portée économique, éloignée de l'opinion des chambres et surtout parce que les
factions parlementaires déjà recrutées pour la revision du procès
Dreyfus voulaient un président qui s'y prêtât, et M. Méline n'entendait pas s'y prêter, et qui néanmoins ne pût être soupçonné d'a-
voir été choisi et de s'être laissé choisir pour cette besogne, et
alors faire du second personnage de l'Etat le premier, du président
du sénat le président de la république, du moment que ce personnage, M. Loubet, semblait n'assumer qu'un surcroît de fardeau,
auquel le désignait son fardeau lui-même, était l'élection la plus
dépourvue, en apparence, de toute combinaison et de toute intri-
gue. M. Loubet, d'ailleurs, avait des amis sur tous les bancs du
sénat et le propre représentant des princes d'Orléans, M. Edouard
Rocher, avait toujours blâmé les attaques dont il était l'objet dans
l'opposition de son obédience.

A la faveur du même artifice, son successeur à la présidence du
sénat, M. Fallières, est devenu son successeur à la présidence de
la république pour continuer la même politique, la politique du

« bloc », mot qui a fait fortune dans les autres parlements et jusqu'au reichsrath, au reichstag et à la douma ont eu leur « bloc ».

Le concurrent de M. Fallières, M. Doumer, est marié civilement et n'a pas fait baptiser ses sept enfants, et il a été le candidat des monarchistes et des catholiques. M. Jules Ferry aussi était marié civilement et son concurrent, M. de Freycinet, est protestant et noble et l'on disait, en 1887, que la noblesse et la religion de l'un et l'irréligion de l'autre n'avaient pas été sans influence sur l'élection de M. Carnot. En effet, tous les présidents sont nés catholiques, se sont mariés dans cette religion et ceux qui sont morts y ont été enterrés.

A l'élection de M. Grévy, les monarchistes ont donné leurs voix aux généraux duc d'Aumale, marquis de Galliffet, Ladmirault et Chanzy ; et c'est le plus républicain, le général Chanzy, qui en a réuni le plus grand nombre. A l'élection de M. Carnot ils ont voté pour le général Appert, surtout pour le général Saussier, encore plus républicain que le général Chanzy, et qui a été jusqu'à sa retraite le général de confiance des républicains. A l'élection de M. Casimir-Périer, enfin, quelques-uns ont voté pour le général Février, républicain comme les généraux Saussier et Chanzy, mais entre deux. Ne pouvant faire élire un des leurs, ils perdaient ainsi leurs voix sur des généraux pas tous satisfaits d'être, malgré eux, candidats d'adversaires politiques désireux de témoigner leur attachement à l'armée et à la patrie. Mais comme la république serait, sans l'armée, à la merci d'un coup de main, défendre l'armée c'est, il est vrai, défendre la patrie ; mais c'est aussi défendre la république, c'est se rendre impossible le coup de main contre elle, c'est se fermer les voies révolutionnaires pour la renverser, après s'être fermé, en continuant de défendre le principe monarchique, les voies constitutionnelles pour en prendre le gouvernement et en changer la direction ou la forme. Ils ont même toujours acclamé l'armée quand elle leur a donné des coups et même lorsqu'elle les a tués, entre autres sous la présidence Grévy, pour l'exécution des décrets contre les congrégations religieuses, et sous les présidences Loubet et Fallières, pour l'exécution de la loi sur les associations contre ces mêmes congrégations et de la loi sur la séparation des Eglises et de l'Etat, pour les inventaires d'églises et l'expulsion du clergé séculier des palais épiscopaux et des presbytères.

Pour l'élection de M. Thiers, il n'y eut pas de scrutin public et le vote eut lieu comme par acclamation et « à la presque unanimité ». Ses successeurs ont eu dans l'ordre du nombre de leurs voix : MM. Carnot, 616 voix ; Grévy, 563 ; Loubet, 483 ; Casimir-Périer, 451 ; Fallières, 449 ; Félix Faure, 430 ; le maréchal de Mac-Mahon, 390.

La pièce originale et maîtresse de la république, celle qu'on ne peut introduire dans l'architecture monarchique, étant la présidence septennale, cette présidence constitue donc la république. Pour devenir président de la république, il faut premièrement être sénateur ou député, puisque la réunion des députés et sénateurs en assemblée nationale ou congrès, ne choisit le président que parmi eux, et secondement avoir été au moins ministre, puisqu'elle ne les choisit que dans la catégorie des sénateurs et des députés qui ont rempli les grandes fonctions parlementaires. Or, depuis les élections du 8 février 1871, il n'y a eu que 229 présidents de l'assemblée nationale, du sénat, de la chambre et du conseil et ministres, et de ces 229 ducs, sept seulement sont parvenus à la présidence, les sous-secrétaires d'Etat, vice-présidents, questeurs et secrétaires des chambres, présidents, vice-présidents, rapporteurs et secrétaires des commissions parlementaires, marquis, comtes et vicomtes, n'ayant même pu émerger de l'électorat pour accéder à l'éligibilité.

Mais qu'elle ait été faite à la date dès longtemps connue et sous le siège et l'assaut des partis, comme celle de M. Fallières, ou à l'improviste et parmi les conspirations, ou en pleine invasion étrangère, l'élection présidentielle s'est toujours faite aussitôt la vacance, parce que le congrès a toujours craint que dans l'interrègne ne se glissât quelque coup de main, et la transmission du pouvoir présidentiel s'est toujours faite aussi facilement que celle du pouvoir royal de la reine Victoria à Edouard VII, d'Alphonse XII à Alphonse XIII, de Victor-Emmanuel II à Humbert Ier et d'Humbert Ier à Victor-Emmanuel III, de Guillaume Ier à Frédéric III et de Frédéric III à Guillaume II, d'Alexandre II à Alexandre III et d'Alexandre III à Nicolas II, de Christian IX à Frédéric VIII ou de Louis Ier à Charles Ier et de Charles Ier à Manuel II, dont les contemporains ont été témoins, tandis qu'aucun d'eux ne l'a vue à l'âge de raison en France, où elle a eu lieu, pour la dernière fois, de Louis XVIII à Charles X, en 1824 ; et, depuis l'avènement de Louis XIV, en 1643, elle n'a eu lieu que deux autres fois, de Louis XIV à Louis XV, en 1715, et de Louis XV à Louis XVI, en 1774, trois fois en deux cent soixante-sept ans, de sorte que l'hérédité royale est restée pendant cette longue suite d'années pour ainsi dire à l'état de principe, à l'état d'abstraction, le peuple français ne la voyant pas comme une institution opérante, et en perdant le souvenir et la notion.

A leur avènement à la présidence, le général Trochu avait cinquante-cinq ans, cinq mois et vingt-cinq jours ; M. Thiers, soixante-treize ans et dix mois ; le maréchal de Mac-Mahon, soixante-quatre ans, dix mois et onze jours ; M. Grévy, soixante et onze ans, cinq mois et quatorze jours ; M. Carnot, cinquante ans, trois mois et vingt-deux jours ; M. Casimir-Périer, quarante-six ans, sept mois et dix-sept jours ; M. Félix Faure, cinquante-trois ans, onze mois et quatorze jours ; M. Loubet, soixante ans, un mois et dix-huit jours, et M. Fallières, soixante-quatre ans, trois mois et douze jours. Ce qui fait, pour les neuf présidents, une moyenne de soixante ans et trente neuf jours, sans compter les heures, les minutes, ni les secondes. Les neuf derniers souverains avaient, en montant sur le trône, Napoléon III, quarante-quatre ans ; Louis-Philippe, cinquante-six ; Charles X, soixante-six ; Louis XVIII, cinquante-huit ; Napoléon Ier, trente-quatre ; Louis XVI, vingt ; Louis XV, cinq ; Louis XIV, cinq, et Louis XIII neuf. Une moyenne de trente-trois ans.

Interrompue dans sa ligne directe par la première république, la succession royale avait dû, après le premier empire, passer, de branche en branche, à des vieillards ; mais pour les neuf prédécesseurs de Louis XIII, d'Henri IV à Louis XI, cette moyenne n'est plus que de vingt-quatre ans et, pour les soixante-treize rois ou empereurs français, elle n'est que de dix-neuf. Un règne peut embrasser toute une longue vie et en avoir ainsi tous les âges, comme le règne de Louis XIV, tandis que ces neuf présidences sont toutes comme des fins de règne, des gouvernements à cheveux blancs, lourds et tristes. Ainsi le régime héréditaire se retrempe dans la jeunesse et le régime électif se met sous la protection des vieillards.

Le général Trochu est resté cinq mois et neuf jours à la présidence ; M. Thiers, deux ans, trois mois et sept jours ; le maréchal de Mac-Mahon, cinq ans, huit mois et six jours ; M. Grévy, huit ans, dix mois et deux jours ; M. Carnot, six ans, six mois et vingt-deux jours ; M. Casimir-Périer, six mois et vingt et un jours ; M. Félix Faure, quatre ans et un mois ; M. Loubet, sept ans ; M. Fallières est en cours de route. A part le général Trochu et M. Thiers, les autres présidents avaient un mandat septennal et deux seulement, M. Grévy et M. Loubet, ont pu le remplir ; et encore M. Grévy est-il tombé au commencement du second.

Le général Trochu avait été fait général de division, grand-officier de la Légion d'honneur et gouverneur militaire de Paris par Napoléon III et il était aussi, sous ce prince, membre du conseil général du Morbihan, pour le canton de Belle-Isle, où il avait succédé à son père, officier principal de l'administration de la guerre, et officier de la Légion d'honneur, qui y avait siégé pendant trente ans.

M. Thiers avait été président du conseil des ministres de Louis-Philippe et fait par lui grand-officier de la Légion d'honneur. Il était membre de l'académie des sciences morales et politiques et de l'académie française. Son père avait couru les aventures et n'avait fait rien qui vaille, mais son grand-père était avocat au parlement d'Aix et s'était établi à Marseille, où une anecdote montre qu'il n'était pas un bourgeois ignoré. Après qu'en 1789, le tiers-état de la sénéchaussée d'Aix eut élu Mirabeau député aux états-généraux, la chambre de commerce de Marseille offrit à cet être déclassé, un beau déclassé, un banquet suivi de la représentation du *Bourgeois gentilhomme*. A sa droite, à ce spectacle, avait été placée Mlle Noble, et à sa gauche Mme Thiers, l'une des filles de l'avocat aixois et la future tante du président de la république. Comme il lui demandait ce qui l'intéressait le plus à ce qu'elle voyait : « Mais c'est », répondit-elle, « de me voir à côté du gentilhomme bourgeois ! »

Le maréchal de Mac-Mahon avait reçu de Napoléon III son bâton de maréchal, la grand'croix de la Légion d'honneur, le titre de duc de Magenta et une sénatorerie à vie, à laquelle il a survécu. Le comte de Mac-Mahon, son père, avait été fait lieutenant-général et grand'croix de Saint-Louis par Louis XVIII.

M. Grévy avait été bâtonnier du barreau de Paris sous le second empire et président de l'assemblée nationale de 1871 et de la chambre de 1876. Son dernier frère survivant, le général Grévy, ne se rappelle plus si leur père, maire de Mont-sous-Vaudrey, a été juge de paix du canton de cette commune, ou suppléant de ce juge sous Louis-Philippe ou sous la restauration.

M. Carnot avait été nommé par Napoléon III ingénieur ordinaire des ponts et chaussées à Annecy et il avait été ministre des finances de M. Grévy. Son père, ancien ministre de l'instruction publique et des cultes des trois premiers ministères de la deuxième république et membre de l'académie des sciences morales et politiques, avait pu, comme sénateur, l'élire à la présidence de la république.

M. Casimir-Périer avait été fait chevalier de la Légion d'honneur, comme capitaine des mobiles de l'Aube, après le combat de Bagneux, pendant le siège de Paris, par le général Trochu : les mobiles, « les moblots », s'y étaient battus aux échos d'une chanson déjà vieillissante, mais que les premiers jours de juillet avaient encore entendue, sur les fraises du bois de Bagneux. Il avait ensuite été chef du cabinet de son père, ministre de l'intérieur pendant toute la présidence de M. Thiers, avant d'arriver aux hautes fonctions parlementaires sous la présidence de M. Carnot. Avant d'être ministre de l'intérieur de M. Thiers, son père avait été ministre plénipotentiaire de Louis-Philippe à Hanovre, et avait été fait par lui grand-officier de la Légion d'honneur et il était membre de l'académie des sciences morales et politiques. C'est lui qui a obtenu de cette république l'autorisation d'ajouter son prénom de Casimir, qui était aussi celui de son père, le premier ministre de Louis-Philippe, à son nom de Périer et de les réunir par un trait d'union : Casimir-Périer.

M. Félix Faure était marchand de cuirs tannés et armateur au Havre, membre de la chambre de commerce et juge au tribunal de commerce de cette ville. Le 4 août 1870, Napoléon III l'avait nommé adjoint au maire du Havre et le 21 mai 1871, M. Thiers l'avait fait chevalier de la Légion d'honneur. Lorsqu'il fut élu à la présidence de la république, il était ministre de la marine de M. Casimir-Périer. Son père était fabricant de fauteuils au faubourg Saint-Denis, à Paris.

M. Loubet, avocat à Montélimar, nommé maire de cette ville par Napoléon III, sous le ministère Emile Ollivier, en même temps que M. Félix Faure, avait été président du conseil des ministres et président du sénat. Son père avait été nommé par Napoléon III maire et suppléant du juge de paix de Marsanne, et chevalier de la Légion d'honneur par la république.

M. Fallières, avocat à Nérac, président du conseil des ministres et du sénat, est fils du greffier de la justice de paix de Mézin et petit-fils d'un forgeron ou maréchal-ferrant de cette commune.

Ni M. Fallières, ni M. Loubet, ni M. Carnot, ni M. Grévy ne faisaient partie de la Légion d'honneur lorsqu'ils ont été élus présidents de la république, mais par le fait de cette élection, ils sont devenus grands-croix et grands-maîtres de l'ordre. Si l'on n'y compte pas M. Carnot qui lui-même ne s'y comptait pas en ne portant pas son titre, et dont le grand-père a été comtifié par Napoléon Ier, un seul appartient à la noblesse, le maréchal de Mac-Mahon, noblesse dont le degré a été discuté mais que le mariage de son fils avec une princesse d'Orléans a illustrée entre toutes ; deux, MM. Carnot et Casimir-Périer, à la grande bourgeoisie historique ; un, le général Trochu, à une famille d'officiers de petite fortune, éteinte à la deuxième génération ; un, M. Thiers, à la bourgeoisie parlementaire moyenne, tombée dans la bohème, mais qu'il a relevée avec un éclat que ses successeurs n'ont pas encore éclipsé ; un, M. Félix Faure, à la petite bourgeoisie commerçante en ascension comme les Trochu, mais qui s'est également éteinte à la deuxième génération et sur les sommets ; trois, enfin, MM. Grévy, Loubet et Fallières à la moyenne ou petite bourgeoisie rurale et légiste. C'est cette classe-là qui a donné le plus de présidents à la troisième république et l'on mesure son ambition à ses sacrifices en se rappelant que le père Grévy a envoyé ses trois fils faire leurs études à Paris, que Jules est devenu bâtonnier du barreau de Paris et président de la république ; Albert, bâtonnier du barreau de Besançon, gouverneur général de l'Algérie et sénateur inamovible, et Paul général de division et sénateur du département familial, le Jura ; que le père Loubet a envoyé aussi ses deux fils étudier à Paris et qu'Emile est devenu président de la république et Auguste médecin à Grignan, à côté du bourg natal ; que le père Fallières a dû se saigner pour permettre à son fils Armand, aujourd'hui président de la république, de suivre les cours de la faculté de droit de la place du Panthéon, au fronton de laquelle on lisait à cette époque : « Liberté, égalité, fraternité, ou la mort. » On voyait encore cette inscription longtemps après 1870.

Lorsqu'il revient en poste du congrès de Versailles, et qu'il prend possession de l'Elysée, qu'il villégiature dans l'un de ses châteaux royaux, ou qu'il chasse le faisan dans les tirés de Marly, qu'il donne une fête dans la galerie des glaces de Versailles, qu'en 1871 l'on croyait fermée tant qu'il y aurait un empereur allemand, ou qu'il se rend en carrosse doré, avec laquais poudrés, à l'Opéra, que Nicolas II ou Victor-Emmanuel III l'embrasse ou que la reine Louise de Danemark embrasse sa femme, le président de la république peut se faire illusion en se disant que nul ne connaît mieux que lui le parlement puisqu'il a présidé la chambre haute ou la chambre basse ou qu'il a été président du conseil ou tout au moins ministre, et qu'il saura débrouiller les fils des partis, les assembler et les tenir en main. Mais s'il connaît ses électeurs mieux que le maréchal de Mac-Mahon ne connaissait les siens, il est non moins connu d'eux, il a partagé leurs idées, leurs préjugés, leurs passions, il a trempé dans leurs manigances et dans leurs entreprises, il s'y est même signalé, il s'y est fait des amis mais aussi des ennemis qui savent ses petites affaires à lui et aux siens et leur jalousie rappelle ces affaires, les combine, les noircit, et en fait un filet où elle le tient captif par mille liens invisibles pour tout autre que lui. N'est-il pas d'ailleurs leur élu, leur créature, leur chose, et l'auraient-ils élu s'il pouvait se soustraire à leur direction et à leur service ? N'y a-t-il pas contrat entre eux et partie liée ? Un monarque héréditaire étant pour toute sa vie sur le trône, et ses héritiers devant à perpétuité lui succéder, chacun aussi jusqu'à sa mort et pouvant régner soixante-douze ans comme Louis XIV, le bon sens dit que rien que par la durée de sa fonction il est au-dessus des partis qui d'ailleurs ne l'ont pas élu, aucun parti n'ayant jamais occupé le pouvoir pendant soixante-douze ans, et force lui est de gouverner tour à tour avec les partis que l'évolution des idées, des intérêts et des hommes lui désigne : mais le bon sens dit aussi que la fonction du président élu pour sept ans est toute différente, que pour un temps si court il n'est que le chef d'un ministère septennal, et que ses divers ministères ne sont que des remaniements ministériels pour les nuances et les inflexions que les circonstances lui imposent.

Avant cette république, M. Prévost-Paradol soutenait même que les républiques, les monarchies et les empires du dix-neuvième siècle n'étaient que les divers ministères du même régime : par conséquent, s'il fallait renverser Napoléon Ier, Charles X, Louis-Philippe ou Napoléon III pour changer de ministère, à plus forte raison pour en changer sous la république faut-il changer de président en changeant la majorité du congrès par la propagande ou par la force. Les institutions et les lois n'ont de valeur active que celle que leur donne l'usage, et l'on a beau faire la nomenclature des prérogatives que la constitution confère au président de la république, comme il n'est pas de pouvoir qui ne cherche à s'agrandir au détriment des autres, si MM. Grévy, Carnot, Casimir-Périer, Félix Faure, Loubet et Fallières n'ont pas même essayé, après le maréchal de Mac-Mahon, de se servir d'aucune d'elles c'est qu'aucune d'elles n'a la force ni la vie, c'est qu'aucune d'elles n'est dans l'esprit de la constitution si toutes sont dans son texte, c'est qu'aucune d'elles n'était dans ce que Pascal appelle « la pensée de derrière » des auteurs de cette constitution ; c'est, en un mot, que la constitution est telle qu'on la voit fonctionner depuis la démission du maréchal et non telle qu'on la voit dans son texte.

Au premier acte qu'il veut faire, le président est arrêté par la constitution qui lui dit : « Chacun des actes du président doit être contresigné par un ministre. » Et s'il se fait commenter ce texte, elle lui répond d'abord avec la cour de cassation : « Même contresignée par un ministre, les actes du président ne sont obligatoires qu'autant qu'ils ne contreviennent à aucune des dispositions de la constitution ou des lois en vigueur. » Veut-il, par exemple, dissoudre la chambre des députés ? Les précédents ne sont pas encourageants. Le 13 mars 1815, en revenant de l'île d'Elbe, Napoléon Ier dissout la chambre des députés et par dessus le marché la chambre des pairs, et il dit ensuite à M. de Sismondi : « Ils me contestent le droit de dissoudre des assemblées, qu'ils trouveraient tout simple que je renvoyasse la baïonnette en avant. » C'est qu'en effet les Français prennent la dissolution de leurs assemblées pour un outrage, pour un défi : ils n'ont pas souci de l'amour-propre des tribunaux lorsque dans leurs procès ils en appellent aux cours, mais lorsque le gouvernement en appelle d'eux-mêmes à eux-mêmes, ils se fâchent parce qu'ils entendent avoir toujours raison. Le 5 novembre 1827, Charles X dissout la chambre des députés et son ministère Villèle est battu aux élections ; et le 16 mai 1830, il dissout la nouvelle chambre et son ministère Polignac est battu aux élections comme le ministère Villèle, et deux mois et demi après cette chambre remplace la branche aînée par la branche cadette. Le 2 février 1839, Louis-Philippe, à son tour, dissout la chambre des députés et son ministère Molé est battu aux élections comme les ministères de Charles X et le 12 mai une insurrection menace son trône. Enfin, le 16 mai 1877, le maréchal de Mac-Mahon dissout la chambre des députés de 1876 et son ministère Broglie est battu aux élections comme les ministères de Louis-Philippe et de Charles X, et, s'étant engagé dans la lutte électorale comme Charles X en 1830, il a été, comme lui, battu en même temps que son ministère et il a payé de sa présidence la défaite que son prédécesseur avait payée de sa couronne.

Usitée en Angleterre, en Belgique, en Allemagne, en Autriche-Hongrie, en Italie, en Espagne, en Portugal, dans les autres monarchies parlementaires ou représentatives, la dissolution de la chambre des députés a toujours échoué en France, sous la république comme sous la monarchie.

Si tout acte du président doit être contresigné par un ministre, ce ministre doit être celui du département auquel ressortit l'acte, toutes les affaires de l'État étant réparties, suivant leur nature, entre les différents départements ministériels et ces départements ne pouvant empiéter les uns sur les autres, sans incompétence, conflit et anarchie : le contre-seing du ministre de la marine ne saurait valider la nomination d'un premier président, ni celui du ministre de la justice la nomination d'un vice-amiral ; pour le vice-amiral, le ministre de la marine est nécessaire et le ministre de la justice pour le premier président. De même pour la transmission du gouvernement d'un ministère à l'autre. C'est le chef du gouvernement, le président du conseil sortant, qui contresigne la nomination du président du conseil entrant, non comme président du conseil puisque la présidence n'est pas un ministère, mais comme chef du département dont il est titulaire, et le nouveau président du conseil ainsi investi contresigne ensuite lui-même la nomination de chacun des collègues qu'il s'est choisis. C'est ainsi que M. Dufaure, vice-président du conseil de M. Thiers et ministre de la justice, a contresigné, comme ministre de la justice, la nomination du duc de Broglie au ministère des affaires étrangères et à la présidence du conseil du maréchal de Mac-Mahon. C'est ainsi encore que le général de Rochebouët, président du conseil du maréchal de Mac-Mahon et ministre de la guerre, a contre-signé, comme ministre de la guerre, la nomination de M. Dufaure au ministère de la justice et à la présidence du conseil.

Il y a des exceptions de force majeure. Par exemple, le second ministère Broglie succédant au premier ministère Broglie, M. de Broglie ne pouvait contresigner la nomination de M. de Broglie et alors le doyen d'âge et de fonction du ministère démissionnaire, M. Magne, ministre des finances, — il avait été ministre pour la première fois en 1851, — contresigna ; et M. Jules Simon ne pouvait pas davantage contresigner sa déchéance — ce qui eût été plus que de la philosophie, même pour un philosophe, — ni le maréchal lui demander de la contresigner et le ministre des affaires étrangères démissionnaire, le duc Decazes, donna le contreseing. Le maréchal tenait à conserver M. Decazes aux affaires étrangères pour sa jointure et pour son liant. M. de Broglie l'intimidait, M. d'Audiffret-Pasquier l'inquiétait et l'humeur facile de M. Decazes le mettait à son aise. Mais par son sens pratique, aiguisé dans le privé, M. Decazes était plus hardi que ces trois ducs dans la politique intérieure.

Aucune disposition dans la constitution sur la nomination des ministres. Le président « nomme à tous les emplois civils et militaires », et bien que les ministères soient les emplois générateurs des autres emplois, il y pourvoit en la même forme. Il en prend les titulaires où il veut, à seule charge du contre-seing.

Mais s'il fait les ministres, le parlement peut les défaire. Si leur politique ou leur nez ne lui plaisent pas, ils sont défaits aussitôt que faits ; le ministère extraparlementaire Rochebouët a été le plus court de la république, il n'a pas duré trois semaines. Mais, pour dissoudre la chambre le contre-seing du président du conseil et du ministre de l'intérieur ne suffit pas au président de la république, il lui faut encore « l'avis conforme » du sénat et cet « avis » peut n'être pas « conforme » au sien. Le maréchal a dissous la chambre de 1876 avec un ministère pris dans la minorité antirépublicaine de la chambre et dans la majorité antirépublicaine du sénat et sur l' « avis conforme » de cette majorité. Mais cette majorité était de 150 voix contre 130, tandis que la majorité de la chambre était de 363 voix contre 158 ; de sorte que si le parlement, réuni en congrès, avait eu, à ce moment, à l'élire, le maréchal aurait eu pour lui 308 voix et 493 contre lui. Son successeur, M. Grévy, a été élu le 30 janvier 1879, par 563 voix. La majorité républicaine de la chambre était donc très forte, et très faible la majorité antirépublicaine du sénat, et la majorité républicaine des deux assemblées réunies était déjà de 185 voix.

Bien que président d'une république parlementaire, que son propre gouvernement avait constituée, le maréchal était antirépublicain et antiparlementaire, et, avant de se séparer de lui, il avait dit à M. Jules Simon : « Je ne vous reproche qu'une seule chose, c'est de trop écouter ces gens-là. Nous pouvons nous passer d'eux, nous gouvernerons ensemble, et nous donnerons à ce pays-ci de la sécurité et de la prospérité. » C'était donc un coup d'Etat qu'il lui proposait, et ainsi il n'était pas uniquement préoccupé de ramener au pouvoir le parti qui l'avait élu, il pensait aussi à son pays et à ses goûts personnels. Bien que sa carrière ait été une protestation croissante et allant à sa plus haute expression contre la légitimité, de sa naissance à sa mort, par une grâce spéciale, le maréchal-sénateur-duc de l'empire et président de la république a toujours été réputé légitimiste. Comment un monarchiste, et, à plus forte raison, un archi-monarchiste, comme l'était un légitimiste, pouvait-il être président de la république ? Les contemporains ont vu mieux ou pis dans le biscornu : dom Pedro II, empereur du Brésil, affecter des allures et des opinions républicaines, voyager sous le pseudonyme de « professeur Pedro d'Alcantara », toujours hors de ses Etats, tant et si bien que son peuple a fini par l'y laisser à ses élèves. La république brésilienne et la république cubaine sont les deux seules recrues de la famille républicaine sous cette république, et encore n'ont-elles pas été faites sous l'influence républicaine française, mais sous l'action américaine des Etats-Unis, — la république espagnole ayant fini « dans l'imbécillité et dans le sang », suivant le mot de M. Thiers sur une autre république.

La petite majorité antirépublicaine du sénat s'était bientôt fondue et avait fait place, au renouvellement triennal du tiers de cette assemblée, le 5 janvier 1879, à une majorité républicaine qui avait donné M. Martel pour successeur au duc d'Audiffret-Pasquier, à la présidence sénatoriale. Depuis lors, il y a eu harmonie sur la forme du gouvernement entre les trois pouvoirs, ils n'ont cessé de communier en la république, s'avançant dans la même voie, chacun suivant son âge, son rôle et son intérêt, la chambre poussant le sénat, et le sénat poussant le président. A chaque crise politique un peu vive, l'on a parlé de dissolution, surtout dans la minorité antirépublicaine, mais il suffit que cette minorité demande une chose pour que la majorité républicaine fasse le contraire. D'ailleurs, le maréchal n'a pas fait la dissolution contre la majorité qui l'avait élu, mais contre la minorité qui n'avait pas voté pour lui et qui était devenue la majorité, tandis que tous ses successeurs ont eu affaire à la majorité qui les avait élus ou à une majorité républicaine comme elle, et leur situation n'est pas la même.

D'autre part, l'exemple du maréchal leur a ôté toute envie de se servir d'une arme qui a tourné contre lui, et le sénat n'a pas eu plus qu'eux envie de recommencer l'expérience, la dissolution ayant ajouté à l'impopularité qui l'a frappé dès sa naissance, comme toutes les chambres hautes françaises, dont le peuple a toujours compris surtout qu'elles ne sont pas élues par lui et qu'elles mettent des entraves aux siennes. Il en a élu six depuis la dissolution de 1877, en 1881, en 1885, en 1889, en 1893, en 1898, en 1902 et en 1906 ; et elles se sont transmise, de l'une à l'autre, comme un dépôt, la rancune de cette dissolution contre le sénat. Cent fois, ces chambres l'ont menacé de le supprimer. Après trente ans, dans la chambre de 1906, MM. Jaurès et Camille Pelletan se sont faits les habituels porte-voix de cette menace, et les capitulations du sénat ont pour unique cause la peur que la menace ne soit mise à exécution.

Louis-Philippe, comme Charles X — car les chartes de 1830 et de 1814 sont identiques sur ce point — pouvait dissoudre la chambre des députés sans le concours de la chambre des pairs, et c'était une supériorité sur le président de la troisième république, qui est assujetti au concours du sénat. Mais si le concours du sénat lui donne plus d'envergure et plus de poids et si, nonobstant, il a échoué aussi, c'est que la dissolution est une arme politique qui n'atteint que ceux qui s'en servent.

Ayant pris un ministère Dufaure, puis un ministère Jules Simon, avant de dissoudre la chambre de 1876, et de nouveau un ministère Dufaure après sa tentative de résistance contre la chambre de 1877, avec le ministère de Rochebouët, c'est-à-dire ayant agi en chef d'État constitutionnel, en souverain au-dessus des partis, gouvernant tantôt avec la droite et tantôt avec la gauche, suivant que les élections lui ont donné une majorité de l'une ou de l'autre pourquoi le maréchal est-il redevenu chef de parti en se repliant sur la droite et en donnant sa démission ? Pourquoi, au lieu de mettre d'abord en batterie la grosse artillerie de la dissolution, après laquelle il ne lui restait que la soumission ou la démission, — et il s'est infligé l'une et l'autre, — n'a-t-il pas essayé des moyens de modérer le parti au pouvoir et de protéger la paix publique, que la constitution mettait à sa disposition ?

Le président « peut ajourner les deux chambres », « il communique avec les chambres par des messages qui sont lus à la tribune par un ministre », « dans le délai fixé pour la promulgation » des lois, « il peut, par un message motivé, demander aux deux chambres une nouvelle délibération, qui ne peut être refusée » Des politiques estimaient qu'en procédant d'abord par des messages motivés, même quand la constitution ne l'exigeait pas, et où le pays aurait pu voir en lui l'arbitre des partis, le modérateur de la politique, il lui eût été possible d'introduire l'action présidentielle dans le fonctionnement des pouvoirs publics, jusqu'à pouvoir un jour essayer cette arme si redoutable de la dissolution. Mais bien qu'il eût montré, sous Napoléon III, une pointe de libéralisme dans la loi de sûreté générale et de l'indépendance en ne se livrant jamais complètement, ce n'est pas moins pendant la période césarienne de ce prince qu'il avait obtenu son grand cordon, sa chaise curule, son bâton, sa couronne, et, comme le gros des légitimistes, s'il n'était pas avec César, parce que le césarisme a quelque chose de populaire, et même de populacier, il entendait encore Louis XIV dire à ses ministres, le lendemain de la mort de Mazarin : « Messieurs, je vous ai fait assembler pour vous dire que jusqu'à présent, j'ai bien voulu laisser gouverner mes affaires par feu M. le cardinal, mais que, dorénavant, j'entends les gouverner moi-même ; vous m'aiderez de vos conseils quand je vous les demanderai. » Le maréchal n'était pas Louis XIV, ni M. Jules Simon, Mazarin, et le premier avait offert au second un duumvirat, où le second serait resté le second ; M. Jules Simon sembla persuadé que le maréchal ne le lui avait offert que parce qu'il savait que son offre ne serait pas acceptée, et il est probable que l'offre n'a été faite que pour amortir le coup que le maréchal allait lui porter.

Mais les successeurs du maréchal n'ont, au contraire, tiré aucun avantage de cette période césarienne, et cela suffirait à expliquer la différence de leurs sentiments pour le césarisme. Vaincu avec le sénat, dès leur première rencontre avec le suffrage universel, le président, depuis 1877, se tient coi, certain que toute lutte lui est impossible seul contre les représentants d'un corps électoral si rétif. Bien pis, pour demander une nouvelle délibération, il lui faut se poser en compétiteur de la majorité des deux chambres, c'est-à-dire de la majorité qui l'a élu, car c'est la même majorité qui fait les lois et les présidents, et en champion de la minorité qui ne l'a pas élu et qui se plaint de la loi qu'il remettrait ainsi sur le chantier. Et encore devrait-il trouver un ministre qui consentît à lire aux chambres son message ! Ah ! s'il se sentait la supériorité que ses adversaires eux-mêmes avaient reconnue à M. Thiers. Même M. Grévy et MM. Carnot, Casimir-Périer, Félix Faure, Loubet et Fallières se savaient trop les créatures du parlement pour en remontrer ainsi au parlement, et tous ont eu peur qu'un homérique éclat de rire parlementaire n'accueillît leurs remontrances, et que leurs électeurs ne leur criassent d'une voix : « Qui t'a fait roi ? » Même pour un simple message qui n'est pas un acte, ne provoque aucun acte et n'est qu'une allocution écrite, la constitution qui se méfie de lui, et ne se méfie que de lui, déclare que cette allocution est un acte, et il faut qu'un ministre la lise aussi au sénat et à la chambre, la contresignant ainsi avec solennité. Il ne peut rien faire qui puisse être pris pour un acte sans l'assistance de ce garde de la manche. Il est en tutelle. Il est mené et retenu à la lisière.

On a souvent reproché au président d'avoir promulgué telle ou telle loi, par exemple, à M. Loubet, la loi sur la séparation des Églises et de l'État ; — mais on ne lui a jamais reproché de l'avoir présentée. L'ayant présentée, force lui est de la promulguer, parce que le parlement lui dirait : « Mais si vous n'en voulez pas, pourquoi me l'avez-vous demandée ? » La promulgation, comme la présentation, n'est qu'une fiction constitutionnelle. Fiction, quand la constitution dit qu'il a « l'initiative des lois concurremment avec les membres des deux chambres » : le président n'a pas, en réalité, l'initiative de la plus petite loi d'intérêt local. Les projets de loi, émanant de l'initiative gouvernementale, sont présentés aux chambres, en son nom, par ses ministres, dont chacun est « individuellement responsable de ses actes personnels », et qui sont tous « solidairement responsables de la politique générale du gouvernement », tandis que lui n'est responsable que « dans le cas de haute trahison ».

Aucune constitution impériale ou royale, pas même la constitution de 1791, ne fait à l'empereur ou au roi, aux Bonaparte, aux Orléans ou aux Bourbons, l'injure de prévoir un tel crime. M.'s les constitutions républicaines — sauf celle de l'an VIII, mère des constitutions impériales, où il est visé avec discrétion, — en soupçonnent toutes sans ménagement les chefs de la république et le parti où ils se recrutent. La constitution de 1793 dit dans son article 1ᵉʳ : « Le gouvernement provisoire de la France est révolutionnaire jusqu'à la paix », — et le plus singulier est que cette formule, qui aujourd'hui fait rire, n'a pas inutilement tenu l'épée dans les reins aux généraux de la république, et dans son article 2ᵉ : « Le conseil exécutif provisoire, les ministres, les généraux, les corps constitués, sont placés sous la surveillance du comité de salut public, qui en rendra compte tous les huit jours à la convention » ; la constitution de l'an III, après avoir défini « le bon citoyen » — « nul n'est bon citoyen s'il n'est bon fils, bon père, bon frère, bon ami, bon époux », — et fixé le traitement de chacun des cinq membres du directoire « à la valeur de cinquante mille myriagrammes de froment, c'est-à-dire 10.222 quintaux », déclare les cinq directeurs, c'est-à-dire Barras et ses collègues, justiciables de la haute cour de justice, le conseil des cinq-cents faisant fonction de juge d'instruction, et le conseil des anciens, de chambre des mises en accusation.

Lorsqu'en 1873, où l'on remplaça le principat de M. Thiers par le mac-mahonat et où l'on rêva de remplacer le mac-mahonat par la monarchie légitime, Paris applaudissait tous les soirs, et fredonnait tout le jour le refrain de la *Fille de Mᵐᵉ Angot*, où M. Charles Lecocq met en scène Barras :

> Barras est roi, Lange est sa reine,
> C'était pas la peine *(bis)*,
> Non pas la peine assurément
> De changer de gouvernement !

Paris ne se rappelait guère que ce régent de la république avait une liste civile comme devait être celle des princes des temps patriarcaux et sur le pied de 10.222 quintaux de froment.

La constitution de 1848 cite quelques cas de haute trahison :
« Toute mesure par laquelle le président de la république dissout
l'assemblée nationale, la proroge ou met obstacle à l'exercice de
son mandat est un crime de haute trahison. » Mais la constitution
de 1875 s'en tient à une formule générale que l'on ne peut expliquer
par analogie avec celle de 1848, puisque le président de la troisième république a le droit d'ajourner la chambre des députés et de
la dissoudre. Il faut donc s'en référer au titre 1ᵉʳ du code pénal sur
les crimes contre la chose publique.

Le président de la deuxième république n'était pas irresponsable, pour le reste, comme son successeur de la troisième. « Le
président de la république », dit la constitution de 1848, « les
ministres, les agents et dépositaires de l'autorité publique sont
responsables, chacun en ce qui le concerne, de tous les actes du
gouvernement et de l'administration. » Ce n'est pas contre les
trois dynasties, dont les membres pouvaient alors prétendre à la
présidence de la république, dans les mêmes conditions que les autres Français, que cette suspicion de haute trahison a été introduite
dans la constitution de 1875, puisqu'en 1884, le congrès a frappé
d'inéligibilité à cette présidence « les membres des familles ayant
régné sur la France », et qu'il a maintenu quand même la suspicion constitutionnelle contre le président.

Ni M. Grévy, ni M. Carnot, ni M. Casimir-Périer lui-même, ni
M. Félix Faure, ni M. Loubet, ni M. Fallières, n'ont jamais paru
s'apercevoir qu'ils faisaient une lignée de chefs d'Etat suspects à
leur propre pays, dans l'Europe habituée à considérer ses souverains comme personnifiant le loyalisme constitutionnel et national.
Dans les imbroglios ou dans les troubles, où il peut être entraîné
à prendre parti, comme le maréchal, de 1877 à 1879, comme M.
Casimir-Périer, en 1895, et comme l'on croyait que le ferait M.
Félix Faure, au moment de sa mort, en 1899, rien n'est plus facile, avec ce titre 1ᵉʳ du code pénal, de faire mettre le président
en accusation par la chambre des députés, et de le faire juger par
le sénat constitué en haute cour de justice et condamner comme
l'ont été le général Boulanger, M. Henri Rochefort et le comte
Dillon, en 1889 ; MM. Paul Déroulède et Marcel Habert, André
Buffet et le comte de Lur-Saluces, et M. Guérin, en 1899.

Les ministères Waldeck-Rousseau et Combes étaient donc dans
la tradition républicaine en faisant espionner, dénoncer, mal noter
et disgracier les fonctionnaires suspects de tiédeur pour leurs œuvres, hautes ou basses : seulement, leur ministre de la guerre,
le général André, avec son antimilitarisme suraigu et son grand
nez creux, flairait en tous ses officiers le cléricalisme, le royalisme, le nationalisme, la trahison, et les aboyait jusqu'à l'épilepsie,

11

et par là, il sortait de la lettre et de l'esprit de la constitution de
1793, l'Ancien Testament de la république, qui faisait battre les armées de l'Europe par les armées de Louis XVI. Mais il n'y a de
grands aventuriers et de grandes aventures que dans la politique, et dans les républiques, le champ leur est encore plus ouvert
que dans les monarchies, par l'abaissement des barrières : dans
une monarchie, si constitutionnelle soit-elle, comme l'Angleterre
ou la Belgique, le monarque étant toujours la colonne sur laquelle
s'appuie tout le reste, et quelque démocratique qu'elle soit, comme
le second empire, une hiérarchie se formant toujours autour de
lui, en dehors de l'inégalité des conditions, commune à tous les
régimes. Si Bonaparte est issu d'une république démocratique
toute verte, mais déjà pourrie par l'idéologie et l'habitude du crime,
César est issu d'une république aristocratique, pourrie par la sa-
tiété d'être maîtresse du monde. Et si le fils du greffier de la justice
de paix de Mezin, qui n'a pas dépassé dans sa profession le bâ-
tonnat des avocats de Nérac, est aujourd'hui le président de la
république, par élimination des hommes de plus d'envergure,
quelles aventures ne peut-on rêver et quelle école pour les aventuriers !

Six des présidents de la troisième république et cinquante-sept
de ses ministres ont, d'ailleurs, été fonctionnaires de Napoléon
III, de Louis-Philippe ou de Charles X, et le ministre de la justice du cabinet Clémenceau, M. Guyot-Dessaigne, demi-frère de ce
M. Guyot-Montpayroux, qui contrefaisait si drôlement M. Thiers,
« le petit foutriquet », et qui est mort dans une maison de fous, a été
avocat général à la cour de Riom, sous le second empire. Sauf un
très petit nombre, les républicains ont donc eu d'abord une autre
opinion, ou sont fils ou petits-fils de bonapartistes, d'orléanistes
ou de légitimistes, dont les origines étaient aussi troubles, et rien
de plus naturel qu'ils suspectent réciproquement leur fermeté,
sinon leur sincérité, en un pays où les trois républiques n'ont ensemble qu'un peu plus d'un demi-siècle d'existence, alors que
toute l'histoire nationale est l'œuvre de la monarchie.

Les présidents eux-mêmes ont été l'objet des suspicions républicaines, envenimées par la jalousie. Le général Trochu n'était pas
depuis un mois à la présidence que des républicains l'appelaient
« l'homme des jésuites, du sacré-cœur, des royalistes, du drapeau
blanc, de la trahison ». M. Thiers était tantôt pour les monarchistes « l'homme de la république », et tantôt pour les républicains
« l'homme de la monarchie », suivant que sa politique inclinait à
gauche ou à droite. Le maréchal de Mac-Mahon a toujours été
suspect aux républicains, qui ne voyaient pas qu'en gouvernant
avec les monarchistes, il usait ces monarchistes au service de la

république et au profit des républicains. Lorsqu'en 1885, M. Grévy a fait renouveler son septennat, les républicains lui ont donné 91 voix de moins qu'au premier, en 1879, estimant que deux septennats, ou quatorze ans, sont un règne plutôt qu'une présidence. Mme Carnot mettait-elle dans ses cheveux une parure, où un œil soupçonneux voyait un diadème, des républicains accusaient le président Carnot d'aspirer à la tyrannie. M. Casimir-Périer avait eu beau, comme son père, sacrifier les plus hautes amitiés à la république, à laquelle les censeurs de la république n'avaient, la plupart, rien sacrifié, et dont ils n'avaient tiré que des avantages, « il allait livrer la république aux Orléans » , « il ne voulait pas que les ouvriers gagnassent plus de trois francs par jour » et les ouvriers répétaient avec colère ce propos qui n'avait jamais été tenu par celui à qui il était perfidement attribué. Les grands airs élégants que se donnait M. Félix Faure sentaient aussi le roussi. M. Loubet fréquentait trop les cours, et des monarchistes, trouvant très bien attelés les équipages de M. Fallières, ont attiré sur lui l'œil de la république.

Depuis la révolution française, les rois ont moins de morgue et les papes ont plus de vertu depuis la réforme. Mais les républicains n'ont pas eu besoin de tant de fracas pour réduire les présidents au rôle de garde-scel des ministères : ils y ont réussi en les tenant sans cesse par la suspicion, dans la crainte du discrédit auprès du parti républicain, de la grève des ministres, comme pour le maréchal en 1879, et pour M. Grévy en 1887, ou des foudres de la haute cour, et, surtout, dans la conscience de l'inutilité de leur démission elle-même, M. Félix Faure ayant fait ce ministère radical Bourgeois, que n'avait pas voulu faire M. Casimir-Périer et M. Grévy ayant fait tout ce que n'avait pas voulu faire le maréchal et même plus que les républicains n'auraient osé demander au maréchal, si le maréchal était resté en fonction.

Le président n'est, en effet, que le garde-scel de ses ministres. Ce n'est pas eux qui lui donnent leur contre-seing, puisque les décrets et les projets de loi sont leur œuvre et non la sienne: c'est lui, au contraire, qui contresigne leur œuvre, à telles enseignes que s'il a successivement, comme le maréchal, un ministère Broglie, de droite, et un ministère Jules Simon, de gauche, ces deux ministères présentent à sa signature des projets de loi et des décrets conçus dans un esprit tout différent, et qui ne sont pas l'expression de sa politique, laquelle irait ainsi à tous les vents, mais sont, au contraire, celle de deux partis qui se succèdent au pouvoir, en la personne de leurs chefs, dont il légalise les signatures, et au bas desquelles il appose le sceau de l'État.

Fiction encore quand la constitution déclare qu'après avoir promulgué les lois, « il en surveille et en assure l'exécution ». Mais fiction plus visible : car il ne scelle ni ne contresigne les instructions par lesquelles ses ministres procèdent à cet office, chacun dans son département, et les ambassadeurs, les commandants de corps d'armée, les procureurs généraux, les préfets et autres chefs de service, chargés d'appliquer les lois ou les décisions du gouvernement dans leur ressort, correspondent avec leur ministre et non avec le président, qui est au-dessus et en dehors de la hiérarchie, ombre lointaine, en ce palais où il joue le rôle auquel il est le moins préparé, où il représente l'élégance et la grâce françaises, où il fait aux souverains étrangers les honneurs de la France.

Lorsqu'un souverain traverse la Suisse, le président de la confédération et le conseil fédéral « le reçoivent » à déjeuner, au buffet d'une gare, et ces républicains ne laissent pas d'être flattés des poignées de mains royales avant et après ces agapes, qui constituent toute la réception. Dom Pedro II est allé aux Etats-Unis, en 1876, mais il était aussi républicain que le président Grant, et, sauf la Suisse, toutes les républiques étant en Amérique, les souverains ne passent point l'océan pour faire visite aux présidents américains, toutes leurs visites sont réservées au président français, le successeur des empereurs et des rois, dont ils ont fait leur compère. Les présidents de la troisième république ont reçu les visites des schahs Nasr-ed-din — elle a été la première, en 1873, — et Muzaffer-ed-dine, du roi Georges Ier de Grèce, du roi Ferdinand de Bulgarie, du prince Nicolas Ier de Monténégro, du roi Léopold II de Belgique, du tsar Nicolas II et de la tsarine, des rois Alphonse XII et Alphonse XIII d'Espagne, des reines Emma et Vilhelmine des Pays-Bas, d'Edouard VII et de la reine Alexandra, des rois Oscar II et Gustave V de Suède, du roi Carlos Ier et de la reine Amélie de Portugal, sœur du duc d'Orléans ; du roi Haakon VII et de la reine Maud de Norvège, du roi Frédéric VIII et de la reine Louise de Danemarck, du roi Victor-Emmanuel III et de la reine Hélène d'Italie, sans compter les khédives et les beys, les rois jaunes et les sultans noirs, les tsarewitchs, les diadoques, les grands-ducs et les grandes-duchesses, les princes et les princesses, les infants et les infantes. Sous leur présidence, ont villégiaturé ou résidé en France, les princes d'Orléans et les princes Bonaparte, l'impératrice Eugénie, don Carlos, la reine Marguerite d'Italie, le roi Amédée d'Espagne, l'empereur François-Joseph et l'impératrice Elisabeth, le roi François II et la reine Marie des Deux-Siciles, le duc de Parme, la reine Catherine de Saxe, le roi Milan et la reine Nathalie de Serbie, la tsarine Marie Feodorowna, la reine Victoria, la régente Marie-Christine. Il en est même qui sont venus y finir leurs jours : le roi Georges V de Hanovre, l'empereur dom Pedro, le prince d'Orange, que ses compagnons de plaisir appelaient « citron », le roi don François d'Assise, les reines Christine et Isabelle II d'Espagne. La reine Isabelle voyait souvent M. Grévy, qui avait été son avocat. « Boune fâme », disait Pie IX, « oune pou carnivore, ma boune fâme. »

Cette république est l'eldorado des personnes royales, qui viennent lui faire la roue, y vivre et y mourir, ce qui a fait dire à un pince-sans-rire : « Il leur serait si facile d'en avoir un sans se déplacer, en se mettant en république ! Mais il y a les listes civiles et les dotations que la république ne maintiendrait peut-être pas ! » En consacrant ainsi la république avec une faveur qu'elles n'ont témoignée à aucune de leurs monarchies, elles ont fait penser aux paysans, aux ouvriers et aux petits bourgeois, qui n'ont ni le temps, ni le moyen d'explorer les arcanes des régimes politiques et d'y découvrir les meilleures assises pour leur pays, dans le temps et dans l'espace, qu'ils ne pouvaient se montrer plus difficiles que de tels connaisseurs. De ces amours démocratiques est né un métis. Lorsque la Norvège s'est détachée de la Suède et érigée en Etat séparé, elle a hésité entre la république et la monarchie, mais elle a estimé, en regardant la troisième république française, que la république était un gouvernement trop coûteux pour des paysans comme les Norvégiens, et qu'elle pouvait éveiller les craintes ou les convoitises de la Suède et du Danemarck, et même, en quelqu'une de ces alertes si fréquentes dans le régime républicain, l'Angleterre ou l'Allemagne y pourrait mettre la main : elle a donc offert la couronne au prince danois qui la porte sous le nom moyenageux de Haakon VII. En le recevant, à son arrivée à Christiania, son ministre d'Etat, M. Michelsen, ne l'a appelé ni « votre majesté », ni « sire », mais « monsieur le roi », comme il appellerait M. Fallières « monsieur le président », la royauté, comme la présidence, n'étant qu'une fonction qui n'a rien de mystérieux dans ses origines, sa condition, ni ses fins : et à son retour de sa visite à M. Fallières, Haakon VII a rendu une ordonnance prescrivant aux simples soldats eux-mêmes de signer leurs requêtes non plus « votre humble sujet », mais « votre bien respectueux ». Voilà un roi dont Pascal ne pourrait plus dire : « La puissance des rois est fondée sur la raison et sur la folie du peuple, et bien plus sur la folie... Il faudrait avoir une raison bien épurée pour regarder comme un autre homme le grand-seigneur environné dans son superbe sérail de quarante mille janissaires. » Depuis longtemps, chaque année, le roi Georges de Grèce fait une cure à Aix-les-Bains, où il est connu de toutes les lavandières et, lorsqu'en flânant, il passe près d'elles, elles le saluent en l'appelant aussi « monsieur le roi ».

Dans la langue politique, « le prince », celui que Bossuet appelle « la grande utilité publique », est le chef qui s'impose à un peuple ou que ce peuple se donne n'importe comment et quels que soient ses nom, titre et pouvoir, pour un temps ou sa vie durant et pour ses héritiers, et jusqu'à ce que le peuple lui-même se reprenne : car si l'on ne peut concevoir le prince gouvernant malgré le peuple, on ne peut davantage concevoir le peuple perdant le droit de faire le prince par le fait même qu'il le fait : c'est un droit qui reste perpétuellement en lui en puissance, quelque intérêt qu'il ait à ne s'en servir que lorsqu'il y a vraiment pour lui « grande utilité publique » à le faire, parce qu'en changeant de voie, il n'est pas sûr de ne pas rencontrer d'aussi grands obstacles, et souvent les mêmes, dans la voie nouvelle dont il n'a pas l'expérience, et où il ira d'un fossé à l'autre, comme fait le peuple français depuis 1789.

Si le descendant d'une maison féodale, un La Trémoille ou un Castellane, avait dit à Napoléon III, à Louis-Philippe ou à Charles X qu'il revendiquait son duché ou son marquisat, ce souverain lui aurait répondu qu'il n'avait ni marquisat, ni duché, qu'il n'en avait que le titre honorifique, attendu que la souveraineté n'est pas une propriété privée, mais qu'elle est une fonction publique, et que lorsque cette fonction est passée en d'autres mains, lorsque « la grande utilité » est remplie par un autre, l'ancien titulaire n'est plus qu'un fonctionnaire honoraire, mais qu'il n'a plus droit à la fonction. La noblesse porte les titres de fonctions qui n'existent plus depuis des siècles, et comme elle décline ces titres, et que les fils d'un duc se titrent, par ordre de primogéniture, prince, marquis, comte, vicomte et baron, ils portent des titres de fonctions que n'ont jamais exercées leurs ancêtres. C'est comme si, dans deux ou trois cents ans, le régime administratif ayant changé et les fonctions actuelles étant remplacées par d'autres, les descendants des préfets de M. Fallières se titraient le père préfet et les fils secrétaire général, sous-préfet et conseiller de préfecture.

Mais dans la langue populaire et, par un accord assez rare, dans la langue mondaine, « le prince » est un roi et un roi qui n'a pas besoin d'être « environné de quarante mille janissaires », pour paraître un homme différent ; il le paraît rien que parce qu'il est roi, son nom évoque mystère et puissance, quelque chose où l'on ne peut pas atteindre, et aussi amour ou haine et chez tous curiosité. Le jour où mourut Pie IX, en lui apportant son courrier, une femme de chambre dit à son maître — aujourd'hui on dit patron et déjà employeur — : « Monsieur, le pape est mort ! — Ah ! — Ce doit être une place bien recherchée ! » Le nom de président de la république évoque cette même idée de « place bien recherchée », parce qu'on sait comment il y entre et comment il en sort, que tout cela ne dure qu'un temps, que sa personne choisie — c'est presque une règle — en dehors des hommes populaires et des hommes illustres, n'y ajoute rien, et, enfin que son titre même n'est pas unique comme celui de roi, mais qu'il est porté par des milliers de Français, présidents du sénat, de la chambre, du conseil d'État, de la cour de cassation, de la cour des comptes, de l'institut, des cour d'appel, des tribunaux civils et de commerce, des conseils de guerre, des conseils de prud'hommes, des syndicats ouvriers et agricoles, des sociétés de littérature, de gymnastique, des fanfares, etc. « Folie » ou « raison », comme dit Pascal, mais fait certain, un roi semble si au-dessus de tous que, hors les affaires de l'État, pour ce qui est de la hiérarchie, du protocole, des manières, du ton et de la mode, il fait loi et il peut même s'en affranchir sans que personne y trouve à redire.

Un grand roi étant un roi qui a fait de grandes choses et Victor-Emmanuel II ayant fait l'unité de l'Italie, c'est-à-dire une de ces grandes choses, ce roi est donc un grand roi ; mais il n'en avait pas moins un aspect et une allure de lourd paysan matamore, des goûts très vulgaires depuis la table jusqu'à l'amour, et un langage souvent grossier, auxquels la « folie » savait donner un tour original et un cachet particulier et faire du tout une physionomie qui eût été odieuse chez le général Trochu ou chez le maréchal de Mac-Mahon et qui chez lui était sympathique parce roi, un roi heureux, qui, tout rustre putier qu'il était, avait ce fond d'orgueil et de maîtrise d'une race qui depuis longtemps conduit un peuple, se cabre et se reprend à de certaines occasions et en qui l'on sent alors comme affluer tout le sang national, toute la « raison » d'un peuple. François II, qu'il a dépossédé, et qui était de plus grande race encore que lui, avait l'air d'un pauvre homme n'ayant pas deux sous pour s'acheter du tabac à priser, car il ne cessait d'agiter dans la fourche de son index et de son médius, son nez rouge et reniflant : un tic qui manque au livre un peu cruel et un peu désillusionnant aussi de M. Alphonse Daudet, sur les rois en exil.

Guillaume III et M. Fallières auraient fait une belle paire de potiches bachiques sur un poêle en faïence de brasserie hollandaise.

Longue serait la liste des rois morts sous cette république ou encore sur le trône, dont la nature n'a pas fait des types de beauté ni d'élégance : mais tous ont pour eux le préjugé et l'illusion, avec l'habitude de vivre dès leur berceau en haut de la société et d'en être les régulateurs, de se sentir partout les premiers et chez eux et d'en être blasés. Sans doute, si un roi se faisait avocat, ingénieur ou même tanneur, il serait autant et plus embarrassé qu'un tanneur, un ingénieur ou un avocat qui devient président de la république, et par les qualités mêmes qui lui donnent de l'aisance dans son métier de roi, mais il ne change pas de métier, il naît sur le trône comme Alphonse XIII, ou à dix ans du trône, comme la reine Wilhelmine, il vit sur ses marches jusqu'à ce qu'il y monte, et il y meurt, quelquefois assassiné, mais, comme disait le roi Humbert, c'est là « le casuel du métier de roi » ; des présidents comme des rois. Au rebours des rois, les présidents changent de métier et sur leur retour ou dans leur vieillesse, ils prennent le timon de l'État, et parmi les rois, et contre eux, seuls en cette condition inférieure d'en faire l'apprentissage jusqu'en cet art que définissait avec modestie le premier duc de Bisaccia. Comme on lui faisait compliment du succès de ses fêtes à son ambassade à Londres, où s'empressaient et la cour et la ville : « Oh ! » fit-il. « l'habitude de recevoir ! » Habitude difficile à prendre à la soixantaine, où l'échine a perdu sa souplesse et les lèvres leur sourire, où les présomptueux eux-mêmes tremblent de jouer au bourgeois-gentilhomme et, plus et pis, au bourgeois-roi, où chacun épie le moindre détail de leur toilette, de leurs paroles ou de leurs gestes pour en rire. Paris passant plus aux rois parce qu'ils règnent ailleurs, mais en passant moins aux présidents parce qu'ils président chez lui et que, n'étant pas nés pour la présidence et l'ayant recherchée, ils y sont de leur gré. Présidents et rois sont hommes si dissemblables d'origine, d'éducation, de goûts, de manières, d'habitudes et de relations, que la politique est à peu près leur seul point de contact et qu'il ne peut guère se nouer entre eux de liens sur le privé.

Cependant, c'est sur cet article de ses relations avec les autres chefs d'État, que la constitution semble laisser le plus de dignité, de liberté et de pouvoir au président. « Les envoyés et les ambassadeurs des puissances sont accrédités auprès de lui »... « Il négocie et ratifie les traités. Il en donne connaissance aux chambres aussitôt que l'intérêt et la sûreté de l'État le permettent... » « Les traités de paix, de commerce, les traités qui engagent les finances de l'État, ceux qui sont relatifs à l'état des personnes et aux droits de propriété des Français à l'étranger, ne sont définitifs qu'après avoir été votés par les deux chambres. Nulle cession, nul échange, soulte, adjonction de territoire ne peut avoir lieu qu'en vertu d'une loi... » Il « ne peut déclarer la guerre sans l'assentiment préalable des deux chambres. » Entre le commencement et la fin, croupissent des ténèbres, que n'a pas encore éclaircies la jurisprudence parlementaire, faute d'en avoir eu l'occasion, ni la glose libre, non plus, le nombre des Français ayant lu la constitution de 1875 ou la discutant sans l'avoir lue, étant infime : même parmi les politiciens de profession, elle se résume en cette formule : « Le ministère fait ce qu'il veut jusqu'à ce que la chambre le renverse. » Dans la politique extérieure, comme dans la politique intérieure, le président rencontre d'abord le paragraphe 2 de l'article 3 de la loi constitutionnelle du 25 février 1875, qui le suit comme son ombre, qui le rive à son ministère comme par une chaîne, qui lui donne un tuteur en autant de personnes qu'il a de ministres : « Chacun des actes du président de la république doit être contresigné par un ministre. » Si donc MM. Fallières et Loubet se sont entretenus de vive voix avec Edouard VII, des objets de l' « entente cordiale » entre la France et l'Angleterre et de l' « accord franco-anglais » sur l'acte d'Algésiras, et M. Carnot, par correspondance, avec Alexandre III, de l'alliance franco-russe, ce n'est pas eux qui les ont « négociés », mais bien leurs ministres des affaires étrangères, par la voie diplomatique, tout comme le traité de Francfort, qui n'a pas davantage été « négocié » par M. Thiers, mais par MM. Jules Favre, Pouyer-Quertier et de Goulard.

En disant que le président « ratifie » les traités, la constitution ramène la fiction constitutionnelle plus près de la réalité : il les contresigne, les certifie et les confirme. Mais ses prérogatives en cette matière sont moins éloignées de celles de Napoléon III que de celles de Louis-Philippe. Napoléon III « fait les traités de paix, d'alliance et de commerce », sous cette réserve que « les modifications apportées... à des tarifs de douane ou de poste par des traités internationaux ne sont obligatoires qu'en vertu d'une loi ». Louis-Philippe, au contraire, « fait les traités de paix, d'alliance et de commerce », sans restriction. Et aussi Charles X. Cette racine de la constitution de 1875 se trouve donc dans la constitution de 1852 et non dans les chartes de 1830 et de 1814. Les traités « ne sont définitifs qu'après avoir été votés par les deux chambres », et si l'on pouvait imaginer le président reconquérant l'Alsace-Lorraine ou en obtenant la rétrocession, cette « adjonction de territoire » ne pourrait « avoir lieu qu'en vertu d'une loi ».

Mais si la constitution de 1875 prévoit la conquête, en en attribuant ainsi le pouvoir consécrateur et opérant au parlement, elle ne prévoit pas les alliances. Constitutions impériales et chartes royales visent les alliances, et la constitution de 1875 ne les vise pas. En 1875, la république se sentait seule en Europe, entourée de monarchies à la fois défiantes de cette nouveauté et satisfaites d'une nouveauté absorbée dans ses essais ; et elle n'osait même pas inscrire dans sa constitution le mot d' «alliance », tant ce mot lui paraissait malséant et chimérique devant les monarchies ; mais on peut en voir l'hypothèse lointaine dans le 1er paragraphe de l'article 8 de la loi constitutionnelle du 16 juillet 1875, cité tout à l'heure : Le président « négocie et ratifie les traités. Il en donne connaissance aux chambres aussitôt que l'intérêt et la sûreté de l'Etat le permettent ». Comme dans le paragraphe suivant la constitution énumère les traités qui « ne sont définitifs qu'après avoir été votés par les deux chambres », on peut en inférer que le paragraphe 1er sous-entend les traités d'alliance, puisqu'il n'y a pas

d'autre sorte de traités que les traités d'alliance et les traités énu-
mérés ensuite et que ce paragraphe ne signifierait rien s'il ne signifiait pas cela. Offensive ou défensive, ou les deux à la fois, une
alliance a pour objet de faire face à la guerre. Elle est le plus grave
des traités puisqu'elle met en jeu l'existence des puissances alliées.
Mais de tous les traités le plus grave fût-il, contrairement à l'esprit de la constitution, le seul qui pût se passer du vote des chambres ; fût-il définitif par la seule ratification présidentielle, et en
vertu du traité d'alliance franco-russe, qu'à l'exception de ses né-
gociateurs, signataires et dépositaires, aucun Français ne connaît,
et sans en donner connaissance aux chambres sous le prétexte
que l'intérêt et la sûreté de l'Etat ne le permettent pas, le président pût-il mettre aux prises la France et la Russie avec la triplice,
alors qu'il lui faut faire voter par les chambres, pour le rendre
définitif, un traité relatif à la propriété des Français dans la principauté de Monaco ou dans la république de Saint-Marin : il s'en
trouverait empêché par deux prescriptions formelles de la constitution et le traité franco-russe, ainsi opérant en soi, n'en resterait
pas moins inopérant, en droit et en fait, le président ne pouvant
déclarer la guerre sans l'assentiment préalable des deux chambres et cet assentiment étant en outre nécessaire pour les traités
d'alliance, tout traité qui engage les finances de l'Etat ne devenant
définitif qu'après avoir été voté par les chambres, et aucun traité
n'engageant plus qu'un traité d'alliance qui aboutit à la guerre,
les finances de l'Etat et celles des particuliers, une guerre arra-
chant aujourd'hui un peuple comme de ses assises avec le service
militaire oligatoire et les engins de destruction qui s'appliquent à
le faire sauter comme par une mine. Mais si le tortillage de cet
article 8 n'a été fait que pour dissimuler une espérance qui paraissait alors inexprimable, il n'en est pas moins lui-même une mine
de dangers de deux sortes : une équivoque qui peut faire mal in-
terpréter les conditions d'un traité d'alliance et qui a déjà été
exploitée, au début de la guerre russo-japonaise, dans des buts
divers, par des factions politiques, qui sommaient M. Loubet de
joindre les armes françaises à celles de la Russie, et une procédure incertaine et lente, alors que la guerre est devenue rapide
comme la foudre. Les dangers apparaissaient moins en 1875, où la
guerre n'avait pas encore ce foudroiement de rapidité et de destruction, et où le maréchal de Mac-Mahon, étant président de la
république, semblait comme le chef naturel de l'armée.

Mais lorsque l'on cherche dans la constitution les véritables
pouvoirs du président de la république sur l'armée et l'impulsion
qu'il pourrait donner à cette armée dans l'engagement d'une
guerre en exécution d'un traité d'alliance ainsi controversé et
tiraillé, l'on ne trouve que six mots sybillins : « Il dispose de la

force arm. . » Napoléon III! a commandé les armées de terre et de mer ». Louis-Philippe « est le chef suprême de l'armée, il commande les armées de terre et de mer ». Même formule pour Charles X. Mais le président de la troisième république « dispose de la force armée ».

M. Eugène Pierre, le commentateur attitré de la constitution, l'oracle de la chambre ès questions constitutionnelles, M. Eugène Pierre adorne ces six mots sybillins d'un renvoi : « Voyez l'article 5 de la loi du 22 juillet 1879 ». Et l'on voit cet article 5 : « Les présidents du sénat et de la chambre des députés sont chargés de veiller à la sûreté intérieure et extérieure de l'assemblée qu'ils président... A cet effet, ils ont le droit de requérir la force armée... Les réquisitions peuvent être adressées directement à tous officiers, commandants... qui sont tenus d'y obtempérer immédiatement... » C'est donc pour quoi « il dispose de la force armée », toujours avec le contre-seing ministériel : il en dispose pour assurer la sécurité intérieure ou extérieure du palais ou du château où il réside et il n'a pas eu encore non plus l'occasion de voir quelle attitude prendraient les chambres s'il jugeait nécessaire de requérir deux, trois ou quatre régiments pour mieux assurer cette sécurité.

Quand ils n'étaient pas contents, les Bruxellois criaient sous les fenêtres de Léopold II : « A bas le roi de carton ! » Léopold II s'en est d'ailleurs vengé en leur colloquant son Congo, par des manèges et des forceries qui leur ont fait voir que le tsar — avant la constitution — n'aurait rien pu lui apprendre en absolutisme, mais que les financiers, même israélites, auraient pu apprendre beaucoup de lui en affaires. On a dit que Léopold II, Edouard VII et Victor-Emmanuel II auraient fait, avec des qualités différentes et des défauts communs, de grands rois de France. Mais le président n'est, lui, qu'une peinture :

> ...Un suisse, avec sa hallebarde,
> Peint sur la porte du château.

Le président n'a qu'un moyen d'action sur le pays, sur les chambres et sur ses propres ministres : c'est son autorité personnelle. Depuis la chute de Napoléon Ier, les deux hommes qui ont eu le plus de popularité et, par suite, le plus d'autorité et d'action, sont Napoléon III et, très au-dessous, M. Thiers, puisque seuls ils ont été plébiscités. Or, M. Thiers a été renversé par l'assemblée nationale — et par la droite de cette assemblée — pour lui avoir prédit qu'elle ne pourrait faire et qu'elle ne ferait que ce qu'en réalité elle a fait moins de six mois après qu'elle l'eut renversé. Voilà quelle est l'autorité, voilà quelle est l'action du président de la troisième république, et du seul de ces présidents élu tout d'une voix par l'assemblée nationale, après avoir été spontanément plébiscité par le pays !

VII

Avec la constitution de 1875, les républicains ont fait du suffrage universel ce qu'ils ont voulu, au moins autant que Napoléon III avec la constitution de 1852.

Avec le suffrage censitaire et la monarchie, l'effort réformiste ou révolutionnaire se portait sur l'abaissement du cens, l'adjonction des capacités, le suffrage universel, ou la république, sur la mécanique ou la forme du gouvernement. Aussi les députés riches issus d'électeurs riches ont-ils laissé renverser Louis-Philippe, aussi bien qu'ont laissé renverser Napoléon III les députés issus sans condition de fortune du suffrage universel; et même les députés plus riches, issus aussi d'électeurs plus riches de la restauration, ont-ils eux-mêmes renversé Charles X. Quel qu'ait été leur régime électoral, les trois dynasties n'ont pu s'y maintenir, et dans la répugnance qu'ont toujours eue les Bourbons de l'ancien régime pour les états-généraux, peut-être y avait-il comme un pressentiment. Ayant laissé renverser une monarchie plébiscitée par lui à ses origines et à la veille de sa chute et ayant consacré cette chute par de multiples votations, se trouvant en république et voyant en elle son aboutissement, le suffrage universel s'est détaché des questions de forme et d'armature et, pour se le fixer, ses auteurs, les républicains, l'ont enserré dans un réseau de « comités d'action », alors que leurs adversaires n'ont jamais eu que des « comités de défense », rares et intermittents, et ils l'ont mené, le bâton haut, à l'imposition de la république aux indifférents et aux réfractaires, par la lancinante oppression locale — ex-féodale — qui vient à bout des plus résistants. Ces comités républicains se sont successivement et opportunément développés en anticléricaux, en antimilitaristes, en socialistes, et leurs cabarets, leurs journaux, leurs écoles, leurs missionnaires, leurs manifestations, leurs grèves, les ont peu à peu fait paraître encore plus puissants qu'ils ne sont et, par intimidation, lassitude ou persuasion, ils ont détourné l'âme nationale de ses « habitudes de fond » et l'ont in-

*clinée vers le changement de ses assises sociales, outre que,
corrompant ou falsifiant les élections et invalidant leurs adversaires élus nonobstant, ils ont été avec la différence des temps
et d'une autre manière, avec la constitution de 1875, au moins
aussi omnipotents que Napoléon III avec la constitution de 1852,
qu'ils avaient combattue par les complots et par les émeutes.*

Fondé sur le rétablissement du suffrage universel, le second
empire a enorgueilli et émancipé ce suffrage en l'exaltant pour
se l'attacher. Mais Napoléon III n'avait pas pour lui la dévotion
de son gouvernement et de ses partisans. Sitôt après le coup
d'Etat du 2 décembre, il dit à M. de Hübner : « Je veux bien être
baptisé avec l'eau du suffrage universel, mais je n'entends pas
vivre les pieds dans l'eau. » Et le 5 décembre, rectifiant cette
image à laquelle il tenait, il disait à M. de Montalembert : « J'ad-
mets le suffrage universel comme origine du pouvoir, mais non
comme moyen habituel du gouvernement. Je veux être baptisé,
mais je ne veux point passer ma vie dans l'eau. »

En 1848, la chambre des députés qui a laissé renverser Louis-
Philippe, n'avait pas été élue par le suffrage universel ; elle était
issue d'un collège de 275.117 électeurs : — la Seine avait 20.339
électeurs et la Corse, 356. Pour être électeur, il fallait avoir vingt-
cinq ans, et payer deux cents francs de contributions directes, et
pour être éligible, il fallait en avoir trente et payer cinq cents
francs des mêmes contributions. En 1830, la chambre des députés qui a remplacé Charles X par Louis-Philippe était issue d'un
collège électoral encore plus restreint, puisqu'il fallait avoir trente
ans et payer trois cents francs de contributions directes pour être
électeur, et en avoir quarante et payer mille francs de ces mêmes
contributions pour être éligible.

La troisième république n'a fait aucune conquête en Europe,
mais le suffrage universel qui vit avec elle depuis si longtemps
qu'ils semblent ne faire qu'un, en a fait une dès le lendemain de
la guerre de 1870, et comme une revanche de la défaite de la république : l'empereur Guillaume Ier l'a, en effet, donné à l'Allemagne en récompense de la victoire, pour l'élection de son parlement d'empire, de son reichstag. Autour de la France et de l'Allemagne ont longtemps gravité des essaims de suffrage universel,
tels que la Suisse, la Norvège, la Bulgarie, le Danemark, la Grèce,
et puis, coup sur coup, en 1907, le grand-duché de Bade, la Bavière, l'Autriche-Hongrie, ont mis le pied dans ce régime, laissant
les autres Etats européens s'y acheminer par étapes, avec les freins
du vote plural, de la représentation proportionnelle ou d'un cens
de moins en moins élevé et qui, souvent, ne dépasse guère le prix
d'un fauteuil au théâtre, etc.

Dans le concept contemporain, le suffrage universel est la matrice de la démocratie, la démocratie elle-même. Par le suffrage universel, tous les Français de vingt et un ans étant égaux, ceux d'entre eux qu'ils élisent au conseil municipal, au conseil d'arrondissement, au conseil général, à la chambre, et ceux que ces élus élisent au sénat, sont ainsi tirés du rang et élevés au-dessus de leurs électeurs. Les « féministes » demandent que toutes les Françaises du même âge que les électeurs soient également électrices, afin que le suffrage universel ne soit pas uni-sexuel, mais des deux sexes, comme la société elle-même et vraiment universel au lieu d'être seulement semi-universel. Des théoriciens, qui sont peut-être aussi des ironistes, ajoutent même que l'âge de l'électorat devrait être abaissé à l'âge du mariage, acte plus important que le vote pour les particuliers et au moins aussi important pour la société et pour l'État, c'est-à-dire à dix-huit ans pour le sexe laid et à quinze ans pour le beau sexe, de sorte qu'il y aurait plus d'électrices que d'électeurs et que le corps électoral brillerait désormais par sa beauté.

Qu'il reste uni-sexuel et semi-universel ou qu'il devienne bi-sexuel et entier, ses élus n'en reçoivent pas moins le baptême, dont Napoléon III redoutait le renouvellement ; ils sont les oints du peuple ; ils forment la classe supérieure, héritière de celles que dans le premier quart de siècle de cette république l'on appelait encore, et que des vieillards aux fenêtres closes continuent par habitude d'appeler « les classes dirigeantes » ; ils sont la nouvelle noblesse, dont les titres sont des réalités, des fonctions et des pouvoirs. Non pas la noblesse qui a commandé, mais la noblesse qui commande.

Ainsi, pour passer de la théorie à la pratique, le premier acte de la démocratie est de faire une noblesse non pas honoraire comme l'autre, mais une noblesse gouvernante, un commencement d'aristocratie. Cette noblesse est personnelle et non viagère, mais de neuf ans pour les sénateurs, six pour les conseillers généraux et d'arrondissement et quatre pour les députés et les conseillers municipaux ; elle est renouvelable jusqu'à la mort, et ceux qui savent que les suffrages populaires ne se conservent que par les mêmes moyens qu'ils s'acquièrent et qui sont toujours à les conquérir meurent nobles et sont du bois dont naguère on faisait les nobles. Mais la vanité s'est bientôt entée sur cette noblesse, comme sur l'autre, et en parlant avec complaisance de « la noblesse républicaine », c'est une « surnoblesse » que désignait M. Floquet. Les républicains comme lui étaient au premier rang de cette noblesse gouvernante et les familles républicaines qui y avaient été sous les trois républiques ou sous deux, comme les Carnot, les Cavaignac, les Arago, sorte de dynasties républicaines. Lorsque le chef de l'Etat était plébiscité, soit par un plébiscite créateur, comme en 1848, soit par un plébiscite ratificateur, comme en 1851, en 1852 et en 1870, — et c'est le seul chef d'Etat en dehors des présidents de la troisième race, dont les contemporains peuvent avoir un souvenir très net du premier ou du second degré, — le chef de l'Etat était le pivot de l'Etat, mais depuis qu'il est élu par la chambre et par le sénat, c'est la chambre qui est ce pivot, parce qu'elle est issue directement du suffrage universel, tandis que le sénat n'en est issu qu'à travers plusieurs degrés.

Après s'être aheurté à la constitution que l'assemblée nationale élaborait pour la république, sous prétexte que la majorité de cette assemblée était monarchiste, alors que rien de plus heureux ne pouvait arriver aux républicains, M. Gambetta s'était pris d'enthousiasme pour le sénat, qu'il appelait « le grand conseil des communes ». L'assemblée nationale avait élu à vie le quart des membres du sénat, soixante-quinze, soit pour le rattacher à la tradition du sénat de l'empire et de la chambre des pairs de la monarchie et ménager la transition entre ces chambres hautes et la nouvelle, soit pour le consolider, écrasé qu'il est par la chambre basse et isolé entre cette chambre et le président, qui ne peut lui donner aucun appui et à qui il n'a aucun intérêt à en donner un, en l'enrichissant des hommes considérables que le suffrage universel ou le suffrage aux divers degrés oublieraient d'envoyer à l'une ou à l'autre chambre ; car, après elle, le sénat devait lui-même pourvoir à ces sièges inamovibles « vacants par décès, démission ou autre cause ».

C'est une coalition des légitimistes et des républicains qui a élu les soixante-quinze contre les orléanistes et les bonapartistes. Par exemple, si le duc d'Audiffret-Pasquier, le général Chanzy, M. Jules Simon, le général d'Aurelle de Paladines, Mgr Dupanloup, étaient une force pour le nouveau sénat, M. Edmond Adam, le marquis de Franclieu, le général de Chabron, M. Gustave Humbert, M. Lepetit n'en étaient pas une et l'assemblée nationale elle-même faussait l'institution sénatoriale dans son recrutement. M. Lepetit avait dit, dans sa profession de foi : « ...J'irai m'asseoir au centre gauche, derrière M. Thiers... » Il ne pouvait plus dire un mot ni faire un geste, sans qu'on lui criât : « Derrière M. Thiers ! » M. Gustave Humbert est le garde des sceaux qui a fait tomber la banque de M. Bontoux et dont la belle-fille, encore plus forte que lui en procédure, a berné pendant vingt ans le tribunal de la Seine, la cour de Paris et la cour de cassation, avec ses imaginaires Crawford. Cette magistrature, que les républicains avaient asservie, sous prétexte de l' « épurer », en en éliminant tous ceux sur la complaisance de qui ils ne pouvaient compter, cette magistrature a montré ainsi une inconscience et une incapacité qui font

époque. Le général de Chabron ne sortait de sa somnolence que
pour lancer une bordée contre les prêtres, et un jour où l'on parlait devant lui de Bucarest : « Ah ! oui, Bucarest, dans le Cauca-
se ! » Le marquis de Franclieu était le plus violent des légitimistes,
mais il avait dit, en 1848 : « ...Je reconnais que les rois ne sont pas
possibles aujourd'hui... J'accepte donc la république et je m'y
rallie... » Il était revenu à ses premières amours avec son impé-
tuosité de marin à l'abordage, qui troublait toutes les séances de
l'assemblée nationale. Par une rencontre curieuse, le plus violent
des orléanistes, mais d'une violence tout autre, M. Batbie, « l'élé-
phant subtil », avait été républicain aussi, en 1848, et il disait
alors : « Avec la république, la paix ! avec la monarchie, la
guerre ! » et il voulait « livrer les riches en pâture au lion populaire ». Il ne se livrait pas, comme M. de Franclieu, contre les républicains, à de grands éclats sans suite, mais il demandait contre
eux un « gouvernement de combat ». M. Edmond Adam avait du
moins une femme jolie et charmante dans ses ardeurs patrioti-
ques. Elle avait été, en premières noces, Mme La Messine, ce qui
faisait dire que pour elle Adam n'avait pas été le premier homme.
Comme la vicomtesse de Rainneville, comme Mme Claude Vignon,
la première Mme Maurice Rouvier, qui avait été belle comme le
jour, Mme Edmond Adam suivait presque toutes les séances de
l'assemblée de Versailles et toutes trois pouvaient se vanter d'attirer les lorgnettes de tous les partis, dans ce théâtre de Louis XIV, XV
qui avait vu tant de jolies femmes. Le salon de Mme de Rainneville était le salon de la droite et le salon de Mme Adam, celui de
la gauche, ce qui était pour Mme Adam le moyen de se faire des
illusions sur la droite, et pour Mme de Rainneville de s'en faire sur
la gauche ; celui de Mme Adam est toujours ouvert, mais maintenant il est mixte, et Mme Adam professera la politique extérieure
jusqu'à son dernier jour, comme Mme Sarah Bernhardt jouera jusqu'à sa fin.

Il n'y avait pas une différence assez grande entre les soixante-
quinze et les deux cent vingt-cinq autres sénateurs, pour que la
république laissât longtemps subsister ce souvenir des précédentes chambres hautes, et elle l'a, en effet, aboli le 9 décembre 1884.
Dans ces chambres hautes, les cardinaux, les maréchaux, les amiraux, les ducs, pouvaient ne pas être des lumières ou pouvaient
être des lumières éteintes, mais c'étaient toujours des chandeliers,
et ni M. Adam, ni M. Lepetit n'en étaient, et encore moins leurs
collègues, l'oculiste Testelin et l'ouvrier ébéniste Corbon.

Il ne reste plus que quatre de ces chandeliers en argent ou en
cuivre et comme les autres sénateurs inamovibles, depuis 1884,
ces derniers élus survivants de l'assemblée nationale ou du sénat
seront remplacés à leur disparition par les électeurs du « grand

conseil des communes ». Ces électeurs sont les députés, les conseillers généraux, les conseillers d'arrondissement et les délégués des conseils municipaux. La plupart des conseils municipaux n'élisent qu'un délégué qui, le plus souvent, est le maire, bien qu'il puisse être élu en dehors du conseil municipal. Il n'y a pas, dans la formule de M. Gambetta, ce qu'elle promet ; car, le député, élu par les cent électeurs d'une commune, représente mieux cette commune que le sénateur, qui n'est que le mandataire du mandataire des mandataires des cent électeurs. Mais, avec son imagination d'orateur, M. Gambetta voyait la chute d'une nouvelle Bastille dans l'élection du sénateur par le délégué municipal et les communes, personnes morales incomplètes puisqu'elles sont encore en tutelle, remplacer l'empereur, le roi ou l'hérédité dans le recrutement de la chambre haute.

Louis-Philippe ne pouvait recruter les pairs que dans des catégories dont voici quelques-unes, à titre d'indication : le président de la chambre des députés, les ministres à département, les maréchaux, les amiraux, les premiers présidents et présidents de la cour de cassation et de la cour des comptes, les membres titulaires de l'institut, les lieutenants-généraux et les vice-amiraux après deux ans de grade, les ambassadeurs après trois ans de fonctions, les conseillers à la cour de cassation, les conseillers maîtres à la cour des comptes, les premiers présidents des cours royales, les fonctionnaires coloniaux après cinq ans, les conseillers d'État, les procureurs généraux, les préfets après dix ans, les députés ayant fait partie de trois législatures, les membres des conseils généraux après trois élections à la présidence, les maires des villes de trente mille habitants après deux élections au conseil municipal et cinq ans de mairie, les présidents des tribunaux de commerce dans les villes de trente mille habitants, après quatre nominations à cette présidence : les propriétaires, manufacturiers, commerçants et banquiers, payant trois mille francs d'impositions, ayant été élus députés ou juges aux tribunaux de commerce, etc. Le petit collège sénatorial, qui se réunit au chef-lieu du département, sous l'œil du préfet, peut élire sénateur tout citoyen âgé de quarante ans, à condition de le prendre, non pas dans certaines catégories, comme Louis-Philippe, mais en dehors de certaines catégories, frappées, les unes d'inéligibilité absolue, et les autres d'inéligibilité relative. Les inéligibles absolus sont : « les membres des familles qui ont régné sur la France ». Cet ostracisme de la famille, sous le règne de qui la France s'est faite et de celle qui lui a donné son plus grand homme, est pour les proscripteurs comme le : « Souviens-toi que tu n'es que poussière et que tu retourneras en poussière » ; — « les militaires des armées de terre et de mer », à l'exception des maréchaux et des amiraux, bien qu'il n'y en ait plus et qu'on n'en fasse plus, et l'on se demande si c'est un rappel aux officiers à aller chercher leur bâton de maréchal ou d'amiral outre-Rhin ou outre-Manche ; à l'exception aussi des officiers généraux maintenus sans limite d'âge dans la première section du cadre de l'état-major général et non pourvus de commandement, etc. ; les conseillers d'État, les préfets, les membres des parquets des cours d'appel et des tribunaux de première instance, les trésoriers-payeurs généraux, les receveurs particuliers, etc. Les inéligibilités relatives sont, chacun dans son ressort, les premiers présidents des cours d'appel, les présidents des tribunaux de première instance, les ingénieurs en chef, les directeurs des contributions directes et indirectes, etc. En résumé, la constitution de 1875 tend à écarter du sénat les fonctionnaires de tout ordre et de tout rang, au lieu que la charte de 1830 tendait à en remplir la chambre des pairs ; cette charte faisait de la chambre des pairs, comme de la chambre des députés, le conseil des hommes qui s'étaient distingués, dans les diverses administrations publiques, au service de l'État ; tandis que la constitution de 1875 fait du sénat, comme de la chambre, le conseil de la carrière politique. Elle semble avoir prévu que la république deviendrait une carrière, que des hommes y entreraient comme dans l'enseignement, les ponts et chaussées ou le commerce, pour en vivre et pour y faire fortune ; qu'ils suffiraient à remplir les chambres et que les fonctionnaires à peine suffiraient, dans leurs loisirs, à servir ces hauts seigneurs de l'État. Ces élections sénatoriales sont celles où il y a le moins d'affiches, de circulaires, de photographies, de bulletins, de discours, d'agents, d'argent, de beuveries, de ripailles, de manifestations, de braillements, de rixes, de troubles ; mais, les délégués municipaux, encadrés par les conseillers d'arrondissement, les conseillers généraux, les députés, ambitieux déjà dans la carrière politique, vont au scrutin sous la surveillance du préfet, dispensateur des faveurs gouvernementales, et ces « messieurs » ou « demi-messieurs », loin de leur petit théâtre local, sont froids et calculateurs. Ils élisent leurs sénateurs à part à peu près égale parmi les députés et parmi les conseillers généraux, avec une réserve d'un dixième environ pour l'imprévu. C'est une promotion ou une double promotion : de député l'on est promu sénateur, ou de conseiller général en passant par dessus les députés ; vient ensuite le piquet des sénateurs de fortune.

Ainsi, le sénat a une base et un recrutement étroits, mais le voyage et le vote à la ville préfectorale donnent de l'importance et du mystère aux électeurs sénatoriaux, qui ont serré la main du préfet, comme qui dirait du gouvernement, et en font de la graine de politiciens. Lorsqu'en 1875, ce sénat eut été institué par l'assemblée nationale, la droite — surtout cette partie de la droite qui

évoluait autour de M. Buffet, président de l'assemblée — exultait.
« Ce sera la forteresse de la droite ! » s'écriait-elle. « Oui », lui
répondit un douteur, « jusqu'à ce que la gauche qui, depuis juillet
1871, s'avance à grandes étapes, ait pris la place de la droite à la
chambre et ensuite aux conseils généraux, aux conseils d'arrondissement, aux conseils municipaux, et alors le sénat changera
de garnison ». M. Buffet aspirait alors à la présidence du conseil,
il était à la veille d'y arriver, il voyait tout en rose. Pour les hommes de son école, un parlementaire n'avait pas rempli tout son
mérite, tant qu'il n'avait pas formé un ministère, tant que ses contemporains ne disaient pas « le ministère Talleyrand », « le ministère Polignac », « le ministère Guizot », « le ministère Dufaure »,
« le ministère Broglie », « le ministère Buffet ». C'était comme son
consulat pour Cicéron. Mais, quels que soient leurs origines, leur
composition et leurs pouvoirs, — sans en excepter la chambre des
lords, la plus illustre de toutes, — la force et le rôle des chambres hautes sont moins dans leur action que dans leur présence,
moins dans leur pouvoir que dans leur puissance, moins dans ce
qu'elles font que dans ce qu'elles peuvent faire, alors même qu'elles ne l'ont jamais fait et qu'elles ne le feront jamais ; il suffit
qu'elles le puissent pour que les chambres basses ne les poussent
pas à bout et n'aillent pas jusqu'où elles iraient si elles étaient
seules.

Aussi, la réforme du sénat de 1875 a-t-elle été demandée moins
souvent que sa suppression. Mais, par un renversement des choses et par une interversion des rôles, en suite de la dissolution de
la chambre de 1876, le sénat a pris peur d'être allé jusqu'à l'extrémité de ses pouvoirs, la peur d'être supprimé ne l'a plus quitté et
il n'a cessé de le laisser voir ; en sorte que la retenue qu'il devrait
inspirer à la chambre, c'est la chambre qui la lui inspire, et qu'en
cet article, c'est le sénat qui est la chambre et la chambre qui est
le sénat. L'erreur du sénat est de croire que la chambre a gardé
le ressort qu'elle avait au temps du maréchal, de M. Grévy, ou
même de M. Carnot ; la sève populaire se retire d'elle goutte à
goutte, depuis la loi Waldeck-Rousseau de 1884 sur les syndicats,
élargie par la loi Waldeck-Rousseau de 1900 sur les associations.
Au surplus, pour supprimer le sénat, il faudrait que les chambres,
« par délibérations séparées, prises dans chacune, à la majorité
absolue des voix », déclarassent qu' « il y a lieu de réviser les lois
constitutionnelles », c'est-à-dire de supprimer le sénat, puisque sa
suppression serait le motif, l'objet et le but de cette révision, et
qu'ensuite, en assemblée nationale, elles le supprimassent. Or, en
1907, à la sourdine et en un tour de main, les chambres ont élevé
l' « indemnité parlementaire » de neuf mille francs à quinze mille,
au moment où elles avouaient le déficit de trois cents millions

que leur politique financière, asservie à leurs intérêts électoraux,
avait creusé dans le budget. Bien qu'elles comptent, tant à droite
qu'à gauche, des hommes qui ne savent que faire de leurs millions, pas un n'a refusé ces six mille francs ! Sous prétexte de ne
pas faire la leçon à leurs collègues et sans crainte de ne pas donner
au pays un exemple de désintéressement, tous ont accepté : les
vertueux, en protestant mais en empochant ; les plus vertueux
ou les plus habiles, en les versant, en totalité ou en partie, à leurs
« œuvres » politiques ou charitables. Au conseil municipal de Paris
et dans les divers conseils municipaux de France qui, à leur suite,
se sont attribués, contrairement à la loi, une « indemnité municipale », personne non plus, ni à gauche ni à droite, riche ou pauvre, ou entre deux, n'a repoussé cet argent. Après « leur mauvais
coup », le populaire a donné aux sénateurs et aux députés le sobri-
quet de « quinze-mille », et ce serait ce qu'il y aurait de plus inattendu de lui-même que, dans un conflit entre les quinze-mille du
sénat et les quinze-mille de la chambre, il éprouvât autre chose
que de la curiosité.

Les beaux noms, presque tous monarchistes, ont presque tous
disparu du sénat à mesure qu'il se républicanisait, parce qu'il est
plus difficile à un monarchiste de s'y faire élire, en dehors des
quelques départements restés sous l'influence monarchiste, tels
que le Morbihan, le Maine-et-Loire, la Loire-Inférieure, le Finistère, la Vendée, et qu'il faudrait d'abord, pour gagner ces électeurs
sénatoriaux qui ne sont pas libres, avoir retourné le suffrage universel, dont ils sont les mandataires. Mais, les hommes ayant rempli ou remplissant encore de grandes fonctions, ayant l'expérience
des affaires publiques et le talent de la tribune, n'y ont jamais
manqué. C'est une assemblée d'hommes rassis, où ceux qui ont encore quelque gourme à jeter semblent s'être trompés de chambre,
où les débats sont graves et courtois, mais le républicanisme plus
solide. Lorsque leur gouvernement ou leurs chefs croient ou fei-
gnent de croire que la république est en danger et les convient à sa
défense, les républicains de la chambre, comme ceux du sénat, répondent à leur appel et forment bataillon carré contre l'ennemi réel
ou imaginaire ; mais les députés y mettent plus de tumulte et les
sénateurs plus de résolution.

La sécurité de la république, la souveraineté du parlement, la
laïcité de l'Etat et la prédominance du pouvoir civil sur le pouvoir
militaire sont les quatre principes cardinaux du sénat. Il n'observe
le second qu'à demi, parce que toute crise ministérielle découvre
les parties faibles du régime à l'enracinement et à l'inébranlabilité
duquel il prétend travailler avant tout, et il a fallu que le ministère
Bourgeois le menaçât dans son existence même pour qu'il le ren-
versât en 1896, prouesse qui n'a eu ni précédent ni lendemain.

Suivant la doctrine de M. Louis Blanc, il voudrait que la république fût au-dessus du suffrage universel lui-même, de droit naturel en contre-partie du droit divin des légitimistes, toute contestation sur cet article étant une hérésie et un sacrilège. C'est là un programme presque sans fin puisqu'il a pour but de capter l'âme et que l'âme est comme l'air dans la main. Si chimérique que soit un danger que paraisse courir la république, soit dans son existence, soit dans l'esprit qui lui a été donné par les républicains de 1870, il est prêt à tout pour en châtier les auteurs, afin que les dangers plus réels soient conjurés par ces faciles exemples. Déjà au temps de sa seconde fleur, sa fleur républicaine, en 1888, lorsqu'il attendait dans l'immobilité et dans le silence, la démission de M. Grévy, avec qui il ne voulait pas recoudre, parce qu'il y avait entre eux le « wilsonisme », tel le sénat romain que représente la légende, déjà il était sous l'empire de certaines formules : « le cléricalisme », « les empiètements du clergé », « l'ingérence de Rome », — devenue sous le « bloc » « la faction romaine », — « les conspirations d'officiers élevés dans les jésuitières », « les coups d'État », « la dictature de la réaction », « le plébiscite », « l'empire », « la monarchie héréditaire » et quelques autres du même acabit qui le mettaient hors des gonds et le faisaient ressembler à la chambre.

Les assemblées se réflétant dans leurs présidents, la liste chronologique des présidents du sénat en est presque le graphique : MM. d'Audiffret-Pasquier, Martel, Léon Say, Le Royer, Jules Ferry, Challemel-Lacour, Loubet, Fallières et Antonin Dubost.

M. d'Audiffret-Pasquier avait été le plus actif agent de la « conjonction des centres » de l'assemblée nationale, que l'on appelait « le mariage de la carpe et du lapin », et il les avait enflammés par son apostrophe à Varus, pour leur faire faire la république par peur de l'empire. Pour prouver ce que nul n'ignore, que l'éloquence et l'orthographe ne sont pas même chose, M. Émile Augier montrait une lettre de M. d'Audiffret, écrite à l'occasion de sa candidature à l'académie française et où académie avait deux e très guillerets. Un de ses confrères à l'académie, pas duc, mais du « parti des ducs », marquis, et marquis très marquisant, a parlé, trois fois en dix minutes, de l'équipage « armoirié » de sa femme. M. Martel est le plus oublié de tous les présidents sénatoriaux. Mais il avait concrétisé l'œuvre de M. d'Audiffret, il lui avait donné une de ces formules moyennes, bourgeoises, où la France s'est toujours laissé prendre : du haut de son faux-col droit et de ses lèvres sereines et pincées, il avait redit : « La France est centre gauche ! » Et cet oracle d'un ancien député de la droite à la législative de la deuxième république, d'un ancien député libéral au corps législatif du second empire avait levé les derniers

scrupules, en raison des dernières résistances, et ouvert les portes
à la république. M. Martel est mort, le centre gauche aussi.

Les deux successeurs de M. Martel, MM. Léon Say et Le Royer
étaient protestants et M. Le Royer et ses deux successeurs, MM.
Jules Ferry et Challemel-Lacour, se sont fait enterrer civilement,
la chambre haute étant alors grosse de deux jumelles. la suppression des congrégations religieuses et la séparation de l'Eglise et
de l'Etat, et portant l' « impudeur », comme Mme de Montespan
dans ses grossesses, jusqu'où elle peut aller. Trois ont été de
l'académie française, MM. d'Audiffret-Pasquier, Say et Challemel.
On a dit qu'avec le mince bagage de M. d'Audiffret, non timbré
de l'écusson ducal, un écusson tout battant neuf, M. Martel ne
serait pas entré à l'académie. Mais M. Martel n'a pas fait, avec
Varus, tressaillir son pays et si son « la France est centre gauche » lui a valu la présidence du sénat, tous deux ont pu remer-
cier les dieux. M. Say est le premier académicien qui ait célébré
dans son discours de réception, non pas le succès des livres de son
prédécesseur, ni le nombre de leurs éditions, mais leur tirage à
tant de mille, et il semble à ce passage que l'économiste, le financier, l'homme de confiance des Rothschild, se croyait à leur banque.
Il était fait en pot-à-tabac. Mais il avait en connaissances pratiques,
en bonhomie, en finesse, plus de ressources que les autres présidents du sénat. Il en a été le meilleur.

On n'aurait pu faire à M. Challemel le reproche de n'être pas,
lui, traditionaliste. Il écrivait et il parlait, la pensée tournée vers
le dix-septième siècle et le regard vers l'académie, et entre cette
langue morte avec la société dont elle était l'expression et le but
où l'on ne va pas à travers champs, ce rêveur et cet atrabilaire,
ce passionné et ce sceptique, ce paresseux et cet artiste, se trai-
nait sous ce harnais classique et sur ce champ battu. Il avait aussi
la tradition révolutionnaire et pendant son proconsulat à Lyon,
en 1870-71, il avait donné un ordre qui rappelait les « grands
jours » de la révolution : « Fusillez-moi tous ces gens-là ! » Mais,
dès 1888, l'helléniste, l'athénien, le dilettante avait enfin touché le
fond de cette tradition et ce qu'il y a d'imbécile et de cupide, de
faux et de lâche, il avait honte de lui, des républicains et quasi
de la république, et il en avait fait la confession publique au sénat.
En 1893, à la mort de M. Jules Ferry, dont l'ombre n'avait passé
que quelques jours à la présidence du sénat, le sénat l'appela à
cette présidence. Mais le sénat n'était déjà plus à cette hauteur, il
était descendu à la basoche provinciale, non pas au niveau mais à
la portée de la chambre, et en attendant que M. Loubet le vint présider en toute harmonie et communion, M. Challemel n'eût plus
qu'à se composer en grec non pas des hymnes et des prières à Dieu
comme celui qui allait être le cardinal Perraud, mais des odes et

des épigrammes sur les amours « ancillaires » dont il était aussi l'un des dévots fidèles.

Le graphique de la chambre des députés par la chronologie de ses présidents est différent. La chambre a quatorze fois changé de président, mais elle n'en a eu, en réalité, que dix : MM. Grévy, Gambetta, Brisson, Floquet, Méline, Casimir-Périer, Burdeau, Paul Deschanel, Léon Bourgeois et Paul Doumer. A l'assemblée nationale et au sénat, président démissionnaire ou non réélu a été comme un président mort ; tandis qu'à la chambre les présidents ressuscitent. MM. Brisson et Floquet ont ressuscité et M. Brisson est même ressuscité trois fois et il préside la chambre comme il y a vingt-neuf ans. Il y a un personnage, toujours populaire, des romans de M. Ponson du Terrail — mort en 1871 — qui s'appelle Rocambole et qui ressuscite sans cesse, bien qu'à chacune de ses disparitions le lecteur le croie mort pour tout de bon : M. Brisson est le Rocambole de cette république. Il a été président de la chambre du 30 novembre 1881 au 6 avril 1885, du 18 décembre 1894 au 31 décembre 1898, du 12 janvier au 31 décembre 1904 et il a été réélu le 8 juin 1906. Lorsque la chambre a élu M. Grévy et M. Gambetta, c'est moins sa personnalité qu'elle avait ainsi extériorisée en eux, que leur situation qu'elle avait subie : en l'élisant président de l'assemblée nationale, les monarchistes avaient rendu un tel hommage à la république en la personne de M. Grévy et ils en avaient si bien fait le premier républicain de France, que les républicains auraient été incompris de tout le pays s'ils ne l'avaient appelé le premier à la présidence de la chambre de 1876 et lorsque M. Gambetta remplaça, à la présidence de la chambre, M. Grévy, élu à la présidence de la république, c'était également moins ses opinions que sa personne qu'elle élisait, c'était le dictateur de la guerre que la paix avait mis au second rang, après M. Grévy, et que l'élévation de M. Grévy à la présidence de la république remettait au premier. Les perpétuels retours de M. Brisson à cette présidence, pendant 29 ans, montrent, au contraire, que ses opinions y ont eu plus de part que sa personne, sans attirance, sans supériorité professionnelle, sans rôle historique. Pour leur génération ou pour la génération suivante, son nom évoque le souvenir de M. Victor Schœlcher par la parenté spirituelle peinte sur leurs traits et dans leurs manières, chez M. Schœlcher, au visage glabre et osseux, à la façon des quakers, et chez M. Brisson, avec sa barbe en pointe, comme les huguenots des portraits du XVIe siècle. Leur religion de l'irréligion est pour M. Brisson dans le temple de la rue Chauchat et pour M. Schœlcher dans la Sainte-Chapelle. M. Schœlcher était toujours en redingote noire, boutonnée jusqu'en haut, avec collet rabattu sur col de satin noir, un chapeau haute forme, à larges bords, comme ceux de M. Barbey d'Au-

revilly, et une canne à pomme niellée ou un parapluie à tête antique en bronze. Pendant le siège il était en uniforme de colonel
d'artillerie de la garde nationale et le parc d'artillerie derrière le
chevet de Notre-Dame était son domaine. Démocrate d'idées, ayant
risqué sa vie pour la république et pour les esclaves sous la
deuxième république, et ayant fait abolir l'esclavage dans les colonies françaises, il était aristocrate de goûts, mangeant son dîner
de pauvre dans de la vaisselle plate, amateur d'art, artiste et
collectionneur, bien que la donation soit un dépouillement et le
legs une survivance, il a fait don à l'école des beaux-arts ce neuf
mille gravures de neuf mille graveurs différents et ses plus intimes amis disaient n'avoir jamais surpris un mot trivial dans sa
bouche. Républicain antiautoritaire, il était pourtant jacobin ; adversaire de la peine de mort, et à la fois robespierriste. M. Ernest
Legouvé, républicain libéral et spiritualiste — et le meilleur lecteur de son temps — lui disait : « Schœlcher, vous êtes un républicain de droit divin ! » Cette âme véhémente sous un masque impassible haïssait le christianisme et honorait la croix. Et bien
qu'en 1882 il eût fait à la tribune du sénat profession de foi d'a-
théisme, et qu'il se soit fait enterrer civilement, le pasteur protestant républicain Edmond de Pressensé disait de lui : « C'est un
athée qui fait croire en Dieu. » De cet homme déroutant, M. Brisson
n'a que l'anticléricalisme et l'antichristianisme, avec un credo maçonnique. Il a fait enterrer civilement sa femme. C'est un orateur à
trémolos, solennel et triste. Dans les hôpitaux protestants d'Allemagne, presque jamais un moribond ne réclame les consolations
d'un pasteur, mais quelques-uns un peu de musique, un peu de
rêve pour adoucir leurs derniers moments. M. Brisson met ce qu'il
a de rêve dans ses dernières paroles sur le cercueil des députés.
Il n'a jamais été sympathique à la chambre, mais la chambre s'est
toujours reconnue en ce bourgeois radical, et l'aspect austère de
celui qu'on appelle « le croque-mort » lui donne à elle-même du sérieux et de la considération. L'idée de droit plébiscitaire, historique ou divin des diverses écoles monarchistes, ne saurait pénétrer
dans l'esprit de M. Brisson et le ferait rire, s'il pouvait rire, mais
la présidence de la chambre lui appartient par prédestination, et
ne pas l'y réélire, c'est méconnaître ses services, ses mérites et ses
droits, c'est une spoliation et une injure, et tout au plus la république a-t-elle le droit de ne pas le mettre à sa tête, et tant pis
pour elle si elle ne le fait pas. Aucun des prétendants n'a laissé
voir autant d'amertume. Aujourd'hui, sa voix tombe et sa vigilance
s'éteint ; mais il a présidé la chambre des députés avec aisance,
avec moins d'autorité que MM. Grévy et Gambetta, sans l'esprit,
l'élégance et la bonne grâce de M. Floquet, qui a été le plus brillant président de la chambre, mais mieux que MM. Méline, Casi-

mir-Périer, Burdeau, Deschanel, Bourgeois et Doumer. M. Casimir-Périer étant pourtant supérieur à ces autres présidents. MM.
Gambetta, Floquet et Burdeau se sont fait enterrer civilement.
M. Doumer, au nez pincé, est persuadé, comme M. Brisson et
comme M. Déroulède, qu'il a une mission à remplir, comme président de la république. Au congrès de 1906, lorsqu'il était le candidat des orléanistes, des bonapartistes, des conservateurs, des libéraux, des catholiques, à cette présidence, contre M. Fallières,
les catholiques se justifiaient sur ce que Richelieu s'était allié aux
protestants : mais les protestants avaient une religion, ils étaient
une des branches du christianisme, et Richelieu n'en voulait mettre
aucun sur le trône de France, tandis que M. Doumer a quitté la
religion catholique, dans laquelle il est né, et n'en a embrassé aucune autre. Mais si, en ne faisant pas de candidats officiels aux
élections de 1885, il n'avait pas mis son parti en péril, M. Brisson
l'a de tout temps si exactement personnifié qu'il pourrait, en effet,
prétendre à être toujours président de la chambre.

Lorsqu'après la guerre d'Italie se dessinèrent, parmi les légitimistes, les orléanistes, les républicains et les bonapartistes eux-
mêmes, des aspirations libérales et décentralisatrices, dont l'école
de Nancy a, plus tard, donné le formulaire, aucun décentralisa-
teur, même parmi les républicains, ne soupçonnait que la décentralisation commencerait non pas par l'extension des pouvoirs des
communes et des départements, ni par la constitution des arrondissements et des cantons en corps intermédiaires, en personnes civiles, mais par le déplacement du centre de l'Etat, par sa transposition du trône à la chambre, et que de viager et d'héréditaire, il
deviendrait électif et à court terme, et passerait de Paris à la province. Mais le suffrage universel en eut l'instinct, dès que la république eut opéré cette décentralisation initiale, par le seul fait républicain lui-même : en 1871, en votant pour les candidats de la paix,
contre les candidats de la continuation de la guerre, contre les
candidats du gouvernement de M. Gambetta, et, en 1872, où l'assemblée nationale tournait au monarchisme, les paysans allant
« très humblement » de château en château demander pour quels
candidats ils devaient voter, et votant contre les candidats qui leur
avaient été désignés, pour assurer la souveraineté dont les avait
investis la décentralisation du pouvoir suprême : — et le fait qui
vient d'être rapporté avec l'expression entre guillemets, — expression que, selon toute vraisemblance, l'on ne retrouvera pas dans
les correspondances d'aujourd'hui, — sont tirées de lettres privées
et inédites de l'époque, lettres de personnes honorables et qui ont
été l'objet de ces « très humbles » sollicitations, et aussi d'observations personnelles. Il en est une des plus suggestives. En 1892,
un Belge, le baron de Haulleville, parcourait la vallée du Rhône

avec un Français qui connaissait très bien le pays. — « A qui est ce château, lui demanda M. de Haulleville. — A M. A... — Quelle est l'opinion de M. A... ? — Conservateur. Et cet autre château ? — Au marquis de B..., légitimiste. — Celui-ci ? — A M. de C..., bonapartiste. — Celui-là ? — Au comte de D..., orléaniste. — Cet autre ? A M. E..., catholique. — Alors, tout le pays est catholique et monarchiste ? — Erreur ! Il est républicain et anticlérical ! — Comment et pourquoi ? — Parce que les châteaux sont le contraire. — On hait donc les châteaux ? — Pas du tout. On est même très flatté d'y être reçu. — Et alors ? — Alors, on les envie. On dit qu'ils ont assez d'avantages et qu'ils ne peuvent pas les avoir tous. — Ainsi, les châtelains ne sont ni conseillers municipaux, ni adjoints, ni maires, ni conseillers d'arrondissement, ni conseillers généraux, ni députés, ni sénateurs ? — Sénateurs ou députés, en certains départements, ou deçà et delà, lorsque le châtelain s'est fait beaucoup d'amis ou beaucoup de débiteurs, ou que l'on a besoin de son château pour combattre les autres châteaux. Mais pour les autres fonctions électives, pour les fonctions municipales surtout, qui ne sont pas politiques, et qui n'ont qu'une influence indirecte sur la politique, les châtelains en sont souvent revêtus, parce qu'ils font honneur à leur commune, qu'ils sont généreux par bonté, vanité ou calcul, et que, par leurs relations, ils rendent service. » — A Vienne, M. de Haulleville prit une voiture pour aller voir « le plan de l'Aiguille », que le peuple commençait de ne plus prendre pour le tombeau de Ponce-Pilate, et là, conversation avec le cocher. — « Eh bien », lui demanda-t-il au bout d'un instant, « êtes-vous content de la république ? » — Le cocher, ne sachant à qui il avait affaire, et craignant de compromettre son pourboire, ne répondit ni oui, ni non, ce qui encouragea M. de Haulleville à lui pousser la pointe : — « Ne préféreriez-vous pas la monarchie ? — La monarchie », répartit le cocher en se retournant intrigué, « qu'est-ce que c'est que ça ? » — M. de Haulleville n'en revenait pas. La grande maladie du paysan, qui a si peu d'occasions de faire fortune, c'est l'envie. Il envie le château bourgeois comme le château noble, sans se cacher quand l'édifice social craque : en secret, et même « très humblement », quand la prudence le lui conseille. Mais le château bourgeois change plus souvent de mains, parce qu'aucun souvenir historique ne les y attache, et que les fortunes bourgeoises s'entretiennent moins facilement que les fortunes nobles par les grosses dots, quoique depuis le maréchal de Mac-Mahon, la finance, l'industrie et le commerce livrent un incessant assaut au château noble et, peu à peu, s'en emparent, les grosses dots s'amusant au lieu de lutter contre l'activité et l'intelligence ou la rapacité d'où elles sont issues et qui restent leurs rivales. Si, d'ailleurs, à la génération des parvenus, la vanité bourgeoise est plus rude que celle de la noblesse, aucune classe n'étant plus mouvante et plus renouvelée que la bourgeoisie, la vanité y est personnelle, elle n'est pas héréditaire et survivant à la situation et à la fortune, comme dans la noblesse. Tout ce qui émerge de l'herbe rurale, et sort ainsi de l'hérédité qui le tenait au ras de terre, est ennemi à peine déguisé, et se déguisant de moins en moins à mesure qu'il s'élève, du château héréditaire qui le domine.

La noblesse considère la monarchie comme son gouvernement naturel, et rien n'est plus dans l'ordre des choses ; et ses membres sont considérés et se considèrent eux-mêmes comme les officiers nés de ce gouvernement, et leur constitution en caste fermée, supérieure et prétendante, a fait plus de républicains que les théories républicaines, et ceux que ces classifications locales, quelque désagréables qu'elles leur soient, n'ont pas fait chasser sur leurs ancres, restent presque tous dans le vague sur la forme du gouvernement et se réfugient sous un pavillon neutre : conservateur, libéral, catholique, modéré, nationaliste, patriote, protectionniste, etc., pour ne pas paraître de la suite du gentilhomme de l'endroit, ou vouloir, dans son parti personnel, s'égaler à lui qui est si fort au-dessus d'eux.

Des faiseurs d'hypothèses se sont demandé ce qui serait advenu si, le 1 septembre 1870, les ducs, donnant l'exemple à la noblesse, et les cardinaux au clergé, s'étaient déclarés républicains. En 1890, le cardinal Lavigerie, se conformant aux directions de Léon XIII, portait un toast à la république et faisait jouer la *Marseillaise* par ses « pères blancs », et le cours des choses n'en a pas été changé : mais entre 1890 et 1870, vingt ans s'étaient écoulés nonobstant les cardinaux et les ducs. Cette espèce de crainte que l'hérédité politique inspire aux Français du commencement du vingtième siècle ne provient pas seulement de leur goût pour l'indépendance et pour le changement, mais aussi de leur ignorance de cette hérédité. Comme l'hérédité monarchique n'a fonctionné que trois fois depuis 1643, et la dernière fois en 1824, ils s'en sont désaccoutumés, ils n'en sentent plus le besoin, quel que soit le besoin qu'ils en puissent avoir ; ils ne savent même plus ce que c'est, et c'est ce qui les attire le moins dans la monarchie, bien que ce soit le principal, parce qu'ils ont élu tant de conseils municipaux, de conseils d'arrondissement, de conseils généraux, de chambres, de sénats, d'assemblées nationales, constituantes ou législatives, de présidents, d'empereurs ou de rois. Ils se sont si bien habitués à vivre un bulletin de vote à la main, qu'on a l'air de leur proposer quelque chose à laquelle on ne croit pas soi-même, en leur proposant de s'engager pour toujours à recevoir de la naissance un chef de l'État, dont ainsi ils ne seraient pas responsables, tandis qu'ils sont responsables de l'élu de leurs élus, M. Fallières, qui est pourtant irresponsable de tout.

Le suffrage universel sait mieux ce qu'il ne veut pas que ce qu'il veut, et il vote moins pour quelqu'un ou pour quelque chose que contre quelque chose ou contre quelqu'un : c'est ainsi, par exemple, qu'en 1871, il a voté contre la continuation de la guerre et contre « la dictature de l'incapacité » des républicains ; en 1877, contre les prétentions de la coalition monarchique à gouverner la république à l'exclusion des républicains et malgré lui ; en 1885, contre les expéditions coloniales et contre l'augmentation des impôts ; en 1889, contre l'agitation boulangiste, qui ajoutait à l'agitation républicaine sur le grand U et sur le petit u, ou question de savoir si les groupes républicains se fondraient dans une union républicaine ou s'ils subiraient la direction de celui de ces groupes dit de l'Union républicaine, laquelle agitation boulangiste, au cas où elle serait venue à bout du petit u et du grand U et des républicains unis ou non, se serait elle-même trouvée aux prises avec des divisions non moins nombreuses et plus profondes, sur le maintien de la république, et de quelle république, ou sur l'intronisation du comte de Paris, du prince Napoléon ou du prince Victor, ou du général Boulanger lui-même, et par quel moyen, ce matamore, sauveur de tant de causes contraires, ayant commencé par tirer ses grègues et mettre la frontière entre lui et les dangers qu'il défiait.

Il peut arriver que le suffrage universel sache très bien ce qu'il veut, qu'il vote pour ce qu'il veut et qu'il se donne ce qu'il veut, comme à l'élection du prince Louis-Napoléon à la présidence de la république. Mais même en sachant encore mieux que le suffrage universel en ses rares illuminations totales, ce qu'il veut, et sans vouloir la lune, du moment qu'il ne choisit pas, comme le suffrage universel, entre les contingences et les faits, du moment qu'il prend ses modèles dans le passé national, ce passé fût-il d'hier, ou chez le voisin le plus proche, un électeur peut passer sa vie à voter non pour ce qu'il veut mais contre ce qu'il craint le plus. Par exemple, un électeur né en 1841 et partisan d'un régime aristocratique comme la monarchie britannique avant M. Gladstone et lord Beaconsfield, n'a pas encore pu, de 1865 à 1910, voter selon son esprit et selon son cœur, et il mourra après avoir vu la réalité s'écarter chaque année davantage de son idéal. Ainsi, la chambre n'est presque jamais l'image du pays, elle n'en exprime que la répulsion du moment contre quelqu'un ou quelque chose, dont la disparition relâche le lien accidentel entre l'électeur et l'élu ; et comme il y a toujours un cinquième ou un quart d'abstentions, et qu'un déplacement de trois ou quatre cent mille voix ferait de la minorité la majorité, la majorité est toujours mal as-

sise et inquiète. Elle a peur de ne pas pousser jusqu'où il faut la
répulsion de ses électeurs et de perdre leur confiance, et ses électeurs ont peur qu'elle ne la pousse au-delà et qu'elle l'étende à
autre chose.

Si la chambre n'a pas peur du sénat, et si même elle compte sur
lui pour remettre au point ce dont elle aurait mal calculé la portée, elle n'en a pas moins du froissement de ce qu'il rectifie ainsi
son tir et de ce qu'il limite son pouvoir, et elle se défie de ce que
les circonstances peuvent l'entraîner à lier partie avec le président pour la dissoudre. Le sénat a peur de la chambre, parce qu'il
ne s'appuie que sur une base étroite et factice, et que toute sa force
est dans son rôle constitutionnel et que la chambre ayant 591 membres, tandis que lui n'en a que 300, pourrait avoir le dessus dans
une revision de la constitution. Le ministère a peur des chambres,
qu'il soit homogène et qu'il ait une politique, parce que les autres groupes sont ligués contre lui, ou qu'il soit une coalition de
groupes et prisonnier de leurs divergences foncières. Le président a
peur de tout en général, et du parti qui l'a élu, des candidats à
sa succession, de ses ministres, des chambres et du suffrage universel en particulier. Cela fait à tous les degrés un Etat trépidant.

Si le suffrage universel envie le bourgeois, le noble, le riche,
l' « intellectuel », tous ceux qui lui sont supérieurs, il ne les en
élit pas moins, tant comme un privilège de leur supériorité et pour
les opposer les uns aux autres que parce qu'il jalouse encore plus
les siens et qu'il les connaît mieux. Jusqu'à présent, paysans et
ouvriers n'ont montré aucun goût à élire parmi eux leurs représentants au parlement et, sous cette république, il n'y en a pas
eu trois douzaines, dont la plupart dans ces dix dernières années.
Cette jalousie entre électeurs d'une même classe n'est pas particulière aux masses du suffrage universel, elle est partagée par son
élite, depuis l'origine du suffrage universel lui-même. Déjà, sous
Napoléon III, surtout dans la seconde partie, en tel ou tel arrondissement, où dix familles nobles ou bourgeoises, de celles que M. Le
Play appelait les « autorités naturelles », auraient pu fournir dix
bons députés, aucune ne souffrait que l'une d'elles s'élevât d'un
étage, en représentant les autres au corps législatif, et toutes préféraient l'élection d'un de ces hommes « en marge », que le suffrage universel recherche parce qu'en faisant leur fortune, il s'en
fait des commis.

Comme il lui vantait ces « autorités naturelles », quelqu'un dit à
M. Le Play : « Vous qui êtes une autorité naturelle, pas seulement
locale mais nationale, êtes-vous sûr que vos domestiques votent
pour votre candidat ? » « Ah ! ça, non ! » répondit-il. Comme M.
de Haulleville, M. Le Play voyait dans sa synthèse, dans sa théo-

rie, le suffrage universel dominé par les châtelains ou, d'une manière plus générale et plus exacte à la fois, par l'élite, comme les villages et les bourgs sont dominés par les châteaux, et la plus naturelle réduction de sa thèse à la plus petite hypothèse personnelle la mettait à rien.

La chambre n'est pas pour ses membres le couronnement de leur carrière, avec quelques jeunes hommes particulièrement doués pour la politique qui y entrent de plain-pied et quelques condottieri qui en forcent la porte : elle est leur carrière elle-même, sauf quelques « autorités naturelles » et quelques précoces talents, dont peu donnent autre chose que des promesses. Mais ces hommes « en marge », qui en forment la majorité et qui jugent au-dessus de leurs forces de suivre une carrière libérale ou la carrière des affaires, sont les véritables « autorités naturelles » du suffrage universel, parce qu'il y a entre eux et lui relation, compréhension et accord, tandis qu'il ignore les autres. Lorsqu'un grand événement, comme l'invasion de 1870, bouleverse les situations et les influences, le suffrage universel s'adresse volontiers aux « autorités naturelles » de M. Le Play, que lui désignent leur naissance, leur fortune, leurs vertus, leurs services, leur savoir, leur expérience, leurs talents, leur stabilité et qui paraissent, en effet, comme les cadres naturels de la société, comme ses administrateurs produits du sol, — et encore, en 1871, a-t-on exagéré de moitié ce retour aux gouvernants que la détresse montre comme les châteaux sur la colline et les clochers dans la plaine. On éprouvait un tel soulagement à être délivré des bohèmes, des énergumènes et des malandrins, qui s'étaient abattus sur la France à la faveur de la guerre, que l'on voyait partout des gentilshommes et des hommes capables et « vertueux ». Mais dans les douceurs de la paix où il s'abandonne au rêve, le suffrage universel écoute ceux qui viennent à lui, lui font la cour, lui donnent tous les droits, chauffent son envie et irritent sa contrainte, l'excitent contre les bourgeois, les nobles, les prêtres, les riches, les patrons, l'armée et les lois. C'est là un talent qui n'en donne aucun autre, et qu'aucun autre ne donne, qui est spécial comme celui de poète ou de violoniste, et qui se peut appeler le talent électoral. Un agent de change de Paris, forcé par la chambre syndicale de vendre sa charge et perdu de dettes et qui voulait se « refaire » dans une autre voie, se retira à la campagne et alla de porte en porte poser sa candidature à la députation, flatta les électeurs, courtisa leurs femmes, embrassa leurs enfants, tant et si bien que les femmes menaçaient leurs maris de la grève conjugale s'ils ne votaient pas pour lui, qu'elles trouvaient « beau comme Assuérus », et il fut élu à une majorité écrasante comme démagogue. Aristophane, qui a peint le candidat

sous tous ses aspects et en traits inaltérables, n'a ni vu, ni prévu
une telle grève. De 388 avant Jésus-Christ à 1869, il y a eu quelques
nouveautés, et depuis 1869, où ce déclassé, cet « en marge », en-
leva les suffrages avec les cotillons, l'art électoral a fait quelques
progrès et beaucoup d'adeptes. Quand le maître d'école de Talloires a fait échouer M. Taine aux élections municipales de cette
bourgade savoisienne, il n'y avait aucun lien de famille, de tradition, d'intérêts, d'habitudes, de pensées, de langage, entre ces Al-
lobroges et ce villégiateur parisien, professeur à l'école des beaux-
arts et membre de l'académie française, grand penseur, savant et
écrivain ; pour ces paysans, c'était un homme qui n'entendait rien
à la culture de la pomme de terre, ni à l'élevage des dindons, non
plus qu'aux délices du jeu de boules et du cabaret, et qui n'avait
pas le sens commun, tandis que le magister, en voilà un qui avait
du sens et qui les comprenait, et qui savait leur faire comprendre
ce qui n'était en eux qu'en informe embryon ! Talloires est partout, dans la Flandre et dans le Béarn, en Provence et en Bretagne, et même à Paris, la ville des grands hommes, « la ville-lumière ».

A la législature de 1906, parmi les cinquante députés de la Seine,
l'on remarque MM. Denys Cochin, Millerand, Maurice Barrès,
Charles Benoist, Hector Depasse et l'amiral Bienaimé. Des dix sénateurs du même département, un seul est célèbre, M. de Freycinet,
et quarante des autres sénateurs et députés séquanais sont aussi inconnus que les conseillers généraux d'un département quelconque.

Sauf lorsqu'un péril national l'émeut et les cas particuliers où
les qualités personnelles du candidat lui font oublier sa supériorité de naissance, de fortune, de situation ou de talent, le suffrage
universel n'aime pas ces supériorités, et il ne peut pas les aimer,
même si personne n'excite ses passions et si une bonne récolte ou
un travail rémunérateur le dispose à moins prêter l'oreille à l'envie, parce qu'avec elles il est comme un paysan dans les salons
d'un château, il ne se sent pas solide sur ces parquets cirés, il est
trop différent et trop distant des hôtes, il ne sait comment les abor-
der et leur parler, il est dans leur main au lieu de les avoir dans
la sienne, et pour tenir ses députés, il les prend dans les déchets
ou les rudiments des supériorités sociales, ceux que M. Gambetta
appelait « les sous-vétérinaires ». Il n'a pas confiance en eux, et
même il les méprise, mais ils sont ses créatures, avec eux il est
plus à son aise, et plus familier, il leur fait faire ses petites affaires, et puis, qui sait, il peut y avoir quelque chose de vrai dans
leurs illusions ou dans leurs mensonges, et c'est là son roman
politique.

Dès la proclamation de la république, les républicains ont été entourés d'ennemis ; derrière eux, les bonapartistes, sur leur flanc droit, les légitimistes, sur leur flanc gauche, les orléanistes, sur leur front, les communards, de tous côtés, le clergé et les conservateurs. Les conservateurs discutaient la question de république ou de monarchie. La monarchie convenait-elle mieux à la France que la république, ou la république, qui avait sur la monarchie l'avantage d'exister, était-elle préférable ? Et quelle monarchie, ou quelle république ? Le clergé se posait la même question, au point de vue de l'Église. Les hommes de 1910 ont vu le prince Lucien Murat épouser Mˡˡᵉ de Rohan-Chabot, le marquis de Montesquiou-Fezensac Mˡˡᵉ Masséna, le comte Le Marois Mˡˡᵉ d'Haussonville, le duc de Lesparre, Mˡˡᵉ de Conegliano, le duc de Plaisance Mˡˡᵉ de La Rochefoucauld d'Estissac, le prince Jacques de Broglie Mˡˡᵉ de Wagram, le marquis de Mortemart, Mˡˡᵉ de Palikao, et mille autres légitimistes, orléanistes et bonapartistes, du plus haut rang à celui qui confine au peuple, se marier entre eux ; le duc d'Aumale recevoir la princesse Mathilde et tous deux regrettant, oh ! combien, de ne s'être pas rencontrés plus jeunes ; le duc d'Orléans rendre visite à l'impératrice Eugénie ; sa sœur, la princesse Hélène, épouser le duc d'Aoste, et le duc et la duchesse d'Aoste être les meilleurs amis de son rival, le prince Victor; et son autre sœur, la princesse Louise, devenir la femme de l'infant Charles de Bourbon, la défaite et l'abandon les réconciliant et les unissant. Mais les hommes de 1910 ne s'imaginent même pas comme ces unis d'aujourd'hui, comme ces orléanistes, ces légitimistes, ces bonapartistes étaient pointus les uns contre les autres, et même entre eux, en ces années qui ont suivi la guerre. Qu'un conservateur penchât pour la république ou qu'il penchât pour la monarchie, qu'un ecclésiastique tînt pour Mgr Pie, M. Lucien Brun ou M. Louis Veuillot, ou qu'il tînt pour Mgr Dupanloup, le comte de Falloux — Falloux, fallax, disait M. Louis Veuillot — et pour M. François Beslay, fils du doyen de la commune, et qu'il fût ultramontain ou qu'il fût libéral, le libéralisme ayant remplacé le gallicanisme, depuis le concile du Vatican ; qu'un orléaniste estimât la « fusion des deux branches » nécessaire pour une restauration monarchique, ou qu'il estimât que la branche cadette devait courir ses chances et laisser la branche aînée courir les siennes ; qu'un légitimiste admirât le génie de Napoléon Iᵉʳ, ou qu'un bonapartiste accordât que ce grand homme était moins commode qu'Henri IV et avait moins grand air que Louis XIV, il n'en fallait pas davantage pour que leurs amis louchassent et que les partis se demandassent quelle anguille était sous roche. Les républicains étaient ainsi à l'école de la tour de Babel, où l'on ne s'entendait ni sur les mots, ni sur les personnes, ni sur les idées, ni sur les sentiments ; et, après plus d'un tiers de siè-.

cle, les survivants de cette époque portent encore la marque de ces divisions et représentent toujours trois groupes d'esprits politiques très différents, même ceux qui appartiennent à la même caste fermée.

Mais eux-mêmes étaient aussi très divisés, d'abord en deux races, ceux de 18, dont le temps avait assagi les uns et aigri les autres, et les néo-républicains, dont les uns suivaient M. Gambetta, et les autres la commune, et ensuite dans leurs groupements parlementaires : mais tous étaient unis dans la république, dont l'accès ne leur était pas fermé, comme l'accès de la monarchie l'était aux monarchistes par le triple cadenas des trois dynasties, et ils étaient animés d'une telle fureur à redevenir les maîtres et à ne pas la laisser confisquer comme avaient été les deux premières, qu'ils avaient sur leurs adversaires, tout à leurs discussions dynastiques, protocolaires, doctrinales, académiques et stériles, l'avantage de vouloir tous la même chose, bien qu'ils la conçussent très différemment, et de la vouloir comme si tous la concevaient de la même manière et comme si elle était leur chair et leur sang. Dans les moments mêmes où ils paraissaient aux abois, comme au 16 mai et sous le ministère Rochebouët, au lieu de lâcher pied, ils faisaient front et les plus hardis, trahissant la résolution non pas certes de tous mais de leur parti, menaçaient de mettre le feu aux châteaux, comme les Russes incendiant Moscou devant Napoléon Iᵉʳ. Saint-Simon raconte que, « dans une assemblée du clergé, les évêques, pour tâcher de se faire dire et écrire « monseigneur », prirent délibération de se le dire et de se l'écrire réciproquement les uns les autres. Ils ne réussirent à cela qu'avec le clergé et le séculier subalterne. Tout le monde se moqua d'eux, et on riait de ce qu'ils s'étaient monseigneurisés. Malgré cela, ils ont tenu bon, et il n'y a point eu de délibération parmi eux, sur aucune matière, sans exception, qui ait été plus invariablement exécutée ». Il en a été de même pour le parti républicain, après que M. Gambetta, ayant repris le dessus sur ceux de 18, idéalistes et sentimentaux, et étant devenu son « dictateur occulte », son « dictateur de la persuasion », lui dit : « Le temps des bégueuleries est passé ! » Cet ordre a été non moins « invariablement exécuté » que celui dont parle Saint-Simon.

Les vertus et les vices ne sont le propre d'aucun parti politique, ni d'aucune classe sociale, et on les trouve dans tous en mélange et en degré variables ; mais si des républicains ont des vertus, si M. Bérenger s'est fait le pourchasseur des publications immorales, si M. Wallon a mérité des brefs pontificaux pour ses écrits, si M. Challemel-Lacour a légué son bien aux pauvres, si M. Spuller a habité jusqu'à sa mort le tourne-bride de la rue Favart, où il était descendu à son arrivée à Paris, si d'autres républicains

13

ont des vertus ou se donnent encore des airs de vertus qu'ils n'ont pas, leur parti ne se les donne plus, son intérêt est sa règle, et s'il le colore de « l'intérêt de la république », c'est par le phénomène de l'incarnation et de la légitimité qui se manifeste chez les partis depuis longtemps au pouvoir ; il croit que la république se confond avec lui, et qu'en d'autres mains, elle ne serait plus la république. Mais étant proche encore de ses origines, et ces châteaux et ces hôtels lui rappelant à tout bout de champ et à tout coin de rue, et comme des enseignes éclatantes, les ennemis de sa domination, il n'a pas oublié que tout gouvernement légitime qu'il se flatte d'être, il n'est pas de légitimité, fût-elle millénaire, qui se puisse passer, pour subsister, même avec un bon gouvernement, de ruse et de force. Aussi, fort de ce que ses adversaires avaient dissous la chambre de 1876, parce que le suffrage universel ne leur avait pas donné la majorité, de ce qu'ils avaient rétabli la candidature officielle pour l'élection de la chambre suivante, il a jeté la bride et le masque et, ouvertement, il a assuré son recrutement parlementaire de façon jusqu'à présent infrangible.

À la réunion des états-généraux de 1789, Mirabeau parlait des institutions anglaises avec son collègue Chapelier. « Ce qui nous manque ici », lui dit Mirabeau, « ce sont des clubs ». « Qu'est-ce cela ? » fit l'avocat rennais, qui n'avait jamais entendu ce mot dans la capitale de la Bretagne. « Mon ami », répondit Mirabeau, « ce sont des hommes réunis ; voilà ce qu'il faut savoir ; car dix hommes réunis en font trembler cent mille séparés. » Mais avant la proclamation de la première république, et toujours depuis cette époque, les républicains, comme les sectateurs de toute nouveauté, ont eu des clubs secrets ou publics, pour se sentir les coudes et pour faire peur, et aucun parti, ni aucun culte n'y ont mis autant de foi, de zèle, de méthode, ni d'habileté. De ville en ville, de bourg en bourg, de village en village, ils ont constitué des comités électoraux : il n'est village où le maréchal-ferrant, le galochier, le buraliste, le tailleur, le bourrelier, le facteur, les deux ou trois cabaretiers et les deux ou trois braconniers, ou premier degré de l'ouvrier, de l'employé, du commerçant ou de l'aventurier, frondeurs naturels des « autorités naturelles », ne leur en aient fourni le noyau ; dans les bourgs ou petites villes, les catégories similaires d'un degré ou de deux degrés plus élevées et augmentées d'agents d'affaires, d'hommes de loi, de médecins et de francs-maçons, Napoléon III y ayant autorisé l'ouverture des loges qui s'y sont multipliées depuis et qui répandent sur le canton leurs missionnaires de la libre-pensée pendant les périodes électorales ; dans les villes, leurs comités ont une assiette égale à celle des autres partis, quelquefois supérieure, mais subissant la direction des bourgs et des villages, plus qu'ils ne leur imposent la leur, le suffrage universel entraînant toujours le suffrage restreint. Au temps de M. Gambetta, où les chemins de fer, les télégraphes et les téléphones n'étaient pas partout, où les républicains n'avaient pas de journaux dans toutes les communes donnant assez de sève pour faire vivoter une feuille publique, où la crainte des « autorités naturelles », dont dépend le pain quotidien des petites gens, rendait rares et timides leurs embrigadements, les voyageurs de commerce étaient la propagande et le lien, et M. Gambetta les haranguait comme des apôtres. Mais depuis une vingtaine d'années, les voyageurs de commerce ou commis-voyageurs ont disparu de la politique et ils y ont été remplacés par les instituteurs, devenus les curés de la république, et par les francs-maçons, devenus ses jésuites et ses capucins.

Ces comités républicains se sont graduellement, ou par bond, selon le quartier et suivant l'occasion, transformés de centre-gauchers en opportunistes, d'opportunistes en progressistes, ou en unionistes, ou en radicaux, en radicaux-socialistes, en socialistes ou en socialistes unifiés, etc... ou avec des teintes intermédiaires moins durables et déjà oubliées, mais tous, malgré leurs résistances, leurs arrêts, leurs reculs, leurs pointes, leurs crochets, et leurs feintes, en une marche républicaine progressive, quoique inégale, chacun subissant, d'ailleurs, aux approches du pouvoir, les nécessités de ce pouvoir, presque toujours le contraire des nécessités de l'opposition, l'opposition promettant le plus possible, pour allécher davantage, et le pouvoir donnant le moins possible, pour ne pas mettre l'État sens dessus dessous, et pour ne pas succomber sous ses ruines.

En regard d'eux, et contre eux, battant toujours en retraite et se « démonarchisant » de plus en plus, les comités monarchistes, impérialistes, royalistes, orléanistes, bonapartistes, plébiscitaires, conservateurs, libéraux, nationalistes, catholiques, etc., presque toujours groupant les « autorités naturelles » ou groupés par elles, contre lesquelles se fait, dans la mesure où les circonstances de lieu, de temps et de personne, le permettent, le mouvement naturel du suffrage universel et du régime démocratique et républicain, comme s'il y avait dans la subconscience populaire un immanent parti pris contre elles et contre les descendants de ceux qui ont successivement été les trois grands ouvriers de l'ancienne France et se sont l'un l'autre remplacés dans cette œuvre, et contre leur réincarnation à la direction de l'État. La plupart de ces comités monarchistes ont eu pour but ou pour effet de mettre en relief un châtelain « représentant monsieur le comte de Chambord », « monsieur le comte de Paris », « monsieur le duc d'Orléans », et lorsqu'en 1894 le duc d'Orléans a succédé au comte de Paris, des petites gens, ignorant ces antiques et hautes institutions, demandaient comment un duc avait pu succéder à un comte et pourquoi l'on dit : « monseigneur le duc d'Orléans », alors qu'on appelait son père « monsieur le comte de Paris » ; pourquoi aussi l'on dit « le prince impérial » et du prince qui lui a succédé, le prince Napoléon et du successeur du prince Napoléon, « le prince Napoléon », ou « S. A. I. le prince Napoléon », ou encore « le prince Victor », et pour tous, sauf le prince Napoléon, premier du nom, « monseigneur » ?

Le représentant écrit à « monseigneur » et montre les réponses de « monseigneur » ou les publie, et il y a quatre-vingts ans pour les uns, soixante-deux ans ou quarante pour les autres, que le public lit les félicitations ou les condoléances de « monseigneur » à des personnages, dont le plus démocrate entend bien n'être pas du commun. Si un avocat, un entrepreneur, un paysan, un notaire, un avoué, un marchand de nouveautés ou un pharmacien, en un mot, un homme n'appartenant pas à la noblesse, à la haute bourgeoisie ou au grand état-major politique, s'avisait de faire part au duc d'Orléans ou au prince Victor du décès de son père ou de a naissance de son fils, ses amis et ses voisins feraient des gorges chaudes de sa présomption, tandis que nul ne trouve à redire à de hommages dont le rang fait un devoir. Mais ces correspondances ont paru à la longue former un lien isolateur et quelques mois après avoir été réexilé, en 1886, le comte de Paris disait à M. Barthélemy Saint-Marc Girardin, grand et gros homme à la physionomie ouverte et qui faisait un peu le paysan du Danube : « Il faut que le parti monarchiste disparaisse : c'est un rideau qui cache le prince au pays » ! Il pensait que si le prince pouvait ramener le principe, le principe ne pouvait pas ramener le prince et que, pour rétablir la monarchie, le prince devait premièrement écarter les causes d'impopularité et se rendre populaire.

Depuis le 4 septembre 1870, les sept prétendants ont tous reçu de leurs partisans des recettes pour se rendre populaires, mais aucune ne s'est trouvée bonne puisqu'aucun n'a acquis la popularité qui met sur le trône. Les images d'Épinal le représentant en uniforme de lieutenant-colonel de l'armée territoriale à cheval, bien que faites pour la propagande, laissaient au comte de Paris l'air un peu emprunté. Il était simple de manières et de goûts, et, comme le comte de Chambord, il aimait la vie bourgeoise, avec moins d'étiquette et pour ainsi dire pas. Après la mort du comte de Chambord, il avait pris dans chaque parti politique son principe constitutif et avait fait de ces principes arrangés en bouquet, comme une transaction et un lien pour réconcilier et réunir leurs partisans autour de lui. Grâce à quoi et à ses subsides électoraux il put, en 1885, organiser les factions opposantes, y compris la faction républicaine de MM. Vacherot et Jules Simon — M. Vacherot devenait bientôt plus monarchiste que lui, — en opposition conservatrice-libérale, c'est-à-dire constitutionnelle, puisque ce qu'on appelait « le clou » de son programme ou la partie saillante à laquelle était accroché tout le reste, était la revision de l'article 8 de la constitution.

Ces élections de 1885 ont été, depuis 1871, celles où les antirépublicains ont approché le plus du succès, non seulement par le nombre des électeurs, mais encore par celui des élus, — il n'y a que les élus qui comptent et tant que l'on n'a pas la majorité des élus, l'on n'a rien, — ils l'ont approché sur le terrain républicain et avec le concours de républicains, sous la direction du chef de la dynastie traditionnelle. Lorsque le comte de Paris voulait que le rideau monarchiste tombât et, par conséquent, que tous les noms historiques rentrassent dans l'ombre pour le laisser voir, il risquait de se priver des hommages publics de ceux qui avaient été pendant deux cents ans les ennemis des siens ; mais ils sont tous restés debout autour de lui, comme ses pairs gardes du corps, comme les colonnes du temple, sauf quelques-uns, retirés sous leur tente ou passés aux « blancs d'Espagne », à don Carlos ou au duc d'Anjou, tels le comte Maurice d'Andigné et le prince de Valori, écrivain de l'école de M. Barbey d'Aurevilly, avec toute la distance du disciple au maître, — et aux Naundorff, dont le chef est placier en vins, comme Mlle de La Tour du Pin Chambly de la Charce. Un prétendant au trône placier en vins n'a pas remué le cœur de la démocratie française, pourtant au premier rang de l'alcoolisme. D'autres encore ont adhéré à la république, pour des motifs et dans des buts divers, comme le marquis de Castellane, le marquis de Talleyrand-Périgord, aujourd'hui duc de Dino ; le comte Albert de Mun, le marquis de La Ferronnays ; le comte de Caraman, le comte Greffulhe, le comte Bernard de Gontaut-Biron, le prince de Tarente, un La Trémoille, qui, avec le « bloc », a voté la loi de séparation des Églises et de l'État, la loi Combes. Les républicains n'ont voulu faire un ambassadeur ni de M. Greffulhe, ni de M. de Mun. On aurait vu avec presque autant de curiosité que jadis Châteaubriand, M. de Mun ambassadeur au Vatican, où son bel air eût rendu attentifs ces prélats diplomates, habiles à mettre la main sur toute personne dont la religion se laisse trop voir. Aucun ambassadeur de cette république n'a mieux connu le Vatican que le comte Lefebvre de Béhaine, parent et ami de M. Frédéric Masson et des Goncourt, les « maréchaux de la littérature », comme les appelaient les jeunes écrivains ; mais il paraissait si clérical dans sa simplicité rustique, quoique matoise, qu'un regard de Léon XIII ou même du cardinal Rampolla le faisait s'approcher comme de la sainte table !

Mais les républicains n'ont manifesté aucun désir de les associer à leur gouvernement pour lui donner le lustre ancestral qui lui manque, les étrangers étant toujours surpris de voir la république tirer sans cesse de soi-même des hommes nouveaux, dont les noms hier inconnus sont demain replongés dans l'obscurité, et même depuis la démission du maréchal de Mac-Mahon, ces noms envahissent de plus en plus l'État, chassant les autres. Les républicains considèrent la noblesse comme une pièce d'architecture ancienne, inutilisable dans l'État nouveau, particulièrement dans la république, et qui rappelle les chapiteaux, les frises et les bas-reliefs que l'on rencontre sous ses pas dans les villes en ruines. S'étant fermée à tous, ils entendent se fermer à elle. Peu leur importe que tel de ses membres remplirait mieux telle fonction que le roturier qu'ils y mettent, et tant pis pour l'État ! Ils la tiennent à l'écart ainsi que la bourgeoisie qui s'y agrège en sous-noblesse. Ces noblesses les ont d'ailleurs toujours combattus et ne se rallient que faute de mieux, ils n'en ont plus besoin, ils sont plutôt trop nombreux, et ils les aiment mieux hors de la république que dedans.

Tous ne savent pas que sous l'ancien régime, avant que Louis XIV eût réduit l'aristocratie à la noblesse, Mazarin n'avait pas, de son côté, la bonne compagnie, ni Richelieu non plus, et pour citer seulement un autre exemple, qu'en pleine féodalité et en dépit de la bonne compagnie, Louis XI a démoli la ligue de Charles le Téméraire, avec des gens de la plus basse extraction. Mais tous savent que si le suffrage universel ne désire rien tant que d'en être, il n'en est pas et ils sont passés maître dans l'art de faire jouer ce ressort. Leurs tournées électorales et interélectorales tiennent leurs électeurs en haleine, et leurs comités les enserrent et les fonctionnaires, agents et employés salariés de l'État, des départements et des communes, dont ils ont sans cesse augmenté le nombre et le traitement, rendent effectives les menaces des comités et compriment les électeurs récalcitrants. La publication des fiches du « grand-orient » sur les officiers a levé un coin du voile qui recouvre cette organisation à plusieurs trames entrecroisées, où le suffrage universel se trouve capturé comme dans une nasse. A mesure qu'elle a multiplié les chemins, les routes, les voies ferrées, les télégraphes, les téléphones et ainsi rendu plus faciles et plus rapides les communications entre les habitants, les communes, les cantons, les arrondissements, les départements et la capitale, et, par suite, l'administration et l gouvernement, la république a multiplié les employés, agents et fonctionnaires, non pour le service public, qu'ils compliquent et qu'ils entravent, outre le ruineux accroissement des impôts correspondants, mais pour son propre maintien et pour sa propre domination, dont le parti qui se l'est approprié est le bénéficiaire. Cette armée de « budgétivores »

est l'armée de ses gendarmes électoraux et de sa garde préto-
rienne.

Jusqu'au commencement de cette république, le doyen des journaux royalistes portait en sous-titre les mots : « Appel au peuple », bien que son légitimisme s'appuyât sur le principe contraire, sur la tradition historique, sur le droit divin. C'est dire de
quel culte le suffrage universel a été l'objet ou l'est encore. Dans
son agonie, de 1877 à 1880, qui émouvait « le boulevard » et les
Rothschild, retrouvant sa verve au mot de république, M. Xavier
Aubryet disait de sa voix âprement douloureuse : « L'électeur est
un mufle et le suffrage universel est le panmuflisme ! »

Les institutions périssant d'ordinaire par leurs abus, les prophètes ont beau jeu à prédire que cette institution périra comme les
autres. Mais, depuis son rétablissement par le prince-président, le
jour même du coup d'État, et comme si ce coup d'État était fait
pour le suffrage universel et non pour le président, les adversaires
du suffrage universel, et il y en a dans tous les partis, n'ont pas eu
l'ombre d'une chance, même après la commune, de le supprimer.
Lorqu'on n'a aucune chance de renverser une institution et qu'on
est obligé de vivre avec elle et même de s'en servir pour participer
à un degré quelconque aux affaires publiques, pour être conseiller
municipal de son village de cent habitants, sans doute la sagesse
n'est pas de le menacer ni de l'injurier, mais de s'en accommoder
pour son bien propre et pour le bien public, jusqu'à ce que le
temps ait fait son œuvre de destruction, parce qu'en frappant sur
une institution neuve et populaire, au lieu de la renverser, on l'enfonce davantage, on la consolide et contre soi-même. Mais quoique
au fond ils pensent du suffrage universel, tous les partis l'ont à
l'envi flagorné pour se le rendre favorable et pour se le fixer, les
républicains plus encore que les bonapartistes, les bonapartistes
plus que les légitimistes et les légitimistes plus que les orléanistes,
aux flagorneries les républicains surtout ajoutant la corruption,
même par l'argent, et faisant de lui un maître enivré, orgueilleux,
brutal, vénal et capricieux, qui les méprise et qui les brise comme
le sultan ses courtisans trottant à pied derrière sa voiture.

Non moins répugnant est le candidat faisant la roue autour du
« mufle » sale, puant, grossier, ignoble et insolent. Mais il est de
grands artistes dans ce déploiement nécessaire de leur queue en
rond, même à droite, et il faut que les poulains et les génisses de
ses électeurs de l'Orne soient bien jeunes pour que le baron de
Mackau ne sache pas leur nom. Tous les programmes électoraux
des républicains, tous leurs actes parlementaires, en un mot toute
leur politique intérieure et extérieure, — exception faite en ceci,
comme en toute autre chose, en ce livre, pour tels et tels, — leur
politique n'a pour inspiration, pour guide et pour but que la con-

quête ou la reconquête du suffrage universel, aux dépens de la fleur de ce suffrage par la naissance, la culture, le talent et la fortune, tous les citoyens, du pensionnaire de l'assistance publique au duc cent-millionnaire, ne pouvant être dans l'État que ce qu'il plaît au suffrage universel qu'ils soient, et le suffrage universel est le Louis XIV d'aujourd'hui. Il préfère ceux qui sont le moins loin de lui, au rebours de Louis XIV qui écartait ceux qui étaient le plus près de lui, mais dans la même pensée d'être le maître.

Le 13 décembre 1870, pendant le siège de Paris, à Belleville, salle Favié, se tenait un club à la lueur d'une douzaine de chandelles. L'assemblée venait de voter « l'abattement » pour la boucherie des chevaux de luxe et de corbillard, « les riches devant aller à pied comme les autres et les citoyens devant porter leurs parents et amis au champ du repos », mais elle avait accordé un « sursis » — application de la loi Bérenger avant la lettre — aux chats et aux chiens, ces animaux, « surtout les caniches », faisant « presque partie de la famille ». Un orateur s'écria : « Que les Prussiens bombardent Paris si bon leur semble !... On dit que les bombes incendieront les monuments des arts, les musées et les églises. Citoyens, la république avant les arts.... qu'on brûle le Louvre, avec les tableaux de Rubens et de Michel-Ange, je m'en consolerai, pourvu que la république triomphe. Je me consolerai encore plus facilement de la destruction des églises, et je verrai, sans sourciller, les tours de Notre-Dame s'abîmer sous les bombes..., les bombes nous débarrasseront de tous les monuments de la superstition..., elles épargneront de la besogne aux socialistes ». Ces explosions révèlent le caractère, sinon la pensée, non pas de tous les hommes d'un parti, mais de ce parti dans son ensemble, et, comme ses adversaires, en ne sortant pas de leur antirépublicanisme, l'ont forcé à se considérer comme la république elle-même, il a toujours défendu et il défend encore tout à la fois les avantages que le pouvoir lui procure, ses idées sur les affaires publiques et le régime républicain, ce qui l'a maintenu et fortifié dans son fanatisme originel et créateur.

L'école nancéienne de décentralisation, ni personne d'ailleurs, n'avait prévu comment commencerait la réforme qu'elle préconisait. En faisant passer la souveraineté de la couronne au parlement, du chef de l'État aux représentants des départements, du centre aux rayons, la république a décentralisé le pouvoir central, chaque sénateur ou député est un huit cent quatre-vingt-onzième de souverain et dans le département qui lui a confié sa parcelle de souveraineté, cette parcelle lui donne la souveraineté départementale. Il n'est pas de préfecture où lorsque l'on est allé traiter d'une affaire, l'on n'ait entendu le préfet, son secrétaire général, son chef de cabinet ou l'employé qui les remplace vous demander tout d'abord : « Avez-vous vu monsieur le sénateur ? » ou bien : « Avez-vous vu monsieur le député ? » Le département a six, huit ou dix députés et trois, quatre ou cinq sénateurs, mais il y a un sénateur ou un député qui est « monsieur le sénateur » ou « monsieur le député », le leader des autres, leur maître et le maître du préfet et de tous les fonctionnaires de tous ordres. En faisant réformer par le président Fallières le décret de messidor sur les préséances, en donnant le pas au préfet sur tous les autres fonctionnaires, sur le premier président et sur le commandant de corps d'armée, sur l'amiral et sur le maréchal, s'il y en avait encore, et sur le cardinal ou l'évêque, s'il n'avait été antérieurement à cette réforme rayé de la hiérarchie de l'État et si la loi de séparation n'avait donné à sa radiation le caractère rationnel qui lui manquait, le ministère Clémenceau a « protocolisé » la prééminence du pouvoir civil sur tous les autres pouvoirs et la subordination de tous ces pouvoirs aux sénateurs et aux députés, dont le plus haut représentant du pouvoir civil, le préfet, n'est que le premier commis. Ce commis n'est plus seulement surveillé de Paris par le ministre de l'intérieur du souverain, empereur ou roi, mais sur les lieux mêmes par des membres du nouveau souverain, le parlement, par les sénateurs et les députés du département et par leurs collègues de la commission de permanence du conseil général, — la plupart des députés et des sénateurs sont conseillers généraux, — dont la mission est non seulement de contrôler les actes du préfet, mais de lui rappeler par sa présence que les temps sont changés et qu'aujourd'hui il est moins au service du gouvernement qu'à celui des élus du département, et en particulier de ceux de ces élus, les sénateurs et les députés, qui font et défont le gouvernement. Les maires eux-mêmes n'étant plus nommés par le gouvernement ou par le préfet, mais étant élus par les conseils municipaux, le préfet n'a plus en mains ses principaux agents traditionnels, qu'au contraire tout rapproche des sénateurs et des députés dans ce général organisme électoral, dont les parties font cause commune.

On s'est demandé non sans inquiétude, comment, avec cet organisme et particulièrement avec ces maires, le gouvernement pourrait, en cas de guerre, faire la mobilisation. On s'est demandé aussi, les uns avec effroi et les autres avec ironie, ce qu'il adviendrait si Paris avait un maire, si maire était élu par le conseil municipal comme les autres maires, et en opposition au président de la république, « l'élu de Paris » contre « l'élu des départements ». Dans les vingt premières années, se trouvant plus républicain qu'eux, le conseil municipal de Paris a donné de la tablature au gouvernement et au parlement, mais ceux-là ayant gagné le devant et son intérêt électoral le retenant maintenant en arrière, mais dans leur sillage, son rôle s'est effacé et il n'est pas un Parisien sur mille, qui, huit jours après son élection, sache le nom du président de cette assemblée. En supprimant l'adjonction des plus fort imposés au conseil municipal pour le vote des centimes additionnels, cette république a complété sa base électorale et la souveraineté du suffrage universel, tant et si bien que si c'était jusqu'alors une maxime du droit public que « qui paye l'impôt le consent », il peut arriver, et il est arrivé en certaines communes que ceux qui « consentent » l'impôt payent une si minime part de cet impôt qu'à la vérité l'impôt est « consenti » par ceux qui ne le payent pas et que la démocratie rejoint ainsi le tsarisme.

Avec le suffrage universel, le régime parlementaire et les lois, règlements ou coutumes qui protègent contre la révocation ou le déplacement les fonctionnaires, agents et employés de l'État, des départements et des communes, la situation de ces électeurs émargeant au budget et faisant partie de la puissance publique, dont le vote a toujours fait pencher la balance pour les républicains, a toujours été l'objet des controverses. Puisque la loi ne les prive pas du droit de vote, comme les officiers et les soldats des armées de terre et de mer, — il a quelquefois été demandé qu'elle les assimilât à ces interdits, — puisqu'elle ne les distingue pas des autres électeurs, ils ont, comme ceux-ci, le droit de voter pour le candidat qui leur agrée, élire signifiant choisir, et aussi de dire les raisons de leur choix et de faire de la propagande pour leur candidat, comme en a le droit tout autre électeur, dès lors qu'il n'y a pas d'électeur entier ni de demi ou de quart d'électeur. C'est là la théorie de l'opposition quand même, qui ne pense qu'à recruter des voix, nonobstant l'ébranlement de l'État qui résulterait de cette anarchie des administrations publiques. A cette opposition, ceux qui mettent au-dessus des républiques et des monarchies, des droites et des gauches, et de tout, la conservation de ces administrations publiques et le fonctionnement des rouages de l'État à travers ses vicissitudes électorales, parlementaires et gouvernementales, par quoi le pays ne tombe pas en pleine révolution et en pleine paralysie, répondent que chacun de ces électeurs-là est tenu, dans l'exercice de son droit électoral, à une réserve adéquate à sa charge, non seulement pour ne pas compromettre son autorité auprès de ses administrés en prenant parti dans leurs querelles, parce que leur confiance à tous lui est nécessaire et que tous ont un égal droit à sa sollicitude, mais encore à cause de ses devoirs envers le gouvernement qui détient le pouvoir et qui dirige l'État. Car, si bien sa conscience lui dit de ne pas voter pour le candidat du gouvernement, dont il accepte le principe en ne donnant pas sa démission, elle lui dit si rarement de ne pas accepter un avancement, une décoration ou une faveur de ce gouvernement, qu'il aurait mauvaise grâce à se montrer publiquement hostile, et que son opinion doit, le plus souvent, rester secrète comme son vote, son indépendance étant dans l'exercice intègre de sa charge. C'est une question d'espèce, et les nuances sont variées, un magistrat debout et un magistrat assis ne sont pas sur le même plan, un professeur à la Sorbonne et un recteur d'académie non plus, ni un préfet et un directeur de l'enregistrement, ou un commissaire de police et un percepteur.

Sous le régime du concordat de 1801, le clergé se défendait d'être fonctionnaire, et il ne l'était pas au sens que l'on donne communément à ce mot ; mais à peine le concordat était-il aboli, que le même clergé, les mêmes évêques, se félicitaient de n'être plus fonctionnaires, et ils l'avaient été, en effet, puisqu'ils faisaient partie des administrations publiques, à un titre beaucoup plus proche que l'institut de France, puisque l'Etat n'intervient en rien dans l'élection des membres de l'institut, le président de la république l'approuvant seulement, tandis qu'il nommait les évêques et les archevêques, agréait leurs vicaires généraux, les chanoines titulaires et les curés de canton. Il paraît bien que les évêques ne pouvaient se féliciter de leur libération, si chèrement payée, que pour la reprise de leurs droits sur ces ecclésiastiques soumis à l'agrément du gouvernement, car, lorsque Mgr di Rende, nonce à Paris, fut créé cardinal par Léon XIII, il disait dans l'intimité, avant son départ : « Savez-vous ce qui m'a le plus frappé chez vos évêques ?... C'est leur préoccupation de n'être pas rayés du décret de messidor ! » Un Français, « un monsieur », qui, à quarante ans, n'a pas une fonction publique ou n'en a pas eu une, ou qui n'est pas décoré, passe, s'il est noble, pour s'être tenu à l'écart de son temps, et on le laisse à sa bouderie, et s'il ne l'est pas, pour n'avoir pas su « faire son affaire », pour un fruit sec, et on le dédaigne. Ce culte des Français pour le service de l'Etat vient de ce que, depuis deux cent cinquante ans, cet Etat est tout puissant et qu'ils attendent tout de lui, et il se double de plus en plus, jusque chez les paysans propriétaires, du désir, du besoin, qui trahit la fatigue et la faiblesse, d'un « traitement fixe », d'un « fixe », et d'une « pension de retraite », les dispensant d'initiative et assurant leur nonchalance. Il reste donc à savoir si, outre le déplaisir de ne plus faire partie de cet Etat, qui est tout et en dehors duquel on n'est rien, hormis les descendants ou les soi-disant descendants de l'ancien Etat et qui en portent encore la matricule, ceux que l'on a appelés les « préfets violets », les évêques, n'appréhendaient pas l'abaissement de l'Eglise et l'amoindrissement de la religion, dont leur radiation de l'Etat serait l'indice, sinon une cause ajoutée aux autres, et le temps seul le dira.

Enfin, la troisième thèse sur les droits et les devoirs électoraux

des serviteurs de l'Etat est celle des républicains en général, depuis qu'ils sont au pouvoir, car, avant qu'ils y fussent, nul ne se
montrait plus favorable à la liberté de ses serviteurs et plus hostile à la candidature officielle. C'était le temps où ils proclamaient
que leur gouvernement serait ce qu'ils appelaient « la république
athénienne ». « Qu'elle était belle sous l'empire ! » a dit, de leur
république, le caricaturiste Forain, dans la légende d'un de
ses dessins symboliques. Donc, sauf quelques libéraux, les républicains prétendent que les « salariés » des communes, des départements et de l'Etat, doivent voter et faire voter pour les républicains officiels, — personnel et programme naturellement variables, et, par conséquent, indéterminés, — ces candidats républicains officiels étant le parti républicain, le parti républicain étant
la république, la république étant l'Etat, et l'Etat étant la France,
qui a droit au vote de qui elle paie. Cette incarnation est l'opération psychique de tout parti qui a longtemps occupé le pouvoir
et qui ne peut pas se figurer qu'il n'en est pas dépossédé que pour
un temps et qu'il ne le réoccupera pas par la force des choses, ou
qui, l'occupant encore, ne voit pas qui l'y remplacerait et s'y
croit pour toujours : c'est le phénomène de la légitimation, suivi
de la cristallisation dans la légitimité.

Comme on émettait devant lui des doutes sur ce que le comte
de Paris ferait de son héritage politique, le comte de Chambord
répondit : « La légitimité l'enserrera ! » La légitimité a aussi enserré les républicains. Ils sont la France et plus que la France, puisqu'ils se sont persuadés qu'elle n'existerait plus sans eux, et quelque chose comme la divinité politique, bien qu'ils voient le sol jon-
ché, depuis les temps les plus anciens, des débris de ces divinités-
là.

Aucun gouvernement ne s'est passé de la candidature officielle,
pas même le ministère Buffet, ni le premier ministère Brisson, qui
ont laissé faire les élections de 1876 et de 1885 plus librement que
ne se sont faites les autres élections de cette république, bien que
personne n'ignorât les candidats qui leur étaient agréables et que
la géante machine administrative fonctionnât par tradition au profit de ces candidats. Mais il y a la dose, un peu plus forte que
celle de 1885 et 1876, passée en usage, ce qu'en librairie on appelle
« la passe » ; la manière, c'est-à-dire le plus ou moins d'habileté
ou de rudesse à passer la « passe », avec quelque chose en sus ; et
la forme ou pilule contenant la dose, c'est-à-dire la loi électorale
qui, sous la restauration, était un modèle du genre. La chambre
des députés, dont Charles X disait, en 1830, qu'elle avait « méconnu ses intentions » et qu'il en était « offensé », comprenait deux
vice-amiraux, treize lieutenants-généraux, quinze maréchaux de
camp, quatre colonels, deux lieutenants-colonels, quatre chefs d'es-

cadrons ou de bataillon, un sous-lieutenant, un intendant militaire et un sous-intendant, tous en activité de service ; dix-neuf
conseillers d'État et cinquante maitres des requêtes à ce conseil,
neuf préfets, un secrétaire général de préfecture, un sous-préfet
et huit conseillers de préfecture ; un président de chambre et cinq
conseillers à la cour de cassation ; quatre premiers présidents, cinq
présidents de chambre, treize conseillers, quatre procureurs généraux, — dont M. Jacquinot-Pampelune, qu'à son procès de 1821
Paul-Louis Courier appelait « ce monsieur de Pampelune », — et
deux avocats généraux de cours royales ; quatre présidents, un
vice-président et deux juges de première instance ; deux juges de
paix ; un président et deux conseillers maitres à la cour des comptes ; un ministre plénipotentiaire ; le directeur de la monnaie ;
deux receveurs généraux et deux receveurs particuliers ; deux inspecteurs divisionnaires des ponts et chaussées ; le directeur général de l'enregistrement ; deux conservateurs des eaux et forêts ; un
ingénieur en chef des mines; un inspecteur des haras et autres fonctionnaires de tous ordres, tous également en fonctions ; quarante-
sept maires nommés par le gouvernement, etc. Par exemple, M.
Hocquart, premier président de la cour de Toulouse, et M. Bas-
toulh, procureur général près cette cour, étaient tous deux députés de la Haute-Garonne. Si aucune candidature ne saurait être
plus officielle que celle d'un procureur général au siège même de
son parquet, la forme en étant non pas gouvernementale, mais
constitutionnelle, ne peut pas être reprochée au gouvernement,
mais à la constitution, dont le gouvernement est le gardien. Ces
chambres des députés de la restauration, chambres de hauts fonctionnaires civils et militaires, avaient plus d'expérience des affaires que la chambre des pairs, et elle était le futur sénat du second
empire. Elles étaient aussi indépendantes que les chambres de la
troisième république, et même davantage, puisqu'elles ont renversé Charles X, tandis que celles-ci n'ont pas encore renversé la
république.

C'est l'assemblée nationale de 1871 qui a mis en usage les projets et propositions de lois, les enquêtes, les rapports en in-quarto
volumineux, et quelquefois en plusieurs tomes, qui instruisent les
parlementaires de la matière sur laquelle ils ont à légiférer et dont
ils ne savent à peu près rien, tandis que ces nombreux et hauts
magistrats connaissaient le texte, le mécanisme, l'esprit et la pratique des lois, ces chefs de l'armée n'ignoraient rien des affaires
militaires, l'administration était familière à ces préfets et à ces
directeurs des services publics, et ils donnaient à leurs chambres
une majorité capable, qui comprenait à demi-mot, sans que la capacité législative lui donnât la capacité politique, les chambres
françaises, quelles qu'aient été leur origine et leur composition,

s'étant presque toujours distinguées, entre toutes les assemblées, par leur incapacité en cette matière.

Les chambres de Louis-Philippe ont été la suite de ces chambres, même assiette et même capacité. Un collectionneur de « littérature parlementaire » s'étonnait, en sa manie rare, que leurs écrits fussent si à fleur de corde et si succincts, et ce qui l'induisait en erreur, ce qui lui faisait croire que les chambres républicaines étaient supérieures aux chambres monarchistes, et que le républicanisme donnait les talents comme les pavots donnent le sommeil, c'est que sa remarque s'appliquait également au corps législatif du second empire, pourtant élu comme les chambres républicaines par le suffrage universel ; mais ce corps législatif, dans sa première partie et même pour la première moitié de la seconde, n'a été qu'une chambre de contrôle, et l'on pourrait dire d'enregistrement, toute délibération se faisant en conseil d'Etat, d'où les lois arrivaient au Palais-Bourbon et au Luxembourg, prêtes au poinçonnage. Mais lorsqu'on parcourt la liste des conseillers d'Etat, depuis leur réorganisation en l'an VIII, l'on s'aperçoit que ceux que l'on connaît le moins sont ceux que l'on devrait connaître le mieux, c'est-à-dire les conseillers d'Etat des vingt-cinq dernières années, et l'on se demande si, ayant subi la même dépression que les députés, leur collaboration aux lois rendrait les lois meilleures. L'accès du corps législatif du second empire était déjà interdit aux fonctionnaires des chambres monarchistes, et cette assemblée, issue du suffrage universel, était de même farine que les chambres actuelles, mais de première marque, et c'est d'une législature à l'autre que la seconde marque et le son s'y sont introduits, et plus la représentation du suffrage universel se rapproche de lui, plus le son élimine la farine, de sorte que si les choses avaient la logique des idées, le suffrage universel aboutirait à un parlement fait à l'image du conseil municipal d'un village de cinq cents habitants, et, en avant la borne, il apparaît que ce grand Etat se dissoudrait.

Des correspondantes inédites montrent sur le vif la candidature officielle sous le gouvernement de juillet et sous la restauration : c'est surtout par l'appât des fonctions publiques que ces monarchies agissaient sur les électeurs censitaires. Ce moyen est toujours employé par la troisième république, mais elle y en a ajouté nombre d'autres, appropriés au suffrage universel : pression des fonctionnaires sur les petits électeurs mal armés pour se défendre, et dénonciation des autres aux hautes autorités départementales sur leurs affaires privées ; achat des suffrages par les bâfres et les soûleries au cabaret, et même argent comptant sur les fonds secrets du ministère de l'intérieur, ou les libéralités de brasseurs d'affaires qui ont besoin du gouvernement ou de républicains riches et croyants : terrorisation des populations par menaces d'invasion ou de révolution ; collisions autour des urnes et falsifications du scrutin : ces quatre ordres de faits enrichis de toutes les ruses locales.

Il faut remarquer ici que, dès le début et jusque dans leur gouvernement, les républicains ont toujours eu des hommes très riches, les Dorian et les Magnin, et dans les assemblées de cette république les Guichard (de l'Yonne), les Arnaud (de l'Ariège), qui avaient conservé les habitudes des premiers temps du régime représentatif, de faire suivre son nom de celui du département dont on était député ou dont son père l'avait été, tels encore les Girod (de l'Ain), les Pelet (de la Lozère), les Roger (du Nord), etc., — un jour ou l'autre la parenthèse tombe, le bourgeois s'évanouit et le gentilhomme paraît ; — et les Casimir-Périer, les Menier, les Germain, les Récipon, les Berteaux, les Jean Dupuy, les Lebaudy, et nombre d'autres. Ceux qui pensent que la première chose à faire est de se rendre indépendant, c'est-à-dire de faire fortune, le reste ne venant qu'après, comme les bijoux après le vivre, le vêtement et le couvert, n'embarrassent pas d'ordinaire cette entreprise de leur hostilité contre le gouvernement, dont ont besoin la finance, l'industrie et le commerce, qui sont leurs sources, l'opposition étant la carrière des journalistes, des avocats et des vaudevillistes, et les fortunes nouvelles sont presque toutes républicaines, hors celles qui se contentent des armoiries et des impertinences d'un gendre, et qui ne se sentent plus assez de ressort pour se forger leurs bijoux, pour devenir députés, sénateurs, ministres. C'est la classe des parvenus, objet aussi de l'envie, dont l'éducatrice de Louis-Philippe, Mme de Genlis, disait : « Cette envie secrète et basse, que trop souvent la noblesse orgueilleuse et pauvre porte au bonheur d'un parvenu. » Envie que les parvenus rendent à la noblesse avec usure. Mme de Genlis aurait pu aussi dire d'eux ce qu'elle disait de son élève, « M. de Valois », le futur successeur de Charles X : « Il avait un bon sens naturel ; il aimait la raison comme les autres enfants aiment les contes frivoles. » Ils n'ont pas l'esprit ennobli de classicisme ni de romantisme, ni troublé d'angoisses métaphysiques, ni tenu en laisse par une tradition familiale ; ils n'ont été éduqués ni dans la bonne compagnie ni par les livres, mais par la brutale expérience quotidienne, qui leur donne un bon sens pratique, et ce bon sens leur apprend à dédaigner théories, systèmes et chimères, et à se frayer passage à travers les réalités. Les dangers vaincus et le succès atteint, volontiers ils se vautrent dans leur argent, comme d'autres se rengorgent dans leur naissance ou dans leur talent et si leur superbe est moins immatérielle elle n'en est pas moins ridicule.

Il ne se passe presque pas de mois où les journaux ne rapportent qu'un passant voulant rompre un cordon de police pour franchir un passage interdit aux bipèdes et aux quadrupèdes l'a pris de haut avec les gardiens de la paix et leur a jeté au visage : « Je suis député, moi ! » Neuf fois sur dix, ce député, qui réclame avec menace un privilège, est un républicain soi-disant égalitaire. Un académicien de cette république, du « parti des ducs » et portant un titre proche du leur, ayant eu une pique avec un bourgeois pourtant très entiché de noblesse et qui avait tenu bon, lui tourne le dos et, prenant par le bras un ami qui se trouvait là, lui dit d'une voix étouffée par le « sang bleu » : « Comprenez-vous cet olibrius qui se permet de me refuser ce que je lui demande ? Je suis — ici son titre, — moi ; je suis de l'académie française, je suis quelqu'un, je suis âgé !... » A les entendre, l'académicien et le député, on dirait des épiciers. Mais, sans les parvenus, pas de dot pour en haut et pas de travail pour en bas, parce qu'eux seuls savent faire travailler l'argent et le faire fructifier. Pour ces hommes nouveaux, il y avait plus de place dans le nouveau régime, dans la république, que parmi les survivants des régimes déchus, où ils auraient été gênés et gênants, et ils s'y sentaient mieux à leur place ; au lieu d'y rencontrer le dédain et l'envie, ils n'y rencontraient que l'envie, qui est, de tous les mauvais sentiments, celui qu'on supporte le mieux, et qu'à sa sortie du peuple l'on est même heureux d'inspirer à ceux qui, la veille, étaient sur le même plan que soi. Ils ont donc apporté leur concours à la république, le concours des gens riches et hardis, parce qu'ils ont fait leur fortune, c'est-à-dire le concours des intérêts actifs, le crédit et la sécurité. L'opinion publique ne croyant pas qu'on puisse être révolutionnaire et la menacer dans son existence ou sa tranquillité, lorsqu'on a fortune, château, hôtel, ou seulement pignon sur rue, bien que les opinions politiques proviennent des dispositions de l'âme autant que de la condition sociale, et que souvent l'on ne puisse en trouver les racines, tant elles sont profondes et subtiles. Ils en ont reçu, en retour, concessions lucratives, considération, honneurs et charges. On peut être très habile pour ses affaires privées et très inhabile pour les affaires de l'Etat. Mais tout cela est dit seulement pour rappeler qu'aux élections les républicains n'ont jamais manqué d'argent et que toutes les sources leur en sont ouvertes depuis la troisième législature.

On a dit qu'en poussant la candidature officielle plus loin que les régimes précédents, ils ont traité le suffrage universel en être stupide, vénal et lâche ; mais il paraît que le suffrage universel ne s'est pas fâché de ces gros mots, puisqu'il reste toujours pour les républicains, qui, d'ailleurs, l'encensent et se prosternent devant lui, tout en le traitant comme s'il était ce que disent quelques-uns de leurs adversaires et des siens. Mais où leur action sur les élec-

tions est apparue le mieux, c'est à l'élection des cinq législatures
qui ont suivi l'assemblée nationale de 1871. Si, à l'élection de cette
assemblée leurs actifs, sous la conduite de M. Gambetta, demandaient « la guerre à outrance », soit entraînement patriotique, soit
crainte que la paix ne leur ôtât le pouvoir, à l'élection des cinq
législatures suivantes, ils répandaient le bruit, habilement dirigé
et gradué, surtout sur la frontière orientale, de Dunkerque à Nice,
qu'en votant pour les monarchistes les électeurs feraient déclarer
la guerre à la France par l'Allemagne et par l'Italie, et ce sont toujours ces quartiers-là, qui auraient à en supporter le poids, où les
républicains ont eu le plus de succès. Par contre, les monarchistes
ont toujours soutenu que la république menace les monarchies
environnantes, si elle est conservatrice et libérale, par la démons-
tration que la monarchie n'est pas nécessaire pour le maintien
de la liberté, de l'ordre et des traditions, et que les peuples peuvent se passer de l'appareil monarchique, et si elle est révolutionnaire et propagandiste, par la contagion du mauvais exemple et
par la révolution, et qu'en tout cas les monarchies doivent se tenir
sur leurs gardes et éviter des liens et des contacts dangereux,
leur coalition contre la république devant fatalement se produire
un jour. Mais, au lieu d'être conservatrice chez elle et révolutionnaire chez les monarchies, au lieu de leur créer des embarras et
de s'en épargner à elle-même, la république a toujours fait tout le
contraire, elle s'est toujours faite modeste, serviable, quelquefois obséquieuse, chez les monarchies ; elle a toujours eu pour
règle de n'avoir pas de difficultés avec elles, de céder à leurs exigences, et même de répondre à leurs mauvais procédés par ses
bons offices. La pensée inspiratrice, directrice, dominatrice des
républicains, leur obsession, est « de ne pas se faire d'affaires »,
à l'extérieur, avec les puissances, et, à l'intérieur, avec leurs
factions avancées, qu'ils considèrent comme les seules puissances intérieures, et d'entrer toujours en accommodement avec elles
pour demeurer au pouvoir et conserver la république, dont l'opposition a lié le sort au sien ; et lorsqu'on leur dit que cette voie
des capitulations conduit à la place de la Concorde, où la tête de
Louis XVI est tombée sur les ruines de la monarchie, ils rompent
les chiens. Mais ils ne reculent devant aucun moyen électoral, sauf
ceux où la loi, si mal appliquée soit-elle et si puissants soient-ils,
ne pourrait pas les épargner et où l'enjeu ne vaudrait pas le risque.
Cet utilitarisme règne dans toute sa férocité à leur extrême-gauche
et ne se relâche qu'à mesure que l'on se rapproche de l'autre extrémité, ce qui ne veut pas dire, certes, qu'à cette extrémité et au
delà, parmi leurs adversaires, les élections soient pures, toute élection entraînant des combinaisons, des marchandages et des compromis, qui en font une altération ; mais il y a, ce qui paraît iné-

14

vitable, les abus isolés, communs à tous les partis ; et il y a le débordement, qui fait de ces abus la règle de la majorité, la politique du gouvernement, le cynisme du mépris de soi et des autres, la corruption contagieuse.

Nonobstant, le suffrage universel n'étant pas toujours, ni partout, un troupeau, les républicains ne l'ont pas toujours fait marcher à leur gré ; ils ont toujours eu une opposition, parfois si nombreuse, qu'on a pu les appeler, elle et eux, « les deux Frances », — mais c'est toujours la même qui bat l'autre, — et ils ont toujours cherché à se débarrasser de « l'autre France », sans souci d'en susciter une autre plus menaçante.

Au temps où M. Jaurès était du centre gauche et catholique pieux, où l'on racontait qu'il faisait baptiser ses enfants avec de l'eau du Jourdain, son oncle, l'amiral Jaurès, disait à M. Loubet, son collègue au sénat : « Ce petit m'inquiète. Il ira à l'extrême-droite. » Ce « petit » est devenu un muid et leader de l'extrême-gauche. Chassée des derrières, l'opposition réapparaît sur les devants, entraînant les républicains au lieu de les retenir, avec d'autres hommes et quelques-uns des mêmes, dont l'esprit s'est inverti, comme il est arrivé pour certains, qui étaient plus « chambordistes » que légitimistes, et qui, depuis la mort du comte de Chambord, se sont faits socialistes, voire un peu anarchistes, avec des lambeaux de leurs anciennes doctrines, se laissant aller ainsi à leur pente secrète, qui est d'être toujours aux extrêmes, de rêver dans le passé qu'ils connaissent mal, ou dans l'avenir qu'ils ne connaissent pas, le présent paraissant toujours, à ces esprits orgueilleux et chimériques, indigne de leur sollicitude, et étant d'ailleurs au-dessus de leur capacité. S'autorisant de ce que le maréchal de Mac-Mahon a dissous la chambre de 1876, uniquement, à leur sens et à leur dire, parce qu'elle était républicaine, ils ont, à leur façon, dissous leurs adversaires en les invalidant d'abord en bloc, ou à peu près, et ensuite en partie décroissante, uniquement parce qu'ils n'étaient pas républicains, et trente ans de représailles ne les ont pas encore assouvis, car ils invalident encore ceux dont le nez leur déplaît le plus, pendant qu'ils tremblent devant les socialistes en front de bandière. Avec les rapports et les débats sur la vérification des pouvoirs des députés et même des sénateurs, on ferait un livre un peu fastidieux, mais très curieux, sur l'art de piper les électeurs. Socrate prétend, au rapport de Platon, que « pour le bien des hommes il faut souvent les piper ». Ah ! que les candidats aiment les électeurs et que les électeurs aiment les candidats, car, non contents d'être pipés, ils se pipent eux-mêmes. Pendant la présidence Carnot, un jeune homme élégant, M. Picard, faisait sa tournée de candidat au conseil général, dans le canton de Saint-Jean-de-Bournay, — bourgade qui, pendant la révo-

lution, s'appelait Toile-à-Voile — en charrette anglaise, attelée
en tandem, et les paysans, flattés, disaient : « Il n'est pas fier, M.
Picard, il attelle comme nous ! » Et M. Picard fut élu en partie
pour ce qui devait l'empêcher de l'être.

Dans ce martyrologe trentenaire des députés de la droite et
de ses annexes, beaucoup ont été invalidés pour des faits incer-
tains ou controuvés, qui, eussent-ils été vrais et établis, étaient
moins graves que ceux dont la preuve avait été faite contre leurs
concurrents, dénonciateurs, plaignants et demandeurs en invalidation, et moins graves encore que ceux attestés, proclamés, tonnants et triomphants, des « invalideurs » eux-mêmes, qui n'avaient
pourtant rien à redouter, ni eux, ni la république, de cette opposition, laquelle aurait pu s'approprier le mot de Napoléon III :
« Comment voulez-vous que mon gouvernement puisse aller ?
L'impératrice est légitimiste, Morny est orléaniste, le prince Napoléon est républicain, je suis socialiste. Il n'y a que Persigny d'impérialiste et il est fou ! » Mais ils n'ont d'acharnement que contre les
opposants qui les empêchent de faire des sottises, et ils n'ont de
complaisance que pour ceux qui leur en font faire. A cette oppo-
sition-là, qui leur servait de sabot, — et bien que sa faction césarienne n'aime guère la liberté de la presse et de la parole, — cette
liberté était un exutoire suffisant à ses faibles humeurs révolutionnaires : lorsqu'elle a appelé la république « la R. F. », « Marianne » ou « la gueuse », elle est soulagée ; et lorsqu'elle a traité
les républicains, pas toujours à tort, de brigands, de canailles, de
bandits, de voleurs, de lâches, d'assassins, de « primaires », elle
se couche sur ses lauriers. Rien n'abolit la volonté comme de tout
écrire et de tout dire. Rien ne fausse davantage l'esprit. A toujours
critiquer le pouvoir parce qu'il s'appelle république ou monarchie,
et ceux qui l'exercent parce qu'on voudrait l'exercer à leur place,
tout en se fermant les voies qui y conduisent, l'on perd la notion
non seulement du juste, mais du réel, l'on vit dans l'aigreur et
l'abstraction, l'on se rend incapable des affaires publiques.
M. Henri Rochefort qui, a-t-on dit, depuis un demi-siècle, prend
le contre-pied et l'envers, tourne tout en ridicule, caricature un
chacun, est tour à tour Forain, Caran-d'Ache, Sem, Bertall, Grévin,
Daumier ou Cham, s'est, par trois fois, avisé de défendre au lieu
d'attaquer, de soutenir le général Boulanger, le ministère Bourgeois et la ligue de M. Gabriel Syveton, et l'on ne retrouvait plus
dans le panégyriste l'esprit du pamphlétaire.

Mais si les républicains sont des candidats comme l'on n'en a
pas vus avant eux, ne reculant devant rien pour se faire élire et capables de tout pour se maintenir au pouvoir, un bon candidat n'est
pas nécessairement un bon député, qui connaît les affaires, et dont
le bien public est le seul guide, de même qu'un bon député n'est

pas nécessairement un bon candidat, et le bon candidat en même temps bon député est une espèce rare, leurs qualités s'excluant d'ordinaire. A l'assemblée nationale de 1871, il y avait un tiers d'incapables répartis dans tous les partis, et leur répartition est demeurée la même dans les assemblées qui se sont succédé depuis cette assemblée constituante : mais elle s'est faite inégalement dans la chambre haute et dans la chambre basse.

Dès 1876, les incapables du sénat étaient de plus d'un quart, ceux de la chambre de plus du tiers, et, dans la législature de 1906, ils sont, dans le premier de plus du tiers, et dans le second de plus des deux tiers, à l'estimation d'hommes qui suivent leurs travaux et qui les connaissent personnellement. Avec les incompatibilités parlementaires et malgré le suffrage à deux et à trois degrés, le sénat est forcément inférieur, en capacité, au sénat impérial et à la chambre des pairs de Louis-Philippe, sinon à celle de la restauration, et la chambre tend de plus en plus à s'établir ras-terre, le suffrage universel devant faire effort pour voir un peu au-dessus de sa litière et de sa mangeoire. De sorte que, moins encore dans la réalité et en action qu'en puissance, parce que mille forces s'entrecroisent à travers tout régime politique, même la commune, et en entravent le jeu, la troisième république est purement parlementaire, son parlement est le souverain, ce souverain accapare l'exécutif avec le législatif et fait en sa personne la confusion des pouvoirs, il s'immisce dans toutes les administrations publiques et dans toutes les affaires qui y ressortissent, tant et si bien qu'il paraît, avant même que de l'être tout à fait, un autocrate à 891 têtes, dont la majorité est incapable. On y compterait sur les doigts — et l'on n'irait peut-être pas jusqu'au cinquième — ceux qui son capables de faire une loi, faire une loi étant plus difficile, mais moins périlleux, que de gagner une bataille. M. Crémieux, rapporteur, au sénat, du projet Dufaure sur la réforme judiciaire — le premier ministre de M. Thiers et du maréchal de Mac-Mahon demandait la création de juges ambulants, — M. Crémieux disait : « Pour l'honneur du barreau français, dont Dufaure a été une illustration, jamais je ne ferai mon rapport sur son projet, tellement il est absurde ! » M. Dufaure avait pourtant, comme homme de loi, sa place marquée dans les chambres hautes comme dans les chambres basses de tous les gouvernements de son siècle. L'on peut juger, par cet exemple, quel petit cénacle l'on formerait avec les membres du parlement, du conseil d'Etat, de la cour de cassation, de l'institut, des chambres de commerce, de la société des agriculteurs de France et des autres grandes compagnies, et les solitaires en plus, capables de faire des lois.

Ce n'est pas de faire des lois, c'est-à-dire de les concevoir et de les formuler, que sont capables les autres membres du parlement classés parmi les sénateurs et les députés capables, mais d'en comprendre la raison, l'économie et la portée, lorsque les auteurs des lois, les législateurs, les hommes compétents, les leur exposent, et de savoir ce qu'ils votent. Quant aux incapables, quant aux deux tiers des députés et au tiers des sénateurs, on perd son temps à leur expliquer ce qui est hors de leur portée, ils votent comme des machines, pour ou contre, avec leur parti. « Comment dois-je voter ? » demandait un de ces députés, jeune, nouveau, mais modeste, — il y en avait, paraît-il, alors, sous Louis-Philippe, qui étaient modestes, — à M. Guizot, grand doctrinaire ès-choses parlementaires, et M. Guizot lui répondait : « Vous siégez à droite » ? — « Oui ». — « Eh bien ! quand la gauche se lèvera, restez assis, et quand ce sera la droite, levez-vous. » Tout le parlementarisme est là et pas n'est besoin de comprendre, et ceux qui comprennent le moins sont les plus féconds en projets et propositions de lois et amendements, pour se donner, avec la présomption de l'ignorance, une importance qu'ils n'ont pas.

Si, sous les régimes précédents comme sous l'ancien régime, beaucoup de lois étaient mal faites et mauvaises, le nombre de ces lois s'est beaucoup accru sous ce régime-ci, tant à cause de la composition et du monopole des chambres, qu'à cause de l'esprit de nouveautés qui a toujours animé les républicains, qui les pousse à la réformation de la société comme de son gouvernement et qui les jette dans les tâtonnements et dans les essais, sinon dans les aventures. Mais, par un instinct de la conservation très développé en eux, comme chez les primitifs, comme chez les bêtes, les plus incapables mêmes ont jusqu'à présent échappé avec assez d'adresse aux aventures, parce qu'ils ne font rien qu'en vue de leur réélection, — discours, écrits, votes, actes, — et que, pour être réélus, ils ne doivent pas tourner contre eux leurs électeurs, divers et changeants, et sans cesse sollicités par les concurrents déclarés ou secrets.

Si les électeurs acceptent plus facilement les lois faites par leurs oints, qu'ils ne les accepteraient de législateurs qu'ils n'auraient pas élus, ces oints ayant reçu de l'onction élective, habileté et licence de légiférer, ce n'est qu'à la condition que les lois des élus ne mettent pas sens dessus dessous les intérêts et les opinions ni même les préjugés et les caprices de leurs électeurs. Tous sont prisonniers du mot de passe, république ou monarchie, qu'ils ont dû prononcer, à leur entrée dans la politique, la plupart moitié par goût et moitié selon les circonstances, pour se faire ouvrir un parti, et de la formule retentissante qu'ils ont imaginée pour y attirer l'attention sur eux et se faire élire, et qu'ils traînent ensuite toute leur vie comme des chaînes. Proudhon, qui avait plus de vues et d'ingéniosité qu'aucun d'eux, s'était sacré athée et com-

muniste par ses deux formules à scandale : « Dieu, retire-toi ! »
et : « La propriété, c'est le vol ! » Il les regrettait. A M. Baroche,
qui lui disait : « Vous ne croyez pas en Dieu », il répondait :
« Qu'en savez-vous ? » Mais il n'a pu se dépêtrer de cette célébrité
très au-dessous de lui.

La moitié des sénateurs et des députés ne suivent qu'irrégulièrement les travaux de leurs assemblées, à droite encore plus qu'à
gauche, et dans les bibliothèques de ces assemblées travaillent plus
de membres de la gauche que de la droite, toujours proportions
gardées. Depuis la constitution de 1875, depuis qu'elle est la majorité parlementaire, la gauche a toujours été plus assidue, plus laborieuse, plus zélée, plus combative, plus propagandiste que la
droite. A l'assemblée nationale, montrant la tignasse de M. Germain Casse, M. Gambetta disait à ses voisins : « C'est un maquis à
poux ! » M. Germain Casse était le type le plus dégourdi de l'armée des républicains d'alors, hirsutes, broussailleux, débraillés,
faméliques, criards, menaçants, où il y avait du cynique, du poëte,
du malandrin, de l'apôtre et du cabotin. Leur avant-garde, leurs
bas officiers et leurs sous-officiers conservent encore ce type,
excellent pour battre l'estrade, lever des recrues, semer l'effroi et
faire la trouée, mais tout le contraire, au gouvernement, en lui
donnant l'air de la commune. Cette vie, toujours débordante, et
cette ambition sans cesse en éveil, sont un phénomène unique depuis la réforme et si l'on a pu croire que la première république,
de la convention au consulat, et la deuxième, de la constituante au
2 décembre, avaient été des accidents, l'on ne saurait ranger sous
cette étiquette un régime qui dure depuis 1870, sans être injuste
jusqu'à l'outrage pour les adversaires de ce régime, sans les con-
fondre avec le néant même, puisqu'en un aussi long temps ils n'auraient pu se débarrasser d'un accident. Mais ils ont eu affaire à un
parti qui s'est appliqué à ne pas effrayer le pays par des vertus qui
auraient rendu la république plus rébarbative et leur tâche plus
difficile, et qui a flatté son laisser aller en tous sens.

Un jour, à la « Poule-au-Pot », où l'on voyait le buste d'Henri IV,
mais où l'on cherchait sa politique, le duc de Broglie, le duc des 14
et 16 mai, disait, en croquant un radis : « La France n'aime pas à
la fois obéir et respecter. » Les Français, si ordonnés, si moyens, si
bourgeois dans leur vie privée, semblent aux étrangers considérer
la politique comme un théâtre où tour à tour les brigands leur font
peur, les gendarmes les rassurent et les saltimbanques les font
rire, et où ils applaudissent, où ils sifflent, non sans laisser quelques écus ni sans recevoir quelques horions. Mais ce spectacle n'a
d'incohérent que l'apparence, toutes ses parties s'enchaînent et forment une suite. Le plus gros vaisseau fend toujours l'eau par son
extrémité la plus tranchante, par la proue ; et c'est toujours son

extrême-gauche, son parti le plus tranchant, qui a entraîné cette république, même lorsqu'elle paraissait le plus réactionnaire, parce que sa réaction se faisait de monarchisme en républicanisme.

———————

VIII

Le président de la république est le greffier en chef du parlement

Comme l'on peut mettre dans la monarchie tout ce que l'on met dans la république, et réciproquement, hormis l'hérédité du chef de l'Etat dans la république et son élection dans la monarchie, la France n'a tiré en propre de la république que ses neuf présidents, dont quatre ont été élus comme pour être des présidents à l'américaine et les cinq autres contre des candidats à ce rôle et qui tous n'ont été que les greffiers en chef du parlement — le général Trochu l'a été de son gouvernement et les deux présidents qui ont tenté de sortir de ce greffe ont dû donner leur démission, M. Thiers aussitôt que le gros de l'œuvre pour quoi le suffrage universel l'avait imposé à l'assemblée nationale a été fait.

Des neuf présidents, quatre, le général Trochu, M. Thiers, M. Grévy et M. Casimir-Périer, ont été élus pour eux-mêmes et pour leur politique, comme s'ils devaient être des présidents à l'américaine, des Roosevelt, des Mac-Kinley, des Grant, des présidents-empereurs ; et les autres l'ont été contre des candidats à ce rôle, contre des candidats impérialistes, pour être les greffiers en chef du parlement. Sans doute le général Trochu n'a pas été élu par le parlement, il ne l'a été que par le gouvernement de la défense nationale et sur sa représentation que lui, gouverneur militaire de Paris, ne pourrait accepter la seconde place dans un gouvernement portant ce nom et se donnant cette mission.

Mais ni l'hérédité ni l'élection n'ayant uniquement institué les gouvernements depuis la révolution et l'usurpation étant plus ou moins à la base de tous, et le peuple français les ayant ensuite ratifiés, acceptés, tolérés ou subis, cette transmission du pouvoir est devenue l'ordre dans le désordre et une manière de règle et de tradition, inférieure à l'élection pour la périodicité et à l'hérédité pour la commodité, l'hérédité n'étant que le fait du prince, sa femme en ayant tout le brouillamini devant des témoins désignés par les lois, coutumes et constitutions de l'Etat, et payés en vertu d'icelles pour s'assurer de leurs yeux qu'il n'y a ni simulation ni substitution et le parlement et les électeurs n'ayant ni à se quereller, ni à se déranger. Mais la voix publique désignait aussi le

général Trochu au choix du gouvernement de la défense nationale.
Sans être alors populaire, il piquait la curiosité. On lui savait des
ennemis dans le régime déchu, mais on ne savait pas bien quels
étaient ses amis, ni quelles étaient ses opinions politiques, bien
qu'il fût grand parleur et beau parleur ; et il demeurait une énigme. Volontiers on lui croyait le secret de battre les Allemands et
parce qu'on désirait les battre et parce qu'il était réputé le plus
savant des généraux, bien que sa science eût plus de brillant que
de profondeur. Ce petit homme au masque sec et au front bombé et
soucieux, que les caricaturistes représentaient tantôt en moine
parce qu'il répétait à tout bout de champ qu'il était catholique et
tantôt en œillet rouge, sans doute symbole d'orgueil, était un esprit
ombrageux, chagrin et pointu qui, dans le plus beau fruit, trouvait
tout de suite le ver. « Ah ! l'on a réussi à vous éloigner ! » disait-il
au général Fleury, grand écuyer de Napoléon III, tout à la joie d'ê-
tre envoyé ambassadeur à Saint-Pétersbourg. Presque aussitôt au
pouvoir, il fit savoir aux Parisiens, comme dans une comédie, qu'il
avait déposé chez un notaire en renom, Me Ducloux, officier de la
Légion d'honneur, son testament et son plan, et la désillusion commença et aussi les chansons contre ce legs de la victoire à un inconnu :

> Il a un plan
> Sous trois cachets chez un notaire.
> Il a son plan,
> Précis, infaillible, excellent.
> Est-ce un chef-d'œuvre militaire ?
> N'en sachant rien l'on doit se taire.
> Il a son plan.

Mais il était de ces généraux qui voient tout en noir, même leurs
plans, et à qui leur pessimisme ôte, disait Napoléon Ier, avec l'ambition de vaincre, la capacité de la victoire. A la tête du gouvernement de la défense nationale, il se sentait à sa place ; il croyait lui
donner une force militaire, sociale et politique, une force de ralliement, de résistance et d'attente, son maximum de force, mais non
une force d'action et de délivrance, car il y avait de la modestie
dans son orgueil. On lui reproche toujours de n'avoir pas été franc
du collier avec Napoléon III et la régente, mais ses collègues du
4 septembre qui avaient prêté serment à Napoléon III, mais Napoléon III qui avait prêté serment à la république, mais Louis-Philippe qui a pris la place du chef de sa maison sur le trône !... tous
les partis ont perdu le droit de se faire un reproche qu'ils méritent
tous.

Il n'en a d'ailleurs tiré aucun avantage pécuniaire, car il a refusé
les émoluments de sa présidence, bien qu'il n'eût pas de fortune

et qu'il eût de volontaires chargés de famille. Mais il a été le premier des généraux de cette république embrigadés dans la politique, dont les deux chefs de l'État, lui et le maréchal de Mac-Mahon, et les vingt généraux ministres de la guerre, les généraux Le Flô, de Cissey, du Barail, Berthaut, de Rochebouët, Borel, Gresley, Farre, Campenon, Billot, Thibaudin, Lewal, Boulanger, Ferron, Logerot, Campenon, Billot, Zurlinden, Chanoine, de Galliffet, André, Picquart et Brun ont été les chefs.

Il y a eu, à partir de 1888, six civils ministres de la guerre, MM. de Freycinet, Cavaignac, Lockroy, Krantz, Berteaux et Étienne et plusieurs de ces civils et de ces généraux étant plusieurs fois revenus au ministère, la troisième république a signé la nomination de cinquante-six ministres de la guerre, dont celui qui est resté le plus longtemps de suite en fonctions est un civil, M. de Freycinet, et après lui un dément, le général André. Le général Trochu, avec sa république de « défense nationale », les opinions politiques inconnues et les croyances religieuses déclarées de son chef lui donnant du crédit ; le maréchal de Mac-Mahon, avec sa république proclamée, légitimée et constituée par les monarchistes qui entendent la garder pour eux et le maréchal gardien des monarchistes, de la constitution et de la république ; le général Boulanger, avec sa république césarienne, brisant les cadres républicains et monarchistes, groupant autour de lui les mécontents de la hiérarchie, de la politique et de la doctrine des partis, les las d'attendre un train qui ne passe jamais, les convoiteurs de places, et créant ainsi la plus pernicieuse crise antidynastique de cette république, sous le couvert de l'armée, alors plus populaire que pendant l'invasion elle-même ; le général André, le dictateur de l'anticléricalisme, du socialisme et de l'antimilitarisme dans l'armée, et l'empereur allemand ne pouvait rêver un plus fanatique désorganisateur des forces militaires de la France ; le général Picquart, enfin, lieutenant-colonel en réforme, bombardé en deux mois et demi, par M. Clémenceau, — sautant à pieds joints le grade de colonel — général de brigade, général de division, puis ministre de la guerre et qui n'avait pas vu ce qu'il y a de désorganisé dans cette armée, et qui a dénoncé l'indiscipline des officiers au moment même où les soldats se mutinaient contre eux.

On ne saurait accoler les Picquart, les André et les Boulanger aux Mac-Mahon et aux Trochu ; mais tous ont montré, dans leur politique républicaine, vue incertaine et volonté chancelante. Le 8 janvier 1871, le général Trochu, gouverneur de Paris, président du gouvernement de la défense nationale, proclamait que « le gouverneur de Paris ne capitulerait pas », mais le 22, il investissait de ses fonctions de gouverneur le général Vinoy, qui, le 26, capitulait à sa place, et le 27, il pouvait lire sur tous les murs son nom écrit à la craie ou au charbon, sans h : — sentence de plèbe. Dans son entourage, l'on arrangeait un peu « les mots » du maréchal de Mac-Mahon et on lui a trouvé des formules saisissantes : « J'y suis, j'y reste » ; ou : « J'irai jusqu'au bout ». Mais il a dit l'équivalent dans ses papiers officiels et il n'est allé, lui non plus, ni au bout de son septennat ni au bout de sa politique. A M. Edmond Villetard qui venait solliciter sa bienveillance pour un des préfets du 16 mai qu'il avait promis de défendre auprès du ministère Dufaure, il répondit en levant les bras au ciel : « Que diable allait-il faire dans cette galère ? » Le général Boulanger, qui parlait sans cesse de mettre à Mazas ses collègues des ministères de Freycinet et Goblet et de « balayer » la majorité républicaine, s'est laissé mettre hors du ministère d'abord et hors de France ensuite, sans la moindre résistance, par deux des hommes les plus décriés de la république, M. Rouvier et M. Constans. Le général André, après avoir déclaré qu'il ne sortirait du ministère que « les pieds devant », c'est-à-dire dans son cercueil, a cédé sa place à l'agent de change Berteaux, comme un simple commis en liquidation. Enfin, le général Picquart répondait aux généraux, dont les yeux semblaient inquiets de ses actes : « Comment voulez-vous que je refuse quelque chose à M. Clémenceau ? »

...Élu à l'assemblée nationale par à peu près le quart des électeurs, le préférant, en toute liberté, à Napoléon III, au prince Napoléon, au comte de Chambord, au comte de Paris, au duc de Chartres, au duc de Nemours, au prince de Joinville, au duc d'Aumale, au duc d'Alençon, au vice-empereur autoritaire Rouher, et au vice-empereur libéral Émile Ollivier, à son ancien rival Guizot, alors tout puissant à l'académie française, au général Trochu, à M. Gambetta qui avait joué un plus grand rôle dans la guerre et qui était encore au pouvoir, M. Thiers avait donc été choisi entre tous et par dessus tous et pour le génie dont on avait besoin et qu'on lui attribuait. M. Alexandre Dumas fils a peint ces espoirs qu'il partageait. Ce n'était pas un « bourgeois », M. Alexandre Dumas, ni un snob, ni un philistin : il était déjà la coqueluche du monde, bien qu'alors le monde fût encore dans l'idéalisme de ce duc de Luynes — son petit-fils venait de se faire tuer par les Allemands — qui avait sans hésitation mis sa fortune aux pieds du comte de Chambord. Ni les Orléans ni les Bonaparte n'ont depuis retrouvé un tel grand seigneur et il leur faudrait le chercher au-delà des mers, parmi ces milliardaires qu'on appelle « les rois » des chemins de fer, du cuivre, du pétrole, de l'acier ou des porcs, la plupart incultes et vulgaires et grands brasseurs d'affaires et tout ce qu'on entend par là de peu de scrupules, mais bâtissant des villes et donnant les millions sans compter aux écoles, aux églises, aux hôpitaux, aux musées, aux bibliothèques et le grand seigneur étant non pas celui qui a des parchemins, des hôtels, des châteaux, des grands airs et du faste, mais celui qui fait de grandes et utiles libéralités publiques. Il y a quelque quarante ans, un vieux chanoine de Saint-Marc qui avait bien voulu se faire le cicerone d'un jeune Français à travers Venise, embrassant d'un geste les quatre-vingt-dix églises de la ville qui en avait jadis compté plus du double, lui disait : « Vous croyez que c'est la piété des fidèles qui a bâti ces églises ?... C'est le remords des pirates !... » Donc, en juin 1871, après la répression de la commune et la conclusion du traité de Francfort, que M. Thiers avait dû mener de front, M. Dumas était allé à Versailles, redevenu cette capitale où Louis XIV, Louis XV et Louis XVI avaient régné, loin de la vie sociale, dans l'apothéose et dans le rêve, et où allaient aussi se donner carrière des illusions monarchiques qui n'auraient pas trouvé à Paris un milieu aussi propice. Il écrivait : « J'ai été à Versailles pour voir : voir s'est savoir, savoir c'est prévoir. Cette vérité vient d'être reconnue et sacrée dans un homme : M. Thiers. Il a vu, il a su, il a prévu; et cette admirable logique, qui préside aux destinées humaines, l'a mis à la tête de la France... Dans ce Coblentz du droit et de la légalité..., j'ai vu se heurter les uns contre les autres, brutaux, aveugles et impatients, tous les intérêts, tous les calculs, toutes les ambitions..., se disputant la France comme les chiens font d'un os à moitié rongé... Imbéciles et misérables... Je passais tous les jours deux ou trois fois... devant la demeure de ce petit vieillard actif, ferme et clairvoyant, et je ne pouvais cesser de l'admirer et de le plaindre. J'espérais toujours le rencontrer, je l'aurais salué ; ça lui aurait été bien égal puisqu'il ne me connaît pas, mais ça m'aurait fait plaisir... » Cet homme de théâtre, l'esprit hanté de fils naturels, de cocotes qui auraient pu être mariées et de femmes mariées qui auraient pu être cocotes, d'adultères et de divorces ; ce recueilleur d'héritages, ce brocanteur de tableaux, ce fils pratique d'un père prodigue, ne recherchait pas si, dans ce tremblement de terre, M. Thiers avait suivi ses ambitions et commis des erreurs ; mais s'en voyant tiré par lui, il était au bonheur de vivre et à la reconnaissance pour qui le lui donnait et il lui rendait le témoignage que M. Gambetta devait plus tard renouveler dans une scène à l'assemblée nationale que les imagiers ont popularisée, et où, le montrant du geste, il s'écria : « Le libérateur du territoire, le voilà ! »

L'assemblée nationale tenait l'épée dans les reins de M. Thiers pour lui faire rétablir la paix et l'ordre, et le pays la tenait à l'assemblée nationale aux mêmes fins, de sorte que les voulant à toute force et soudain, et nonobstant au meilleur compte, mais sans dire comment, s'arrogeant la critique, mais déclinant la responsabilité, ils étaient sous leur air gémissant tout aussi heureux que M. Dumas d'être délivrés de leur cauchemar. Mais combien il peut y avoir d'ingénuité chez un homme qui a vécu dans un monde si peu ingénu, et qui s'indigne, jusqu'aux gros mots, contre l'ingratitude des partis ! Sans doute l'on ne mène pas les partis rien que par la peur, la corruption ou la duplicité ; on les mène aussi par l'intérêt public, quelquefois même par l'honneur ; mais l'intérêt public n'est pas toujours clair comme le jour, chacun l'entend à sa manière et prétend le servir selon sa formule dogmatique ou empirique de république ou de monarchie, de réaction ou de libéralisme, de socialisme ou de conservatisme, de protectionnisme ou de libre-échange, etc..., c'est-à-dire le subordonner à cette formule-panacée et tous tiennent que l'on ne fait rien qui vaille lorsqu'on ne se conforme pas à leur ordonnance. Ne dispute-t-on pas encore même sur la question de savoir si M. Thiers a servi ou compromis l'intérêt public en transportant son gouvernement et ses troupes de Paris à Versailles, où siégeait déjà l'assemblée nationale, après l'assassinat des généraux Clément Thomas et Lecomte, le 18 mars, d'accord avec son ministre de la guerre, le général Le Flô, et son gouverneur de Paris, le général Vinoy, et malgré l'opposition de son ministre des affaires étrangères, M. Jules Favre, et de son ministre de l'intérieur, M. Ernest Picard ? Outre que cette dispute est vaine, puisqu'elle ne peut rien changer à des événements révolus, son objet est insoluble parce que de toutes les hypothèses que l'on peut faire sur ce qui serait advenu si M. Thiers, son gouvernement et ses troupes étaient demeurés à Paris, où la chaudière de la commune était en pleine ébullition et crachait déjà ses crimes, l'on ne sait pas et l'on ne peut pas savoir laquelle se serait réalisée, ni même si ce qui se serait passé n'aurait pas été ce à quoi personne n'avait pensé. En 1848, M. Thiers avait déjà conseillé à Louis-Philippe de sortir de Paris et d'y rentrer avec le maréchal Bugeaud et cinquante mille hommes et Louis-Philippe avait refusé en rappelant que les Bourbons et les Bonaparte eux-mêmes en étaient sortis mais qu'ils n'avaient pu y rentrer. Mais, quatre mois après, le maréchal de Windischgraetz reprenait Vienne sur les insurgés et ce souvenir possédait M. Thiers.

M. Thiers est le seul chef de l'Etat qui ait été membre de l'académie française. Douze autres membres de cette académie ont aussi été ministres de cette république : MM. Jules Favre, Jules Simon, Dufaure, le comte de Rémusat, Léon Say, le duc de Broglie, Beulé, de Freycinet, Challemel-Lacour, Ribot, Hanotaux et Berthelot. Le second empire n'en a eu qu'un, à la veille de sa chute, M. Emile Ollivier ; mais le gouvernement de juillet en a eu plus que la troisième république, eu égard à sa durée : MM. le duc de Broglie, le père du duc de la troisième république ; le comte Molé, Guizot, Thiers, le comte de Rémusat, Villemain, le comte de Salvandy, Cousin et Dupin.

La qualité d'académicien donnait à M. Thiers, chef de l'Etat, une originalité mais non une force, le suffrage universel n'attachant nulle signification à cette qualité, et les quarante, hormis alors Victor Hugo, parmi les ouvriers des villes, n'étant guère lus, ni même connus de lui ; tandis qu'en 1848, sa qualité de prince avait donné au prince Louis-Napoléon toute sa force, parce qu'en elle le suffrage universel voyait un levain impérial et qu'il voulait un empereur pour le protéger contre ses ennemis et contre lui-même, son institution ayant trop relâché le parlementarisme dans la république. De sorte qu'élu contre le parlementarisme, contre l'assemblée constituante, le prince-président était déjà plus fort que cette assemblée et l'assemblée législative, qui succéda à la constituante, ne semblait plus, auprès de lui, qu'un rouage inférieur de l'Etat, une assemblée consultative. Mais M. Thiers n'avait pas été plébiscité, comme le prince-président, par la majorité des électeurs, mais seulement par une minorité assez forte pour que l'assemblée nationale dût le mettre à la tête de l'Etat, bien que le plébiscite thiériste fut parlementaire, au rebours du plébiscite napoléonien, qui était antiparlementaire, le suffrage universel n'ayant plus les mêmes craintes et étant plein d'orgueil et d'impatience, tous les partis, même ceux qui s'en défendaient, étant possédés de la frénésie du parlementarisme, sous la poussée des forces, les unes bonnes et les autres mauvaises, comprimées par le second empire et auxquelles cet empire avait lui-même dû céder en partie avant sa chute. Si le prince-président avait pu faire son coup d'Etat contre la législative, M. Thiers ne pouvait amener l'assemblée nationale à ses fins que par persuasion et par stratagème. Il n'avait jamais été monarchiste de religion ni de profession : c'était un bourgeois, lettré et libéral, qui se trouvait mieux à son aise dans une monarchie que dans la république, pas la monarchie de Charles X ni la monarchie décembriste de Napoléon III, mais celle de Louis-Philippe, lorsqu'elle n'était pas gouvernée par M. Guizot, et celle de M. Emile Ollivier.

Le 22 septembre 1855, il écrivait à M. Buffet : « Le gouvernement dans sa forme actuelle, est un temps d'arrêt ; mais l'avenir appartient, non à la liberté qui ne trouve ses vraies conditions d'existence que dans la monarchie représentative, mais à la démocratie et à la république. Les barbouilleurs de 1848 ont échoué... mais la même entreprise réussira un jour... » Et allant plus au fond de cette démocratie et de cette république, sous l'impression de l'exposition universelle de Paris, à peine close, il ajoutait : « Le peuple qui a perfectionné tous les arts, aura de plus en plus des prétentions au niveau de son mérite. La bourgeoisie a pu dire, en 1789, à la noblesse : Je travaille mieux que vous et je me bats aussi bien ; je veux prendre la place qui m'appartient. La classe ouvrière peut tenir aujourd'hui le même langage et elle le tiendra ». M. Thiers répétait sur tous les tons et en toutes occasions à l'assemblée nationale : « Vous n'avez qu'un trône et vous avez trois dynasties et deux drapeaux, ce qui est bien regrettable sans doute, mais vous n'y pouvez rien ni moi non plus, et ce n'est que la faute du passé et le legs de l'histoire. La république est donc ce qui vous divise le moins, puisque les légitimistes ne veulent ni de Napoléon III, ni du comte de Paris, que les orléanistes ne veulent pas davantage de Napoléon III ni du comte de Chambord, sauf peut-être sous conditions que le comte de Chambord paraît peu disposé à subir, et enfin que les bonapartistes ne veulent ni du comte de Chambord ni du comte de Paris et que vous pouvez vous entendre pour gouverner ensemble cette république, la question dynastique qui vous divise le plus étant ainsi écartée et l'accord vous étant facile sur tout le reste, maintenant que tous vous vous réclamez du suffrage universel, et des droits de l'assemblée nationale, et du régime parlementaire, et puisque tous vous êtes conservateurs. Vous pouvez donc faire la république conservatrice, et même la république sans républicains ; mais il serait plus sage d'ouvrir vos rangs à ces républicains modérés, mes collaborateurs les plus intimes, qui ne sont pas si éloignés de vos opinions que vous pourriez le croire, et qui, satisfaits d'avoir enfin la forme de leur gouvernement, seront patients pour le fond. Vous formeriez, ce faisant, un grand parti conservateur libéral, qui pourrait garder le pouvoir très longtemps, au grand avantage du pays et au vôtre. Car vous ne pourrez pas toujours rester entre le mot et la chose, votre gouvernement ne pourra pas indéfiniment porter le nom de république et n'être pas la république et se trouver en proie au déchirement des partis monarchiques ne pouvant faire aucune monarchie et ne voulant pas donner à la république, qu'ils rendent ainsi nécessaire et dont ils reconnaissent ainsi la nécessité, la base constitutionnelle dont aucun gouvernement ne saurait se passer, comme pour se venger de leur impuissance à établir le régime de leurs préférences. Le pays ne tarderait pas à vous en demander un compte sévère, et vous, vos monarchies et vos principes de gouvernement en seriez les premières victimes. Pour moi, je garderai fidèlement le dépôt que vous m'avez confié, je tiendrai la balance égale entre les partis, vous êtes souverains, vous êtes les maîtres, mais au-dessus de vous tous il y a le pays et l'avenir sera au plus sage. » Telle était sa thèse, presque mot pour mot, mais résumée.

C'est cette thèse, qui a été reprise, vingt ans après, sous la présidence Carnot, par Léon XIII, en l'appliquant au clergé et aux catholiques français et qui fit prier quelques personnes dévotes pour sa conversion et murmurer par quelques prélats de sa cour, entre quatre-z-yeux, mais pas entre six, les sobriquets de *saltarella* et de *caca dubbio*, de *saltarella*, la sauterelle, parce qu'avec son corps d'ascète, ses longues jambes, ses longs bras et son long col, il avait un peu l'allure de cet insecte et *caca dubbio*, en français congru, sécréteur de doute parce qu'il pesait tout et qu'il ne se décidait qu'après doute et poids. Ces mêmes censeurs ne lui en reprochaient pas moins de tout céder à la France, parce qu'il jugeait que rien ne compenserait la perte de « la fille aînée de l'Eglise » et qu'il fallait la sauver à tout prix. En 1896, M. Dumay, directeur général des cultes, disait lui-même : « Quel pape mou nous avons! Si quand nous lui demandons quelque chose, il nous résistait, nous pourrions nous retourner vers la meute qui nous pousse, en lui disant : « Vous voyez bien qu'il nous est impossible de faire ce que vous nous demandez ! » Pie X a résisté, et le gouvernement de M. Dumay a fait tout ce que lui demandait la « meute », il a spolié le clergé séculier après avoir spolié le clergé régulier et il n'apparaît pas jusqu'à présent que les cardinaux, les archevêques et les évêques choisis directement par Pie X soient d'un autre bois que les évêques, les archevêques et les cardinaux que Léon XIII recevait des mains de M. Dumay, parce que tous sont recrutés dans le même clergé et que ce clergé est administratif plus qu'apostolique et même les cardinaux Pie, Lavigerie, Foulon, Meignan, Bourret et Perraud de la création Léon XIII, ont fait plus grande figure dans l'Eglise que les cardinaux Luçon et Andrieu, de la création Pie X. Après la promotion épiscopale des « quatorze » presque aussitôt après le vote de la loi de séparation, le cardinal Labouré, archevêque de Rennes, disait de ses nouveaux collègues à un membre du parlement : « Piété élevée, mais intelligence moyenne. »

Cette république a soulevé tous les problèmes de la forme, de l'organisme et de la substance du gouvernement, elle a absorbé l'apostolat français et elle a vu plus d'espèces politiques que de prêtres et de moines aller de porte en porte répandre leurs doctrines et enrôler les mécontents. A part quelques-unes, les âmes apostoliques ne sont plus des âmes sacerdotales. Sachant ces choses, Léon XIII redoutait la séparation de l'Eglise et de l'Etat, non pour le lendemain de la séparation ni pour le surlendemain, mais pour plus tard, quand la laïcité scolaire aurait produit ses effets, quand le clergé serait réduit à l'aumône des riches et c'est pourquoi il voulait apporter une force à la république en y faisant entrer le clergé et les catholiques, mais une force qui, en retour, écarterait les républicains du pouvoir ou, tout au moins, les obligerait à ménager l'Eglise. Il disait donc, en substance, au clergé et aux catholiques français : « Depuis vingt ans, aucune de vos dynasties n'a pu remonter sur le trône, aucun de vos partis monarchiques n'a pu faire une monarchie quelconque, vos forces et vos idées monarchistes décroissent de jour en jour, tandis que vos idées et vos forces républicaines s'accroissent de plus en plus. Vous n'avez donc aucune chance de voir changer la forme de votre gouvernement dans l'avenir que peut embrasser le regard et qui est proprement le champ de la politique, celui où l'on doit prendre position pour exercer son influence sur les affaires publiques, sous peine de tomber dans l'utopie et dans le marasme. La question de la république ou de la monarchie n'est pas un mystère, n'est pas un dogme, n'est pas un article de foi ; c'est simplement une question de système gouvernemental qui a toujours été livrée aux disputes des hommes ; c'est une mécanique plus ou moins bonne suivant le temps, le lieu et les circonstances, et dont il faut se servir du mieux que l'on peut dans l'intérêt des peuples, même lorsqu'elle vous semble mal appropriée, mais qu'on n'en a pas d'autre à son service. Tout pouvoir venant de Dieu, l'Eglise reconnaît tous les pouvoirs établis et ne dépend ainsi ni des républiques, ni des monarchies, ni de leurs mélanges. Comme son chef, le pape en reçoit des ambassadeurs et leur en envoie, et que le principe de non intervention dans leurs affaires intérieures règle les relations des puissances entre elles, il ne peut pas plus, d'ailleurs, que la reine d'Angleterre, l'empereur allemand, l'empereur d'Autriche, le tsar, le roi d'Espagne ou le sultan, se prêter à des entreprises contre la république, pas plus qu'il ne se prêterait à des entreprises contre les Orléans ou les Bonaparte s'ils étaient sur le trône. Votre opposition à la république, au principe républicain, rend plus que difficile au saint-siège le gouvernement de l'Eglise de France et elle met en péril le concordat. Vous autres, elle vous acculerait à une action révolutionnaire pour laquelle vous êtes moins faits que tous les autres Français, et dont l'échec serait assuré. Renoncez donc à des projets où vous achèveriez de vous perdre, parce que vous ne pouvez pas les réaliser. Ne vous butez pas contre un mot, sous lequel on peut mettre tout ce que l'on veut, sous lequel vous avez déjà été les maîtres, au temps du maréchal de Mac-Mahon. Entrez dans la république, pour qu'elle ne puisse plus vous accuser de la vouloir renverser. Formez-y un parti constitutionnel, qui pourra légalement devenir ou une minorité assez forte pour que vos adversaires aient intérêt à la ménager, ou la majorité, qui alors revisera les lois lésant vos droits et vos libertés, vous en prenant ainsi à la législation, ce qui est le droit et le devoir de tout citoyen, et non au régime lui-même, à la forme du gouvernement, ce qui est plus épineux, sous tous les côtés, pour les catholiques. »

Ceux qui, se substituant à la hiérarchie ecclésiastique, prétendaient régenter l'Eglise de France dans ses voies politiques, n'avaient rien à répondre ; mais peu ont suivi ces « directions », parce que Léon XIII a toujours été plus subi qu'obéi par cette Eglise et qu'ils se sentaient soutenus par elle dans leur résistance ou dans leur inertie. M. Grévy a donné, sans s'en douter, la raison de cet éloignement du clergé et des catholiques français pour Léon XIII par son mot sur Mgr di Rende : « Il a l'air plus curé que l'autre. » « L'autre », c'était le cardinal Czacki, son prédécesseur à la nonciature de Paris. Léon XIII avait, lui, « l'air moins curé » que Pie IX et encore « moins curé » que Pie X, un Pie IX du peuple. Les gens du monde eux-mêmes, pourtant amoureux de « la race », de « la ligne », de ce qu'ils appellent aussi « la branche », n'aiment le pape qu'avec « l'air curé », « curé » pris, ici, dans l'acception de type, comme on dit de quelqu'un qu'il a l'air bourgeois, militaire, gentilhomme, etc. Léon XIII avait « l'air aristocrate ». Son esprit, toujours planant dans « la politique mondiale », ne se reposait que dans la lecture de saint Thomas d'Aquin, de Dante ou d'Horace, et, comme tout bon humaniste italien, dans la composition de vers latins.

La plupart des catholiques connus étaient monarchistes et beaucoup de monarchistes pensaient et parlaient comme Léon XIII, dans le particulier, et même depuis l'échec monarchiste de 1873 : mais ils étaient encore retenus par des liens insaisissables à la foi ou à l'opinion morte en eux ; après le chagrin de sa mort, ils avaient la mélancolique liberté du veuvage, sans ces projets de remariage où la malignité publique voit la volageté ou l'intérêt, même dans les partis proches et parents. Mais ils se refusèrent à se rallier à la république, la république étant l'opposé de la monarchie, et à aller ainsi d'une extrémité à l'autre, en apostasie découverte, sans quelque grande perturbation nationale qui expliquât ce retournement de leur esprit et cet exode en masse à l'ennemi, sur l'ordre du pape, Léon XIII comme Pie IX et comme Pie X, étant Italien de langue, de naissance, de sang et d'âme, et les catholiques français n'ayant pas besoin, alléguaient-ils, de la permission du chef de leur religion, ce chef fût-il de leur nationalité, pour demander à leurs pouvoirs publics de les traiter comme les autres citoyens dans les manifestations de leur conscience et dans l'exercice de leur religion, affaire politique et non affaire religieuse.

Bien qu'ils ne doutassent pas que Léon XIII voulait renouveler contre eux la coalition de 1885, mais cette fois sous ses auspices et au profit de l'Église et non plus sous les auspices du comte de Paris et au profit de la monarchie, les républicains se montraient plus favorables à cette politique que ceux pour qui elle était faite, parce qu'ils ne doutaient pas non plus que le pays, où, au plus fort de l'influence catholique, le gouvernement du maréchal de Mac-Mahon avait solennellement déclaré qu'il ne serait jamais « le gouvernement des curés », ne suivrait pas le pape, sous les ordres des évêques, des « curés » et des moines : peu de catholiques, même du petit nombre des pratiquants, se berçant de l'espoir que les électeurs ne prendraient pas ombrage de l'intervention du clergé dans les élections, dès longtemps habitués que sont ces électeurs à la séparation du pouvoir spirituel et du pouvoir temporel, lequel les a tant flagornés sur leurs droits que leur sont peu attirants les devoirs que le seul nom de l'autre leur rappelle.

Léon XIII n'a pas été plus écouté des catholiques monarchistes ou clients des monarchistes, que M. Thiers ne l'avait été de ceux-ci. Seulement, après sa démission, M. Thiers a vu ces monarchistes faire la république qu'il leur avait conseillé de faire, mais la faire non plus de plein gré, au lendemain d'une catastrophe nationale qui avait délié chacun de ses liens et lui avait rendu la liberté de faire ce qu'il croirait le plus utile à son pays, mais contraints et forcés, comme pis-aller, après avoir fait étalage de leur impuissance à faire la monarchie et tout gouvernement entre-deux, et la faire en prétendant rester monarchistes dans cette république et en rejetant à gauche M. Thiers, ses amis et les républicains modérés, dont ils avaient été les collègues dans les ministères du second président de la république.

Après la mort de Léon XIII, les catholiques aussi se sont crus émancipés ; mais Pie X leur a montré que le pape plébéien a la main plus lourde que le pape aristocrate : il a repoussé toute entreprise contre la république, il a refusé de recevoir un auguste personnage royal, il a tourné et retourné l'épiscopat français et l'a secoué comme un panier à salade, pour en faire sortir schisme ou hérésie, et en retrancher évêques et archevêques jugés contaminés, comme ferait « un ministre à poigne » de ses préfets et de ses sous-préfets ; il a rabroué une demi-douzaine de membres de l'académie française comme une volée de « reporters » de journaux maçonniques. Bref, Léon XIII et M. Thiers, non écoutés et disparus, l'amour-propre des catholiques et des monarchistes a été couvert et ils ont fait sous leurs successeurs, mais en de plus mauvaises conditions, ce qu'ils n'avaient pas voulu faire sous leur gouvernement. Ils ont chargé Léon XIII de tous les maux qui ont, après sa mort, assailli l'Eglise de France, comme d'autres avaient fait pour Pie IX et comme d'autres feront pour Pie X, à moins que ce pontife ne jouisse d'un privilège que n'ont pas connu ses prédécesseurs ; mais en s'élevant dans l'échelle des grands hommes, on voit que leur œuvre n'a pas survécu aux plus grands : l'empire de Charlemagne a été partagé par ses fils et Napoléon Ier a vu le partage du sien. Tout est toujours à recommencer. Mais pendant un quart de siècle, Léon XIII a maintenu le concordat avec les hommes qui l'ont aboli dès qu'il n'a plus tenu le gouvernail de la barque mystique.

Néanmoins, demander à des légitimistes et même à des orléanistes et à des bonapartistes, de faire la république, c'était à peu près

comme si les légitimistes avaient demandé à M. Thiers, le rédac-
teur de la protestation contre les ordonnances de Charles X et l'in-
carcérateur de la duchesse de Berry à Blaye, de mettre le fils de
cette princesse sur le trône ; et demander en même temps aux républicains de se contenter de l'écaille sans l'huître, de la république sans leurs doctrines et sans leur participation à son gouvernement, c'était aussi comme si ces républicains avaient demandé
à M. Thiers de leur céder la place. Telle était pourtant la situation
de M. Thiers entre les monarchistes et les républicains. Il était
l'orateur le plus écouté de l'assemblée nationale, et dès que sa redingote tabac d'Espagne, croisée et boutonnée, apparaissait à la
tribune, on aurait entendu une fourmi marcher. Il était, en effet, on
ne peut plus intéressant, ce petit vieillard dont la voix grêle portait, dans toute la salle, la parole claire et vive ; qui se mettait en
scène tout le long de ses discours sans qu'on pût sourire de cette
prodigalité de soi, tant elle faisait bien comprendre les questions
les plus ardues en les faisant vivre en lui et agir avec lui, en
mille manèges, pour rester en équilibre entre la droite et la gauche,
et les mener toutes deux à ses fins en leur jetant de la poudre aux
yeux, dont quelques grains entraient aussi dans les siens. Ainsi,
lui qui était, depuis près de cinquante ans, dans la politique et qui
avait une longue expérience des révolutions, même après qu'il eut
rétabli la paix et l'ordre, réorganisé les services publics et fait
ainsi le gros de la tâche pour laquelle il avait été élu, il ne crut
qu'à demi que l'assemblée nationale, qui, au lieu de se boucher
les oreilles avec de la cire, comme les compagnons d'Ulysse, pour
ne pas se laisser enjôler par la voix familière et persuasive de sa
sirène, lui avait fermé la bouche, lui avait interdit de prendre
la parole dans ses séances sans les formalités que les pions imposent aux élèves dans leur étude, s'affranchirait de la domination
souvent tâtillonne et impatiente d'un homme qui pouvait lui
dire : « C'est moi qui vous ai fait ces loisirs ! » Beaucoup d'hommes que leurs origines ne rattachaient à aucun parti et qui avaient
toute liberté, en tout honneur, dans leur choix, estimaient alors
que la monarchie favoriserait mieux, dans l'Europe monarchique,
le relèvement de la France ; mais acculer M. Thiers à sa démission, après l'avoir épousé — car l'assemblée nationale avait voté
que les pouvoirs de M. Thiers dureraient autant que ses pouvoirs
à elle, — en une nuit, le renverser pour faire la monarchie, et ne
pas la faire, et retomber dans la république, c'était le pire de ce
qui pouvait arriver, c'était de son plein gré justifier M. Thiers, les
républicains et la république, c'était démontrer l'impuissance des
monarchistes, c'était enlever comme son dernier ressort à la monarchie.

Si la république se distinguait de la monarchie seulement par la simplicité de ses institutions et si un président se distinguait d'un roi par la simplicité de ses fonctions, M. Thiers serait le plus républicain des neuf présidents de la troisième république, et sa république serait la plus républicaine des républiques passées et présentes. En effet, il n'y avait point de constitution. M. Thiers siégeait au banc des ministres. Jusqu'à ce qu'il ait été mis en pénitence, il intervenait dans les débats aussi souvent que le président du conseil le plus pétulant, et plus souvent. Après sa démission, il a continué de siéger comme député à l'assemblée nationale ; il s'est fait réélire député à la législature suivante et y a siégé comme député, et il est mort pour ainsi dire sur la brèche, sans être retenu au rivage par ses grandeurs passées, et bien que sa fortune et son illustration permissent les loisirs les plus flatteurs à ses quatre-vingts ans.

Après être descendu de la présidence, le général Trochu aussi a siégé, la première année, comme député à l'assemblée nationale, puis il s'est retiré à Tours, comme un moine marié, ne voyant personne, mais voyant en noir l'avenir de la France, qui a toujours fait ce qu'il fallait pour se perdre, et qui s'est toujours crue perdue : s'il n'était deux ou trois fois sorti de son tombeau pour demander aux tribunaux justice des accusations portées contre lui, ce long ensevelissement avant la mort aurait eu une grandeur tragique. En quittant l'Élysée, le maréchal de Mac-Mahon a repris son rang et sa vie de maréchal, rang sans commandement, vie inoccupée, mais digne et réservée, rehaussée par ses origines et ses alliances. En son hôtel du Trocadéro, et bien qu'il se piquât de philosophie, M. Grévy boudait en bougonnant contre l'ingratitude publique, comme si un pays devait de la reconnaissance à ceux qui se mêlent de faire ses affaires ou de les défaire. Les « grands ministres » du « grand siècle », les Sully, les Richelieu, les Mazarin, les Colbert, les Louvois, ont fait de si grandes fortunes que, quels que soient leurs services, c'est une question de savoir s'ils ont eu plus de zèle pour le bien public que pour leur intérêt particulier, et s'ils ne se sont pas payés de leurs mains. Son hôtel et ses laquais témoignaient que M. Grévy n'était pas non plus sorti amaigri du pouvoir. M. Casimir-Périer n'a fait qu'entrer à l'Élysée et en sortir pour rentrer dans la vie privée, comme s'il n'y avait plus de place pour lui dans la vie publique, mais il n'y a pas pris, sauf en de rares rencontres — procès de Rennes — de ces airs rappelant ce qu'il avait été. Il en va autrement pour M. Loubet. Comme M. Casimir-Périer et M. Grévy, il n'est plus rien, ni sénateur, ni député, ni conseiller général, ni conseiller d'arrondissement, ni maire, ni conseiller municipal, mais il lui faut toujours présider quelque chose, et il y a toujours ce sourire de magister, où il mettait les grâces présidentielles.

Sauf, donc, M. Thiers et, quelque temps, le général Trochu, les présidents qui ont survécu à leurs fonctions n'ont repris ni la vie politique ni leur profession, au contraire des présidents suisses, qui redeviennent avocats ou maîtres d'hôtel et participent au gouvernement fédéral ou à leur gouvernement cantonal, à un degré quelconque, en démocrates qui ne se croient pas mués en espèces supérieures parce qu'ils ont occupé la plus haute fonction de leur pays, et comme si leurs montagnes leur avaient appris à monter et à descendre et à se sentir en bas les mêmes hommes qu'en haut, avec la seule différence de la tension du jarret. Mais la liste civile des présidents français, leurs palais et le protocole, les font tourner au monarque, comme fait leur pouvoir aux présidents américains, et en descendant de ce rêve ils en emportent assez avec eux pour ne jamais bien reprendre pied. Les gens du monde et leurs sosies, qui considèrent les carrières industrielles comme au-dessous d'eux et ne daignent s'employer que dans les compagnies d'assurances ou « dans les autos », sont moins vaniteux que ces ex-présidents, qui ne trouvent rien à leur hauteur et ont des airs déshérités de rois en exil. Mais par quelle opération de l'esprit arrive-t-on à juger l'acte de dresser un contrat d'assurances sur un formulaire imprimé plus esthétique que celui de plaider pour l'assureur ou pour l'assuré, en exécution de ce contrat, ce qui exige la connaissance des lois et l'art de la parole ? Et en quoi aussi est-il plus noble de fabriquer ou de vendre des autos, ou des pièces d' « autos », comme des « pneus » ou des « jantes », que d'être « dans la carrosserie ». Ceux qui sourient des mystères de la religion expliquent-ils davantage les mystères de chaque classe sociale et de chaque profession ? Toujours est-il qu'il n'a jamais été dit qu'aucun président, sauf le maréchal, se soit appauvri dans cette griserie royale, et deux au moins, M. Grévy et M. Loubet, surtout M. Grévy, en ayant dans sa retraite un état de maison supérieur à celui qu'il avait avant sa présidence, a montré, sans qu'on ait eu à faire un inventaire indiscret, qu'il avait augmenté sa fortune pendant cette présidence.

...M. Grévy est le troisième président élu pour lui-même et pour ses opinions. Après la démission du maréchal de Mac-Mahon, personne ne douta, pas plus que sept ans auparavant pour M. Thiers, que M. Grévy lui succéderait. Si le maréchal de Mac-Mahon était le plus illustre représentant de la droite dans ses concessions extrêmes à la gauche, M. Grévy était, en effet, le représentant le plus qualifié de la gauche pour le passage d'un côté à l'autre, puisque toutes deux l'avaient élu à la présidence de l'assemblée nationale, avant même d'élire M. Thiers à la présidence de la république. Il n'aimait ni les rois, ni le clergé, ni la noblesse, ni l'armée, ni la magistrature, mais il aimait l'argent, et, comme M. Casimir-Perier et M. Félix Faure, il avait de la galanterie, ce qui demande de la sécurité, c'est-à-dire la moitié des choses qu'il n'aimait pas, mais qu'il n'aimait pas en voltairien, dans la forme plus que dans le fond. Le voltairianisme touchait, d'ailleurs, à sa fin : en 1878, sur l'initiative de M. Menier, le grand fabricant de chocolat, écrivains et orateurs ont célébré le centenaire de la mort de Voltaire en faisant de lui, les uns un héros, les autres un monstre, et en s'adressant réciproquement à eux-mêmes injures à l'avenant. Est-ce conséquence de ces « fêtes », qui parurent ridicules jusque dans leur origine ? Ou est-ce coïncidence ? La vente des œuvres de Voltaire baissa, dans le même temps, de près de moitié, et ne s'est pas relevée, et il fait aujourd'hui partie de l'olympe des écrivains que tout le monde connaît et que personne ne cite plus. A son déisme persifleur a succédé le matérialisme agressif, et toute la politique, dont la religion est l'axe, a suivi cette progression. M. Menier préconisait l'impôt sur le capital pour forcer le capital à travailler ; mais quand le capital travaille, un autre docteur ès impôts demande l'impôt sur le revenu pour réprimer le travail du capital. Ces démocrates, ennemis de la noblesse, dont les noms évoquent de beaux souvenirs ou d'ingénieuses fantaisies qui ne leur coûtent rien, s'entassent sur les épaules impôts sur impôts, pour donner des places à des bourgeois, c'est-à-dire pour faire des nobles aux noms obscurs qui leur coûtent les yeux de la tête.

Entre tous les républicains où dominaient le romantique, le tragique et le cynique, M. Grévy avait du maintien et de la gravité, et le dessin robuste et régulier de ses traits, encadré de favoris taillés court, n'était pas alors envahi par une barbe de vieillard. On le voyait encore au fauteuil présidentiel de l'assemblée nationale, dans le théâtre de Louis XIV, à Versailles, promener, en connaisseur discret, sa lorgnette sur les tribunes emplies de femmes célèbres ou jolies, et où les amateurs de ressemblances historiques prétendaient qu'il rappelait les présidents au parlement de Paris. C'était le temps où M. Grévy, avec des députés de la droite et de la gauche, allaient, en été, en pique-nique, dîner à Robinson, faisant ainsi dans la vie privée la république que M. Thiers voulait qu'ils fissent dans la vie publique. Dans ces agapes, il citait Horace et disait du Musset.

Volontiers, les Français se figurent le chef de l'État dans les attitudes et sous les costumes des rois, dont il a vu les statues et les portraits sur ses places ou dans ses musées, et il se plaît à faire des rapprochements qui sont puérils. Dans cet ordre d'illusionnisme, les généraux sont plus près que tous autres des rois, puisqu'aujourd'hui les rois n'ont d'autre costume que l'uniforme des généraux, et que « le premier qui fut roi fut un soldat heureux ». M. Grévy n'avait donc pas la prestance du maréchal en

uniforme et le bâton à la main, ni même du général Trochu passant la revue de la garde nationale, et au milieu de ces rois témoins des premiers pas de la république, — Pie IX, la reine Victoria, l'empereur Guillaume Ier, le tsar Alexandre II, l'empereur
François-Joseph, le roi Victor-Emmanuel II, — il n'aurait pas piqué
l'attention comme M. Thiers, qui leur aurait tout de suite fait, non
pas un discours, ni une conférence, mais une causerie sur l'art
de régner, dont ils auraient été charmés, même Pie IX, qui était
mordant, et Victor-Emmanuel, qui n'aimait pas les palabres ;
mais il leur aurait fait l'effet d'un homme de loi ayant des manières, du poids, des lettres, de l'esprit, et pourtant sans liant, la
chasse au lièvre et à la bécasse et le billard n'en étant pas avec
ces personnages si fort au-dessus de ces « bourgeoiseries ».

« Le gentilhomme Salis » avait composé, sur le billard de M.
Grévy, une chanson qui a fait la joie du « Chat-Noir », une de
ces « boîtes » comme il en a surgi tout un essaim, nids de marti-
nets et de pierrots, sur la Butte-Montmartre, au pied du Sacré-
Cœur, à mesure que la basilique élevait ses coupoles au-dessus
de Paris :

> L' pèr' Grévy n'avait qu'un billard,
> Rien qu'un billard,
> Un seul billard !
> Riche aujourd'hui comme un boyard,
> Un vrai boyard,
> Un vrai boyard,
> Il va — quel plaisir est le nôtre ! —
> Pouvoir s'en acheter un autre,
> Pour prendr' sur les premiers billards,
> La revanche des cinq milliards !

Sans cesse il faut revenir en arrière pour relier les faits ensemble et les éclairer les uns par les autres : avec le général Trochu,
république illégale mais provisoire, la trêve des partis et leur
union pour la défense nationale, sous le drapeau de la république ; avec M. Thiers, légalisation, puis légitimation de la république, gouvernement mi-partie de républicains et de monarchistes, mais penchant à gauche, en s'appuyant sur une assemblée
en majorité monarchiste, que chaque élection tournait à la république, et révolte de cette assemblée, contre sa républicanisation
et celle de son gouvernement, renversant M. Thiers pour faire la
monarchie ; avec le maréchal de Mac-Mahon, ne tirant son autorité que de son élection, président à la dévotion de l'assemblée,
ressaisissement de sa souveraineté par cette assemblée, gouvernement de monarchistes en revenant à droite ; velléité plutôt que
tentative de restauration de la monarchie, sans confiance, avec plus

d'illusion dans le pays que parmi les monarchistes, sans méthode, sans énergie, sans volonté, comme dans un demi-sommeil, dans un rêve ; puis constitution de la république par les mêmes monarchistes, qui avaient renversé M. Thiers parce qu'il voulait la constituer ; élection d'une chambre républicaine comme suite de la constante progression électorale du républicanisme depuis les élections complémentaires de juillet 1871 et en harmonie avec la constitution ; soumission du maréchal à cette chambre avec les ministres de M. Thiers, puis révolte contre elle et sa dissolution par lui, avec les ministres qui avaient renversé M. Thiers ; réélection de la même chambre revenant plus républicaine et, de nouveau, révolte du maréchal, formation d'un ministère extraparlementaire dans un dessein vague, aussitôt abandonné, pour retomber dans les ministres de M. Thiers, et démission.

Avec M. Grévy, c'est l'écartement des monarchistes et de la droite, et la prise de possession du pouvoir par la gauche et les républicains, et leur implantation jusqu'à aujourd'hui ; mais avec la nécessité de se donner un chef, au lieu d'un délégué, d'un commis au pouvoir exécutif, et un chef qui parût être celui de tous, parce que la France était coupée en deux parties inégales, la France de droite ou France vaincue, était encore trop puissante pour que la France de gauche, ou France victorieuse, rompît avec elle complètement du premier coup. Aucun pavillon ne pouvait mieux, d'ailleurs, la couvrir, parce que M. Grévy était pour la France de 1878 ce que M. Thiers avait été pour la France de 1871, il avait les doctrines et les préjugés républicains au degré inculquable. De même que M. Thiers avait représenté cet entre-deux monarchico-républicain issu du ressentiment général contre l'empire, de l'impossibilité où se trouvaient les légitimistes et les orléanistes de faire l'une ou l'autre de leurs monarchies, de la crainte qu'inspiraient les républicains et de l'espoir de les faire entrer dans le giron gouvernemental, qui, d'ordinaire, discipline et assagit, en leur donnant la république, vers laquelle il y avait depuis longtemps une pente de tout : M. Grévy représentait cette opinion bourgeoise et juridique qui rassurait le pays sur le gros de ses intérêts, et ceux-là seuls qui l'avaient vu de près ne partageaient pas la confiance générale.

Au surplus, les républicains étaient les héritiers des deux précédentes républiques, des encyclopédistes, des jansénistes, des protestants, et même de cette ligue qui admirait « le gouvernement des Suisses ». de cette longue et antique lignée de mécontents, de rêveurs, de chercheurs de nouveautés, de coureurs d'aventures, de révolutionnaires, dont l'endiguement est plus difficile que l'endiguement des torrents. Le développement de l'industrie et du commerce, l'augmentation des salaires et la diffusion du bien-être

avaient créé ce qu'en ce temps-là même M. Gambetta appelait
« les nouvelles couches sociales », pour qui la bourgeoisie de naissance et des fonctions publiques et en partie des carrières libérales, était comme la noblesse pour ces diverses catégories bourgeoises et l'objet de la même envie, parce qu'elles étaient l'objet
des mêmes dédains, et ces puérils dédains de classe à classe, de
condition à condition, d'une profession à l'autre, engendreurs de
haines, « les nouvelles couches » les avaient, avec moins de retenue, pour les « couches » encore silencieuses qu'elles considéraient comme leur étant inférieures, pour ces « ruraux » penchés
sur leur charrue ou sur leur faulx, et n'attendant encore rien que
du beau temps. Et comme l'homme n'est que contradiction et que
contraste, M. Gambetta, qui, en 1870, s'était fait le champion oratoire de l'idéalisme et du sacrifice pour la patrie, prônait, en 1878,
aux « nouvelles couches » que « les temps héroïques » étaient passés
et aussi celui des « bégueuleries », c'est-à-dire le matérialisme et
la jouissance égoïste et sans scrupules. Il avait reproché aux bonapartistes d'être des « jouisseurs » et au second empire d'avoir
été « corrompu », « la pourriture du second empire », et il adjurait
les « nouvelles couches », dont il entendait faire les troupes de première ligne de la république, de l'être à leur tour.

Même les « couches sociales » qui ont des générations de fortune, de culture, de pouvoir, de renommée, ne sont pas préservées
de ce qu'il y a de plus bas dans la corruption, l'improbité, que leurs
raffinements ne font qu'enlaidir. Mais les « nouvelles couches »
issant du sol et ambitieuses de ces hauteurs ne demandent qu'à
s'y ruer, parce qu'elles n'ont plus la retenue native et qu'elles
n'ont pas encore la retenue acquise, et leur lâcher ainsi la bride
lorsque l'on est, comme M. Gambetta, le « dictateur de la persuasion », l'âme même du régime nouveau à fonder avec leur concours, au milieu des anciennes « couches » hostiles, c'est fonder
ce régime sur la corruption. « Ils savent corrompre », disait, un
peu plus tard, un conseiller d'État actuel du tsar Alexandre III, un
de ces Russes qui recherchaient l'alliance de la France. « donc ils
dureront ! » Ce conseiller tenait qu'on n'attache à l'État, surtout
en ses commencements, que ceux qui s'y élèvent sous ses auspices, et que les fonctions publiques n'y suffisent point et ne sont
que pour les cadres, qu'il y faut attirer des « couches sociales »,
non point celles qui sont tout à fait au-dessous et où il y a trop de
rebuts qui ne rêvent que le pillage, mais celles qui se sont déjà
dégrossies par leur énergie et par leur activité et dont les « couches » supérieures ne souffrent pas encore le contact, en les laissant, sans paraître s'en apercevoir, brasser leurs affaires un peu
familièrement avec les lois.

Avocat des grosses affaires de guano à gros honoraires, président faisant de grosses économies sur son traitement, l'esprit large comme la manche d'un vieil avocat indolent, M. Grévy n'était pas homme à regarder de trop près. Ces « nouvelles couches » avaient adopté le programme de M. Gambetta aux élections de 1869 à Belleville, les propos et déduits des petits bourgeois, ouvriers et camelots de ce quartier parisien, étant des dogmes ; mais après vingt ans d'oracles et depuis 1885, Belleville est redevenu sans mystère et sans voix. Ce programme de Belleville, M. Gambetta ne l'avait pas inventé. En 1868, M. Jules Simon s'était amusé à montrer, avec une ironie qui n'avait pas encore tout son bouquet, que les théories républicaines étaient en germe, en bouton et en fleur dans le second empire, et il prenait les unes et il rejetait les autres, n'acceptant aucun credo et entendant soumettre tout à l'examen ; ce sont ces théories que M. Gambetta a proclamées sur l'Aventin bellevillois, dans le tonnerre de son verbe et dans ses gestes exterminateurs, qui cachaient un opportuniste, un évolutionniste, un continuateur.

Avec M. Grévy, les pouvoirs publics cessèrent d'avoir la tête à Versailles et les bras à Paris, de se partager entre deux capitales, entre une maison de ville et une maison des champs, un terrier, où ils pourraient se réfugier « si la commune revenait », la peur, mauvais psychologue, les ayant empêchés de comprendre que la commune ne reviendrait pas tant que survivraient tant de témoins de tant de sang répandu. Dès 1872, le comte de Paris exprimait le désir que Paris redevint l'unique capitale. Si, en effet, Belleville était « le cerveau et le cœur » de Paris, Paris, la « ville-lumière », était aussi « le cerveau et le cœur » de la France ; il exerçait et il exerce encore sur elle, mais de moins en moins, une telle dictature, qu'un gouvernement qui n'en a pas tout entier pris possession et qui ne fait pas tout entier corps avec lui, a l'air d'attendre à la poterne. Mais à mesure que s'accroît la population de Paris, que l'industrie s'y étend, que la naissance, la fortune et le talent s'y perdent dans la foule, venue de toutes parts, et qui n'a plus une physionomie autochtone, et que pour plaire à cette foule, pour obtenir ses suffrages, pour être porté par elle au pouvoir, il faut avoir l'allure et la mentalité des farauds de Tarascon ou d'Yvetot, Paris est une ville plus grande et plus belle que les autres, la seule encore où l'on peut vivre sans bonheur, mais qui tend à ressembler aux autres et à perdre son prestige et sa suprématie.

En prenant possession de Paris, la république prenait donc possession de la France. Mais c'est toujours à Versailles que la chambre et le sénat se réunissent, la tête fraîche, en assemblée nationale, pour les affaires qui les intéressent plus directement, l'élection du président de la république et la revision des lois constitutionnelles ; tandis qu'ils votent, la tête chaude, à Paris, les lois à l'usage plus personnel, on ne sait s'il faut dire des sujets ou des citoyens de la république, car souvent ces citoyens pourraient donner des leçons de docilité aux sujets des monarchies absolues.

Maints républicains ont raillé l'Eglise catholique et, en général, les religions, pour leurs dogmes, leurs rites, leur discipline, leurs costumes, leurs fêtes, et ils ont aussi leurs dogmes, comme les principes de 89, la déclaration des droits de l'homme, tout ce qu'ils appellent « le bloc de la révolution », en dehors desquels il n'est qu'hérétiques, retranchés de la communion républicaine, bons seulement pour l'impôt d'argent et l'impôt du sang, soumis aux tracasseries des voisins orthodoxes et des autorités jalouses d'extirper l'hérésie. Ils ont leurs rites, leur cérémonial, leur protocole, et il est plus facile d'être reçu par le pape que par le président de la république, et encore plus par le président américain ou le président suisse, et il n'était pas plus difficile de l'être par Napoléon III ou par Louis-Philippe. Ils ont leur discipline, si ultramonacale, que chacun de leurs groupes, au sénat et à la chambre, fait voter, comme des machines, ses membres absents, qui n'ont entendu ni la discussion ni le libellé des lois, pour lesquels leurs voisins de pupitres mettent dans l'urne le bulletin blanc ou le bulletin bleu. Ils ont des costumes, le président de la république, l'habit noir et le grand cordon de la Légion d'honneur ; les sénateurs et les députés, l'écharpe tricolore en sautoir, avec, à la boutonnière, les insignes parlementaires, que le peuple a surnommés « le baromètre », et les fonctionnaires des divers ordres les costumes qu'ils ont hérités des monarchies précédentes. Le ministère Clémenceau a même embelli celui des préfets, en leur donnant la plume blanche, au lieu de la plume noire, la plume blanche ayant, dans la croyance républicaine, des dons supérieurs. Enfin, ils ont des fêtes, fixes ou mobiles.

C'est sous la présidence Grévy qu'a été instituée la principale, la fête fixe, « la fête nationale » ou du 14 juillet. L'année de son institution, en 1880, une cuisinière confiait à son « maître » — en un quart de siècle, le « maître » est déchu au rang de « patron », mais la cuisinière fait toujours la cuisine — : « On dit, dans le quartier, que si monsieur ne met pas de drapeaux à ses fenêtres, on bombardera la maison ». « Monsieur » ne mit pas de drapeaux et l'on ne bombarda pas ; mais les maisons non pavoisées étaient rares, sauf au faubourg Saint-Germain et aux Champs-Elysées, et encore les persiennes y étaient-elles presque toutes fermées, comme pour témoigner, en manière d'excuse, que leurs habitants étaient déjà à la campagne. En 1907, un maçon travaillant dans la maison de ce même « maître », c'est-à-dire de ce « patron », lui contait : « Ce matin, je disais à monsieur votre employé... » Cet employé était le valet de chambre, mais son office était toujours le même.

D'année en année, la fête du 14 juillet a perdu son caractère de manifestation républicaine, de recensement républicain, et à mesure que le nombre des républicains s'est augmenté, le nombre des drapeaux a diminué, les républicains déployant de moins en moins leurs forces devant un adversaire qui se fondait de plus en plus, et le 14 juillet est devenu une fête dont le populaire ne sait plus bien l'histoire et la signification, sinon que « les autorités » y participent. Lorsqu'après ce qu'on a appelé le « ralliement » de l'Église à la république, la basilique du Sacré-Cœur de Montmartre s'illuminait, le 14 juillet, de mille feux, et en embrasait tout autour d'elle, comme pour envelopper la fête, Paris et la république, dans le sein de l'Église, le spectacle était beau dans sa réalité et dans son symbole, mais le 14 juillet ne s'est jamais cléricalisé sous ces mystiques ondes lumineuses, il est resté laïque, la seule fête fixe laïque, le jour de l'an étant une fête extérieure aux religions et aux gouvernements, comme la fête naturelle des peuples. Ce « ralliement », d'ailleurs, ainsi que tous les autres « ralliements », ne venant point parce que la république en avait besoin, mais parce qu'il avait besoin de la république.

La république a eu, depuis l'institution du 14 juillet, des fêtes mobiles, mais aucune non plus n'a eu un caractère religieux. A l'une de ces fêtes, la « translation des cendres de grands hommes de la république au Panthéon », M. Jules Ferry se trouvant nez à nez avec un monarchiste, lui dit : « Eh bien, vos journaux annonçaient tous, ce matin, qu'il n'y aurait personne ; et vous voyez la foule innombrable, pas un magasin ouvert, pas un ouvrier au travail. » — « Mais quoi donc peut plaire à ce peuple, dans votre république ? » — « De ne pas vous y voir ! »

Aux dogmes et aux fêtes de la république, la présidence de M. Grévy a ajouté des desservants républicains de ces autels républicains ; elle a consacré près de deux lustres à « épurer » les fonctions publiques de ceux de leurs titulaires qui n'étaient pas républicains ou qui étaient accusés de ne pas l'être, ou suspects de ne l'être pas assez, pour les remplacer par des républicains, qui exagéraient d'autant plus leur républicanisme, qu'ils craignaient de ne pas passer eux-mêmes pour assez républicains. Elle a même, en 1883, suspendu l'inamovibilité de la magistrature pour se donner des magistrats républicains, marquant ainsi que, sans en excepter ceux dont dépendent la fortune, l'honneur et la vie des citoyens, les fonctionnaires devaient remplir leurs fonctions, non pour les fins de ces fonctions, mais pour les fins du gouvernement, sur les ordres et dans l'intérêt de ceux qui le dirigeaient, et qui se flattaient de le diriger toujours, et de ne jamais voir ce régime de police de sûreté générale se retourner contre eux. Déjà, le 1er mars 1852, un décret-loi du prince-président avait fixé une limite d'âge judiciaire, soixante-dix ans pour les tribunaux de première instance et les cours d'appel, et soixante-quinze pour la cour de cassation, mettant à la retraite les magistrats présumés plus attachés aux régimes précédents et plus hostiles au second empire qui se préparait et incitant leurs collègues moins âgés à faire leur cour au nouveau régime pour obtenir de l'avancement et s'assurer une pension de retraite plus forte. Les républicains y ont d'ailleurs été aidés par leurs adversaires, qui pressaient les fonctionnaires de donner leur démission, en leur promettant monts et merveilles, dont ils ne leur ont rien donné, les laissant même dans la misère : en sorte qu'au lieu de laisser aux républicains la responsabilité de leur révocation, quelquefois difficile, ces fonctionnaires ont d'eux-mêmes abandonné leurs fonctions, et même leur pain, et se sont fait remplacer par des fonctionnaires qui ont fait avec fureur leur besogne, les intéressés perdant ainsi au change. Certaines de ces démissions ont eu des suites encore plus contraires aux intentions de leurs conseilleurs, comme au bien public : telles les démissions des officiers dans l'exécution des décrets et des lois contre le clergé régulier et contre le clergé séculier.

Les bonapartistes ont reproché au général Trochu sa conduite pour le moins incorrecte, sinon séditieuse, envers Napoléon III et surtout envers la régente, souvent soutenus, en leurs reproches, par des légitimistes et des orléanistes, et depuis lors tous ensemble ont excité les généraux à faire pis que le général Trochu, à faire un coup de force, « un coup d'Etat » contre la république. Or, si bien les officiers n'ont pas embrassé la carrière militaire pour enfoncer des portes de couvents ou d'églises, où ne se commet aucun attentat contre la propriété, les personnes, l'ordre public ou la frontière, donner leur démission pour ne pas le faire, lorsque le gouvernement est assez peu respectueux de leur liberté de conscience et de la dignité de l'armée pour le leur commander, c'est faire un petit « coup d'Etat » pour leur commodité, c'est donner aux soldats l'exemple de raisonner leur obéissance, c'est-à-dire l'exemple de l'indiscipline, et, comme ils ne peuvent pas démissionner quand les ordres de leurs chefs ne leur conviennent pas, les soldats se mutinent, ainsi qu'ils ont fait dans la crise vinicole du Midi, en 1907. Appels aux « coups d'Etat » des généraux, appels aux démissions des officiers, appels à la révolte des soldats, ne viennent ni des mêmes partis, ni des mêmes « couches sociales », les appels à la révolte des soldats venant des républicains les plus révolutionnaires, et n'ont ni les mêmes causes ni les mêmes fins, mais tous ces appels sont les mêmes appels au même moyen, à l'indiscipline, destructrice des armées.

Mais les républicains qui dirigent le gouvernement depuis l'avènement de M. Grévy, et même depuis les derniers temps du maréchal de Mac-Mahon, et qui sont les principaux bénéficiaires de l'armée — aucun gouvernement ne pouvant se maintenir sans force publique, c'est-à-dire sans armée, — ces républicains ont mené contre la discipline une action parallèle à ces appels. En même temps qu'elle réorganisait l'armée, l'assemblée nationale de 1871, qui comptait vingt généraux, sans parler des amiraux, des colonels et des capitaines, ouvrait un concours d'architecture gouvernementale, et les généraux allaient chez M. Thiers, chez Napoléon. III ou le prince impérial, chez le comte de Chambord ou le comte de Paris, chez le duc d'Aumale ou M. Gambetta. En 1876, le général Ducrot faisait donner par Mgr de Ladoue, évêque de Nevers, la bénédiction de Pie IX au 8e corps d'armée, réuni au camp d'Avord, presque dans le même temps qu'un avocat général à la cour de Besançon disait, dans sa mercuriale, en présence du duc d'Aumale, souriant de ce courtisan un peu massif : « ...Sa majesté Louis XIV ». Et le 12 décembre 1877, prétendant que son régiment était commandé pour un coup d'État, le major Labordère refusa d'obéir aux ordres reçus, donnant, par cet acte d'indiscipline, auquel les républicains applaudirent presque tous, le premier tour de clef à cette halle aux constitutions, où cardinaux et vicaires, maréchaux et sous-lieutenants, amiraux et enseignes, ambassadeurs et attachés, premiers présidents et juges suppléants, préfets et conseillers de préfecture, recteurs d'académie et instituteurs, receveurs généraux et rats-de-cave, continuaient à discuter sur la république et sur la monarchie, alors que depuis deux ans il y avait une constitution. Comme leurs prédécesseurs bonapartistes, orléanistes ou légitimistes au gouvernement des trois dernières monarchies, les républicains entendaient mettre fin à la discussion de leur gouvernement, de leur république, par ses fonctionnaires, ceux-ci étant sans doute d'abord au service de la France et de l'État, mais sur le choix du gouvernement, sous son contrôle, sous sa direction et à son avantage. Mais leur peur d'un « coup d'État », leur passion de la prédominance du pouvoir civil sur le pouvoir militaire, comme sur le pouvoir spirituel, comme sur tous les autres pouvoirs ; leurs préventions contre l'uniforme, la hiérarchie, la discipline et l'esprit militaires, « les traîneurs de sabre », « les gaietés du sabre », comme ils disaient avant la guerre de 1870 ; leur humanitarisme, leur sensiblerie même, qui n'a pas empêché les uns de faire la commune de 1871 et les journées de juin 1848, et les autres de les réprimer, et ensemble de se couvrir de sang, comme des bouchers à l'abattoir, sous la première république ; leur « pacifisme » à tendances internationalistes, la « fraternité des peuples », contrarié par le souci de leur sécurité et par leur sentiment de la patrie, et qui ne les ont pas non plus empêchés de battre leurs voisins ni d'être battus par eux : au bref, même au plus vif du patriotisme et du militarisme, pendant la guerre de 1870, pendant la réorganisation de l'armée après cette guerre, après la formation de la triplice en 1882, qui fut une des causes du boulangisme, et dans les premiers temps de l'alliance franco-russe, du toast du tsar Alexandre III à Cronstadt en 1891 au second voyage du tsar Nicolas II en France, en 1901, on retrouve ces mésintelligences entre l'esprit républicain et l'esprit militaire, en même temps que la république consentait les plus gros sacrifices pour l'armée. Il était dans l'ordre qu'elle exigeât des officiers, comme de tous les fonctionnaires, et plus encore des officiers, à cause de la discipline, non pas leur adhésion d'esprit et de cœur, mais la correction de leur attitude et de leur langage, leur parole et leur plume étant serves, mais leur conscience demeurant libre.

Mais elle ne s'en est pas tenue là, elle est allée plus loin, avec des tâtonnements, des pointes, des reculs, puis des charges, et en chargeant les officiers, « les brutes galonnées », les généraux André et Picquart ont failli débander l'armée, et, avec elle, la république, et, ce qui est plus grave, la France elle-même.

La présidence de M. Grévy avait d'abord écarté des grands commandements les généraux aux noms bonapartistes, légitimistes ou orléanistes, et exclu de l'armée les princes d'Orléans et Bonaparte, bien que rien ne donnât plus d'élégance, d'éclat et de force à la république que d'admettre à son service ceux-là mêmes qui passaient pour prétendre à sa succession, le duc d'Aumale comme commandant d'un corps d'armée, le duc de Chartres comme colonel d'un régiment de chasseurs à cheval, le comte de Paris comme lieutenant-colonel d'un régiment territorial, le duc de Penthièvre comme lieutenant de vaisseau, le duc d'Alençon comme capitaine d'artillerie, le prince Victor comme simple soldat de la même arme, et qui, eux et leurs partisans dans l'armée, étaient retenus par l'honneur, le bonheur de vivre dans leur pays et de servir son drapeau, ou par scepticisme sur leur succès dans une entreprise contre les institutions républicaines. Il y avait mieux: leur incorporation dans des fonctions auxquelles ne les avait pas appelés un plébiscite comme le prince Louis-Napoléon Bonaparte en 1848, en faisait, au regard du vulgaire, des citoyens comme les autres, acceptant la république, et prêts à verser leur sang pour elle. Pendant que le duc d'Alençon était en garnison à Vincennes, son père, le duc de Nemours, étant venu le voir, se promenait avec lui et son colonel, dans la cour du château, lorsque deux officiers du régiment aperçurent ce grand et beau vieillard à l'air si noble, et l'un dit à l'autre : « Qui est ce monsieur » ? « Ce doit être monsieur d'Alençon père. » Déjà des hommes cultivés ignoraient les noms des princes de la dynastie nationale, dont ils étaient les camarades.

En excluant de l'armée « les membres des familles ayant régné en France », la présidence Grévy les a en même temps exclus des fonctions publiques et des mandats électifs, elle a exilé le chef de chacune de ces familles et son fils aîné, et leurs autres membres sont constitutionnellement sous le coup d'un décret présidentiel d'expulsion du territoire français. Mais, dix ans après, sous la présidence Félix Faure, le ministère Bourgeois, dont le président Casimir-Périer n'avait pas voulu comme trop radical, nommait chevalier de la Légion d'honneur le prince Henri d'Orléans, qui ne pouvait être ni soldat, ni électeur : mais c'était un cadet, ce qui, en France, est, pour un prince, un avantage, comme pour un particulier d'être un homme de gauche ; il aimait le plaisir, à la fureur, et il avait un certain goût des aventures, qui s'est dissipé en voyages, ce dont la république l'a remercié par la croix, aussi heureuse qu'il l'acceptât que le serait une monarchie de décorer un gros personnage républicain, jetant à si peu de frais le scepticisme et le découragement parmi ses adversaires. Mais, comme la France était encore tout émue de la guerre de 1870, et qu'elle appréhendait toujours une nouvelle guerre, comme le gouvernement partageait cette émotion et cette appréhension, et, bien qu'il eût peur d'un « coup d'État » de l'armée dont les officiers étaient encore en grande partie antirépublicains, son « esprit républicain », tiraillé en sens contraires, ne pouvait pas s'attaquer de front à l' « esprit militaire » et il procédait par biais contradictoires pour assurer sa sécurité à la fois à l'intérieur et à l'extérieur.

Tout en éliminant peu à peu les généraux antirépublicains ou non républicains, en ne donnant que peu ou pas d'avancement aux officiers nobles ou de haute ou vieille bourgeoisie, comme naturellement suspects d'antirépublicanisme, pour les décourager eux et leurs castes, — le général Boulanger, qui l'a fait trembler, n'était pourtant pas noble, mais il avait un beau nom pour une démocratie en appétit de changements, — la république s'est engagée dans la politique coloniale, dans les expéditions coloniales, pour donner un dérivatif et en même temps une satisfaction à l'armée et pour rassurer l'Allemagne, dont la peur a dirigé toute sa politique depuis le traité de Francfort.

Bien que la constitution ne permette pas au président de la république de « déclarer la guerre sans l'assentiment préalable des deux chambres », M. Grévy et ses successeurs ont fait la guerre, ils l'ont faite en Tunisie, au Tonkin, au Dahomey, au Siam, à Madagascar, en Chine, au Maroc, sans la « déclarer », en la baptisant « expédition coloniale » ou « opération de police », et les chambres ont accepté ou subi cette interprétation si contraire à l'esprit de la constitution, et le pays aussi, tout en rechignant, parce que pour eux il n'y a point de guerre en dehors de la guerre avec l'Allemagne, et que les guerres qui peuvent éloigner cette guerre ne sont pas des guerres, tout en étant bel et bien des guerres, la guerre étant la voie des armes employée de peuple à peuple pour vider un différend, et que dans toutes l'on se bat avec les mêmes armes et l'on verse le même sang.

Sans doute ce sont leurs ministres qui ont engagé toutes ces guerres, mais les présidents ne sont pas couverts par le contreseing ministériel, puisque « l'assentiment préalable des deux chambres » seul peut les couvrir. Mais les constitutions, les institutions et les lois n'étant que ce que les fait la jurisprudence ou l'usage, qui souvent les détournent de leur origine, et même du sens grammatical de leur texte, il est entendu que les guerres qui ne menacent pas la France d'une nouvelle invasion ne sont pas des guerres et que les présidents qui ne peuvent pas nommer un suppléant de juge de paix sans le contre-seing du garde des sceaux, peuvent faire sans « l'assentiment préalable » des chambres, toutes les guerres qu'ils veulent, à la condition de ne pas les appeler guerres. Ce qu'ont donc fait le plus les présidents, c'est ce qu'ils paraissaient pouvoir le moins, se passer des chambres pour l'exercice de la plus redoutable prérogative du chef de l'État, qui est de faire la guerre ; mais en même temps qu'ils versaient le sang de l'armée française aux quatre coins du monde, ils épargnaient avec un soin grandissant celui des condamnés à mort.

Sous Charles X et sous Louis-Philippe, la commutation de la peine de mort a été de 36 %, mais à mesure que les institutions se sont démocratisées, la commutation s'est élevée à 39 % sous la deuxième république, à 46 % sous Napoléon III, à 65 % sous M. Thiers, le maréchal de Mac-Mahon, M. Grévy, M. Carnot, M. Casimir-Périer et M. Félix Faure, à 91 % sous M. Loubet ; et sous M. Fallières, où « la démocratie coule à pleins bords », suivant le mot de M. Royer-Collard, pendant deux ans il n'y a plus eu d'exécution capitale, tous les condamnés à mort étant graciés, ce qui a aboli, en fait, la peine de mort, malgré les protestations réitérées des jurys criminels. Mais ils n'avaient pas pensé que les chambres considéraient cette abolition comme insignifiante pour leur réélection et qu'elles préféraient laisser au gouvernement la responsabilité des guerres pour en bénéficier lorsqu'elles sont heureuses et pour les critiquer lorsqu'elles ne le sont pas, ceux qui se sont demandé si en donnant une interprétation aussi désinvolte vis-à-vis du parlement ou des lois à leurs autres prérogatives, ou même en s'en servant ponctuellement dans leur lettre et dans leur esprit, les présidents n'auraient pas pu aussi bien donner un autre tour à la fonction présidentielle et lui faire jouer le rôle que la constitution paraît lui assigner dans l'État ; car, c'est contre le parlement que ces autres prérogatives devraient s'exercer, et le maréchal de Mac-Mahon, quoique soutenu par le sénat, qui n'a montré, depuis lors, aucune velléité de recommencer l'expérience, s'est brisé contre la chambre toute seule.

Pour le droit de grâce, en parti pris, équivalant à l'abolition de la peine de mort, il est la résultante de la sensiblerie engendrée par le débordement de plaisirs qui a suivi la mort du comte de Chambord, et qui, de ses partisans, dont était l'élite du monde et de la mode, est descendu dans tous les rangs du peuple français, où il a amolli les caractères et inquiété les consciences, et l'affaire Dreyfus a exacerbé cette maladie. Il faut la virginité justicière des jurés pour reprendre conscience que chez un peuple qui est si souvent en guerre avec ses voisins et en rebellion contre ses gouvernements, où la peine capitale a toujours été appliquée et l'a été avec des raffinements jusqu'à la veille de la révolution, et que cette révolution et les révolutions qui l'ont suivie, et jusqu'à la commune de 1871, qui est d'hier, ont montré des retours à la sauvagerie, son abolition marque un relâchement du gouvernement et des mœurs des plus favorables à l'accroissement de la criminalité.

Il y a déjà plus de dix ans, d'ailleurs, que les théâtres font la satire des douceurs dont la troisième république entoure ses déportés et ses prisonniers, et la plupart des paysans, des ouvriers et des petits bourgeois ne parviennent pas, après toute une vie de labeur, à assurer à leurs vieux jours le confort dont les voleurs jouissent dans la prison de Fresnes, modèle du genre. Ces satiriques rappellent que, sous la deuxième république, l'on disait : « Tous les républicains ne sont pas voleurs, mais tous les voleurs sont républicains ; » et ils ajoutent que la troisième république, qui est pourtant moins idéaliste que la deuxième, a voulu récompenser ainsi ces adhésions de la première heure.

Quant à la politique coloniale, sachant que des gens voient dans les jésuites la cause de tous les maux, comme d'autres la voient dans les francs-maçons, les juifs, les journaux, le suffrage universel, et pourraient aussi la voir en eux-mêmes, qui ne savent pas se servir des forces, bonnes ou mauvaises, qu'ils ne peuvent supprimer, M. Jules Ferry et les « ferrystes » répandaient le bruit que les jésuites armaient les Kroumirs contre les Français, en Tunisie, et les échos s'en répercutèrent dans les montagnes les plus reculées, soulevant l'anticléricalisme, qui était alors dans l'ardeur de l'ignorance et coulant en douceur une guerre qui a été la génératrice des autres, parce qu'elle a constitué un protectorat prospère. Les jésuites y ont pris une petite revanche, car, sous ce protectorat de la république, a été rétabli l'archevêché de Carthage.

Ces guerres ont aussi donné à la France le plus grand empire colonial après l'empire britannique, avec près de soixante millions de colons, sujets, protégés, vassaux ou tributaires, avec des empereurs et des rois, comme la république romaine. Il a été fait, à l'occasion, sans doute, mais au hasard ; et ce n'est qu'après qu'il a été fait et lorsqu'il était ministre des affaires étrangères, que M. Hanotaux a songé à un plan pour l'étendre et qu'il a refait trois ou quatre fois la carte d'Afrique, ébauches qui ont abouti à Fachoda d'abord, et à Algésiras ensuite... Il est disséminé en Afrique, en Asie, en Océanie, comme en Amérique, par tout le globe, sans lien entre ses parties, sans appui pour chacune d'elles, exposée à l'hostilité des voisins et à la convoitise des rivaux. Il n'est pas non plus relié à la métropole par une flotte marchande et de guerre suffisante, et cette flotte, la métropole ne pourrait pas se la donner, et parce qu'elle n'a pas assez de côtes pauvres, et par conséquent marinières, et parce que sa population et son trafic sont trop faibles pour en porter le poids.

Si la France avait vingt millions d'habitants de plus, c'est-à-dire autant que l'Allemagne, elle se trouverait encore dans de naturelles conditions économiques meilleures que celles de cet empire ; mais elle ne pourrait plus vivre à peu près sur elle-même, elle devrait développer son industrie, son commerce, son exportation, son émigration, pour trouver au dehors ce qui lui manquerait chez elle, et de la métropole à ses colonies, il y aurait alors propulsion, tandis qu'aujourd'hui il y a inaction, la machine est trop lourde pour sa chaudière. L'empire britannique a pour base l'île de la Grande-Bretagne, et l'empire colonial français la France continentale, qui n'est séparée de l'Allemagne, son vainqueur, que par des poteaux ; les bases des deux empires sont donc tout autres, outre que la colonisation étant pour eux question de vie ou de mort, la peur de mourir, de finir dans leur île, en expulse les Anglais, avec leurs marchandises manufacturées, à travers le monde, avec l'implacabilité d'un boulet chassé du canon par la poudre.

Depuis qu'elles ont signé la paix, l'Allemagne et la France se regardent défiantes, et se défient quelquefois, surtout l'Allemagne, défi dangereux du temps de M. de Bismarck, qui avait encore l'ambition de son duché d'Alsace-Lorraine, et dont le danger sous Guillaume II, le souverain de théâtre, dont « l'audacieux poltron » qu'Edouard VII a peint à ses amis de Paris est la charge, est dans le trop-plein de la population allemande, qui devra se déverser un jour quelque part. L'Allemagne, brutale, grossière, toute ramassée contre le vaincu, éclatant d'orgueil, faisant des enfants à foison, mais n'ayant pas eu la précaution de prendre sa part du monde colonisable, quand la France et l'Angleterre se le partageaient. La France, grognonne, taquine, n'ayant pas conscience de sa grandeur à tenir son vainqueur et l'Europe sous les armes et comme en un camp retranché, multipliant ses onéreuses entreprises coloniales, pour rassurer le vainqueur et pour se faire illusion en ne jouant pleinement ni son rôle colonial, ni son rôle continental, incertaine et titubante, surtout pensant, parlant et agissant en vaincue, et son âme de vaincue semblant stériliser en elle les sources de la vie, les naissances comblant à peine les décès. Bref, par peur l'une de l'autre, l'Allemagne est trop restée chez elle, et la France en est trop sortie.

En recherchant les causes de la diminution de la natalité sous cette république, les uns, comme s'ils avaient reçu la confession d'un peuple dont un très petit nombre se confesse encore, les ont trouvées dans le malthusianisme provoqué par l'instabilité politique, la cherté de la vie, l'amour du bien-être, l'ambition qui travaille les bas-fonds dans les démocraties républicaines, le partage des héritages, pourtant toujours le même sous le régime du code civil. Les autres, dans l'affaiblissement du sentiment religieux et la corruption des mœurs, qui relâchent le devoir conjugal, bien qu'en aucune ville française les églises ne soient fermées le dimanche, comme on l'a vu en des villes allemandes en 1907, faute de fidèles, et bien qu'à Paris aucun procès n'ait révélé cette corruption au degré du procès Eulenbourg au tribunal des échevins de Berlin, dont les assesseurs, un laitier et un boucher, devaient boire du lait et du sang en entrevoyant l'homéosexualité à la cour, dans l'armée et dans la famille impériale, de sorte que moins de religion et plus de perversion n'empêchent pas les Allemands d'avoir chaque année un excédent d'un million de naissances sur les décès. Même, des statisticiens du ministère de la guerre prétendent que les guerres de Napoléon Ier ont appauvri le sang français et que cet appauvrissement ne produit son plein effet que près d'un siècle après. Enfin, des philosophes pensent que les peuples sont comme les vergers qui tantôt ont des fruits et tantôt n'en ont pas, qu'ils ne multiplient pas à l'infini, qu'ils ont des arrêts, des reculs quelquefois, puis des reprises et que la perfection est dans l'équilibre entre la richesse du sol et le nombre de ses habitants, bien que cette condition heureuse puisse être pour eux comme Capoue pour les troupes d'Annibal. Une petite statistique parisienne de 1910 dérange un peu ces hypothèses : l'arrondissement où il y a le plus d'enterrements civils, le XXe, est le plus prolifique : tandis que l'arrondissement le moins prolifique est celui où il y a le moins d'enterrements civils, le VIIIe. Mais c'est peut-être dans la limitation des plaisirs par la pauvreté qu'il faut chercher la cause de ce phénomène.

Le dilettante qui refait dans son fauteuil l'empire colonial français, tel qu'il le voudrait, maintenant qu'il en connaît l'incohésion et la faiblesse, mais qui, lorsque cet empire se faisait, ne prévoyait pas que l'Allemagne aurait un jour plus de soixante millions d'habitants, que le Japon européanisé battrait la Russie, que l'ambition impérialiste s'emparerait aussi des Etats-Unis, que la population de toutes les puissances de l'Europe s'accroîtrait dans des proportions beaucoup plus grandes que celle de la France, bref, qui ne prévoyait rien de ce qui est advenu, ce dilettante décrète que la république, dont la politique coloniale a été, en effet, sans suite et sans fermeté, aurait dû ajouter à l'Algérie, et la Tunisie et la Tripolitaine, et l'Egypte et le Maroc, tout le nord de l'Afrique, et se faire ainsi, au lieu d'un grand empire dispersé, un grand empire concentré, un grand empire méditerranéen, qui l'eût faite plus forte qu'avant le traité de Francfort. Si tant est que la France puisse jamais redevenir ce qu'elle était avant « la trouée des Vosges » et tant que l'Allemagne restera victorieuse, si tant est aussi que l'Allemagne, la Russie, l'Autriche-Hongrie et l'Italie, que M. Jules Ferry avait coalisées contre l'Angleterre pour l'empêcher de s'emparer de l'Egypte, ne se seraient pas coalisées contre la France, l'Angleterre à leur tête, pour l'empêcher d'en faire autant, et à plus forte raison pour l'empêcher de constituer cet empire qui eût fait de la Méditerranée un lac français et de l'Afrique en prolongement de la France.

Outre qu'elle a décapité les partis monarchistes en exilant les prétendants et les princes héritiers qui n'ont plus vu leur parti qu'à travers l'amertume et l'éloignement de l'exil, qu'elle a rendu aussi difficile que possible aux monarchistes l'accès des assemblées politiques et administratives, et qu'elle a rempli de ses créatures les administrations publiques qui n'ont plus eu d'autres règle que sa volonté, la république a encore voulu couper dans sa racine l'opposition à son principe et aux doctrines dont ses partisans ont entouré ce principe et dont ils ont fait une chapelle et une secte, au lieu du cadre où les partis pourraient évoluer sans recourir à une révolution, en s'emparant de l'âme de l'enfant et en la formant à son image. Leibnitz disait : « Donnez-moi l'enseignement pendant un siècle, et je serai maître de l'Etat. » Napoléon Ier le répétait et aussi « le beau-frère du grand Condé », M. Victor Cousin. Mais qui est-ce qui peut garantir quelque chose à quelqu'un pour cent ans ?

Cette conquête des âmes, par la persuasion ou par la force, surtout par la force, parce qu'ils n'aiment pas qu'on leur résiste, a été le constant objectif des républicains. M. Gambetta se lamentait même de ce que les femmes n'étaient pas républicaines et il rêvait d' « une république athénienne » qui les rallierait par ses grâces. A Athènes, la république était tempérée par l'esclavage et aussi à Rome. Mais, en France, elle ne l'est pas par le suffrage universel, où le vote du mendiant annule le vote du paysan, qui arrache à la terre le pain dont il lui fait l'aumône, où le vote du vaurien, qui vit de vols, annule le vote de l'ouvrier, qui donne la vie aux découvertes de la science et aux inventions de l'art, où le vote de celui qui ne sait ni lire, ni écrire, ni compter, annule le vote de M. Henri Poincaré et de M. Paul Bourget, et dispose des généraux et des amiraux en activité de service qui ne sont pas électeurs et sans lesquels il n'y aurait plus ni suffrage universel, ni république, ni institution quelconque, et les assassins resteraient seuls maîtres.

Le suffrage universel n'a même pas réalisé les promesses que ses théoriciens en faisaient de mettre fin aux révolutions d'en haut et d'en bas, et d'assurer le règne des lois. Il n'a pas empêché la loi du 31 mai 1850 qui le restreignait et sur laquelle le prince-président s'est appuyé pour faire son coup d'État du 2 décembre et la rétablir dans son texte primitif, depuis lors respecté comme l'arche de la nouvelle alliance, et qui ordonne que tout Français, le jour où sa vingt et unième année est révolue, et où il est affranchi de son tuteur, est armé du bulletin de vote et devient le tuteur de l'État et de la France. Il n'a pas non plus empêché la révolution du 4 septembre, ni l'insurrection des journées de juin 1848, ni la guerre civile de 1871, dont la commune de Paris a été le foyer. Et il n'a pas davantage assuré le règne des lois dans le gouvernement, puisque, entre maints exemples, les présidents ont violé la constitution en faisant la guerre sans « l'assentiment préalable des deux chambres », et que, après le rejet par le sénat de l'article 7 du projet de loi sur l'enseignement supérieur, M. Grévy a réédité, en décret, l'ordonnance de Charles X contre les congrégations religieuses non autorisées et rétabli ainsi ce que la haute assemblée avait supprimé. Cela caractérise la majorité républicaine, les présidents ayant pu s'arroger des droits que la constitution ne leur donne pas, tandis qu'ils n'ont pas osé, depuis le 16 mai, se servir de ceux qu'elle leur donne, la seule pensée leur en paraissant un attentat contre la constitution et contre la république, comme si l'esprit de leur parti était de toujours détruire ou laisser tomber en désuétude et de toujours innover. Un régime sans cour et dont le suffrage universel est le faiseur et le défaiseur peut moins facilement que tout autre être ce que M. Gambetta entendait, sans doute, par « athénien », c'est-à-dire élégant et poli, parce que son maître peut prendre ombrage de ce bel air, tout en étant sensible à l'élégance, à la littérature et aux arts : la république n'a été un peu cela que sous M. Thiers et un peu plus sous le « gouvernement des ducs », dont le principal adversaire était M. Gambetta.

Si la monarchie est la forme traditionnelle du gouvernement de la France, l'Eglise est la source où a puisé l'âme française depuis les premiers temps de la monarchie, et pour changer cette âme, c'est la source que les républicains ont cherché à capter, à dévier ou à tarir, suivant le degré de leur républicanisme et malgré le catholicisme de ceux qui étaient ou qui sont catholiques, depuis le catholicisme mystique de M. Jean Brunet jusqu'au catholicisme raisonné de M. René Bérenger, en passant par le catholicisme confiant de M. Henri Wallon, à la figure ecclésiastique et aux lunettes d'or. Tous ont été ou sont plus jaloux de l'indépendance du pouvoir civil et de sa prédominance que les monarchistes dont le ministère du 16 mai a été l'expression la plus catholique et qui s'est si fort défendu d'être « le gouvernement des curés ». La doctrine de la séparation de l'Eglise et de l'Etat dans leur domaine respectif est donc professée dans les partis de droite, comme dans les partis de gauche, quoique pas dans les mêmes intentions.

Après la guerre de 1870, nombre de Français se sont dit que les défaites qu'ils venaient de subir et qui ont peu d'exemples dans leur histoire, si même elles en ont, ne pouvaient pas être entièrement imputées au gouvernement de Napoléon III et au gouvernement de la défense nationale, que le peuple français en avait sa part de responsabilité, qu'il s'était laissé corrompre et amollir, et ces réflexions ont été le germe d'une renaissance religieuse, dont la liberté d'enseignement à tous les degrés a été le fruit. Il n'y avait jamais eu en France de liberté d'enseignement sous l'ancien régime ni avant la loi de 1850 sur les écoles primaires, dont le clergé, séculier et régulier, celui-ci surtout, a eu tout le bénéfice. Mais l'Etat et l'Eglise ne se sont pas toujours tenus dans leurs limites, soit par propension à empiéter l'un sur l'autre, soit que leurs limites soient incertaines, avec ou sans concordat, leur cohabitation de quinze cents ans les ayant emmêlés.

La dernière année de Pie IX, le cardinal Martinelli étant propréfet de la congrégation des études et Mgr Czacki secrétaire de cette congrégation, le baron Baude, ambassadeur de France au Vatican, reçut du duc Decazes, ministre des affaires étrangères, une dépêche lui demandant des explications au sujet d'un bref pontifical qui conférait à l'université catholique d'Angers la collation des grades, puis de M. Joseph Brunet, ministre de l'instruction publique et des cultes, une note sur l'objet de la dépêche. M. Baude demanda au cardinal Simeoni, secrétaire d'Etat de Sa Sainteté, des explications sur ce bref. Le secrétaire d'Etat lui répondit qu'il en ignorait l'existence. « Pour l'honneur de Votre Eminence, lui dit M. Baude, vous me permettrez de ne pas transmettre votre réponse à mon gouvernement. » — « Eh bien, lui repartit le secrétaire d'Etat, dans trois jours je pourrai vous donner les éclaircissements que vous désirez. » — « Eminence, je vous en serai reconnaissant. Je ne demande pas mieux que d'apaiser toutes les difficultés ; mais, en conscience, un ministre français ne peut pas venir à la tribune du parlement défendre la collation des grades conférée à l'université d'Angers, à notre insu, à l'insu de Votre Eminence elle-même, et alors que la liberté d'enseignement est très attaquée en France. » De chez le secrétaire d'Etat M. Baude se rendit chez le cardinal Martinelli, qui était malade, puis chez le cardinal Franchi, qui lui fit la même réponse que le secrétaire d'Etat, ajoutant qu'il allait rarement à la congrégation des études, que la congrégation de la propagande l'absorbait tout entier. Enfin, au bout de trois jours, M. Baude revint chez le secrétaire d'Etat. L'affaire était tirée au clair. Mgr Czacki avait fait signer le bref à Pie IX, en lui disant que tout y était, que tout était en règle, que jamais on n'avait obtenu davantage, que la chose était des plus avantageuses. « Cela était vrai », racontait M. Baude, « en ce sens qu'on avait pris tout ce qu'on avait voulu ; mais ne l'était pas, en réalité, puisque Mgr Czacki, qui guignait la nonciature de Paris, avait tout pris sous son bonnet, pour passer auprès du pape et de Mgr Freppel, évêque d'Angers, et déjà en vue dans l'épiscopat français, comme habile négociateur et personnage influent. » Par rare privilège, le talent d'écrivain et d'orateur de Mgr Freppel a été grandissant jusqu'à sa mort. Mais ses manières et ses propos n'étaient pas toujours congrus. Il mettait sa calotte de travers et croisait les jambes. Il se laissait taper sur le ventre par son collègue le député Clovis Hugues, poète alexandrin et chevelu, aux ongles noirs, qui lui demandait, gouailleur : « Eh bien, mon vieil évêque, comment ça va ? » A quelqu'un qu'il voyait pour la première fois, Mgr Freppel disait de Léon XIII, dont la politique ne lui plaisait pas : « Il n'y a qu'à attendre sa fin ! » Léon XIII lui a survécu plus de onze ans.

Par contre, la première année de Léon XIII, le cardinal Brossais Saint-Marc, archevêque de Rennes, étant mort, le gouvernement du maréchal de Mac-Mahon avait présenté, pour lui succéder sur son siège archiépiscopal, Mgr Robert, évêque de Constantine ; mais Mgr Dupanloup, en pesant sur la maréchale, à qui, lui et l'abbé Hamelin, curé de Sainte-Clotilde, avaient déjà fait faire le 16 mai, lui fit substituer Mgr Place, évêque de Marseille, qui avait été l'un de ses plus chauds partisans dans son antiopportunisme au concile du Vatican. Le but de Mgr Dupanloup était de faire prendre couleur à Léon XIII, car c'était la première préconisation épiscopale que le nouveau pape avait à faire. Léon XIII s'aperçut fort bien de la manœuvre, car il dit à M. Baude, toujours ambassadeur : « Cette affaire était arrangée, pourquoi la dérange-t-on ? Je cède, parce que, pour la première fois que j'ai à traiter avec votre gouvernement, je ne veux pas me trouver en désaccord avec lui. Mais on cherche à me faire faire à l'épiscopat français une profession de foi qui ne me convient pas. »

Les assemblées politiques de la troisième république ne comptent que sept prêtres : Mgr Dupanloup, que les hommes de plus de cinquante ans appellent encore « l'évêque d'Orléans », comme s'il l'était toujours ; Mgr Freppel, Mgr d'Hulst, les abbés Jaffré et de Marbahac, qui ont passé inaperçus, l'abbé Lemire, petit-neveu de l'abbé de Saint-Pierre, et l'abbé Gayraud, dominicain sécularisé. Ces prélats, ces prêtres, ces religieux, ont d'ailleurs retrouvé leur chaire dans la tribune du parlement. De cette tribune, on domine l'assemblée, l'on formule des dogmes, l'on rend des oracles, l'on fulmine des anathèmes. C'est un meuble d'église et non un meuble de parlement, et le père et le modèle des parlements, le parlement britannique, n'a pas de tribune, chacun y parle de sa place, au milieu de ses collègues coiffés du chapeau haute-forme, melon ou mou, par où l'on voit que l'on n'est ni dans un salon, ni dans une académie, ni dans une église, ni dans un théâtre, ni dans un tribunal, mais dans une assemblée d'hommes d'affaires, se tenant sur le terrain des affaires, parlant la langue des affaires. À la tribune française et républicaine, au contraire, les orateurs paraissent des prédicateurs, les plus anticléricaux entre tous, parce que la religion fait le fond de leurs discours et a fait des neuf législatures des conciles de séminaristes défroqués.

En instituant la liberté d'enseignement, l'assemblée nationale de 1871 était mieux en communion avec l'opinion publique, alors toute à la liberté et à toutes les libertés, que dans ses velléités de restauration bourbonienne, et un petit fait donne la mesure de la renaissance religieuse, d'où est sortie cette liberté d'enseignement. Peu après l'avènement de M. Grévy, le rééditeur des bollandistes, M. Victor Palmé, dont la « librairie catholique » de l'hôtel de la rue des Saints-Pères allait rivaliser avec les Hachette et les Didot, déclarait avoir versé 400.000 fr. de droits d'auteur à M. Henri Lasserre, pour son histoire de Lourdes, alors encore en plein succès. Lourdes, la Salette, l'immaculée-conception, l'infaillibilité du pape, le pouvoir temporel, le syllabus, ce qu'ils appelaient les « nouveautés de Pie IX », qui divisaient aussi les catholiques, étaient les armes des anticléricaux. Mais le syllabus était leur arme de choix, ils n'avaient qu'à le brandir pour se croire vainqueurs, et leurs adversaires se croire vaincus, bien que les uns et les autres ne le connussent la plupart que de nom. Peu importe que, peu instruits de l'Église, ils prissent pour « nouveautés » des croyances aussi anciennes qu'elle et suivies sans interruption et dans toutes ses parties, mais que leur « définition » et leur « proclamation » mettaient en relief : il leur suffisait qu'elles parussent telles pour qu'elles produisissent le craquement que toute variation produirait dans une religion dont la nature est, dans le concept populaire, de paraître immuable et immortelle, l'être et le paraître étant même chose pour l'ignorance.

Un curé de Paris raconte que lorsqu'en la seconde moitié du second empire Pie IX remplaça le rite parisien et le rite viennois par le rite romain, un tiers des fidèles de la populeuse paroisse parisienne, où il était alors vicaire, cessa d'aller à l'église et n'y est jamais retourné, parce que le rite parisien associait les fidèles à ses cérémonies par les chants, les vêtements et les fonctions, au lieu que le rite romain rétablissait exactement la démarcation entre l'Église enseignante et l'Église enseignée, entre la hiérarchie ecclésiastique et les fidèles, à qui Pie X a rappelé qu'ils n'ont qu'à écouter, à croire, à obéir et à subvenir aux besoins de l'Église. Or, comme le bras séculier n'est plus en rien au service de l'Église et même qu'il lui est hostile et qu'il met obstacle au recrutement de ses fidèles, les Français ont affaire, pour le spirituel, à une puissance absolue qui leur demande l'obéissance, les yeux fermés, et, pour le temporel, à une puissance qui n'a d'autre source que leurs suffrages, la moitié plus un de ces suffrages faisant le nombre, la force, la loi, le droit, et qui n'a d'autre règle et d'autre but que la perpétuelle conservation et reconquête de cette majorité, laquelle prétend, à son tour, s'emparer des âmes pour les posséder sans lutte et jouir en sécurité de sa domination. Dans le même temps de l'établissement du rite romain, tel jeune électeur traditionaliste sentait germer en lui la première inquiétude religieuse en voyant son curé coiffé de la barrette au lieu du bonnet en pain de sucre surmonté d'une houppe.

Après la Salette, en 1846, l'expédition de Rome, en 1849, le ralliement du clergé au second empire après le coup d'État, l'immaculée-conception, en 1854, Lourdes, en 1858, le syllabus, en 1864, la romanisation des rites français, après la guerre d'Italie, qui avait ébranlé le pouvoir temporel et en avait détaché les Romagnes, petite revanche, sous forme liturgique, que Napoléon III, assez endormi en ces matières, avait laissé prendre à Rome ; Mentana, où « les chassepots ont fait merveille », et l'occupation de Rome jusqu'à la guerre de 1870 par les troupes de Napoléon III ; sous l'assemblée nationale de 1871, la pétition des évêques pour le rétablissement du pouvoir temporel ; les processions pour la restauration du comte de Chambord, le fruit uniquement clérical de la liberté d'enseignement : telles sont les origines du trouble de l'Église de France en 1879, tels sont les raisons pour les uns et les prétextes pour les autres de l'hostilité des républicains contre elle, hostilité que M. Gambetta a formulée dans son cri de guerre : « Le cléricalisme, voilà l'ennemi ! » Formule d'orateur, qui prend l'auditoire, mais où l'orateur est pris aussi ; et lorsqu'après l'avènement de Léon XIII il a voulu se reprendre, il n'a pu le faire, lui vaincu, comme M. de Bismarck, son vainqueur, a fait avec les catholiques, le « kulturkampf » bismarckien ne s'attaquant qu'au tiers de l'Allemagne, tandis que la guerre gambettiste avec les catholiques s'attaquait alors à la religion, réelle ou nominale, de trente-sept millions de Français sur trente-huit, et la paix avec le petit nombre s'appelant magnanimité et capitulation avec le grand nombre.

Rien de plus extrême, d'ailleurs, ni de plus contradictoire, que la politique religieuse des républicains depuis leur commencement. Leurs trois républiques ont fait les trois plus grands actes religieux du dix-neuvième siècle : le concordat de 1801, le rétablissement de Pie IX sur son trône en 1849, accompli par le prince-président, mais préparé par le général Cavaignac ; et la liberté de l'enseignement. Et, parallèlement à ces actes et entre ces actes, un esprit d'indépendance, de sécession, de laïcité, les guide et s'affiche, tant il paraît naturel et inhérent au régime.

Dans l'Almanach royal de 1789, l'on compte quatre-vingt-onze ecclésiastiques, dont dix évêques, dans les chapelles ou aumôneries de Louis XVI et de Marie-Antoinette, du dauphin et des enfants de France, de Monsieur et de Madame, du comte et de la comtesse d'Artois, de Mesdames Élisabeth, Adélaïde et Victoire. Aucun n'est attaché au duc d'Orléans, qui a force trésoriers, intendants et contrôleurs de ses finances. Le roi et la reine ont le même confesseur, l'abbé Poupart, curé de Saint-Eustache, paroisse de commerçants et d'artisans, qui sort du tiers et dont le nom prête un peu à rire, mais dont le choix a de l'humilité chrétienne et de la bonne politique. Ce curé de bourgeois laborieux, recevant la confession générale des deux époux royaux, ceux-ci y trouveraient bien du piquant et ceux-là bien de la grandeur. Mais dès qu'il eut pénétré dans cette millénaire institution monarchique, avant qu'il se fût revêtu de son nom, avant même qu'il eût conscience d'être, l'esprit républicain en avait chassé l'aumônerie royale. L'Almanach royal de 1790 n'en mentionne aucune et elle n'a pas reparu dans les suivants jusqu'à l'établissement de la république. Dans cette première république, ni sous sa forme conventionnelle, ni sous sa forme directoriale, ni sous sa forme consulaire, ceux qui remplissaient les fonctions de chef de l'État n'ont eu d'aumônier : le premier consul lui-même, trois ans après avoir fait le concordat, à la veille de se faire empereur, et dont la maison militaire et civile n'était déjà plus celle d'un chef de république, — il avait dix généraux comme gouverneurs de son palais, aides de camps et adjudants supérieurs ; sept colonels, cinq préfets du palais, etc. — le premier consul n'avait pas d'aumônier. Mais, sitôt empereur, il ébauche une aumônerie impériale, à la tête de laquelle il met un cardinal-archevêque, dépassant du premier coup Louis XVI, et l'impératrice Joséphine a pour premier aumônier un archevêque, un Rohan, comme pour braver le souvenir de Marie-Antoinette. Mais lorsqu'il a eu remplacé l'impératrice Joséphine par l'impératrice Marie-Louise, « la fille de l'empereur », l'aumônerie impériale comprend trente ecclésiastiques, dont trois cardinaux, quatre archevêques et six évêques, le même Rohan continuant ses fonctions auprès de la nouvelle impératrice. Bien qu'il n'en fît pas personnellement grand usage, Louis XVIII, dont le convoi a été civil, a porté son aumônerie royale à soixante et un ecclésiastiques, dont un cardinal, un archevêque et trois évêques seulement. Il n'y a eu aucune aumônerie sous le gouvernement de juillet, auquel l'on compare si souvent la troisième république, qui n'est que sa sœur très cadette et une sœur de lait : mais la reine Amélie avait un aumônier : « M. Guillon, évêque nommé de Beauvais », ainsi désigné dans l'Almanach royal et national de 1831, et dans les almanachs suivants on le retrouve sous ces titres : « M. l'abbé Guillon (O. ✳), évêque de Maroc », ayant toujours l'air d'être de passage.

Dans les premiers temps de cette république, des journaux monarchistes et catholiques, et non des moins élégants ni des moins orthodoxes, mais monarchistes d'abord, donnaient aussi de l'abbé aux évêques : « M. l'abbé Dupanloup, évêque d'Orléans » ; « M. l'abbé Pie, évêque de Poitiers » ; « M. l'abbé de Dreux-Brézé, évêque de Moulins » ; « M. l'abbé Plantier, évêque de Nîmes », etc. Ni le gouvernement provisoire de la deuxième république, ni sa commission exécutive, ni le chef de son pouvoir exécutif, ni son président, n'ont eu d'aumônier. Mais la constitution de 1848, faite par une assemblée républicaine, commençait par ces mots : « En présence de Dieu, et au nom du peuple français, l'assemblée nationale proclame : « La France s'est constituée en république... » Tandis que la constitution de 1875, faite par une assemblée monarchiste, commence par ceux-ci : « Le pouvoir législatif s'exerce par deux assemblées : la chambre des députés et le sénat... » Et dans le paragraphe 3 de l'article 1er de la loi constitutionnelle du 16 juillet 1875, sur les rapports des pouvoirs publics, elle dit : « Le dimanche qui suivra la rentrée (des chambres) des prières publiques seront adressées à Dieu dans les églises et dans les temples pour appeler son secours sur les travaux des assemblées. » Les églises et les temples, mais il n'y a pas les synagogues. Ce paragraphe 3 a été abrogé par les républicains dans leur loi des 13-14 août 1884. Mais aussitôt empereur, le prince-président a fait comme le premier consul, il s'est donné une aumônerie, Louis-Philippe ayant seul jugé qu'il pouvait remplir sans aumônier, comme roi, les fonctions qu'il avait remplies sans aumônier, comme lieutenant-général du royaume, et, à la chute de Napoléon III, l'aumônerie impériale avait un caractère plus diocésain, plus paroissial que les précédentes aumôneries, elle était pour toute la famille impériale ; elle se composait d'un grand aumônier, l'archevêque de Paris, d'un aumônier, évêque *in partibus*, et que depuis Léon XIII on appellerait titulaire, et de six ecclésiastiques. L'inspecteur de la musique de la chapelle impériale était M. Jules Cohen, juif converti au catholicisme, dans une extase de musique religieuse.

Aucun des présidents de la troisième république n'a eu d'aumônier, pas même le catholique le plus pratiquant d'entre eux, le plus pieux, le plus mystique, le général Trochu. Jamais l'on n'a dit que l'un ou l'autre en voulût un et personne ne leur a jamais reproché de n'en pas avoir, la malignité publique ne s'est même pas demandé combien de fois un prêtre de la Madeleine leur a dit la messe, à eux ou à leur famille, dans la chapelle de l'Elysée, sauf sous le maréchal, quelquefois, et l'on n'a parlé de leur présence dans cette chapelle que pour la remise de la barrette aux nouveaux cardinaux. Depuis cent dix-huit ans, le pouvoir exécutif de la république, civil ou militaire, roturier, noble ou princier, n'a pas eu d'aumônier, sa « maison » a été purement laïque, et cette laïcité a été un symbole, d'abord confus, puis qui s'est peu à peu précisé et qui est devenu une réalité, la séparation de l'Eglise et de l'Etat, un nouvel ordre religieux suivant le nouvel ordre politique.

Mais tous les présidents de la troisième république ont été pris dans la religion catholique, et le protestantisme de M. de Freycinet a été l'une des causes de son échec en 1887 ; et tous ces catholiques, sauf le général et le maréchal, ont été catholiques de naissance et d'habitudes cultuelles dans les grands actes de la vie, avec les nuances du caractère de chacun, à peu près comme M. Thiers, élu avant le maréchal et par la même assemblée, et qui, lorsqu'à la chapelle du château de Versailles, le clergé lui présentait l'eau bénite, fourrait le goupillon sous son vêtement et ensuite sous son fauteuil.

La Saxe protestante a une dynastie catholique, la Grèce orthodoxe un roi luthérien, la Bulgarie et la Roumanie orthodoxes un roi catholique, les présidents de la confédération helvétique sont tantôt catholiques et tantôt protestants, et même la Belgique, en se séparant des Pays-Bas, pour assurer son indépendance catholique, s'est donné un roi protestant. Mais, soit par l'inconsciente crainte de rompre le dernier lien, ou de paraître le rompre, soit pour poursuivre plus sûrement leurs entreprises incertaines contre la religion nationale, les républicains n'ont pas encore pris leur président dans les minorités confessionnelles, parmi les protestants ou les juifs, ni parmi les hommes qui, n'ayant jamais été inscrits dans aucune religion, peuvent, avec vérité, faire profession de n'en avoir aucune : tel M. Clémenceau, qui n'a pas été baptisé et qui est toujours resté « areligieux », suivant la formule de M. Briand.

Lors de la discussion de la loi de 1850 sur l'enseignement primaire, M. Thiers demandait que les curés fussent en même temps maîtres d'école, parce qu'il voyait dans les maîtres d'école laïques les curés de l'athéisme et du socialisme. Plutôt indifférent aux rites et aux dogmes de l'Eglise, il en admirait pourtant la morale et la discipline, il en reconnaissait l'utilité sociale et politique, sans professer toutefois que la religion est aussi nécessaire pour le haut de la société que pour le bas, bien que les raisons en soient les mêmes, et assez humiliantes. L'auteur de cette loi, le comte de Falloux, a encore joué, pendant plus de quatorze ans, dans les coulisses de cette république, un rôle influent, où son esprit ingénieux et subtil continua de se montrer supérieur à ses talents d'écrivain et d'orateur, qui sont les grandes armes de la politique dans les régimes parlementaires ou constitutionnels. Son frère, le cardinal, était un des derniers cardinaux de Pie IX. Il n'avait pas son esprit, mais il ne médisait jamais de qui que ce soit. Il marchait précieusement sur la pointe des pieds, tenant sa soutane relevée entre le pouce et l'index. Pie IX l'appelait Teresita. Quelquefois, dans l'intimité, il tirait de sa poche une pièce de cinq francs à l'effigie de Charles X et, l'élevant en regard de sa figure, clignant de l'œil et scandant chaque syllabe : « A... qui... ce... la... res... sem... ble... t... il ? Monsieur le comte d'Artois était très galant !... Et ma foi, ma foi !... » Pour un peu, il eût dit crûment, dans ses accès de vanité, comme M. Barbey d'Aurevilly : « Oui, monsieur, ma grand'mère a fait un faux pas dans la chambre du roi Louis XV !... »

La diffusion de l'enseignement parmi toutes les classes de la société a été à la mode jusqu'à la fureur dans tous les partis politiques, dans toutes les croyances religieuses, depuis la loi Falloux, surtout depuis la guerre de 1870, où s'est tout à coup répandue et enracinée, en France, cette manière d'aphorisme : « Ce sont les maîtres d'école allemands qui ont vaincu les Français ! » Un an auparavant, la France s'était réveillée en disant : « Ohé ! Lambert ! As-tu vu Lambert ? » Et dix ans après, un beau matin, elle fredonnait : « Tiens, voilà Mathieu ! » Chacun voulait répandre à pleines mains l'instruction, sans se demander si les rangs inférieurs n'en seraient pas éclaircis et les rangs supérieurs encombrés, ou même, aucun déplacement ne se produisant, et tous restant à leur place, si le paysan serait toujours le même paysan, l'ouvrier le même ouvrier, le petit bourgeois le même petit bourgeois, et si toute l'économie morale, religieuse, intellectuelle, sociale et politique du pays n'en serait pas modifiée.

Son organisation et ses ressources ont fait du clergé régulier presque le seul bénéficiaire de la liberté de l'enseignement secondaire et supérieur, comme de l'enseignement primaire, liberté instituée d'ailleurs par les amis ou les disciples de M. de Falloux contre l'université, et qui élevait ainsi plus haut autel contre autel. L'élégance mondaine, même chez des gens qui vivaient en dehors de la loi et de la foi religieuses, fut alors d'avoir son fils chez les jésuites, comme dans le même temps, à Rome, les cardinaux prenaient leur directeur de conscience dans la célèbre compagnie, et plus d'un de leurs visiteurs a été prié par l'ecclésiastique ou le laquais de service, l'index sur les lèvres, d'attendre quelques instants : « Son Éminence est avec le père jésuite ! » De telle sorte que la compagnie de Jésus, ayant derrière elle les universités, instituts, institutions, collèges et écoles libres, s'est trouvée face à face avec l'université, rivales, publiant leurs doctrines dans un porte-voix et se défiant.

Les jésuites formaient surtout des officiers et des châtelains, les deux sortes d'hommes les moins influents sur le suffrage universel. De leurs amis, — alors que les républicains, les principaux tenants de l'université, étaient déjà maîtres de la chambre, des fonctions publiques, du gouvernement et même du sénat, — demandaient la suppression de l'université, c'est-à-dire l'ablation par l'État de son institution génératrice, l'abolition de son propre enseignement, en vertu de cette liberté, qui, à peine octroyée par lui, se tournait contre lui. Pour ne citer qu'un de ces amis, qui est mort, M. J. Cornély. Du bonapartisme, il était allé au légitimisme de la branche aînée, puis, après extinction de celle-ci, au légitimisme de la branche cadette, et, ensuite, à la république du «bloc». C'est Mgr Lacroix, évêque démissionnaire de Tarentaise, qui lui a donné l'absoute, et M. Henri Brisson qui lui a fait élever un monument sur sa tombe. Écrivain peu politique, il a été la coqueluche des légitimistes aînés, mais vulgarisateur remarquable, dont ils n'ont pas tiré parti. Depuis que Pie X a succédé à Léon XIII, quatre autres évêques ont donné leur démission : Mgr Geay, évêque de Laval ; Mgr Le Nordez, évêque de Dijon ; Mgr Sueur, archevêque d'Avignon, et Mgr Oury, archevêque d'Alger ; et ces démissions, que le public a cru imposées, ont renversé la notion de la royauté viagère des évêques, successeurs des apôtres, et lui ont fait dire qu'ils étaient en effet des « préfets violets ».

L'université forme un clergé laïque, supérieur à l'autre par la culture, et qui a le même esprit de corps et d'Église, tout enseignement étant un apostolat et tout apostolat l'expansion d'une Église. Mais la concurrence des écoles congréganistes, dont le succès ne venait pas seulement de la mode, ni même de leur éducation, mais de leur enseignement, au moins pour les jésuites, avait plutôt, après la première rencontre, refréné le dogmatisme rationaliste de l'université, éveillé son émulation et sa sollicitude pour l'éducation, qui a toujours été sa partie la plus faible, et lui avait, en un mot, fait du bien. Dans cette féconde rivalité pédagogique, M. Jules Ferry, qui dirigeait alors le gouvernement de M. Grévy, n'a vu que la politique : la perpétuation de deux Frances par l'école légale, la France catholique et la France rationaliste, la France monarchique et la France républicaine, et les républicains qui avaient enfin le pouvoir et qui entendaient le garder, laissant ouvertes les écoles où se formaient ceux qui, peut-être un jour, les renverseraient, et alors il a frappé l'enseignement libre à la tête, il en a exclu les jésuites. Il a calculé que le reste tomberait ensuite, que l'université, libérée de ses concurrents, n'aurait plus à ménager les familles et qu'elle aurait ses coudées franches. Pourtant, la génération de M. Jules Ferry et M. Jules Ferry lui-même, élève au collège royal de Strasbourg, n'avaient pas reçu un enseignement antireligieux, ni même « areligieux », et les hommes plus jeunes, M. Waldeck-Rousseau et M. Combes, qui ont poussé sa politique scolaire jusqu'au point où il n'y a plus qu'à abolir le principe de la liberté d'enseignement et où l'opinion publique s'attend à cette abolition, ont même reçu un enseignement très religieux : M. Combes a même soutenu sa thèse de docteur ès lettres sur saint Thomas d'Aquin. On se rebelle volontiers contre son enseignement secondaire ou supérieur, et l'on s'en dégage aisément parce qu'il vous fait pousser des ailes, qui vous permettent au moins le vol du chapon : mais l'enseignement primaire aussitôt suivi d'un métier manuel laisse une empreinte plus durable, sauf pour le travail en commun, dont l'influence désagrège les plus réfractaires, même chez le peuple peut-être le plus catholique. En 1903, à l'auberge du couvent des jésuites, à Loyola, un commerçant du crû, carliste et catholique ultra, pris les armes à la main sur la frontière française, en 1875, à la fin de la guerre carliste, et interné sur la rive droite de la Loire, disait à l'auteur : « Si don Carlos nous faisait un signe, dans deux heures nous serions tous dans la montagne, prêts à nous faire tuer pour lui, nous autres d'Azpéitia et d'Azcoitia, les deux petites villes entre lesquelles est situé Loyola. En les traversant, vous avez vu les habitants fabriquer des espadrilles sur le pas de leurs portes. A leurs moments de repos, ils se promènent dans les rues, les hommes comme les femmes, en disant leur chapelet. Mais ceux qui, pour une raison quelconque, vont travailler dans les manufactures des environs, en six mois deviennent libres penseurs et républicains ». Cette république n'a eu ni un Azpéitia ni un Azcoitia, et ses populations les plus conservatrices et les plus religieuses n'ont pas à faire un pas aussi large pour passer au camp opposé. Mais si ses populations industrielles tendent, comme partout, à échapper aux traditions religieuses et politiques, et à aller à ce qu'elles croient des nouveautés, elles y sont aidées par leur régime scolaire. Vers 1865, le président d'un tribunal de première instance, qui avait toujours vécu dans son arrondissement, représenté par un député officiel et catholique, et qui connaissait à fond ses justiciables et leurs fonctionnaires, disait : « Un tiers des maîtres d'école est bon, un tiers est mauvais et l'autre tiers est mauvais ou bon, selon la direction que lui donne le ministre de l'instruction publique. » Avec M. Victor Cousin peut-être aurait-il été bon ; avec M. Victor Duruy, il ne l'était pas. Presque depuis l'établissement de cette république, l'on ne dit plus maître d'école, mais instituteur public : « monsieur l'instituteur », comme l'on dit « monsieur le curé ». Depuis 1870, l'on a restauré ou rebâti beaucoup d'églises dans la renaissance religieuse, et plus encore dans le développement de l'industrie, de la richesse et du luxe, et dans la concurrence électorale, maires, conseillers généraux, députés, sénateurs, et les candidats à leur succession, favorisant subventions et dons à ces embellissements, pour s'attirer la considération des populations, flattées d'avoir une belle église, alors même que leurs sentiments religieux n'étaient pas en harmonie avec elle. Si elle a embelli les églises, la république a rebâti facultés, lycées, collèges, écoles, le tout flambant neuf, d'architecture moderne, où l'on ne voit rien du passé, et où l'on se sent comme chez soi, et, suivant l'expression à la mode, dans le « moderne ».

On n'entend parler que de maison moderne, ameublement moderne, art moderne, idées modernes, style moderne, et même homme et femme modernes, et Pie X a condamné ce que ce « moderne » a introduit dans l'Eglise sous le nom de « modernisme » et excommunié le chef des « modernistes », l'abbé Loisy. Dans chaque commune, aujourd'hui, se dresse une école « style moderne », en face de l'église style ancien, et, depuis M. Jules Ferry, la prédiction de M. Thiers, en 1850, est plus près de la réalité que la statistique du magistrat de 1865, conservateur de l'ordre social : l'instituteur est un contre-curé, sa mission est d'enseigner et de faire le contraire de ce que fait et enseigne le curé, et il la remplit dans la mesure que lui permettent la laïcisation des écoles, c'est-à-dire la suppression de la concurrence, et la transformation de l'opinion publique, c'est-à-dire la suppression de l'opposition électorale, sous l'œil du « comité de vigilance », du cabaret, la cellule ou alvéole des semences républicaines, dont l'ensemble forme la république française. Et de tous les fonctionnaires qui en reçoivent l'impulsion et qui la transmettent, il est le plus proche de l'alvéole et le plus dépendant de ses ignorances, de ses grossièretés, de ses tyrannies. Eût-il la foi que force lui serait de faire comme s'il ne l'avait pas, de même que ne l'eût-il

pas, — si tant est que l'on puisse faire une supposition aussi inju-
rieuse, aucun curé ne se vantant de n'avoir pas la foi, tandis que
nombre d'instituteurs s'en font gloire, — le curé devrait faire comme s'il l'avait ; tous deux sous peine d'être broyés par ces grands
corps de l'Etat et de l'Eglise, dont ils font partie.

En voyant le ministère Waldeck-Rousseau rechercher le concours du « comité de vigilance », l'instituteur a compris que la
dernière barrière allait tomber et il s'y est rué de tout son rut rural. Si, en effet, l'Etat s'est séparé de l'Eglise et entend reprendre
le monopole de l'enseignement, c'était pour que l'instituteur, agent
de l'Etat, enseignât le contraire de ce qu'enseignaient les écoles
libres de l'Eglise ; et comme le devoir du curé est d'enseigner aux
hommes leurs devoirs et que les hommes trouvent toujours qu'ils
ont trop de devoirs, le rôle de l'instituteur est de leur enseigner
leurs droits, et, comme les hommes trouvent toujours qu'ils n'ont
jamais assez de droits, les armes ne sont pas égales ; le champ de
l'un est sans limites et celui de l'autre est le cercle de la chèvre
attachée à un piquet. Les instituteurs voient déjà le jour où toutes
les écoles leur appartiendront et où tous les enfants seront leurs
élèves, où la république sera prisonnière du monopole qu'elle leur
aura donné, et déjà ils ont insulté son ministre de l'instruction
publique, M. Briand, pourtant plus qu'athée et plus que socialiste,
l'un des coryphées de l'anarchie qui a incité les soldats à assassiner leurs officiers, et ils sont à la tête des syndicats de fonctionnaires contre leur propre gouvernement. Ceux qui ne croient pas
aux régressions, arrêts, courbes, changements ou équivalences,
bien que l'histoire en soit remplie, mais qui voient tout en ligne
droite, qui croient qu'un peuple est un troupeau que l'on pousse
devant soi et qui ne se révolte jamais contre la gaule, bien que la
gaule ait souvent en ce pays, comme en tout autre, changé de
main et de direction, ceux-là aussi voient déjà tous les Français
faits à l'image des instituteurs syndiqués.

Lorsque sous sa présidence, la candidature officielle, la falsification des scrutins électoraux et les invalidations ont éliminé les
opposants des assemblées politiques et administratives ; lorsque
l'exil et la mise en police de leurs princes les ont décapités ; lorsque les révocations ont « épuré » les fonctions publiques de tout
ordre et de tout rang et leur ont donné des titulaires républicains ;
lorsque l'Etat a ouvert la brèche dans la liberté d'enseignement,
qu'il venait à peine de lui accorder pour faire la guerre à l'Eglise.
M. Grévy ne prévoyait peut-être pas toutes les conséquences de
cette politique. Cependant, dans ses lettres à Léon XIII, perce son
inquiétude, et elles sont comme un écho des remontrances que
l'Eglise lui adressait alors, à savoir que les lois civiles n'astreignent que les personnes, que, seules, les lois morales astreignent

les âmes, que les lois morales ne sont que des préceptes philoso-
phiques, lorsqu'elles n'ont pas de sanction religieuse, que la sanction religieuse est pour les lois morales ce que les sanctions pénales sont pour les lois civiles, que lorsque les lois civiles ne sont
pas établies sur les lois morales et que les lois morales ne sont pas
elles-mêmes établies sur la religion, les âmes ne se croient pas
obligées, comme les personnes, à l'égard de l'État, et que l'État
ne repose que sur la contrainte des citoyens et non sur leur adhésion et sur leur volonté.

Tous ces changements ne s'étaient pas faits dans le mécanisme,
le fonctionnement et la direction de l'État, sans perturbations, sans
mécontentements, et déjà les élections de 1885 en avaient témoigné. Ces élections ont troublé les deux dernières années de M.
Grévy et son faciès s'était déformé en celui d'un demi orang-ou-
tang. Elles ont tourné contre lui la majorité républicaine qui en
était issue, bien que cette majorité l'ait réélu tout de suite après,
pour ne pas augmenter le trouble, parce que la longue habitude
de la monarchie absolue continuait de rendre le chef de l'État responsable de la pluie et bénéficiaire du beau temps ; mais le charme
était rompu, il n'avait plus sur les républicains, ni d'ailleurs sur le
pays, que l'ombre de son autorité de naguère. Elles ont non moins
tourné la minorité contre ses cadres orléanistes, bonapartistes ou
républicains libéraux, et même contre son chef, le comte de Paris,
à qui elle devait ses avantages, dont la majorité s'était émue et en
avait été ébranlée ; elle en voulait à ce chef et à elle-même, de
n'être pas devenue la majorité, après avoir entrevu le succès, et de
se retrouver comme devant.

Les adversaires de la république et les républicains qui s'étaient
joints à eux dans le but de la rendre plus conservatrice et plus
libérale, sont toujours retombés sous le joug, après les élections
de 1885, comme après celles de 1871, comme après le 24 mai et le
16 mai, comme après le boulangisme, le panamisme, le dreyfusisme ou le nationalisme, parce que s'ils savent se battre à l'occasion,
ils ont toujours tendu leurs filets trop haut, suivant l'expression de
Thucydide, et leurs buts ont toujours été embrouillés ; et si la
république a toujours été en alerte, ils ont, eux, toujours été en déroute. Les fausses espérances que ces élections de 1885 leur avaient
fait concevoir et manifester, la loi contre les princes qui s'en était
suivie, le ressentiment que cette loi avait inspiré au duc d'Aumale
et qui troublait la famille d'Orléans, les dissentiments qui s'étaient
élevés entre le prince Napoléon et le prince Victor, ces déceptions
et ces rivalités avaient détaché les monarchistes et les impérialistes qui, après la mort du comte de Chambord, s'étaient fait illusion sur les chances du comte de Paris et parmi lesquels courait
déjà le mot d'ordre : « N'importe quoi, n'importe qui, » dont les

doctrinaires, qui se mettent partout pour donner une apparence de doctrine et de droit aux ambitions et aux intérêts, avaient déjà fait le « n'importequisme ».

De leur côté, les républicains, qui en voulaient à M. Grévy de leur demi-échec aux élections et qui commençaient d'être las de sa longue présidence, s'irritaient des mauvais bruits qui couraient sur l'Élysée, sur le trafic des fonctions publiques et des décorations qui s'y faisait, des accusations portées contre le gendre présidentiel, le long ancien « fêtard » du grand Seize au poil roux, Daniel Wilson. Dans les rues, jour et nuit, les camelots chantaient et vendaient une complainte, d'une voix lamentable mais gouailleuse, en l'accompagnant du cri de scie d'une « crécelle » de leur invention : « Ah ! quel malheur d'avoir un gendre ! » et l'on ne s'abordait plus qu'en répétant : « Ah ! quel malheur !... »

Après leur victoire sur le 16 mai, « les nouvelles couches sociales » s'étaient, à leur tour, ruées à la fortune par tous les chemins, surtout par les chemins défendus, qui sont les plus courts et les plus fructueux, et où elles s'étaient déjà essayées, d'ailleurs, dans les fournitures avariées aux armées du gouvernement de la défense nationale, où s'enrichirent les gens à l'affût, qui devinrent les défenseurs de la république, pour être eux-mêmes défendus par les républicains. Pour avoir attiré l'attention sur elles, par ses propres trafics, M. Wilson a été le bouc émissaire de ces « nouvelles couches », et plus de vingt ans après qu'elles l'ont classé dans le désert, il ne sort de sa torpeur et ne relève la tête, penchée sur sa poitrine, que pour maugréer contre les prêtres, qui n'y sont pour rien.

De cette désorganisation des gauches et des droites, de ce malaise général, est né le boulangisme, qui a été non seulement un de ces phénomènes dictatoriaux si fréquents dans les républiques, même dans les républiques aristocratiques, mais un phénomène monarchique, un phénomène de monarchie sauvageonne : ce qui restait de monarchisme instinctif et vert, sous la fermentation de ses désillusions et de ses dégoûts, a fait craquer les moules monarchiques et républicains, où les circonstances l'avaient mis et où il se sentait étranger. Un orateur cantonné dans la religion et tenant la politique pour contingente, sous Napoléon III, en instance pour être chambellan de l'impératrice, et ensuite partisan du comte de Chambord, du drapeau blanc et de la contre-révolution, puis rallié à la république et socialiste chrétien ; cet orateur a traduit les aspirations de ces impulsifs en disant du général Boulanger à un compère en boulangisme : « Nous en ferons un empereur ! » Ce duc légitimiste, qui n'avait pas le même rang dans la hiérarchie intellectuelle et qui demandait au général Boulanger « le gouvernement de Bretagne », voulait aussi en faire un empereur, et même un empereur « couché dans le lit de l'ancien régime », puisqu'il espérait de lui le rétablissement des provinces. Des ecclésiastiques écrivaient déjà au général Boulanger : « Mon empereur. »

Le général Boulanger recevait ces hommages dans sa barbe blonde et promettait aux hommagers tout ce qu'ils demandaient, ne pouvant douter que ses promesses ne tiraient pas à conséquence, parce qu'il était plus bavard et moins audacieux que les parlementaires qu'il prétendait faire taire. Le comte Dillon avait organisé un coûteux « bluff » américain d'affiches, de discours, de chansons, de manifestations, et beaucoup se laissaient entraîner, en entendant Paulus célébrer ce jeune général — relativement jeune, car cette république fait les généraux trop vieux, comme pour glacer l'armée — qui avait ajouté du chauvinisme à l'armée et au peuple :

> Gais et contents,
> Nous marchions triomphants,
> En allant à Longchamp,
> Le cœur à l'aise.
> Sans hésiter,
> Car nous allons fêter,
> Voir et complimenter
> L'armée française.

Et ils croyaient à toutes les fariboles, lorsque des bandes parcouraient les boulevards en chantant :

> C'est Boulange,
> Boulang', Boulang'
> C'est Boulange qu'il nous faut!
> Oh! oh! oh! oh!

Mais ceux qui avaient traversé déjà, sans ambitions personnelles, des tumultes politiques, et qui gardaient le sens des réalités, remarquaient qu'il y avait là bien de l'argent et bien de la « rigolade » — M. de Bismarck s'est, un jour, servi du mot « rigoler » à la tribune du reichstag — et que, en province, le général Boulanger demandait son pouvoir, avec encore plus de fracas, à la source où avaient puisé le leur les hommes qu'il pourfendait de ses menaces, c'est-à-dire aux élections. Seulement, il se présentait dans tous les départements où vaquait un siège, — les élections se faisaient alors au scrutin de liste départemental, — pour se donner une manière de plébiscite, voire aux élections pour les conseils généraux, où il montra qu'il ne connaissait même pas son abécédaire électoral. Il n'a jamais été près du trône de l'ancien ou du nouveau régime, ni simplement du fauteuil de M. Carnot, pas même le soir de son élection à Paris, où la foule le poussait à l'Elysée, parce qu'il aurait fallu un tout autre homme que lui, si préoccupé de légalité, pour tenter cette aventure qui n'avait rien de militaire et qui pouvait lui coûter la vie à son arrivée au palais présidentiel. M. Emmanuel Arène racontait le désappointement de ses amis de ne pas l'y voir arriver le soir du 27 janvier 1889, où ils l'auraient accueilli comme César avait été accueilli au sénat romain. Mais il a été plus près du trône que tous les prétendants royaux et impériaux, qui n'ont jamais eu pour eux la foule parisienne et qui n'ont jamais eu ni le moyen ni l'occasion d'un coup de main, fort aléatoire d'ailleurs, la loi Tréveneuc n'existât-elle pas, avec des adversaires qui ont jusqu'à présent su se défendre mieux que tous les gouvernements du nouveau régime et que l'ancien régime lui-même. Issus de tous les partis, les boulangistes appelaient le général Boulanger leur « syndic », « le syndic des mécontents », et chacun tirait à soi le « syndic », les uns lui demandant une république plus conservatrice, plus libérale, ou plus anticléricale — la formule « les curés sac au dos », sort de son garde-scel M. Laguerre — ou plus socialiste, et les autres, la monarchie ou l'empire, et même un empire bicéphale, puisque le prince Napoléon et le prince Victor comptaient sur le même Monk. Mais ces espérances, sincères ou feintes — car chacun gardait son opinion de la veille, pour s'y réfugier en cas d'insuccès de l'exode — n'empêchaient pas que le général Boulanger ne pouvait les satisfaire toutes ensemble, ni aucune au détriment des autres, puisqu'il n'était ce qu'il était que par leur coalition, et leur « syndic » se trouvait dans la même situation que la république, en 1871, entre les trois monarchies rivales. « C'est Boulanger qu'il nous faut ! » criait la foule, et elle ne criait pas : « C'est le comte de Paris ! » ni : « C'est le prince Napoléon », ni : « C'est le prince Victor », ni : « C'est la république », et elle ne demandait pas le général Boulanger pour que le général Boulanger lui donnât ce qu'elle ne demandait pas et ce qu'elle aurait demandé si elle en avait voulu, puisqu'elle en avait toute liberté.

Du curé de campagne à l'orateur parlementaire et au duc apparenté aux maisons royales, les aspirations populaires étaient formulées de la même manière : un dictateur à panache, un empereur du bas-empire, qui durerait autant que les monarques précédents, quinze à dix-huit ans, « pendant lesquels on serait tranquille », c'est-à-dire ses amis resteraient au pouvoir. Ils s'occupaient même à faire annuler son mariage par la cour de Rome, qui lui témoignait certaine faveur, pour relever par quelque grande alliance nobiliaire — la vicomtesse de Bonnemain pouvant rester la favorite — le côté un peu bourgeois du fils de notaire devenu empereur, et avoir une impératrice qui pourrait recevoir à sa cour les princes et les princesses d'Orléans et Bonaparte. « Il ne faut pas prêter ses troupes », avait dit le duc de Broglie, et l'on a reproché aux chefs de ces princes d'avoir prêté les leurs au général Boulanger ; mais ils ne pouvaient pourtant pas confesser que c'était pour rattraper celles qui passaient d'elles-mêmes à son service et les ramener au camp après la défaite. Le comte de Paris l'a, d'ailleurs, regretté : « Comme votre cher et excellent père avait raison », écrivait-il, en février 1890, à M. Alexandre Lambert de Sainte-Croix, « au moment du boulangisme, quand il me disait de ne pas écouter ceux qui préconisaient l'utilité d'un groupement de toutes les forces vives de l'opposition autour du général ! Votre père avait vu juste. »

On a dit, à propos du boulangisme, qu'il serait plus facile de faire une monarchie, ou plutôt un empire — le titre d'empereur est plus « moderne », plus à la mode, il tend à remplacer, dans les grands Etats, le titre de roi, qui reste celui des monarchies de second ordre : l'empereur de Russie, l'empereur d'Autriche-Hongrie, l'empereur allemand, le roi d'Angleterre, empereur des Indes ; et le roi Humbert s'est fait battre par le ras Aloula, pour ajouter à son titre de roi d'Italie celui d'empereur d'Ethiopie, qui est encore dans la mer Rouge, — avec un homme nouveau, même sans gloire militaire, rien que parce qu'il est nouveau et qu'avec lui la monarchie serait une de ces nouveautés dont les Français ont de tout temps été curieux, qu'avec les princes des anciennes maisons régnantes, cinq fois renversées depuis un siècle, parce que ces princes rappellent ces révolutions et qu'ils traînent après eux, et même malgré eux, la clientèle dont les ancêtres ont fait renverser les leurs. Lorsqu'en 1830 ils se sont séparés des Hollandais, les Belges ont d'abord offert la couronne de leur nouveau royaume à l'un des leurs, le comte Félix de Mérode, avant de l'offrir au duc de Nemours, puis au prince Léopold de Saxe-Cobourg.

L'imagination populaire, et surtout l'imagination bourgeoise, se fait un tableau : Les représentants, vrais ou faux, du passé derrière le monarque, comme en une tapisserie des Gobelins, regardant d'un air dédaigneux l'histoire qui se fait sans se rappeler que l'histoire qui s'est faite ne s'est pas faite autrement ; sans se rappeler surtout ces ironies de Rabelais, que chacun devrait se répéter sans cesse pour ne s'enorgueillir ni ne s'avilir : « Plût à Dieu que chacun sçût aussi certainement sa généalogie depuis l'arche de Noé jusques à cet âge. Je pense que plusieurs sont aujourd'hui empereurs, rois, ducs, princes et papes, en la terre, lesquels sont descendus de quelques porteurs de rogatons et de coutrets. Comme, au rebours, plusieurs sont gueux de l'hostière, souffreteux et misérables, lesquels sont descendus de sang et ligne de grands rois et empereurs. » Il n'y a pas un Français sur cent qui, pour échapper à leur dédain, ne soit prêt à cent sottises et ne leur préférerait le général Boulanger ou M. Fallières, qui n'ont pourtant rien dont son orgueil se puisse flatter.

Le général Boulanger n'a eu qu'un point de commun avec Bonaparte, dont il disait à un passager du paquebot qui le ramenait de
Tunisie à Marseille : « J'ai beaucoup étudié Bonaparte, et je sais
ce qui lui a manqué » : Bonaparte a épousé « la première femme du
monde » qui lui avait accordé ses faveurs et le général Boulanger
s'est tué de désespoir d'avoir perdu la sienne. Fin bien tragique
pour un homme aussi léger et pour un tel opéra-bouffe ! Mais M.
Grévy est mort trois semaines avant lui et n'a pu méditer sur
l'anéantissement de celui sans qui le parlement aurait vrai-
semblablement toléré sa nonchalance, son second septennat et
son gendre. Mais il a montré tant de ténacité et tant de dextérité
dans sa lutte contre le parlement, qui a dû faire la grève des ministres pour lui arracher sa démission, que des républicains indépendants, mais de ses amis, ont regretté qu'il n'eût pas, dès le
début de sa présidence, employé toutes ses ressources dans l'exercice de sa fonction, parce qu'avec l'autorité dont il jouissait alors,
il aurait pu, sinon redonner à cette fonction le ressort qu'on lui
avait cru tout d'abord et que le maréchal de Mac-Mahon lui avait
ôtée par un emploi malhabile, du moins assurer au président une
influence personnelle sur ses ministres, sur le parlement et sur
l'opinion, par une opportune intervention d'avertissements et de
conseils dans les affaires de l'État. On a aussi regretté que ce chef-
d'œuvre de défense du vieux juriste qui ne voulait pas se laisser
débusquer de ses cent mille francs par mois, n'ait pas inspiré
quelque comédie à M. Victorien Sardou, qui avait, dès le début de
cette république, mis sur la scène le personnage de Rabagas, tout
différent d'ailleurs de M. Grévy ; à M. Emile Augier, à M. Alexandre Dumas fils, ou à M. Henry Meilhac ou quelque opérette à
M. Charles Lecocq.

... Avec M. Grévy, M. Thiers et le général Trochu, M. Casimir-
Périer clôt la série des présidents portés au pouvoir pour leurs mérites et pour ceux que la renommée leur attribuait et qui les impo-
saient aux pouvoirs publics comme leur chef et pour une mission
personnelle. La renommée s'est trompée en tout pour MM. Casimir-
Périer et Grévy, en presque tout pour le général Trochu, et pour
moitié pour M. Thiers. Lorsqu'en 1894, M. Carnot fut assassiné, ce
fut de la stupeur parmi les républicains — et même parmi leurs
adversaires — bien que les républicains se fussent si fort massa-
crés en 1871, en 1848, et que sous la première république ils eussent
joint la guillotine et les noyades au sabre, au fusil et au canon,
pour mieux vider leurs querelles. Dans stupeur il y a peur, suivant
les jeux de mots de Victor Hugo, et la peur a jeté le parlement
dans les bras de M. Casimir-Périer, figure de sous-officier aux grosses moustaches, qui avait fait guillotiner l'anarchiste Vaillant,
dont la bombe avait légèrement blessé un membre de la chambre

basse, simple abbé, l'abbé Lemire, c'est-à-dire pour la majorité anticléricale, non un surhomme à la Nietsche, mais un sous-homme ; — et petits-fils de ce banquier, premier ministre de Louis-Philippe, tribun du « juste milieu », dictateur de la modération, « homme terrible » qui écrasait le désordre et qui ne mâchait pas les gros mots, dont Charles X, émerveillé de sa belle prestance et de ses belles manières, disait avec un étonnement qui faisait sourire, même en 1828 : « Mais il est né, cet homme ! » Le parlement espérait donc voir « l'hydre de l'anarchie » du procureur général Fochier, rentrer ses têtes sous terre devant un nom si redouté d'elle. Mais, la peur à peine passée, le naturel du parlement et du suffrage universel a repris le dessus avec fureur. M. Casimir-Périer a été plus attaqué que le maréchal de Mac-Mahon, non seulement par les républicains, mais par leurs adversaires, moins pour sa politique, puisqu'il avait conservé le ministère de son prédécesseur, que pour sa naissance et pour sa fortune, parce que les idées et les mœurs démocratiques avaient gagné du terrain, parce qu'elles avaient gagné la droite comme la gauche, et que le nouveau président semblait d'une espèce politique depuis quinze ou dix-huit ans passée de mode, et il n'est embûches que tous ne lui aient tendues, jusqu'à son oncle, le duc d'Audiffret-Pasquier, qui avait tant contribué à la constitution de la république et qui lui a décoché une profession de foi monarchique pour ajouter à ses embarras, en montrant qu'il avait des adversaires même dans sa famille. Le duc d'Audiffret-Pasquier avait épousé la sœur de sa mère, Mlle Fonténillat, et lorsque M. Casimir Périer II, le père du président, suivit M. Thiers dans son ralliement à la république, l'on disait qu'il y avait été poussé par sa femme, jalouse de n'être pas duchesse et dont les yeux étaient perçants comme une flèche. Mais, sous Napoléon III, il avait vu les princes des deux branches et il en avait rapporté la conviction qu'ils ne feraient rien de ce qui lui paraissait nécessaire pour monter sur le trône, et c'est pourquoi il a voulu gouverner la république, pour ne pas la laisser gouverner par les républicains, pour sauver le plus possible de ses principes, de ses amis et de ses intérêts. Il ne fut pas très suivi autour de lui, car l'on racontait que sa fille, la comtesse Louis de Ségur, le voyant descendre tout seul les Champs-Elysées, disait : « Tiens, voilà mon père et son parti ! » Il habitait l'un des hôtels jumeaux en briques rouges, sur l'emplacement desquels s'élève aujourd'hui le Palace-Hôtel, et l'autre était occupé par le duc d'Audiffret-Pasquier.

Depuis le milieu du dix-huitième siècle, les Perier ont été au premier rang de toutes les grandes entreprises agricoles, industrielles, commerciales, financières, économiques, scientifiques, politiques et sociales ; ils ont donné six députés, un sénateur, un pair de

France, un ministre de l'intérieur, un président du conseil, un président de la république. Aucune famille française n'a eu une telle abondance et une telle universalité, et ils ne sont pas nobles ! Que faut-il donc faire pour être noble et qu'ont donc fait les ancêtres de ceux qui le sont ? Qu'ont donc fait les d'Audiffret-Pasquier et comme eût été excusable la jalousie que l'on prêtait à Mme Casimir Perier II ou Mme Auguste Casimir-Perier I ?... Dans les pays comme la France, où il y a eu une aristocratie et où il y a encore une noblesse, dont une infime partie descend de l'ancienne aristocratie, c'est un grand danger social que l'on ne fasse plus de nobles, parce que devenant un corps fermé, la noblesse se gonfle davantage et que, excepté ceux qui ont l'esprit de rester simples, bienveillants et discrets, leur vanité multiplie leurs envieux, parce que l'on se demande pourquoi telles familles sont nobles et pourquoi telles autres ne le sont pas, et qu'entre ces familles se creuse un fossé et qu'au lieu de former ensemble non plus une aristocratie, c'est-à-dire un collège de familles se partageant héréditairement le gouvernement du pays, mais une classe dirigeante, nombreuse et ouverte, où pourraient se recruter les gouvernants, elles se querellent et se haïssent, et laissent le champ libre aux nouveaux venus, que la vanité n'arrête pas et que l'ambition pousse, et qui vont droit au but.

Les Perier, après les Carnot, une famille historique, après une famille historique, quoique bourgeoises, — les Carnot ne portent pas leur titre, — cela sentait l'aristocratie, la république allait sur les brisées de la monarchie et la France de 1894 avait trop présumé de ses forces en donnant M. Casimir-Perier pour successeur à M. Carnot. Après que M. Casimir-Perier eut voté, comme son nom lui en faisait le devoir, contre la loi qui frappait les princes d'Orléans, on lui avait entendu dire, le visage convulsé : « Ce vote retarde de dix ans ma carrière ! » Mais s'il avait eu assez d'ambition pour arriver à la présidence, il n'en avait pas assez pour s'y maintenir, son amour-propre étant satisfait et sa fortune n'étant pas à faire. L'habitude de la vie facile désormais contrainte, la suspicion dont il était l'objet, le refrènement de l'hystérie qui l'agitait sous ses apparences plutôt timides, irritaient son humeur indépendante. Il n'était pas armé pour affronter une difficulté comme l'affaire Dreyfus. Sans doute, l'on n'en pourra faire exactement le départ que lorsque tous les détails en seront connus, mais le gros en est déjà acquis à l'histoire : et ces conséquences, les proportions que prendrait l'affaire et la démission de M. Casimir-Perier qui s'en suivrait, le général Mercier ne les avait ni prévues, ni pressenties, malgré le caractère de l'officier en cause, sa famille, ses alliances et l'acuité de l'antisémitisme. « On ne fait pas de ces procès-là ! » dit un jour son collègue des affaires étrangères.

Lorsqu'en 1882, la princesse Amélie d'Orléans, aujourd'hui reine douairière de Portugal, fit son « entrée dans le monde », le mot fut dit alors, — ce fut chez la baronne Alphonse de Rothschild, à qui, en 1905, Pie X a fait exprimer ses condoléances, à l'occasion de la mort de son mari, par l'ex-secrétaire de la nonciature, Mgr Montagnini, qui a tant amusé Paris. Donc, déjà, en 1882, les juifs étaient très puissants et, de plus, fort recherchés, puisque l'héritier du chef de la maison de France — le comte de Chambord vivait encore, — a choisi entre tant de grandes familles qui avaient aidé ses ancêtres à faire l'unité française, le plus célèbre d'entre eux, « le roi de l'or », pour lui faire cet honneur. Alors aussi ils étaient comme tous les Français de toute origine et de toute confession, divisés en politique, les uns étant monarchistes, les autres étant républicains, et des diverses écoles de ces deux régimes et ne formaient pas un corps homogène dans la lutte des partis. Mais au vieux préjugé général contre eux s'ajoutait le dépit de ceux qui, nés dans la religion catholique, voyaient leurs coreligionnaires de naissance épouser les millions juifs et trouvaient ces millions de même qualité que les raisins hors de l'atteinte du renard de la fable ; s'ajoutait aussi le ressentiment de ceux qu'avait ruinés le « krach » de l'Union générale, qu'ils attribuaient aux juifs, spécialement aux Rothschild, ou la concurrence des juifs dans la finance, le commerce ou l'industrie. S'ajoutaient encore certaines préoccupations ethniques, sociales, religieuses, politiques de les voir de plus en plus nombreux dans tous les grands corps de l'État et dans toutes les administrations publiques.

Outre les juifs nés Français ou naturalisés Français et les autres naturalisés ou fils de naturalisés, l'on compte en France, en 1910, un million d'étrangers domiciliés, non comprise la population flottante, ce qui fait un habitant sur trente-neuf, qui n'a pas même la naturalisation personnelle, et un si grand nombre d'étrangers, mêlés à la population indigène par leur travail, leur talent ou leur fortune, et qui ont le ressort de toute minorité, modifient peu à peu les mœurs, les idées et l'esprit national, d'autant que, par le concours des circonstances, ils pèsent sur les pouvoirs publics et les y inclinent. M. Édouard Drumont qui semble avoir emprunté au masque sémite son expression la plus guerrière comme pour mieux combattre le sémitisme, a fait de tous ces griefs, pendant plus de vingt ans, avec une verve endiablée, un corps de doctrines, une machine de guerre, il a formé une école, presque un parti. Mais lorsqu'on leur demande : « Voulez-vous exterminer les juifs ? » ils répondent : « Non ». « Voulez-vous les expulser du territoire et leur interdire d'y rentrer » ? « Non ».

« Voulez-vous les mettre hors du droit commun et les astreindre à un statut inférieur, à un ghetto » ? « Non ». S'ils voulaient seulement que les juifs ne fussent pas plus nombreux proportionnellement, que les autres citoyens français, appartenant aux autres confessions ou descendants de Galls, de Kymris, d'Ibères, de Grecs, de Romains, de Francs, d'Alains, de Goths, de Burgondes ou de Suèves, dans les diverses branches de la puissance publique ou de l'activité sociale, ils ont négligé de dire que l'unique moyen était la concurrence par la capacité et par la politique, concurrence difficile parce que les concurrents ont une ancestrale éducation ornementale, tandis que dans leur longue servitude, les juifs ont acquis le sens du réel, le don de l'utile, le génie du pratique.

Voyant ceux qui les attaquaient en même temps attaquer la république et les républicains, ils se sont tous serrés derrière les républicains et la république, et comme les gouvernements ne peuvent s'appuyer que sur ceux qui les sou....... la république s'est appuyée sur les juifs, les francs-maç......... rotestants, les libres penseurs, les révolutionnaires et autres minorités qui, en lui apportant leur concours, espéraient se développer sous son égide et dans le développement desquelles, elle entrevoyait ces nouveautés vers quoi elle a une inclination innée, parce qu'elle a toujours rêvé d'une société nouvelle, même lorsqu'elle en a eu peur. Comme les juifs habitent Paris et les grandes villes, la masse du peuple français n'est pas en contact direct avec eux, elle ne les connaît pas et ils lui sont indifférents. Aussi l'antisémitisme n'a-t-il pas déchaîné contre eux on ne sait quel orage qui les aurait chassés du sénat, de la chambre, du conseil d'Etat, de la cour de cassation, de la cour des comptes, de toutes les fonctions civiles et militaires, de l'institut, des carrières libérales, de la finance, de la grande industrie, du haut commerce, pour les reléguer dans les boutiques de marchands de bric-à-brac et de marchandes à la toilette. Il leur a, au contraire, rendu conscience des dangers que l'on court toujours en son propre pays, même lorsque ses ancêtres ont reçu le baptême autour de Clovis, et qu'ils étaient Suèves ou Galls ; ils se sont réveillés, réunis, concertés, mis d'accord, les coudes serrés, et ont fait front, humiliés, mais la haine au cœur contre les chrétiens, tandis que ceux-ci se divisaient et se battaient les uns les autres, pour ou contre eux, leur ouvrant ainsi la voie et leur livrant la place.

L'affaire Dreyfus leur a fourni l'occasion de leur vengeance, ils ont chargé leur bombe sous la présidence Félix Faure et ils l'ont fait éclater sous la présidence Loubet. Lorsqu'à sa suite M. Casimir-Perier a donné sa démission, inattendue de tous, presque personne n'a vu la relation des deux faits. L'on a dit qu'il avait de l'intelligence, du courage, de l'honneur, mais peu de sang-froid, de souplesse et de suite ; qu'enfant gâté, l'héritier de cette famille qui avait autant de châteaux que le marquis de Carabas, au premier obstacle avait jeté le manche après la cognée. Pourtant, l'on sentit que la raison qu'il en donnait cachait celle qu'il ne pouvait pas dire, parce qu'un homme né, élevé et grandi dans la politique, parmi les doctrinaires, député depuis vingt ans, et qui avait été président du conseil et de la chambre, pouvait moins que personne ignorer ce qu'était ce pouvoir présidentiel, qu'il déposait comme un pouvoir dérisoire.

Avec M. Casimir-Perier a disparu le seul reflet de jeunesse et de beauté que l'Elysée ait vu chez « les présidentes » de la troisième république. Comme leurs maris, qui ne les ont pas épousées exprès pour leur élévation, elles y sont arrivées au soir de la vie, avec les habitudes et les manières de la carrière maritale, auxquelles l'âge ne permet plus d'ajouter la grâce du bonheur. C'est aux fêtes de l'Elysée, dans le palais du chef de cet Etat qui a toujours été en monarchie et où la comparaison entre le présent et le passé se fait d'elle-même, que le président et « la présidente » apparaissent le mieux comme surgis de terre, sans histoire, sans ancêtres, isolés, de passage, recevant leurs invités de leur mieux sans doute mais au hasard d'une éducation qui n'a pas été faite pour une telle fortune, où l'envie les dévisage, tandis que l'illusion embellit les monarques, auréolés du passé, et qu'on regarde de bas. Sottise, disent les uns ; peu importe, répondent les autres, puisque le fait n'en existe pas moins.

Le roi Louis-Philippe avait eu le sentiment que l'hérédité seule donne cette illusion, même pour les princes, à cause du mystère de ses origines et de sa transmission par on ne sait quel consentement ni quelle dévotion populaires, lorsqu'il signa « Louis-Philippe d'Orléans, ex-roi des Français », son « journal » sur les événements de 1815, publié en 1849 chez l'éditeur Michel Lévy, sa royauté, alors déchue, lui apparaissant comme une première ébauche de la présidence princière qu'un plébiscite venait d'instituer. Cet éditeur est mort en 1875 et le comte de Paris, alors en villégiature, écrivit à un ami pour s'excuser de ne pouvoir, en assistant aux obsèques de M. Michel Lévy, qu'il considérait sans doute comme le Mécène de la littérature, donner ce public témoignage de sa sympathie à « la république des lettres » : mais cette « république » était là, encadrée de telle manière que le destinataire de la lettre et les personnes qui l'ont lue, crurent y voir un encouragement à l'établissement du régime républicain, auquel travaillait d'arrache-pied le duc de Broglie, parce qu' « il faut bien en finir », disait le duc d'Audiffret-Pasquier.

De ces « présidentes », il en est même une, la générale Trochu, dont Paris lui-même a ignoré l'existence, tant sa vie a été recluse. Mais l'on n'a jamais fait d'elles que trois critiques et pas pour toutes au même degré ni toutes trois pour chacune d'elles : « Ingérence » dans la politique présidentielle, insuffisance protocolaire et parcimonie domestique ; et cette « ingérence » signifiant dans la bouche des républicains qui d'ordinaire en proféraient l'accusation, leur influence en faveur de la religion, et les familles de Mmes Thiers, Grévy, Carnot, Félix Faure, Loubet et Fallières, étant de ces nombreuses familles françaises qui ont « assez de religion pour ce monde », comme le cardinal de Retz disait du cardinal de Richelieu, ce devait être peu de chose et l'on n'en a pas vu les suites dans le cours des événements, malgré les chapelets et les médailles, avec indulgences spéciales, que Léon XIII envoyait à Mme Grévy, à sa fille et à ses petites-filles pour stimuler leur zèle.

... Si M. Casimir-Perier clôt la série des présidents « personnels » et « actifs » ou portés au pouvoir par la voix publique qui les croyait tels parce qu'elle les voulait tels et qu'elle avait besoin qu'ils fussent tels, et dont elle a été en tout ou en partie si déçue qu'elle s'est peu à peu abandonnée elle-même, le maréchal de Mac-Mahon ouvre la série des présidents « impersonnels » et « passifs », c'est-à-dire élus par le parlement pour être ses représentants, et après les incertitudes et les accrocs du départ, cette série n'a donné aucune déception, elle en est même arrivée à la servitude volontaire et satisfaite. Le cardinal Lavigerie, qui avait eu affaire à lui lorsqu'à la fin du second empire il était gouverneur général de l'Algérie, et qui ne l'aimait pas, et encore moins la maréchale, disait du maréchal de Mac-Mahon : « Il n'est ni si bête qu'on le dit ni si honnête qu'on le croit ! » Le cardinal, grand évêque pour Arabes, fastueux, homme d'affaires, apôtre, dominateur, avait la dent dure, et, sous sa dent, « honnête » était pour attirer par sa rime avec bête, l'attention sur « le Bayard des temps modernes », comme l'avait surnommé en son langage romantique le comte de Chambord, sur ce grand et beau soldat à la physionomie inexpressive, mais au regard fermé et qui ne se livrait pas. Bayard a servi son pays sous trois rois, de trois rameaux de la même branche, où déjà tout n'allait pas tout seul, car le deuxième a porté les armes contre le premier ; il n'a pas été roi, ni duc, ni pair, ni maréchal ; tandis que le maréchal a servi sous les Orléans, sous la deuxième république, sous les Bonaparte qui l'ont « maréchalisé », « sénatorié » et « duquifié » et sous la troisième république, qui en a fait son président ; et ceux qui parlaient avec un sourire de ses talents ont pieusement déposé sur son cercueil la fleur de lis pour laquelle il leur avait, toute sa vie, laissé croire sa prédilection.

Si l'assemblée nationale n'avait renversé M. Thiers que « parce qu'il allait trop à gauche », comme on disait alors, le maréchal, vainqueur de la commune, eût été son successeur désigné ; mais elle le renversait aussi pour faire la monarchie et l'un des deux princes qui siégeaient sur ses bancs, le prince de Joinville et le duc d'Aumale, était plus qualifié pour cette entreprise.

De tous les Bourbons, Orléans et Bonaparte, le duc d'Aumale était, en 1873, sinon le plus populaire, du moins celui qui rencontrait le moins d'éloignement. Mais il n'aimait pas les Bourbons et il en disait sans animosité les trois raisons, sans dire celles des Bourbons de ne pas aimer les siens, sans dire non plus que lorsque les princes donnent l'exemple de la discorde, point ils ne doivent demander au peuple plus de respect ni d'attachement pour leur maison. Il n'aimait pas davantage ceux que son père appelait « les émigrés » et dont il avait si fort pressé Louis XVIII de se séparer comme de la cause foncière de l'impopularité des Bourbons. Il leur préférait, on ne saurait dire des gentilhommes, le mot étant déjà à cette époque désuet et un peu moqueur, mais des hommes de leur monde, exorcisés du mysticisme monarchique — il y a aussi un mysticisme républicain et un mysticisme irréligieux qui sont plus ennuyeux encore parce qu'ils sont plus rudes — des lettrés, des savants, des généraux, des artistes, même républicains. Un jour, sous la présidence Grévy, il recevait le grand-duc et la grande-duchesse Vladimir à Chantilly. Pendant le dîner, un orchestre invisible jouait des airs de Lulli, qui faisaient songer aux perruques et à l'étiquette de Louis XIV et lorsque le duc d'Aumale se leva, l'orchestre attaqua le : « En allez-vous, gens de la noce » ! « Monseigneur », dit la grande-duchesse Vladimir au duc d'Aumale, « il n'est pas ici possible de croire que vous soyez en république » ! N'est-ce pas à la soirée qui suivit, que M. Alfred Mézières, qui a toujours rêvé d'une république « athénienne », disait à la duchesse de Chartres : « Votre Altesse Royale a, ce soir, une toilette qui lui sied à ravir » ? Quelques instants après, M. Lambert de Sainte-Croix, pour troubler son bonheur de faire la cour aux princesses, lui dit : « Malheureux, qu'as-tu fait ? En disant à la duchesse de Chartres que, ce soir, sa toilette lui sied, c'était lui dire que, les autres soirs, elle ne lui seyait pas ! » Cet excellent homme en fut tout chaviré dans son républicanisme moins à l'aise, mais non moins zélé, à la cour qu'à l'académie.

Sans doute, le duc d'Aumale était monarchiste, sans doute il savait que les orléanistes et les légitimistes ne pouvaient faire la monarchie avec le comte de Paris ou avec le comte de Chambord, qu'en faisant balle de toutes leurs voix à l'assemblée nationale. Mais il craignait, au dire de familiers, que cette balle ne se fondît, au dernier moment, dans les urnes ou que le parti républicain ne fût déjà assez puissant pour rendre la place intenable à la monarchie, si tant est qu'il ne l'empêchât de s'installer ; et alors il voyait une nouvelle révolution, un nouvel exil, son Chantilly saccagé. Le centre droit et la droite modérée opinaient pour lui donner la succession de M. Thiers, mais leurs ouvertures furent repoussées par l'extrême droite, munie des instructions du comte de Chambord, et l'extrême droite, la droite modérée et le centre droit écartèrent le plus brillant de leurs princes, le plus renommé, qui comprenait les républicains et les attirait, pour confier la restauration de sa maison au plus gros bénéficiaire du second empire, pour qui les républicains étaient lettre close et qui leur a pourtant donné, ainsi qu'à la république, de telles assises constitutionnelles, qu'elles résistent à tous les assauts.

Si les inspirateurs monarchistes de la constitution l'ont faite dans l'illusion qu'avant que le comte de Chambord mourût, la France s'apercevrait qu'un roi y ferait mieux qu'un président et que, dès que le comte de Chambord serait mort, elle demanderait ce roi, lequel ne pourrait être que le comte de Paris, le maréchal de Mac-Mahon a ajouté à l'illusion, à l'imbroglio et à l'erreur en se donnant la consigne de maintenir au pouvoir la majorité qui l'avait élu, bien qu'elle-même n'eût pas été réélue par le corps électoral, bien qu'une autre majorité l'eût remplacée à la chambre, bien que les républicains eussent succédé aux monarchistes.

Au lieu d'être le président et en puissance le roi constitutionnel et parlementaire que la constitution avait institué, il a fait de lui et de ses électeurs une oligarchie césaro-jacobine, s'arrogeant le droit de gouverner malgré et contre le corps électoral et selon des formules et des doctrines que ce corps avait rejetées avec ceux qui les professaient. Tel est le système de gouvernement que les républicains ont tiré en puissance aussi, en se l'appropriant et en lui donnant son plein et entier effet, de l'interprétation et de la pratique mac-mahonienne de la constitution, dont le graphique, du cabinet Buffet au deuxième cabinet Dufaure, du deuxième cabinet Dufaure au cabinet Jules Simon, du cabinet Jules Simon au troisième cabinet de Broglie, du troisième cabinet de Broglie au cabinet extraparlementaire de Rochebouët et, enfin, de celui-ci au quatrième cabinet Dufaure, est incohérent, impolitique et dangereux, et d'un chef d'État qui bat l'eau et qui se noie. Mais il n'est pas l'incarnération que les républicains ont faite du pouvoir en s'autorisant du maniement de ce pouvoir par le premier président de la constitution de 1875, avec la collaboration des auteurs de cette constitution.

Le maréchal avait quarante ans en 1848, l'âge où les révolutions vous dérangent dans votre carrière et déjà dans vos habitudes, la constitution de 1852 lui avait appris à manier le pouvoir avec rudesse et dans l'essai de la constitution de 1875, il avait la main encore toute chaude de la répression de la commune, et l'assemblée nationale avait retiré le pouvoir des « mains séniles » de M. Thiers pour le confier à cette main encore fumante. Mais ce maniement militaire n'en a pas moins établi la jurisprudence constitutionnelle, et la constitution de 1875 ne s'en est pas relevée, elle a gardé ce pli. Le président, chef de la majorité parlementaire qui l'a élu ; ce chef prisonnier de cette majorité ; cette majorité elle-même prisonnière de ses comités électoraux qui l'ont fait élire et organisée en syndicat d'exploitation de l'Etat pour leur commun avantage et restant maîtresse du pouvoir par le mépris de la conscience et du ridicule, l'astuce, la fraude et la violence ; en foulant aux pieds les lois fondamentales ou en faisant des lois de circonstance, pires que leur violation pure et simple. En effet, mieux vaut confisquer les biens de l'Eglise comme le voleur prend votre porte-monnaie dans votre poche pour le mettre dans la sienne, que de se les approprier par une loi que l'Eglise juge inacceptable par elle et de la faire ainsi, par son refus, paraître coopérer à sa spoliation et de couvrir le législateur, le juge, l'agent et le bénéficiaire de la spoliation, du manteau de la légalité, qui trompe et corrompt les peuples. Car la maxime de M. de Bismarck : « La force prime le droit », est franche et brutale comme un coup de poing dans la figure, tandis que la doctrine que le « bloc » lui-même n'ose pas encore formuler, mais dont il fait la base de sa politique et de sa législation : « La loi prime le droit », s'insinue comme un venin dans les consciences et y répand qu'avec des procédures l'on peut tout sans risques, prendre les biens, la vie et l'honneur des citoyens.

Depuis la chute du maréchal de Mac-Mahon, la légalité a si fort empiété sur le droit, que le parlement de 1910 confond celui-ci avec celle-là et que dans ses discussions et ses rapports, il emploie l'une presque à l'exclusion de l'autre. L'Etat reposant sur le suffrage universel, la moitié plus un étant tout et la moitié moins un n'étant rien, avec les abstentions et au second tour de scrutin il peut arriver que la majorité parlementaire soit issue de la minorité du suffrage universel, de son tiers, — comme pour plusieurs législatures de cette république, — de son quart, de son sixième, ou de moins encore, et l'on verrait le mot de M. Viennet : « La légalité nous tue », se réaliser. On verrait le sixième des Français tuer les cinq autres sixièmes, la guillotine légalement dressée leur couper légalement le cou.

Ainsi, avec ses fuyantes velléités de restauration monarchique, dont elle avait encore moins le moyen que le mandat, et ensuite par la nécessité où elle s'était réduite de donner une constitution à la république, c'est-à-dire de faire le contraire de ce qu'elle avait

proclamé qu'elle ferait, l'assemblée nationale avait fait rire d'elle-
même, de la monarchie, des dynasties, de leurs partisans, même
des conservateurs et des libéraux susceptibles de se rallier à une
monarchie après son rétablissement. Elle avait jeté du discrédit sur
toute la cause monarchique, conservatrice et libérale, en un mot,
antirépublicaine. De même, en forçant le pouvoir présidentiel
pour lui donner tout son ressort et pour sauver d'un plus complet
naufrage ceux qui avaient institué ce pouvoir et élu son titulaire,
le maréchal de Mac-Mahon a perdu un peu plus les uns et il a
brisé l'autre. Il a fait ce que les républicains souhaitaient le plus,
il leur a donné l'occasion de le mettre en demeure de se soumettre ou de se démettre, et il s'est soumis et il s'est démis, et
après avoir déclaré : « J'y suis, j'y reste », il est parti, laissant
sa fonction en tutelle et en servitude, le parlement souverain du
président qui occupe la place du souverain, maître et tyran de ce
fantôme de souverain, qui porte pourtant encore ombrage aux
républicains, soit en leur rappelant le passé, soit en leur faisant
craindre pour l'avenir, leur résolution étant que ce régime subsiste
tant que subsisteront des monarchistes ou des citoyens « monar-
chisables », tant que la monarchie pourra « resurgir » des esprits
ou se réincarner par métempsycose dans la personne du président, un président populaire étant, en effet, l'homme le plus près
du trône.

Le maréchal de Mac-Mahon n'en a pas moins rempli sa fonction avec dignité et désintéressement, ses ennemis eux-mêmes
n'ayant jamais dit qu'il y eût accru sa fortune, et il jouissait d'un
si grand renom que le bruit a plusieurs fois couru, pendant sa présidence, que son fils, qui depuis a épousé une fille du duc de Chartres, devait épouser une fille du prince de Galles. Son ancien premier ministre, M. Jules Simon, a écrit : « La politique lui semblait parfaitement méprisable ». Vingt ans auparavant, le 29 mai
1873, M. Buffet écrivait, non pas pour le public, comme M. Jules
Simon, mais pour les siens : « On a cru, quand j'ai parlé de
la résistance qu'avait d'abord opposée le maréchal (à l'offre que
lui faisait de la succession de M. Thiers, une délégation de l'assemblée nationale), que cette résistance aurait été de pure forme. Elle
m'a paru, au contraire, très sérieuse, et j'ai craint, pendant quelques minutes, d'être obligé de porter à l'assemblée un refus ».
Mais peut-être lorsqu'il l'a fait sénateur et duc, Napoléon III a-t-il
eu la même crainte. Il était toujours hésitant, ce qui n'est pas
toujours un défaut pour un général, dans la politique, parce qu'il
paraît ne se décider qu'à regret, par devoir, et si la chose échoue
ou est mal prise, il a vu juste et il s'est sacrifié. Il était aussi
pour « le bon tyran », qui ne ferait même pas une loi de sûreté
générale ; et il allait au rebours de l'opinion générale et même

de ses électeurs, qui étaient alors tout feu tout flamme pour le parlementarisme. Mais sans doute a-t-il eu le pressentiment que ces trois partis dynastiques, déjà divisés chacun en deux ou trois factions, vaincus, démoralisés, aigris, verraient se détacher d'eux les éléments alluviens, dont le cours des événements les avait grossis et se subdiviseraient encore eux-mêmes, s'entre-choquant, errant, se rejoignant, se disloquant de nouveau, « tous à la recherche d'un messie, mais pas du même messie », disait un de leurs philosophes, « qui leur donne un gendarme et un intendant, leurs rivalités et leurs vanités les ayant déshabitués de faire leurs affaires et de se protéger eux-mêmes ». — Aussi plus de trente ans après, comme une raillerie, adoucie par le temps, de sa tentative avortée, ceux qui l'ont désirée, comme ceux qui en ont eu peur, répètent-ils encore « les mots » du maréchal, ou ceux qui lui furent prêtés alors et qui ne sont pourtant pas bien drôles : le mot devant les inondations de Toulouse : « Que d'eau ! Que d'eau ! » et le mot au nègre, élève à Saint-Cyr, et bon élève, mais que ses camarades « brimaient » un peu et à qui il voulait donner un encouragement : « C'est vous, le nègre ? Continuez ! »

... Si le maréchal a été élu pour écarter le duc d'Aumale, M. Carnot l'a été pour écarter M. de Freycinet et M. Jules Ferry. Bien que le nonce, Mgr Czacki, aimât mieux avoir affaire à un président du conseil protestant comme M. de Freycinet, qu'à un président du conseil catholique, et peut-être le pensait-il comme il le disait, ayant tous deux le même ami intime, M. Henri Lasserre, qui était leur trait d'union ; et bien que M. de Freycinet représentât mieux que M. Jules Ferry l'opinion du parlement et que sa personne fût plus agréable, le parlement lui donna pourtant moins de voix qu'à M. Jules Ferry, parce qu'élire un protestant, c'était affirmer une Eglise, c'était faire une profession de foi religieuse. Quant à M. Jules Ferry, il était plus anticlérical que le parlement, puisque le parlement avait repoussé son article 7, et que les dernières élections avaient donné une forte minorité opposée à l'anticléricalisme. Le parlement redoutait, en outre, la pugnacité de cet homme et son « autoritarisme ». M. Carnot a été élu entre eux, comme un moyen terme, ne faisant pas prendre aussi fortement couleur au parlement, et ne lui portant pas ombrage, n'ayant pas leur renommée, ni leurs talents oratoires, ni les habiletés de M. de Freycinet, ni les rudesses de M. Jules Ferry. C'était un petit homme sec et noir, et comme en deuil par sa « correction » et par sa tristesse. Il avait été élevé dans le culte de « l'être suprême » et de son grand-père, « l'organisateur de la victoire », que les siens comparaient à Agricola, beau-père de Tacite, et dans les grandes circonstances, il se conformait aux rites de la religion catholique, un mariage ou un enterrement civil

« faisant scandale » et vous classant au-delà de ce qu'on veut
lorsqu'on croit à « l'être suprême », croyance qu'on lui exprime
dans la langue que l'on parle, c'est-à-dire dans la religion où l'on
est né.

M. Carnot a bénéficié du discrédit où M. Grévy laissait l'Elysée,
« qu'il avait tenu », disait-on, « comme un grigou », et la fonction
présidentielle, dont on mesurait, en l'exagérant, le parti qu'il
aurait pu en tirer pour le bien public, à sa ruse et à sa
ténacité à tenir tête au parlement pour ne pas donner sa démission. Il lui suffit de montrer des équipages plus soignés, pour
qu'on lui reconnût « le sentiment du devoir », et lorsqu'on le vit
plus appliqué que son prédécesseur aux affaires de l'Etat, s'inté-
resser à l'armée et aux affaires extérieures, avec une pointe de
fierté française, en un mot, prendre au boulangisme ce qu'il en
pouvait prendre d'utile, une certaine popularité s'attacha à lui. On
opposait chanson à chanson et Paulus lui-même le *Père la Victoire*
aux *Pioupious d'Auvergne*, et les ancêtres de M. Carnot aux duchesses qui se servaient du général Boulanger ou dont le général
Boulanger se servait. Et comme il y avait, dans l'un et l'autre
camp, toutes les variétés de républicains, démocrates à l'envi ou
soi-disant, ceux du camp carnotiste tiraient vanité d'être présidés
par le représentant d'une famille aristocratique, trois générations
successives de Carnot ayant occupé les plus hautes fonctions de
l'Etat, et l'aristocratie consistant, en son acception traditionnelle,
dans des familles qui gouvernaient de père en fils un pays, ce qui
fait d'eux des membres de roi ; tandis que ceux du camp boulangiste, tout en étant de même farine — M. Alfred Naquet, par exemple, auteur de la loi du divorce — étaient fort goûtés des monarchistes, leurs « coboulangistes », qui ne goûtaient pas les autres.

La première déclaration de M. Carnot, qui eut du retentissement :
« La droite, c'est l'ennemie », était un écho du mot fameux de M.
Gambetta : « Le cléricalisme, voilà l'ennemi », mots également imprudents, puisqu'ils ont ensuite gêné leurs auteurs, mais plus fâcheux chez le chef d'Etat Carnot, un chef d'Etat étant par définition le chef de tous ceux qui font partie de l'Etat, c'est-à-dire de
tous les citoyens, que chez le chef de parti Gambetta, chef obligé de
se dissimuler, de se faire « dictateur occulte » pour être subi, et
que ses partisans n'ont pas laissé plus de deux mois et demi au
pouvoir, lorsqu'il a dû exercer ouvertement son autorité, mais
mots conformes, chez M. Gambetta, à la tradition des partis, naturellement exclusifs les uns des autres, et de tel ou tel en particulier, et chez M. Carnot à la jurisprudence établie sous le premier
président de la constitution, du chef de l'Etat chef du parti qui l'a
élu, et ennemi des autres, et qui a, depuis lors, été suivie par les
différentes majorités républicaines et sous leurs divers présidents.

Comme son premier et son troisième ministères ont été un ministère Tirard et que M. Tirard a ensuite fait partie de ses deux ministères Ribot, l'on a pu dire que son ministre de confiance était ce fabricant de bijoux pour mulâtresses, dont la femme portait encore des châles alors que la mode n'en subsistait plus que dans les cantons éloignés, et ce vestige, quasi d'ancien régime, faisait la joie du corps diplomatique. Mais le ministre qui lui inspirait les sentiments contraires était M. Constans... Pourquoi M. Constans n'a-t-il pas été président du conseil, alors que M. Rouvier l'a été ? Pourquoi MM. de Rémusat, Casimir-Périer I, de Fourtou, le duc Decazes, Wallon, Joseph Brunet, Lepère, Bardoux, Magnin, Cochery, Raynal, Paul Bert, Duvaux — « on dirait du veau », chantait-on ou disait-on dans les petits théâtres, en faisant allusion à cet ancien « fort en thèmes » de l'école normale, lorsqu'il était ministre de l'instruction publique, — Félix Faure, Challemel-Lacour, Sadi Carnot, Cavaignac, Peytral, Spuller, Burdeaux, Thévenet, Jules Roche, Poincaré et d'autres n'ont-ils été non plus que ministres ? M. Constans, « le vidangeur », comme on l'a d'abord appelé à droite, « le vieux forban », comme on l'a ensuite appelé à gauche, a été un ministre à poigne et à « tripatouillage », — argot de la troisième république. N'eût été de la lourdeur et de la paresse, rien ne l'aurait gêné pour suivre le précepte de Bossuet : « Gouvernez hardiment ! » Ceux qui, sous cette république, n'ont pas gouverné hardiment, ont fait croire, non pas qu'ils respectaient les droits et les libertés publics et privés, mais qu'ils ne savaient pas, qu'ils n'osaient pas, qu'ils ne pouvaient pas, et ils n'ont même pas eu le bénéfice moral de leurs scrupules, quand ce sont des scrupules qui les ont retenus. Auraient-ils mieux réussi s'ils avaient suivi le précepte « bossuétique » ? Toujours est-il qu'aucun des ministères de droite, mi-parti ou modérés, ne l'a suivi, pas même le troisième cabinet Broglie, qui se présentait comme « un ministère de combat » et qui montrait à l'intérieur un ministre à face de lionceau, M. de Fourtou, mais qui n'en avait que la face.

M. Constans s'était fait un petit genre oratoire court, bonhomme, narquois mais catégorique, sorte d'instruction de quinze ou vingt minutes, après quoi on savait à quoi s'en tenir. Sous M. Grévy, il a exécuté les décrets contre les congrégations non autorisées, avec autant de fracas que s'il allait reprendre l'Alsace-Lorraine. Dès cinq heures du matin, son préfet de police, M. Andrieux, en gants gris perle, faisait abattre à coups de hache les portes des couvents, et le général Billot, qui avait commandé en chef devant l'ennemi, dirigeait en personne le siège de l'abbaye de Frigolet. Depuis, riche, en uniforme d'ambassadeur, assis sur un trône, dans le chœur des églises de Constantinople, M. Constans a reçu l'encens de ce que son gouvernement a laissé de ces congrégations et veillé sur le protectorat français des chrétiens en Orient, comme l'on veille sur une ruine à laquelle l'on a contribué et que l'on n'ose abandonner, par crainte du ridicule qui en rejaillirait sur soi, si un rival la relevait. Sous M. Carnot, il a eu moins de peine à mettre en fuite le général Boulanger, qui redoutait ses prisons.

Sous cette république, la mort de plusieurs hommes politiques a paru mystérieuse : par exemple, celle de MM. Beulé, Gambetta, Barème, Félix Faure, Syveton ; dans les affaires du Panama, Dreyfus, de la « Patrie française »; l'on a aussi parlé d'assassinats politiques sur des personnes moins connues ; et certaines de ces morts ont été si opportunes, qu'elles passeront pour des crimes jusqu'à ce que les archives secrètes de l'histoire aient expliqué le mystère. Son parti a fait de cette fuite une grande victoire pour M. Constans et surtout pour lui-même, parce qu'il n'aime pas se donner des maîtres ; il se sert des hommes qui paraissent en état de le servir, les poussant, les exaltant, pour leur donner la force dont ils ont besoin, puis, le service rendu, il les laisse tomber ou les renverse. Les républicains ont toujours eu la bonne fortune ou l'habileté de trouver l'homme dont ils ont eu besoin et leur talent à se défendre et à défaire l'adversaire a fait regretter qu'ils l'aient appliqué surtout à leurs intérêts de parti et de personnes, et qu'ils n'en aient pas plus relevé leur pays, qu'ils ne lui aient pas ôté cette âme de vaincu qui le fait penser, parler et agir en vaincu. Mais, dans le boulangisme, le mérite de M. Constans a seulement été de garder son sang-froid, parmi des gens échauffés jusqu'à ne plus se rappeler qu'au milieu des discussions et des parades est toujours resté maître celui qui, suivant l'expression belge, a « posé un acte », si petit fût-il, mais un acte, un îlot où l'on put prendre pied.

Dans le boulangisme, la France n'était pas grosse d'un César, elle n'avait qu'une fausse grossesse, une grossesse de dépit contre la république, qui ne lui donnait pas ce qu'elle en attendait, et contre les princes, qui ne le lui donnaient pas non plus, à défaut de la république. Ce qu'il y avait encore de plus faible dans le boulangisme, c'était le général Boulanger, « César de café-concert », l'avait appelé M. Jules Ferry. Mais l'on ne saurait, même avec dérision, accoler le nom d'un homme, si riche en vices et en génie, à ce fanfaron amoureux qui, à l'insidieux avis de son arrestation, au lieu de franchir le Rubicon et de « balayer » ce que, depuis deux ans, il annonçait qu'il balaierait, a gagné dare-dare la frontière, à califourchon sur son balai. Les boulangistes, aimant le balai pour le balai, se sont pris d'admiration pour M. Constans, qui s'en était mieux servi que le général Boulanger, seulement, le « balayage » du général Boulanger était aussi difficile que celui de M. Constans l'était peu.

M. Carnot a toujours montré de la défiance à M. Constans. Il avait des doctrines et M. Constans n'avait que des ambitions. Il avait des manières réservées et M. Constans en avait de sans gêne, parfois de cyniques. Du jour où dans une chambre, aux habitudes pourtant assez libres, il a souffleté M. Francis Laur, qui n'y avait aucune autorité, il y a perdu la sienne. Mais M. Carnot n'était que le représentant de la majorité qui l'avait élu, il n'avait ni la prétention ni la capacité de la diriger, et, de l'horizon plus étendu que donne le pouvoir, il ne pouvait que voir ce qu'il ne pouvait pas faire. Il a eu à réduire le boulangisme, et M. Constans y a réussi dès qu'il se fut rendu compte que le général Boulanger avait, comme disent les bonnes gens, « plus grands yeux que grand ventre », et qu'il avait assumé un rôle qu'il n'était pas capable de remplir. Cet ébranlement de la majorité grévyste, puis de la majorité carnotiste, sinon de la république elle-même, par le boulangisme, a rappelé à M. Carnot et à sa majorité que lorsqu'un régime, croyant les oppositions en déroute, se permet tout, il en suscite une dans son propre sein, témoin le général Boulanger, créature de M. Clémenceau, et que si le général Boulanger avait échoué, une autre opposition pourrait réussir.

Mais, la peur passée, la prudence tôt se relâche. Ce général à la barbe flavescente, caracolant sur son grand cheval noir, l'air inspiré et souriant, autorisant les soldats à porter la barbe comme lui, et leur faisant partager leur gamelle avec les grévistes, défendant aux officiers subalternes et supérieurs de porter leurs titres de noblesse, faisant la leçon aux évêques et voulant « les curés sac au dos », télégraphiant au tsar dans le conflit Schnœbelé avec l'Allemagne, faisant peindre aux trois couleurs les guérites et sollicitant sans cesse l'attention publique, avait conquis la faveur non des généraux, jaloux de sa fortune ou inquiets de sa suffisance, mais des soldats, et aussi de la rue parisienne, et sa popularité avait rejailli sur l'armée et le coq gaulois semblait relever la crête.

La défaite du boulangisme, après les successives défaites monarchistes, acheva de rapprocher Léon XIII de la république et des républicains. Et le toast du cardinal Lavigerie à la république, ses « pères blancs » jouant la *Marseillaise* après ce toast, fut considéré comme le *De Profundis* sur les entreprises contre la république et sur les oppositions anticonstitutionnelles. De son côté, la Russie, qui, depuis l'avènement d'Alexandre III, recherchait l'alliance de la France, tant par revanche contre M. de Bismarck, qui l'avait jouée, que pour ses avantages économiques, vit fondre ses scrupules contre la république dans l'adhésion de Léon XIII et dans la revivification de l'esprit militaire par le boulangisme, et qui avait survécu au boulangisme. En plein dix-septième siècle, presque

tous les souverains n'avaient-ils pas recherché l'alliance de Crom-
wel et de la république anglaise ? Sans doute, M. Carnot n'était pas
Cromwell, mais en république ou en monarchie, avec M. Carnot
comme avec Louis XIV, la France est toujours la France, toujours
digne de recherche et d'alliance. Lorsque l'amiral Avellan vint à
Marseille et à Paris, rendre la visite que l'amiral Gervais avait
faite à Cronstadt et à Saint-Pétersbourg, ce fut comme un hosan-
nah de l'âme française, ressuscitant d'entre les morts et reprenant
sa place au banquet des puissances. M. Carnot ne pouvait repousser une alliance qui servait à la fois son parti, la république et son
pays, et pour laquelle l'élan national semblait irrésistible. La république se trouva donc, non pas reconnue par les puissances,
puisqu'elle l'était depuis que leurs ambassadeurs avaient présenté
leurs lettres de créance à M. Thiers, sinon dès le lendemain du
4 septembre, où les ambassadeurs l'avaient reconnue en fait, en
restant à leur poste et en traitant avec elle, et quelques-uns même
expressément, mais consacrée, cautionnée, présentée et célébrée par
le pape et par le tsar, par les deux puissances qui paraissaient le
plus éloignées d'elle, avec lesquelles elle formait une trinité autocratique dissemblable, l'autocratie du suffrage universel ou de la
souveraineté nationale, entre l'autocratie religieuse et l'autocratie monarchique. Mais, de cette trinité, où il n'y avait communion que d'un côté ou par un point qui ne touchait pas à leur essence réciproque, ne devait pas naître alors « l'esprit nouveau »,
dont M. Spuller, disciple de M. Jean Wallon et gallican incroyant,
s'était fait l'annonciateur. Entre ces deux autocraties, l'autocratie
démocratique éprouvait, après la première surprise flatteuse, de
la gêne et de l'inquiétude, surtout du côté du pape, parce que du
côté du tsar elle se justifiait par la sécurité qu'elle en recevait contre la triplice, mais l'alliance du pape impliquait pour elle la renonciation à ses doctrines contre la religion dont le pape est le chef,
et bien que ces doctrines ne soient pas théoriquement républicaines, plutôt que monarchiques, elles sont historiquement siennes,
elle s'y est formée et développée, en allant de l'anticléricalisme à
l'athéisme, elle en a fait son symbole et sa religion de l'irréligion.

Tous les présidents, du général Trochu à M. Fallières, appartiennent aux diverses couches de la génération qui a fait cette république, et aussi la plupart des présidents du sénat, de la chambre
et du conseil des ministres et des chefs des partis et des groupes
parlementaires. Il leur est aussi difficile de s'en dégager qu'aux
monarchistes de se rallier à la république, bien que nombre d'entre
eux se rebellent dans le privé contre ce joug qui les astreint à penser, à parler ou à voter en bande, ou à être des émigrés dans leur
propre parti, et s'ils parviennent à rompre, ils ne peuvent s'incorporer dans le parti voisin où ils retrouvent leurs opinions, parce

que ce parti les regarde moins comme des recrues que comme des intrus. MM. Piou et de Mun ont vainement passé de la monarchie à la république, et les républicains ne les regardent pas comme des républicains, à cause de leur catholicisme, et ils restent isolés, entre les républicains et les monarchistes qui ne les regardent plus non plus comme des leurs. Pareille disgrâce était déjà arrivée à MM. Henri Wallon et Bérenger qui, tous deux républicains depuis la constitution de la république, et même avant, n'ont jamais été ministres des successeurs républicains du maréchal, bien qu'ils eussent plus de savoir, d'expérience et de talent que les deux tiers de ceux qui l'ont été, et cela parce qu'ils étaient catholiques. Et les catholiques dont les traditions et les défenseurs sont monarchistes, ont toujours aussi tenu en suspicion leur catholicisme, à cause de leur républicanisme. A défaut d'une révolution, comme celle de 1870, qui refond les partis, le temps seul peut faire des transformations de cette nature et sur les hommes de même origine ou de même famille, mais pas sur la généralité de ceux qui doivent ce qu'ils sont aux doctrines, aux formules et aux mots dont ils sont prisonniers.

A l'avers de la présidence de M. Carnot, il y a le revers, héritage de la présidence de M. Grévy, de M. Gambetta et de la guerre de 1870. Des spéculations qui ont été faites sur l'Etat, les départements, les communes et les particuliers pour le soutien de cette guerre, l'emprunt Morgan est resté le type légendaire ; mais il est peu de cantons où il n'ait surgi alors quelque fortune, considérable, moyenne ou petite, où les contemporains ont vu du louche, d'autant que ceux qui les avaient ainsi faites ont été de bruyants thuriféraires de la république. L'un d'eux, qui avait fourni aux armées du drap pourri, a pourri aussi le village dont il est devenu maire, entraînant les électeurs au cabaret pendant la messe du dimanche, et les saoûlant d'irréligion en même temps que de vin ; mais voilà que, en 1908, sentant venir la mort, il a fait cadeau à l'église de sa commune d'une paire de cloches, qui sonneront son glas. Cette même année, à Paris, il n'y a eu que dix-neuf pour cent d'enterrements civils, dont il faut défalquer les protestants, les juifs, les étrangers et les pensionnaires de l'assistance publique, d'office enterrés civilement, comme ils étaient naguère d'office enterrés religieusement, ce qui réduit peut-être de moitié, ou davantage, le nombre des catholiques qui se sont fait enterrer civilement, neuf ou huit pour cent. Mais, à voir la statistique religieuse des chambres, l'on devrait croire qu'il n'y a pas dix-neuf pour cent de Français se faisant enterrer religieusement, tant les sentiments religieux et les opinions politiques sont superposés sans s'adapter et même en se contrecarrant, par suite d'une cohabitation plus que millénaire qui a engendré des désaccords, dont les effets ne s'arrêtent que devant la peur finale.

Ces fortunes soudaines de la guerre avaient allumé les convoitises des « nouvelles couches sociales » que la république rapprochait du pouvoir. Mais l'assemblée nationale de 1871, qui s'était engagée dans l'entreprise monarchique sans avoir rien de ce qu'il lui fallait, attendant tout de la Providence ou du hasard, et tous se berçant avec elle dans un rêve qui a fini comme une opérette d'Offenbach, l'assemblée nationale avait de la probité, ses gouvernements de M. Thiers et du maréchal de Mac-Mahon ont été probes, leur administration a été saine. C'est seulement après que M. Gambetta leur eût dit que « le temps des bégueuleries est passé », pour déchaîner leur zèle, et que l'avènement de M. Grévy leur eût laissé le champ libre, que les républicains se sont remis à leur besogne, interrompue par l'assemblée nationale. Ils n'en ont pas eu, d'ailleurs, le monopole, ces pratiques étant de tous les temps et de tous les régimes, et aussi de tous les partis et de tous les rangs, sauf de rares haltes, où il semble que la vertu va dresser ses tentes et ses tabernacles. Le Panama aussi est resté le type des spéculations des présidences républicaines, spéculations sans cesse renaissantes. Mais, dans le Panama, on trouve avec plus d'abondance leur triple caractéristique de la rafle, de la dilapidation et du pot-de-vin innombrable, le petit pot-de-vin démocratique, le pot-de-vin du suffrage universel. « Par bonheur, dans ce malheur », disait un agent de change de Paris, « cet argent n'est pas sorti de France ! » Quelques années auparavant, un procureur de la république, aujourd'hui procureur général, tournait cette boutade en aphorisme juridique : « Que ce soit le demandeur ou le défendeur qui gagne un procès, il n'y a qu'un déplacement d'intérêts ! » Et pour donner toute sa valeur à cet aphorisme, il disait encore : « Je vendrais mon âme au diable pour vingt mille livres de rente ! » A quoi son interlocuteur lui répondait : « La république l'a pour 3.600 francs. » Les procureurs de dernière classe n'avaient alors que 3.600 francs de traitement.

L'Union générale avait été une tentative de banque catholique contre la banque juive, contre MM. de Rothschild en particulier. MM. de Rothschild étaient les plus puissants banquiers de France, et depuis lors, sans se poser en rivaux de race ou de confession, des établissements de crédit, tels que le crédit lyonnais et la société générale, ont pris le pas sur eux. Aussi, comme l'Union générale était soutenue par les monarchistes, spécialement par les légitimistes, les républicains avaient intérêt à se rendre les Rothschild et les juifs favorables. D'où l'étranglement de cette Union générale, fondée par M. Eugène Bontoux, qui s'est ensuite refait une belle fortune dans les mines d'Espagne. Au beau temps de l'Union générale, où « le monde » gagnait tout ce qu'il voulait sans rien faire, dans cette jonglerie de millions, un ancien camarade de collège de M. Bontoux, rencontrant une de ses parentes, lui dit : « Eh bien ! vous devez être riche, maintenant qu'Eugène est un grand financier » ? « Eugène, un grand financier ! » lui répondit-elle, « j'ai si peu confiance en ses capacités que je ne lui confierais pas quarante sous pour les faire valoir ! »

Cet étranglement a servi de leçon aux spéculateurs, aux hommes d'affaires. Ils ont dès lors formé des « trusts », où l'on voit chacun, comme dans le Panama, drainer la croyance religieuse ou l'opinion politique dont il a revêtu la livrée, ou telle côterie de cette opinion, ou telle chapelle de cette croyance, où son astuce réussit mieux. Et ces écumeurs, qui ne sont pas six douzaines, toujours les mêmes, ont la main dans toutes les grandes affaires, sur tous les ressorts du pays, et le gouvernement les laisse faire, parce que, en échange, et sur un signe, ils inclinent par des voies détournées leurs clients vers ses fins. Mais, cet instrument de règne ne s'est pas créé de toutes pièces, il s'est fait un peu au hasard. Les grands avocats de Paris, comme les Grévy, comme les Waldeck-Rousseau, qui plaident pour de gros honoraires ces grosses affaires « qui font trembler », en y aiguisant leur esprit y émoussent leur conscience, ils deviennent sceptiques, indifférents, et le mal qui se fait autour d'eux au pouvoir est ce que, la veille, le code en main, ils représentaient comme légitime à la barre des tribunaux. Outre qu'en se rapprochant du pouvoir, avec M. Grévy, les « nouvelles couches sociales » apportaient une grande ardeur et une grande liberté à faire fortune, que ne retenaient pas les principes ou les préjugés de race et d'éducation, elles trouvaient un chef d'Etat complaisant par profession à leurs pratiques, et nonchalant par caractère à s'émouvoir, et il y avait une grande poussée naturelle de prospérité dans la France rassurée, restaurée et renaissante, qui favorisait encore leurs ambitions.

Par synthèse et pour la commodité politique, sinon historique, l'on attribue à la troisième république tout ce qui s'y est fait de bon ou de mauvais, comme on a fait pour le second empire, la monarchie de juillet, la restauration, Napoléon Iᵉʳ ou Louis XIV, comme on a fait pour tous les régimes, tous les règnes, toutes les présidences et tous les ministères. Mais, trop souvent, les gouvernements ne sont que comme des gardes forestiers dans une forêt qui grandit ou qui dépérit, en entier ou par places, sans que les animaux et les insectes nuisibles qu'ils détruisent ou les baliveaux qu'ils coupent pour leur usage y soient pour grand'chose. Par dessous leurs soins ou leurs déprédations, les peuples ont une vie propre, un labeur personnel, des aspirations obscures, un cheminement souterrain, et les hommes d'Etat les plus pénétrants et les plus attentifs sont déconcertés par les phénomènes de grandeur ou de décadence qui surgissent tout à coup.

Par le concours de ces circonstances, il s'était formé, sous la présidence de M. Grévy, un gros abcès dans la moralité française, lequel a crevé sous la présidence de M. Carnot, dans le Panama, en une séance de la chambre, sous les crocs de M. Jules Delahaye, qui avait alors des dents de jeune loup. Il y a eu nombre de séances émouvantes dans les chambres de cette république : la déchéance de l'empire, la ratification du traité de Francfort, le renversement de M. Thiers, le vote du septennat, le vote de la république, la dissolution de la chambre de 1876, le rejet de l'article 7, la démission de M. Grévy, le dessaisissement de la chambre criminelle de la cour de cassation dans la revision du procès Dreyfus, les gifles du professeur Syveton au général André, et nombre d'autres. Mais ce fut une des plus savoureuses que celle où M. Delahaye accusa cent quatre de ses collègues d'avoir reçu des pots-de-vin du Panama, et où quatre cents députés tremblaient de se trouver parmi les cent quatre. Seulement, M. Delahaye sauva les cent quatre en ne les nommant pas, tandis que Cicéron fit condamner Verrès en le nommant comme l'auteur des exactions commises en Sicile. Étant ministre des finances, M. Carnot avait révélé les déficits dissimulés par ses prédécesseurs. Mais, à la présidence de la république, il n'était plus rien que le verbe et la plume de ses ministres, quand il plaisait à ses ministres se servir de sa plume et de son verbe, puisque le président de la république « n'est responsable qu'en cas de trahison », ses ministres étant responsables de leurs actes et de ceux qu'ils lui font faire. Mais on ne se lasse pas d'admirer la sollicitude républicaine des monarchistes auteurs de la constitution, qui déclarent le président de la république responsable et criminel seulement s'il fait le Bonaparte ou le Monck, s'il rétablit la monarchie en sa personne ou dans la personne de l'héritier d'une dynastie, car l'on ne peut poser l'hypothèse de la tradition de son pays à l'étranger, bien que cela se soit vu.

M. Carnot n'était pas un républicain de choix ou de raison, c'était un républicain de naissance, comme d'autres sont monarchistes, parce que son père et son grand-père l'avaient été, avant même qu'il sût pourquoi et en quoi cela consiste. C'était un légitimiste de la république, tout régime se glissant dans ce fourreau protecteur de la légitimité, s'enveloppant dans la tradition, remontant dans la nuit des temps, posant son fondement dans le droit naturel, se donnant comme la forme même de la nationalité. Doctrine de stabilité et de force pour un gouvernement, dont les sujets ou les citoyens croient à ces origines merveilleuses ; doctrine de dépérissement et de mort pour un parti qui est tombé du pouvoir et qui attend qu'elle l'y remette par la vertu qui l'y a longtemps maintenu ; doctrine de fanatisme et de conquête pour un parti nouveau, prétendant incarner le génie du peuple qui a été comprimé par des pouvoirs usurpateurs et qui, enfin, prend son essor. Toutes les fois que, sous cette république, s'est produit un événement international, électoral, économique, financier, judiciaire, ou autre quelconque, entravant la marche du gouvernement, les oppositions antirépublicaines se sont plu à publier que la république y succomberait, et cette menace a toujours rallié les républicains les plus ennemis les uns des autres pour la défense de la république. Il n'y a, sous cet angle, que trois sortes de républicains, sous toutes les dénominations qu'ils ont prises depuis 1870, et il en viendrait au moins soixante sous la plume qui les voudrait énumérer.

Les premiers sont les légitimistes, toujours hérissés et agressifs, dont le frère de M. Carnot, M. Adolphe Carnot, est présentement le type le plus caractéristique. Septuagénaire, membre de l'institut, ni sénateur, ni député, ni candidat, sans ambition connue, il est à la tête de toutes les ligues et de tous les comités d'action républicaine : il semble que sa foi et son zèle soient d'autant plus actifs qu'ils sont plus désintéressés. Les seconds sont ceux qui font partie de la république : membres des assemblées politiques et administratives, fonctionnaires de tout ordre et de tout rang, hommes d'affaires gravitant autour des uns et des autres, clientèle de ces trois catégories, bref les bénéficiaires du régime. Les troisièmes, enfin, qui ne sont ni bénéficiaires, ni même croyants, mais qui sont habitués à la république, et qui l'ont vue entre les mains les plus diverses, c'est-à-dire variable et transformable, et qui, ne sachant par quoi, ni par qui, ni comment elle serait remplacée après un si long temps, redoutent cet inconnu, surtout à cause du trouble qu'il pourrait apporter dans la hiérarchie sociale, l'éternelle hiérarchie sociale, venant d'en haut et à peu près toujours la même, toujours plus élégante et plus hautaine, mais souvent moins oppressive, ou venant d'en bas et changeant sans cesse, mais portant moins ombrage aux bourgeois, paysans et ouvriers, qui se flattent de la faire et de la défaire, en leur prurit d'une égalité aussi subjective que chimérique.

Du moment que le Panama devenait une machine de guerre contre la république, il était assuré qu'un légitimiste tel que M. Carnot, qui voyait dans la république la pierre angulaire de son pays, posée de toute éternité pour cet office, au lieu de donner sa démission pour ne pas couvrir de son nom le sauvetage des concussionnaires, le couvrirait, au contraire, malgré la répugnance qu'on lui supposait, dans l'intérêt supérieur de cette république sacro-sainte. Le scandale panamiste a donc été étouffé et aussi tous les autres des membres du parlement, des membres du souverain, et de leurs principaux clients, comme les familles royales étouffent les scandales de leurs membres : mais les parlementaires sont plus nombreux que les princes, et leurs scandales pareillement.

Il y en a eu un grand nombre dans le développement économique qui s'est produit depuis 1870 et dont la république et les républicains ont bénéficié particulièrement, bien qu'il ne leur soit pas dû, qu'il soit l'œuvre de toute la nation et le résultat de l'évolution du monde entier. Des milliards ont été dépensés pour l'agrandissement et l'embellissement de la plupart des villes, la construction de chemins de fer, de tramways, de routes, de ponts, de télégraphes, de téléphones, de forts, de casernes, de matériel de guerre, d'églises, d'hôtels de ville, de lycées, de collèges, d'écoles, de théâtres, de musées, d'ouvroirs, d'asiles, de maisons de retraite, d'hospices, d'hôpitaux, de prisons, etc., qui font surgir de toutes parts usines et maisons de commerce, et le corps électoral croit d'autant mieux que tout cet argent n'est pas allé à sa destination, qu'en apprenant quelque malversation, il apprend en même temps que la lumière a été mise sous le boisseau. Si nombreuses qu'aient été ces malversations, son mécontentement y a encore ajouté.

Après l'assassinat de M. Carnot, un vieux médecin de campagne, toujours par monts et par vaux, racontait : « Les paysans disent tous que leurs députés sont des cochons. » — « Mais pourquoi », leur dis-je, « n'en changez-vous pas ? » — « Des nouveaux », me répondaient-ils, « seraient encore plus voraces. Mieux vaut des cochons gras que des cochons maigres. » Comme depuis 1870 le Français a perdu l'habitude de se vanter, pour prendre celle, non moins déplaisante, de se dénigrer, son parlement s'est fait une réputation de corruption, à laquelle ont aussi ajouté les étrangers, qui font de la paille de l'œil de la France une poutre et de la poutre de l'œil de leur pays une paille, oubliant le « tamany » ou syndicat de fraude électorale tout puissant à New-York et les « trusts » agricoles, industriels, commerciaux et financiers, ou accaparement des Etats-Unis, dont le danger lui a paru si pressant que le président Roosevelt, en appelant ses concitoyens à la rescousse, s'est colleté avec lui ; ce prince royal, aujourd'hui roi écouté, qui ne payait pas lorsqu'il perdait au jeu, mais qui empochait quand il gagnait ; ce « raid » Jameson, ou expédition de flibustiers, où se trouvait engagée la fleur de l'aristocratie britannique ; l'inaction guerrière des grands-ducs et leur rapacité d'oiseaux de proie pendant la guerre de Mandchourie ; ce roi Pierre prenant pour conseillers ses amis assassins de son prédécesseur ; l'influence de l'homéosexualité à la cour du successeur du grand Frédéric, et autres épisodes où toutes les institutions politiques ont montré, depuis 1870, qu'elles sont sans efficacité sur la moralité des hommes, pas plus au pouvoir que dans le particulier, et que tous les gouvernements et tous les pays ont leurs misères. Et même les peuples ne sont pas fâchés de l'impunité de ces mauvais exemples, parce qu'elle les affranchit de « l'ordre moral » qu'avec une simplicité de gentilhommière le gouvernement du maréchal se flattait d'établir, et qu'elle leur lâche la bride, au grand dommage de l'Etat. De sorte que M. Carnot, réputé pour son honnêteté, a été amené, par cette force des choses qui fait faire aux hommes d'Etat le contraire de ce qu'ils voudraient, à couvrir ce scandale, et que cet homme aux mœurs simples a été le premier président qui a repris, accommodées à sa liste civile, les traditions de l'existence impériale ou royale. Son prédécesseur, M. Grévy, avait villégiaturé dans sa propriété patrimoniale de Mont-sous-Vaudrey, le maréchal dans son château de la Forêt, M. Thiers sur une plage normande : M. Carnot et ses successeurs — excepté M. Casimir-Périer, qui n'a villégiaturé qu'en son château de Pont-sur-Seine — ont villégiaturé dans les châteaux nationaux de Compiègne, de Fontainebleau, de Rambouillet, et ils ont donné des fêtes au château de Versailles, où l'ombre de Louis XIV a dû se demander quelles étaient ces espèces en habit sombre et étriqué, indigne même de ses gens de parlement, qui se permettaient de recevoir à sa place et d'égal à égal les plus puissants monarques de droit divin. Enfin de ses sept présidents morts, la troisième république n'en a mis qu'un dans son Panthéon, et ce n'est ni M. Thiers, dont les talents lui ont rallié la bourgeoisie, ni le maréchal, dont le nom victorieux a mis la noblesse à son service, et qui tous deux ont été ses organisateurs, ses Bonaparte : c'est M. Carnot, et parce qu'il a été assassiné ; c'est comme si la monarchie n'avait mis dans le sien que Louis XVI.

... Lorsqu'à la démission de M. Casimir-Périer, M. Waldeck-Rousseau, taciturne et dédaigneux, brigua sa succession, le parlement eut peur de se donner un maître, si tant est qu'après l'expérience de MM. Thiers, Grévy et Casimir-Périer, et celle, inattendue, du maréchal, il ait à redouter telle entreprise. Il lui préféra M. Félix Faure, vieux beau du cercle du Commerce, aux guêtres blanches et le monocle à l'œil, souriant et « roublard ». Ce ne sont pas ses ancêtres que ses électeurs célébrèrent, mais lui-même, « fils de ses œuvres », « son propre ancêtre », et partout des images surgirent, le représentant en « petit tanneur », en officier de mobiles, et tout le monde le disait désireux d'un costume de président, pour figurer dans une suprême image. Les membres du gouvernement provisoire de 1848 s'étaient affublés d'un habit bleu barbeau à boutons d'or, un gilet blanc à la Maximilien et un chapeau à haute forme se rétrécissant par le haut : mais les deux plus « avancés » seulement, MM. Ledru-Rollin et Louis Blanc, osèrent l'endosser. Au dire de ses amis, M. Félix Faure souhaitait un costume plus étoffé et plus riche, et avant sa visite à la cour de Russie, les gazettes en discutèrent la forme et l'ornement. Il ne s'y est pas décidé, et Léandre n'a pu le camper flanqué du directeur du protocole Crozier, dont sa caricature a amusé Paris. Des neuf présidents, le « petit tanneur » a été le plus à l'américaine ou à la suisse, et, en même temps, le plus à cheval sur le protocole. Un de ses ministres ayant fait lire la *Chartreuse de Parme*, de Stendhal, à une personne de sa famille, cette personne, après l'avoir lue, dit à ce ministre, en faisant allusion à la cour du duc Ernest IV, qui y est décrite : « Curieux, intéressant, mais ce M. de Stendhal ne connaît pas les cours. Je vous assure que je n'ai jamais vu rien de semblable à l'Elysée ! » Quand Nicolas II est venu à Paris, il était, avec la tsarine, dans le fond de la daumont présidentielle, et M. Félix Faure en face d'eux ; tandis que M. Fallières se met dans le fond, à la gauche du souverain, et, dans le fond d'une seconde daumont, Mme Fallières, à la gauche de la souveraine. Comme une parité s'établit ainsi peu à peu entre les présidents et leurs femmes et les souverains et les souveraines, même avec un président peu féru d'étiquette. M. Félix Faure témoignait exubérammment sa sollicitude à l'armée, il était « cocardier », il passait des revues à cheval, voire à mulet, dans les Alpes ; et son patriotisme avait plus de chauvinisme que celui de M. Carnot.

Mais, après son élection, l'on apprit que son beau-père avait naguère été condamné aux travaux forcés. Sans doute les fautes sont personnelles ; mais si chacun bénéficie du bon renom des siens, chacun aussi pâlit de leur mauvais. On lui en voulut d'avoir ainsi mis le chef de l'Etat aussi près du bagne, voisinage embarrassant pour lui autant que pour les autres chefs d'Etat et surtout pour la France. Sans doute aussi des membres des familles royales ont commis des crimes, mais ces crimes sont voilés par les services que ces familles ont rendus à leur pays, et la honte des uns disparaît dans la gloire des autres. M. Félix Faure atténua ce ressentiment par sa bonne grâce, un peu commune, pour tous ; il chevaucha même, en en paraissant très aise, aux côtés de la duchesse d'Uzès, dont les millions avaient fait trembler grévystes et carnotistes.

Lorsqu'après les deux ministères Tirard, le quatrième ministère Freycinet, le ministère Loubet, les trois ministères Ribot, le ministère Casimir-Périer et les trois ministères Dupuy, il prit un ministère Bourgeois, on ne comprit ce choix, qui correspondait si peu à ses dispositions personnelles, et qu'en remontant à cinq ou six ans en arrière dans la genèse ministérielle et dans la situation parlementaire l'on ne trouvait rien qui le lui imposât, que lorsque le scandale du beau-père éclata. Il avait pris un ministère radical pour amadouer les radicaux et les factions encore plus avancées, dont les attaques sont toujours plus hardies et plus brutales que celles des autres partis, dont il espérait plus de ménagements, et son calcul n'a pas été déçu. Par conséquent, lorsque son intérêt personnel a été en jeu, il a su se servir de ses prérogatives présidentielles, même en les détournant de leur esprit constitutionnel.

De même a fait M. Fallières. M. Fallières a des origines religieuses, et il n'a pas été étranger à la nomination de son cousin, Mgr Fallières, à l'évêché de Saint-Brieuc. Il lui en est resté des superstitions : il a peur, par exemple, de laisser exécuter un criminel, même celui qui fait horreur à tous, « parce que cela lui porterait malheur ». Aussi, contrairement à l'esprit de la constitution, qui lui donne le droit de grâce, mais qui ne fait pas de la grâce un droit, il a, pendant deux ans, gracié tous les condamnés à mort, malgré les protestations et les pétitions des jurys criminels ; tant et si bien qu'il a tenu en échec les cours d'assises, la loi, la constitution, sur le fondement même de la législation pénale. Mais le parlement est si pénétré de sa conservation personnelle qu'il lui a été plus facile de pardonner à M. Félix Faure sa manœuvre pour dissimuler une douleur familiale et à M. Fallières son abdication devant un scrupule particulier, que l'usage de la moindre de ses prérogatives à son encontre.

Des neuf présidents, M. Félix Faure a été le plus dégagé des dogmes ou des doctrines, le moins enclin à la métaphysique politique. Du commerçant, il avait l'esprit pratique, avec des habitudes et des préjugés, entre autres celui de presque tous ceux qui n'en sont pas, contre la noblesse, mais avec attraction vers elle. Il raffolait de l'esprit de Gyp, qui a égratigné tout le monde, mais qui a des enthousiasmes. S'il n'avait l'étoffe ni d'un persécuteur, ni d'un sectaire, il avait une grande vanité physique, un grand amour de paraître et un grand désir de plaire aux femmes. Le maître des élégances européennes, le prince de Galles, le trouvait « poseur », paraissant en être un peu jaloux ; mais la plupart des princes avaient de la considération pour ses guêtres et son monocle.

Aucun président n'a affiché de favorite, et on ne leur en a attribué aucune, l'on ne sait les galanteries de trois d'entre eux que par des historiettes incertaines ; mais les mœurs si indulgentes à tous les degrés de l'échelle sociale depuis 1883 et même depuis 1878, sont très sévères pour le seul président de la république et le « cant » général le trouverait indigne de rester au pouvoir s'il ne paraissait « bon père, bon époux, bon garde national » et avoir de la « vertu » pour la foule qu'il représente.

En remplaçant son ministère Bourgeois par le ministère Méline,

M. Félix Faure a fait l'aveu de son artifice, mais il s'est retrouvé dans son élément, un peu trop agricole et provincial pour lui, avec des petites étroitesses bourgeoises, mais modéré et tranquille.

Sans doute, le lecteur préférerait des eaux-fortes à ces tailles-douces, des traits à la Royer-Collard : « M. Thiers est un polisson, mais M. Guizot est un drôle » ; à quoi MM. Guizot et Thiers auraient pu lui répondre avec plus de justesse encore : « M. Royer-Collard est un impuissant ». Mais les eaux-fortes sont pour les grands hommes et les tailles-douces pour les autres, la planche à graver de cette république est trop mince et crèverait sous un burin rendu plus mordant par l'acide.

Il est des choses que l'on regrette de n'avoir pas vues parce que leur évocation seule est déjà un spectacle : la princesse Mathilde et le duc d'Aumale, mélancoliques sous leurs cheveux blancs, et M. Hanotaux, jeune ministre des affaires étrangères du « petit tanneur », réunis à la table de Nicolas II, à Paris, et le « petit tanneur » recevant le corps diplomatique à la cour de Nicolas II, à Péterhoff. Mais, plus saisissant encore a été le spectacle de l'entrée du tsar et de la tsarine à Paris : ce n'était plus l'allègre résurrection d'un peuple au passage de l'amiral Avellan, mais l'accueil poli et discret de ce peuple au souverain venant lui déclarer son alliance, sans lui en dire les conditions, ni lui en présager les conséquences. Le service militaire et l'instruction obligatoires, l'augmentation des salaires et du bien-être, les vêtements bourgeois à bon marché, ont fait gagner au peuple français, en politesse, ce qu'ils lui ont fait perdre en respect. Son engouement, fait de crainte et de revanche, pour l'organisation militaire allemande, pour les méthodes scientifiques allemandes, pour la bière allemande, lui a ôté sa turbulence. Mais son régime républicain à élections continues ne l'a pas encore rompu à la vie publique, il tient encore plus à l'apparence de la liberté qu'à sa substance, il n'en est encore en tout qu'à l'écorce ; et comme à l'époque « décembriste » du second empire, mais par d'autres moyens et par d'autres voies, tout en paraissant lui lâcher la bride, le gouvernement le tient d'aussi court et le fait aller à sa guise. Mais lorsqu'un grand événement le saisit, ce peuple a conscience de sa responsabilité et de son inexpérience, il est réservé et incertain, et il est si poli qu'il formait, autour du tsar et de la tsarine, comme un salon en plein air et sans fin, où se nouaient les destinées de la république française et de l'empire russe.

Comme le ministère Méline a été encadré par la visite de Nicolas II en France et par la visite de M. Félix Faure en Russie, l'on a pu dire qu'à ce double éclat il a dû sa durée de près de deux ans. Les ministères de droite ou penchant vers la droite ont été plus

heureux dans l'administration que dans la politique, et les ministères de gauche ou penchant vers la gauche ont été plus heureux
dans la politique que dans l'administration. Et, le ministère Méline
excepté, les longs ministères, le deuxième ministère Jules Ferry,
le ministère Waldeck-Rousseau, le ministère Combes, le ministère
Clémenceau, se sont imposés en flattant les passions révolutionnaires et en comprimant les masses paisibles. Dans les partis, monarchiques ou républicains, qui sont conservateurs ou qui sont
dans ce que M. Léon Renault appelait « l'état d'esprit orléaniste »
et qu'ici l'on doit appeler « l'état d'esprit conservateur », l'on
trouve plus d'honnêteté, plus de respect des lois et des libertés,
publics et privés, et plus d'urbanité. Mais outre leurs attaches historiques qui prolongent leur résistance tout en entravant leur action, et qui d'ailleurs se contrecarrent et s'annihilent, ils ont, à
des degrés divers, et non en toutes leurs couches, mais en leur
élite de naissance et de fortune surtout, le goût du collectionnement
des idées, des illusions, des formules et des mots qui n'ont plus
cours, comme celui des meubles et des bibelots anciens et de tout
ce que n'a pas le commun et de ce qui les distingue de lui. S'ils
sont les premiers à adopter les inventions de la science, à monter
à bicyclette quand elle est une nouveauté encore coûteuse, ils la
délaissent dès qu'ils y voient une « midinette » ou un commis, et
ainsi feraient-ils sans doute de leur « auto », leur « cher auto », si
le commis ou la « midinette » pouvaient en acheter un. Mais ils
n'accueillent presque jamais les idées nouvelles, le commun s'en
emparant d'ordinaire, parce qu'elles ne coûtent rien et qu'il en
espère quelque chose, que presque toutes, d'ailleurs, sont dirigées
contre les leurs ou contre eux-mêmes, et que s'ils tournent le dos
au commun, le commun le leur tourne aussi et se range toujours
dans le camp contraire, sauf quand la peur le talonne, comme
en 1871.

D'après la statistique des législatures depuis 1871, d'après les
chiffres comparés des majorités, des minorités et des abstentions,
l'on doit dire qu'à aucun moment la France n'a cessé d'être dans
« l'état d'esprit conservateur » et, cependant, c'est toujours l'esprit
contraire qui l'a dominée. Il l'a dominée parce que le grand camp
conservateur est divisé sur la forme du gouvernement, que les uns,
et non les plus influents, veulent conserver leur pays dans la république de 1875, et que les autres veulent, au contraire, le dépoter
de la république et le rempoter dans l'empire ou dans la monarchie, mais sans savoir si c'est dans l'empire de M. Émile Ollivier
ou dans l'empire de M. de Persigny, ou dans lequel, ni si c'est
dans la monarchie de Louis-Philippe ou dans la monarchie de
Charles X ou dans quelle autre. Et comme les uns ne décident pas
leurs alliés à cultiver la France dans la république et que ceux-ci

ne la dépotent même pas, tous continuent de croupir dans la république cultivée à leur commun détriment par leurs communs adversaires. Il l'a dominée pour trois autres raisons. Parce que, en cet article, l'établissement de la république a comme épuisé sa sève révolutionnaire et réformatrice et que son esprit conservateur est un esprit d'administration et non un esprit d'entreprise politique, et que le changement du gouvernement de la république serait une réformation et le changement de la république en monarchie une révolution. Parce que ses masses sont à la fois les plus stables et les moins énergiques de la nation, elles subissent tous les gouvernements, mais elles n'en renversent aucun. Parce que ses « intellectuels », suivant le mot à la mode, se divisent en quatre catégories très différentes, mais également impropres à l'action politique. Ceux qui n'ont rien à souhaiter pour leur condition sociale, que tout le monde envie et que toute perturbation menace. Ceux qui ont à faire ou à refaire leur fortune, mais qui sont trop vaniteux et trop nonchalants pour faire autre chose que tirer les marrons du feu. Ceux dont la conscience est trop susceptible pour se plier à la théorie des deux morales de M. Désiré Nisard, pour mettre plus de liberté dans leur vie publique que dans leur vie privée, et qui laisseraient tout faire pour ne pas faire eux-mêmes quelque chose qui empêcherait ce mal, mais qui ne serait pas irréprochable en soi et ne se justifierait que par son désintéressement personnel et son utilité pour l'État. Enfin, les esprits critiques, qui trouvent que les guelfes avaient raison et tort, comme les gibelins avaient tort et raison, et qui, n'eussent-ils pour règle des deux morales que l'utile, ne pourraient passer de la critique à l'action, parce que celui qui veut tout saisir dans ses concepts est incapable d'agir. Il est même incapable d'être d'un parti, il est un Taine ou un La Bruyère, rarement avec leur savoir ou leur talent.

Un critique vaut mieux que tous ces « intellectuels », parce qu'il voit clair. Mais une méchante brute populaire, comme les républicains en ont toujours à foison, et jusques à en trembler pour eux-mêmes, vaut mieux que tous les critiques. Les conservateurs manquent donc de ces brutes, s'ils ne manquent pas de bêtes, dont ne manquent pas non plus leurs adversaires. Aussi ne sont-ils pas sortis de la philosophie et de la rhétorique, et cette action brutale, par laquelle se dénoue toute entreprise, ne l'ont-ils jamais tentée et l'ont-ils toujours conçue comme pour renverser un empereur ou un roi : la conspiration des généraux de Napoléon III contre M. Thiers, la conspiration Ducrot-Ducros contre M. Grévy, la conspiration du général Boulanger contre M. Grévy, puis contre M. Carnot, la conspiration de M. Déroulède contre M. Loubet, aux obsèques de M. Félix Faure, puisqu'on les a appelées conspirations, ont toutes eu pour but de s'emparer du palais du chef de l'Etat. La formule « marcher sur l'Elysée » a remplacé la formule « marcher sur les Tuileries ». Lorsque la foule a eu envahi les Tuileries, en 1870 et en 1848, et que l'impératrice-régente et Louis-Philippe les ont eu quittées, la chute de leur monarchie est apparue à tous. Mais cinq présidents ont donné leur démission, un sixième est mort subitement, un septième a été assassiné, et la chute de la république n'est apparue à personne.

... Si son ministère avait fait à M. Méline une situation hors de pair, lui-même s'était trop fait l'homme du protectionnisme et de l'agriculture, et il avait déclaré : « Il n'y a pas d'affaire Dreyfus ! » Il y avait une affaire Dreyfus, parce que les coreligionnaires de cet officier juif condamné par le conseil de guerre de Paris pour crime de haute trahison voulaient, les uns de bonne foi, et les autres pour des raisons diverses, qu'il y en eût une. Et comme ils étaient puissants par leur union, par leur mépris des hommes, par leur habileté à se glisser au premier rang du commerce, de l'industrie, de la finance, des arts, de l'administration, de la politique et du monde, à s'y montrer ce « peuple au col roide », c'est-à-dire d'un despotisme sec et glorieux, qui sait s'imposer, dont parle Moïse, et qu'ils étaient déjà avant d'avoir souffert de longs siècles d'humiliations et d'être altérés de revanche, et, en échange de l'appui qu'ils donnaient à la république et aux républicains, il leur fallait un président que la révision du procès Dreyfus ne contristât pas comme M. Félix Faure, et à plus forte raison contre laquelle il ne se fût pas prononcé, comme M. Méline, un président dont les antirevisionnistes ne pourraient tirer aucun avantage, même nominal. Celui qu'ils considéraient un peu comme leur roi et qui était alors « le roi de l'or », le baron Alphonse de Rothschild, plantait dans les yeux de ses interlocuteurs un regard angoissé, que chacun traduisait par deux mots : « Et Dreyfus ? » On aurait dit qu'il y allait, « pour le baron Alphonse », de l'existence de sa famille et de ses coreligionnaires. En réalité, il s'agissait de discréditer les attaques contre les juifs en obtenant coûte que coûte la réhabilitation du condamné, pour montrer que ces attaques ne reculaient pas même devant le martyre d'un innocent et soulever l'indignation publique contre les antisémites, et pour ainsi raffermir la situation, en disproportion avec leur nombre, que les juifs ont su conquérir en France, par leur stratégie, mais aussi grâce aux divisions politiques des Français nés dans la religion catholique où il ne sont d'ailleurs jamais unis et toujours en discorde.

Le parlement n'avait que l'embarras du choix pour cet office, si le second personnage de l'Etat, M. Loubet, n'y avait été mieux qualifié que personne. Pendant son voyage en Algérie, et à mesure qu'il s'enfonçait dans les terres, M. Loubet faisait la leçon, de moins en moins voilée, à ses ministres, tant et si bien que s'il avait mis le Sahara entre eux et lui, il leur aurait, semblait-il, montré le poing et déclaré la guerre. Mais avant un conseil des ministres, il pria son ministre de la guerre, le général de Galliffet, de soulever une objection dans une question religieuse, en lui disant qu'il l'appuierait. Et, vieux gamin de Paris, le successeur de la duchesse de Mercœur dans la principauté de Martigues, trouva drôle de jouer au ministre des cultes et souleva l'objection quand la question vint sur le tapis, mais aussitôt M. Loubet, regardant sa montre : « Messieurs, c'est l'heure du déjeuner ! » Après avoir grommelé mentalement, volontiers il se figurait avoir dit à ses ministres ce qu'il s'était dit à soi-même, et, le général Trochu et M. Thiers à part, les présidents ont tous fait, chacun à sa manière, à peu près comme M. Loubet, dans les premiers temps, parce qu'ils avaient à faire leur apprentissage, qu'ils étaient embarrassés auprès de ministres qui venaient de les élire, qu'ils évitaient tout conflit pour durer le temps de récupérer leurs « premiers frais d'établissement » et d'arrondir leur patrimoine et ne pas paraître « mange-tout » dans leur village natal après leur descente ou leur chute du pouvoir, et ensuite par habitude et par domestication.

D'ailleurs, M. Loubet mettait de la coquetterie à ne pas tomber en route, comme ses prédécesseurs ; il se faisait un point d'honneur d'accomplir son septennat, c'est-à-dire de ne rien faire qui pût l'abréger, et, comme ses ministères Waldeck-Rousseau et Combes lui ont fait faire à peu près le contraire de ce qu'il avait toujours fait, il l'a fait non sans une visible contrariété, mais il l'a fait pour gagner sa gageure. Son second fils a fait sa première communion à Saint-Philippe-du-Roule, et M. Loubet n'a pas assisté à cette cérémonie familiale, non qu'il soit irréligieux ou sans religion, mais parce que le président ne peut professer que les croyances et les opinions que lui font signer ses ministres, dans les projets de loi qu'ils présentent en son nom au parlement et qui peuvent être à l'envers des siennes, ou qu'ils lui mettent dans la bouche ou sous la plume, dans ses discours ou ses télégrammes, hors les propos qu'il tient dans ses chevauchées africaines, devant des Arabes qui ne comprennent pas le français et qu'il peut rectifier comme ayant été ouïs de travers.

Il avait un abandon bon enfant, à travers lequel on lisait dans ses yeux le caractère attribué par un dicton aux gens de sa province : « Dauphinois : faux, fin, courtois. » Mais une fois président, il l'a remplacé par une roideur simple, qui lui donnait l'air d'un maître d'école condescendant. Il y demeure figé. Leur présidence a été trop courte pour laisser aucune empreinte sur le général Trochu et sur M. Casimir-Périer. Elle n'en a non plus

laissé aucune sur M. Thiers et sur le maréchal de Mac-Mahon,
qui avaient une célébrité du premier ordre lorsqu'ils y ont été
portés. Mais elle a laissé un masque sur M. Grévy, qui n'avait
qu'une célébrité de second rang, et le masque est douloureux chez
M. Loubet, qui n'avait acquis aucune notoriété dans sa profession. La présidence, même septennale, n'est pas nécessairement
oisive, et tel de ses titulaires a pu se donner la migraine à étudier
les affaires de l'État ; mais elle est nécessairement impuissante
parce qu'il n'a ni l'initiative, ni la conduite, ni la solution de ces
affaires. Et ce travail oiseux, avec les honneurs que l'on rend à
la fonction plus qu'au fonctionnaire, suffisent à faire de leur
titulaire une sorte de monarque, y fût-il arrivé, comme M. Loubet, au seuil de la vieillesse et avec les habitudes les moins vani-
teuses. Il avait pour M. Waldeck-Rousseau, l'avocat de la première heure du capitaine Dreyfus, devenu président du conseil,
la craintive admiration du petit avocat de province pour le grand
avocat de Paris, froid, orgueilleux, cassant, entrant en veston dans
le cabinet présidentiel, comme chez lui, nonobstant l'étiquette, si
fort remise en honneur à l'Élysée par M. Félix Faure. Et lorsque
M. Waldeck-Rousseau, à qui son cancer à la langue ne permettait plus d'exciter la cupidité populaire contre « le milliard des
congrégations », dut abandonner le pouvoir, ce fut encore de son
maire du palais, en ruine, que M. Loubet reçut humblement son
successeur, M. Combes, qui devait mettre l'État encore plus sens
dessus dessous.

L'affaire Dreyfus en soi est banale : en tout pays et en tout
temps, des officiers, ou des civils, voire de grands personnages,
ont trahi leur pays pour de l'argent, ou pour toute autre cause.
Mais ce qu'elle a d'original, c'est qu'elle a déclassé les partis, des
bandes de l'un passant dans l'autre, et qu'ils se sont reclassés en
dreyfusards et en antidreyfusards. Ils n'étaient pas dreyfusards
parce que Dreyfus était innocent, ni antidreyfusards parce qu'il
était coupable, mais ils l'étaient comme auparavant ils étaient
monarchistes ou républicains, césariens ou parlementaires. Derechef ils sortaient de leurs vieux burgs, d'où ils sortent quand
l'occasion se présente, et où ils rentrent quand le coup n'a pas
réussi, parce qu'à la faveur de l'affaire Dreyfus, deux nouveaux
partis se formaient, le « bloc » et le « nationalisme », qui les tiraient
de leur croupissement et leur ouvraient des horizons nouveaux. C'é-
tait, sous des noms d'un symbolisme lointain, la république réformiste, succédant à la république formaliste, en changeant le con-
tenu, maintenant que le contenant lui paraissait assuré, l'emplis-
sant du « bloc » « des principes de 89 », dont tous les partis sont les
fidèles, mais dont les républicains d'avant-garde sont les pontifes,

et le nationalisme s'alarmait de cette transsubstantiation en bloc, subversive de la patrie française.

Dix ans auparavant, des républicains de toute couleur et des monarchistes de toute nuance, avaient acclamé comme César le général Boulanger, bien que son incapacité à jouer ce rôle n'eût pu échapper à tous, et par là ils avaient témoigné que ce qui subsistait de monarchisme populaire actif ferait une monarchie nouvelle et romantique, plutôt qu'une monarchie classique et dynastique, inclinant ainsi davantage vers la république les oppositions monarchiques traditionalistes. Enfin, en remontant encore de dix ans en arrière, le gouvernement des ducs, après avoir renoncé à faire la monarchie du premier degré et toute autre monarchie, avait donné sa constitution à la république et l'avait gouvernée, montrant ainsi qu'elle pouvait l'être par ce qu'il y a de plus haut par la naissance, comme par ce qu'il y a de plus bas.

Ces révolutions décennales, à occasions et à formes nouvelles, ont affecté un caractère évolutionniste plus bruyant que violent : c'était un ouragan de paroles portées dans tous les coins et les recoins du pays par les journaux que les républicains y ont partout fondés. — Il est à remarquer que déjà sous Napoléon III et sans cesse depuis lors, des républicains ont écrit dans des journaux monarchistes de Paris, pourtant moins nombreux que les journaux républicains, tandis qu'il est très rare que des monarchistes aient écrit dans les journaux de leurs adversaires, même sur les matières étrangères à la politique, et l'on constate dans ce fait, outre une variété du sens moral, le caractère offensif et propagandiste des uns et le caractère défensif et historique des autres. Cette remarque doit être complétée par cette autre que les journaux monarchistes ont toujours célébré les talents des républicains plus que ceux des leurs, pour ne pas laisser leur parti tomber sous l'influence de tel homme ou de telle doctrine, et au risque de contribuer au succès de la république ; tandis que les journaux républicains ont toujours plus célébré les talents des leurs que ceux des monarchistes, pour ne pas laisser croire au pays que leurs adversaires étaient capables de diriger son gouvernement.

La solidarité internationaliste des juifs s'est montrée avec éclat dans cette affaire Dreyfus : les juifs du monde entier ont envoyé leur obole aux juifs de France pour racheter Dreyfus de l'île du Diable en achetant les concours nécessaires. Ils ont trouvé un appui auprès des puissances européennes qui ont saisi l'occasion de porter le trouble en France et qui les ont ainsi davantage implantés chez elles-mêmes, où le christianisme adultéré par la politique et affaibli par le luxe dans ses cinq principales formes, la catholique, l'orthodoxe, l'anglicane, la luthérienne et la calviniste, en fait leur domaine. Pour les juifs, la partie était d'importance. Mais, pour les catholiques, les protestants et les libres penseurs, leurs collaborateurs, — hormis les convaincus et les désintéressés, comme tel journaliste et tel chirurgien catholiques, devenus fous dans leur fanatisme en l'innocence de Dreyfus, — l'intérêt était tout dans le salaire. Des juifs eux-mêmes, tel un officier, sont aussi devenus fous sous l'empire de ce fanatisme, et si la foi se suffit à elle-même, si elle ne fait pas que son objet soit ou ne soit pas, elle n'en établit pas moins la sincérité de celui qu'elle possède, son honnêteté sur l'objet de sa foi, et lorsque la folie s'ensuit, le désintéressement personnel est hors de cause. Mais ceux que l'on n'avait jamais vus s'émouvoir des erreurs judiciaires, lesquelles ne diminueraient sans doute pas s'ils administraient la justice, parce que leurs lumières ne sont pas supérieures et que leur conscience est non moins fragile, et que l'on avait déjà vus, au contraire, et que l'on a depuis revus dans les entreprises louches mais fructueuses, et qui se sont enflammés « pour la vérité et pour la justice », dans la cause d'un homme que soutenaient les grands capitalistes du globe : ceux-là ont, pour un pourboire, ébranlé les colonnes du temple, injurié, désorganisé et discrédité les services publics, de la magistrature à l'armée, et bouleversé leur pays tant et si bien que ce pays a été de nouveau envahi et comme désarmé devant cette invasion d'un nouveau genre. Il ne s'est pas encore ressaisi parce qu'il croit avoir en son sein des hommes qui ne sont pas siens et qui le trahiraient dans une guerre sans plus de scrupules qu'ils n'en ont mis à le livrer aux manœuvres de l'Allemagne pour la revision d'un arrêt de justice. — Il n'est pas un arrêt, au criminel, au civil, au commerce, contre lequel on ne créerait l'agitation et le doute en dépensant cent fois moins d'argent, de sorte qu'en formant un « trust » les grands capitalistes pourraient détourner le cours de la justice dans les cinq parties du monde et accaparer tout et tout à leur aise.

Il est démoralisé et découragé et les défenseurs de l'armée y ont contribué non moins que ses ennemis, avec d'autres intentions sans doute : depuis quatorze ans, depuis dix ans surtout, l'armée est en butte aux plus violentes attaques, aux plus basses calomnies, et ses défenseurs ne cessent de lui faire un titre de gloire de rester « la grande muette », de tout souffrir en silence, et ces officiers qui, dans l'affaire Dreyfus, comme dans l'affaire des fiches maçonniques, ont été nommément, et par centaines, par milliers, insultés et provoqués, ont courbé la tête et se sont tus, ceux qui ont de la naissance et de la fortune, comme ceux qui sont sortis du peuple et qui ont besoin de leur solde pour vivre, aucun n'a donné sa démission pour se battre en duel avec son agresseur ou pour lui casser les reins à coups de bottes.

Depuis toujours, les Français considéraient un soldat, et surtout un officier, comme un homme à qui l'on ne touche pas, parce qu'il en cuit d'y toucher ; mais, depuis que l'on peut y toucher, sans qu'il en cuise, ce n'est plus qu'un masque. Avec cette coque-cigrue de « la grande muette », dont on n'aurait pas osé parler sous les trois dynasties du siècle dernier, où officiers et soldats étaient plutôt trop chatouilleux et trop bretteurs, l'on a endormi le sentiment de l'honneur, l'esprit militaire, la confiance que le pays doit avoir en son armée et l'armée en soi, les soldats se moquent de leurs officiers, qui ne coupent pas les oreilles aux pé-quins insolents et ne leur font pas à eux-mêmes observer les rè-glements, arrive que plante. Mais si ceux qui devaient tout à Napoléon III, à Louis-Philippe, à la restauration, à Napoléon Ier ou à l'ancienne monarchie avaient fait pour les sauver la moitié de ce qu'ont fait les juifs pour emporter d'assaut la réhabilitation de Dreyfus et assurer leur mainmise sur l'Europe, peut-être la France ne verrait-elle pas la troisième république. Ils n'ont, en effet, reculé devant rien, et l'un de leurs auxiliaires les plus éperdus, M. Manau, procureur général à la cour de cassation, s'écriait, épouvanté pourtant : « Pitié, pitié pour la France ! » C'est ce dont leur ont fait un crime et ce dont se sont inquiétés, non seulement les antisémites qui ne veulent pas des juifs, comme d'autres ne veulent pas des catholiques, des protestants, des monarch'stes, des socialistes, des républicains ou des libres penseurs, sans avoir d'ailleurs le moyen de se défaire d'eux, mais encore des hommes sans parti pris à leur égard, qui pensent qu'on peut avoir une autre origine, une autre religion et une autre opinion que les leurs, et aimer également le pays où l'on trouve « bon souper, bon gîte et le reste », où reposent son père et sa mère, où tout autour de soi vous dit qu'on est chez soi et où rien ne vous attire plus au dehors, et qui aussi jugent chacun non sur ses pensées mais sur ses actions et règlent leur estime sur son honnêteté. Mais, ni de-vant Napoléon Ier, ni devant Louis XIV, n'a été représentée une pièce de théâtre aussi bien machinée que le mélodrame de l'inno-cence de Dreyfus, joué devant le peuple français, au nom de qui, aujourd'hui, se rendent les arrêts de justice. C'est un chef-d'œuvre si accompli qu'un chrétien arrivé au seuil de la vieillesse, sans que l'ombre d'un doute sur sa religion eût effleuré son esprit, a pu dire : « Ces gens-là sont si habiles qu'ils m'ont fait douter du chris-tianisme ! »

Lorsque fut annoncée l'agitation dreyfusiste qui assombrit les derniers mois de M. Félix Faure, presque personne ne prit garde à la définition qu'en donnaient ses annonciateurs : « Chambarde-ment dont l'Eglise fera les premiers frais ». « Chambarder », ter-me de marine adopté par l'argot parisien, voulait dire, au com-mencement de cette république, « bousculer » ; mais le mot a fait boule de neige et signifiait, en 1898, « saccager » ; il est maintenant en route pour le pillage. Comme l'Eglise avait été aussi étrangère que les droits réunis ou la régie des tabacs à la condamnation de Dreyfus, il s'agissait donc moins de la réhabilitation du condamné que de représailles contre l'antisémitisme, d'une victoire sur la France qui lui était complaisante, par une « révolution légale » qui élargirait encore leur statut. Ils ont commencé par l'Eglise, d'abord pour échauffer leurs meilleurs auxiliaires, les anticléricaux, et, ensuite, parce que, de toutes les assises de la société et de l'Etat, c'était celle à laquelle ils pouvaient s'attaquer avec le moins de risques immédiats.

Le concordat de 1801 avait donné un siècle de paix religieuse, mais querelleuse, de plus en plus, si bien que des ecclésiastiques de distinction, tels que Mgr d'Hulst, n'avaient pas attendu la bataille pour demander la séparation de l'Eglise et de l'Etat, pour incompatibilité d'humeur et aussi parce qu'on avait trop attendu pour la revision de leur contrat, qui aurait dû être faite par le général Cavaignac ou par le prince-président, à l'expédition de Rome ; mais, en demandant en même temps une indemnité d'un milliard pour l'Eglise, ces séparatistes montraient que s'ils ne se faisaient pas illusion sur la marche des événements, ils s'en faisaient sur leur issue. Les articles 6 et 7 du concordat renferment tout l'esprit concordataire : « Les évêques, avant d'entrer en fonction, prêteront directement, entre les mains du premier consul, le serment de fidélité qui était en usage avant le changement de gouvernement, exprimé en ces termes : « Je jure et promets à Dieu de gar-
» der obéissance et fidélité au gouvernement établi par la constitu-
» tion de la république française. Je promets aussi de n'avoir au-
» cun · intelligence, de n'assister d'aucun conseil, de n'entretenir
» aucune ligue, soit au dedans, soit au dehors, qui soit contraire à
» la tranquillité publique, et si, dans mon diocèse ou ailleurs, j'ap-
» prends qu'il se trame quelque chose au préjudice de l'Etat, je le
» ferai savoir au gouvernement. » Les ecclésiastiques du second ordre devaient prêter « le même serment entre les mains des autorités civiles désignées par le gouvernement ». De sorte que l'Eglise de France a dû être tour à tour républicaine, impérialiste, légitimiste, impérialiste, légitimiste, orléaniste, républicaine, impérialiste et républicaine, puisque la France a tour à tour été tout cela ; et elle a dû l'être à la manière de la police, jusqu'à l'espionnage et à la délation, et avec allégresse, chantant le *Te Deum* à l'avènement de chacun de ces gouvernements, louant Dieu de n'avoir pas, la veille, exaucé ses prières pour la conservation du gouvernement alors existant et de l'avoir remplacé par celui sur lequel, aujourd'hui, elle appelle les bénédictions d'en haut et qui, demain, aura un sort non moins funeste que son prédécesseur.

La troisième république n'a pas fait prêter ce serment aux évêques ni aux ecclésiastiques du second ordre, et elle ne fait prêter aucun serment politique, bien que des républicains, mais non des plus libéraux, en aient de temps à autre demandé le rétablissement, spécialement pour les officiers. Mais la dispense d'une formalité n'est pas l'abolition d'un engagement, et lorsque Léon XIII a prescrit au clergé français de se rallier à la république, il lui a demandé beaucoup moins, il l'a ramené aux temps lointains où l'Eglise se soumettait simplement aux pouvoirs établis, pour n'être pas empêchée par leur hostilité ou compromise par leur tutelle dans son apostolat. Mais cette exaltation successive de tous ces gouvernements d'usurpation, que n'avait pas prévus le concordat, a donné à l'asservissement de l'Eglise à l'Etat plus de relief que sous l'ancien régime, bien que cet asservissement eût alors plus de réalité, puisque l'Eglise est tombée en même temps, tant elle se confondait avec lui, que le culte a à peu près disparu, et que, de toutes les restaurations qu'il a faites, c'est celle de la religion nationale, où le premier consul a rencontré le moins de concours, tandis qu'après la séparation de l'Eglise et de l'Etat, en 1905, le culte a continué comme auparavant et que rien encore ne paraît changé. Il en était pourtant résulté un certain scepticisme populaire à l'égard de l'Eglise, et que de hauts exemples, colportés par les journaux, dans les plus petits villages, ont étendu à la religion elle-même : c'est ainsi que tous les présidents de la république, hormis les deux généraux, ont évité autant qu'ils ont pu d'entrer dans une église, comme en un lieu compromettant ou dangereux ; de prononcer le nom de Dieu ou de la Providence, comme des mots proscrits du vocabulaire républicain ; leurs ministres se sont, pour la plupart, déclarés anticléricaux ou libres penseurs, comme si cette déclaration était pour eux une amulette parlementaire et électorale. Dans le même temps, suivant l'exemple des princesses de Danemark passées du luthérianisme à l'orthodoxie et à l'anglicanisme, pour monter sur les trônes de Russie et d'Angleterre, une princesse de Hesse, une princesse de Battenberg et une princesse de Monténégro sont aussi passées du luthérianisme à l'orthodoxie et de l'anglicanisme et de l'orthodoxie au catholicisme pour monter sur les trônes de Russie, d'Espagne et d'Italie ; la princesse Valdemar, Orléans catholique, a fait élever ses enfants dans la religion de son mari, qui est luthérien, et dont le frère, le roi Georges de Grèce, luthérien aussi, a fait élever les enfants qu'il a eus de sa femme, grande-duchesse orthodoxe, dans l'orthodoxie ; le roi Ferdinand de Bulgarie, catholique, a épousé en premières noces une Bourbon catholique et en secondes noces une Reuss luthérienne, et il a fait élever ses enfants du premier lit dans le catholicisme, mais il a fait passer l'aîné du catholicisme à l'orthodoxie. Aucun n'est descendu du pouvoir pour changer de religion ou pour en faire changer à ses enfants, mais tous en ont changé pour y accéder ou pour s'y affermir. Et, comme aujourd'hui, l'instruction obligatoire a beaucoup diminué le nombre des illettrés et que ceux-ci, comme les autres, font leur service militaire dans les villes et entendent raconter ce que leurs camarades lisent « sur le journal », le journal, la caserne, « la maison close », le maître d'école et le suffrage universel, ont fait entrer dans ces obscures cervelles terriennes encore plus d'orgueil, de vice et de fronde que de lumière, dont ils ont pourtant assez pour comprendre que les gouvernants écartent la religion ou qu'ils en changent, selon leur intérêt politique ou particulier, et cette irreligion et ces religions de calcul corrompent la foi et le sentiment religieux des peuples.

On compte plus de cinq cents lois, décrets, arrêts et arrêtés, etc., échafaudés par les républicains, pour arriver à la séparation de l'Eglise et de l'Etat, parachevée par les refus de Pie X à s'en accommoder. Sans doute Pie X et Léon XIII disent la même chose, mais ils le disent chacun à sa manière. Léon XIII disait toujours oui et Pie X dit toujours non ; tant que la séparation n'a pas été faite, tant que le concordat a subsisté, si en lambeaux fût-il, Léon XIII n'a voulu faire rien qui parût le précipiter ; et, maintenant qu'il est aboli et que la séparation est faite, Pie X ne veut faire rien qui paraisse sanctionner les lois séparatistes, en faire les lois de l'Eglise de France. Il veut que la république « cause » avec lui — c'est son mot coutumier — pour que, sans doute, de cette « causerie » la séparation sorte concordataire, Rome et la France étant depuis des siècles habituées aux concordats. Rome a été occupée à coups de canon par les Italiens, en 1870, comme le concordat a été déchiré par la république en 1905, et Pie X n'a pas plus accepté les lois de séparation qui règlent l'exercice des cultes en France, qu'il n'a accepté la « loi des garanties » qui règle les rapports du royaume d'Italie avec le saint-siège, parce que le saint-siège n'y a pas été, non plus, partie contractante. Cependant Pie X, Léon XIII et Pie IX ont vécu sous cette « loi des garanties », en jouissant des biens qu'elle leur a laissés, avec Victor-Emmanuel III, Humbert Ier et Victor-Emmanuel II, comme s'ils s'entendaient, sans se parler, dans un accord plus parfait qu'avec aucune des puissances catholiques en rapports concordataires, officiels et déférents, avec le saint-siège, et leur coexistence dans Rome, depuis 1870, peut être proposée aux hommes d'Etat comme un modèle de politique, le pouvoir temporel étant considéré, par l'Eglise, comme la condition même de son indépendance, et par les puissances comme l'unique moyen d'action, non pas sur le pouvoir spirituel, mais sur le pontife qui en est investi, et avec qui elles aimeraient appuyer leur « causerie » de l'envoi d'un cuirassé dans les eaux de Civita-Vecchia ou d'une division sous les murs de Rome, lorsqu'elles estiment, ainsi qu'il leur est arrivé quelquefois, que la politique s'est emparée de ce pouvoir et qu'elle en trouble leurs sujets à la satisfaction et au profit de l'Italie, qui met le pape à l'abri de leurs réclamations, tout en le tenant prisonnier de ses serments.

Dans sa prison, le pape ne reçoit que les chefs d'État non catholiques, afin que la réception des chefs d'État catholiques ne paraisse pas sanctionner l'occupation du domaine de saint Pierre par le roi d'Italie, bien que tous entretiennent des ambassadeurs auprès de ce roi ; de sorte que, depuis quarante ans, trois papes n'ont pu « causer » avec un seul chef d'État de leur religion, et que le chef religieux et les chefs civils des catholiques ne se connaissent pas. En lui rendant, à Rome, la visite que Victor-Emmanuel III lui avait faite à Paris, M. Loubet n'allait pas contre le sentiment de la France, puisque treize députés et sénateurs seulement avaient voté contre les crédits de son voyage : la France était favorable à un rapprochement avec l'Italie, qui en fit une voisine moins inquiétante et détendit un peu de son côté la triplice; elle avait oublié le pouvoir temporel, dont la longue paix sans traité entre le Vatican et le Quirinal ne lui avait pas rappelé la nécessité ; et elle se refusait à croire que la réception par le pape du roi catholique de la Saxe luthérienne consacrerait mieux l'occupation du domaine de saint Pierre par Victor-Emmanuel III que sa réception du luthérien empereur d'Allemagne, dont plus du tiers des habitants sont catholiques. Mais le pape estimant que cette distinction était nécessaire pour marquer la sujétion où il se trouve dans sa capitale, devenue la capitale d'un autre souverain, enfreindre la règle posée par lui, lui parut plus qu'une offense, une rupture, une déclaration de guerre, et l'on crut, un instant, que, découragé par l'abandon de la France et par l'incapacité des puissances catholiques à lui rendre une condition conforme à sa dignité et à son indépendance, où il ne paraîtrait exercer son magistère ni sous la domination, ni au profit de l'une d'elles, il allait s'accommoder du fait accompli, déclarer ouvertement l'entente tacitement pratiquée par le Vatican et le Quirinal, bien qu'il n'eût pas protesté, et il lui était difficile de le faire, contre la visite de Victor-Emmanuel III à M. Loubet, qui entraînait la visite de M. Loubet à Victor-Emmanuel III. Ce fut alors, en effet, que le cardinal Svampa sortit les carrosses dorés et poussiéreux des anciens légats de Bologne pour porter ses hommages à Victor-Emmanuel III ; que l'ancien nonce à Paris, à qui le gouvernement de M. Loubet avait remis ses passeports, le cardinal Lorenzelli, fit son entrée dans sa ville archiépiscopale de Lucques, escorté par la cavalerie italienne ; qu'un autre cardinal de l'Italie méridionale fut salué par les canons d'un vaisseau-amiral italien. Mais l'élection de M. Nathan, juif anglais naturalisé italien et ex-grand maître de la franc-maçonnerie italienne, comme syndic de Rome, a coupé court à cette « combinaison », en rappelant au pape et au roi que l'unité italienne n'a été faite ni pour l'un ni pour l'autre, mais contre l'Eglise d'abord, contre la monarchie ensuite, et les avertissant de se tenir tranquilles, chacun chez soi, sans unir leurs troupes, sous peine d'être tous deux chassés de Rome, avant même que les puissances catholiques soient mises hors d'état de s'y opposer.

Léon XIII aurait-il fait fléchir cette règle, qui n'est presque plus comprise hors de Rome, et qui, à Rome, contraste déjà avec la paix du Vatican et du Quirinal ? On a beaucoup disserté sur cette question, qui ne saurait recevoir une réponse, comme l'on avait fait, il y a vingt-cinq ans, sur ce qu'il serait advenu si Pie IX avait été diplomate comme son successeur. Pie IX n'était pas diplomate. Pie X l'est encore moins. Léon XIII avait évité des difficultés, il en avait atténué d'autres, il avait gagné du temps, retardé les catastrophes ; mais il n'avait pu faire que les républicains ne fussent pas hostiles au clergé ou à la religion et qu'ils n'eussent des choses de l'âme et de l'au-delà une autre conception que les catholiques, ni que ceux-ci, embrouillés dans leurs rivalités monarchiques, ne pussent ni faire une monarchie, ni se rendre maîtres de la république ; pas plus que Pie X ne peut faire que l'esprit protestant ne dirige la triplice, qui a fait échouer le cardinal Rampolla au conclave de 1903, bien qu'elle soit en grande majorité catholique.

Mais plus on allait, plus les relations se tendaient entre le gouvernement républicain et le saint-siège : plus l'Eglise de France s'effritait sous les pesées et les dégradations journalières, plus il devenait possible d'y porter les grands coups, et, à la mort de Léon XIII, le radicalisme socialiste, que le dreyfusisme avait amené au pouvoir, était déjà à l'œuvre, Léon XIII n'ayant pas eu le temps ni la force de s'y installer, pour le réduire, sinon pour le dissoudre, comme il en avait laissé percer l'intention. Aux grands coups donc Pie X a répondu par de grands coups, et les sacrifices qu'il a imposés à l'Eglise de France ont aussi contrasté plus vivement avec les ménagements ou les prévenances à l'égard de l'Italie, avec lesquels il a tenté d'améliorer la situation de la papauté. Les Français, même écrivains et orateurs, n'admirent rien tant que les actes et n'aiment rien tant que les coups. Léon XIII enseignait, Pie X frappe. Si l'on a pu dire que l'Eglise de France avait montré quelque humeur à suivre les « directions politiques » républicaines de Léon XIII, on ne saurait plus le dire depuis que Pie X les a confirmées, toute désobéissance ou tentative de désobéissance n'attendant pas, avec lui, sa répression. Cette sévérité, qui paraît parfois, ici, de la dureté, s'explique par les incongruités dont il a été l'objet de la part des gouvernements de MM. Loubet et Fallières, telles que la rupture sans dénonciation préalable du concordat, la saisie des archives de son ex-nonciature, et la publication des papiers de son représentant officieux à Paris, et qui l'ont mis en méfiance contre toutes les affaires de cette France, qui laisse accomplir des actes aussi en dehors des us et coutumes des pays policés, qui permet à ses pouvoirs, soi-disant démocratiques, ou animés de sympathie pour les faibles et de courage contre les forts, de se montrer si insolents envers le pape ne disposant ni d'un torpilleur, ni d'un régiment, et si obséquieux envers l'Allemagne, la Russie, l'Angleterre, l'Italie et les autres puissances, dont ils redoutent les armées et les flottes.

Donc, à l'avènement de M. Loubet, il y avait assez de brèches dans l'Église de France pour que l'État pût y donner l'assaut. Le clergé régulier, les ordres religieux, les congrégations religieuses, sont les troupes de couverture de l'Église. L'État s'en prend toujours à elles avant de s'en prendre à l'Église proprement dite, au clergé séculier, d'abord parce que leur décimation ou même leur suppression, ne prive pas du culte les populations, dont les habitudes cultuelles survivent longtemps à la pratique de la religion et à la foi, et, par conséquent, ne les alarme pas et ne les tourne pas contre l'État ; et ensuite, parce que l'État trouve toujours, dans le clergé séculier, des complicités contre le clergé régulier, dont la vie, moins normale et plus secrète, attire davantage les imaginations religieuses à leurs « œuvres ».

Lorsque M. Waldeck-Rousseau a présenté au parlement son projet de loi sur les associations, l'on comptait, en France, près de treize cents congrégations religieuses d'hommes et de femmes, réparties en des milliers d'essaims. Il y en avait de tout habit, de tout nom, de toute règle, de tout but et même de sans but. L'Église laisse ces congrégations se multiplier parce que, dans le nombre, peut se trouver le grain de sénevé qui deviendra un grand arbre de vie religieuse ; mais la plupart meurent à peine nées ou formées, parce qu'elles n'ont d'autre sève qu'une exaltation stérile. Un prélat romain, familier du cardinal Antonelli, alors secrétaire d'État, Mgr Termoz, racontait que peu de temps avant le concile du Vatican, Pie IX avait eu le dessein de fondre tous les ordres religieux en quatre et qu'il avait réuni leurs généraux pour en conférer avec lui, mais que, chacun prétendant absorber les autres, il n'avait pu les mettre d'accord, et qu'alors il avait fermé son dossier et les avait congédiés sur ces mots : « Allons, Garibaldi fera

le reste ! » Victor-Emmanuel II ne tardait pas, en effet, à inca-
mérer les biens de ces ordres.

Bien que, dans leur ensemble, les républicains aient toujours
eu de l'anticléricalisme, de la libre pensée, du jacobinisme, du
socialisme, ils n'ont jamais été, non plus, dans leur ensemble, non
plus qu'aucun autre parti, ni qu'aucun homme de ces partis, tout
d'une pièce, tout homme étant fait d'apports hétérogènes et contraires : mais il y a toujours eu aussi, chez eux, certaines habitudes culturelles, des coins de religion, de la liberté de conscience,
qu'ils avaient prônée dans leur opposition à Napoléon III, et, tout
le temps qu'ils ont craint une restauration légitimiste, orléaniste
ou bonapartiste, et que leur effort s'est tendu contre elle, ils n'ont
pas été fâchés, sans s'en rendre compte, de voir les congrégations
religieuses se multiplier, l'antagonisme perpétuel, mais pas toujours perceptible à ceux qui n'en font pas l'objet de leur observation, des deux clergés, s'accroître par l'accroissement du clergé
régulier et se créer là une force autonome d'instinct monarchique
plutôt que d'instinct républicain, peut-être, mais qui s'était formée sous la république et qui n'avait pas pu se former sous les
précédentes monarchies, avant tout catholique, diversion ou complication. Par son projet de loi sur les associations, M. Waldeck-
Rousseau prétendait n'atteindre que certains réguliers, « les moines ligueurs » et « les moines d'affaires » ; mais comme il l'avait
fait précéder de son réquisitoire contre « le milliard des congrégations », qui en découvrait la pensée et lui donnait sa portée, ce
n'était là qu'un artifice pour le faire passer plus facilement devant
les chambres, qui auraient trouvé, peut-être, que la suppression
de toutes les congrégations religieuses, en un tour de main, n'é-
tait pas sans péril pour leur crédit, parce qu'une grande violence
a chance d'être prise pour une iniquité, tandis qu'une violence
« sériée » — le néologisme est de M. Gambetta — n'est que la
variante de la vieille maxime gauloise : « Plumer la poule sans la
faire crier », ou le moins possible.

Les congrégations religieuses étaient, d'ailleurs, dans cet épa-
nouissement, où l'envie guette les catastrophes : elles avaient couvert la France de couvents, de chapelles, de pèlerinages, de missions, d'écoles de tous les degrés, de revues, de journaux, de gar-
dienneries, d'asiles, d'hospices, d'exploitations agricoles, d'ouvroirs, de fabriques, etc. Mais fabriquer du chocolat, comme les
trappistes d'Aiguebelle, à la fin du siècle dix-neuvième, ou défri-
cher les terres et en enseigner l'art aux hommes dans les parties
de la Gaule que les Romains n'avaient pas conquises à leur civilisation, comme ils faisaient dans les premiers siècles après saint
Benoît, sont deux œuvres entre lesquelles il y a toute la distance
d'une industrie privée et banale à un apostolat qui arrache les po-

pulations à la misère et à la sauvagerie ; et les chocolatiers, quelque bienfaisant emploi qu'ils fissent de leurs gains, ne pouvaient prétendre à l'influence que rencontraient leurs aînés, les défricheurs, conquérants du sol et des âmes, initiateurs du bien-être et des lumières. Cet exemple fait voir que si le champ de l'activité congréganiste paraît avoir toujours la même superficie, il n'en a plus la même profondeur, et qu'à mesure qu'elle s'est pourvue de ses organes, la société s'est dégagée de ceux qui les lui ont fournis ; car la loi Waldeck-Rousseau, complétée par M. Combes, a rencontré moins de résistance que les décrets de M. Grévy contre les congrégations que son gouvernement avait jugées moins populaires, et toutes, dont plusieurs étaient réputées pour leur illustration dans l'histoire, leurs vertus, leurs talents ou leurs services, ont été déracinées comme si leurs racines étaient à fleur de terre, comme des institutions dont on possède l'équivalent et qui ne sont pas nécessaires, sans effort, dans l'indifférence générale.

On ne verra que plus tard toutes les causes de cette indifférence, succédant à tant de faveur, comme celles de tous les événements contemporains ou quasi-contemporains dont il est question ici et qui ont besoin du recul pour être bien vus sous toutes leurs faces, mais quelques-unes déjà apparaissent. D'abord ces congrégations étaient si nombreuses que la plupart se battaient les flancs, si l'on peut dire, pour se donner une utilité sociale. Tel un couvent de Paris, qui avait coûté plusieurs millions, et dont les religieuses brodaient des vêtements sacerdotaux pour les missions étrangères, prêtaient des livres moraux aux habitants du quartier, l'un des plus riches de la capitale, et donnaient des conseils aux femmes du monde : la conseillère la plus écoutée était une femme intelligente et très digne, mais qui n'avait jamais mis les pieds dans le monde et était la fille d'un meunier qui avait fait une belle fortune en consultant, chaque année, à la même époque, la source d'un ruisseau dont le niveau lui avait paru correspondre à la bonne ou à la mauvaise récolte du blé, et sur lequel il réglait ses achats. Tant de congrégations ne s'étaient pas établies en si peu de temps sans épuiser la fortune de leurs membres et de leurs protecteurs, ce dont les familles, même pieuses, ne gardent pas d'ordinaire un bon souvenir. Des évêques se montraient gênés de cette affluence et de cette vogue, qui mettaient au premier rang le clergé régulier et reléguaient le séculier au second, et l'un d'eux, qui n'était pas du groupe décimé par Pie X, ni du groupe voisin, et qui est toujours en grâce auprès du saint-siège, disait en se confessant, lors du projet Waldeck : « Ah ! les bons pères, les bons pères, ils ne laissent rien à mon clergé ! » Et les chartreux eux-mêmes, dont la bienfaisance a toujours été proverbiale, n'étaient pas exceptés. Avec un épiscopat ainsi disposé, avec un pape aussi condescendant que Léon XIII aux embarras du pouvoir civil, rien n'eût été plus facile, semblait-il, que de négocier avec le saint-siège, outre la révision du concordat, la réformation des congrégations religieuses, si le gouvernement de M. Loubet voyait un danger pour la paix publique dans leur nombre et dans leur encombrement, un peu tumultuaires, dans l'échauffement de leur zèle à trouver quoi faire, dans les déviations qu'en subissait la religion ; mais il n'avait aucunement le souci de ramener leur nombre, leur règle et leur objet aux besoins de la société actuelle ; ce qu'il voulait et ce qu'il a fait d'ailleurs, c'était disperser les troupes de couverture de l'Eglise pour s'attaquer à l'Eglise elle-même. De sorte que le premier acte du premier ministère, dont faisaient partie des socialistes déclarés, comme M. Millerand, a été de détruire les plus anciennes associations de France, dont s'inspire, en les laïcisant et les matérialisant, le socialisme.

Mais ce ne sont pas « les moines ligueurs », ni « les moines d'affaires » plus ou moins impopulaires et que les destructeurs mettaient en avant comme des épouvantails, qui ont déterminé la destruction des congrégations, ce sont les congrégations enseignantes. qui jouissaient de la faveur du monde, de la bourgeoisie et du peuple, dont ils élevaient en grande partie les enfants ; ces congrégations enseignantes inquiétaient ceux qui feignaient de n'en vouloir qu'aux autres congrégations. parce qu'en élevant les enfants elles préparaient les électeurs. Or. de toutes les congrégations qu'ils ont détruites, c'est précisément les congrégations enseignantes qui déjà leur manquent le plus, et déjà des républicains les regrettent, non pas pour elles-mêmes, mais comme contre-poids à leurs propres écoles, qui les débordent et qui les mettent en péril. Du moment qu'il n'y a plus de religion d'Etat, comme sous l'ancien régime, enseignée par l'Etat ; que l'Etat est séparé de l'Eglise et qu'il n'enseigne, ne professe, ni ne connaît plus aucune religion, ses écoles sont nécessairement une contre-Eglise, une Eglise destructrice de l'Eglise, contre laquelle s'est faite la séparation et en haine de laquelle l'Etat s'est fait « areligieux », dit-il par politique, mais en réalité irréligieux ; elles le sont nécessairement encore parce qu'elles l'étaient déjà en puissance depuis leur réorganisation après la chute de l'ancien régime, et il y en a d'innombrables manifestations au cours du siècle dernier, et aussi parce que l'irréligion est ce que les maîtres d'école aiment le mieux enseigner.

Un jour, dans un cercle d'amis, Mgr Dupanloup, parlant de certaines intempérances de langage ecclésiastiques, s'écriait avec son feu. dont il fallait toujours beaucoup retrancher : « Ce ne sont pas les républicains, ni les francs-maçons, que je redoute. ce sont les quarante mille prêtres du clergé de France ! » Ce sont, aujourd'hui.

les quarante mille maîtres d'école de France, sans compter les professeurs des collèges, lycées et facultés, que redoutent ces républicains. L'expérience de cette république a prouvé que le clergé seul, surtout le régulier, est capable de profiter de la liberté d'enseignement ; or, comme il était religieux, cet enseignement clérical servait de frein à l'enseignement de l'État, qui attendait avec impatience que le frein se rompît. Maintenant que l'enseignement de l'État n'a plus de concurrence à redouter, et qu'il est sûr que les enfants n'iront pas à l'école libre rivale, puisque cette école n'existe plus, il jette le masque. L'État « areligieux » lui paraît hypocrite et couard, il se déclare ouvertement irréligieux ; le maître d'école enseigne, dans sa chaire, le contraire de ce que le curé enseigne dans la sienne, et il compte l'en chasser et faire fermer son église, l'école restant le sanctuaire du village et lui son oracle. Comme recrutement, culture et valeur morale, le corps des maîtres d'école est inférieur à la commune ; de sorte que la république, qui a écrasé la commune dans le sang, fait élever les générations nouvelles par pire que ce dont elle a eu si peur et qu'elle a réprimé si durement, et elle s'est mise dans l'alternative, pour conjurer cette extrémité, ou de revenir à la religion d'État et l'enseigner dans ses écoles, ou à la liberté d'enseignement, afin que les pères de famille aient le choix et que l'enseignement de l'État soit tenu en bride par l'enseignement libre, c'est-à-dire clérical. Ce qui rend l'enseignement de l'État plus audacieux que l'État lui-même, c'est qu'il est, depuis l'établissement de la république, son grand électeur, et que le maître d'école, qui forme l'enfant et qui fait élire le législateur, est vraiment le maître de la république et de la France et leur guide.

Aussi l'indifférence avec laquelle ceux qui leur confient leurs enfants, par genre, sans doute, plus que par religion, ont laissé disperser les congrégations enseignantes, a-t-elle fait penser au maître d'école taillé en plein dans le peuple et qui en a la logique rude, qu'en effet le « lobe droit du cerveau français est atrophié », suivant l'expression du vicomte Melchior de Vogüé, et qu'il pouvait aller de l'avant. Un des archevêques nommés par Pie X et qui n'est pas tombé en défaveur, esprit autoritaire, positif et précis, a dit : « Plus de la moitié de la résistance opposée à l'expulsion des religieux et des religieuses, à la séquestration et à la vente de leurs biens, aux inventaires des églises et à tous les brigandages dont l'Église de France est victime, a été, hélas ! l'œuvre d'hommes plus préoccupés de politique que de religion. » C'est donc comme un des grands chefs de cette Église que le maître d'école a jugé.

Bien que plus grave et ne paraissant pas possible, la séparation de l'Église et de l'État s'est faite plus facilement encore que la dis-

solution des congrégations. Dans les dernières années du second
empire et les premières de cette république, en tel village de 500
âmes, qui, par son esprit et son caractère moyens et son immé-
moriale habitude d'écarter le curé de ses affaires municipales et
politiques, pouvait alors et peut encore aujourd'hui être pris comme type en matière de religion, sauf trois ou quatre solitaires suivis de l'œil, les infirmes, les enfants en bas âge, les malades et
la personne qui, en chaque famille, à tour de rôle, « gardait la
maison », tous les habitants, même un couple de concubins, vivant,
comme dit Saint-Simon, en « ménage public », assistaient, le dimanche, à la messe, et la plupart aux vêpres, et ceux qui n'assistaient pas aux vêpres sans motif plus ou moins valable, tels que
des récoltes à rentrer à cause du mauvais temps ou une visite d'affaires ou de parenté dans un village voisin, passaient pour de la
graine de solitaires. Pour mesurer la différence d'il y a quarante
ans à aujourd'hui, il n'y a pour ainsi dire qu'à retourner ce petit
tableau, vérifié alors en vingt endroits divers, ou plutôt il n'y a
qu'à appliquer, par à peu près, à toute la France, ce qui, depuis
plus de vingt ans, se passe à Paris, où, sauf à Saint-Sulpice et dans
trois ou quatre autres paroisses, sur ses soixante-dix d'avant la séparation, le clergé dit les vêpres devant les frères et les sœurs de
la paroisse et autant de fidèles, les femmes les plus pieuses elles-
mêmes n'y assistant plus ; et lorsqu'une instruction accompagne
les vêpres, à sa pauvreté qui le dispute à son ampoule, l'on aurait
dans cette église vide l'impression d'une religion épuisée, si l'on
ne se rappelait que ces phénomènes se sont déjà produits. Des catholiques reprochent à des libres penseurs, francs-maçons, protestants, juifs, socialistes, radicaux ou autres, d'avoir fait la séparation de l'Église et de l'État dans des conditions ruineuses ; mais
ils ne se reprochent pas à eux-mêmes d'avoir provoqué cette œuvre de destruction en ne restant pas ce qu'ils étaient de 1860 à 1870,
ou de 1870 à 1880, en accommodant à leurs convenances de famille
ou de société ce que, bien avant la séparation, Mgr d'Hulst appelait, pour définir leur « état d'âme », leurs « habitudes cultuelles »,
en les réduisant aux grandes étapes de leur vie, qu'ils ont coutume
de célébrer et qu'ils ne sauraient où, par quoi ni comment le faire
d'autre façon, la naissance, la puberté, le mariage et la mort, le
baptême, la première communion, le mariage et les obsèques, étapes irrégulièrement reliées par les messes dominicales et des fêtes
carillonnées, en un mot, en montrant qu'ils n'avaient plus de la
religion que l'écorce. Derrière cette écorce, dans un lointain bru-
meux, la colonne de l'Église, le dogme, le mystère de la vie future,
la récompense du bien et le châtiment du mal, le paradis et l'enfer.

Lorsque, de son chaumé, le paysan en sabots, en blouse et en
bonnet de laine, regardait le château dominant son village, il

n'enviait pas ce château, parce qu'on n'envie que ce qu'on peut espérer, — personne n'a jamais dit que MM. de Rothschild enviassent le Louvre, — et se rendant compte qu'il mourrait en bonnet de laine, en blouse et en sabots, sous son chaume, il portait son rêve plus haut, au ciel où son curé lui disait, en croyant, quelquefois en philosophe, toujours en bonhomme, que Dieu le récompenserait d'avoir suivi ses commandements et ceux de son Église, d'avoir été honnête homme et bon aux siens et à ses voisins, en le recevant dans son royaume, où, toute l'éternité, il serait heureux. Le châtelain, en comparant son château au chaume et lui-même au paysan, réfléchissait qu'il ne lui était peut-être pas assez semblable, et la crainte de l'enfer pouvait lui venir. Mais, sous cette république, le bien-être et le luxe se sont tellement répandus, qu'en se promenant, un jour de fête, à Paris, l'on rencontre un million et demi de personnes ayant, non seulement la chaîne de montre qui tentait si fort M. de Bismarck en 1867, mais vêtus comme soi et dont on ne peut pas toujours, même de près, démêler la condition sociale, distinguer le « calicot » de l' « homme du monde ». Dans ce peuple aisé et « confortable », où des isolés seulement semblent malheureux, du choc des contrastes jaillit moins vivement l'étincelle qui fait voir l'enfer à un bout et le paradis à l'autre, chacun espère passer de la troisième classe dans la deuxième, et même dans la première, ou dans le wagon réservé, le fils d'un greffier de petite justice de paix étant président de la république, et, sauf pour les âmes d'élite, c'est-à-dire d'exception, ce bonheur matériel, ou demi-bonheur, ou quart de bonheur, borne l'horizon.

Déjà, avant la guerre de 1870, le « renanisme » avait enveloppé le dogme de doute, d'indifférence et d'ironie, et, de 1872 à 1890, le plus célèbre des prédicateurs de cette république, le père Monsabré, s'est efforcé, dans la chaire de Notre-Dame, à dissiper ces ombres ; mais son « exposition raisonnée du dogme catholique » a eu beau jeter son éclat le plus orthodoxe sur cette chaire où aucun orateur n'a si longtemps fait entendre sa parole, elle ne l'a même pas fait entrer à l'académie française, que son romantisme avait ouverte au père Lacordaire, tant elle semblait en dehors du mouvement des esprits, du renouveau du sentiment religieux lui-même, tant la foi au dogme qui unit les fidèles à l'Église s'était relâchée, entraînant avec elle le relâchement aussi du décalogue ou commandements de Dieu, malgré qu'ils soient protégés par les codes français, en partie inspirés de leur esprit. Une société qui pratiquerait le décalogue, non pas dans l'esprit où les avocats interprètent les lois, c'est-à-dire en les tournant au profit de leurs clients, mais dans l'esprit tout contraire, pour dompter la bête dans l'homme, comme il se le propose, pour faire de lui un être aussi parfait qu'il peut l'être avec des organes imparfaits ; cette société, on ne peut pas bien dire ce qu'elle serait, puisque l'histoire n'en mentionne aucune de cette espèce, mais il semble que si elle était un peu uniforme, un peu ennuyeuse, peut-être, elle aurait tant de probité, tant de bonté, tant de sécurité, que les choses iraient, pour ainsi dire, toutes seules, et que deviendraient oiseuses les querelles sur la forme du gouvernement et sur sa constitution, et inutiles les législateurs et les fonctionnaires, ou à peu près, et aussi les impôts. Mais avant de rêver à cet âge d'or, l'on se demande combien d'électeurs, sur dix millions et plus, pourraient dire par cœur le symbole des apôtres, les dix commandements de Dieu et les six commandements de l'Eglise, et combien même de membres de l'institut ?

Une religion qui se réduirait ainsi aux « habitudes cultuelles », au rite approprié par chacun à son usage, aurait sans doute encore un grain de divin ; mais aurait-elle sur ses adeptes une influence moralisatrice sensiblement supérieure à celle de la musique et des fleurs, dont quelques maires agrémentent le mariage civil pour insinuer aux mariés que c'est à peu près la même chose qu'à l'église et que la cérémonie religieuse est superflue ? La plupart des Français ne montrent que des « habitudes cultuelles » et ne semblent pas en état de faire leur examen de conscience sur ce qu'ils croient ou ne croient pas. Ils ont un sourire un peu agacé pour ceux qui, par politique ou par mondanité, font parade de leur « cultuellisme » et se posent en champions de l'Eglise et de la religion, parce que leurs actions ne sont pas d'accord avec leurs paroles et qu'il n'y a pas, entre leur conduite et celle des hommes qu'ils vitupèrent, une différence justifiant leurs vitupérations. Ils ont aussi un sourire un peu méprisant pour ceux qui, après avoir affecté de vivre en dehors de l'Eglise et contre l'Eglise, pour en tirer les honneurs et les profits que donne la libre pensée lorsqu'elle est synonyme de hardiesse d'esprit et de progrès, et elle l'est depuis les origines de cette république, se font enterrer religieusement, comme ont fait d'innombrables républicains, pensant qu'à la mort la comédie finit et que la tragédie commence, peut-être. Fanfarons de religion d'un côté et fanfarons d'irréligion de l'autre. Au contraire, lorsque les Paul Féval, les Huysmans, les François Coppée, criaient par dessus les toits leur retour à l'Eglise, leur « conversion », ils rencontraient plutôt la faveur publique, parce qu'ils risquaient d'y perdre leurs lecteurs, c'est-à-dire leur gagne-pain.

Au-delà de cette droite et de cette gauche du grand centre, qui laisse aller les choses, ceux qui tâchent à pratiquer leur religion dans sa vérité, à gravir le décalogue, escarpé et glissant, pour se bâtir au-dessus le château de l'âme, et ceux qui poussent leur irréligion jusqu'à la dernière épreuve de l'enterrement civil, les deux groupes les moins nombreux, comme de tout temps, qui suscitent encore un étonnement mêlé de respect, avec une pointe de doute sur l'issue, pour ces personnes religieuses, et un reste d'effroi pour ceux qu'ils considèrent comme des athées endurcis, bien que quelques enterrés civils puissent être déistes, tout en refusant l'assistance de toute religion positive, comme Victor Hugo en 1885. Mais ces deux groupes présentent deux traits caractéristiques, que deux exemples mettront en lumière. On voit à Lourdes des pèlerins, dont M. Emile Zola lui-même, qui s'est fait enterrer civilement, a admiré la foi, et qui sont l'objet de guérisons, dont des savants se sont montrés déconcertés ; mais la foi de ces pèlerins semble ne se proposer que leur propre guérison, elle ne « s'extériorise pas », la guérison une fois obtenue, elle ne se répand pas, elle ne conquiert pas, comme celle des socialistes, des antimilitaristes, des anarchistes et des autres révolutionnaires, toujours par monts et par vaux, à faire de la propagande et à recruter des adhérents ; on ne cite guère que M. Henri Lasserre qui ait fait exception, mais M. Lasserre avait toujours été catholique militant et il a gagné une fortune avec Lourdes. Quant aux enterrements civils, dont il a été dit la proportion à Paris, il y en a aujourd'hui partout, même dans les villages où l'on ne savait pas, en 1870, ce que c'était, mais en proportion beaucoup moindre, presque infime, et ils ne sont plus, pour la plupart, une manifestation antireligieuse, ni même politique, ils sont « areligieux », indifférents, et les journaux les annoncent et en rendent compte, comme ils font des autres enterrements, pour renseigner leurs lecteurs. Dans la première moitié de cette république, Mgr Bougaud a noté nombre de prodromes de cet affaiblissement de la religion en France, qui fait répéter depuis dix ans aux prophètes de l'athéisme le récit de Plutarque : « Le grand Pan est mort ! » Mais les religions ont la vie dure et il n'est pas bien sûr que le grand Pan lui-même soit mort, car M. Gaston Boissier, qui le connaissait mieux que personne, prétendait le rencontrer assez souvent dans Paris. Avec cela, des évêques, que les catholiques étaient les premiers à appeler « les préfets violets » et à tourner en dérision un clergé recruté, partie par vocation, partie pour avoir « une place » tranquille et être « un monsieur », fonctionnaires qui acceptaient les avantages de leurs fonctions, mais qui en repoussaient les inconvénients, qui voulaient bien du décret de messidor, mais qui ne voulaient pas du recours comme d'abus au conseil d'Etat ; mal vus de la république et la république mal vue d'eux : attaqués sous l'anonymat par le maître d'école, dans le journal anticlérical du cru, et ripostant aussi sous l'anonymat dans le journal clérical rival ; voyant leurs ennemis chercher à les abattre d'un coup de filet politique et rêvant à leur tour de se débarrasser d'eux par le même moyen, politiquant dans leurs journaux, leurs revues, leurs brochures, leur livres, leurs mandements, leurs sermons, et se mêlant aux combinaisons de partis et aux luttes électorales, contraints à faire ce qu'ils faisaient, sans pouvoir faire autre chose, ni même ne rien faire. C'est ce clergé « de paysans fonctionnaires » — toujours d'après ces censeurs — et ces fidèles insoucieux du dogme, nonchalants dans la morale, frondeurs de la hiérarchie, indociles à la discipline, emberlificotés dans les dynasties et dans les républiques, n'ayant pas plus montré, en politique qu'en religion, l'esprit pratique et de sacrifice et à qui le surmenage du luxe et des plaisirs de leurs premiers rangs donnait une apparence antipopulaire et païenne. Aussi le moment parut-il propice au « bloc » pour faire la brèche dans une place qui ne s'était jamais crue menacée tout de bon et qui n'était pas en mesure de se défendre.

Lorsqu'il s'est agi de former des associations « cultuelles », des « cultuelles », comme l'on disait, faute desquelles la loi de séparation entraînerait la confiscation des biens de l'Église, l'un des plus catholiques députés de l'Ouest prétendait que son évêque aurait la plus grande peine à en former, à cause des responsabilités civiles et pénales qu'elle édictait, et qu'il lui était déjà difficile de recruter ses conseils de fabrique ; et un évêque du Sud-Est, dont le diocèse compte 581 paroisses, ajoutait qu'il en pourrait faire huit ou dix, peut-être douze, mais pas plus. Aussi, ceux qui étaient avertis de ces difficultés réelles, imaginaires ou simulées, se sont-ils demandé quelle part elles ont eue dans le refus de Pie X d'autoriser les « cultuelles », si ce pontife n'avait pas craint que la constatation du petit nombre qu'on en pourrait faire ne serait pas plus préjudiciable à l'Église de France et à l'Église tout entière que la perte des biens ecclésiastiques français, dont l'abandon serait au moins « un beau geste », bien que celui qui le ferait n'aurait pas à pourvoir aux suites. Mais M. Combes, qui s'est élevé, dans la hiérarchie ecclésiastique, jusqu'au rang de psalmiste ou d'exorciste, a déclaré que l'Église catholique, c'est-à-dire internationale et universelle, qui depuis tant de siècles s'est adaptée à toutes les sociétés, à tous les gouvernements, à toutes les législations, ne pouvait s'adapter à sa loi, sacrée ainsi chef-d'œuvre des chefs-d'œuvre, plus fort que « les portes de l'enfer » elles-mêmes, « qui ne prévaudront pas » contre cette Église. C'était confesser en même temps, que la spoliation de l'Église n'avait même pas pour excuse son refus, puisque ce refus n'avait pas été volontaire et lui avait été imposé par sa constitution.

Dans les premiers temps de cette république, le vol s'appelait encore le vol, et la commune écrivait sur les murs : « Mort aux voleurs ! » l'assassinat s'appelait l'assassinat, les assassins, des assassins ; et les voleurs, des voleurs. Mais depuis une quinzaine d'années, les assassins sont devenus des « apaches » et les voleurs des « cambrioleurs », et si les jurys leur sont toujours peu bienveillants, d'ordinaire les idées devançant les institutions, ces mots d'argot masquent les actes et les atténuent, tandis que le législateur qui, sans courir les risques des « cambrioleurs » et des « apaches », sous le couvert législatif, a spolié de leurs biens les clergés régulier et séculier, pour en enrichir ses clients ou lui-même, s'appelle toujours le législateur, au lieu de s'appeler le pouvoir ou la force, comme pour introduire avec plus d'autorité la corruption dans les lois, les esprits et les mœurs.

Pie X ayant rappelé, sans ménagement pour le monde, l'institut et l'instruction obligatoire, que l'Eglise est formée de deux corps inégaux, le corps supérieur, ou corps clérical et enseignant, et le corps inférieur, ou corps laïque et enseigné, « le troupeau », qui n'a qu'à obéir et qu'à suivre, l'on s'est aussi demandé si le saint-père n'avait pas craint que l'immixtion des laïques dans les « cultuelles » ne favorisât l'éclosion d'un schisme, la crainte du schisme étant la grosse crainte de Rome. Mais on ne peut même pas appeler tentative de schisme la douzaine de « cultuelles » mort-nées de M. H. des Houx, dont Mgr Freppel disait qu'il a « le sens théologique », parce qu'elles n'ont été qu'un de ces « feux follets » religieux comme il en a souvent paru et disparu depuis 1811.

Au commencement de cette république, « M. Hyacinthe Loyson », l'ex-père Hyacinthe, qui descendait de la chaire de Notre-Dame dans l'éclat d'une grande réputation, ne put faire aucun schisme, quoiqu'il eût épousé une corsetière américaine, Mme veuve Merriman, pas plus que, un tiers de siècle après, l'abbé Loisy, dont le savoir est réputé aussi, puisqu'il a été professeur à l'institut catholique de Paris.

Après avoir rompu le concordat, c'est-à-dire ses accords avec l'Eglise, son union avec elle, parce qu'il était « areligieux », l'Etat n'allait pas passer de cette union à sa confusion avec l'Eglise et à la confusion de celle-ci en lui ; s'il favorisait les « cultuelles » de M. H. des Houx, c'était pour diviser le clergé et les catholiques, et leur porter ainsi un nouveau coup, et non pour s'attacher plus étroitement l'Eglise de France, comme Louis XIV avec ses quatre articles, et pour la refondre en son giron, comme Louis XVI avec sa constitution civile du clergé. Il n'y avait plus, d'ailleurs, d'éléments de schisme parce qu'il n'y avait plus assez de foi. Pas besoin de foi pour rester dans la religion où l'on est né, il suffit de ne rien faire, et, pour se conformer aux coutumes qu'elle ne sait pas encore par quoi remplacer, votre famille vous fait des obsèques religieuses, et l'on est inscrit à l'obituaire catholique, et l'on est catholique, sans y avoir pensé depuis l'âge où il n'est pas d'usage que l'on pense sur les autres matières ; et pour être, à Paris, « bon catholique », d'abord il faut le dire le plus haut possible, et ensuite aller quelquefois à la messe dominicale chic de l'église chic, où l'on voit un parterre de jolies femmes élégantes. Au lieu que, pour passer d'une religion à une autre, il faut, ou une foi ou une volonté, un acte, dont le public reste toujours un peu troublé, un peu admirateur, parce qu'il n'en voit pas la cause ni le but, à moins que quelque porteur de grand nom ne passe du catholicisme au protestantisme pour épouser une protestante « multimillionnaire », mais divorcée, et alors maint autre porteur se mord les doigts de n'en avoir pas eu l'idée avant lui, sans compter tous ceux de la bourgeoisie et du peuple, « qui n'ont point de nom », mais qui n'en ont pas moins autant de regret de n'en pouvoir autant.

Si l'on n'a pas fait au clergé un mérite de l'abandon de ses biens parce que cet abandon n'est pas son fait, mais qu'il est le fait de Pie X, on ne lui en fait pas un, non plus, de n'avoir pas fait de schisme, parce qu'entre un État « areligieux » et des fidèles qui n'ont plus que des « habitudes cultuelles », on ne voit pas de place pour un schisme, il semble que le schisme serait purement clérical et que le clergé y mourrait de faim.

Mgr Termoz, mort en 1905, à soixante-douze ans, ultramontain et légitimiste, admirateur de Pie X et surtout de Pie IX, qui lui avait donné la prélature, plus que de Léon XIII, et qui, depuis quarante ans, venait chaque année de Rome passer trois mois en France, tantôt dans une province et tantôt dans une autre, notant, le soir, ce qu'il avait vu ou entendu dans la journée, avec ses remarques, en informateur ou en observateur, répétait depuis le toast du cardinal Lavigerie à la république, où il était déjà à l'âge du pessimisme, et en l'accentuant chaque année : « La France n'est plus catholique. » Tel devait être également l'avis de l'État, puisque lui qui astreint à son autorisation le port des décorations pontificales par ses nationaux, lesquelles sauraient induire peu de gens en erreur, maintenant que tant de commerçants sont eux-mêmes décorés d'ordres français et étrangers, il n'astreint ni à autorisation, ni à contrôle, ni à enregistrement, la nomination des évêques français par le pape : d'où il faudrait conclure, si le simple énoncé n'en montrait l'absurde, qu'un chevalier de Pie IX, de Saint-Grégoire-le-Grand, de Saint-Sylvestre ou du Christ, a plus d'influence qu'un archevêque ou un évêque, qui nomme un millier de vicaires généraux, de chanoines titulaires ou prébendés, de curés, d'aumôniers ou de vicaires, lesquels, ne vivant pas de « l'air du temps », ont des clients qui les font vivre : et comme on peut dire, sans rencontrer de contradicteur, que pas un Français, pas même le duc d'Orléans, le prince Napoléon, MM. de Rothschild ou M. Jaurès, ne pourrait nommer, dans un diocèse, mille délégués à qui leurs partisans donneraient aussitôt de quoi vivre, la conclusion en est que l'évêque est encore l'homme le plus puissant de son diocèse, que sa puissance religieuse, aujourd'hui spirituelle, peut, demain, ou après-demain, devenir politique, économique, sociale, et qu'à moins d'abdication de sa fonction d'État, l'État ne peut se désintéresser de sa nomination, pas plus que de la nomination de celui qui le nomme, le pape, et cet État qui a abandonné la nomination des évêques au pape, pour la gloriole de n'attacher aucune importance aux évêques ni au pape, est le même État qui a soutenu la candidature du cardinal Rampolla à la succession de Léon XIII et qui s'est fait battre par la triplice, dont le mandataire, l'Autriche, a frappé d'exclusion ce cardinal !

Un exemple montrera ce qu'aurait pu devenir le clergé s'il s'était mêlé davantage à la vie sociale qui se développe presque tout entière en dehors de lui : l'abbé Macchiavelli, curé de Saint-Ouen, étant mort la veille du 14 juillet 1906, le maire, les adjoints et le conseil municipal de cette commune de la banlieue parisienne, socialistes et libres penseurs, interdirent la célébration de la fête nationale en signe de deuil communal, obtinrent de M. Clémenceau la permission d'inhumer leur curé sous le maître-autel de l'église paroissiale qu'il avait construite et assistèrent en corps à ses obsèques. Ce curé ne se confinait pas, en effet, dans la célébration des offices et l'administration des sacrements, l'enseignement du catéchisme et la direction des confréries, la lecture de son bréviaire et la perception de son casuel, qui font peut-être un honnête homme, mais qui ne font pas le bon prêtre qu'il était, le bon prêtre sachant que l'enseignement de leurs devoirs, non plus que la promesse des récompenses célestes et la menace des peines futures ne suffisent pas à ses ouailles, qu'en attendant il leur faut encore se nourrir, se vêtir, se loger, avoir un état pour se donner tout cela et l'emploi de cet état, et que les aider en ce monde, sans y avoir intérêt, est le meilleur moyen de leur faire croire ce qu'on leur dit sur l'autre monde. Aussi, l'abbé Macchiavelli vivait en pauvre parmi ses paroissiens pauvres, éloignant ainsi envie et médisance, les visitant, les conseillant, les réconfortant, les aidant de ses deniers, quêtant pour eux les riches, leur procurant du travail, avec des vivres et des vêtements à bon marché, leur envoyant le médecin dans leurs maladies et leur portant les remèdes, pourvoyant aux besoins de leurs enfants et les mettant en apprentissage ; bref, leur faisant tout le bien matériel et moral qu'un bon homme peut faire à ses semblables lorsqu'il leur consacre sa vie. Aussi leur a-t-il inspiré ce rare sentiment de reconnaissance dont leur municipalité s'est faite leur interprète imprévue.

Quelle que soit la destinée de l'Église catholique en France, dont les uns prédisent la fin prochaine et les autres la non moins prochaine renaissance, sa situation peut être comparée à celle de l'Al-

sace-Lorraine. Depuis 1871, la France se tient en armes pour sa
reconquête et elle y tient l'Allemagne et l'Europe, tout en ne voulant pas l'entreprendre, de crainte qu'une nouvelle défaite ne soit
mortelle, et pourtant elle a conscience que l'immense empire colonial qu'elle s'est fait depuis le traité de Francfort ne contreba-
lance pas ce traité, qu'elle est toujours aux yeux de tous et aux
siens la grande nation vaincue, et que, tant qu'elle n'aura pas
vaincu son vainqueur, elle aura une âme de vaincue, son génie
restera en berne, et depuis longtemps déjà la femme française se
fait la taille fine, comme pour ne plus faire d'enfants, pour ne pas
ajouter au nombre et à la honte des vaincus, pendant que la femme allemande garde ses flancs larges comme une armoire, d'où
sortent des enfants à ne savoir où les mettre, et que son mari ou
son amant, dans la joie de vivre que donne la victoire, de la barque du pêcheur aux marches du trône, s'ébroue encore dans l'homéosexualité. Mais, dans cette répugnance à désarmer devant la
défaite, comme dans ce tremblement à jouer la dernière carte de
la patrie, il y a une grandeur tragique, une sublimité, qu'en sa
mélancolie la France ne voit même pas, tout entière à se déchirer
comme pour découvrir jusqu'aux vices qu'elle n'a pas et s'expliquer par ses vices pourquoi elle a été vaincue, et pourquoi elle
reste vaincue. De même elle paraît insensible aux excommunica-
tions de Pie X, comme elle le fut aux condescendances de
Léon XIII : elle ne renoue pas avec sa religion, mais elle ne
rompt pas avec elle ; elle se laisse aller au fil de l'eau, sans regret des rives passées, sans souci des rives prochaines, le silence
du glissement à peine troublé, de loin en loin, par les cris de foi
des pèlerins de Lourdes ou par les cris d'enthousiasme des pèlerins
de Pie X, les mêmes « qui priaient pour la conversion de
Léon XIII » et qui, Léon XIII à peine mort et Pie X à peine élu,
appelaient Pie X « le grand » et « le saint », avant qu'ils sussent
rien de lui, et le disaient « glorieusement régnant », avant qu'il
eût encore rien fait, uniquement parce qu'il n'était pas Léon XIII,
leur papisme étant personnel et particulier, et du « piisme », comme pour d'autres il était du « léonisme », les croyances religieuses,
comme les opinions politiques des Français de cette république,
prenant la forme personnelle aussi souvent que la forme concrète,
les thieristes, les gambettistes, les mac-mahoniens, les ferrystes,
les boulangistes, les combistes, les clémencistes, etc. Le ferment
césarien qui se trouve en leur for intérieur lève ainsi sous la doctrine et l'emporte sur elle, et la dévotion, non pas au pape, mais
à la personne du pape, le «piisme » ou le « léonisme », absorbe
toute la religion de nombre de ses fidèles, le « piisme » ou le « léonisme » est non point ce zèle de respect et d'obéissance au pape, qui
est la base même de l'Eglise, mais un culte personnel, qui usurpe

le culte réservé à Jésus-Christ et ce facile culte de « partisan » tient lieu du décalogue et même de la foi.

Comme il y a des « papalâtres » purement politiques et qui sont d'autant plus « papalâtres » qu'ils sont moins religieux, leur « papalâtrie » ne les soumettant à aucune pratique ni à aucune règle, tout en leur donnant figure d'état-major ou de gardes du corps de la religion, la population les regarde d'un peu plus près que les autres et s'assure qu'ils n'ont pas plus de mœurs, de probité, de bonté, de pardon des injures, en un mot, de vertus chrétiennes, que le commun des mortels ; et lorsqu'on étend cet examen et ce parallèle, on est étonné de trouver si peu de différence entre ceux qui disent ou qui croient avoir de la religion et ceux qui disent ou qui croient n'en avoir pas ; ils ont si bien les mêmes qualités et les mêmes défauts et la même vie, ce sont si bien les mêmes personnes, même pour les croyances et les incroyances, lorsqu'on les sonde avec attention, que l'on ne sait plus bien à quoi s'en tenir.

Depuis 1849, la France est si souvent intervenue dans les affaires temporelles et spirituelles du saint-siège et le saint-siège est, par suite, si souvent intervenu dans les affaires spirituelles et temporelles de la France ; le clergé et les catholiques français ont si souvent opposé Pie IX à Grégoire XVI, Léon XIII à Pie IX et Pie X à Léon XIII ; ils ont commenté en sens si divers encycliques, discours, actes, décrets, bulles et brefs pontificaux ; ils ont tant mêlé la politique à la religion et la religion à la politique, leurs adversaires les y poussant et eux tombant dans le piège, que le tout s'est brouillé dans l'Eglise de France, l'a troublée et courbaturée tant et si bien, qu'elle est devenue « l'Eglise dormante » dont aimait à parler un jésuite, le père Coubé, dans les dernières années de Léon XIII, et avec une pointe, semblait-il, contre ce pontife. Le père Coubé est à son tour entré dans « l'Eglise dormante », car sa voix ne se fait plus que peu entendre, non plus qu'en les dernières années de sa vie, celle de son confrère, le père Du Lac, que ses instructions morales de vingt ou vingt-cinq minutes auraient peut-être fait accuser de tendances protestantes, ou tout au moins jansénistes, s'il avait été du clergé séculier, car, malgré l'effet salutaire qu'elles paraissaient produire sur son auditoire, elles n'étaient pas toujours pourvues de cet appendice dogmatique ou papalin, qui est comme le pavillon sous lequel les prédicateurs s'abritent contre les suspicions de Rome, qu'ils ne comprennent pas très bien et qui ne les comprend pas très bien non plus, l'âme romaine étant très différente de l'âme française : et toutes deux se soupçonnent des intentions qu'elles n'ont pas.

L'autorité du pape, telle qu'elle a été définie par le concile du Vatican est acceptée ou rejetée en France, plus qu'elle n'y est discutée ; et ceux qui la rejettent rejetteraient l'infaillibilité du concile œcuménique aussi bien qu'ils rejettent l'infaillibilité du pape, parce que ce qu'ils rejettent, semble-t-il, est la religion catholique elle-même, tout en n'en sortant pas expressément. La seule crainte qui soit exprimée à cet égard par des membres du clergé français, c'est que ce clergé qui s'appuie avec d'autant plus de loyalisme sur Rome, qu'il ne peut plus s'appuyer sur l'État, ne fût rebuté de voir ses intentions sans cesse méconnues, ses délibérations incriminées, ses décisions cassées, au risque de lui enlever tout respect auprès de ses ouailles, ne renonçât à une tâche impossible ou ne cherchât, à la longue, on ne sait quel moyen d'assurer son existence. Mais c'est là l'affaire de l'avenir, et il est hors de ce cadre, où ne sont notées que les causes existantes de cet avenir. Quel qu'il soit, — et l'État peut aggraver la séparation et peut-être l'aggravera-t-il, car il ne l'a pas faite pour le maintien de l'Église, encore moins pour son extension, mais pour son amoindrissement dans la mesure que comportait l'état des esprits, et pour la mener à sa perte, et elle-même aussi peut l'aggraver, de différentes manières ; — toujours est-il que, dépouillée de partie de ses biens par l'État, dépouillée de ce qui lui restait à la suite du refus de Pie X, qui n'a pas voulu des conditions que lui faisait l'État ; sans statut légal, à peine tolérée par l'État, à peine soutenue par la population, l'Église de France n'en reste pas moins debout dans les 36.222 communes par la force des « habitudes cultuelles » de leur habitants, de quelques âmes pieuses qui entretiennent la veilleuse du sanctuaire et qui montrent, avec l'air un peu compassé que donne l'isolement, ce que pourrait être l'humanité si elle pratiquait les vertus évangéliques.

Mais l'habitude est ce qui gouverne le plus longtemps l'État, parce que c'est ce qui a mis le plus longtemps à s'y établir. Au temps où la France allait encore aux vêpres, les habitants de Marly-le-Roi n'allaient déjà plus à la messe du dimanche, et lorsqu'on leur demandait pourquoi, ils répondaient : « Ce n'est pas l'habitude ! » Mais ils allaient à la messe de la fête de saint Fiacre, patron des jardiniers et des maraîchers, et ils y vont toujours, mais ils ne vont pas, aujourd'hui plus qu'autrefois, à la messe dominicale en 1910, bien qu'ils votent pour le candidat conservateur, à la chambre, au conseil général, au conseil d'arrondissement, que leur conseil municipal et leur maire soient conservateurs, et que les processions, où il n'y a presque personne, se déroulent toujours dans leur demi-douzaine de rues, parce que c'est « l'habitude » ou parce que ce n'est pas « l'habitude ».

Sans doute l'État laisse-t-il encore à l'Église de France la jouissance des édifices du culte, si précaire que soit cette jouissance, et subvient-il encore pour un temps et chaque année moins à une partie de ses besoins ; mais le seul fait que cette grande ruine du plus antique monument de France ait encore l'aspect du monument lui-même, que chacun de ses gardiens soit à son poste, que les offices soient partout célébrés, que les « habitudes cultuelles » y rattachent encore la très grande majorité des Français, même nombre de ceux qui ont entrepris sa ruine et qui, peut-être, ne souhaitent pas réussir, tant l'homme aime à se mentir à soi-même encore plus qu'aux autres, et que, sauf quelques vilenies de goujats ou quelques attentats de bandits, d'ici et de là, contre les ministres de la religion ou contre ses édifices, la religion apparaît après la séparation ce qu'elle était avant, et ce fait est non moins auguste que celui de ce peuple obstiné à ne pas renier l'Alsace-Lorraine, mais tous deux se ressemblent par leur caractère passif, assez fort pour ne pas céder et pas assez fort pour reprendre. Chaque jour disparaissent ceux qui ont vu l'annexion de l'Alsace-Lorraine et arrivent à la république ceux qui n'étaient pas nés alors, comme chaque jour sortent des écoles laïques des enfants qui n'ont reçu aucune instruction religieuse, le recrutement du clergé devient plus difficile par la réduction du concours pécuniaire de l'État aux seules pensions et s'étend et s'épaissit l'indifférence, qui sort à jet continu de l'État et de l'école.

En l'automne de 1907, le comte de M... quêtait dans sa commune, sur les bords de la Loire, pour son curé, et des paysans lui répondaient : « Ah ! monsieur le comte, monsieur le curé est moins à plaindre que nous ! Avant sept heures du matin, avec sa messe, il a déjà gagné sa pièce de trois francs, tandis qu'à sept heures du soir, après avoir trimé toute la journée, nous autres, nous n'avons gagné que quarante sous ! » C'est le curé à la merci du château, noble ou riche, quelquefois les deux, pas toujours religieux, et alors c'est la misère. Depuis soixante-deux ans que le suffrage universel fait baisser le respect et monter l'envie, surtout depuis que les républicains au pouvoir favorisent ce mouvement d'horlogerie, on reprochait déjà aux curés d'être les hommes du château, au lieu d'être les hommes de tous, parce que, leurs chefs, les évêques, descendaient dans les châteaux pendant leurs tournées de confirmation, au lieu de descendre dans les presbytères, leurs auberges naturelles, et parce que les curés fréquentaient ces châteaux, comme, de temps immémorial, les châteaux étant la presque unique distraction humaine de ces quasi-ermites, de ces « seuls », et celle qui donnait le moins de prise à la malignité. Mais si la commune est souvent d'accord avec le château pour les affaires municipales, elle l'est rarement pour la politique, et le curé rapportait du château des opinions peu populaires. Donc, c'est un truisme que, passé le premier élan, les paysans ne donneront rien à leur curé, les ouvriers encore moins, les bourgeois peu,

les châteaux pas beaucoup plus, et que l'Eglise de France mourra
d'inanition. Tout arrive, ou presque tout, et l'on ne sait rien, ou
pas grand'chose. Mais comme en 1831, M. Mérimée croyait la religion à sa fin, et que cette religion l'a enterré en 1870 ; que ce
sceptique ne l'a pas été assez pour l'être sur ce qu'il prenait pour
les symptômes de la mort de celui que son maître, Stendhal, appelait « M. de l'Etre », il est peut-être prudent d'attendre 1950 pour
juger des symptômes de 1910. Et comme rien ne rend plus confiant et comme insouciant que la foi, Pie X préside des concours
de gymnastique au Vatican et l'Eglise de France, que des prélats
romains prétendent ne pas savoir se défendre, bien qu'eux-mêmes
n'aient pas pu empêcher l'élection d'une municipalité qui a donné
pour syndic à la ville-éternelle un juif franc-maçon qui parle en
maître par-dessus le pape et le roi, — il n'y a dans la chrétienté
aucun phénomène aussi antichrétien — l'Eglise de France reste
tout de même une fameuse province de l'Eglise catholique, apostolique et romaine, celle qui, même après la séparation, lui four-
nit les plus gros subsides pour le denier de saint Pierre et la pro-
pagation de la foi, et le plus de missionnaires, comme pour remplacer au dehors le terrain qu'elle perd au dedans.

Les foules ont un instinct presque aussi sûr que celui des bêtes :
au 4 septembre 1870, les ouvriers et les boutiquiers ont vu plus
clair que les ducs et les académiciens, ils se sont rendu compte que
si la France avait été grosse de la monarchie, elle ne serait pas ac-
couchée de la république, et que cette troisième république serait
viable parce que la persistance de la France à faire des républiques après tant de siècles de monarchie, signifiait qu'elle voulait
la république. De même lorsque, le soir de son élection, à son entrée dans sa bonne ville de Paris, M. Loubet, qui n'était ni populaire, ni impopulaire, fut pourtant assailli d'outrages et d'ordures,
ce qui n'est arrivé à aucun autre président, parce que la rue avait
flairé derrière lui une révolution dans la république, dont elle ne
percevait ni les objets, ni les conditions, mais dont le premier acte,
déjà en cours, la réhabilitation du condamné Dreyfus, et l'apothéose des juifs, l'inquiétait. Comme c'est une croyance, qui a des
adeptes dans toutes les classes, que les jésuites ont une officine
secrète où s'élaborent des plans de réformation de la société et de
domination de la France, et que les francs-maçons en ont une autre, et que les juifs en ont une aussi, et aussi les socialistes, et d'autres encore, et que les alchimistes de ces officines ne sont pas connus des profanes, sacrifiant leur ambition à leur idéal, dans la
liberté du mystère, c'est toujours une grande question de savoir
qui, des socialistes, des juifs ou des francs-maçons, alliés pour
cette entreprise révolutionnaire, ont été les dirigeants : l'apologue
du mulet chargé d'or de Philippe de Macédoine et issu d'une « mul-

tiséculaire » ou « multimillénaire » expérience y répond, les juifs pouvant charger le mule. Mais si l'on a exagéré l'influence des jésuites sous cette république, l'on a moins exagéré celle des juifs. Les jésuites se sont surtout consacrés, comme il a déjà été dit, à l'éducation des châtelains et des officiers, c'est-à-dire des hommes qui ont le moins d'influence sur une démocratie républicaine ; et l'on a adressé au clergé français, tant le séculier que le régulier, le reproche que des ecclésiastiques avisés lui faisaient aussi il y a plus de vingt ans, mais avec plus de discrétion, d'être trop nombreux et d'avoir plus d'idées à agiter que de besogne à faire, et aussi de s'échauffer et de se répandre au-delà des limites de plus en plus restreintes que lui font les institutions et les mœurs dans les pays de cette civilisation chrétienne, dont il a été l'initiateur et le propagateur.

Voici, par exemple, sur les leçons que, de la chaire, le père Cotton et Bourdaloue donnaient, l'un à Henri IV et l'autre à Louis XIV, et que de tout temps les prédicateurs ont données au chef de l'Etat, quand son humeur le permettait, le changement qui s'est opéré peu à peu. Dix millions d'électeurs font la leçon à leurs conseillers municipaux, à leurs conseillers d'arrondissement, à leurs conseillers généraux, à leurs députés, à leurs sénateurs, à leurs ministres et à leur président, qui eux-mêmes se la font les uns aux autres, tout ce troupeau d'électeurs et d'élus, ayant sur ses flancs orateurs de cabaret, comités électoraux, périodiques de toute sorte, qui se sont institués ses docteurs, ses censeurs, ses redresseurs, ses excitateurs, et ne lui laissent ni paix ni trêve ; et si, par surcroît, au lieu de lui rafraîchir l'âme par un peu de morale, de paix et de divin, ses évêques et ses curés lui parlent encore politique, même s'ils ont raison, le troupeau devient comme le comte de Chambord. Sous la présidence de M. Thiers, le comte de Chambord s'était rendu, sous le nom de comte Molitor, à son château de Chambord, où le duc de Bisaccia, le comte de Maillé et le vicomte de Gontaut étaient venus le rejoindre et où arrivait, après eux, Mgr Dupanloup. Comme le comte de Chambord ne se souciait pas de recommencer avec l'évêque d'Orléans la conversation qu'il venait d'avoir avec les délégués de la droite de l'assemblée nationale, il lui dit, pour couper court : « Racontez-moi donc, monsieur l'évêque, les péchés que je faisais quand j'étais petit. » L'abbé Dupanloup avait, en effet, été son confesseur. « Monseigneur », lui répondit Mgr Dupanloup », je serais fort embarrassé de vous rappeler vos fautes d'autrefois, mais peut-être le serais-je moins de vous indiquer celles qu'il ne faudrait pas commettre aujourd'hui. » — « Mon parti est pris », répondit le comte de Chambord.

Peut-être ces plans jésuitiques, maçonniques, judaïques, socialistes, auxquels s'adonneraient des génies inconnus comme les enlu-

mineurs des manuscrits du moyen-âge, et qui séduisent les imaginations par leurs origines mystérieuses, sont-ils moins le fruit de
la foi, du génie ou des veilles, que du naturel développement des
choses. Dès qu'un sujet lettré de Napoléon III se sentait républicain, sans le formuler toujours en corps de doctrines, il entrevoyait la république comme l'envers du gouvernement et de la société
qu'il avait sous les yeux, il prenait ses modèles non pas dans les
républiques existantes, la Suisse, dont il pouvait, en une excursion,
contrôler le régime, ou les États-Unis, que M. de Tocqueville et M.
Édouard Laboulaye lui avaient peints sous des couleurs séduisan-
tes, mais dans les républiques abolies, et suivant la tournure de
son esprit, à Venise, à Florence, à Rome ou à Athènes, surtout
dans ce que son rêve y ajoutait.

Dans les premiers temps de cette république, M. Gambetta vantait « une république athénienne », bien que ses manières fussent
plutôt de Béotie et que son programme de Belleville contînt en
germe toute la politique qui a abouti au « bloc » et à la confédération
générale du travail. Si, avec le second empire, les Français avaient
déjà l'égalité des droits politiques, puisque le suffrage universel
avait confirmé l'empereur et les institutions impériales, l'hérédité
du pouvoir impérial leur enlevait dans l'avenir le choix de l'empereur et limitait leur souveraineté, que la république leur a ren-
due en abolissant cette hérédité et en rétablissant l'électivité du
chef de l'État, c'est-à-dire tout ce qu'il peut y avoir d'égalité en la
matière. Car l'inégalité subsiste entre les élus et leurs électeurs,
entre ceux qui font les lois et qui les appliquent et ceux à qui elles
sont appliquées et qui les subissent, entre les électeurs influents
et ceux qui ne disposent que de leur vote, et même dans le referendum, dans le gouvernement direct du peuple, entre ceux qui demandent le referendum et ceux qui sont obligés d'y répondre, l'inégalité étant le fondement même de l'humanité, puisque tous les
hommes diffèrent de santé, de beauté, de force, d'intelligence, de
volonté, et, par conséquent, de la société, qui a des intérêts sociaux et dont les affaires devraient être gérées par les plus capables, pour le plus grand avantage social, mais ne le sont, en réalité, sous tous les régimes et malgré les précautions des institutions, que par ceux qui savent capter la faveur du peuple ou du
prince, et dont la capacité ne correspond pas toujours à l'astuce.

Voulant la fin et ne reculant pas devant les moyens, les républicains ont pensé assurer leur conquête en brisant les cadres monarchiques encore subsistants, en « démonarchisant » le pays, et ensuite en affaiblissant de tout leur poids l'Église, qu'ils considèrent
comme génératrice de l'esprit monarchique, ou tout au moins antirépublicain, dans le sens subjectif où ils entendent cet esprit, quiconque n'étant pas républicain à leur manière ne l'étant pas du

tout, et bien que tout partisan de l'hérédité du chef de l'État soit monarchiste et puisse concevoir la monarchie avec qui et avec quoi il lui plaît, comme tout partisan de son électivité est républicain et peut mettre dans la république toutes les choses et toutes les personnes qu'il mettrait dans la monarchie. N'étant plus retenus par ces travaux préliminaires accomplis dans leurs parties essentielles, les républicains ont entrepris d'abolir les inégalités sociales, ou, du moins, de les abaisser, entreprise qui a désolé les républiques encore plus que les monarchies, et qui en a même ruiné quelques-unes des plus brillantes, comme il est arrivé à la Grèce, de la guerre du Péloponèse à sa conquête par les Romains. Le populaire républicain de Napoléon III, comme celui des précédents gouvernements, depuis la chute de l'ancienne monarchie, en sa grande majorité, voyait dans la république un état anarchique dans lequel il lui serait permis de dépouiller les riches, par la force ou par la loi, et de s'enrichir de leurs dépouilles, et ses héritiers ont exulté chaque fois que le parlement de cette république a fait un pas vers ce but, du conservatisme au libéralisme, du libéralisme à l'opportunisme, de l'opportunisme au progressisme, du progressisme au radicalisme, du radicalisme au radicalisme-socialiste.

Mais le socialisme n'est point la dernière étape vers ce paradis terrestre, il y a encore après lui le collectivisme, et au-delà du collectivisme l'anarchie, qui sera sans doute dépassée à son tour, car il y a plusieurs sectes anarchistes. Seuls, les socialistes, successeurs des économistes dont le nom a disparu avec les Michel Chevalier, les Le Play, les Léon Say, et dont M. Paul Leroy-Beaulieu est le dernier survivant, pourraient dire toutes les causes, vraies ou non, du socialisme, depuis 1870 ; mais l'observateur, qui n'est théoricien ni de la nouvelle école ni de l'ancienne, en doit noter quelques-unes à la suite.

L'accroissement de la population, quoique moindre en France que chez ses voisins, a ébranlé le régime de la propriété en augmentant le nombre de ceux qui y aspirent, en même temps que la vulgarisation des machines agricoles a ruiné beaucoup d'ouvriers agricoles et de petits propriétaires, dont M. Bazin a décrit, avec sa mélancolie, les épreuves dans un de ses romans et qui ont dû chercher leur pain dans les villes où ils étaient mal outillés pour le gagner. La vie est devenue si luxueuse du haut en bas de l'échelle sociale, que la société s'est livrée aux ouvriers pour satisfaire à ce luxe qui a pris dans ses cadres un caractère collectif, tels que les chemins de fer, les paquebots, les télégraphes, les téléphones, le gaz, l'électricité, etc., formant un immense réseau, un filet monstre, où chacun ajoute autour de soi, suivant sa fortune, son goût et sa vanité, et dont les ouvriers de ces diverses industries tiennent les bouts et le peuvent ramener avec tout le poisson dedans. Au sortir de l'absolutisme, la société avait une telle soif de liberté, qu'elle s'était déjà livrée aux journaux pour l'étancher, et que les journaux étaient devenus « le quatrième pouvoir de l'État », comme l'appelait Christian IX, « le beau-père de l'Europe », qui avait peut-être trouvé cette définition dans la *Revue Parisienne* de Balzac (1840). Ce quatrième pouvoir a été le précurseur du quatrième État, en plaignant sa misère, en vantant ses mérites, en poussant à son instruction. Au couronnement du tsar Alexandre III, à Moscou, en 1883, le plus élevé des chars symboliques de la cavalcade populaire portait un moujick, ou paysan, dominant la foule, l'armée, la cour et le tsar. Mais ceux qui ont fait répandre l'instruction dans le peuple — et tous les partis en France l'ont fait à l'envi — sont un peu comme les poules qui ont couvé des œufs de cane, ils s'étonnent que le peuple qui a été à l'école ne soit plus le peuple qui n'était pas allé à l'école, et que le peuple qui porte veston et chapeau melon ne soit plus le peuple qui portait blouse et feutre mou. Le quatrième État est à proprement dire les ouvriers industriels, qui appellent déjà le vingtième siècle « le siècle des ouvriers » — mais ce siècle est bien jeune et nul ne peut savoir ce qu'il sera à sa fin — et qui regardent un peu les ouvriers agricoles et même les paysans propriétaires comme faisait, en 1900, cet ancien gendarme pontifical, jardinier du château de Middes, dans le canton de Fribourg, en Suisse : « Ces paysans », disait-il de ses compatriotes « middessiens », « sont des gens grossiers, ils ne savent seulement pas ce que c'est qu'une cour ! » Avec ses syndicats ouvriers, ses syndicats agricoles, ses grèves, qui appellent les syndicats patronaux, les syndicats de propriétaires, les « lock-out », il a institué la lutte des classes, il les a divisées en deux camps ennemis, et il a ramené l'humanité à l'état grégaire, ou du moins il a mis la société française, européenne et mondiale dans cette voie, à des kilomètres différents, et si elle allait jusqu'au bout, avec une logique qui est rarement son fait, il semble que les hommes seraient comme des capucins dans leur dortoir ou comme des bourriquets à leur râtelier, si tant est que cette réglementation du travail et du salaire, et de tout le détail de la vie d'un chacun, ne tarirait toute initiative et toute activité et ne laisserait le râtelier vide de chardons, font remarquer des sceptiques.

Si l'on a pu dire qu'il y avait autant de républiques que de républicains et autant de monarchies que de monarchistes, il y a encore plus de socialismes que de socialistes, en quelque sorte, car les monarchies et les républiques sont limitées et définies, les unes par l'hérédité et les autres par l'élection, tandis que le socialisme n'est défini ni limité par rien, si ce n'est que les socialistes se posent tous en contempteurs du « veau d'or », mais à mesure qu'ils se croient plus forts, ils jettent le masque, l'hypocrisie fait place à

la convoitise, et ils apparaissent comme les plus ardents zélateurs
de ce « veau d'or », et leur idéal obsesseur est d'en déposséder, de
haute lutte politique, ses propriétaires pour se l'approprier, comme
les antinobles de la révolution qui avaient aboli la monarchie et la
noblesse, guillotiné roi, reine, princes, princesses et nobles et qui
se sont fait anoblir par Napoléon Ier et ont porté leurs titres, comme Cambacérès, avec une superbe, et Fouché, avec une bassesse,
qu'on ne rencontrait pas tous les jours sous l'ancien régime ; et
aujourd'hui encore, antinobles et socialistes ne le sont, en général,
que par dépit de n'avoir pas de titre ou de fortune, mais ces appétits et ces vanités n'en pèsent pas moins lourdement sur cette société luxueuse, où il y a tant d'appétits et de vanités.

Avec le socialisme, la politique est devenue une bataille de chiffres et une cacophonie de mâchoires, et l'on se prend à considérer
comme héroïques les derniers temps du second empire, où l'on
combattait pour « les libertés nécessaires » et comme très idéalistes les premiers temps de cette république où l'on discutait sur
la république et sur la monarchie. Il n'y a même plus ce grain de
sel du « socialisme chrétien » qu'y avaient mis le comte Albert de
Mun, le colonel marquis de La Tour du Pin et quelques autres
gentilshommes, pas tous, à la vérité, par pur altruisme, mais avec
une arrière-pensée de caste, car, vers 1890, l'un d'eux, et non des
moindres, disait : « Je ne suis pas républicain mais je suis socialiste et j'espère bien qu'avec le socialisme nous détruirons la bourgeoisie. » A quoi il lui fut répondu par son interlocuteur : — « Merci
pour moi qui suis bourgeois et qui n'étant ni dans l'industrie ni
dans le commerce, mais dans une profession libérale, ne suis pas
plus que vous dans les causes du socialisme. Nous sommes tous
deux du même côté social, moi au centième rang derrière vous,
parce que vous avez en plus la naissance, et une haute naissance,
en votre qualité de descendant d'une famille souveraine, la fortune,
le talent, l'âge, etc. Mais les socialistes ne font aucune distinction
entre nous, et, pour eux, nous sommes également des bourgeois,
pardon, vous un bourgeois titré, et comme tel présupposé de meilleure prise ! Et comme votre caste, en général, ne fait rien, bien
qu'elle compte des hommes distingués par leurs dons et par leurs
mérites, et qu'elle ne se maintient que par ses mariages avec les
riches héritières de la bourgeoisie, que deviendra-t-elle, votre
caste ? Elle disparaîtra encore bien plus tôt que la bourgeoisie qui,
au moins, gagne sa vie et même la vôtre ». — « Très cruel, le bourgeois » ! — « Pas tant que vous qui voulez la destruction de la bourgeoisie, et, par conséquent, qui condamnez le paysan et l'ouvrier
à ne jamais s'élever, tandis que moi je ne veux pas du tout la destruction de la noblesse qui joue encore le rôle des plumes et des
fleurs sur les chapeaux de femmes, et l'élévation de l'ouvrier et du

paysan à la bourgeoisie m'est une agréable preuve de la vitalité de la race. »

Lorsque, au « krack » de l'Union générale, des monceaux d'écailles d'huîtres obstruaient l'entrée des marchands de vin parisiens, des économistes, qui palliaient ce brigandage contre des imprudents, attribuaient à la république la prospérité ouvrière, dont ces écailles témoignaient. Le fait est qu'en 1910, des garçons de restaurant ou de café de Paris, qui pourtant se sont mis en grève en 1908, gagnent plus qu'un président de tribunal, qu'un colonel breveté d'état-major, qu'un professeur à la Sorbonne, membre de l'académie française ; et un « linotypiste » de vingt ans, qui n'a pas encore fait son service militaire, dont l'apprentissage n'a duré que trois mois et qui a été à l'école gratuite, gagne 4.380 francs par an, le traitement d'un chef d'escadrons, alors qu'à vingt-cinq ans, des docteurs en droit ou en médecine, ès-sciences ou ès-lettres, seraient heureux d'en gagner la moitié. Ces docteurs, comme tous ceux qui ont reçu l'instruction secondaire et supérieure, ont été farcis de grec et de latin, — et le meilleur argument, et celui qu'on ne donne pas, contre l'étude des langues mortes est que, depuis cinquante ans, il n'est pas deux pour cent de ceux qui les ont apprises, qui en aient retenu assez, deux ans après leur baccalauréat, pour en faire un usage quelconque ; — et de toutes sortes de connaissances qui orneraient un jeune homme ayant de la naissance et de la fortune, mais qui ne donnent pas à celui que sa famille n'a pas doté de ces avantages, un instrument pour y suppléer. Elles donnent, au contraire, à son esprit, des habitudes nobles qui lui font regarder toutes les professions, hormis les libérales et les fonctions publiques qui le laissent pauvre, comme au-dessous de lui, à l'instar de la noblesse qui ne juge dignes d'elle que la diplomatie et l'armée, et commence seulement à tâter des autres carrières ; et comme la société contemporaine se développe de plus en plus et partout dans l'industrie et le commerce qui seuls donnent la fortune, sans laquelle les familles ne peuvent se maintenir à un rang supérieur et retombent tôt dans le peuple, même après la réforme bâtarde que cette république lui a fait subir, l'enseignement semble encore fait pour le temps où le roi et sa cour dominaient l'État, où le clergé et la noblesse en formaient les deux premiers ordres et où le tiers-état gravitait autour des parlements. Il n'y a pas assez de différence dans la culture générale des deux ordres de profession : les fonctionnaires, les prêtres, les professeurs, les avocats, les écrivains ne sont pas assez supérieurs aux industriels, aux commerçants, aux employés, aux ouvriers, dont beaucoup rivalisent avec eux non seulement d'intelligence mais de savoir et de talent, et même de manières polies ; mais tant à gauche qu'à droite, la société a une hiérarchie si multiple, si subtile et si rigoureuse, que tel avocat qui fait des gorges chaudes de ce que Saint-Simon tenait pour rien tout ce qui n'était pas duc et se fait radical parce que le marquis, son voisin de campagne, ne le prend pas pour ami intime, ne reçoit pas à sa table un ouvrier, vrai ingénieur ou vrai artiste, parce qu'à ce mot d'ouvrier, il attache encore une certaine idée de prolétariat et d'infériorité. Tels et tels ouvriers gagnent même plus qu'un général de brigade, et ont un plus gros revenu que la grande majorité des bourgeois et des nobles, sans leurs charges parasitaires : ils peuvent avoir, à Paris, un loyer de quatre cents francs les exonérant de la cote personnelle et mobilière et capitaliser tout ce qui n'est pas nécessaire à leur nourriture et à leur vêtement, tandis qu'avec un tel loyer un médecin ou un avocat ne trouverait pas une consultation à donner même à un ouvrier qui n'aurait pas confiance en des consulteurs si peu consultés qu'ils ne peuvent pas même se bien loger. Ces ouvriers et les autres de rangs inférieurs mais cependant supérieurs à la moyenne des ouvriers et qui sont des bourgeois, éprouvent le même dépit de n'être pas rangés dans la bourgeoisie, que les bourgeois d'en bas à l'égard des bourgeois d'en haut et de la plupart contre la noblesse ; et les ouvriers ont entre eux la même jalousie, ainsi qu'en témoignent ceux qui demandent l'égalité des salaires. Mais c'est la seule classe sociale réunie dans les mêmes centres et travaillant en commun et son ambition croît avec ses salaires parce qu'elle se sent la classe nécessaire à la vie contemporaine, la classe ascendante, demain la classe maîtresse, avec les découvertes sans cesse multipliées de la science, qui font du monde comme un train de chemin de fer, dont le sort est entre les mains du chauffeur et du conducteur de la locomotive.

Quelque temps avant l'avènement du « bloc », un député qui avait la confiance de Léon XIII et qui a eu depuis celle de Pie X, disait, un peu découragé de voir le clergé vouloir toujours mieux, ou toujours plus : « Si demain j'étais président du conseil, le clergé me demanderait d'assister à quelque cérémonie solennelle au Sacré-Cœur et comme pour faire les choses avec poids et mesure, je devrais refuser, il me traiterait de mauvais chrétien. » Les ouvriers sont dans la période d'illusion, où les ont précédés le clergé et les républicains, où il semble que l'on conquerra tout et pour toujours, et bien que les continuelles inventions scientifiques rendent impossible la conception de la révolution sociale qui peut s'ensuivre, ses flatteurs et ses voyants décrivent déjà « la cité future » et alors qu'il est si difficile de voir ce qui est et de le noter, eux savent ce qui n'est pas encore et bâtissent une société de toutes pièces, comme au temps de Napoléon III, faisaient pour leur république, qui a si peu répondu à leurs rêves, les Ledru-Rollin, les Jules Favre, les Jules Simon, les Michelet, les Quinet, les Raspail, les Louis

Blanc, les Henri Rochefort, les Jules Grévy, les Henri Martin, les Esquiros, les Eugène Pelletan, les Lanfrey, les Challemel-Lacour, les Bânc, les Littré, les Carnot, les Jules Ferry, qui pourtant étaient au moins de leur taille. Ceux de ces hommes qui étaient historiens réputés, célèbres même, avaient oublié que les conquérants dont ils avaient écrit les conquêtes étaient tombés les uns sur les autres, comme des capucins de cartes, parce qu'il n'y a presque jamais et seulement pour un temps, adhérence entre le conquérant et le conquis, le gouvernement et le gouverné et que le sujet n'est pas le fidèle, les peuples supportant leurs gouvernements, comme les particuliers subissent leur condition, faute de savoir comment ni par quoi les remplacer.

Le peuple français reste un peuple de paysans et les ouvriers y sont encore moins nombreux que les bourgeois, même en ne comptant pas parmi les bourgeois ceux des ouvriers et des paysans qui sont en réalité des bourgeois par leurs ressources et par leur culture : mais l'on se demande si leur nombre augmentera ou s'il diminuera et si beaucoup ne devront pas retourner à la terre et lui faire rendre, par une culture intensive, son maximum de rendement, pour y vivre sur un carré pas plus grand qu'un jardin de curé, lorsque les pays qui se donnent la civilisation européenne occidentale se seront tous pourvus d'une industrie nationale qui réduira les ouvriers français, anglais, belges ou allemands, à ne plus travailler que pour leurs nationaux, l'étranger n'étant plus leur tributaire que pour des produits spéciaux. Quoi qu'il en soit et en se tenant à ce qui est, le gouvernement des ouvriers serait, comme tous les gouvernements, le gouvernement d'une minorité conquérante, plus nombreuse que le clergé ou la noblesse, moins nombreuse que les bourgeois et surtout que les paysans, et s'ils étaient fidèles à eux-mêmes et s'ils pouvaient surmonter tous les obstacles, si les intérêts, les partis et les classes étaient étanchés et ne se « compénétraient » pas les uns les autres et ne se tempéraient par leur compénétration, leur gouvernement ressemblerait à celui du clergé plus qu'à tout autre, particulièrement au clergé régulier, à cause de leur communauté de vie, de la division du travail, de leur réglementation et de leur discipline ; mais les groupes sociaux pourraient regretter le gouvernement de l'inquisition, parce que les prêtres sont moins nombreux, et le gouvernement d'un tyran, parce que la « petite balle », à laquelle M. Félix Pyat portait un toast sous Napoléon III, pourrait les débarrasser du tyran.

Lorsqu'un ouvrier ou un employé se sentent des capacités patronales, ils fondent une usine, une fabrique ou une maison de commerce, ou ils prennent la suite d'une maison de commerce, d'une fabrique ou d'une usine établies ; ils se font patrons, et généralement sont patrons plus rudes que ceux qui n'ont pas commencé par être employés ou ouvriers et qui ne connaissent pas tous les « trucs » antipatronaux et de ceux qui entendent faire la plus grosse fortune dans le moindre temps, avec des ouvriers ou des employés toujours sollicités aussi de gagner le plus en travaillant le moins, et, « après fortune faite », marier leurs filles dans la bourgeoisie ou la noblesse, au prorata de leur dot. Cette ascension au patronat et à ses suites sociales, aussi fréquente que les capacités et les occasions, et aussi légitime que naturelle, semble la négation du socialisme, par ses bénéficiaires éventuels et peut-être ses sectateurs de la veille.

Les syndicats d'employés ou d'ouvriers prélèvent sur leurs adhérents une cotisation, ou plutôt un impôt périodique pour d'intéressantes œuvres de mutualité, — retraites pour les vieillards, secours aux veuves et aux orphelins, assistance dans la maladie et dans le chômage, le fléau involontaire de la classe ouvrière, comme l'imprévoyance en est le fléau inconscient, — et surtout pour la guerre contre le patronat, par la propagande socialiste et par les grèves. Mais ils n'ont pas encore consacré ces subsides de guerre à la fondation d'une industrie ou d'un commerce, dont ils seraient ainsi à la fois les bailleurs de fonds, les fondateurs, les propriétaires, les associés, les patrons, les employeurs, les directeurs, les administrateurs, les employés, les ouvriers et les serviteurs, attestant non plus seulement en paroles, mais en actions, leurs capacités patronales : là où un industriel ou un commerçant gagne dix millions — et si l'on ne compte pas ceux qui se ruinent, l'on compte ceux qui réalisent cette fortune après une longue carrière, — quatre cents employeurs-employés se feraient un appréciable pécule de dix mille francs chacun en présupposant que tous quatre cents aient même persévérance d'économie de leur part de bénéfices et même bonheur de gestion de cette part, leur salaire restant le même, augmenté seulement du quatre centième de la dépense patronale, ce qui, pour une dépense de quarante mille francs, ferait à chacun cent francs. A l'exemple de ce que fait depuis toujours l'État avec l'impôt, c'est-à-dire avec la participation forcée de ses sujets ou citoyens, pour les grands services publics, l'association volontaire des capitaux pour les communications terrestres, fluviales et maritimes, les établissements de crédit et d'assurance, les entreprises industrielles et commerciales, jusqu'aux magasins, hôtels, restaurants et cafés, ou brasseries, en a rendu les avantages sensibles aux ouvriers les moins éclairés, qui ont eu la perception qu'en s'associant aussi, ils en retireraient des avantages analogues. Ceux qui n'ont pas leur fortune en valeurs mobilières, quand ces valeurs ne deviennent pas des chiffons de papier négociables pour cinq sous à la seule « Bourse des pieds humides », à de vieilles femmes à cabas et à de vieux hommes à tabatière, qui trouvent leur

bonheur à rêver que quelque financier tambouriné par les journaux
contre espèces sonnantes et sur qui ils « pontent », ou que le hasard, auquel ils croient, leur rendra leur virginité fiduciaire, inscrite sur leur vignette : non, ceux-là ne connaissent pas la douceur
que l'argent, qui n'a déjà plus d'odeur depuis l'empereur romain,
a prise en ces cinquante dernières années, le demi-siècle des coupons : sans doute, il est un peu fastidieux de détacher les coupons
de leur souche, mais on en touche le montant des mains d'un payeur
impassible, au lieu de ces figures d'enterrement que prennent les
locataires et les fermiers en payant à leur propriétaire, souvent
plus gêné qu'eux, leur loyer ou leur fermage.

En s'associant, les ouvriers ont fait élever leurs salaires et se
sont donné quelque sécurité, mais non sans des grèves, c'est-à-dire
des chômages, ni sans avoir ruiné des patrons au profit des industries étrangères, c'est-à-dire au détriment des ouvriers français : de
sorte qu'en bouchant des trous, ils en ont ouvert d'autres. Leur
grand effort a toujours été contre le patronat, comme si la suppression du patronat devait leur livrer l'industrie et le commerce, avec
l'État par surcroît, et ajouter à leurs capacités ouvrières les capacités patronales, dont ils n'ont, jusqu'à présent, donné qu'un échan-
tillon pas assez concluant, par exemple dans leur « mine aux mineurs » de Carmaux et dans leur verrerie « coopérative » d'Albi : —
à la vérité, il n'est presque rien qui ne nécessite des essais et qui
ne traverse des échecs. Être à la fois leurs propres patrons et leurs
propres ouvriers, l'ouvrier-patron, l'employé employeur de soi-même, ne supprimerait pas le conflit entre le capital et le travail, lequel a toujours existé, et même il le multiplierait, puisqu'il y aurait
plus de volontés et des intérêts plus divers aux prises : mais le
conflit changerait de forme, il se produirait pour l'emploi du capital
et pour l'emploi du travail entre ces associés-Janus, et chacun d'eux
trouverait même en soi deux hommes rivaux, les deux anciens ennemis, le patron et l'ouvrier. A la monarchie absolue du patron
unique succède chaque jour la monarchie oligarchique des sociétés
anonymes, en commandite et en participation, de même que dans
l'ordre politique, depuis la révolution française, a succédé à la monarchie absolue, dans toute l'Europe occidentale et centrale, la monarchie représentative ou constitutionnelle, qui est en train de s'établir en Russie, en Turquie et en Perse, et de gagner la Chine, par
l'exemple du Japon, qui, après s'y être régénéré, a battu la Russie
alors encore absolutiste. Ce serait un pas de plus dans le parlementarisme et la démocratie, quelque chose comme la constitution
de 1875 dans l'ordre économique, le régime républicain succédant
au régime monarchique : et l'on ne sait, en effet, s'il y a eu coïncidence seulement ou accord conséquentiel entre l'évolution politi-

que et l'évolution économique de l'absolutisme au constitutionnalisme, ni si ce parallélisme se continuera.

Comme à tous les degrés de l'échelle sociale, du plus bas au plus haut, dans toutes les professions, dans tous les partis, tout n'est que désordre sous l'ordre apparent ; beaucoup de patrons ont peu ou pas de conscience, et beaucoup d'ouvriers n'en ont pas davantage, et leurs actes professionnels sont proportionnellement improbes ; et comme aussi le bon exemple doit venir d'en haut, c'est-à-dire de ceux qui ont le moins à se plaindre de leur condition, et qui peuvent le mieux se donner le luxe de la vertu, de tout temps si peu à la mode, leur improbité s'en aggrave. Cette improbité revêt parfois une forme qui avait échappé à l'imagination d'Harpagon : tel employeur, puisqu'employeur l'on dit, réduit le salaire de ses employés quand sa femme lui fait un enfant, mais il crie comme un écorché quand ses employés « sabotent » leur travail, ce qui est à peine la contre-partie de son écornage. Les patrons disent : « Les ouvriers croient que nous avons la corne d'abondance. Nous pouvons nous ruiner, nous, notre famille, nos amis, nos connaissances, tous ceux qui nous ont confié leurs fonds, pas toujours dans l'espoir de gros revenus, parfois parce qu'ils n'ont pas osé nous refuser. Alors, de nos mains, ces fonds sont passés aux mains des ouvriers, les ouvriers ont dépossédé les patrons, le travail a absorbé le capital. » Les ouvriers répondent : « Oui, mais vous courez la chance de vous enrichir, de gagner des millions, dix, vingt, cinquante ou davantage, tandis que nous autres, nous restons ouvriers, et notre salaire diminue avec nos forces. Beaucoup d'entre nous sont dans la misère, lorsqu'ils ont plusieurs enfants. » Inégalités douloureuses à ces extrémités et même jusqu'ici irrémédiables dans la ruine du patron et de ses associés. La société n'est faite que d'inégalités, comme la terre, sur laquelle elle se tourne et se retourne pour s'y trouver mieux, est toute en plaines, en montagnes, en vallées, en collines et en précipices.

Le parlement de cette république a vu, au milieu d'hommes bien faits et vigoureux, M. de Cazenove de Pradine, manchot, mais manchot glorieux ; M. Gambetta, borgne ; le marquis de Ploeuc, une jambe en équerre ; M. Casimir de Ventavou, pied-bot ; M. Thevenet, « boitant par devant, boitant par derrière », disait la chanson, et les yeux guère mieux plantés, ce qui ne l'a pas empêché d'être regardé avec faveur par « la belle Rosalie ». Mlle Rosalie Turin, ondoyante et gracieuse sous ses cheveux cendrés comme un pastel de Latour, la disgrâce rencontrant parfois des douceurs ; MM. Alfred Naquet et Deluns-Montaud, bossus ; M. Thivrier, un lupus à la figure, sur quoi sa blouse bleue attirait les regards ; et combien d'autres affligés d'infirmités aussi voyantes ou plus secrètes, mais qui toutes ont été pour le législateur le vivant témoignage de l'irréductible inégalité des hommes ! Même les inégalités qui font souffrir seulement la vanité demandent des égards : par exemple, trop de patrons ont leur château ou leur hôtel, avec leurs jardins et leur parc, à l'orée de leur mine, de leur usine, de leurs ateliers ou de leurs magasins, au lieu d'y avoir un simple logis, et leur habitation de luxe au loin, non par hypocrisie, mais par respect de ceux qu'ils emploient, pour ne pas surexciter leur envie, trop naturelle chez les ouvriers arrivant à leur travail ou en sortant, à la vue des meutes, des « autos », des équipages, des cuisines fumantes, des salons illuminés, de la livrée, des invités élégants et joyeux. Dans les villes, les hôtels particuliers bâtis depuis quarante ans sont presque tous en bordure des voies, laissant tout voir aux malheureux, au lieu des vieux hôtels du faubourg Saint-Germain, presque tous, au contraire, enclos de murs, derrière lesquels le passant ne soupçonne même pas ce qu'il y a. Il n'est pas un chef-lieu d'arrondissement où cent ou cent cinquante petits bourgeois. — à Paris, c'est cent ou cent cinquante mille, ou davantage, petits bourgeois, moyens bourgeois, gros bourgeois et nobles de diverses marques, les grands nobles et les grands bourgeois ayant en général le bon goût de se désaltérer au cercle — passant leur temps à entonner digestifs sur apéritifs et réchauffants sur rafraîchissements à la terrasse des cafés, et étalent ainsi ce qu'il y a quelques années encore, en Bretagne, on appelait « la vie noble », c'est-à-dire la vie oisive, la vie inutile sous le regard du paysan qui conduit sa charrette ou de l'ouvrier qui, l'outil sur l'épaule, se rend à son travail, tous deux se disant que tout ce monde-là est en papier peint et ne pèse pas lourd.

Presque tout Français de cette république qui a hérité de ses parents six mille francs de rente, et même moins, ne désire rien tant, les républicains, comme les autres, que de mener « la vie noble », et il se lamente, entre deux bocks, sur « le malheur des temps qui veut » que les ouvriers et les paysans, dont l'ambition est fouettée par le suffrage universel, l'enseignement obligatoire, le service militaire et les journaux, comme par la paresse et le snobisme de la noblesse et de la bourgeoisie, envahissent toutes les carrières, les carrières libérales encore plus que les carrières industrielles, bien qu'elles ne donnent que rarement la fortune, parce que la race est idéaliste et que son idéalisme l'emporte encore sur ses appétits qui ont toujours excité les socialistes avec des maximes de pirates, entremêlées de préceptes chrétiens déchristianisés, et aussi parce que les carrières libérales ont jusqu'à présent mieux que les autres, conduit à la conquête du pouvoir. Ainsi se renouvelle sans cesse la bourgeoisie. Mais, malgré leur vigueur, à la deuxième génération, ou à la troisième, par le fonctionnarisme, le traitement fixe, la pension de retraite, les décorations, les alliances avec la noblesse de petit théâtre ou si leur fortune « permet de faire la noce », ou la « haute noce », avec la noblesse moyenne ou grande, mais véritable, ou à peu près, ces nouvelles couches bourgeoises deviennent comme les autres, et il ne se reconstitue pas de familles dirigeantes, c'est-à-dire d'aristocratie, laquelle n'a pas besoin d'être noble : « messieurs de Berne » n'étaient pas tous nobles et leurs descendants, bourgeois pour la plupart, ne se voient aussi qu'entre eux, regardent avec dédain le conseil fédéral qui leur est supérieur de tout point, sauf pour la morgue, entr'ouvrent à peine leurs portes au corps diplomatique et leurs airs hauts et glacés de musée ne donnent pas aux Bernois l'envie de les reprendre pour « messieurs », si respectables soient-ils. Il y a trop de luxe extérieur, dans les rues, de ce luxe d' « autos » et de toilettes, qui semble accessible à quiconque a un peu d'ambition, d'audace, de chance et peu de scrupules, et qui est plus dangereux que le luxe des cortèges du roi Édouard ou du tsar, lesquels sont comme des contes de fée hors de la portée des spectateurs. L' « auto » qui traverse en bombe les campagnes, emportant des personnes masquées qui vont « faire la bombe », — cela veut dire une partie de plaisir, où sans doute l'on éclate comme une bombe sous le pétillement du champagne — l'auto est un engin supérieur de socialisme, comme les chemins de fer ont été des engins de destruction du pouvoir absolu en Russie, en Turquie, en Perse, en tout l'Orient : en lui écrasant ses poules et en lui estropiant ses moutons, l' « auto » exacerbe l'ennui du paysan dans sa grange et dans ses avoines et son envie d'aller, lui aussi, courir comme le vent, « faire la bombe » en des lieux plus hospitaliers. Seulement, si les employés et les ouvriers remplacent les patrons dans leurs industries et dans leurs commerces, et se partagent la fortune que feraient ces patrons, en la divisant en pécules de dix mille francs, voire un peu plus, il ne se fera plus de fortunes, c'est-à-dire plus de bourgeoisie, partant plus de noblesse, la noblesse devant disparaître avec la bourgeoisie, sa nourricière, les fortunes qu'on ne renouvelle pas étant comme des réservoirs où l'on puise sans y mettre, si tant est que le socialisme laissât subsister les fortunes survivant à l'expropriation des établissements industriels et commerciaux, ce que ne permettent pas de croire certains de ses théoriciens. Donc, plus de luxe et l'industrie et le commerce du luxe abolis et leurs ouvriers et leurs employés sans travail et licenciés, la ruine de ceux qu'ils envient le plus, entraînant leur propre ruine, plus de fortunes, plus d' « autos », ni plus d'ouvriers d' « autos » ; et la société revenant à ce qu'elle était il y a seulement cinquante ans, moins les riches, puisqu'il n'y en aurait plus, n'aurait plus besoin de la moitié des ouvriers d'aujourd'hui, de sorte que la moitié, mise à pied, ou plus de la moitié, ne saurait plus où ni comment gagner son pain.

Mais l'auteur sortirait de son cadre s'il ne se bornait à analyser les faits, les théories et les menaces, et s'il sondait l'avenir, ce pour quoi il n'a aucune aptitude ni aucun goût : toutefois, et cela éclaire tout de même l'avenir, l'expression argotique qu'on lit et qu'on entend partout depuis l'avénement du ministère Waldeck-Rousseau : « le chambardement de la société capitaliste », et dans les édicules où les politiciens de la rue peuvent, sans être vus, crayonner leurs doctrines, leurs : « mort aux bourgeois ! » n'ont pas besoin de lumières.

Jusqu'à présent, les rares essais de patronat collectif n'ont pas montré chez les ouvriers ni chez les employés des capacités patronales menaçantes pour le patronat individuel. Les capacités ouvrières peuvent être intellectuellement, esthétiquement, et même moralement supérieures aux capacités patronales, mais elles sont autres, elles ne peuvent les suppléer, de même que les capacités patronales les plus prodigieuses, celles qui font les milliardaires américains, ne donnent pas la capacité de rédiger un fait divers dans un journal ou de mettre une pièce à un soulier. Quelquefois les capacités ouvrières et les capacités patronales sont réunies dans la même personne, mais rarement, et cette réunion est au profit du patronat individuel et non du patronat collectif ; c'est une association de capacités antisocialistes. Tout en écrivant avec facilité, même avec agrément, mais en une manière commune, M. H. de Villemessant était un directeur de journal, c'est-à-dire un patron, supérieur au journaliste, c'est-à-dire à l'ouvrier. M. Emile de Girardin était un ouvrier égal au patron, aussi bon journaliste que bon directeur de journal, quoique l'un et l'autre laissassent trop paraître l'homme d'affaires, ce qui pourtant donnait du poids, auprès de la bourgeoisie laborieuse, aux paradoxes d'un homme qui se vantait d'avoir « une idée par jour » et est mort à près de quatre-vingts ans. M. Edouard Hervé était un écrivain de race supérieure à M. de Girardin, mais espacé, ne tenant pas son public en haleine et, bien qu'agité d'ambitions politiques, le directeur de journal n'avait en lui de suite, avec une rare capacité, que pour les affaires, où il était non moins habile que M. de Girardin, mais plus avisé. Mais on ne cite pas ses confrères de l'académie française, réputés meilleurs ouvriers dans l'art d'écrire, capables d'être directeurs d'un journal, d'en constituer la propriété et de la gérer, en un mot d'en exercer le patronat, tandis que des hommes sans lettres, sans savoir, sans éducation, qui pourraient aussi bien être entrepreneurs de transport de grevois, mais qui ont le génie des affaires, lequel d'ordinaire ne vit pas en bonne intelligence avec le génie littéraire, — pourtant pas chez Victor Hugo, pas chez M. Emile Zola, pas chez M.

Alexandre Dumas fils, pas chez M. d'Ennery, pas chez M. Victorien Sardou, — savent « faire rendre » à un journal tout ce qu'il peut « rendre ».

Les novateurs annoncent que les collectivités sont mûres pour les capacités patronales et que la nature morale de l'homme, elle-même, est mûre aussi pour l'altruisme intégral. Mon Dieu, l'homme a tant changé depuis la préhistoire et aussi pendant cette préhistoire, sans doute, que l'on peut espérer ou craindre, selon son point de vue, qu'il changera encore, et de telle ou telle façon, surtout en un temps où la science change tant de choses autour de lui, créant des forces nouvelles et en abolissant d'anciennes. Mais l'anatomiste rappelle au lecteur le mot du général Fleury, ambassadeur de Napoléon III auprès du tsar Alexandre II, qui l'avait fait asseoir sur une fesse dans son traîneau : il avait été traité avec non moins de bienveillance par un prince de plus grande maison, le duc d'Aumale ; il avait donc vu de près d'autres princes que ceux qu'il avait l'honneur de servir et dont les pères, le roi Louis et le roi Jérôme, avaient connu l'existence des gentillâtres de province pauvre, et il disait : « Il y a trois sexes, les hommes, les femmes et les princes. » Quand c'est le peuple qui croit les princes d'un autre sexe, c'est tant mieux ; mais quand c'est eux-mêmes qui le croient, c'est tant pis. Les évolutions et les révolutions sont comme les princes, elles sont d'un autre sexe que ne croient leurs partisans et leurs adversaires, en ce sens qu'elles vont d'un point connu à un point inconnu également d'eux tous. En attendant donc que les capacités patronales deviennent collectives ou que celui qui en est pourvu les mette au service de sa collectivité professionnelle, se faisant collaborateur de ceux qu'il emploierait, renonçant à la fortune pour le pécule, et, nonobstant, conservant le génie des affaires que donne l'ambition de la fortune et le ressort qu'y ajoutent les risques moraux et matériels inhérents à la fonction patronale personnelle, tout employé ou tout ouvrier qui se sent l'étoffe d'un patron se fait patron et fait comme tous les patrons. Lorsque sous Napoléon III les comices agricoles intéressaient et même passionnaient les châtelains, nobles ou bourgeois, légitimistes ou orléanistes, bonapartistes ou républicains, ces châtelains ne se doutaient guère que leur influence ferait, sous la troisième république, remplacer le régime libre-échangiste par le régime protectionniste, toute la politique républicaine s'étant faite, surtout jusqu'à la mort du prince impérial, et même en matière économique, en réaction contre la politique impériale, et que ce protectionnisme serait un socialisme d'État, puisque l'État fait payer aux consommateurs plus cher pour que les producteurs vendent plus cher. Des comices agricoles sont nés les syndicats agricoles et à mesure que l'industrie et le commerce se sont développés

22

et se sont rapprochés, pour leur importance, de l'agriculture qui demeure la base économique et sociale de la France, ils se sont réunis et syndiqués comme elle et mieux qu'elle, étant mieux outillés pour l'association et pour l'action, et ils prétendent aujourd'hui obtenir de l'État tout ce que l'agriculture en a obtenu, et davantage, parce qu'ils croient être les organes les plus nécessaires de la société et de l'État et être l'État lui-même. Un petit fait peut être le symbole d'une grande chose : lorsqu'aux courses d'Auteuil le baron Christiani a aplati à coups de canne le « haute forme » du successeur de M. Félix Faure, à peine élu, — la hardiesse de l'opposition conservatrice n'a pas été au-delà sous cette république, — l'on a été un peu surpris, parce que les opinions de M. Loubet étaient plus près de celles de M. Félix Faure et de M. Casimir-Perier que de celles de M. Carnot et de M. Grévy, et moins loin, par conséquent, de celles de M. Christiani et de ses amis et alliés ; mais une sorte d'instinct lui avait fait lever sa canne comme pour abattre la politique qui arrivait au pouvoir avec M. Loubet et qui devait être plus révolutionnaire que celle de toutes les précédentes présidences réunies, en s'attaquant à l'organisme même de la société.

... M. Fallières est la réincarnation de M. Loubet et M. de Freycinet a dit en souriant : « Lorsque M. Fallières était sous-secrétaire d'État à l'intérieur et aux cultes dans mon cabinet du 28 décembre 1879, il représentait l'extrême-droite. » Mais c'est un Loubet qui ne ronchonne pas contre la politique de ses ministres, et qui les suit en bon marcheur.

Sauf le maréchal de Mac-Mahon qui n'avait pas de dispositions oratoires, tous ces présidents ont été orateurs : M. Thiers, du premier rang ; M. Grévy et le général Trochu, du second ; MM. Casimir-Perier, Loubet, Fallières, Félix Faure et Carnot, et dans cet ordre, du troisième rang ; MM. Loubet et Fallières avec le cachet de leur province, Paris ayant eu peu de prise sur eux. C'est l'organisateur du musée de Nérac, M. Faugère-Dubourg, gendre du médecin aliéniste Brierre de Boismont, qui a découvert M. Fallières, mais il est mort longues années avant l'accession de sa créature à ce qu'on appelle encore par habitude « le pouvoir suprême », comme M. Barbey, ministre de la marine, a inventé M. Jaurès. « Je l'ai inventé, disait-il, mais je ne m'en vante pas ! » M. Fallières a plus de naturel que M. Loubet, mais il est plus rural et plus volubile, « un Loubet sans bretelles », et il a le défaut de ses prédécesseurs, inhérent à la présidence sur un continent où il n'y a que des chefs d'État héréditaires avec qui on le compare et qui, même physiquement et intellectuellement inférieurs aux présidents, font corps avec leur fonction et n'y paraissent pas empruntés et passagers. Tant qu'un président n'est pas mort et que les passions ne se sont pas refroidies sur sa cendre, surtout tant qu'il n'est qu'à la moitié de sa présidence, l'on ne peut faire de son ombre qu'un demi-portrait (ombre d'une ombre) ; mais dans le temps et dans l'espace, les figures se métamorphosent et s'auréolent, elles n'apparaissent plus comme à leurs contemporains, elles deviennent des symboles, des mythes, et toute personne politique peut espérer être, un jour ou l'autre, belle, même dans sa laideur. C'est ainsi qu'à la Sorbonne, M. Aulard fait quasiment des dieux de l'Olympe, des ouvriers de la révolution française, la plupart scélérats et imbéciles, parce qu'il voit en eux non pas leurs actes personnels qui méritaient l'échafaud, le bagne ou le cabanon, mais la révolution à laquelle ils ont collaboré et qui est pour lui l'évangile moderne, évangile qui a déjà bien des dissidents, non pas ceux qui l'ont toujours été et qui lui donnent au contraire de la force, mais des dissidents nouveaux, qui ne sont attachés à rien d'ancien et qui cherchent d'autres idéals. Aussi, les présidents, les ministres et les législateurs, qui ont dépouillé de leurs biens les clergés régulier et séculier, espèrent-ils sans doute que les historiens, sinon l'histoire, verront en eux non des spoliateurs, non des larrons, mais les initiateurs d'une religion nouvelle affranchie des religions et de la religion. On n'a jusqu'ici remarqué en M. Fallières que deux traits, surtout le premier, qui serait presque aussi personnel que les décrets de M. Grévy après le rejet de l'article 7, sinon que le 16 mai, son parti pris de gracier tous les condamnés à mort, nonobstant les protestations de presque tous les jurys et de presque tous les journaux, s'il n'avait eu derrière lui les ministres partisans de l'abolition de la peine de mort, un projet de loi abolissant cette peine et une majorité paraissant favorable à cette abolition « par peur de ne pas paraître assez avancée ». Toutes les assemblées et tous les politiciens de cette république ont toujours été dominés par la peur : à gauche par la peur de ne pas paraître assez avancés ; au centre, par la peur de ne pas paraître assez modérés ; à droite, par la peur de ne pas paraître assez réactionnaires, et qui est réactionnaire sur un point, modéré sur un autre, avancé sur un troisième, sans se soucier des convenances de son parti encroûté dans son programme comme une huître dans sa coquille, ni d'autre chose que de ce qu'il croit l'intérêt public, éveille les rancunes et les suspicions, passe pour « sauvage » ou pour traître. Le second trait de M. Fallières est son soin de se tenir en dehors de l'Église, dans la laïcité pure, encore plus que M. Loubet, qui en avait également plus que M. Félix Faure, bien qu'il ait lui-même conduit à l'autel sa fille à son mariage avec M. Jean Lanes, dédoublant ainsi sa personnalité, personne politique laïque, personne privée catholique, dédoublement fréquent chez les républicains avancés et même chez les autres, le cléricalisme et même les sentiments religieux ayant toujours été sous cette république, une pierre d'achoppement pour la plupart des candidats de gauche et même de droite, aux élections et auprès d'électeurs qui ont eux-mêmes recours à la religion aux grandes étapes de la vie et même plus souvent. Mais c'est un phénomène que l'on ne peut que constater, les causes en restant ténébreuses.

A ces deux traits qui marquent l'assujettissement de M. Fallières jusqu'aux préjugés et aux tendances de ses électeurs, il faut ajouter une anecdote qui est la critique la plus aiguë de la fonction présidentielle dans ce qu'elle a de plus national. En recevant pour la première fois un général, il lui dit : « Mon cher camarade, la constitution fait de moi le chef suprême de l'armée... C'est absurde, mais c'est ainsi. Toutes les fois donc qu'un général vient me voir, je lui suis reconnaissant de me faire profiter de son expérience, car j'ai à cœur de me tenir au courant de toutes les questions militaires. » Il n'est pas absurde que la constitution fasse du chef de l'État le chef de l'armée — et elle ne le fait pas, — car si les deux chefs sont distincts, c'est le chef de l'armée qui est en puissance le chef de l'État, puisqu'il dispose de la force publique, maintien des républiques comme des monarchies : mais ce qui est absurde, c'est qu'elle donne à l'État un chef qui ne peut pas commander l'armée en un pays environné de puissances, dont les chefs les commandent eux-mêmes à la guerre, et qui ne peut même pas en faire le simulacre en en portant l'uniforme à cheval, comme a fait Napoléon III, comme grillait de le faire M. Félix Faure, non pas que l'armée ne puisse obéir à un chef civil et loin d'elle, puisqu'elle a obéi à M. Gambetta autant et plus qu'à Napoléon III, et même trop, si l'on peut dire, témoin le général Bourbaki ; mais, on voit, en effet, et peut-être à tort, quelque chose d'absurde à ce que celui qui fait la guerre, la fasse du fond de son palais, sans donner l'exemple, sans courir de périls.

M. Fallières a réduit la maison militaire de son prédécesseur et cette maison présidentielle qui a varié de composition, de nombre et de nom, mais qui est connue sous le nom de maison civile et militaire du président de la république, est assez indicatrice du caractère et des idées de chaque président et de son temps. Le général Trochu n'a eu d'autre maison que son état-major de gouverneur militaire de Paris, dont le chef, le général Schmitz, contresignait ses proclamations, ordres et dépêches, P. O., par ordre, et que le populaire parisien avait surnommé pour ce P. O., Paul Oscar. M. Thiers a eu pour toute maison son collègue à l'assemblée nationale et son confrère à l'institut, M. Barthélemy Saint-

Hilaire, avec le titre de secrétaire général de la présidence. Un président à la suisse, bien que les républicains ne le comptent pas parmi leurs présidents. Le maréchal de Mac-Mahon, en arrivant à la présidence, prit un colonel d'état-major pour chef de son cabinet, un civil pour secrétaire de la présidence, deux colonels d'état-major et un chef d'escadron d'artillerie pour aides de camp, un lieutenant de chasseurs et un lieutenant de vaisseau pour officiers d'ordonnance, cinq nobles sur sept ; et lorsqu'il quitta cette présidence, il avait un général de brigade comme premier aide de camp, un colonel d'état-major pour chef de son cabinet, un civil pour sous-chef du cabinet, un civil attaché au cabinet, un général de brigade pour aide de camp, un lieutenant-colonel d'infanterie, un chef d'escadrons de cuirassiers, un lieutenant de vaisseau et un lieutenant de dragons pour officiers d'ordonnance, cinq nobles sur neuf. En lui succédant, M. Grévy eut un général de brigade pour chef de sa maison militaire et secrétaire général de la présidence, un civil pour chef du cabinet, deux civils pour secrétaires particuliers, un chef d'escadrons d'artillerie, un chef d'escadrons de cavalerie, un capitaine d'état-major, un capitaine de zouaves, un sous-lieutenant d'infanterie attachés à sa personne ; un chef d'escadrons de gendarmerie, commandant militaire de l'Élysée. Le chef du cabinet était ce M. Duhamel, qui avait épousé une nièce de Balzac, et qui avait « dans les propres de sa femme » une maison hospitalière, fournissant ainsi un nouveau trait imprévu à la « Comédie humaine ». Après les gorges chaudes qu'on en fit, M. Grévy balaya tout le civil de sa maison, son gendre excepté, pour son malheur, et il n'eut plus qu'une maison purement militaire : un général de division, chef de la dite maison et secrétaire général, un colonel d'artillerie, un colonel de dragons, un colonel de gendarmerie, un lieutenant-colonel de zouaves, un lieutenant-colonel d'artillerie et un capitaine d'infanterie. M. Carnot commença par un général de brigade, chef de sa maison militaire et secrétaire général de la présidence, un colonel de cavalerie, un lieutenant-colonel d'artillerie, un capitaine de frégate, un chef de bataillon du génie, un chef de bataillon d'infanterie, un civil chef du secrétariat particulier ; et il finit par un général de brigade, mêmes fonctions que le précédent ; un colonel d'infanterie, un lieutenant-colonel du génie, un capitaine de frégate, un lieutenant-colonel d'artillerie, un lieutenant-colonel de cavalerie, un civil chef du secrétariat particulier et un autre civil chef adjoint du secrétariat. Dans une chasse, à Compiègne, M. Carnot déchargea son fusil sur son général, le général Brugère, et comme en temps de paix une charge de plomb signale un général à l'attention publique, cet accident ne fut pas étranger à la fortune qui fit de lui un vice-président du conseil supérieur de la guerre, c'est-à-dire le généralissime désigné des armées françaises. M. Casimir-Perier organisa sa maison civile et militaire comme pour être « le chef » de la France qu'il voulut être, mais qu'il ne fut pas, ses ministres non seulement ne le consultant pas sur ce qu'ils devaient faire, mais ne lui faisant pas toujours part de ce qu'ils avaient fait : un civil secrétaire général de la présidence, deux civils attachés à la personne du président, un civil directeur du cabinet du secrétaire général de la présidence, deux civils attachés à la personne du président, un civil directeur du cabinet du secrétariat particulier du président, un civil directeur adjoint du cabinet et du secrétariat particulier du président ; un civil secrétaire particulier ; un général de brigade chef de la maison militaire, un colonel d'infanterie, un capitaine de frégate, un chef d'escadrons d'artillerie, un chef d'escadrons du génie, un chef d'escadrons de cavalerie, attachés à la personne du président ; un capitaine de la garde républicaine, commandant militaire de l'Élysée, deux nobles sur treize ; les gens superstitieux ont remarqué le chiffre 13 de la maison présidentielle qui s'est écroulée après six mois. M. Félix Faure a eu d'abord un général de brigade pour secrétaire général de la présidence, chef de la maison militaire ; un capitaine de vaisseau, un lieutenant-colonel d'infanterie, un chef d'escadrons d'artillerie, un chef de bataillon du génie, un chef de bataillon d'infanterie de marine, un chef d'escadrons de cavalerie, un chef de bataillon d'infanterie territoriale, officiers d'ordonnance du président, un civil directeur du cabinet du président, un civil chef du secrétariat particulier, un capitaine de chasseurs à pied, attachés au secrétariat, deux nobles sur douze ; et enfin, un général de brigade, mêmes fonctions que le précédent, un colonel d'infanterie, un capitaine de frégate, un chef d'escadrons d'artillerie, un chef d'escadrons de cavalerie, un chef de bataillon du génie, un chef de bataillon d'infanterie de marine, un chef de bataillon d'infanterie territoriale, officiers d'ordonnance du président, un civil, directeur du cabinet du président, un civil sous-directeur de ce cabinet, deux nobles sur onze. M. Loubet a eu après lui un général de brigade, secrétaire général de la présidence et chef de la maison militaire ; un lieutenant-colonel d'infanterie, un capitaine de frégate, un chef d'escadrons d'artillerie, un chef de bataillon du génie, un chef de bataillon d'infanterie, un chef de bataillon d'infanterie de marine, un chef d'escadrons de cavalerie, un chef de bataillon d'infanterie territoriale, officiers d'ordonnance du président ; un chef d'escadrons de gendarmerie, commandant militaire de l'Élysée ; un civil directeur du cabinet du président, un civil sous-directeur de ce cabinet, et un civil chef du secrétariat particulier, un noble sur treize, et cette fois les gens superstitieux ont été déçus, puisque M. Loubet a accompli son septennat sans leur faire grâce d'une heure. Lorsqu'il a remis la présidence à M. Fallières, après lui avoir fait faire à l'Elysée le « tour du propriétaire » exproprié, M. Loubet avait un général de division comme secrétaire général de la présidence et chef de sa maison militaire, un capitaine de vaisseau, un colonel de cavalerie, un lieutenant-colonel d'infanterie territoriale, un lieutenant colonel de cavalerie, un lieutenant-colonel de tirailleurs algériens, un lieutenant-colonel d'infanterie coloniale, un lieutenant-colonel d'infanterie, un chef de bataillon d'infanterie, attachés à la personne du président, un chef d'escadrons de gendarmerie, commandant militaire de l'Elysée ; un civil secrétaire général civil, un civil chef du secrétariat particulier ; un noble sur douze, le commandant de Bouillane de Lacoste, du pays natal de M. Loubet. Avoir pour officier d'ordonnance un noble de la Drôme, quel triomphe pour le « paysan » de la Drôme, auprès de leurs compatriotes, les « dromadaires » ! Ces Bouillane portent « d'azur à la patte d'ours, mise en bande d'or ». Ils devraient porter de ce qu'on voudra « au bûcheron et à l'ours ». Un jour, le dauphin qui devait être Louis XI, chassait dans la forêt de Quint-en-Diois, chez les futurs « dromadaires », lorsqu'un ours se dressa devant lui. A ses cris, accoururent deux bûcherons, Pierre Bouillane et Géronton Richaud, qui lui sauvèrent la vie. En reconnaissance, il les anoblit et cette paire de particules ne l'appauvrit pas, mais elle n'enrichit pas non plus leurs titulaires ni leurs descendants, car aux Etats de Romans en 1788, l'on vit quatorze Bouillane et vingt-sept Richaud en habits de paysan, avec une vieille rapière rouillée au côté. Des pince-sans-rire regrettent que chacun n'ait pas dû mettre dans ses armes et en tête de sa généalogie, au lieu des origines fabuleuses qui font pâmer les héraldistes, le bouvier ou le portefaix d'où descend toute famille, même la plus illustre famille royale, avec le sabotier, fils du bouvier, ou le charcutier, fils du portefaix, qui ont fait le premier effort et ont mis le pied de la famille à l'étrier, et à qui devrait aller, mais ne va pas, la reconnaissance de la postérité familiale, bons radicaux, bons socialistes, bons révolutionnaires de l'époque, parce que l'humilité de leurs commencements rappellerait les uns aux réalités sociales et politiques pour leur avantage et confirmerait aux autres cette vérité, que leurs contemporains leur enseignent d'ailleurs, qu'en partant de rien l'on peut arriver à tout avec de belles maximes sur le bien public et de forts préceptes sur son bien particulier. Enfin, M. Fallières a un civil pour secrétaire général de la présidence, un capitaine de frégate, un lieutenant-colonel d'artillerie, un chef de bataillon du génie, un chef de bataillon d'infanterie, un chef d'escadrons de cavalerie, comme attachés à sa personne ; un civil comme chef de son secrétariat particulier, et un colonel de gendarmerie comme commandant militaire de l'Elysée. Ainsi, M. Thiers, M. Casimir-Perier et M. Fallières ont eu, seuls, un civil pour chef de leur maison ; et le chef de la maison du maréchal de Mac-Mahon a été d'abord un colonel, puis un général de brigade, alors que celui des maisons de M. Grévy et de M. Loubet a été d'abord un général de brigade, puis un général de division. Cette nomenclature, dans ses variations hiérarchiques et désignatives n'est puérile qu'en apparence, elle est très suggestive des physionomies présidentielles. Mais qu'il donne le pas à sa maison militaire sur sa maison civile ou à sa maison civile sur sa maison militaire ; que les officiers de cette maison soient ses aides de camp, ses officiers d'ordonnance ou simplement attachés à sa personne ; que lui-même soit civil ou militaire, ou que civil il ait été décoré sur le champ de bataille ; qu'il ait été élu pour lui-même par le parlement et parce que le parlement ne pouvait pas en élire un autre, ou pour empêcher un autre d'être élu ; et quels que soient ses origines, son caractère et ses idées, le président est écrasé par le parlement, sans qu'il trouve dans la constitution aucun ressort pour remplir la fonction qu'elle lui a assignée, parce que tous ces ressorts sont encloués par son élection par le parlement, la constitution, dans la chimère des hommes de salon ou d'académie qui l'ont faite, n'ayant pas prévu que l'élu du parlement aurait pour le parlement un légitime sentiment filial et que la dissolution de la chambre lui semblerait un parricide, sans compter que pour ce parricide, la complicité du sénat lui serait nécessaire et que les intérêts et les vues du sénat pourraient n'être pas à cet égard ceux du président, ou même, que le sénat aurait à un degré pire les idées de la chambre, pour lesquelles le président jugerait de l'intérêt public de la dissoudre.

Une expérience d'un tiers de siècle a établi que le président ne peut rien, qu'il n'est que le ministre de la plume et de la parole de ses ministres, et qu'il n'a en propre que les cérémonies de sa fonction, où, qu'il soit riche comme M. Casimir-Perier ou maréchal et duc comme M. de Mac-Mahon, il est inférieur aux souverains ses hôtes, non seulement par le pouvoir, mais par la naissance, par la fortune, par le faste, par ce qu'en son tranquille orgueil le duc de Bisaccia appelait « l'habitude de recevoir », par les hommages, par ce on ne sait quoi qui fait que le républicain le plus républicain met malgré lui un roi au-dessus d'un président, puisqu'il veut le « présidentifier », parce que le président n'est que la représentation d'aujourd'hui d'un pays, tandis que le roi en est la représentation d'aujourd'hui comme d'hier et de demain, de toujours et pour toujours, qu'il en est en quelque sorte l'incarnation, ou du moins qu'il paraît l'être, et que les hommes publics sont non pas ce qu'ils sont, mais ce que le peuple croit qu'ils sont.

IX

Du ministère Jules Favre au ministère Briand, quarante-huit ministères et vingt-neuf présidents du conseil

*Les partis n'ont pas encore tous compris que ces crises ministé-
rielles leur ont été également favorables, aux uns en leur permettant d'ajourner l'application de ce programme de Belleville qui,
depuis 1869, est la charte des républicains, le canon de leur
Église, — car leur parlement est un concile, — et aux autres en
les préservant de son application. Avec la trépidation des crises
ministérielles, les présidents du conseil qui dirigent la politique,
tombant comme des capucins de cartes, n'avaient pas plus le
temps de s'appliquer aux affaires extérieures que de réformer les
affaires intérieures, et toute leur politique extérieure a été une
politique de vaincus qui a découragé la France vaincue. Mais
depuis qu'ils ont la « stabilité ministérielle », les longs ministères, et qu'ils sont aux prises avec leurs réformes intérieures,
et que l'État et le corps social en sont ébranlés, ils ont encore
moins le loisir d'assurer le rôle de la France dans le concert
« mondial » ou européen, et ils en ont encore moins le pouvoir.
Aussi, en percevant les périls de cette superstition bellevilloise,
tous en reviennent sans cesse à la partie religieuse, morale et
éducatrice, qu'ils en considèrent comme l'écorce et où ils voudraient se tenir, alors qu'elle en est l'âme et le foyer.*

Du 4 septembre 1870 au 1ᵉʳ janvier 1910, ces neuf présidents ont
eu quarante-huit ministères, vingt-neuf présidents du conseil, plusieurs l'ayant été plusieurs fois, M. Dufaure quatre fois, le duc de
Broglie trois, M. de Freycinet quatre, M. Jules Ferry deux, M.
Brisson deux, M. Rouvier trois, M. Tirard deux, M. Ribot trois, M.
Charles Dupuy cinq ; et deux cent dix-neuf ministres. Avec un
mécanisme politique qui usait moins de ministres, au moins jusqu'au ministère Ollivier, Napoléon III a eu cinquante-trois ministres. Mais les chefs d'État semi-absolus ou absolus se lassent aussi
de leurs ministres, ont besoin de ministres nouveaux pour les situations nouvelles, sont l'objet d'intrigues dans leurs assemblées,

leurs conseils, leur cabinet et leur alcôve, ou leurs alcôves, — et les chanceliers de Guillaume II, M. de Bismarck, M. de Caprivi, le prince de Hohenlohe lui-même, « l'oncle Clovis », et le prince de Bülow, en ont su quelque chose, — et le grand-vizir d'Abd-el-Azis, de l'Abd-el-Azis de la vieille Turquie, n'a jamais été plus sûr du lendemain que M. Charles Dupuy ou M. Dufaure. Tous ne se maintiennent que par la ruse appropriée à chaque régime et, en cette république du moins, par la nuisance, les plus longs ministères ayant été des ministères de démolition, le second ministère Jules Ferry et les ministères Waldeck-Rousseau, Combes et Clémenceau, comme si les Français de ce temps ne respectaient que qui leur fait peur et leur nuit, sans pourtant leur donner la panique.

Il a déjà été dit aussi que si la constitution de 1875 s'était inspirée de la charte de 1830, elle avait avec elle des différences essentielles : mais les ministères de la troisième république et du gouvernement de juillet sont également responsables devant les chambres. En ne comptant pas le ministère qu'il a formé comme lieutenant-général du royaume, Louis-Philippe a eu dix-huit ministères et soixante et un ministres, dont douze présidents du conseil, si l'on tient pour président du conseil, ou en faisant fonction, le ministre en tête de liste dans les ministères du 11 août 1830 et du 31 mars 1839, qui n'ont pas eu de président du conseil titulaire ; mais plusieurs de ces ministères ont été modifiés une ou plusieurs fois, le ministère du 2 novembre 1830 deux fois avec cinq ministres, celui du 13 mars 1831 deux fois, avec deux ministres, celui du 11 octobre 1832, trois fois avec huit ministres, celui du 12 mars 1835, trois fois avec deux ministres et un sous-secrétaire d'Etat ; celui du 29 octobre 1840, onze fois avec onze ministres et trois sous-secrétaires d'Etat. La restauration a eu neuf ministères et soixante-deux ministres, dont huit présidents du conseil, si l'on tient également pour président du conseil le ministre en tête de liste dans les ministères du 13 mai 1814, du 14 décembre 1821 et du 8 août 1830, avec une charte « octroyée », c'est-à-dire avec un reste d'ancien régime, avec un avantage, au moins en théorie, pour Louis XVIII et pour Charles X, sur Louis-Philippe, que sa charte « acceptée » subordonnait au parlement. Pourtant le ministère du 13 mai 1814 a été modifié quatre fois avec quatre ministres, celui du 26 septembre 1815, huit fois avec cinq ministres et trois sous-secrétaires d'Etat, celui du 20 février 1820, quatre fois avec deux ministres et deux sous-secrétaires d'Etat, celui du 14 décembre 1821, cinq fois avec huit ministres, et celui du 4 janvier 1828, cinq fois avec six ministres.

Trente des ministères de cette république ont été modifiés aussi, le ministère du 19 février 1871 dix fois, avec treize ministres et trois sous-secrétaires d'Etat, et il « détient le record » des modifications ministérielles du dix-neuvième siècle ; celui du 22 mai 1874 trois fois, avec deux ministres et deux sous-secrétaires d'État ; celui du 9 mars 1876 trois fois, avec deux ministres et deux sous-secrétaires d'État ; celui du 17 mai 1877 deux fois, avec un ministre et un sous-secrétaire d'État ; celui du 13 décembre 1877 quatre fois, avec quatre sous-secrétaires d'État ; celui du 30 janvier 1879 quatre fois, avec trois ministres et trois sous-secrétaires d'État; celui du 28 décembre 1879 deux fois, avec un ministre et six sous-secrétaires d'État ; celui du 23 septembre 1880 une fois, avec deux sous-secrétaires d'État ; celui du 14 novembre 1881 une fois, avec un sous-secrétaire d'État ; celui du 7 août 1882 une fois, avec un ministre et quatre sous-secrétaires d'État ; celui du 21 février 1883 dix fois, avec sept ministres et quatre sous-secrétaires d'État; celui du 6 avril 1885 cinq fois, avec deux ministres et trois sous-secrétaires d'État ; celui du 7 janvier 1886 trois fois, avec un ministre et trois sous-secrétaires d'État ; celui du 11 décembre 1886 deux fois, avec deux sous-secrétaires d'État ; celui du 30 mai 1887 une fois, avec un sous-secrétaire d'État ; celui du 12 décembre 1887 deux fois, avec un ministre et deux sous-secrétaires d'État ; celui du 3 avril 1888 trois fois, avec un ministre et deux sous-secrétaires d'État ; celui du 22 février 1889 quatre fois, avec trois ministres et un sous-secrétaire d'État ; celui du 17 mars 1890 une fois, avec un sous-secrétaire d'État ; celui du 27 février 1892 quatre fois, avec trois ministres et un sous-secrétaire d'État ; celui du 6 décembre 1892 une fois, avec un ministre ; celui du 11 janvier 1893 deux fois, avec un ministre et un sous-secrétaire d'État ; celui du 3 décembre 1893 une fois, avec deux ministres ; celui du 26 juin 1895 une fois, avec deux ministres ; celui du 1er novembre 1895 trois fois, avec trois ministres ; celui du 29 avril 1896 deux fois, avec un ministre et un sous-secrétaire d'État ; celui du 28 juin 1898 quatre fois, avec quatre ministres et trois sous-secrétaires d'État ; celui du 1er novembre 1898 deux fois, avec deux ministres et deux sous-secrétaires d'État ; celui du 22 juin 1899 une fois, pour un ministre ; celui du 7 juin 1902 une fois, pour un ministre ; celui du 24 janvier 1905 deux fois, pour cinq ministres ; et enfin celui du 5 octobre 1906, une fois, pour trois ministres et un sous-secrétaire d'État.

Complètes, précises et plus démonstratives que les analyses, ces nomenclatures, l'œil les passe sans les lire, mais, en les voyant comme les rouages et les ressorts d'une montre dont on a ouvert la boîte, assez pour avoir une impression matérielle de leur complication et de leur minutie. Donc il y a eu cent trente-sept crises ministérielles, qui se sont résolues : quarante-huit par la formation d'un ministère et quatre-vingt-neuf par le remplacement ou l'adjonction, selon leur degré, d'un ou de plusieurs ministres ou sous-secrétaires d'État. On a ainsi ce que les médecins appelleraient la

« température » ministérielle de cette république dite de parlementarisme pur et on la peut comparer avec celle des trois régimes
précédents, qu'on a qualifiés avec plus ou moins de justesse d'empire autoritaire, de monarchie parlementaire et de monarchie représentative, en notant que, de la dernière à la première, c'est-à-
dire de 1814 à 1910, les classes sociales accédant aux assemblées
politiques sont de plus en plus nombreuses et, par suite, de plus
en plus forte leur poussée sur ces assemblées et sur le gouvernement, quoique l'Etat républicain, démocratique et parlementaire,
paraisse entrer, pour une part difficile à déterminer, dans l'élévation de la « température » ministérielle. Seulement, pour un
pays qui ne met pas la main dans la main de son vainqueur et
qui marque ainsi sa volonté de reprendre sa place, neuf présidents
de la république, quarante-huit ministères, vingt-neuf présidents
du conseil, vingt-cinq ministres des affaires étrangères et vingt-
neuf ministres de la guerre sont peut-être beaucoup pour avoir la
suite nécessaire à ce but nécessaire, quelle qu'ait été la communauté de leur patriotisme, et même s'ils avaient tous été du même
parti et de la même école, au lieu d'avoir eu presque chacun sa
théorie et sa méthode, et c'est peut-être pourquoi la France en est
toujours au traité de Francfort.

Par contre, ces multiples crises ministérielles ont retardé maintes entreprises révolutionnaires, quoi que presque tous les conservateurs aient fait, pendant vingt ans et plus, de « l'instabilité
ministérielle » un de leurs principaux griefs contre le régime républicain, et que cette instabilité ait aussi agité le régime monarchique et que son plus long ministère, le troisième ministère Soult,
ait conduit Louis-Philippe jusqu'à cinq mois avant la chute de
son trône. Les ministères courts n'ont eu le temps de faire à peu
près que des projets, plus ou moins inspirés du programme bellevillois, et qu'ils ne désiraient rien tant, pour la plupart, que de
ne pas réaliser, comme les Evangiles que tant de Français véné-
rent encore, mais sans s'en inspirer dans leur conduite, ni même
sans les avoir lus, idéal haut, lointain et redouté ; tandis que les
longs ministères, qui n'ont été longs que parce qu'ils étaient dirigés par des républicains plus robustes et plus combatifs, redoutant
moins les suites des changements, quelques-uns même les désirant
par illusion, esprit de réforme ou haine de la société, mécontents
de leur naissance, de leur fortune ou de leur rôle — il y en a dans
tous les partis et dans toutes les conditions — et répétant le mot
du personnage de M. Emile Augier : « Crève donc, société ! » —
tandis que les longs ministères, même s'ils y répugnaient, ont
dû, pour remplir le temps, réaliser quelques-uns de ces projets,
dont les principales victimes ont été ces conservateurs qui demandaient à cor et à cris la « stabilité ministérielle », c'est-à-dire le

moyen, pour les républicains, de remplacer par la guerre les es-
carmouches auxquelles se livraient contre eux les courts ministères.

Mais, par une disposition césarienne que n'a pu leur enlever
leur parlementarisme à outrance dans l'assemblée nationale de
1871, où ils ont été à la fois constituants et législateurs, où ils ont
déposé un empire et une dynastie, qui étaient déjà par terre, où
ils ont fait et défait le gouvernement de M. Thiers et fait le gouvernement du maréchal de Mac-Mahon, en s'immisçant chaque
jour dans la conduite des affaires, les trois branches monarchiques de la famille conservatrice, sauf quelques exceptions, — car
l'auteur ne fait ici aucune généralité, si restreinte soit-elle, qu'il ne
sous-entende des exceptions, qui sont dans sa pensée comme dans
la réalité, — ont toujours eu une commisération mi-colère, mi-rail-
leuse, pour les présidents du conseil républicains modérés, les Dufaure, les Jules Simon, les Waddington, les Duclerc, les Tirard,
les Méline, les Charles Dupuy, quoique moins pour celui-ci, en
qui ils voyaient un homme à combinaisons machiavéliques, tout
Auvergnat qu'il est ; mais une sorte de crainte admirative et espé-
rante pour les présidents du conseil républicains violents, les Jules
Ferry, les Waldeck-Rousseau, les Combes, les Clémenceau. Dans
tout adversaire qui a ce qu'ils appellent « le sentiment de l'autorité », « le culte de la force », « de la poigne », et qui se sert de
cette « poigne », fût-ce à leurs dépens, ils flairent un messie qui
les délivrera de la servitude, « l'état d'âme » des partis, que l'histoire a réduits à ce qui leur paraît impossibilité et désespérance,
étant l'état messianique, l'attente d'un sauveur, et, dans cette attente même se trouve une force qui peut devenir créatrice du sauveur, avec les circonstances. Mais, l'on ne peut noter que pour
mémoire ce phénomène final des partis historiques et en puissance initial d'un nouveau parti politique.

... Maintenant, en abordant les vingt-neuf présidents du conseil,
l'on ne peut se défendre, au nom du premier d'entre eux, M. Jules
Favre, d'un peu de la mélancolie de ce virtuose de la parole dans
son foyer faux par amour et faussaire par pudeur, — le divorce
n'existant pas alors et un faux ménage ne lui semblant pas avoua-
ble, — et son tragique passage aux affaires a été le brisement de sa
vie tourmentée. Ce rêveur de paix universelle est arrivé au
pouvoir pour faire la guerre, ce républicain de toujours a été ou-
tragé par des républicains et défendu par ses adversaires, et ce
sont ceux-ci qui ont empêché ceux-là de l'assassiner. Un soir du
siège de Paris, un passant entra à l'école de médecine, où se tenait un club. Il était présidé par un juif du nom de Lévy et l'orateur expliquait qu'en disposant des « charges de poudre » dans les
égouts et les canalisations de l'eau et du gaz, il ferait sauter Pa-

ris. « Mais c'est abominable ! » ne put s'empêcher de lui crier son nouvel auditeur. Aussitôt un unanime : « A la porte, l'ami de Jules Favre ! » s'abattit sur l'intrus, comme une trombe, et en un clin d'œil il fut jeté hors de la salle.

M. Jules Favre ne portait pas le titre de président du conseil, mais il était vice-président du gouvernement de la défense nationale, en tête de la liste des ministres du 4 septembre, chef politique du gouvernement, et il en remplissait les fonctions, qui étaient dans les idées et dans les faits avant d'être dans le titre et dans les lois.

Assiégés par les républicains les plus fous et les plus furieux, ou qui le faisaient, dans Paris assiégé par les Allemands, il a vu, ou il a pu voir, que rien, pas même les obus ennemis, pas même la patrie en danger, ne guérissait le mal qui a tué les deux premières républiques, et qui n'a, depuis lors, cessé de travailler la troisième, ni même ne le suspendait ou ne l'atténuait, comme si c'était un mal organique et incurable : cette maladie des courtisans qui présentaient avec dévotion et avec grâce des boulettes de coton à Louis XIV, sur sa chaise percée, comme le raconte Saint-Simon, et de ces républicains, leurs bâtards, qui font la même chose aux électeurs, et non pas des électeurs dont on pourrait se dire ce que répondait M. Clément Laurier, l'ami de M. Gambetta, le négociateur de l'emprunt Morgan, cynique, mais spirituel, et qui avait de l'indépendance, lorsqu'on lui reprochait sa déférence, d'ailleurs assez libre, pour le passé : « Je ne puis pourtant pas dire que Louis XIV était un mufle ! » Avec la prédominance des « questions sociales », qui enlèvent l'idéalisme à la politique et la réduisent à des chiffres et à un guichet, l'on a pourtant idéalisé cette flagornerie à la populace en lui donnant le nom de « surenchère électorale », alors qu'elle n'est qu'exploitation des bas-fonds, et par un phénomène antérieur et constant, ceux qui sont le plus éloignés de ces bassesses, en sont néanmoins inclinés de leur côté, tant elles y ont plié toute la machine politique. Outre ce phénomène poussé au degré monstrueux, il en faut noter deux autres, sous ce premier ministère de la troisième république. La chute de Napoléon III a aussitôt suivi sa captivité, un chef de gouvernement ou d'armée ne pouvant se faire capturer ou tuer sans les livrer au nouveau chef, dans les conditions les pires. Mais les hommes qui ont ramassé le pouvoir de Napoléon III, pour continuer délibérément la guerre, que lui-même n'avait déclarée que sous les embûches de M. de Bismarck, et pour la continuer sans en courir les dangers directs, ont tenu la conduite contraire, mais moins grave : lorsqu'en effet le bruit se répandit que M. Jules Favre avait ajouté à la proclamation du général Ducrot, la veille de la bataille de Champigny : « Je ne rentrerai que mort ou victorieux », le populaire parisien répéta le mot démoralisant : « Le patriotisme, c'est le sang des autres. »

Le ministère Jules Favre, qui a procédé aux élections de l'assemblée nationale de 1871, estimait que la guerre n'était plus possible et que la paix était nécessaire, à part M. Gambetta, échauffé à la besogne, qui était pour la continuation de la guerre, pour « la guerre à outrance », ses armées improvisées, commandées par des pharmaciens et des notaires, ayant en somme tenu tête, ou fait obstacle, pendant cinq mois, aux armées allemandes, victorieuses, sinon sans coup férir, du moins avec une rapidité foudroyante, des armées de Napoléon III, qui passaient pour les premières du monde, déconcertant ainsi un peu l'art militaire. M. Gambetta avait avec lui quelques-uns de ceux qui s'étaient le mieux battus, comme le général Chanzy, ceux qui ne s'étaient pas battus du tout, mais qui avaient tenu des discours héroïques, et les républicains qui mettaient la république au-dessus de tout, sinon les fonctions qu'ils y avaient prises, et qui craignaient que la fin de la guerre ne fût aussi la fin de la république ou de leur dictature, qu'ils confondaient avec elle, croyant aussi fermement qu'ils étaient la république et que la république ne pouvait exister sans eux, et ce légitimisme informe encore, après plus d'un tiers de siècle, le gros des républicains les plus hostiles à la légitimité bourbonienne le professent, tant le légitimisme est le propre des partis les plus contraires. Et comme le dictateur Gambetta tenait en mains le gouvernement de la province, malgré les efforts onctueux de M. Jules Simon, tandis que le reste du ministère Jules Favre tenait à peine celui de Paris, où la commune grondait sous tous les pavés, les élections à l'assemblée nationale se sont faites uniquement pour la paix, contre le « gambettisme », qui voulait leur imposer la guerre, et contre le « favrisme », qui ne savait pas contenir la révolution.

... Pour M. Dufaure, mêmes observations que pour M. Jules Favre, avec quelques nuances. Aussitôt élu par l'assemblée nationale de 1871 chef du pouvoir exécutif de la république française et président du conseil des ministres, M. Thiers a lui-même, par décret, nommé ceux qui devaient être à la fois ses ministres et ses collègues, et en tête de leur liste M. Dufaure, avec le portefeuille de la justice, qui confère, d'après l'usage, la vice-présidence du conseil, mais sans le titre, de sorte que M. Dufaure était doublement vice-président, et, en fait, président, mais un président dont le rôle, dans ses morceaux difficiles et brillants, était rempli par M. Thiers. Lorsque M. Thiers changea, le 31 août 1871, son titre de chef du pouvoir exécutif de la république en celui de président de la république, il fit participer M. Dufaure à sa promotion, en le nommant, deux jours après, vice-président du conseil ; mais si

bien M. Dufaure a été premier ministre d'abord comme premier
de la liste et titulaire de la justice, puis comme vice-président, il
n'a été président du conseil titulaire, ni aucun autre président du
conseil avant cette date, que lorsqu'il a formé le ministère du
9 mars 1876, sous la présidence du maréchal. Dans ce premier
ministère Dufaure, à ses débuts, il y avait quatre ministres du
cabinet Jules Favre, pour ménager la transition par une liaison ;
mais M. Dufaure avait été ministre de Louis-Philippe, M. Buffet
avait été du ministère Émile Ollivier, et le baron de Larcy avait
toujours été légitimiste militant et même agressif ; puis devaient
y entrer, en diverses fois, des hommes dont les noms disjoin-
draient les factions de la majorité, mais rallieraient les classes
moyennes au « principal » de M. Thiers, et surtout à la république : M. Pouyer-Quertier, grand industriel, grand mangeur, grand
buveur, grand rieur, grand parleur, en qui M. de Bismarck avait
trouvé un partenaire en discussions-beuveries ; le comte Charles
de Rémusat, aussi ancien ministre de Louis-Philippe et fin rail-
leur, dont un ouvrier typographe disait, le jour où le maître d'é-
cole Barodet fut élu contre lui député de Paris : « Rémusat est
dans la mélasse », sans ajouter que Paris y était non moins pour
avoir préféré ce magister à cet académicien ; MM. Casimir-Périer
et Léon Say, deux noms de la grande bourgeoisie conquérante depuis un siècle ; M. de Fourtou, à qui l'on trouvait l'étoffe d'un
bonapartiste, de la « poigne », et qui n'avait qu'une parole forte
et mordante ; M. de Goulard, qui a laissé le discret souvenir d'un
orateur disert ; M. Lambrecht, M. Teisserenc de Bort.

On aurait difficilement trouvé deux hommes plus dissemblables
que M. Thiers et M. Dufaure, hormis que tous deux avaient la
figure rasée, portaient une redingote et avaient la cravate noire ou
blanche enroulée autour du cou, à la 1830. Ils ne communiaient
pleinement que dans le sentiment que les querelles monarchiques
et dynastiques, dont les oreilles étaient rebattues depuis 1789, —
il y avait quatre-vingt-deux ans en 1871 et il y en a cent vingt et un
en 1910 — les assommaient, et, sans s'abuser sur sa valeur organique et intereuropéenne, la république avait pour eux l'avantage
d'exister et d'être autre chose, et « ce qui divisait le moins » la
majorité légitimiste, orléaniste et bonapartiste de l'assemblée nationale — il n'y avait alors qu'un « groupelet » de bonapartistes
à cette assemblée, mais il y en avait un grand nombre dans le
pays ; — et il était vrai que les bonapartistes éprouvaient un bonheur qui dépassait leurs espérances à ne pas voir Henri V ou Louis-
Philippe II sur le trône de Napoléon III, — personne ne pensait
alors que le comte de Paris prendrait le nom de Philippe VII et
son fils celui de Philippe VIII ; — les légitimistes étaient presque
aussi heureux que Napoléon III ne remontât pas sur le trône et ils

auraient vu le diable en personne s'ils y avaient vu Louis-Philippe II, comme, de leur côté, les orléanistes auraient vu ce même diable en Napoléon III, et, sauf quelques « fusionnistes », que l'anatomiste connaît bien, Henri V leur inspirait de l'inquiétude, sinon de l'hostilité, et ils préféraient attendre sa mort pour restaurer la monarchie. « L'avenir sera au plus sage », leur disait à tous M. Thiers, qui, se retournant vers les républicains, leur disait la même chose ; et républicains et antirépublicains voyaient tous leur avenir en la république, provisoire pour les uns et définitive pour les autres. M. Thiers s'était donné pour rôle de le leur persuader en les enjôlant, et M. Dufaure de les faire tenir tranquilles en les bourrant ; et lorsque de sa mine renfrognée, de sa lèvre tordue, de sa voix nasillarde, narquoise et âpre, il la cinglait de son « parti sans nom », la coalition monarchique rugissait, en effet, mais reculait. Montrer toujours un trône unique aux trois prétendants, et, par conséquent, l'impossibilité pour aucun d'eux d'y accéder, et réduire leurs partisans à la nécessité de constituer le régime existant, bon ou mauvais, mais qui avait sur les autres, dont le principe était nationalement supérieur, mais non existants, la supériorité de l'existence, pour ne pas gouverner avec une convention sans limite et sans règle et un chef d'Etat au quart plébiscité, et pour ne pas rétablir ainsi, au moins en germe, le jacobinisme et le césarisme combinés, telle a été la politique du ministère Dufaure, ou plus exactement en écartant la fiction ministérielle, la politique de M. Thiers, dont les ministres ressemblent plus à ceux de Napoléon III qu'à ceux de ses successeurs, et ce, parallèlement au rétablissement de la paix et de l'ordre, à la reconstitution des finances et de l'armée et des autres administrations publiques, où républicains et antirépublicains se confondaient et amenaient l'opinion publique à la consolidation de ce qui existait. Si l'empirisme tridynastique de ce légiste rural à la Dupin, mais plus naturel, n'a pas endoctriné son propre fils, M. Amédée Dufaure, qui est monarchiste, il a endoctriné beaucoup de ses contemporains sans parti pris, qui voyaient avec émotion des hommes aussi considérables que MM. Thiers, Dufaure, Casimir-Périer, Charles de Rémusat, Léon Say, qui n'étaient républicains ni d'origine, ni de doctrine, se rallier à la république, « par raison », « par nécessité », parce que ces hécatombes de rois et d'empereurs les avaient désillusionnés des institutions monarchiques, et surtout parce que les monarchistes les plus bouillants eux-mêmes ne savaient comment faire une nouvelle monarchie, et que la France ne pouvait rester entre la monarchie et la république, dans un régime indéfini et innommé.

Monarchistes et républicains montraient, d'ailleurs, qu'ils pouvaient s'entendre, les uns sur l'hérédité du chef de l'Etat, qui est le principe de la monarchie, les autres sur son électivité, qui est le principe de la république, et ne s'entendre, les républicains, sur rien autre, comme on l'avait vu pendant la commune, et les monarchistes, pas même sur le bénéficiaire de l'hérédité. Mais l'inefficacité de l'exemple de ce père, bâtonnier du barreau de Paris, l'un des quarante de l'académie française, — vieux titre tombé en désuétude depuis vingt-cinq ans, — premier ministre, homme jouissant de la considération publique, à faire de ses fils seulement des « républicains de raison », fait pour ainsi dire toucher du doigt la « mentalité » politique française : sans souci de l'opinion paternelle, chacun se range dans tel ou tel parti, suivant ses intérêts, ses idées ou ses goûts, et c'est encore la noblesse qui est la plus fidèle à elle-même, parce qu'elle se considère comme la colonne de la monarchie et que l'opinion monarchiste la complète et achève de la distinguer. La présidence de la république elle-même n'a pu fixer la descendance de ses titulaires dans le parti républicain : un fils du maréchal a épousé une princesse royale, deux des petites-filles de M. Grévy et une fille de M. Félix Faure ont des maris qui ne passent pas pour républicains, et la tendance générale des familles parvenues à la fortune et à la célébrité est de s'établir sur les sommets, dans les châteaux, le monde, la noblesse et la monarchie.

On racontait que, dans les derniers temps de l'empire, M. Dufaure se levait pour aller chercher ses enfants au bal, et qu'en rentrant il se mettait à ses dossiers, et le maréchal en avait conçu de la considération pour ce travailleur hargneux, dans la dépendance de qui il s'était trouvé sous M. Thiers, et s'était enhardi à le prendre pour premier ministre : mais il avait déjà descendu les marches qui, de la monarchie, le ramenaient à la république, du premier ministère monarchiste Broglie au deuxième ministère constituant Broglie, de ce ministère constituant au ministère constitutionnel droite Cissey, du ministère Cissey au ministère doctrinaire constitutionnel centre droit Buffet, du ministère Buffet au ministère républicain centre gauche Dufaure, qui avait désolé ses électeurs, et du ministère Dufaure au ministère centre gauche-gauche Jules Simon, qui les avait révoltés. M. Dufaure était resté, en 1876, ce qu'il était en 1871, mais il avait affaire, non plus à l'assemblée nationale monarchiste, mais à une chambre des députés républicaine, et pour retors que fût en lui le procédurier, et mordant le « debater », il n'avait pas la vue, l'énergie, la suite, la jointure et le liant qui lui eussent été nécessaires pour contenir les républicains enivrés de leur victoire, impatients de revenir aux beaux jours dictatoriaux de la guerre, et les empêcher de rendre au maréchal la position trop difficile avec le monde, que le vainqueur de Magenta redoutait un peu, quelque brave qu'il fût. Pour-

tant, après sa révolte, en partie mondaine, contre M. Jules Simon,
qui n'était guère plus mondain que M. Dufaure, mais qui était un
causeur sans rival, pour la finesse, l'esprit et la grâce, peut-être
pas sur les chevaux, la chasse, le « foot-ball » et autres sports, et
encore n'est-ce pas sûr, — il est mort sans avoir connu les « autos » — après l'échec électoral de son troisième ministère Broglie
et son ministère extra-parlementaire et militaire Rochebouët, qui
n'a duré que vingt jours, l'éclair d'un sabre, le maréchal est revenu à ce juriste aux vêtements de solide coupe campagnarde, qui
lui rappelait sans doute le notaire de Montcresson, où était son
château de la Forêt ; et qui ne lui paraissait pas un faiseur, quoiqu'il ne comprît pas grand'chose à son grimoire. C'était sept semaines avant sa démission. Quatre jours aussi avant sa démission, M. Thiers formait un nouveau ministère Dufaure. Et M. Dufaure a « contresigné » la démission du maréchal, comme il avait
« contresigné » celle de M. Thiers. Ni M. Thiers, ni le maréchal,
n'allaient plus loin que ce vigneron supérieur dans leur républicanisme, l'un et l'autre étaient, chacun à sa façon et à dose différente, pour la république des paysans, lesquels, après avoir, en
1876 et en 1877, dépouillé leur vernis légitimiste et orléaniste de
1871 pour l'écorce républicaine, étaient encore bonapartistes.

Si, le 24 mai, le duc de Broglie a remplacé M. Dufaure pour remplacer la république par la monarchie, après l'échec du 16 mai,
pour remplacer au gouvernement de la république, les républicains par les conservateurs, comme on appelait déjà les légitimistes, les orléanistes et les bonapartistes, qui ne s'étaient pas
ralliés à la république, M. Dufaure a remplacé M. de Broglie pour
remettre les républicains à la direction des affaires, puisque par
deux fois le suffrage universel leur avait donné la majorité, la
majorité dite des 363, dont faisait partie M. Thiers, jeté hors de
sa voie par cette entreprise, qui a été, en effet, si funeste aux conservateurs. Entre M. Dufaure et M. de Broglie, la lutte était entre
la haute bourgeoisie intellectuelle et cette sélection de la noblesse
qui, par l'authenticité de ses noms et de ses titres, la dignité de
sa vie, sa culture intellectuelle et ses talents, mériterait d'être aux
premiers rangs d'une aristocratie, s'il pouvait y avoir une aristocratie, c'est-à-dire une élite tirant d'elle-même sa valeur et son
autorité dans la France du suffrage universel direct, de la démocratie pure, qui l'a emporté parce qu'elle est le nombre et la
force : mais plus on descend dans ses couches profondes, sans
cesse renouvelées par l'enseignement obligatoire et par le développement industriel, plus la domination en est grossière et brutale,
et sans rien de ce faste et de cette élégance qui, au moins, faisaient illusion aux yeux sur l'absolutisme royal de l'ancien régime et les privilèges surannés des deux premiers ordres de l'Etat,

et sur leur corruption : c'est la revanche des siècles de tutelle nécessaire ou d'oppression abusive, et les mœurs elles-mêmes ne
paraissent pas y avoir gagné, si l'on en croit M. Émile Zola, dont
cette démocratie a mis la dépouille au Panthéon, et M. Denis Pou-
let, qui a été contremaître et ouvrier, et qui a appris à M. Émile
Zola, dans un livre curieux et oublié, à étudier ceux qu'on appelle de ce mot douloureux de prolétaires, qui devrait être banni
de la langue.

...Un peu « haut sur jambes », le buste droit, les cheveux roulés à
l'ecclésiastique, la moustache et la mouche en brosse, avec les
pattes de lapin, le teint rosé, l'air haut et timide à la fois, fin et
distrait, lorsqu'à travers la salle à manger de la « Poule-au-Pot »,
un de ses éditeurs, un jeune israélite, l'appelait : « monsieur de
Broglie ! monsieur de Broglie ! » un léger nuage passait sur sa
face ducale, mais cette familiarité le fouettait à leur montrer qu'il
leur était tout de même supérieur, et alors les mots bien frappés
se succédaient sur ses lèvres, à mi-voix, et comme sans y prendre
garde : « La France n'aime pas à la fois respecter et obéir », disait-il de cette déviation de l'opposition, qui se portait du comte
de Paris sur le général Boulanger ; ou : « On ne prête pas ses troupes », à propos de ce prince qui faisait voter pour ce général. A
la tribune, il avait les mains dans ses poches, ou il se grattait les
aisselles, mais très digne, avec des gestes rares et courts, et il
zézayait. « Il a de l'estomac », disait de lui M. Gambetta. Il était
plein de sang-froid et de riposte, sur un ton égal et d'une impertinence polie.

Cette république a eu des orateurs plus puissants, ou plus sédui-
sants, aucun, sans excepter même M. Thiers, n'a parlé une aussi
bonne langue politique. Mais de tous les présidents du conseil, il
a été le plus mal servi par les circonstances et celui dont l'œuvre
a eu le plus de suites contraires à ses desseins. Il avait trop vécu
dans le cénacle politico-religieux de la Roche-en-Brénil, sorte d'essaim de Port-Royal, et dans son hôtel, où de petits groupes se chu-
chotaient des pensées ingénieuses, à la Doudan.

Un paysan, un ouvrier, un bourgeois, ne s'ouvraient guère alors
à un duc, dont les mouvements de tête et les balancements de
corps, pour si aimables qu'ils voulussent être, n'en marquaient
pas moins de grandes distances, et la psychologie de ces masses
lui échappait un peu, parce qu'il les voyait trop entre une académie et un salon, et qu'avec elles la politique des combinaisons sa-
vantes et subtiles lui paraissait possible. Renverser M. Thiers et
la république pour les remplacer par la monarchie et le comte de
Chambord, tel était le but, à peine voilé, de la révolution du 24 mai,
dont il a été le principal artisan. Sans doute le comte de Chambord
était le chef de la dynastie traditionnelle, mais son droit au trône

de ses ancêtres n'était pas le droit romain d'user et d'abuser de sa propriété, meuble ou immeuble, le trône de France et la France n'étaient pas sa propriété comme un champ qu'il pouvait laisser en friche, une maison qu'il pouvait démolir ou un billet de banque qu'il pouvait brûler pour allumer son cigare ; et nombre de ses fidèles eux-mêmes pensaient que son droit n'allait pas jusqu'au refus d'en user ou de n'en user que dans des conditions inexécutables pour ceux qui entreprenaient de lui rendre la possession de ce trône, que par lui-même ce droit était inopérant à lui rendre. Aucune dynastie ne monopolise « le principe monarchique », lequel est dans un système et non dans une famille, à telles enseignes qu'il n'est pas sur le globe une monarchie qui n'ait plusieurs fois changé de dynastie, que cette république a vu l'Espagne, l'Italie, la Serbie, la Bulgarie et la Norvège en changer et qu'en France même la dynastie d'Orléans, aujourd'hui légitime, s'est établie, en 1830, contre la dynastie, alors légitime. La condition imposée par le comte de Chambord à son intronisation était le drapeau blanc, et ses héritiers, le comte de Paris et le duc d'Orléans, n'ont jamais eu que le drapeau tricolore et les légitimistes ont abandonné le drapeau blanc avec leurs nouveaux princes ; — mais tous les Français et les légitimistes tout les premiers, venaient de se battre sous le drapeau tricolore et ce drapeau était vaincu, et il leur répugnait de le renier dans la défaite pour un drapeau qui signifiait pour eux réaction comme le drapeau rouge révolution, le rouge révolution en avant et le blanc révolution en arrière, et l'arrière leur inspirant autant de préjugés que l'avant de craintes, sinon davantage.

Ce mot, parti de l'Élysée, résumait la pensée française : « Si le drapeau blanc paraît, les chassepots partiront tout seuls ! » Des monarchistes disaient dans leur langage courroucé et archaïque, qu'il fallait raser la tête au comte de Chambord, qui était chauve, lui passer un froc et l'enfermer dans un couvent : ils ajoutaient que les peuples n'étant pas faits pour les rois mais les rois pour les peuples, un prétendant ne pouvait empêcher la restauration de la monarchie pour ses convenances personnelles ; mais ils ne concluaient pas qu'à défaut du comte de Chambord ils devaient offrir la couronne au comte de Paris d'abord et ensuite aux princes de sa maison, suivant l'ordre de primogéniture : il n'y avait plus en eux assez de ressort monarchique pour qu'ils fissent la monarchie quand même ; ils avaient déjà fait, en 1871, la république en nom, en ajournant leurs espérances monarchiques dans « le pacte de Bordeaux », ils allaient maintenant de 1873 à 1875, sous la conduite de M. de Broglie, faire la république en titre, en ajournant leurs mêmes espérances dans le septennat qui leur faisait calculer que le comte de Chambord serait mort avant la fin du cycle septennal, et dans l'article 8 qui leur permettrait alors de reviser la constitution et de changer par un mot la république en monarchie, comme si toute constitution n'est pas revisable lorsqu'on en a la force et comme si elle n'est pas « irrévisable » tant qu'on ne l'a pas ! Depuis le 4 septembre 1870, les monarchistes n'ont fait que ce qu'à la Bourse l'on appelle du « report ».

Ainsi, M. de Broglie avait renversé M. Thiers parce que M. Thiers voulait constituer la république et pour restaurer la monarchie, et non seulement il n'a pas restauré la monarchie, mais il a constitué la république, comme M. Thiers n'avait cessé de le lui prédire ; mais il l'a constituée quatre ans après que nombre d'hommes qui n'avaient aucune raison de prendre parti pour la république ou pour la monarchie et qui simplement conservateurs ou libéraux pouvaient s'accommoder de toutes deux, suivant leurs institutions, s'étaient engagés à fond pour l'une ou pour l'autre, dans le feu de cette querelle prolongée à leur commun détriment, et alors qu'il n'était presque plus possible aux uns de se rallier à la république contre laquelle ils s'étaient si longuement déclarés et s'y fussent-ils ralliés, aux autres de s'appuyer sur des républicains de si fraîche date, qui la veille encore appelaient à grands cris le renversement de la république. Lorsque M. Thiers le leur demandait au nom de la cause conservatrice dont ils se donnaient la sauvegarde et dans leur propre intérêt, les monarchistes ne pouvaient pas constituer la république parce que leurs illusions sur la restauration de la monarchie n'avaient pas encore été suffisamment dissipées par les événements, et lorsque sous la pression de ces événements ils l'ont enfin constituée, elle ne pouvait plus tourner qu'au profit des républicains, tant parce qu'ils n'avaient fait cette constitution que contraints et forcés et « la mort dans l'âme », et parce qu'ils s'étaient trop engagés dans le monarchisme pour que personne pût croire à leur conversion au républicanisme, que parce qu'en effet ils ne s'y convertissaient pas, ils élevaient une citadelle à la république et ils en sortaient en en livrant les clés à leurs adversaires. L'homme a beau être fait de contradictions dans le public comme dans le privé et ne faire tout le long de sa vie que le contraire ou au moins autre chose que ce qu'il voudrait faire, on a peine à se le figurer plus le jouet des événements.

En constituant la république, les monarchistes avaient fait l'acte le plus républicain qu'un républicain pût faire et il est encore plus difficile de concevoir que, l'ayant fait, ils ne se soient pas déclarés républicains et que l'opinion publique ne les ait pas tenus pour tels, qu'au contraire, ils aient continué de se croire et d'être crus monarchistes, et pourtant il en est ainsi : et le duc de Broglie, qui a présidé à cet imbroglio, n'était pas de ces familles qui n'ont rien fait depuis les croisades, bien que rien ne puisse être plus chic ; sa famille, depuis deux cents ans, avait participé aux grandes affaires de l'Etat, son père avait été premier ministre de Louis-Philippe, lui-même était nourri de la moëlle de l'histoire et de la politique, le premier de son parti et l'un des premiers de son temps. Il a fait plus encore, le 16 mai, en rendant aux monarchistes, malgré les élections républicaines, le gouvernement de la république, « la république sans républicains », ce qui fait penser à ce qu'il aurait dit si, au lieu d'avoir fait la république, il avait fait la monarchie et que les républicains eussent prétendu gouverner cette monarchie à l'exclusion des monarchistes. Et pourtant il avait raison, et pour les monarchistes et pour les républicains, pour les monarchistes parce que, tant qu'on est au pouvoir, on peut en redisposer et faire ce qu'on désire, ou l'espérer, bien que lui-même vînt d'en être prisonnier et de faire le contraire de ce qu'il voulait ; et pour les républicains, parce que la république aurait gagné à rester encore en nourrice chez les monarchistes, dont le lait, conservateur-libéral, était de première qualité, quelle que fût la saugrenuité politique à laquelle les eussent conduits des thèses et des plans qu'ils n'étaient pas en état de soutenir avec leurs rivalités, leurs princes et le corps électoral.

Et comme pour rendre l'énigme encore plus impénétrable au suffrage universel, ce constituant de la république, qui avait vu des légitimistes et des bonapartistes lui préférer un républicain radical à l'élection des sénateurs inamovibles, est redevenu jusqu'à sa mort l'oracle de la doctrine monarchique. De ce qu'en faisant la république les monarchistes ne se sont pas faits républicains, ce qui en eût été le complément et le correctif peut-être en 1871, et que nonobstant ils ont repris constitutionnellement, mais antiélectoralement, le pouvoir, en est résulté qu'entre eux et leurs plus proches voisins, et à plus forte raison les autres, s'est creusé un double fossé de doctrines et de régime, que plus de trente ans n'ont pu combler, et que cette république n'a jamais eu de droite, qu'elle est venue au monde manchote et gauchère dans un pays lui-même né quasi gaucher : car ce qu'on appelle la droite n'est pas une droite, attendu que pour être la droite d'un corps il faut faire partie de ce corps, comme le bras droit et le bras gauche sont attachés aux deux épaules de la même personne, et qu'elle est indépendante de ce corps et qu'elle constitue un corps autonome, c'est une opposition antirépublicaine et pourtant pas anticonstitutionnelle, puisque la constitution est son œuvre, ou du moins l'œuvre de sa mère ou de sa grand'mère et la droite de la troisième république est ainsi une hermaphrodite issue de l'ingéniosité ingénue de ce troisième président du conseil.

... Les lois constitutionnelles n'ont pas été votées sans luttes ni sans haltes, et la coalition des chevau-légers et des bonapartistes avec les républicains, qui a renversé le deuxième ministère Bro-

glie, a déterminé le choix du général de Cissey pour lui succéder
dans la dernière partie de sa tâche, qui était d'enlever le vote final
de la constitution de 1875. Les républicains ne voulaient pas d'une
constitution de la république faite par des monarchistes, de crainte
qu'ils n'y introduisissent quelque piège ou quelque tare, et ainsi
les monarchistes n'étaient pas plus heureux avec les républicains
qu'avec le comte de Chambord qui n'avait pas voulu de leur monarchie ; mais M. Gambetta fut des premiers à se dégager de cette
politique spéculative et à accepter la république que les circonstances lui donnaient, laquelle avait d'ailleurs la rarissime fortune
d'être constituée par ses adversaires de principe, qui se réduisaient
ainsi à l'impuissance d'en critiquer la constitution et d'en préco-
niser une autre.

Au temps du « boulangisme », le conseiller le plus rigide et le
plus vigilant des républicains — le seul d'entre eux qui se soit servi
d'un face-à-main — M. Arthur Ranc écrivait qu'il préférait le comte
de Paris au général Boulanger ; mais les princes n'ont pas eu l'ambition ni l'industrie de profiter de tant d'occasions de mettre les
républicains dans la nécessité de faire la monarchie, comme ils ont
réduit leurs partisans à la nécessité de faire la république. Le général de Cissey avait été ministre de la guerre de M. Thiers depuis
la chute de la commune jusqu'à la chute de M. Thiers lui-même et
il avait réorganisé l'armée, il avait ainsi été longuement en rapport avec les républicains et s'était un peu frotté de républicanisme
et malgré les préventions politiques de leurs esprits courts et ombrageux sur l'article de la république contre les généraux, ils le
redoutaient moins à la présidence du conseil que le duc de Broglie, au machiavélisme de qui ils croyaient alors.

Mais si les républicains avaient et ont encore des préventions
contre les généraux sur cet article et aussi sur d'autres, tels que
la prédominance du civil sur le militaire, l'humanitarisme et le pacifisme, subconscients ou suraigus, par contre les antirépublicains ont des préventions pour les généraux, non seulement par le
souvenir de la guerre et de la commune, par le souci de la sécurité et de la grandeur de leur pays, mais par faiblesse constitutionnelle, par impéritie à s'organiser et à attaquer, même à se défendre ; ils naissent, vivent et meurent mineurs : ce qu'ils voient
dans un général, c'est ce qu'ils voient dans un empereur ou dans
un roi, et qui y est quelquefois mais qui n'y est pas nécessairement, un « surhomme », dont la seule apparition serait comme
celle de croque-mitaine qui fait rentrer les enfants dans l'ordre et
dans le silence. Comme leurs partisans attendent le pouvoir des
princes et que les princes attendent le pouvoir de leurs partisans,
il n'y a de part ni d'autre, ressort ni action. Pour mieux les rassurer et à l'instigation des artisans de la constitution, le général

de Cissey s'était adjoint comme ministre de l'intérieur le général de Chabaud La Tour, allié aux Casimir-Perier, protestant à la Guizot, plus respectueux de l'Eglise que le gros des catholiques, mais protestant, orléaniste très antibonapartiste, et l'antibonapartisme était encore un titre auprès des légitimistes et un « surtitre » auprès des républicains, et comme ministre de la marine et des colonies le contre-amiral de Montaignac de Chauvance.

Deux généraux, un amiral et un maréchal de France constituaient un état-major réconfortant pour la droite, et la gauche commençait de soupçonner qu'elle goberait l'huître dans son écaille monarchique. Au nom du général de Cissey est resté accolé celui d'une espionne allemande, la baronne de Kaula, parce que ses contemporains ont été alarmés de ce que l'Allemagne avait apposté une espionne auprès du premier ministre de la guerre après la commune : de là s'est organisé ce système d'espionnage et de trahison qui enserre encore toute la machine politique française, provoquant de temps à autre une explosion, mais dont le gouvernement aurait pu suivre tout le long l'action sourde et continue s'il n'avait toujours pris soin d'étouffer tout ce qu'il découvrait « pour n'avoir pas d'affaires » à l'extérieur. Il y a eu depuis la guerre de 1870, en effet, et il y a encore, tant de Français dont les manèges dans leurs paroles, leurs écrits, leurs votes et leurs actes sont si manifestement antifrançais, qu'on ne peut les expliquer que parce que leurs auteurs sont pensionnaires d'Allemagne, d'Angleterre ou de tel ou tel autre Etat.

... La constitution ayant été votée sous la protection de ces hautes épées, il fallait pour la mettre en train un homme en connaissant le mécanisme, un ingénieur politique réputé et peut-être sans que le maréchal ni même personne pour lui, ait fait ces raisonnements ni ces calculs, par le naturel jeu des besoins. M. Buffet était un des hommes les mieux désignés pour cette entreprise s'il n'y avait pas eu à faire des élections.

D'abord, il était président de l'assemblée nationale et il en avait eu tant de joie qu'il en avait fait un enfant qu'on avait surnommé « l'enfant de la présidence ». Il avait même mis quelque complaisance dans l'application du règlement pour aider le ministère Cissey à enlever le vote de la constitution. Il avait été ministre de Napoléon III dans le ministère Emile Ollivier et ministre de la deuxième république. Il était doctrinaire sans doctrine si la doctrine est dans les neuf ou les dix lettres de monarchie ou de république, qui contiennent tant de gens sans doctrines, sans principes, puisqu'il avait été ministre tour à tour d'une république et d'une monarchie et qu'il le redevenait d'une république très différente de l'autre ; mais il était conservateur-libéral et catholique et il avait des principes et des doctrines tan

ce triple esprit, très nettes et très fermes, sur toutes les questions
de fond qui s'agitent dans tous les régimes. On se heurtait sans
cesse en lui à des thèses qui en faisaient un homme plein d'angles
et d'épines. Sans être renfrogné et hargneux comme M. Dufaure,
il était sévère, roide et cassant, il avait du Guizot et du Royer-
Collard dans l'autorité doctrinale et enseignante de sa parole, mais
avec moins d'ampleur et non moins de sécheresse, il professait, il
martelait, il exigeait.

Ce n'est que sur le soir de sa vie et alors qu'au sénat il ne pouvait plus jouer que le rôle de Cassandre inamovible, qu'il s'aperçut
que le cadre monarchique et le cadre républicain n'étaient pas im-
punément interchangeables dans un pays ancien dont l'histoire
était monarchique ou républicaine, et que la substitution de l'un à
l'autre entraînait aussi celle des doctrines qu'ils s'opposaient, celui-
ci pour se maintenir et celui-là pour le remplacer, bref que la
forme emporte le fond. Il en devint une manière de grand conseiller du parti monarchique et des Orléans après les Bonaparte.

Austère dans sa vie, il ne dédaignait pas le monde, alors moins
différent de son foyer, et il y contait l'anecdote un peu lentement
mais non sans saveur ; il ne dédaignait pas non plus la fortune, à
cause du relief et du ressort qu'elle donne aux familles qui ne s'en-
lisent pas dans le monde, parmi ceux que Mgr Gouthe-Soulard
appelait « les paresseux des quatre saisons ». Cet homme, grand
et solide, un peu voûté, la tête penchée de côté, le visage rasé avec
de courts favoris, les traits vigoureusement burinés et immobiles,
les yeux mi-clos et penseurs, entendit, un jour, étant président du
conseil, une impertinence flatteuse d'un ami inquiet des élections
qui allaient remplacer l'assemblée nationale par une chambre des
députés : « Savez-vous », lui dit-il, « que vous êtes né cent ans trop
tard ? Vous eussiez été, sous l'ancien régime, un contrôleur général des finances qui aurait fait trembler les manieurs des deniers
publics et qui aurait rempli les caisses de l'Etat ! » M. Buffet avait
formé son ministère avec trois de ses anciens collègues du gouvernement de M. Thiers, MM. Dufaure, de Cissey et Léon Say, deux
anciens ministres du maréchal, le duc Decazes et l'amiral de Montaignac, et trois nouveaux ministres, MM. Caillaux Ier, Wallon et
de Meaux. Tout centre droit et centre gauche avec une pointe sur
la droite par M. de Meaux. M. Decazes avait aiguisé son esprit,
dans une vie difficile, à la souplesse et à la pratique, et il a eu sur
la plupart des autres ministres des affaires étrangères de cette république, entre lesquels il a laissé un souvenir d'habileté, quoique
non fixé par un fait marquant comme un traité, l'avantage de son
titre. Il sentait sans doute qu'avec un président du conseil iné-
branlable dans l'irrésolution et méticuleux jusqu'à la paralysie et
un ministère centripète, les élections seraient centrifuges et gau-

chères, et l'on sentait aussi qu'il ne tenait pas à rester sous ses dé-
combres, et même il le laissait voir dans ses expansions un peu
familières. Il avait comme précepteur de son fils un grand diable
d'abbé, taillé à coups de serpe, l'abbé Falcoz, qui lui souhaitait
toujours le premier de l'an « un portefeuille en cuir de Russie »,
c'est-à-dire l'alliance russe, que ses successeurs ont eue enfin, et
dont ils n'ont pas tiré ce qu'ils auraient pu, mais dont ils ne pouvaient tirer ce qu'on leur avait dit, et dont par contre, les Russes
ont tiré trop de milliards de la France pour leurs finances et leur
industrie privée.

Dans les premiers temps du « socialisme chrétien », centre gauche du socialisme tout court, cet abbé prêchait, dans une église à
porte unique, contre la promiscuité à laquelle des commerçants
et des industriels condamnent leurs employés et employées, leurs
ouvriers et ouvrières, en les faisant entrer dans leurs ateliers et
en les en faisant sortir par la même porte : à l'issue de l'office, un
assistant l'aborda : « Monsieur l'abbé, auriez-vous l'obligeance de
m'indiquer la porte des hommes ? » Peut-être par une de ces petites malices propres aux hommes de même chapelle, M. Buffet
avait relégué aux cultes, M. Wallon, « père de la constitution » et
la connaissant mieux que personne, catholique comme lui et M.
Dufaure, orateur de moins de force mais de plus d'ornement, de
tour et de liant, aussi capable de conseiller les premiers pas du
nouveau régime, et qui sans être plus homme d'action, avec sa
physionomie éclairée et avenante, n'aurait au moins pas, à l'entrée
de l'arène électorale, fait le vide autour de lui.

Aucun président du conseil n'a essuyé pareille disgrâce de ne
s'être fait élire, étant ministre de l'intérieur, dans aucune des quatre circonscriptions où il s'était présenté, dans son pays de Mire-
court, dans le pays voisin de Commercy ; au centre, à Bourges ; et
au fin fond, à Castelsarrasin. Mais M. Buffet avait prédit cette es-
quisse d'antiplébiscite, puisqu'en se présentant pour ainsi dire
partout il avait prévu qu'il ne serait élu nulle part et qu'ainsi
échouerait sa politique qu'il ne soutenait d'ailleurs par rien. Les
électeurs étaient livrés à eux-mêmes entre les républicains bouillants d'audace qui les entraînaient à la république constituée par
leurs adversaires, et ces adversaires embarrassés d'avoir constitué cette république, presque honteux, pour s'en excuser, l'appelant « Marianne », expliquant qu'elle était révisable, rappelant
leurs espérances légitimistes, orléanistes ou bonapartistes, mais
les ajournant en rechignant ; et le gouvernement, dont la candidature officielle était la tradition, un pied dans les deux camps, les
bras croisés et la bouche close.

Les républicains l'emportèrent, mais le principe de la liberté élec-

torale qui faisait partie des principes de M. Buffet était sauf : seulement, si ce principe était sauf, les autres lui étaient sacrifiés, et
pour avoir sauvé une branche, M. Buffet avait perdu l'arbre. Depuis lors, les républicains, M. Brisson excepté, ne se sont jamais
départis de cette tradition du second empire, qu'ils considèrent,
après lui, comme le correctif du suffrage universel, et le quasi
échec de M. Brisson les a fanatisés pour ce principe, car c'est
aussi un de leurs principes, mais un principe moins fallacieux que
celui de M. Buffet.

... En appelant M. Dufaure à succéder à M. Buffet, le maréchal
avait donné comme les électeurs venaient de le faire, un coup de
barre à gauche, mais un coup plus faible, M. Buffet étant centre
droit-centre gauche et M. Dufaure centre gauche-centre droit, et
M. Dufaure ayant été le second de M. Buffet : aussi, huit mois
après, dut-il appeler M. Jules Simon à remplacer M. Dufaure.
C'était l'entrée dans la gauche. M. Jules Simon avait été membre
du gouvernement de la défense nationale et ministre de M. Thiers
pendant tout son principat jusqu'à huit jours avant sa chute. Il y
avait eu pour collègue pendant un jour M. Buffet, qui avait refusé
le portefeuille des finances que lui avait offert M. Thiers. M. Buffet, avec son esprit et son caractère ombrageux, ne pouvait s'entendre longtemps avec un ministère : il n'était resté que trois mois
dans le ministère Emile Ollivier, en 1870, et cinq mois dans le ministère Odilon Barrot, en 1848-1849. Si l'on se heurtait, chez lui, à
des angles et à des épines, chez M. Jules Simon, il fallait se tenir
aux murs et aux meubles pour ne pas s'étendre de tout son long,
tant il était ciré, glissant et perfide. Ce républicain libéral, ce philosophe spiritualiste paraît s'être peint dans le livre si piquant de
« rosserie » qu'il a consacré à son maître, M. Victor Cousin, et à
quelques traits près de lésinerie, de larcin et de vivacité, l'on retrouve le peintre dans son modèle.

De sa mansarde de la place de la Madeleine, où il a habité près
d'un demi-siècle, il regardait Paris avec une ironie souriante, mais
où il y avait un peu d'amertume. Il commençait son discours le
corps penché, l'air accablé et mourant, la voix éteinte, comme s'il
n'avait plus que trois phrases à vivre, mais il parlait une heure et
même deux, et on l'aurait écouté le double tant il avait d'esprit,
d'onction, de chatterie, de grâce, de malice, de manège, de variété,
et il séduisait, mais il ne convainquait pas, parce qu'on ne savait jamais bien de qui ou de quoi il ne se moquait pas un peu en ses périodes jolies et fuyantes, ni même s'il s'épargnait soi-même. Mais
s'il avait encore plus de subtilité qu'on ne lui en croyait, il avait
moins de duplicité qu'on ne lui en prêtait, et même il avait de la
candeur, comme presque tous les hommes de haute culture, qui
vivent en eux-mêmes et se bâtissent des châteaux intérieurs avec

défenses, chausse-trapes et meurtrières, et des bosquets et des parterres et qui s'abstraient et quintessencient.

En 1869, il revenait d'une réunion électorale à Saint-Denis, et comme un penseur original, qui aurait fait des remontrances à Louis XIV sur son libéralisme, M. Léopold Derôme, s'étonnait qu'un lettré si raffiné se plût en compagnie si rudimentaire : « Que voulez-vous », lui répondit-il, « j'aime les sabots » ! Le 31 octobre 1870, les sabots lui ayant fait des « bleus » aux jambes et peut-être plus haut, M. Derôme disait : « Ça le relèvera ! ça le relèvera ! » Il lui fallut encore bien des déboires, bien des désillusions et être de l'académie française et sénateur inamovible, et par-dessus le marché avoir senti au bas des reins non pas le sabot mais la botte du maréchal, pour se redresser tout à fait. Cette botte, un peu brutale, le mit d'aplomb dans le chemin de Damas où son talent d'orateur et d'écrivain trouva tout son bouquet. Sous la présidence de M. Carnot, il disait à M. Ernest Boysse, toujours de ce ton désabusé, mais qui laissait incertain : « Je ne ferais pas obstacle à la monarchie ! » Mais il eût été trop tard pour lui de se rallier à la monarchie, comme il était trop tard pour les monarchistes de se rallier à la république, et pour que l'un ou l'autre ralliement eût pu ou rétablir la monarchie ou changer l'assiette de la république, il aurait dû se faire en 1871, à Bordeaux : mais il faut n'avoir pas vécu en ces temps-là ou n'en pas connaître l'histoire, pour imaginer seulement que l'on y ait pensé : et celui qui s'en étonne en lisant ceci, en fait peut-être autant au moment même et sans s'en douter.

Peut-être aussi le maréchal et M. Jules Simon eussent-ils été en meilleure posture si le ministère Jules Simon avait succédé au ministère Buffet, et s'il n'y avait pas eu entre eux deux le ministère Dufaure. M. Dufaure était un vieux ministre « philippotard », un vieux ministre de la deuxième république ; il avait déjà été usé par son long ministère sous M. Thiers, il était vice-président du conseil battu aux élections, et il ne représentait pas la nouvelle majorité, élue contre lui presque autant que contre M. Buffet. Mais le maréchal n'avait pas osé faire un aussi grand pas, et il l'avait fait en deux fois, tant pour ménager l'ancienne majorité que pour contenir la nouvelle. Mais l'avènement du ministère Jules Simon a coïncidé avec les inquiétudes de l'épiscopat français sur l'âge et la santé de Pie IX, l'autorité et la politique de son successeur et l'aggravation possible de la sujétion du saint-siège, et des mandements et des pétitions demandaient le rétablissement du pouvoir temporel. Depuis 1870, les uns ont toujours parlé de renverser la république sans jamais la renverser, les autres de reprendre l'Alsace-Lorraine sans la reprendre, ou, jusqu'au second tiers du règne de Léon XIII, de rétablir le pouvoir temporel sans le rétablir, ne ser-

vant pas ainsi leur cause, qu'ils avaient l'intention de servir, dans
l'élan de leur conviction, de leur patriotisme ou de leur foi, plus
que difficile à diriger, parce qu'en menaçant toujours de défaire ce
qui venait d'être fait si récemment, ils irritaient les causes de ces
changements, ils en tenaient les auteurs en haleine, et ils
proclamaient leur impuissance à exécuter leurs menaces. Mais rien
ne pouvait plus plonger M. Jules Simon dans l'équivoque vis-à-vis
du maréchal, de son monde et de ses anciens électeurs. M. Jules
Simon avait écrit sur Dieu, la religion naturelle, la liberté de
conscience, et même la liberté de penser : il croyait en Dieu et ne
s'en cachait pas, il admirait le christianisme, et même l'Eglise ;
mais comme la plupart des disciples de M. Cousin, d'un degré plus
avancé, ce qu'ils appelaient le « mythe » l'arrêtait, et le cléricalisme, où l'anticlérical met d'ordinaire ce qui le gêne dans la religion,
lui faisait peur. Les évêques trouvaient en lui le plus exquis des
collègues et chacun répétait le mot de Mgr Dupanloup : « Il sera cardinal avant moi ! » Mais s'il ne refusait rien aux évêques, ni au nonce, son for intérieur se dérobait. Sous son eau bénite, il ne se déclarait pas catholique, — et pourtant ses obsèques ont été célébrées à
la Madeleine, — et aux pétitionnaires qui ne le sentaient pas en communion avec eux, il ne pouvait même pas dire, empêché par ses devoirs de chef du gouvernement envers l'Italie et l'Allemagne, qu'a-
vant de rétablir le pouvoir temporel, il fallait reprendre l'Alsace-Lorraine, parce que tant que la France n'aurait pas repris l'une, elle
ne serait pas en état de rétablir l'autre, et que la piété nationale
ne permettrait pas d'intervertir cet ordre. Aussi, en cette rencontre, la religion naturelle n'a-t-elle pas tenu lieu de la religion positive et n'a-t-elle été d'aucun secours à M. Jules Simon, qui avait
donné tant d'espérances étant simple ministre et plus encore avant
de l'être, et qui les a presque toutes déçues comme chef du gouvernement par son esprit trop subtil et son caractère trop flottant.
Cet homme aux mœurs simples, familiales et laborieuses, comme
M. Dufaure, M. Buffet et M. de Broglie qui a eu, en outre, le mérite de se soustraire aux séductions de sa caste, sans doute iro-
niserait encore, s'il voyait sa statue au pied de sa « mansarde »,
aucun Français ne méritant une statue tant que subsistera le traité
de Francfort, mais la statue n'est ni en marbre, ni en bronze, elle
est en pierre, et il se consolerait d'un honneur qui, pourtant, le
flatterait, à la pensée tout au moins oratoire, qu'elle ne survivra
pas trop longtemps à son nom. D'ailleurs, les républicains ont aussi, comme on dit, « statufié » M. Amable Ricard, « l'aigle de Niort »,
et nombre d'entre eux, dont les talents ne peuvent être comparés à
ceux de M. Jules Simon : mais avec ces statues, comme avec les décorations et les « places », ils renouvellent et étendent leur clientèle.

En 1910, les hommes qui n'ont pas plus de cinquante ans ne com-

prennent pas aisément que le maréchal ait, en 1877, mis à la porte
— il n'est pas de mot plus exact — le ministère Jules Simon, parce que ce ministère représentait la majorité de la chambre de 1876,
issue, élection par élection, du grossissement de la minorité de
l'assemblée de 1871, et, membre par membre, de la désagrégation
de la majorité de cette assemblée, de sorte que la chambre de 1876
n'était que l'assemblée de 1871, ainsi transformée pendant cinq
ans avec le relief et la couleur que la constitution de la république
lui avait ajoutés ; ni qu'il ait chargé de la dissoudre M. de Broglie, qui avait déjà fait, en 1873, le contraire de ce qu'il s'était proposé, avec, pour ministre de l'intérieur, M. de Fourtou, qui était
tout mine et tout verbe, mais dont le léger et le frivole n'échappaient qu'à ceux qui ne voulaient pas voir. Le ministère Broglie-
Fourtou frappait les maîtres d'école et des gardes champêtres et
d'autres petits agents électoraux de l'opposition au lieu de frapper
à la tête, c'est-à-dire M. Gambetta et son état-major, qui les me-
naient à la bataille contre le gouvernement, avec leur sommation
sans cesse répétée au maréchal : « Se soumettre ou se démettre »,
et avec l'espoir d'incendier les châteaux, après les avoir pillés, si
le maréchal ne se soumettait pas : avant lui, le gouvernement de la
défense nationale n'avait pas reculé devant la violation de la légalité et du droit pour s'imposer en province, pendant la guerre ; M.
Thiers avait fait emprisonner le prince Napoléon ; et, depuis le 16
mai, sous M. Grévy, la loi de proscription du comte de Paris et du
duc d'Orléans, du prince Napoléon et du prince Victor a de même
frappé l'opposition à la tête et aussi, sous M. Carnot, puis sous M.
Loubet, les arrêts de la haute cour, qui ont successivement exilé le
général Boulanger, le comte Dillon et M. Henri Rochefort, M. Paul
Déroulède et M. Marcel Habert, M. André Buffet et le comte de
Lur-Saluces : le 16 mai a frappé les membres les plus inférieurs, et
il a été vaincu ; tandis que les républicains ont toujours frappé à
la tête, et ils ont toujours été vainqueurs, parce qu'on est maître de
tout le reste lorsqu'on est maître de la tête.

Il y a autant de bêtes parmi les républicains que parmi les antirépublicains, mais il y a très peu de brutes parmi les antirépublicains, et encore des brutes à demi-domestiquées, tandis qu'il y en
a en grand nombre parmi les républicains, et les brutes seules ont
des muscles et se ruent contre les usages et les belles manières, et
la loi et la justice.

Le 16 mai n'a ainsi abouti qu'à la réélection de la majorité de
1876, des 363, mais les 363 de 1877 n'étaient plus les 363 de 1876,
c'étaient les 363 irrités, jetés hors des voies moyennes, en pleine
gauche.

Si lorsqu'on présente le 16 mai comme un coup d'État, l'on se
trompe ou l'on trompe, impolitique et anticonstitutionnel n'étant pas

synonymes, ce qui était moins constitutionnel, ce qui avait les apparences et presque le caractère d'un coup d'Etat, c'est la constitution du ministère extraparlementaire Rochebouët, qui signifiait que le maréchal, ne trouvant pas dans le parlement un nouveau ministère pour un nouveau 16 mai, en commandait un dans
l'armée pour cette besogne ou pour la besogne plus radicale qu'il
avait proposée à M. Jules Simon. Lorsqu'à la tribune de la chambre il lut la déclaration du gouvernement, le général de Rochebouët avait une attitude simple et calme, la voix forte et claire,
mais rien qui trahit le complot ni la menace, et il n'a laissé aucun
autre souvenir de ses vingt jours de pouvoir, où il n'a même pas
paru attendre l'ordre pour lequel il avait été appelé et qui ne lui
a pas été donné ; le maréchal l'avait appelé et il était venu ; le
maréchal l'a renvoyé et il s'en est allé, mais le parti conservateur
s'en est allé avec lui. Ainsi, le parti conservateur, qui était antirépublicain et présentait toutes les bigarrures monarchiques, auxquelles se sont ajoutées depuis des bigarrures républicaines, a
été, du 4 septembre 1870 à 1910, trois ans et quatre mois au pouvoir, à l'état pur, pendant les trois ministères Broglie et les trois
ministères Cissey, Buffet et Rochebouët, si l'on peut dire « à l'état
pur » des cinq premiers de ces ministères, qui ont constitué la république et établi la constitution ; et à l'état mixte pendant les
quatre ministères Dufaure et le ministère Jules Simon, si l'on peut
appeler mixtes des ministères contre lesquels le parti conservateur
a fait le 24 mai et le 16 mai.

Un coup d'Etat qui réussit, comme celui du 2 décembre, « rassure les bons et fait trembler les méchants », suivant le mot de
son auteur, ou assure le pouvoir aux uns et réduit les autres à
l'impuissance, suivant les sceptiques. Mais un coup d'Etat ouvertement préparé, après tant d'essais et d'échecs, et qui n'a même
pas été tenté, a donné à la France l'impression que ce parti n'a-
vait plus ni politique, ni énergie, et qu'il fallait le laisser longtemps en jachère pour qu'il se reposât et se refit, tous les gouvernements ayant été faits par un coup de force, depuis la chute de
l'ancien régime — quelquefois avant, témoin Henri IV, — tout
parti qui n'est pas capable d'un coup de force, et qui n'en fait
pas, est réputé incapable de gouverner. Un peuple ne se passionne
pour rien autant que pour la force, la violation du droit privé, public et international. « Un beau crime », — « l'affaire » tout court, ou
l'affaire Vaillant, où la trahison envers la patrie n'a été condamnée
qu'à la déportation, tandis que les éraflures faites à un député ont
été punies de la peine capitale, — émeut plus que livres et discours.
Un bel aventurier, comme les crédules ont cru jusqu'à sa mort
que serait le général Boulanger, ne craignant rien et ne reculant
devant rien, et qui bouterait républicains et république dans le

fossé. Et si l'on monte du droit public au droit international, il est
un exemple récent du goût populaire pour tout ce qui excuse sa
corruption privée et lui permet de ne pas respecter ses maîtres :
on considérait l'Autriche-Hongrie comme un cadavre prêt pour
les corbeaux germaniques, à la mort de François-Joseph, et François-Joseph lui-même comme un souverain respectable « pour ses
vertus et pour ses malheurs », et l'on exagérait même un peu ce
respect, mais qui se mourait dans les bras et aux soins de l'empereur Guillaume. Mais du jour où il a déchiré le traité de Berlin,
signé par lui et les puissances européennes à son profit et pour
arrondir ce profit en annexant la Bosnie et l'Herzégovine confiées à son administration, son prestige a éclipsé celui des autres
souverains. C'est la justification, dans la pratique, de la théorie
de M. Désiré Nisard sur les deux morales.

Depuis le ministère Rochebouët, surtout depuis l'aventure boulangiste, comprenant le danger national de donner prise aux vieilles suspicions républicaines contre eux, les généraux se montrent
plus diplomates, de même que les papes ont plus de vertu depuis
Luther, et que, depuis la révolution française, et surtout depuis
que la France est pour la troisième fois en république et que le
suffrage universel gagne du terrain en Europe, les souverains sont
plus préoccupés de se faire aimer de leurs peuples que de s'en
faire craindre. Comme le dernier ministère Broglie avait été menacé du sort du ministère Polignac, le maréchal ne pouvait se
retirer avec son ministère Rochebouët sans les exposer tous deux
aux vengeances des 363 ; aussi reprit-il encore un quatrième et
dernier ministère Dufaure, et, sept semaines après, il donnait sa
démission, puis M. Dufaure la sienne, et commençait la série des
présidents républicains de principe ou de profession, après la série
des présidents républicains de raison ou d'occasion.

... Mais quelque obligation qu'il crût avoir au parti qui l'avait élu
et quelle que pût être son ambition, le maréchal n'avait pas fait ces
pointes en avant et ces retours en arrière, et eux-mêmes témoignaient de son inquiétude, sans souci du bien public, en homme
qui avait suivi une longue carrière et occupé de grandes charges,
tout homme qui ne vit pas confiné dans ses rentes et son opinion,
et qui suit une carrière de l'État ou libre et y apprend les hommes
et les choses, ayant comme deux opinions, deux courants qui se
le disputent, le courant hérité et éducateur et le courant expéri-
mental et réaliste presque toujours en opposition. En chargeant
M. Waddington de former son premier ministère, M. Grévy s'associait aux inquiétudes du maréchal, et, comme lui, cherchait, sans
le dire, à mettre un frein à la république. M. Waddington était
moins républicain que M. Jules Simon, et depuis moins longtemps
que M. Dufaure : c'était un centre droit-centre gauche, et il s'aper-

çut, à la première rencontre, qu'il était trop centre gauche pour le sénat et trop centre droit pour la chambre, bien qu'il fût protestant, et que le protestantisme fût déjà pour elle une demi-caution. Cette république n'a eu que deux présidents du conseil protestants, M. Waddington et M. de Freycinet, mais elle a eu plusieurs protestants pour ministres, MM. Barbey, le général de Chabaud La Tour, Decrais, Le Royer, Léon Say, Siegfried, Doumergue, Guieysse. Elle n'a eu qu'un ministre israélite, M. Adolphe Crémieux, et un ministre juif, M. Raynal, les petits israélites étant appelés juifs et les gros juifs étant appelés israélites.

M. Waddington avait été trois fois ministre du maréchal et ministre de la fin de M. Thiers, et, dans le quatrième ministère Dufaure, il avait les affaires étrangères : c'est donc du ministre des affaires étrangères du maréchal que M. Grévy a fait son premier ministre. Fils d'un Anglais naturalisé Français, ses bons amis disaient qu'il parlait l'anglais mieux que le français ; mais c'était un orateur correct et froid, comme sa personne, pesant et pénible. Délégué de la France au congrès de Berlin, en 1878, il y avait discrètement jeté les bases du protectorat français sur la Tunisie ; mais il en était revenu, disait-il, « les mains nettes », et le mot avait paru fâcheux, le désintéressement passant toujours pour incurie, et son air droit et compassé lui donnant un peu figure de dupe, d'autant qu'il était de l'académie des inscriptions et numismate, et que tous ces sans façons d'avocats de la chambre et du sénat, à la langue déliée et au torse désinvolte, le traitaient déjà d'antiquaille. Il avait pour collègue à l'intérieur M. de Marcère, nimbé de la légende, un peu gênante pour un ministre du barricadier de 1830, qu'étant conseiller à la cour de Douai, sous Napoléon III, il avait souscrit pour l'achat du cheval blanc que le comte de Chambord devait monter à son entrée dans sa bonne ville de Paris. M. de Marcère paraissait étonné, comme M. Odilon Barrot, le 24 février 1848, que les mécontents ne désarmassent pas en le voyant ministre et que l'horloge des révolutions n'en marquât pas l'heure finale. Son propre ministère remontait cette horloge, en ramenant les chambres à Paris, car si le séjour de Versailles avait été funeste à l'assemblée monarchiste de 1871 en l'isolant dans le majestueux cadre de l'ancien régime, où elle s'exaltait à la vue de la vulgarité du régime nouveau, peut-être aurait-il été salutaire à la chambre républicaine de 1877, qui n'était que trop naturellement entraînée à ce régime, où Paris allait la précipiter à plein corps. Au surplus, le comte de Paris désirait que les monarchistes s'éloignassent de ces lieux « louisquatorziens », où ils perdaient plus qu'ailleurs la notion des contingences, en dehors desquelles la politique est le pire des jeux. Aussi, à Paris, encore plus qu'à Versailles, « la politique des faits acquis » de M. Waddington rencontra-t-elle des obstacles, le tumulte parisien après le silence versaillais. Il s'opposait au procès des ministres monarchistes du 16 mai, à l'amnistie plénière des républicains de la commune, au bouleversement des services publics, les républicains ayant hâte de donner à leur pays la république athénienne ou florentine, alors leur idéal, en commençant par remplacer par leurs créatures les fonctionnaires de tout ordre et de tout rang, à la florentine ou à l'athénienne, en effet, mais lorsque ce remplacement eut été fait, sous les ministères suivants, ils ne parlèrent plus de Florence ni d'Athènes.

M. Waddington avait dans son ministère quelques collègues ou sous-collègues, c'est-à-dire sous-secrétaires d'État, dont le contraste surprenait un peu : M. Le Royer, capitaine de cavalerie par devant avec sa grosse moustache, et curé par derrière avec sa large tonsure, autour de qui Mlle Anna Perruchon vociférait les accusations de Caligula contre Auguste et Livie ; le général Gresley, qui s'était fait le chevalier de la manche de M. Grévy dans ses pérégrinations à travers les ateliers aux modèles à frimousse provocante ; M. Turquet, aux élans variés, aux pointes en tous sens, sans suite, inquiet et inquiétant, et qui a fini dans le tiers-ordre ; M. Lepère, qui se laissait attribuer la chanson des étudiants sur le quartier latin, oubliée de la génération actuelle, mais que fredonnaient encore ses contemporains et dont se souviennent toujours les vieillards, lorsqu'ils se souviennent qu'ils ont été jeunes :

> Me faudra-t-il enfin plier bagage
> Et dire, hélas! mes adieux à Paris?..
> Que faire ici ? J'ai les mœurs d'un autre âge :
> Du vieux quartier, je suis le seul débris.
> Fier rejeton d'une tige brisée,
> La ranimer !... Je l'essaierais en vain :
> Non, il n'est plus, mon vieux quartier latin.

Cette chanson date de 1810 et M. Lepère était né en 1823. Mais son auteur, M. Antoine Watripon, était plus oublié qu'elle, et le ministre de l'intérieur bénéficiait du renom d'ancien « badouillard » comme dit cette chanson, et d'homme d'esprit.

Peut-être s'étonnera-t-on de rencontrer, dans un tel livre, tels couplets. — parfois mieux qu'une ordonnance royale ou qu'un décret présidentiel, un couplet évoque une époque, ou tout au moins un moment, — telles anecdotes, tels personnages, tels faits et pas tels autres, plus récents ou plus importants, et qui en diraient plus long sur leur temps. Mais, hormis quelques dates ou menus calculs et statistiques, qui ne sont pas tout à fait de pure curiosité, tout ce livre a été fait d'après le seul repérage du souvenir. Ce qui se passe se peint en grandes fresques dans la mémoire, en

traits plus ou moins profonds et en couleurs plus ou moins solides, suivant son caractère, suivant aussi le caractère de celui qui
en reçoit l'empreinte. Le temps en tourne partie en grisaille ou
en fait tomber des morceaux, sans que l'auteur lui-même puisse
savoir pourquoi. Dans une œuvre qui n'embrasse ainsi que les
choses restées dans le souvenir d'un spectateur des événements
depuis 1863 (spectateur à perpétuité), et qui se développe dans
un cadre inusité, où le seul guide est un fil politique, ou philosophique, souvent à peine visible, et en une forme monotone et sèche, l'on ne voit que certains côtés du tableau, et l'œil cherche en
vain les autres ; mais ce sont ces choses que l'auteur a entendu et
pu mettre en relief, et ceux qui en chercheraient d'autres, surtout
de l'agrément, ont dû refermer le volume dès le premier chapitre,
le titre, d'ailleurs, ne les ayant pas pris en traître.

Mais M. Waddington et M. Le Royer ont pourtant pris chacun
une initiative d'où est sortie la « républicanisation » de l'enseignement et des autres services publics, M. Le Royer en renouvelant,
avec des républicains républicanisant, le conseil d'État, le premier corps de l'État après les chambres, et tous les services publics devant suivre leur régulateur ; et M. Waddington, en s'attaquant à la liberté de l'enseignement supérieur. M. Waddington
avait voté contre elle lorsqu'elle avait été instituée par l'assemblée nationale, et il voulait au moins enlever, comme il a été fait,
d'ailleurs, aux universités libres, la collation des grades, confor-
mément à la tradition française, qu'on n'aurait pas cru enracinée
chez le fils d'un Anglais naturalisé Français, s'il n'avait été protestant, et si l'Église seule n'était organisée pour profiter de cette
liberté. Cette conception de l'État maître de la nation, parce qu'il
est maître de l'enseignement supérieur, de l'élite intellectuelle de
cette nation, est une conception aristocratique qui n'a pas toujours
été juste dans les aristocraties, puisqu'elle n'y a pas empêché, en
politique, la révolution de 89, ni en religion la réforme : mais elle
l'est encore moins dans une démocratie, où la Sorbonne, le collège
de France, l'académie française et l'institut tout entier, n'ont pas
plus d'influence sur la troisième république, dans son chef et dans
ses membres, que les vingt ou trente « cent-millionnaires », que
les cinquante principaux industriels ou commerçants, ou que les
soixante ducs, — pas plus les quatorze ducs et pairs et les treize
ducs de l'ancienne monarchie, que les treize ducs du premier empire, les douze de la restauration, les deux de Louis-Philippe et les
six de Napoléon III ; tous les autres n'étant pas juridiques, mais
la république ne les interdisant pas, non plus que les autres faux
titres ou faux noms de « la foire aux vanités », pour ne pas reconnaître ainsi les vrais, et parce qu'elle laisse ses ministres eux-
mêmes porter des noms qui ne sont pas les leurs et que M. Jules

Simon s'appelait Suisse et que M. Edouard Lockroy s'appelle Simon.
Hormis le très petit nombre de ces quatre élites ou groupes, selon le cas, qui se fait élire pour ses qualités personnelles, ou ses
défauts, ou parce qu'il compte beaucoup de fermiers ou de débiteurs parmi ses électeurs, les élections et la politique se font presque tout entières contre leurs idées et contre leurs intérêts, parce
que, la démocratie ne fût-elle pas jalouse, ni le suffrage universel
envieux, il y a trop loin des électeurs à ces candidats, et autant
inviter un horloger à une chasse à courre chez la duchesse d'Uzès,
ou un rétameur à une matinée littéraire chez la duchesse de Rohan.
Il faut trois générations pour faire un bourgeois, et le double
pour un gentilhomme, et c'est pourquoi il y a si peu de gentilshommes parmi tant de nobles, et si peu de bourgeois en ce pays presque bourgeois. C'est parmi les bourgeois des deux premières générations que le suffrage universel se sent le plus à l'aise : ils ont encore les défauts du peuple, bien que pointent déjà en eux ceux de
la bourgeoisie : mais ils n'ont plus les qualités de l'un et pas encore
celles de l'autre, et, patelins et rudes, rusés et rapaces, vivant de
la chasse électorale, ils sont compris de ceux dont ils étaient, la
veille ou l'avant-veille, et ces tiercelets sont les maîtres du clocher.
Bien peu de ces bourgeois en formation ont reçu l'enseignement
supérieur, hors celui du droit ou de la médecine, qu'avec son dogmatisme trop absolu en retranchait M. Brunetière, malgré maintes
exceptions. Que la collation des grades eût continué à se faire concurremment par les jurys mixtes des universités catholiques et des
universités de l'État, on ne voit pas en quoi un docteur mixte ès-
lettres ou ès-sciences de l'université catholique de Paris, aurait
eu plus de chances d'être élu député du quartier de la Bastille ou
des Épinettes qu'un docteur ès-sciences ou ès-lettres de la Sorbonne. Le monopole de l'enseignement pour l'État est du temps où l'État
était théocratique ou qu'il y avait une religion d'État, que le trône
s'appuyait sur l'autel et que l'État reposait sur le maintien de cet
autel, l'intégrité du dogme et la pureté de la foi : mais, avec une
république reconnaissant trois religions, la catholique, la protestante et l'israélite, bien que trente-six Français sur trente-neuf fussent catholiques, et où le président du conseil était protestant, et
pas du protestantisme indigène, mais du protestantisme d'outre-
Manche, la liberté d'enseignement découlait de cette liberté de
conscience, et plus encore, de cette indifférence de l'État en matière
de religion. Avec M. Waddington, la république a commencé de reprendre ce qu'elle avait donné même avec prodigalité, pour la
collation des grades, à cause de l'emprise sur l'État que cette collation confère aux gradués : et le troisième ministère Broglie, en exi-
geant le retrait du bref pontifical qui conférait cette collation à
l'université catholique d'Angers, bien qu'elle ne pût avoir les effets

civils de la loi du 12 juillet 1875, avait devancé M. Waddington, puisque l'Etat n'avait pas plus de contrôle sur les membres libres des jurys mixtes que sur les jurys libres eux-mêmes.

Le monopole de l'Etat n'a pas très bien gardé la religion d'Etat, si l'on en juge par l'issue et aussi par les sectes qui l'ont assaillie tout le long de son histoire, le philosophisme, le jansénisme, le calvinisme, le vaudisme, le catharisme et nombre d'autres, bien que le dogme, dont les hommes ne se servent que rarement, ne soit pas variable comme les lois et les institutions dont ils se servent tous les jours et qui changent avec leurs besoins, lesquels, aujourd'hui, sous l'action des découvertes scientifiques, changent avec une telle rapidité, qu'on ne peut plus les prévoir, et même qu'on ne les a pas plutôt notés qu'ils ne sont déjà plus les mêmes. Depuis que l'enseignement primaire est en si grande partie laïcisé, c'est-à-dire rendu à l'Etat, l'on voit bien qu'il peut décatholiciser ses élèves, et même les déchristianiser, mais on ne voit pas qu'il puisse arrêter, endiguer ni diriger les courants politiques qui se forment tout autour de lui et le débordent de toutes parts. La liberté d'enseignement avait donné de la tenue et de la retenue aux deux enseignements, l'officiel et le libre, de l'émulation et un peu d'originalité, comme la désuétude des règlements ou usages a donné aussi un peu d'originalité aux constructions nouvelles, que M. François Coppée, habitué aux anciennes, appelait les « maisons à goître », mais qui, du moins, n'ont plus tout à fait l'uniformité plate des casernes et se hasardent à un peu de la fantaisie où chacun se donnait carrière, en ce moyen-âge qui ne connaissait pas l'ordonnance napoléonienne ni bourbonienne, mais qui était si riche en variétés de « la plante humaine », dont la floraison artistique, à travers ses luttes et ses misères, brille encore dans la couronne de la France.

... Les deux présidents du conseil protestants se sont succédé l'un à l'autre, M. de Freycinet à M. Waddington, et ont ainsi été les chefs des deux premiers cabinets de M. Grévy, partie pour sa satisfaction de « philosophe » faisant acte d'indépendance vis-à-vis de la religion où il était né, partie en réaction contre le cléricalisme, dont on chargeait le « mac-mahonat » et le maréchal, qui n'était pas mystique prédicant comme le général Trochu, qui était simplement Français catholique, comme M. Grévy lui-même, mais ne rougissant pas plus de sa religion que de sa nationalité. M. de Freycinet a été douze fois ministre des travaux publics, de la guerre et des affaires étrangères du maréchal, de M. Grévy, de M. Carnot et de M. Félix Faure, dans le quatrième cabinet Dufaure, le cabinet Waddington, le cabinet Floquet, le deuxième cabinet Tirard, le cabinet Loubet, le premier cabinet Ribot, le premier cabinet Brisson et le troisième cabinet Dupuy, dont trois fois président du conseil de M. Grévy, et une fois de M. Carnot, s'associant ainsi aux politiques les plus diverses, voire les plus opposées, mais sans se lier. Aucun de ses contemporains ne s'est montré moins doctrinaire ni plus chimérique, et l'on se demande encore s'il est théoriquement républicain ou monarchiste, ou ni l'un ni l'autre, et s'il a, sur la substance du gouvernement, des opinions plus arrêtées que sur sa forme. Il est « le dernier officier de la Légion d'honneur fait par l'impératrice-régente » et il a fait la loi de 1886 contre les princes : son collègue de l'instruction publique a fait signer par M. Grévy les décrets à la Louis XIV du 29 mars 1880 contre les congrégations non autorisées, et sans lui, Lourdes n'aurait pas eu son historien, ou plutôt son apôtre, M. Henri Lasserre, son plus intime ami, quoique ultra-catholique et ultra-royaliste. M. Henri Lasserre vantait « son intelligence si cultivée, si distinguée, si fine et si déliée », et « son aptitude universelle ». Le fait est qu'il a été comme le chef d'état-major général de M. Gambetta pendant la guerre, et qu'il a élaboré le plan de réfection et d'achèvement des voies navigables et des voies ferrées, 2.500 kilomètres de chemins de fer et 10.000 kilomètres de canaux, et quatre milliards et plus à y dépenser, sans compter l'agrandissement des ports de commerce, même la création de nouveaux ports, et aussi le rachat progressif des chemins de fer par l'État, ce qui, du même coup, ferait des employés de ces chemins, ou « cheminots », des employés de l'Etat, des fonctionnaires, des agents électoraux, et réduirait les particuliers qui auraient quelque action en justice contre eux, ès-qualités, à plaider contre l'Etat, devant les tribunaux de l'Etat, tandis que la menace du rachat pour les chemins de fer des grandes compagnies est comme la concurrence pour le commerce, à la fois le frein et l'aiguillon, que ne connaît pas l'Etat monopoleur et croupissant. C'était à peu près dans le moment où M. Gambetta annonçait aux républicains que « les temps héroïques étaient accomplis », que le « temps des bégueuleries était passé », et l'annonce de ces grands travaux publics qui devaient se faire, comme sous la baguette des fées, « sans emprunts ni impôts nouveaux et même en réalisant des économies », le mirage de ces milliards, que les « bégueuleries » « héroïques » ne défendraient plus contre les convoitises, fascinèrent « les nouvelles couches », et la corruption, dont républiques et monarchies ont tant de peine à se préserver en la réprimant, n'a, depuis lors, rencontré que des barrières mal gardées. Pour mieux s'étendre partout, et devenir le régime stable de cette république, quand les aliments casuels comme les canaux et les chemins de fer et les ports lui manqueraient, elle a pris la forme légale, constitutionnelle, elle s'est installée au pouvoir en portant le nombre des fonctionnaires, de 250.000 qu'ils étaient à la fin du second empire, à plus de 900.000, en asseyant l'État sur l'institution de la sportule, de sorte qu'un électeur sur onze est fonctionnaire et entretenu par les dix autres et que ce citoyen entretenu, qui dénonce, moleste et fait voler ses dix entreteneurs, ses « marmites », ses « poires », suivant les expressions argotiques usitées, que l'auteur regrette de ne pas se rappeler toutes, parce qu'elles sont aussi indicatives de l'état social et politique. La France se trouve ainsi appauvrie de la « non production » de ces 900.000 « budgétivores », dont plus des deux tiers sont des sinécuristes, et des charges qu'impose à ceux qui travaillent et qui produisent l'entretien de ces frelons et de leurs familles.

Un jour, M. de Freycinet disait à M. H. d'Ideville : « Combien peu de gens tuent leur père, mais combien moins encore le ressusciteraient ! » Et on lui a souvent aussi entendu dire : « Combien vaut un tel ? » Douze fois et dix ans ministre et bras droit du dictateur pendant la guerre, il est l'homme de cette république qui a pu le plus et le mieux voir les hommes en action et découvrir et noter combien peu méritent l'estime que leur donne leur naissance, leur fortune, leur charge, leur talent ou leur masque. Il les méprise, et son mépris se lit à la commissure mi-ironique et mi-souriante de ses lèvres, qui semble dire : « A quoi bon ? » et c'est chez lui une faiblesse plus qu'une force. Les contemporains ne l'ont connu que sous les traits d'un petit vieillard sec et simple, à la blanche barbe courte en pointe, au facies pâle, dont le caricaturiste fait d'un trait une tête de mort. Mais il n'a pas cet aspect lugubre, et, au temps où il était « monsieur le premier », on l'appelait « la souris blanche ». Il est silencieux, doux, glissant, la politesse même, sans marquer la distance ni provoquer la familiarité ; et aussi, malgré sa méfiance, obligeant jusqu'à la duperie, comme pour la plaque de grand-officier de la Légion d'honneur qu'il a donnée à Cornélius Herz, pour être agréable à ses confrères de l'académie des sciences qui la lui demandaient, il serait intéressant de savoir pourquoi. Ce Herz était un grand séducteur et le député Louis Guillot, demi-sauvage, qui, à l'école de droit, empoignant des deux mains les barres de son balcon du cinquième étage, faisait le drapeau dans la rue, avait été apprivoisé par lui et lui tendait son chapeau et sa canne et lui passait son pardessus. M. de Freycinet monte à la tribune de la chambre ou du sénat, comme il monterait à sa chambre à coucher, tant il paraît calme et seul. Il n'a aucune note devant lui, même lorsqu'il discute des chiffres, et aucun orateur n'a, sous cette république, jonglé plus aisément avec eux, ni M. Bodet, ni M. Jules Roche, ni M. Rouvier, ni M. Henri Germain, qui avait toujours l'air de parler devant des financiers, ni M. Pouyer-Quertier, ni M. Magne, ni M. Rouher. Le corps penché, il ne fait pas de gestes et a une voix blanche. Il n'a ni mouvement, ni chaleur, ni esprit, ni rhétorique, ni élan, ni éloquence, si l'on entend par là les artifices oratoires. Mais il a dû méditer le précepte de La Bruyère : « Vous voulez m'apprendre qu'il pleut ou qu'il neige ; dites : il pleut ou il neige. Vous me trouvez bon visage et vous désirez de m'en féliciter, dites : je vous trouve bon visage. » Il dit : Je vous trouve bon visage, il neige, ou il pleut ; et l'on ne saurait parler avec plus de simplicité, ni plus de clarté, et cette clarté, cette lumière, s'insinue dans l'auditoire, y pénètre, l'emplit, l'éclaire, l'illumine, le conquiert.

C'est ce genre oratoire qui a eu le plus d'influence sur le parlement de cette république, puisque M. de Freycinet est le ministre le plus longtemps resté en fonction. Aussi, de n'avoir pas poussé cette lumière, comme il sait le faire, au degré irrésistible, à cause de l'Angleterre et de l'Allemagne, lorsqu'il a demandé, en 1882, un crédit de neuf millions pour l'occupation du canal de Suez, s'est-il excusé en un gros volume, tous ceux qui ont dirigé, fait ou vu la guerre de 1870 étant portés à trop de prudence, et ceux qui n'y ont pas participé étant poussés à la lâcheté par cette prudence de leurs aînés. Tous les actes hardis qui, sous cette république, ont mis l'Europe en présence du fait accompli, c'est-à-dire de la nécessité d'une guerre pour le défaire, ont réussi : et l'occupation de Rome par l'Italie, et le « prononcement » de Sagonte, par le général Martinez Campos ; et la main-mise de l'Angleterre sur Chypre et sur l'Egypte, et la substitution, par la boucherie de Belgrade, des Karageorgewitch aux Obrenowitch ; et la sécession de la Norvège, et l'annexion de la Bosnie et de l'Herzégovine par l'Autriche-Hongrie, et la proclamation de l'indépendance de la Bulgarie... Mais, depuis la guerre de 1870, il n'y a pas eu un Français audacieux, si ce n'est en paroles, aucun n'ayant « posé un acte », le fait, qui est comme un quartier de rocher précipité sur la route et que les voisins doivent enlever de vive force ou bien subir, et qu'ils subissent, crainte de pire. Peut-être les « atavistes » trouveront-ils dans ses origines l'explication de la politique de M. de Freycinet. Les Freycinet ont pour auteur un négociant de Lyon, devenu agronome en Dauphiné, qui a écrit une notice sur le géologue Faujas de Saint-Fond, et qui a eu un fils capitaine de vaisseau et un autre contre-amiral, tous deux circumnavigateurs et historiographes de leurs circumnavigations, d'où la conception de son vaste réseau de voies navigables et ferrées, et dans sa profession d'ingénieur des mines, lui venant du « noticier » de Faujas, son indifférence à exploiter telle ou telle galerie de la mine parlementaire, où on le met. Il désirait racheter le castel familial, d'où les siens ont fait le tour du monde et de la politique, mais ses propriétaires, s'y trouvant bien, sans doute, en ces parages jadis ravagés par les coreligionnaires de M. de Freycinet, La Tour du Pin Gouvernet, le baron des Adrets, du Puy-Montbrun dit « le cul sur la selle » et « le pistolet au poing », et où la propriété était si mouvante devant une compagnie d'hommes d'armes, refusèrent les offres de « monsieur le premier ». Mais il avait sinon du sang de ces huguenots, qui faisaient si bon marché de la propriété et de la vie des catholiques, du moins un reste de leur « mentalité », car, après avoir, pendant son premier ministère, fait couler le premier sang dans l'exécution des décrets contre les congrégations, dans son quatrième ministère, il les a menacées d'une loi que, dix ans après, MM. Waldeck-Rousseau et Combes ont faite et appliquée. Ainsi, les deux présidents du conseil protestants ont engagé la guerre contre l'Eglise catholique, qui a déjà abouti à la spoliation de cette Eglise.

...Le successeur de M. de Freycinet à la présidence du conseil, après son premier ministère, a été M. Jules Ferry, qui avait été son ministre de l'instruction publique, et aussi de M. Waddington, et qui l'est redevenu dans le second ministère Freycinet et l'a été dans son propre premier ministère et dans le premier tiers du second, bien qu'il n'eût pas plus de lettres que le gros des fonctionnaires, avocats, médecins et journalistes, qu'il ne donnât que douze chants à l'Iliade et qu'il citât Lucrèce en faisant des solécismes et même des barbarismes. Des vingt-six prédécesseurs ou successeurs de M. Jules Ferry à ce portefeuille de la troisième république, huit seulement ont été de l'institut, estampille officielle de la haute culture, à laquelle il ne faut pas toujours se fier, et qui est encore moins limitative, MM. Jules Simon, Waddington, Bathie, Wallon, Léopold Faye, Bardoux, Paul Bert et Berthelot. M. Jules Ferry portait de grands favoris à la maître d'hôtel, qui lui donnaient un air vulgaire, auquel ajoutait son nez long, charnu et rougeoyant, dont les caricaturistes faisaient une trompe s'enroulant autour de son corps en exécutant des mouvements grotesques. Taillé en vigueur, il était, suivant son mot, de « la forte race des Vosges » : il se serait sans doute dit aussi ou on l'aurait dit pour lui de « la forte race » du Jura ou des Ardennes, des Alpes ou des Pyrénées, ou des Cévennes, s'il avait été de l'un de ces massifs montagneux, les contemporains prêtant à tout homme « notoire », comme ils disent depuis M. Taine, les qualités et les défauts, réels ou imaginaires, de sa province natale, et à toutes les provinces les mêmes défauts et les mêmes qualités, selon qu'elles sont en montagnes ou en plaine, au nord ou au sud.

L'orateur était sans style, à la fois rocailleux et huileux, maussade et antipathique. Il disait avec mélancolie : « Je fleuris en dedans. » Mais il avait de la dialectique, de la force et de la pugnacité. Il ne persuadait pas, il s'imposait. Il savait même dire la vérité à son parti : « Le péril est à gauche. » Mais il la disait après que lui-même avait grossi ce péril et bien que cette vérité fût un truisme, car il n'est pas un Français vivant qui ait pu voir le péril ailleurs qu'à gauche : — 1830 a été le succès de la gauche contre

Charles X ; 1848 a été le succès de la gauche contre Louis-Philippe ; 1851 a été le succès de la gauche contre la droite, puisque le prince-président a, par son coup d'État du 2 décembre, rétabli dans son intégralité le suffrage universel que la législative avait mutilé par sa loi du 31 mai 1850 ; 1870 a été le succès de la gauche contre Napoléon III ; enfin, de 1871 à 1875, de l'élection de M. Grévy comme président de l'assemblée nationale au vote des lois constitutionnelles, le succès de la gauche a été le succès des succès, puisque la droite elle-même s'est faite gauche en faisant ce que voulait la gauche, c'est-à-dire la république.

Le titre d'une brochure, « Les comptes fantastiques d'Haussmann », faisant un jeu de mots avec un titre célèbre : « Les contes fantastiques d'Hoffmann » avait tiré M. Jules Ferry du rang, vers la fin du second empire, un calembour faisant la fortune d'un homme, dans « la ville la plus spirituelle de la terre », qui met quelquefois dix, vingt ou trente ans à s'apercevoir de son illusion : mais dès son arrivée au gouvernement de la défense nationale, il avait été impopulaire, bien qu'il offrit des drapeaux en soie aux bataillons de la garde nationale qui se battaient le moins, mais qui le menaçaient le plus, ajoutant ainsi au « péril à gauche », et il est mort impopulaire, après avoir pu goûter la douceur, dans sa présidence du conseil, de n'avoir pas à ménager sa popularité et de pouvoir jouer des coudes. Mais il souffrait de cet ostracisme en ses « fleurs intérieures », et, en ses dernières années, il le laissait voir. De sa main brusque, il a donné le coup de barre qui a poussé la république vers le « péril à gauche », où l'avaient déjà engagée M. Waddington et M. de Freycinet, l'un avec les tâtonnements du protestant naturalisé, l'autre avec la sûreté du protestant autochtone et de famille un peu supérieure, qui se souvient de la révocation de l'édit de Nantes. M. Jules Ferry a ajouté la brutalité du catholique renégat, marié dans une famille alsacienne protestante. M. Jules Ferry et M. Charles Floquet avaient épousé civilement la nièce et la tante, et se sont tous deux fait enterrer civilement, comme les deux autres présidents du conseil Gambetta et Goblet : mais il reste encore onze de leurs collègues vivants et la statistique religieuse de ces chefs du gouvernement ne pourra se faire qu'après leur mort. Ce clan considéré, mais envié, et qu'on appelait « la bande de Thann », auquel appartiennent Mme Floquet et Mme Jules Ferry, les Koechlin, les Schwartz, les Scheurer, les Dollfus, les Kestner, les Chauffour, les Mieg, les Charras, avait toutes les ardeurs de la réforme et en était le foyer en Alsace contre l'Église, et ambitionnait de l'être en France, les prosélytes de toutes les religions, religieux ou politiques, poursuivant toujours l'erreur ou l'obstacle et étant surtout animés de la haine de la religion ou des religions adverses. La « bande de Thann » a exercé une grande influence non seulement sur MM. Jules Ferry et Floquet, mais sur tout le « kulturkampf » français : pendant la période « dreyfusienne » de ce « kulturkampf », des protestants se sont même flattés de faire passer les Français au protestantisme : mais la réforme a épuisé en France ce que le libre examen pouvait donner de religion positive hors de l'Eglise et dans le christianisme, et, depuis lors et de plus en plus, il n'a donné que l'indifférence, l'incrédulité ou l'irréligion.

Dans le même temps, l'ex-père Hyacinthe a même conseillé aux Français de se faire juifs, bien que le judaïsme ait toujours été et qu'il soit encore une religion nationale ou particulière aux sémites d'origine juive, qui constitueraient la nation juive s'ils se réunissaient en corps dans leur pays primitif, comme le leur prêchent les sionistes, depuis que l'antisémitisme leur a fait craindre que leur fortune ne prenne fin. Et, comme on colportait des propos authentiques ou apocryphes de M. Zadoc Kahn, grand rabbin de France, d'où paraissait procéder le conseil de ce juif errant de vieux carme défroqué à la recherche d'une religion, on s'est demandé si les juifs n'avaient pas la même méconnaissance de l'âme française.

Pour changer la direction politique, morale, économique et internationale d'un grand pays, il faut avoir dans la main un instrument docile, et M. Jules Ferry a achevé l'œuvre de MM. Waddington et de Freycinet en faisant des hécatombes de fonctionnaires et en pourvoyant toutes les administrations publiques de titulaires à sa dévotion. Il s'était donné pour cet office trois collaborateurs prêts à tout : le général Farre, pour la guerre ; M. Constans, pour l'intérieur et les cultes, bien qu'alors parpaillot avéré, et M. Martin-Feuillée pour la justice.

M. Farre a supprimé les tambours pour faire du bruit. Plus de la moitié des généraux qui ont été ministres de la guerre de cette république ont ainsi débuté par un acte saugrenu, ou nuisible, comme la mise en non-activité du duc d'Aumale par le général Thibaudin, pour attirer l'attention sur eux, ou pour faire leur cour aux républicains, mais qui a jeté la suspicion sur ce qu'ils ont, par la suite, pu faire d'utile. Et dès qu'eux ou les autres généraux ont été mis à la retraite et qu'ils ne pouvaient plus rien, tels ou tels, pour se relever de leurs obséquiosités, ont dit leur fait à la république et à la popularité, ce qui a eu le double inconvénient de donner une médiocre idée de leur caractère et de faire douter du loyalisme des généraux en activité.

Voilà plus d'un tiers de siècle que républicains et monarchistes ne s'épargnent pas les uns les autres, ni même entre eux, sans mesurer leurs invectives, et ces mœurs politiques ne sont pas sans déteindre sur les mœurs privées qui y laissent de leur politesse : mais aucun d'eux n'a par eux tous été plus traîné dans la boue que M. Constans, pour qui ils ont inventé de nouveaux péchés capitaux.

C'était — car le Constans riche et éteint de Constantinople n'était plus le Constans besogneux et éveillé de cette époque, qui a su faire fortune avec ses neuf mille francs de député ou de sénateur, — c'était, avec une réputation si noire, un assez bon homme dont on disait, comme on l'a dit d'autres, qu'il avait « une main de fer dans un gant de velours », mais peut-être n'était-ce ni du velours, ni du fer ; il a, par une ruse facile, fait passer la frontière au général Boulanger, qui la lui aurait de la même façon fait passer non moins prestement, si les rôles avaient été renversés, ni l'un ni l'autre n'ayant l'audace des luttes civiles autres que les prises de bec et de plume; il a patricoté avec les boulangistes à peine après les avoir réduits pour faire un autre boulangisme dont il aurait été l'artisan; mais il s'est empêtré dans ses intrigues, étant à la fois finaud et un peu lourd ; il n'éloignait point la canaille même la pire et en ceci le justifiaient ceux qui, des deux côtés de la France qu'ils se disputaient et dont ils allaient faire deux Frances, déclaraient que les honnêtes gens n'étaient bons à rien et que la canaille seule faisait les bons soldats, sans doute pour attirer ces soldats dans leurs rangs, et l'un de ses séides s'enquérait avec impatience une heure avant la bombe de Ravachol au restaurant Véry, « s'il n'était pas arrivé quelque chose », et ne pouvait contenir sa satisfaction à la nouvelle que ce « quelque chose était arrivé ». Ayant « le sentiment de l'autorité », aboli par leurs principes chez les libéraux de son parti et par la peur de leur avant-garde chez les radicaux, s'il avait eu plus de vue et moins de nonchalance, il aurait eu bien en mains les rênes du gouvernement, comme on en lisait l'ambition dans ses malicieuses instructions pratiques aux chambres.

Des trois collaborateurs les plus débridés de M. Jules Ferry, M. Martin-Feuillée était celui dont le rôle allait le mieux à son insuffisance. Cette république a compté parmi ses ministres des avocats réputés entre leurs confrères, les Crémieux, les Jules Favre, les Dufaure, les Waldeck-Rousseau, les Poincaré, mais point ce robin rennais. Après le 4 septembre, M. Crémieux a, de son autorité privée, révoqué des magistrats inamovibles et octroyé la naturalisation française aux juifs d'Algérie, ouvrant ainsi la voie, d'un côté à M. Martin-Feuillée, et de l'autre au « bloc ». Lui, dont les ancêtres ont pu justement se plaindre le plus du pouvoir absolu, dès son arrivée au pouvoir, il a baisé la trique qui avait caressé l'échine des siens, et il en a caressé l'échine des autres. Aujourd'hui, c'est parmi ses coreligionnaires que l'on rencontre le plus d'admirateurs de Guillaume II, malgré les avanies dont il a abreuvé leur patrie et bien que les Allemands se soient tous soulevés contre ce prince, qui prétend régenter ses États et ceux des autres, à la Napoléon, — qu'il appelle « un parvenu », — à la Charlemagne, à la César, à l'Alexandre, voire à la Louis XIV, changeant d'uniforme dix fois par jour, généralissime, architecte, directeur de théâtre, amiralissime, musicien, chancelier, peintre, prédicateur piétiste, ami du prince d'Eulenbourg, orateur politique, sculpteur, journaliste, et le reste, et ses ambitions « mondiales » n'ont réussi qu'à retourner son peuple contre lui, et, comme il n'est pas de grand homme pour son valet de chambre, lorsque le prince de Bülow l'a eu déshabillé, lui a eu fait la leçon et donné une correction, au lieu de Lohengrin monté sur son cygne, l'on n'a plus vu que ce personnage glorieux, mais falot, qu'un professeur de Sorbonne, qui s'est longuement entretenu avec lui, peignait d'un mot peu sorbonnique : « C'est un rigolo ». Mais monarque très nationaliste, très jaloux, très ambitieux. Néanmoins, son pouvoir absolu, ou semi-absolu, — puisque le parlement tient la clé du trésor et que, sans le trésor, ce pouvoir n'a que la fragilité du verre, — apparaît à beaucoup des neveux ou petits-neveux de M. Crémieux, à cause de son nom, comme la verge de Moïse, qu'Allemagne, Russie, Turquie, Perse et les puissances à monarchie absolutiste, sont en train de jeter dans le buisson ardent : quand le pouvoir absolu est aux mains de Moïse, ce pouvoir peut être plus fécond qu'aucun autre : mais l'histoire ne dit pas que ce grand homme, qui était bègue, ait jamais parlé de le confier à son frère Aaron, grand faiseur de phrases, dont il se servait comme truchement, mais qui était une bête et qui aurait sans doute désorganisé Israël. Elargissant la brèche faite par M. Crémieux, M. Martin-Feuillée a donc fait suspendre par les chambres l'inamovibilité de la magistrature pour remplacer les magistrats dont il n'était pas sûr par des magistrats dont il était sûr et diminuer ainsi ce qui restait aux tribunaux et aux cours de capacité et d'indépendance, lesquelles avaient déjà diminué à mesure que, de régional, le recrutement des magistrats était devenu national, qu'ils ignoraient leurs justiciables, leurs mœurs et leurs usages, et qu'ils avaient le désir du déplacement, pour se rapprocher de leurs intérêts, ou de l'avancement, surtout depuis l'institution de la limite d'âge qui leur a fait de leur avancement, et des complaisances qui le déterminent, une nécessité pour assurer à leurs vieux jours une retraite moins étroite, après que la dégradation naturelle aux fortunes immobiles et l'éducation et l'établissement de leurs enfants les ont réduits à la portion congrue. Remplacer à la fois tant de magistrats n'a été possible qu'en leur donnant des successeurs en grande partie inférieurs à leurs fonctions par leurs origines, leurs relations, leur éducation, leur moralité, leur indépendance, leur capacité et leur expérience, et la magistrature parisienne en a offert quelques échantillons, qui donnent une idée de ce qu'a été « la magistrature épurée » dans les vingt-cinq autres cours de la métropole, dont les pépinières sont moins riches : un vice-président du tribunal de la Seine, M. Cartier, de son siège, a traité de « balançoires » la propriété et la famille ; le premier président de la cour d'appel de Paris, M. Périvier, a suspendu une audience en ajoutant : « Cinq minutes d'arrêt !... buffet ! » et M. Cazot, premier président de la cour de cassation, a donné sa démiss..a à la suite de sa participation à l'entreprise de la société des chemins de fer et de navigation d'Alais au Rhône et à la Méditerranée, déclarée en faillite. Cette magistrature « épurée » s'est peu à peu relevée, comme chacun l'a constaté dans les affaires des biens ecclésiastiques, toute administration redevenant indépendante et conservatrice à mesure qu'elle redevient stable, mais elle ne s'est pas relevée à la hauteur de l'ancienne, et elle ne jouit pas du même crédit, et sa plus haute juridiction, la cour de cassation, qui avait été exceptée de l' « éparation », a suivi la courbe inverse, elle s'est abaissée parce que ses vacances ont été, pour un trop grand nombre, remplies par des fonctionnaires de la chancellerie, dont les titres sont seulement politiques, et, depuis les affaires Humbert et Dreyfus, il n'est pas de compagnie judiciaire qui ait été plus outragée, sans que le gouvernement ait osé poursuivre les outrageux.

Cette hécatombe de gardiens des lois, c'est-à-dire des fonctionnaires angulaires, a fait paraître secondaire l'hécatombe des autres fonctionnaires. Mais pour couvrir leur invasion des services publics, les républicains ont réédité la formule de Barère, au début de la révolution : « Il faut recommencer l'histoire ! » Et alors a recommencé aussi la politique des idéologues, des reconstructeurs de la société, des architectes de la cité future ; mais dans leurs rêves de métaphysiciens, de réformateurs et de poètes, ils n'ont jamais perdu pied, ils sont toujours restés très terre à terre, très madrés, très sensés, très pratiques, pour leurs intérêts particuliers et de parti, et les expérimentations qu'ils ont faites pour l'État, ils ne les ont pas faites pendant trente ans pour eux-mêmes, et ils ne les ont pas poussées jusqu'à en être atteints. Mais ce n'est pas cette curée, ni la rudesse de son gouvernement qui ont achevé l'impopularité de M. Jules Ferry et qui en ont fait le président du conseil le plus impopulaire de cette république. Pas davantage ses projets, décrets et lois contre l'Église, contre laquelle alors l'anticléricalisme sévissait dans tout son premier feu : article 7 contre les congrégations non autorisées, décrets contre ces congrégations, suppression des lettres d'obédience, restitution de la collation des grades à l'État, principe de l'obligation dans l'enseignement, substitution de l'enseignement civique à l'instruction religieuse, institution de la chaire de l'histoire des religions au collège de France, etc. C'est sa politique extérieure, sa politique coloniale, substituée à la politique continentale, sa politique de la Tunisie et du Tonkin, qui l'avait fait surnommer « le Tunisien » et « le Tonkinois », et dont ses amis lui ont fait gloire, tout homme qui ajoute au territoire national méritant gloire, suivant eux, cet ajouté ne durât-il qu'un temps court et sa perte, d'ailleurs, incombant à celui qui la fait, toute conquête devant toujours être soutenue comme la mère-patrie elle-même, pour être durable. Mais son instinct national, — lequel n'a été que trop sûr, — a fait sentir au peuple français que cette politique coloniale n'était que la renonciation à l'Alsace-Lorraine, pour la reconquête de laquelle on lui avait demandé tant de sacrifices, et son asservissement pour un temps sans limites perceptibles au vainqueur germanique, par la dispersion des forces françaises aux quatre coins du globe. Cette tenace fureur populaire, qui a poursuivi M. Jules Ferry presque jusqu'à sa fin, n'a été qu'une inconsciente alarme patriotique. Elle lui avait, à la fois, assombri le caractère et éclairé l'esprit, et lorsque, quelques jours avant sa mort, le sénat l'élut pour son président, il était conservateur, ou presque, — une fin bourgeoise, — de même que, depuis, son compatriote, M. Buffet, aussi de « la forte race des Vosges », est mort légitimiste, — une fin noble : M. Buffet venait de moins loin que M. Jules Ferry et il est aussi allé plus loin, jusqu'au point qui est considéré comme le point terminus de la conservation sociale.

...En succédant au premier ministère Jules Ferry, M. Gambetta semblait non pas monter au pouvoir, mais en descendre, et jouer son va-tout, bien que son ministère fût quasi, par le nombre, un ministère anglais, et tel que n'en avait pas encore vu cette république, douze ministres et neuf sous-secrétaires d'État, un ministre spécial pour l'agriculture, « la mamelle de l'État », et un ministre spécial pour les beaux-arts, « la république athénienne », et que, même avant d'être formé, il avait déjà été baptisé « le grand ministère », mais par dérision plus que par confiance. Un de ses sous-secrétaires, M. Margue, devait s'illustrer en lançant, de la tribune de la chambre, le mot de Cambronne à Waterloo, ou du moins attribué, par Victor Hugo, à ce général, et qui, déjà usité copieusement, a eu, depuis lors, une fortune toujours croissante. A l'exposition de 1889, le fils d'un médecin de Bari, connu pour ses travaux sur la lithotritie, disait, non sans rougir, à un Parisien à qui il avait été recommandé : « Oserai-je vous demander pourquoi tant d'hommes mis avec élégance et de tournure distinguée disent, en causant à la promenade, le mot m... ? Je l'entends à tous les coins de rue... » A quoi le Parisien, qui avait vécu à Rome, lui répondit : « Mon jeune ami, pourriez-vous me dire, à votre tour, pourquoi tout le long du Corso, à Rome, des personnages du monde blanc et même du monde noir, en uniforme ou en costume, émettent, comme si de rien n'était, le bruit qui annonce la chose dont le nom vous choque avec raison ?... » Pendant la guerre de 1870,

M. Gambetta avait exercé le plus grand pouvoir qu'un homme
puisse exercer, puisqu'il a même fait fusiller, par ordre, — témoin
le Dijonnais Arbinet ; et, depuis, il exerçait sa dictature irresponsable, et qui de militaire était devenue civile, sur les pouvoirs responsables, grâce au grand prestige que lui avait donné sa dictature
de guerre, à ses talents de tribun et à son audace ; il prétendait mener à la baguette le parlement, le ministère, le président, « la
France républicaine », et même « la France monarchique », comme
disent les grandiloquents, ou plus simplement et plus exactement
les républicains et les monarchistes, car à ceux-ci en la personne
du maréchal, il avait fait sommation « de se soumettre ou de se
démettre », comme à ceux-là, en la personne de ses électeurs,
il avait dit, en frappant de sa canne à pomme d'or sur la table
devant laquelle il parlait dans une réunion publique à Belleville :
« Esclaves ivres, j'irai vous chercher jusque dans vos repaires ! »
Le vaincu Gambetta était dictateur en France comme le vainqueur
Bismarck était dictateur en Allemagne ; mais le vaincu, plus vite
que le vainqueur, a lassé l'opinion, parce que la dictature sied
mieux au vainqueur qu'au vaincu, même si le vaincu a relevé le
drapeau devant l'ennemi.

Après un tel rôle, il n'y avait plus, pour lui, que cette « dictature de la persuasion » et pas toujours « occulte », souvent toni-
truante et impérieuse, ou une présidence de la république à l'américaine. Mais le président d'avant la constitution de 1875 ou le président de cette constitution est le contraire du président des Etats-
Unis, bien que le pouvoir personnel convienne mieux à la république qu'à la monarchie, parce qu'en effet, dans la république, est
choisi et changé périodiquement le président, tous les sept ans en
France, tous les quatre aux Etats-Unis, tous les ans en Suisse ;
tandis que, dans la monarchie, le roi est donné par sa naissance
et gardé jusqu'à sa mort, et il peut être, par son jeune âge, incapable d'exercer le pouvoir, comme l'ont été Alphonse XIII, la reine
Wilhelmine et le roi Alexandre, ou par son état mental, comme les
deux rois de Bavière.

Ni à l'élection de M. Thiers, ni à celle du maréchal, ni même
de M. Grévy, il n'a été question de M. Gambetta, trop jeune, céli-
bataire, d'allures très libres, et que « la France républicaine » elle-
même, qui l'avait pour amant, ne voulait pas se donner pour
mari, à cause de son humeur despotique. « La souris blanche »
elle-même, qui s'accommodait de tout et qui se glissait partout,
était en froid avec lui, lorsqu'il prit, avec des airs olympiens, « les
rênes du gouvernement » attelé en gala. Mais la république avait
déjà son ornière, sa hiérarchie, sa discipline, son rite, ses dogmes,
et celui qui descendait de ces hauteurs pour la conduire était, lui-
même, comme une bête de somme au brancard, qui devait s'abat-

25

tre, au bout de deux mois et demi de tirage, sous la piqûre d'une mouche du coche, moins venimeuse encore que taquine, que ses bourdonnements d'un parti à l'autre ont fini par réduire à l'isolement. Lui que personne n'avait contrecarré, à peine contredit, dans les débordements de sa dictature militaire, il a succombé sur la question du scrutin de liste !

Il y avait en lui, comme en son auteur favori, Rabelais, dans un mélange épais, et pour « la canaille » et pour « les délicats ». Après avoir été appelé « fou furieux » par M. Thiers, il l'a, dans un geste théâtral, mais que l'imagerie a popularisé, montré à l'assemblée nationale comme le libérateur du territoire. Et ce même homme que le duc de Broglie n'avait pas poursuivi devant la haute cour pour ses menaces et ses menées révolutionnaires contre le gouvernement du maréchal, voulait poursuivre cet adversaire, plus libéral que pratique, pour usage du droit constitutionnel de dissolution. Lui encore qui a salué l'élection de Léon XIII comme celle d'un grand, élégant et libéral esprit, qui ferait l'accord entre l'Eglise et l'Etat, il a lancé son cri de guerre : « Le cléricalisme, voilà l'ennemi ! » Comme il se piquait de ne jamais entrer dans une église, même pour un mariage ou pour un enterrement, son anticléricalisme ne se bornait pas à celui de presque tous les Français, qui voudraient que le spirituel n'empiétât pas sur le temporel, alors que toute direction spirituelle a pour suite la direction temporelle, et que M. Gambetta et les républicains, en changeant la direction spirituelle, n'ont eu d'autre objet que de s'assurer la direction temporelle ; que le clergé ne fût d'aucun régime, ni d'aucun parti, et qu'ils ne sussent même pas son opinion sur les affaires publiques, afin qu'il ne fût pas amoindri par cette opinion, et prisonnier de cette opinion. L'anticléricalisme de M. Gambetta se doublait d' « areligion » ou d'irréligion, où il y avait à la fois de l'amour-propre politique et de la peur électorale. Mais il avait de l'ouverture, même de la largeur, et certaines velléités théologiques, qui lui venaient de M. Spuller et qui lui avaient fait définir sa politique « l'opportunisme », du mot qui venait de jouer le grand rôle au concile du Vatican. Il proposait de « sérier les questions », de « solutionner » chacune d'elles au moment « opportun » pour « aboutir ». Mais pour appliquer ces maximes, il avait plus d'impériosité que d'énergie et il s'était alourdi avant l'âge. M. Levert, administrateur du Nord sous Napoléon III, — l'administrateur d'un département était une sorte de préfet supérieur, — racontait un trait de sa faculté d'assimilation qui faisait illusion sur ses autres facultés : les imprimeurs-typographes de Paris l'ayant prié à une réunion corporative, M. Gambetta les écouta discuter, puis résumant leur discussion, il les émerveilla, tant il semblait en savoir plus qu'eux tous sur leurs propres affaires. Son organe était puissant, mais il articulait mal, et sa parole, souvent confuse, s'éclaircissait en bordées dans une action violente, à laquelle pendant dix ans n'avaient pas résisté les foules, ni la chambre, composée, selon son expression, de « sous-vétérinaires ». Mais ce genre oratoire est peu fait pour ceux qui apprécient les Thiers, les Broglie, les Jules Simon, les Freycinet, les Ribot, et même ce pisse-froid de Waldeck-Rousseau.

Pendant sa dictature militaire, il avait vu des Français de toute condition, de toute opinion, de toute croyance, — M. Franchetti s'était fait tuer à Champigny et ses coreligionnaires, le grand-rabbin Isidore en tête, avaient célébré avec éclat cette action d'éclat, — se battre sous ses ordres, et ce spectacle national l'avait dépouillé de quelques-unes de ses préventions contre ses adversaires, et, en mettant le général de Miribel à la tête de l'état-major général de l'armée et M. J.-J. Weiss à la tête de la direction politique du ministère des affaires étrangères, il fit sans doute dire qu'après avoir conduit les 363 à la bataille pour leur assurer la reprise du pouvoir que leur avaient régulièrement donné les électeurs, il savait désarmer devant qui désarmait devant lui, et qui, sans se convertir à ses doctrines, s'inclinait devant le fait de la république, n'en discutait plus le principe, et était capable de remplir supérieurement une fonction, dont la république bénéficierait plus que si cette fonction était confiée à un républicain que son républicanisme plus que sa capacité en aurait rendu titulaire. A gauche, on critiqua M. Gambetta, et peu s'en fallut qu'on ne l'accusât de trahison, parce que les républicains tenaient déjà et n'ont cessé de tenir que la république leur appartient, qu'elle est leur chose, qu'elle ne serait plus la république si elle n'était pas entre leurs mains, tant et si bien qu'il n'est pas sûr qu'ils ne lui préféreraient pas une monarchie dont ils seraient les maîtres. A droite, on ne lui sut aucun gré de ces avances, on lui dit même qu'il fallait être bien pauvre en capacités, pour en prendre parmi ses adversaires. et l'on fut encore plus dur pour le général de Miribel et surtout pour M. J.-J. Weiss, comme on l'avait été pour les Thiers, les Rémusat, les Casimir-Perier, comme on devait l'être pour les Raoul Duval, les Piou, les de Mun, et plus tard encore pour les La Ferronnays, les d'Arenberg, les Gontaut-Biron, les Tarente, les Hénin, qui ont sans doute estimé que puisque les prétendants et leurs partisans ne restauraient pas la monarchie et qu'elle ne se restaurait pas toute seule, ils ne pouvaient pas laisser les affaires aller toutes à vau-l'eau jusqu'à ce qu'elles fussent au fond. quelque chose comme de se laisser mourir de faim parce que leurs terres ne leur rapportaient plus rien, au lieu de faire autre chose pour suppléer aux ressources taries.

Cet essai d'ornementation extrarépublicaine est tout ce qu'a fait

M. Gambetta pendant son ministère : « l'œil » n'a pas projeté
d'autre lumière, et M. Grévy, qui l'avait, par dessous la table, le
plus poussé au pouvoir pour montrer qu'il n'y pourrait rien de plus
que les autres et pour se débarrasser de sa tutelle, en fut débarras-
sé, en effet, et bientôt sans crainte de retour, par sa mort. Mais ce
fut moins le mystère de sa mort qui émut Paris, que sa mort elle-
même, au souvenir de ce jeune avocat au verbe entraînant et ne
doutant de rien, qui était parti en ballon pour aller en province lever
des armées libératrices, lesquelles n'avaient été que désastreuses.
Paris s'était déjà ému à la mort du prince impérial, qui était
allé dans une armée étrangère chercher un peu de gloire, au lieu
de jouir de la vie et de jouer au monarque, en attendant qu'on lui
apportât la couronne, genou en terre, chez un peuple qui tient
depuis longtemps que celui-là seul qui la conquiert est capable de
la porter. Il devait, plus tard, s'émouvoir encore à la mort du
comte de Chambord, comme à la disparition du symbole de l'ancienne France. Quelles que soient les critiques que l'on a pu faire
de l'Eglise de France et de la dynastie traditionnelle de la France,
cette dynastie et cette Eglise n'en sont pas moins ce qu'il y a de plus
grand dans l'histoire nationale après la France elle-même, et si Paris était alors obstiné, comme il l'est toujours, à ne pas repasser le
fossé de la révolution, ce qui ne lui serait d'ailleurs pas possible,
même s'il le voulait, il est trop artiste pour ne pas voir avec mélancolie s'effacer cette dernière image d'un passé glorieux. Enfin Paris a été ému à l'assassinat de M. Carnot « dans l'exercice de ses
fonctions », ce qui est, pour le premier magistrat de la république
comme pour un généralissime, la mort sur le champ de bataille ; et
à la mort de M. Pasteur, qu'il considérait comme un bienfaiteur de
l'humanité. « Qu'allons-nous devenir ? » s'était écrié M. Spuller en
recevant le dernier soupir de M. Gambetta. De sous-secrétaire d'E-
tat aux affaires étrangères dans le cabinet Gambetta, M. Spuller
allait devenir ministre de l'instruction publique, des cultes et des
beaux-arts dans le premier cabinet Rouvier, et ministre des affaires étrangères dans le second cabinet Tirard.

...Comme ce n'est pas l'ordre des ministères qui est suivi ici,
mais celui des présidents du conseil, en les prenant à leur premier
ministère, leurs ministères postérieurs ayant le même chef, la
même manière, et, au fond, la même politique, c'est M. Duclerc
qui succède à M. Gambetta, bien qu'entre eux deux se soit emplacé
le second cabinet Freycinet, chargé de montrer à M. Spuller et aux
« gambettistes », avec son scepticisme délié et poli, que nul n'est
indispensable, mais que les « gambettistes » n'ont d'ailleurs laissé
vivre que six mois, pour venger ainsi leur grand homme méconnu.

M. Duclerc avait été administrateur de la compagnie de canali-
sation de l'Ebre et de la compagnie des mines de Huelva, puis di-

recteur du crédit mobilier espagnol, alors que le comte Ducros était ingénieur au chemin de fer de Badajoz. M. Ducros disait de lui : « Il a roulé les Péreire ! » Ce n'avait pas dû être facile. Aux anti-sémites qui ne veulent ni les exterminer, ni les expulser, ni les parquer dans une législation spéciale, — toutes choses auxquelles répugnent les mœurs contemporaines, — mais qui ne cessent d'attaquer les juifs, redoublant ainsi leur vigilance et leur activité, M. Duclerc aurait ainsi donné « une leçon de choses » plus utile que recommandable, « rouler » les juifs au lieu de se laisser « rouler » par eux. Mais les catholiques et les protestants les plus cupides et les plus audacieux ne réussissent guère dans cette concurrence, parce que le génie des affaires est comme un don de ce qu'on appelle improprement la race juive, don acquis plutôt qu'inné, acquis dans l'ostracisme, où durant des siècles elle s'est patiemment et implacablement ingéniée à se rendre maîtresse des « affaires », c'est-à-dire des ressorts économiques des peuples qui la repoussaient afin de les dominer à son tour.

Le ministère Duclerc a été un « ministère d'affaires », se bornant à « expédier les affaires » courantes de l'État, mais où il s'est sans doute fait beaucoup d' « affaires », ce mot « affaires » ayant pris, depuis quarante ans, un sens de plus en plus extensif et péjoratif, comme la chose elle-même : par exemple, d'un ancien ministre qui achète un château, l'on dit qu' « il a fait des affaires » et de tout homme qui passe pour s'être enrichi « dans les affaires », sans qu'on spécifie quelles « affaires », sa fortune doit être tirée au clair. Le ministère Duclerc a été une halte, où les partis républicains, qui s'étaient mesurés autour de M. Gambetta, ont repris haleine, se demandant s'ils renonceraient à la méthode opportuniste, graduée et évolutionniste, et s'ils adopteraient la méthode radicale, immédiate, révolutionnaire. A proprement parler, ce ministère a été un ministère de vacances et de budget, comme sa date l'indique, plutôt qu'un ministère d'affaires, nom qu'on lui a donné tant par l'usage qu'à cause du passé de son chef, et il en a, d'ailleurs, rempli l'office, puisqu'il a été, en fait, un ministère d'attente. Et comme pour les enfants qui les voient de près, ce qu'il y a de bon chez leurs parents n'est pas toujours attirant et que ce qu'il y a de mauvais est souvent éloignant, d'ordinaire ils ne les suivent pas pied à pied et ne leur ressemblent que par les traits d'origine, et ainsi est sauvegardée l'indépendance de l'individu, et l'humanité se renouvelle sans cesse dans son âme comme dans son corps : la fille de M. Duclerc a autant de religion que son père et son mari, républicain « arriviste », en avaient peu, et est très engagée dans les œuvres pieuses de Mlle de Miribel. Mais, s'il semble, à première vue, que nombre de ces ministères aient été formés un peu au hasard, en en examinant les origines et les ac-

tes, on en découvre l'enchaînement, à la vérité dû bien plus à l'instinct des partis qu'à leurs combinaisons, et à la logique des choses, lesquelles s'engendrent les unes les autres dans l'apparente
confusion sociale et politique.

...Il est des ministères qui ne supportent pas l'autopsie, parce
qu'il n'y a rien, et des présidents du conseil qui ne valent pas le
portrait, tant leur physionomie est incertaine et vacillante comme
la lumière d'un falot. Mais le ministère Fallières, qui a succédé au
ministère Duclerc, se distingue des autres ministères de la république par sa brièveté : il a été le plus court. Le ministère Rochebouët, ou ministère du 23 novembre 1877, a été, à la vérité,
plus court d'un jour, et le second ministère Dufaure, ou ministère
du 18 mai 1873, plus court de quinze ; mais le ministère du 18 mai
a été entraîné par M. Thiers dans sa chute et le ministère du 23 novembre a dû se retirer devant la renonciation du maréchal à un
coup d'Etat ou à une nouvelle dissolution, tandis que le ministère
Fallières est tombé par l'impéritie de son chef, gros homme barbu
et chevelu, qui voulait commencer par un coup de roi : une loi
contre les prétendants, motivée par la conspiration légitimiste Du-
cros-Ducrot, qui se répandait en discours. Depuis M. Blanqui,
mort en 1881, à un âge où il professait encore, mais où il n' « opé-
rait » plus, et où la conspiration devait déjà se faire en des conditions nouvelles, alors que les Ducrot et les Ducros conspiraient,
suivant la vieille méthode antiblanquiste, toujours en usage chez
leurs successeurs, y compris les contemporains, aucun Français
n'a eu même le soupçon de l'art de conspirer, et ceux qui ont cru
conspirer ont surtout été préoccupés de paraître conspirer. Ne con-
cevant aucune crainte de ces dilettanti, le parlement repoussa la
loi de M. Fallières, qui descendit de la tribune en tournoyant, comme s'il ne savait plus où il était et comme s'il avait hâte de ne plus
y être. M   avoir repoussé une loi contre les prétendants semblait presque un acte monarchique, et pour lui ôter cette apparence, par une manifestation de cet anticléricalisme qui est l'éta-
lon du républicanisme sous cette république, a été formé le second
ministère Jules Ferry, auquel a succédé le premier cabinet Brisson.

...MM. Brisson, de Broglie et Buffet, « les trois B », sont les seuls
présidents du conseil qui n'aient pas « réussi » leurs élections : en
1885, M. Brisson a laissé élire une minorité si forte qu'elle a ébranlé
les républicains et même la république ; en 1877, M. de Broglie a
laissé réélire la chambre qu'il avait dissoute ; et en 1876, M. Buffet a laissé élire une chambre hostile à sa politique et à sa personne. Tous trois avaient une réputation d'austérité, avec quelque
chose d'élégant et de libéral chez M. de Broglie. M. Buffet est le
seul dont l'échec s'explique en cela par ce qu'il était son propre
ministre de l'intérieur. Mais le ministre de l'intérieur de M. de

Broglie, M. de Fourtou, n'avait rien d'austère, ni celui de M. Brisson, M. Allain-Targé, qui avait épousé la fille du monomane anti-jésuite Villemain, avait été substitut du procureur impérial et aimait la bonne chère et surtout les bons crus. Hormis M. Brisson, et sans en excepter les élections de février 1871, l'on a pu, avec raison, reprocher aux ministères républicains « corruption », « pression » ou « falsification » électorales ; de sorte qu'en ne suivant pas leur exemple, leurs adversaires n'ont pas lutté à armes égales. Toutefois et quoiqu'il y ait des degrés, M. de Fourtou avait contresigné et fait afficher dans toutes les communes de France un manifeste présidentiel où le maréchal s'engageait à « défendre énergiquement » les fonctionnaires qui défendraient sa politique ; or, après avoir, sous le troisième ministère Broglie, révoqué les fonctionnaires mal disposés à la défendre, il a révoqué, sous le troisième ministère Dufaure, ceux qui l'avaient le mieux défendue.

Si le corps électoral se montre plus favorable aux gouvernements qui « réussissent » les élections qu'à ceux qui « ne les réussissent pas », c'est d'abord qu'il voit dans les uns de l'énergie et de l'habileté, tandis qu'il ne voit dans les autres que de l'indécision et de la maladresse, et c'est ensuite que « falsification » et « pression », « corruption », ce que le gendre de M. Théophile Gautier, M. Émile Bergerat, appelle en sa langue capricieuse « tripatouillage » lui apparaît, quoique contraire à la loi morale et au droit public, moins grave que la chute d'un gouvernement ou d'un régime.

Mais, lors de son premier ministère, M. Brisson était encore de cette espèce déjà rare de radicaux libéraux et il a une telle confiance dans l'infaillibilité de ses doctrines et dans le rayonnement que leur donne sa personne qu'il n'était besoin, lui semblait-il, de rien autre pour leur succès. Depuis une dizaine d'années, on ne l'entend plus que du haut de sa cathèdre présidentielle à la chambre, dans l'oraison funèbre de ses collègues, où il a de la coquetterie et quasiment de la grâce. Mais, dans ses discours politiques de naguère, l'on était déjà étonné de ce genre oratoire apocalyptique, en honneur sous la deuxième république, et dont les Eugène Pelletan, les Jean Brunet, les Madier de Montjau, avaient été les échos éraillés aux premiers temps de la troisième, de ces trémolos à la Frédérick Lemaître ou à la Mélingue, de cette indignation mal contenue qui haletait comme la vapeur d'une locomotive, de ces bras agités vers le ciel en des gestes appelant la foudre sur l'adversaire. Roide et solennel, la barbe en pointe, M. Brisson rappelle les huguenots des Valois, non leurs « premiers docteurs » que célèbre Ronsard, ni ceux « plus que devant tristes, mornes et pâles », qu'il fustige parce qu'il n'a pas des uns la vocation du martyre, ni les vices des autres, mais l'école intermédiaire. Lorsqu'il y avait un nonce, « l'once du pape », disait le populaire parisien, et que M. Brisson donnait un dîner diplomatique, il lui arrivait de lancer ses invitations pour un jour maigre, sans doute pour « embêter » le nonce, mais le nonce venait tout de même, pour ne pas brouiller davantage, et il trouvait un dîner servi en maigre et en gras, ce qui lui donnait la tentation du gras, après lui en avoir donné la crainte. Un jour, pourtant, il a été en communion avec un évêque, ou plutôt un évêque a été en communion avec lui, dans l'exécution du traité de Tien-Tsin et l'organisation du Tonkin. Seul des députés de droite, cet évêque, Mgr Freppel, était partisan de la politique coloniale de M. Jules Ferry, continuée par M. Brisson, soit qu'en ces conquêtes, il vit un nouveau champ ouvert à l'Eglise, soit qu'en lui l'Alsacien espérât qu'elles rendraient à la France du prestige et de l'ambition en Europe, ou, enfin, qu'il craignît qu'en y renonçant et en se repliant sur soi-même, son pays ne se décourageât et ne s'endormît. Mgr Freppel a fait l'oraison funèbre du soldat qui s'est le plus distingué dans cette conquête de l'Indo-Chine, l'amiral Courbet, bien que, sans doute, en pressentiment des visées du Japon tout à l'entour, cet amiral eût déconseillé à son gouvernement de s'étendre jusqu'à ces parages dangereux et d'occuper Formose. Par contre, ses collègues de droite déjà et à leur insu à demi détachés de leurs espérances dynastiques, ont fait une apothéose à celui dont ils avaient combattu l'œuvre, et le « boulangisme » est né sur le cercueil de l'amiral Courbet.

Si M. Brisson a eu, sous le président Grévy, « un malheur intérieur », son demi-échec aux élections de 1885, qui l'a tenu, pendant douze ans, éloigné du pouvoir, il a eu, sous le président Félix Faure, pendant son second ministère, « un malheur extérieur », sa « reculade » devant l'Angleterre, à Fachoda, en 1898, une « reculade » devant un voisin et un échec aux élections étant les pires malheurs qui puissent accabler un premier ministre, après une défaite et une révolution. Mais M. Brisson n'est pas fait pour le pouvoir, et, lors des grèves de Paris, à l'automne de 1898, où il appelait régiment sur régiment pour le protéger, on vit qu'il n'avait pas la tête plus solide que M. Fallières. Il est fait pour pontifier et pour rendre des oracles. Il est le grand-prêtre de la franc-maçonnerie française, qui, s'avisant sous cette république que l'univers est bâti à chaux et à sable, puisqu'il subsiste depuis des milliers d'années, a congédié « le grand architecte ». C'est une religion sans Dieu, mais non pas sans dogmes. M. Brisson a deux religions, la religion maçonnique ou religion ésotérique, et la religion républicaine ou religion exotérique, et lorsqu'il prononce les mots sacramentels de sa religion : république, démocratie, solidarité, progrès, humanité, justice, morale, etc. — l'on cherche sur sa personne les habits sacerdotaux, tant il met de pompe dans ces formules abstraites : mais il ne sait pas les trompeter comme M. Gambetta, M. Madier de Montjau, M. Jaurès, ou M. Dujardin-Beaumetz. Sur le dossier du fauteuil en bois doré, à velours rouge et à crépines d'or, trône en plein vent où M. Dujardin-Beaumetz présidait l'inauguration du monument de M. Alexandre Dumas fils, place Malesherbes, était écrit en grosses lettres : « Trompette ». Peut-être était-ce M. Lépine ou M. Gaston Boissier, ses voisins, qui l'avaient crayonné. Mais, lorsqu'il prononce le mot de ré-pu-bli-que, c'est une bombarde qui crache des boulets en pierre, tant il en détache ou en expulse chaque syllabe, d'une voix terrible, avec froncements de sourcils et roulements d'yeux plus terribles encore.

L'Église n'ayant su ou pu s'incorporer la république ou s'incorporer à elle, lorsque cette incorporation aurait pu être fructueuse, — et la politique louvoyante de la première partie du règne de Léon XIII fait penser qu'elle n'a pas pu, son incorporation n'étant pas partout ni toujours possible, sans quoi l'univers entier, depuis longtemps, vivrait sous son magistère — la république est devenue la proie des ennemis de l'Église, dont la variété de croyances et de buts donne le spectacle de la France n'étant avec aucun d'eux, et se trouvant sous la domination d'eux tous. Aussi, presque à chaque changement de ministère, jusqu'à l'avènement du « bloc », a-t-elle paru chercher ce qui lui manquait, dans une droite, — sans doute, les libéraux sont la droite des progressistes, les progressistes la droite des radicaux, les radicaux la droite des radicaux-socialistes, les radicaux-socialistes la droite des socialistes, et ainsi de suite, mais aucun de ces partis n'est la droite en soi, la droite organique et constitutionnelle, celle qui est essentielle à une république comme la gauche est essentielle à une monarchie, autant qu'une paire de jambes et une paire de bras à un homme, pour qu'il remplisse toutes ses fonctions d'homme : et le troisième cabinet Freycinet à toutes fins et faisant illusion, a-t-il succédé au premier cabinet Brisson, le premier cabinet Bouvier au cabinet Goblet, le deuxième cabinet Tirard au cabinet Floquet, le cabinet Méline au cabinet Bourgeois, le troisième cabinet Dupuy au deuxième cabinet Brisson, la république faisant la navette entre un cabinet plus modéré et un cabinet plus avancé ou paraissant tels, sans pouvoir, ni vouloir aller jusqu'à la droite « émigrée à l'intérieur » et s'étant condamnée à « la servitude volontaire ».

...Comme M. Brisson, M. Goblet était radical libéral, mais avec moins de dogmatisme et plus de simplicité, et au lieu de tourner du libéralisme au radicalisme, en vieillissant, il a tourné du radicalisme au libéralisme, peut-être parce qu'il n'était plus rien et qu'il n'avait plus l'ambition, ou la chance, de redevenir quelque chose. un homme qui regarde de sa fenêtre les événements, en observateur, sinon en étranger, les voyant autrement que ceux qui sont dans la rue, dans la mêlée, et qui en redoutent ruine ou en espèrent fortune. Comme M. Grévy, M. Gambetta, M. Jules Ferry, M. Floquet, M. Challemel-Lacour, il a mis la république en garde contre « le péril à gauche », en ces recommandations semi-testamentaires, qui laissent l'opinion presque toujours sceptique, les vieillards, surtout les moribonds, passant pour pessimistes plus que pour clairvoyants. Il a fini d'ailleurs par où il avait commencé, puisqu'il a commencé par être sous-secrétaire d'État à la justice dans le cabinet Waddington. Mais ses opinions radicalo-libérales étaient assez ondoyantes et ses aptitudes assez diverses puisqu'il a été ministre de l'intérieur dans le deuxième cabinet Freycinet, ministre de l'instruction publique, des beaux-arts et des cultes dans le premier cabinet Brisson et dans le troisième cabinet Freycinet, et enfin ministre des affaires étrangères dans le cabinet Floquet. Affaires étrangères, cultes, beaux-arts, instruction publique, intérieur, justice. Il aurait fallu un talent ou un savoir encyclopédiques. Sans doute, l'incompétence est de tous les régimes, de tous les temps et de tous les pays. Mais les républicains avaient fait sous Napoléon III une telle peinture de la république qu'il semblait que tout et chacun dussent y être à leur place et que l'on a davantage remarqué ce qui n'y était pas. Puis on s'est tôt lassé de le remarquer parce que l'on n'aurait guère fait autre chose, la force de cette république étant dans ce principe que n'importe qui est apte à n'importe quoi, du moment qu'il a reçu le baptême du suffrage universel ou qu'il a pour parrain quelqu'un qui l'a reçu : sans doute, nombre de mandataires du suffrage universel et de fonctionnaires sont « à leur place », mais tel est le principe, comme le principe était, sous la monarchie absolue, que tout dépendait du bon plaisir du prince, ce qui n'empêchait pas qu'il y eût aussi nombre de bons serviteurs de l'État. Dans les deux systèmes, l'État est moins bien servi que si le principe était le mérite.

Des vingt-neuf présidents du conseil, M. Goblet a été l'un des quatre restés irréductiblement provinciaux et « imparisiannisables », les autres s'étant « déprovincialisés » plus ou moins, plutôt moins. C'était un exemplaire assez exact de l'avocat ou de l'avoué de province de la fin du second empire et du commencement de cette république, où les hommes de loi portaient encore les favoris ou le collier, ou avaient la figure rasée, mais étaient reconnaissables entre tous, tandis qu'aujourd'hui ils sont de tout poil, ne se distinguent en rien de tout le monde et peuvent vivre comme ils veulent, mais vivent un peu moins comme ils doivent. Petit, rageur, la voix faible, monotone et aigrelette, mais claire, la parole assez précise et assez mordante, mais sans envergure.

Par leurs origines, leur carrière, ou leurs nécessités électorales, presque tous ces présidents du conseil et encore plus leurs collaborateurs, ont fait de la politique départementale, ou arrondissementale, plutôt que de la politique nationale et française. D'où il suit que les mécontentements qui s'éveillent, les ambitions qui se lèvent, les fortunes qui s'édifient, conscientes de l'importance que leur donnent cette politique et ces politiciens du terroir, et de la crainte qu'ils inspirent, songent moins à s'agréger à la société existante, qu'à former une société nouvelle, non pas avec les ruines des sociétés précédentes, mais si l'on peut dire, avec des matériaux non encore extraits des carrières, et ils se méfient même des institutions dont ils se servent en attendant, rien que parce qu'elles ont déjà servi à des monarchies ou à d'autres républicains.

Un phénomène parallèle se produit dans le camp opposé, où la plupart de ceux qui ne sont pas républicains n'appartiennent pourtant à aucune école monarchiste, mais répugnent à se rallier à la république, et à se déclarer républicains, à cause des républicains et à cause de la signification que les républicains donnent à la république, bien que l'État républicain en soi ne leur répugne pas et même qu'ils le préfèrent à l'État monarchique, peut-être sans s'en rendre compte, puisqu'ils ne font rien pour en sortir, et qu'ils y sont dans la joie de vivre, triomphant de leurs adversaires dans les ébats du directoire qu'ils ont coutume de leur reprocher. La politique républicaine se retrempant sans cesse dans « les nouvelles couches sociales » et étant électorale et locale pour rester dans ses sources de rivalités de clocher et de « faits divers » de hameau, presque seuls peuvent devenir ou rester députés d'arrondissement ou de semi-arrondissement ceux que M. Gambetta appelait « sous-vétérinaires » et qu'aujourd'hui il appellerait d'un nom inférieur parce que leur niveau a encore baissé.

...Avec son radicalisme libéral, M. Goblet avait gardé pour ministre de la guerre le général Boulanger, que lui avait légué le troisième cabinet Freycinet, à qui l'avait imposé M. Clémenceau, et il a dû passer la main à M. Rouvier pour débarrasser le gouvernement de cet autre « audacieux poltron » devant qui s'intimidait ce juriste provincial. Si le général Boulanger n'a réalisé aucun des rêves de la tour de Babel boulangiste, il a du moins inspiré aux républicains une peur générale, une peur de droite comme une peur de gauche, qui, de la commune au premier ministère Freycinet, les avait comme tenus dans le brancard et, pendant dix nouvelles années, cette double peur les a retenus derechef. Mais dès que la peur de droite s'est dissipée, l'équipage a de nouveau versé dans les fondrières de gauche qu'il côtoie d'instinct, comme les mulets font des précipices. Du moment qu'il n'y a pas de droite constitutionnelle et conservatrice, dont seraient les partis monarchistes ralliés à la république, il n'y a pas d'autres garde-fous que cette peur de droite et encore n'est-elle possible que par à-coups et pour un avenir limité.

Comme le nom de M. Léon Say, celui de M. Rouvier est lié au ministère des finances. M. Léon Say en a été huit fois titulaire sous M. Thiers, sous le maréchal et sous M. Grévy, et M. Rouvier six fois sous M. Grévy, sous M. Carnot et sous M. Loubet. Ce département ministériel a eu d'autres titulaires renommés aussi : MM. Buffet, Pouyer-Quertier, Magne, Mathieu-Bodet, Magnin, Burdeau, Poincaré, Ribot. Fils, petit-fils et petit-neveu d'économistes, économiste lui-même, et tous quatre ayant débité la même doctrine d'Adam Smith, « laissez faire, laissez passer », M. Léon Say ressemblait à un courtaud de boutique, à face ronde et à moustache en brosse. Mais sa petite voix très claire et sa parole correcte, parfois spirituelle et alerte, retenaient l'attention malgré la lourdeur du sujet. De l'académie des sciences morales et politiques et de l'académie française, il était pourtant plus vulgarisateur que M. Rouvier qui n'est d'aucune académie, qui ne fait pas partie de la grande bourgeoisie parisienne, au deuxième ou au troisième degré, quelque chose comme marquis ou comte de cette bourgeoisie, et dont le nom n'est pas allié à de beaux noms de la noblesse. Il était trop l'homme des Rothschild pour être président du conseil sans les découvrir et sans se brûler, mais à en juger par le second ministère Freycinet, où il avait les finances et où M. Humbert, le beau-père de « la grande Thérèse », avait les sceaux, et où l'Union générale fut déclarée en faillite, leurs affaires ont eu tout l'essor possible toutes les fois que M. Léon Say a été ministre des finances. En 1889, toutefois, il parut ambitionner la présidence du conseil, car du sénat dont il avait été président, il est rentré à la chambre, comme les pairs d'Irlande entrent aux communes pour jouer un plus grand rôle, tandis que les membres des communes qui peuvent avoir brassé assez de bière pour prendre place dans l'aristocratie, aspirent à la chambre des lords. Mais, déjà à cette époque, sa politique était usée et, au lieu de grandir, son rôle prit fin.

M. Rouvier a eu plus de chance à cause de ce qui semblait lui ôter toute chance : ayant eu maille à partir avec la justice pour erreur de la bagatelle et pour excès de la sportule, et s'en étant tiré avec la loi mieux encore qu'avec la morale, il a paru la force et l'habileté mêmes, à telles enseignes qu'en deux rencontres périlleuses, l'une intérieure et l'autre extérieure, en 1887, pour écarter le général Boulanger du ministère de la guerre, et, en 1905, pour écarter la guerre avec l'Allemagne au sujet du Maroc, M. Grévy et M. Loubet l'ont appelé à la présidence du conseil et ses adversaires antirépublicains eux-mêmes, par exemple M. Paul de Cassagnac, en 1887, et M. Albert de Mun, en 1905, ont salué son ministère comme l'aurore d'une rénovation conservatrice et patriotique, tant les Français sont tous convaincus que qui est heureux dans ses aventures privées l'est aussi dans les aventures publiques, que rien ne rend plus capable de faire la loi que de l'avoir violentée et que s'emparer du pouvoir par ruse ou par force est la première condition pour l'exercer de façon qui les rassure.

A entendre et à voir M. Rouvier à la tribune, il semble qu'un discours soit, pour lui, le plus fatigant des labeurs. Il marche en parlant, balaye d'un large mouvement le marbre de la tribune, comme pour disperser les arguments de l'adversaire ; enlève et remet à chaque instant son binocle, comme si ce geste devait, à chaque fois, lui fournir un nouvel argument, et il ne termine pas une période sans s'éponger consciencieusement le crâne avec son mouchoir. Il parle d'abondance, seulement sur les matières qu'il connaît, — ce qui est rare chez les parlementaires et les autres politiciens, — et si sa parole manque d'élégance, et même de correction, ses auditeurs s'en aperçoivent à peine, intéressés qu'ils sont par la vigueur de son argumentation, qui leur fait illusion sur la vigueur de son caractère. Mais ce grand diable de Provençal, mâtiné de Levantin, aux épaules voûtées et roulantes, aux allures de lutteur bon enfant mais roublard, le nez au vent, à la myopie chercheuse et qui ne trouve pas les scrupules, n'a pu garder le pouvoir plus de dix-huit mois en ses trois ministères, parce que ceux qui l'emploient n'ont pas peur de lui et qu'ils le mettent de côté dès qu'il a fait sa besogne. Il y a d'ailleurs en lui de l'emporté et du crédule, qui se jette tête baissée sur l'épée qu'on lui tend.

Si l'on compare aux divisions territoriales les fortunes privées telles que les classe la voix publique qui erre presque toujours en ces évaluations, l'on peut dire que la fortune des Rothschild, accrue sous cette république, est nationale ; que les fortunes de cent millions et au-dessus, faites, défaites, refaites ou parfaites dans cette même période, comme celles des Menier, des Chauchard, des Lebaudy, sont provinciales ; que celles de cinquante à cent millions comme celles des Sommier, des Gouin, ou des Soubeyran, tous trois décédés, et la fortune du dernier décédée avant son maître qui, en 1879, possédait pour soixante-huit millions d'immeubles dans Paris, aimait à raconter sa mère, et qui avait fait faire à Napoléon III cette réflexion ironique, lorsqu'il lui fut proposé pour le ministère des finances : « Je ne croyais pas qu'il y eût un ministre de la Bourse ! » — ces fortunes-là sont départementales ; l'on peut dire encore que les fortunes de dix à cinquante millions, comme celles des Potin, des Groult, des Dufayel, sont arrondissementales, et que celles de un à dix millions sont cantonales.

M. Rouvier est le type supérieur de tous ces cantonaux, beaucoup plus nombreux que les autres ensemble. Fortunes faites sous l'œil mi-clos de la république, qui n'a pas eu pour la plupart à leur demander leur concours, parce qu'elles ne sont pas comme celles qui épousent les ducs et que les ducs épousent, au-dessus de la politique, au-dessus de tout ce qui les remet en contact avec leurs origines, parce qu'elles ont encore des ambitions, l'ambition de s'arrondir, de se mettre des plaques, de se carrer dans les assemblées administratives et politiques, pour faire ensuite comme les arrondissementales, les départementales, les provinciales, la nationale, qui, plus heureuse que la dynastie capétienne, n'a pas encore rencontré son 89. Mais le président du conseil qui passait pour l'homme des brasseurs d'affaires et qui n'aurait dû le passer que si d'autres ne l'avaient pas été avant lui et après lui, ne pouvait être le premier président du conseil du successeur de M. Grévy, dont il avait recueilli le dernier soupir présidentiel, de M. Carnot, que son nom et un peu aussi sa correction financière avaient désigné au choix du congrès. M. Tirard, ancien membre du conseil des prud'hommes de Paris, convenait mieux à M. Carnot.

...A ce président « à figure fatale » faisait pendant un premier ministre non moins maigre, aux longs cheveux bouclés d'ecclésiastique, à la mine triste dans sa barbe grisonnante : les divinateurs après coup voient dans ce lieutenant assorti le pronostic de la tragédie qui a clos la présidence carnotiste.

C'est comme fabricant de bijouterie de pacotille, « en faux », disait-on, que M. Tirard était devenu prud'homme. Lui à la présidence du conseil, ce n'était plus la Bourse, les banques, les « brasseries » d'affaires qui étaient au pouvoir, c'était le Marais et la rue du Sentier, ce qu'on appelle « l'esprit bourgeois » de Paris, dans son acidité, aussi âpre aux lettrés qu'aux mondains, peut-être davantage. Cette république n'a pas encore vu la représentation parisienne, soit municipale, soit législative, voire sénatoriale, dans son ensemble, dépasser ce niveau, et même lorsqu'elle n'est qu'à un degré ou deux au-dessous, mondains et lettrés ne se plaignent pas trop, crainte de pis.

M. Tirard a été deux fois président du conseil de M. Carnot. Il avait été, dans le cabinet Waddington, le premier   Freycinet et le premier cabinet Jules Ferry, ministre de l'agriculture et du commerce, département d'apprentissage des ministres, de sorte que « les deux mamelles de l'État » sont d'ordinaire confiées à des mains inexpertes. Pourtant, M. Tirard avait pour le commerce une compétence moyenne. Mais on l'avait criblé de tant de brocards pour son incompétence en agriculture, prétendant qu'il prenait les chevaux hongres pour des chevaux hongrois et le maïs pour du « blé de deux ans », que dans le second cabinet Freycinet, il ne garda que le commerce, et il monta en grade dans le cabinet suivant, le cabinet Duclerc, en y prenant les finances.

Né à Genève, où l'on fait des montres plus que des céréales et de l'élevage, il y avait passé son enfance et il était ensuite venu à Pa-

ris, d'où il n'était plus sorti, et il y était comme les Parisiens na-
tifs qui n'ont pas des terres en province et qui ne savent pas plus
l'agriculture que les paysans ne savent le théâtre, et, bien que
leur littérature aille de Mérimée à Molière, superficiels et gobeurs,
ne se lassant pas des mêmes calembredaines, des mêmes pamphlé-
taires. M. Tirard ne parlait ni mieux ni plus mal que les trois-
quarts des ministres. Son grand moyen oratoire était cette profession de foi en ritournelle : « Nous sommes de vieux républicains...
nous sommes de bons républicains. » Cette adjuration de ne pas dé-
savouer de tels serviteurs de la république revient dans maints discours de plus de cent cinquante ministres républicains, et, malgré
sa puérilité, elle est souvent allée au cœur de la majorité républicaine, qui a eu peur de paraître moins républicaine que ces républicains en les renversant du pouvoir. Dans la minorité antirépublicaine, on appelait, avec une pointe de dédain, M. Tirard « l'horloger », mais auprès des villages, des bourgs et des petites villes
qui forment le gros du suffrage universel, et où l'horloger est un
ouvrier bourgeois qui répare les horloges et remet des verres aux
montres, ce dédain lui aurait plutôt été utile, car ce qui plaît aux
masses, dans la république, ce sont moins les théories républicaines que l'état républicain, où ceux qui croient que la médiocrité
de leur naissance, de leur fortune, de leur condition ou de leurs
manières, les exclurait de la cour royale, ou même impériale, ou
qu'ils ne s'y sentiraient pas à l'aise, sont à l'Elysée présidentiel
comme chez eux.

En 1892, la jolie et élégante femme d'un académicien ami du chef
de leur maison se plaignait que, sur son passage, les princesses se
chuchotassent des malices derrière leur éventail. Il paraît que les
malices élyséennes de pairs de la veille et de pairs du lendemain
sont moins cuisantes. Plus favorisés que Molière par Louis XIV,
et que Talma par Napoléon Iᵉʳ, M. Coquelin aîné, « Coq », a été
familier de M. Gambetta et de M. Waldeck-Rousseau, dont les
noms sont, d'ailleurs, bien pâles auprès de ceux du « grand roi »
et du « grand empereur », et il leur a donné ses avis sur les affaires publiques. Comédiens et comédiennes aujourd'hui sont décorés,
« la divine Bartet » a le ruban rouge, et « la divette Judic » « le
poireau » pour ses poules. Aussi les « reporters », aussi les médecins et les peintres en nombre jusqu'à présent inconnu. « Tout le
monde » voit comédiennes et comédiens sur les planches et les œuvres des peintres aux expositions et aux musées, et médecins et
« reporters », allant partout, voient « tout le monde ». Depuis le
4 septembre 1870, des centaines de monarchistes, voire des milliers,
ont porté ou portent encore le ruban de « la divine », qu'ils ont reçu
non pas de Charles X, ni même de Louis-Philippe, pas même de
Napoléon III, mais de la république, troisième du nom, et le politi-

que étudie ces associations d'opinions comme le naturaliste les croisements des bêtes ou des plantes. Les femmes élisent maintenant les juges consulaires, et sont éligibles comme prud'hommes. Au bref, tout cela, la monarchie aurait pu le faire avant la république, mais c'est la république qui l'a fait, poussant ses radicelles, aussi jalousement que ses racines, dans les coins et recoins négligés par les régimes précédents, sans souci des critiques dont ses représentants les plus qualifiés reconnaissent la justesse dans l'intérêt public, lorsqu'elle voit son intérêt personnel engagé, tant elle s'est pénétrée de l'esprit sémitique, si égoïste sous ses formules altruistes.

... Bien que ces ministères ne soient que des relais d'une même politique, laquelle change à des périodes inégales, c'est-à-dire pour ne citer que le dernier exemple, les relais du « bloc », qui comprend les ministères Waldeck-Rousseau, Combes, Rouvier, Sarrien, Clémenceau, Briand, — n'étant pas sorcier l'auteur ignore la suite — les présidents du conseil, tout en se suivant, peuvent ne pas se ressembler, ni leurs ministères non plus, et avoir tout autre allure et tout autre aspect dans la même politique. Autant M. Tirard était terne, autant M. Floquet, son successeur et continuateur, était rutilant. Dressé sur ses ergots, le torse en avant, la tête rejetée en arrière et de trois quarts, faisant valoir un masque vigoureusement régulier, toujours rasé avec soin, avec de courts favoris, mais que le temps, peu à peu, déformait en polichinelle ; le geste de la statue de M. Gambetta sur la place du Carrousel ; quoiqu'il fût d'une génération républicaine qui ne se piquait pas d'élégance, il était presque élégant dans un archaïsme étudié, pantalon à pli, redingote ou jaquette ouverte, pour laisser voir un gilet à la Robespierre, qui était la maîtresse pièce de sa toilette, faux-col droit et cravate en écharpe, chapeau haute forme, noir ou gris, selon la saison, aux larges ailes relevées ; gants gris perle, assortis au pantalon. On lui avait donné le surnom de « Robespierrot ». Mais si ses aînés étaient des survivants de 48 et ses contemporains des copistes de ces survivants, en copiant, avec adaptation à son temps, les républicains de 93, ce néo-jacobin paraissait moins un revenant et faisait quasi figure de novateur. Petit-neveu du maréchal Harispe et oncle de l'abbé Soulange-Bodin, le curé apôtre et industriel de la populeuse paroisse parisienne de Notre-Dame-de-Plaisance, lui aussi a montré l'indépendance et la variété des générations les plus proches dans leurs croyances religieuses et leurs opinions politiques, comme dans leurs talents et leurs travaux, et la chimère de ceux qui prétendent faire à jamais un peuple à leur image. On s'est étonné qu'avec cette recherche de sa personne, M. Floquet n'aimât pas la danse. Mais aucun président du conseil ou de la république n'a dansé depuis 1870, sans qu'on sache si c'est par deuil des provinces perdues ou parce qu'il y a des gouvernements qui dansent et d'autres qui ne dansent pas, bien qu'aucun ne manque de sauteurs. Pourtant, la danse aurait pu être pour la république un moyen de propagande, car il semble que bien des gens se seraient faits républicains rien que pour voir M. Dufaure conduire un cotillon, ou M. Fallières bostonner une valse. A la tribune de la chambre et du sénat, où il se croyait à la convention, sa pose était théâtrale, sa voix solennelle, sa parole pompeuse, mais dans le genre romantique : en s'adressant au général Boulanger, il lui disait : « A votre âge, Napoléon était mort ! » Et il agitait « le manteau troué de la dictature » devant les parlementaires apeurés, comme le toréador agite sa cape rouge devant le taureau pour exciter sa fureur. Mais bien que nombre de son parti y soient passés maîtres, il était peu fait pour escobarder, et est escobardé qui n'escobarde pas. Etant témoin, avec M. Castagnary, de M. Gustave Isambert, contre M. Louis Joly, dont les témoins étaient M. H. de Pène et l'auteur, il avait peine à se contenir, parce que M. Castagnary soutenait — thèse italienne — que le provocateur est celui qui envoie ses témoins et qu'il ne saurait avoir le choix des armes.

M. Floquet n'a recherché que les premiers rôles et il en a rempli deux, la présidence de la chambre, avec succès, et la présidence du conseil, où il n'a pas été heureux. S'il avait pu remplir le premier rôle, la présidence de la république, qu'il a tâtée plutôt que briguée, ses chances étant trop minces, à la succession de M. Grévy, la troisième république aurait eu son Louis XIV au petit pied, moins quelques choses, dont le costume majestueux, sous lequel il aurait été dans tout sa beauté. Mais les vêtements des Français s'uniformisent de plus en plus dans des couleurs sombres et des coupes étriquées, comme une livrée de l'égalisation politique et sociale.

M. Rouvier ayant enlevé au général Boulanger le portefeuille de la guerre, M. Carnot ayant indiqué l'orientation qu'il souhaitait à sa présidence, par le choix de son premier président du conseil, M. Tirard, il restait à abattre l'opposition du général Boulanger, et M. Carnot, qui avait été élevé dans le culte de la révolution et de son grand-père, « l'organisateur de la victoire », estima, avec la majorité républicaine, d'ailleurs, que nul ne mettrait mieux au pas ce « soldat factieux » que ce républicain d'extrême gauche, conservateur des chapeaux, des gilets, des attitudes, de la langue et des doctrines de la révolution qui avait donné à Paris son évangile et son rite. Mais Paris aime à mener et pas à être mené, et si ses anciens rois ont si souvent habité loin de lui, où ils trouvaient pourtant mieux leurs plaisirs, c'est qu'ils voulaient le mener et que lui voulait leur en faire autant, et qu'étant le plus fort, ils s'éloignaient pour épargner plus grands périls à la monarchie. L'Elysée « gré-

vyste » avait tourné Paris contre les républicains, et Paris, qui a
eu, depuis la révolution, des boutades monarchistes variées, rêvait
de faire du général Boulanger un monarque d'un nouveau genre
ou d'un genre ancien, à la romaine, un dictateur républicain, un
dictateur mi-troupier, mi-commis-voyageur, noceur et pourtant
amoureux, ne lui paraissant pas avoir l'étoffe d'un tyran, dont il
ne pût avoir raison. Si tant est que ce dessein fût aussi net dans
cette fanfare, où il y avait tant de gagistes, de « rigoleurs », de
gobe-mouches, et de ces malcontents déjà coalisés contre Napoléon III et qui en étaient venus aux mains après le succès de leur
coalition ! C'est un peu avant cette époque, depuis le « wilsonisme », que s'est raréfié l'usage, aujourd'hui presque perdu, d'appeler « honorables » les hommes politiques. — « l'honorable député », « l'honorable sénateur », — les fonctionnaires, les hommes
des carrières libérales et ceux de l'industrie et du commerce d'un
certain rang, et peu à peu l'on a donné à n'importe qui et à propos de n'importe quoi, du « distingué » ou du « très distingué », de
l' « éminent » ou du « très éminent », du « célèbre » ou du « très
célèbre », de l' « illustre » ou du « très illustre ». On appelle Mme
Juliette Adam « la grande Française », alors qu'on appelle simplement Jeanne d'Arc « la Pucelle d'Orléans », comme l'on appelait M.
Ferdinand de Lesseps « le grand Français », mais au moins M. de
Lesseps avait-il percé l'isthme de Suez qui lui a mérité l'académie
française, quoique son poème n'égale tout de même pas celui de
Jeanne d'Arc, au moins pour les Français. Tant il y a que depuis
l'ouverture du vingtième siècle, lorsqu'on lit les prospectus, les
affiches, les journaux, les revues, les livres, on ne sait plus qui a
du talent ou du génie, ou qui n'en a pas, et ceux-mêmes qui ont la
fleur du génie, puisqu'eux seuls sont dits « immortels », les quarante de l'académie française, signent de leur titre académique
au-dessous de leur nom, leurs articles dans les gazettes aristocratiques, sans doute pour rappeler aux « cent-millionnaires », aux
ducs, à l'épiscopat, ahuris dans ce peuple de grands hommes,
qu'ils le sont. L'esprit critique se concentre dans les études historiques et se perd dans les contemporaines, où tout tourne à « la
réclame » ou à « l'éreintement » de parti ou de négoce.

Pour en revenir à M. Floquet, il eut beau faire la roue avec les
plus éclatantes couleurs de la révolution, il eut beau se battre en
duel avec le général Boulanger et lui donner un coup d'épée. Paris
ne trouva pas ridicule ce jeune général blessé par ce vieil avocat,
parce que Paris était en rut et que dans le rut l'on ne voit que le
rut. M. Floquet fut non moins surpris que Louis XVI le 14 juillet,
surprises provenant de la même erreur que les régimes politiques
portent en eux seuls leur force. Et lorsqu'on incrimina son intervention auprès de la compagnie de Panama pour faire subven-

tionner ses journaux amis, on l'entendit soupirer : « C'est la couronne au greffe ! »

... A M. Loubet qui le suit il faut joindre M. Casimir-Perier qui suit M. Charles Dupuy et dont il a précédemment été dit ce qu'il doit en être dit : mais pour leur présidence du conseil une même remarque s'impose ici pour tous deux : ils y ont montré une fermeté dans leur lutte contre les anarchistes, qu'ils n'ont pas montrée à la présidence de la république, même dans des circonstances moins difficiles. C'est que l'énergie du premier rang n'est pas de même nature que l'énergie du second rang et que, d'ailleurs, même gêné par le parlement le plus jaloux, un président du conseil joue mieux des coudes qu'un président de la république, même favorisé par le président du conseil le plus complaisant.

... Toujours selon l'ordre de leur présidence, ou de leur première présidence, le président du conseil qui suit M. Loubet est M. Ribot. On l'a quelquefois appelé « le saule pleureur », parce qu'il est long, le visage barbu, les cheveux longs et bouclés comme les pianistes ou les rapins, et qu'il marche penché tantôt en avant et tantôt par côté, comme si le vent l'agitait. S'il ne marchait pas les pieds en dedans, le sort du monde n'en aurait pas été changé comme par le nez de Cléopâtre, mais peut-être sa propre carrière ministérielle l'aurait-elle été. Il est bâti pour la défensive et encore pas bien bâti : et le Français ne vaut que pour l'offensive. En trente ans de vie parlementaire il a été cinq fois ministre des affaires étrangères, de l'intérieur ou des finances, pendant trois ans et neuf mois et demi, dont treize mois de présidence du conseil en trois fois. Ces treize mois en trois fois donnent la mesure de sa résistance.

Chez cet Audomarois, l'esprit britannique s'est infiltré à travers le Pas-de-Calais mais le caractère qui met en œuvre cet esprit est, dit-on, resté dans le Pas. Toutefois, les hommes ne sont pas tout d'une contexture, ils sont divers et ondoyants et si ses amis trouvent dans le privé M. Brisson de belle et cordiale humeur, M. Ribot a montré du caractère là où l'on en attendait le moins de lui, et il en a montré des années durant, jusqu'à épuisement de ses forces, mais pas au pouvoir, dans l'opposition.

Les hommes de cette république se plaisent à se confesser en public, à faire et à refaire à tous les échos leur profession de foi religieuse, « areligieuse » ou irréligieuse et de ce que M. Ribot n'a pas sacrifié à cette « confessionomanie » l'on a conclu qu'il est protestant parce qu'il a une manière qui n'est ni d'un « clérical » ni d'un libre penseur et que le préjugé met le protestantisme entre les deux. Aucun « clérical », puisqu'on appelle ainsi le catholique militant, ou qui paraît plus catholique que ses voisins, aucun « clérical », aucun prêtre, aucun religieux, aucun évêque, en un mot

personne en France n'a combattu avec autant de ténacité, ni autant de talent, les lois contre le clergé régulier d'abord et contre le
clergé séculier ensuite, contre l'Eglise de France, au nom des
droits et des libertés publics et privés, et pour le bon ordre de la
société et de l'Etat, sans y mêler ni théologie ni religion, de sorte
que l'on ne sait toujours pas quel est son propre concept religieux.
On s'est plaint qu'à ces longs débats au parlement et hors du parlement, la voix d'un Freppel ou d'un Dupanloup n'ait pas retenti,
que l'épiscopat, non plus que le clergé et les catholiques, ne se soit
montré à la hauteur des circonstances ni de lui-même puisqu'il a baissé de ton sous les coups et en a paru accablé : mais
cette Eglise de France qui reste debout pour ainsi dire sans ses
soutiens naturels, n'en accuse que mieux les forces mystérieuses
sur lesquelles elle repose dans le sol français. A cette campagne
oratoire, M. Ribot a gagné l'habit brodé d'estragon des académiciens que, vingt ans auparavant, « le gentilhomme Salis » faisait
endosser aux garçons de son cabaret du Chat-Noir, sur la butte
Montmartre, où se sont accrochées tant de « boîtes » de ribaude-
ries aux flancs de la basilique du Sacré-Cœur, de même que les mar-
tinets et les corneilles logent leurs nids dans les sculptures de Notre-
Dame. C'est la conférence Molé à l'académie française. Genre un peu
poncif, un peu désuet aussi, comme les pantalons gris perle si fort à
la mode au temps où, sous M. Dufaure, M. Ribot était secrétaire
général du ministère de la justice, mais bien ordonné, bien argu-
menté, mesuré, poli, la pointe pédante des deux Lefèvre-Pontalis
qui en ont été les héros à l'assemblée nationale n'y paraissant
presque pas, avec plus de finesse, plus de tour, plus de vie, et
allant jusqu'à l'éloquence.

M. Ribot n'a pas de parti pris sur la forme du gouvernement,
puisqu'il a été avocat impérial sous le ministère Emile Ollivier et
qu'il n'est pas resté attaché à l'empire, ou plutôt à son spectre,
l'empire n'étant pas ressuscité, et il faut avoir été élevé dès le berceau à la vocation spectrale. Il est passé de l'empire à la république, du fait au fait, comme M. Buffet, mais en « centre gauche »,
sous son maître Dufaure, et dans un esprit plus jeune, la légitimité et l'orléanisme étant alors aussi à l'état spectral, nombre de
légitimistes faisant de leur monarchie un reliquaire des personnes, des idées, des mots et des souvenirs qui déplaisaient à tort
pour moitié à presque tous les Français mais qui ne leur en déplaisaient que davantage ; nombre d'orléanistes ne différenciant la
leur de la république que par le mot de La Fayette, vieux de plus
de quarante ans, qu'elle était « la meilleure des républiques » ; et ni
les uns ni les autres ne la faisant et ne pouvant la faire. Il n'est
pas invraisemblable que si la France passait aujourd'hui de la république à la monarchie, M. Ribot y passerait aussi, mais après

elle, puisqu'il n'a que soixante-huit ans, et que M. Dufaure en avait soixante-douze, lorsqu'ensemble ils ont fait l'inverse : en cela il continuerait d'être peuple, quoique de bourgeoisie riche, lettrée et estampillée, le peuple français, comme tous les peuples, subissant le fait plus que le principe, ainsi qu'il appert, chaque fois que le fait menace ruine, par le grondement de la révolte.

... Après « le saule pleureur », et choisi par lui dès son premier ministère pour le portefeuille de l'instruction publique, un universitaire auvergnat, carré, trapu, le porteur d'eau, tel qu'on le voyait encore à Paris de 1870 à 1885 et qui a à peu près disparu, M. Charles Dupuy. Moins décidé que M. Ribot dans la doctrine et plus décidé dans l'action, mais ne sachant pas toujours bien ce qu'il veut, quoique préoccupé de voir le gouvernement toujours céder à la gauche, comme s'il n'y avait que la gauche, et peut-être un peu agacé de ce perpétuel gauchissement automatique, qu'il lui semble qu'enrayerait une poigne. S'il a rêvé de reprendre le rôle de M. Constans, avec plus de vigueur, mais moins de dextérité, il n'y a pas davantage réussi, malgré des sympathies de droite, rien n'étant plus difficile que de changer l'orientation d'une république ou d'une monarchie dans la société moderne, le dernier monarque, Napoléon III, ayant échoué avant lui. Tous deux, âmes ténébreuses, enténébrées l'une par une longue poursuite du trône et l'autre sans doute par le commerce des tragiques grecs.

S'il a la parole lourde comme un bœuf, M. Dupuy a le mauvais œil plus rapide. Il a été cinq fois président du conseil pour une « durée globale » de vingt-trois mois et neuf jours et la brièveté de chacun de ses ministères a mieux que sa poigne retardé ce qu'il voulait empêcher : les deux premières fois sous M. Carnot, huit mois et moins de deux mois, et ce deuxième mois n'était pas achevé que M. Carnot était assassiné ; la troisième fois sous M. Casimir-Perier, et après six mois et demi, M. Casimir-Perier donnait sa démission dans des conditions mystérieuses ; la quatrième fois sous M. Félix Faure, et trois mois et demi après, M. Félix Faure mourait dans des conditions non moins mystérieuses, puisque neuf ans plus tard la femme sur le sein de laquelle il fut trouvé râlant, a été arrêtée pour assassinat de son mari et de sa mère ; la cinquième fois, enfin, sous M. Loubet, quatre mois et quatre jours, où M. Loubet fut accueilli, à son entrée dans Paris, par des huées, des sous, des oranges, du crottin de cheval, et où le baron Christiani réduisit à coups de canne son chapeau haut de forme en accordéon...

Lorsque le président de l'assemblée nationale a proclamé élu président de la république X ou Y, l'élu monte dans une daumont qui le conduit de Versailles à l'Élysée, et cette promenade constitue le sacre présidentiel. Il y a quelquefois une variante, où l'on cherche le caractère du nouveau président : la daumont le conduit au chemin de fer et à l'arrivée du train à Saint-Lazare, une autre daumont le conduit à l'Elysée : c'est donc l'entrée dans la « bonne ville » qui constitue la partie sacramentelle de la cérémonie.

M. Carnot n'avait pas encore rendu le dernier soupir à Lyon que M. Dupuy prenait le train de Paris et pendant le trajet de nuit, il parla de sa candidature, à la présidence de la république, à son compagnon de wagon, qui, le lendemain déjeunant à Paris avec le comte de Résie, Bourguignon savoureux et son collègue au conseil d'administration des tramways de Lyon, lui dit : « Votre premier ministre, avec sa candidature, ne m'a pas laissé fermer l'œil. Etait-il échauffé, le matin ! » M. Casimir-Perier lui fut préféré, mais il aurait pu être élu aussi bien que MM. Félix Faure, Loubet et Fallières, qui l'ont été depuis, car il a plus de culture, quoique moins de facilité ; tout Français ou presque, qui a une redingote, se croyant digne de la présidence, où il est dispensé, par le consentement général, d'être « décoratif ». Depuis un siècle, les Français se répètent que le sous-lieutenant Bonaparte a été empereur, que Joséphine Tascher de la Pagerie, plus âgée que son second mari, a été impératrice. Celle qui a été Mlle de Montijo semble ne vivre que pour leur rappeler qu'elle aussi est devenue impératrice, et ils ont vu, depuis 1870, Mlle Kechko et la veuve de l'ingénieur Machin, née Draga Lougnevitza, monter l'une après l'autre sur le trône serbe, auquel l'ancêtre de leurs maris, les rois Milan et Alexandre, Miloch Obrenovitch, qui avait été gardien de pourceaux, comme Sixte-Quint, a été élu en 1817. Mais cette garderie n'est pas d'aussi bon rapport sous la troisième république, dont aucun président de la république ni même aucun président du conseil, n'a été ce pasteur symbolique, tous appartenant à ce que le populaire appelle « la société bourgeoise », ou « la société capitaliste », petits, moyens ou grands bourgeois, ou bourgeois titrés, comme, vers la fin du « boulangisme » une duchesse qualifiait les personnes de sa caste.

... Avec M. Dupuy, M. Léon Bourgeois et M. Briand sont les seuls présidents du conseil qui n'eussent pas atteint l'âge de l'électorat au 1 septembre 1870. Les autres étaient déjà électeurs ou éligibles, quelques-uns même connus, sinon célèbres ; M. Bourgeois et M. Dupuy datent de l'an du 2 décembre 1851 et les tireuses de cartes leurs diraient sans doute quelle influence cette date a eue sur leurs opinions politiques, les cartomanciens, chiromanciens, nécromanciens et autres spirites ayant augmenté en crédit et en nombre, à mesure que, depuis un quart de siècle, la religion a perdu du terrain. La préoccupation de l'au-delà pousse tant l'homme d'une chapelle à l'autre, que l'on n'a pas de peine à se figurer qu'en un pays où il n'y aurait aucune religion établie avec sa hiérarchie, son culte et ses dogmes et bien que nombre de ses adeptes, par imagination ou par malice, ajoutent à leur religion, les superstitions se multiplieraient comme les mauvaises herbes, toute religion, même la plus inférieure à la religion chrétienne, contenant et limitant le vagabondage des esprits.

Donc, aucun Français né sous cette république ne l'a encore dirigée comme président du conseil ou n'a présidé à sa direction comme président de la république : tous sont des républicains de cabinet ou de ralliement, mais ne sont nés, n'ont été élevés et ne se sont situés par leurs affinités naturelles dans les institutions républicaines : leur enfance, leur jeunesse, leur âge mûr ou leur vieillesse plongent dans une ou plusieurs monarchies différentes.

Si M. Bourgeois s'est alourdi, il a toujours eu les traits boursoufflés et flasques, sous son binocle qui leur ajoute son relief ; mais il n'est pas empoté comme ses collègues du parlement, tout frais émoulus de leur province, il a cette aisance parisienne qui démonte le mérite provincial, lequel, d'ailleurs, ni au Palais-Bourbon, ni même au Luxembourg, ne lui donne pas souvent l'occasion de le démonter. Nature voluptueuse et molle, il a horreur des responsabilités, ce qui est à peu près, pour un président du conseil, ce que serait pour un poisson l'horreur de l'eau, et pour un oiseau l'horreur de l'air, et cette horreur lui vient, en outre, de ce qu'il a été sous-préfet, secrétaire général de préfecture, préfet et préfet de police, de 1877 à 1888, en cette période de pointes en avant et de retours en arrière, de crochets à droite et de sauts à gauche, où l'administration préfectorale devait faire tour à tour, sur ordre et sans comprendre, le pour et le contre, et l'entre-deux. Assez bizarre variété de président du conseil. Mais satisfait de l'avoir été, il n'a pas cherché à le redevenir, ni même à être président de la république, et paraît même l'avoir évité, pour ne pas faire parler de lui, pour ne pas troubler son jardin secret, et aussi parce qu'il faut quelquefois donner de mornes dîners de gala, des bals d'un relent un peu lourd, aller en daumont au grand-prix et endosser la livrée de la R. F., comme disent ses adversaires, habit noir sur grand cordon, sous la poussière ou sous la pluie. Il ne saurait vous inviter à déjeuner sans précautions diplomatiques, car l'indécision de son esprit et de son caractère le rend ce que l'on appelle familièrement « peloteur », pour éviter les refus ou les amortir ; et à la conférence de La Haye, ces manières enveloppantes, quoique un peu grasses, lui ont fait une réputation de bâtard de M. de Talleyrand, et un prince royal français a vanté son crédit dans les cours et les chancelleries.

C'est M. de Freycinet qui l'a inventé dans son quatrième ministère avec le portefeuille de l'instruction publique, qui lui a permis de prononcer à la Sorbonne un discours fixant sa réputation d'orateur. Est réputé orateur quiconque parle une heure sans perdre le fil, et ces orateurs-là, dont est M. Bourgeois, avec une condescendance préfectorale en plus, ne se comptent pas en France, et ne comptent pas après leur mort. Il s'est même essayé à parler en préfet de police, mais cet essai n'a pas changé les choses, tant sa personne trahit l'inhabileté à la décision. Mais jusqu'au « bloc », qui l'a dépassé, il a eu de l'influence au parlement, et il lui en reste une partie, par son expérience de préfet qui sait comment se font les élections et par ses secrets de préfet de police, qui ne saurait ignorer ce que font les élus, et aussi par son auréole maçonnique, les mêmes qui bravent les évêques s'inclinant devant ces autres pontifes de mystère, et peut-être moins par intérêt que par superstition. N'importe qui pouvant collaborer avec M. de Freycinet qui peut collaborer à n'importe quelle politique, la collaboration Bourgeois-Freycinet n'a engagé ni l'un ni l'autre ; mais le portefeuille de la justice et la vice-présidence du conseil dans les deux premiers cabinets Ribot engagent M. Bourgeois ou son chef, ou tous deux, car sur deux points cardinaux, entre autres, l'impôt sur le revenu et la séparation de l'Eglise et de l'Etat, ils ont toujours été d'une opinion contraire, et l'un est du « bloc », tandis que l'autre n'en est pas, divisés sur la direction morale comme sur la direction économique de la république.

Il est pourtant admis que chaque ministre garde son indépendance, parce qu'aucun ministère n'a été homogène, tous ayant été faits de pièces et de morceaux, pour former une majorité de rencontre. La gauche est restée divisée, elle est restée les gauches, parce que la droite est elle-même restée divisée, qu'elle est restée les droites. Du moment qu'il n'y avait pas de droite constitutionnelle et que les droites anticonstitutionnelles avaient des dynasties et des monarchies différentes, ennemies les unes des autres et unies seulement contre la république, la gauche n'avait rien à craindre d'elles parce qu'elles ne pouvaient pas pousser une action décisive, qui aurait nécessairement tourné au profit de l'une d'elles, elle avait la bride sur le col et pouvait aller en ordre dispersé, groupe par groupe, quitte à se rejoindre et à faire front au danger lorsqu'elle estimerait qu'il y aurait danger. Seule l'unification de la droite, constitutionnelle ou anticonstitutionnelle, pouvait faire l'unification de la gauche, parce qu'alors il y aurait eu danger organique et permanent, au lieu d'une éventualité de danger. Les droites sont ainsi allées du concret à l'abstrait, et les gauches de l'abstrait au concret. De légitimistes, d'orléanistes et de bonapartistes, c'est-à-dire de dynastiques et de rétrospectivement désignatives de leurs trois monarchies, les droites sont devenues monarchistes, ce qui n'indique plus que la forme du gouvernement, puis conservatrices, ce qui serait caractéristique de leur politique, si, d'abord, elles avaient un programme conser-

valeur et si, ensuite, étant en même temps anticonstitutionnelles, elles ne devaient pas changer la constitution et la république, et, en ce sens, être révolutionnaires, pour donner un autre
cadre à leur politique ; et enfin catholiques, ce qui n'est qu'un
point du programme conservateur, si tant est qu'il en soit un,
car l'on peut être à la fois catholique et n'importe quoi, excepté
libre penseur ou appartenir à une autre confession, et que l'épiscopat français et le saint-siège, aussi bien Pie X que Léon XIII
et Pie IX, se sont toujours refusés à la constitution d'un parti
catholique, Pie X ayant rappelé aux laïcs qu'ils ne sont que « le
troupeau », et « le troupeau » constitué en parti politique pouvant faire la loi au berger, ou le faire paraître au second plan.
Si les droites sont de la sorte devenues de plus en plus imprécises, les gauches sont, au contraire, devenues de plus en plus précises, non que leurs dénominations le fussent en elles-mêmes, opportuniste est moins spécifique que libéral, progressiste l'est
moins qu'opportuniste, radical l'est moins que progressiste, et
même ne l'est pas du tout, non plus que radical-socialiste et socialiste, mais pour les droites, et à l'inverse elles-mêmes de
la décroissance des craintes qu'elles inspiraient, elles voyaient
dans l'obscurcissement de ces dénominations comme un nuage se
chargeant et menaçant de crever parce que le collectivisme, qui
se lève derrière le socialisme, et l'anarchie derrière le collectivisme, indiquent la nature de l'orage, le désordre pour le pillage,
déjà ouvertement annoncé. Ces prodromes, qui ne s'étaient pas
produits à un tel degré de 1863 à 1871, mais qui se développent depuis l'avènement du ministère Waldeck-Rousseau, depuis l'enserrement de la France par le « bloc », ont fait dire que si des événements similaires ou équivalents ramenaient Paris à l'état com-
munaliste de 1871, la prochaine commune, ou le pouvoir qui en
tiendrait lieu, n'afficherait pas sur les murs le même respect de
la propriété. Déjà, nombre de voleurs « justifient » leurs vols devant les tribunaux interloqués, en invoquant la « doctrine » des
« reprises sociales ». Aussi ceux qui possèdent reprennent-ils leurs
craintes de 1818 et de 1831, que raillait si joyeusement M. Prosper
Mérimée, et qu'en 1870 il éprouvait si douloureusement, mais ils
les reprennent sans croire tout de même qu'on les puisse déranger dans les douceurs de leur vie, si grand est le nombre des
propriétaires français, immobiliers ou mobiliers, dans l'armée elle-
même. Pour les battre aussi en brèche, les moralistes contemporains, qui sont surtout les gazetiers, les romanciers et les vaudevillistes, fouaillent avec prédilection les mœurs des hautes classes sociales, quoiqu'ils soient trop nombreux pour prêcher d'exemple, comme jadis Port-Royal, et de même que dans les rues l'on
remarque les chevaux et les chiens, tandis qu'on ne prend pas

garde aux mouches et aux fourmis, tout aussi scandaleuses, sinon
davantage, si scandale il y a chez les bêtes, et il n'est aucune
classe, ni en bas, ni en haut, ni au milieu, que la corruption englobe tout entière, il est des personnes dignes d'estime dans toutes. Mais ceux qui travaillent diminuent du moins leur corruption
du temps de leur travail, et c'est peut-être en partie pourquoi, non
moins que par envie, que ces moralistes s'élèvent contre l'oisi-
veté de tant de gens de toute classe, et en particulier de celles
qui, par la naissance et la fortune, ont tant d'avance sur les autres et pourraient travailler utilement pour elles et pour leur
pays et en être les guides naturels, au lieu de n'être bons, pour
la plupart, maintenant qu'il n'y a plus de chambellans, qu'aux
salamalecs mondains presque tombés dans la banalité, avec cette
innombrable bourgeoisie, qui, chaque jour, s'accroît des plus
vigoureux éléments populaires et dont les premières couches sont
presque en masse si déplaisantes, mais dont les autres, surtout
les supérieures, ne diffèrent de la noblesse que par des grada-
tions dans les mêmes défauts.

Lorsque MM. de Freycinet et Ribot l'ont pris dans leurs ministères, M. Bourgeois était anticlérical et radical, mais il est
devenu radical-socialiste, son impôt sur le revenu l'y ayant conduit. Malgré son anticléricalisme irréligieux, il a fait des obsèques religieuses à sa femme et à sa fille, et la logique ironie française s'exerce toujours lorsqu'un homme qui a toute sa vie fait
la guerre à la religion meurt dans les bras de la religion, ou qu'il
n'a pas gagné à son irréligion ou à son indifférence « la chair de
sa chair ». Elle s'exerce aussi lorsque cet homme, bourgeois de
naissance, de carrière, de condition, de manières, bourgeoisant
jusque dans son nom de Bourgeois, s'acharne à l'établissement
de l'impôt sur le revenu, destiné, dans les déclarations des champions de cet impôt, à réduire la bourgeoisie, sinon à détruire la
société « bourgeoise », de sorte que les classes inférieures, dont
les classes moyennes forment la principale clientèle et le principal moyen d'élévation, et qui sont presque toutes travaillées par
l'ambition de devenir bourgeoises, et dont les plus actives, soit
ouvrières, soit paysannes, s'embourgeoisent par fournées an-
nuelles, ne pourraient plus accéder à une bourgeoisie qui n'existerait plus et seraient condamnées à perpétuité à la glèbe et au sa-
lariat. Au-dessus de cette société aplatie, et sans ressort, un millier, ou deux, de grands capitalistes, financiers, industriels ou
commerçants, aux fortunes voyageuses et insaisissables, comme
les plus habiles d'entre eux, les juifs, et les habiles de la noblesse,
qui épouseraient leurs filles, seraient seuls à narguer un impôt
qui ne pourrait les atteindre, écrasant de leur mépris la plèbe qui
les aurait ainsi mis à des hauteurs inaccessibles et qui se serait

mise elle-même dans une fosse d'où elle ne pourrait plus sortir. Telle est la thèse combinée, dans ses antépénultièmes effets, des partisans et des adversaires de cet impôt. Ceux qui le paieront, sûrement en souffriront surcharge, inquisition fiscale, et leurs suites, comme dans tous les pays où il existe, l'Angleterre, la Prusse, l'Italie ou le canton de Vaud, par exemple, suivant les exigences budgétaires et le caractère national ; mais l'événement seul dira quelles seront ses conséquences économiques, sociales et politiques en France, et si elles justifieront les calculs des uns ou les craintes des autres, ou si, tout en les justifiant, elles ne créeront pas une situation que personne n'aura prévue.

A l'époque de sa fraîcheur, le radicalisme de M. Bourgeois avait, néanmoins, une pointe de libéralisme, car il a nommé le prince Henri d'Orléans chevalier de la Légion d'honneur et M. Paul Bourget officier du même ordre : officier l'académicien et chevalier le prince du sang, ce qui avait une intention démocratique et républicaine, d'autant plus que l'académicien est dévoué à la maison du prince, lequel montrait quelque indépendance à l'égard du chef de sa maison, et que décorer un prince et un royaliste en 1895 et 1896 voulait à la fois leur rendre témoignage de leurs titres incontestés et signifiait que puisqu'ils acceptaient ce témoignage de la république établie depuis un quart de siècle et depuis dix ans constitutionnellement irrévisable, les plus exigeants ne pouvaient plus contester le principe des institutions, seule l'opposition à la législation leur restant ouverte, tout au plus, les opinions de MM. Paul Bourget et Bourgeois sur la législation ne différant pas moins que sur les institutions.

Le ministère Clémenceau a fait aussi commandeur de la Légion d'honneur le poète provençal Frédéric Mistral, royaliste et catholique de naissance, qui n'a jamais voulu être rien, « pas même académicien », et les décorations étant aussi une noblesse, la noblesse moderne, noblesse personnelle et viagère, républicaine lorsqu'elle est conférée par la république et monarchiste lorsqu'elle est conférée par la monarchie, le « bloc » a ainsi incorporé dans sa noblesse l'une des plus désintéressées illustrations de ses adversaires politiques et religieux. Les insignes eux-mêmes des décorations marquent le lien entre ceux qui les confèrent et ceux qui les acceptent, puisque les décorés de Napoléon III portent la croix ornée de la couronne impériale, tandis que les décorés de la république la portent avec une couronne de laurier.

... Avec M. Méline se clôt la liste, ainsi que l'idylle, des présidents du conseil qui ont vécu, quelles que fussent leurs théories réformatrices ou destructrices, sur la forme du gouvernement, sur l'écorce de la république. Sans doute ils ne pouvaient pas aller plus vite que les violons, mais il ne leur déplaisait pas que les violons

n'allassent pas plus vite, parce que les théories bercent et que
leur application secoue et quelquefois tue. Mais s'ils ne demandaient pas mieux que de prolonger leur séjour dans cet état équivoque, où la princesse de Sagan, femme du « maître des élégances », imaginait le bal des « bêtes », bal symbolique de cette société oisive qui se donne en spectacle et semble prendre à tâche
de ne justifier en rien ses prétentions en tout, même ceux qui voulaient le plus s'en éloigner, par exemple le général de Rochebouët,
s'enfonçaient un peu plus dans la république.

Petit et maigre, le visage pâle et en lame de couteau, avec de
courts favoris, M. Méline donne l'impression de la débilité physique et morale. Il a la parole facile et froide, et il joue du violon-
celle en famille. Son nom virgilien a été mis en lumière, le 26
mars 1871, par son élection à la commune ; mais il a refusé ce
mandat périlleux, comme M. Tirard, M. Desmarest, ancien bâtonnier du barreau de Paris, M. de Boutellier et quinze autres. On
l'a retrouvé sous-secrétaire d'État à l'intérieur dans le quatrième
cabinet Dufaure, sous le maréchal de Mac-Mahon, et, sous M.
Grévy, dans le deuxième cabinet Jules Ferry, ministre de l'agriculture. C'est un agricole et il a institué le Mérite agricole, dont
il a le plus haut grade. Mais il n'a pas la Légion d'honneur, non
plus que dix-neuf autres présidents du conseil, qui l'ont dédaignée
pour eux-mêmes, tout en la conférant, ou plutôt en la prodiguant
au fretin, et tout en acceptant, pour la plupart, des décorations
étrangères, tels MM. Combes, Rouvier, Brisson, le président de
la république étant la vitrine nationale, où sont exposées toutes
les décorations, et eux se considérant comme les sous-vitrines,
section étrangère. Néanmoins, aucun d'eux n'a demandé la suppression de ces « hochets de la vanité », comme eux ou leurs
aînés en républicanisme les appelaient sous Napoléon III, et
l'exemple de la Suisse et des États-Unis, républiques classiques,
n'a pas prévalu sur celui des républiques sud-américaines, presque toutes romantiques. Les républicains ne sont pas moins
friands des décorations que les monarchistes, sauf ceux de la noblesse républicaine, qui se considèrent comme au-dessus de ces
« hochets », bien que la noblesse nominale elle-même ne leur déplai-
se pas et les bouquetières, à qui il achetait beaucoup de fleurs,
croyaient toutes qu'un de leurs ministres, M. Agénor Bardoux, qui
ne manquait pas de talent comme orateur et comme écrivain, mais
qui était un peu naïf, s'appelait « M. de Saint-Simon ».

Étant propriétaire terrien, M. Méline songe surtout à dégrever
la propriété terrienne et à protéger ses produits par des taxes et
des surtaxes sur les importations étrangères, c'est-à-dire à produire sans redevances à l'État en en imposant le plus possible
aux consommateurs ; c'est ce qu'on a appelé « la politique du

pain cher ». On est protectionniste ou libre-échangiste suivant son intérêt personnel, dont on fait inconsciemment l'intérêt public, et les économistes eux-mêmes trouvent dans leur clientèle le bénéfice de leur doctrine, ce qui n'empêche qu'un pays est assujetti à l'un ou à l'autre régime par la législation et la concurrence étrangères sous peine de ruine, et qu'ainsi le sac de blé et la balle de coton deviennent chacun un principe différent. Il n'est presque personne, d'ailleurs, dont on ne pourrait expliquer les opinions politiques par l'intérêt personnel, qui se cache comme le serpent sous les fleurs, glissant son venin chez celui qui a de la naissance et de la fortune, comme chez celui qui n'en a pas, et chez les plus honnêtes gens comme chez ceux qui ne le sont pas. En exonérant la propriété terrienne, M. Méline abolirait l'impôt foncier, l'impôt du fonds, aussi solide que le fonds, aussi durable que la terre, et le seul durable. Dans les trois pays les plus industriels d'Europe, l'Angleterre, la Belgique et l'Allemagne, la terre ne peut pas nourrir les habitants, lesquels sont forcés de demander leur subsistance à l'industrie d'exportation ; de sorte que si, pour une cause quelconque, ne serait-ce que parce que tous les pays deviennent industriels, les marchés étrangers leur étaient fermés, leurs impôts n'auraient plus d'assiette. La France, au contraire, peut nourrir les Français. L'industrie d'exportation n'est pour eux qu'un surcroît de bien-être ou de luxe et ne peut égaler celle de leurs voisins, parce qu'elle n'a pas l'aiguillon de la nécessité, parce qu'elle n'est pas pour eux question de vie ou de mort. Les dix-huit cents millions de rente que, chaque année, leur paient, en or, divers États des divers continents, suffiraient à peu près, d'ailleurs, à leurs menus plaisirs. Cette exonération ajouterait aux maris et filles entretenus, déjà trop nombreux, les citoyens entretenus, tant et si bien que les impôts seraient consentis par ceux qui ne les paieraient pas, alors que qui ne participe pas aux charges publiques, au moins pour le paiement d'une des quatre contributions directes, ne devrait pas participer à leur gestion, disent des gens qui ne sont candidats ni à un mandat, ni à une place, ni à un ruban. Mais déjà il y a mieux ou pis en ce genre, car cette république mène au scrutin, comme des animaux à l'abreuvoir, les pensionnaires de l'assistance publique, qui disposent ainsi de la charité des contribuables.

Le ministère Méline a été l'un des longs ministères de cette république, puisqu'il a duré deux ans et six semaines, et le moins nocif de ces longs ministères, au témoignage du duc de Broglie, qui lui a même donné un satisfecit, sachant par expérience combien il est difficile aux hommes d'État de ne pas faire du mal, parce que toutes les mauvaises passions hurlent et se ruent autour d'eux. Mais tel n'a pas été l'avis de tous les opposants, car

il n'y a jamais eu que « des oppositions » aux républicains et à la
république, et non « une opposition », avec unité de direction, de
doctrine, de méthode et de but, — et le prélat qui lit une page de Gyp
avant de se coucher disait en parlant de ses mesquines suspen
sions de traitements ecclésiastiques, qu'il jetait à la meute comm
un os à ronger : « J'aime mieux Brisson ! c'est plus franc ! » C...
prélat a eu M. Brisson, il a eu aussi M. Waldeck-Rousseau, c'est
à-dire encore « plus franc » que M. Brisson, et M. Combes, bien
« plus franc » que M. Waldeck-Rousseau, et M. Clémenceau, qui
ne lui cède en rien pour la franchise sur l'article religieux ; mais
on ne voit pas ce qu'il a gagné à cette « politique du pire », on
voit même ce qu'il y a perdu, toutes les lois et toutes les mesures prises contre l'Eglise de France, depuis le ministère Méline,
et depuis quarante ans, sans remonter plus loin et sans en excepter la commune, la « politique du pire » n'a produit que le « pire »,
de même que les poiriers ne produisent que des poires. Mais l'on
s'est demandé si ce ministère a duré si longtemps sans faire ce
qu'ont fait les autres longs ministères, grâce au mérite de son
chef ou grâce aux circonstances qui, soit pour la conservation sociale, soit pour la révolution, mais plus souvent pour la révolution, sont plus fortes que les hommes ; et comme le pays et les
partis ont été sages quasiment comme une image pendant sa durée, du printemps de 1896 au printemps de 1898, de la visite du
tsar aux bords de la Seine à la visite de M. Félix Faure aux rives
de la Néva, c'est à la béatitude des Français, d'autant plus profonde qu'elle était plus vague, qu'aujourd'hui, à la reculée, l'on
attribue cette halte dans la politique républicaine.

... On a dit que la révolution de 89 a été la révolution du dépit »,
le dépit de ceux qui, supportant presque toutes les charges fisca-
les, et brillant dans les lois, les sciences, les lettres, les arts, la
finance, l'industrie, le commerce, ne pouvaient assister dans une
loge au spectacle, le gouverneur duc de Clermont-Tonnerre faisant
expulser d'une loge Mme Barnave, de noblesse d'épée, Mlle de Presle,
mais « mésalliée » à un bourgeois, procureur au parlement, et
dont le fils devait tomber amoureux de Marie-Antoinette, qui re-
garda au moins avec des yeux touchés ce jeune orateur qui se perdait pour elle ; ils ne pouvaient être évêques, de sorte que le cardinal Pie, le cardinal Perraud, Mgr Freppel, Mgr Dupanloup, Mgr
Gino...laiac, la lumière gallicane du concile du Vatican, ne l'auraient pas été puisqu'ils n'étaient pas nobles : et, pour la même
cause, les 583 généraux roturiers de M. Fallières n'auraient pu
être sous-lieutenants. L'avènement du « bloc » au pouvoir, avec M.
Waldeck-Rousseau, a été aussi une « révolution du dépit », en
raccourci, le dépit de M. Waldeck-Rousseau, qui s'était vu préférer M. Félix Faure par les modérés pour la présidence de la ré-

publique, et qui s'était mis, pour se venger, à la tête de leurs adversaires, et le dépit des juifs, depuis douze ans déshabillés, vilipendés, menacés de tout, c'est-à-dire de rien. Mais ils ont fait cette révolution sans changer la forme du gouvernement, ni même la constitution, dans la constitution elle-même, comme l'on fait cuire tour à tour des mets différents dans la même casserole, avec cette faculté d'appropriation que leur a donnée leur vie dispersée et traquée. Ils y ont mis d'autant plus de fureur et moins de scrupules que cet assaut les avait délogés de plus haut, du Thabor, où les avaient mis leurs grandes alliances nobiliaires que donnent les grosses dots, quelquefois unies à la beauté et à l'amour, et les faveurs des princes, qui voulaient gagner à leur cause des hommes qui, par leur argent, sont partout et dans tout et ont mille ressorts secrets. Or, c'était précisément des amis de ces grands personnages qui leur avaient donné l'assaut. Grand, élancé, correct, même élégant, avec une pointe de roideur britannique, M. Waldeck-Rousseau avait une assez belle figure grecque, aux mâchoires accentuées, mais sans expression. A ses débuts ministériels, dans le cabinet Gambetta et dans le deuxième cabinet Jules Ferry, il arrivait en retard au parlement, à moitié endormi ; l'on disait qu'il se mettait du rouge, pour réparer de la nuit les passagers outrages ; on l'appelait « l'émaillé ». Il avait toujours une cigarette aux lèvres, ou entre le pouce et l'index, qui lui donnait une contenance dans son abord embarrassé, dans sa parole dédaigneuse, car il était timide autant qu'orgueilleux. Il avait été choqué de ce qu'en leur croisière estivale dans les fjords de Norvège, Guillaume II leur eût fait visite, à sa femme et à lui, sur leur yacht, non en uniforme d'amiralissime, mais en costume de « yachtman ». « Yachtman » lui-même, pêcheur à la ... aquarelliste, peintre sur porcelaine, ami des deux Coquelin, ... ennuyé, mais pas ennuyeux, traitreux comme M. Charles Dupuy, M. Constans, M. Jules Simon. Il a été giflé en robe, à la barre du tribunal de la Seine, par M. Fritsch, comte de Fels, dont le château ducal, dans le grand-duché de Luxembourg, est le berceau restauré de ses aïeux, le témoin restauré.

Ses plaidoiries et ses discours étaient bien ordonnés, bien argumentés, bien ratissés, dans une langue étudiée, mais sèche et glacée. M. d'Haussonville a regretté de n'avoir pu l'élire à l'académie. Il y a quatre phases dans sa vie : la phase de « l'émaillé », où il amusait les tribunes de la chambre par sa feinte de ne pas s'apercevoir des votes qui l'avaient mis en minorité ; la phase de l'avocat, où, retiré de la politique, il voulait faire fortune en plaidant les gros procès à gros honoraires, espérant que, sous ce régime, les juges écouteraient volontiers un avocat ambitieux qui a été ministre et qui peut le redevenir ; la phase de sa rentrée dans le parlement, où il cherchait sa voie, mais où la fortune le poussait vers les libéraux, les conservateurs, même les réactionnaires, paysans du Danube de la conservation sociale, et où il était rentré presque outré qu'après dix ans d'éclipse il ne fût plus connu, oubliant que le parlementarisme et le suffrage universel, ou régime de la parole qui remue les passions collectives, mettent sous le boisseau les avocats qui plaident pour des particuliers, et où son échec contre M. Félix Faure fit déborder son orgueil ; enfin, la phase où sous le couvert de la revision du procès Dreyfus, qui était un bon masque pour un avocat, il se mit à la tête de ceux qu'il dénonçait, la veille, comme les ennemis de l'ordre, de la société et de la patrie. Dans les premiers temps de cette république, comédies, vaudevilles et opérettes, de M. Victorien Sardou à M. Lecoq, ont raillé les révolutionnaires devenus conservateurs au pouvoir, bien que ce soit là l'histoire du monde depuis les origines du pouvoir, car les premiers hommes se sont laissé gouverner, non par celui qui avait peur d'eux, mais par celui qui leur faisait peur et, conséquemment, leur paraissait capable de les gouverner.

M. Victorien Sardou n'en a pas moins été fait grand'croix de la Légion d'honneur par le parti qu'il avait si bien crossé. Mais, bien que moins classiques et moins communs, n'ont pas été mis à la scène cette grand'croix-là, ni M. de Broglie prenant le pouvoir pour faire la monarchie et faisant la république, ni M. Waldeck-Rousseau passant de la réaction au « bloc » par dépit de n'avoir pas succédé à M. Casimir-Périer. Rien ne pouvait donner à M. Waldeck-Rousseau plus de crédit auprès des entrepreneurs de la revision du procès Dreyfus, comme auprès du public qui juge les hommes par le succès, que la réputation, dont il jouissait au palais, d'être « l'avocat de Paris qui gagnait le plus d'argent », c'est-à-dire, avec la logique française, « le plus grand avocat de France » ; et nul n'avait plus qualité pour imposer, par ses artifices juridiques et par son mépris de tout, cette revision, au nom de « la vérité » et de « la justice ». Aussi, un tel moraliste, un tel justicier, parut-il idoine à réformer l'Eglise de France, puisque, selon le brocard ecclésiastique, « l'Eglise n'est jamais réformée que du dehors », à en chasser « les moines ligueurs » et « les moines d'affaires », et à n'y laisser que « les colombes ».

Le gouvernement peut, sans péril comme sans gloire, batailler contre le clergé et la noblesse, parce que la dynastie nationale a, depuis mille ans, entraîné le tiers, pour des fins centralistes, à cette lutte, qu'elle l'a rendu anticlérical et « antinoble », que l' « antinobilité » et l'anticléricalisme lui sont dans le sang et dans les moelles. Sans doute, le tiers compte des hommes sans parti pris contre le clergé et même des amis du clergé ou cléricaux ; et d'autres aussi, qui n'ont aucun préjugé contre la noblesse, qui y ont des amis charmants et sont eux-mêmes partisans d'un gouvernement aristocratique : mais l'ensemble n'en est pas changé. Aux origines de cette dynastie, au moyen-âge, où les trois ordres étaient enchevêtrés dans le régime féodal, où le roi n'était que « le premier parmi ses pairs », où lorsqu'il disait à l'un d'eux : « Qui t'a fait comte ? » et que celui-ci lui répondait : « Qui t'a fait roi ? » — et rien n'a jamais mieux peint le caractère français, ni mieux résumé l'histoire de France, — le roi ne pouvait avoir qu'une pensée, c'était d'abaisser ces pairs orgueilleux et turbulents, clercs ou laïcs, toujours en révolte contre lui et en rivalité entre eux, souverains de toutes tailles et de tous noms en république, et de s'en faire le maître, en les opposant les uns aux autres, en les réduisant par la force ou par la ruse, en les supprimant un à un, en unifiant le territoire et le pouvoir.

Bien que les synthèses historiques soient trop tranchantes, que les choses s'engendrent et s'emmêlent, se font par mille traverses et contradictions, l'on peut dire que la féodalité a été frappée à mort par l'interdiction aux seigneurs de lever des troupes et par la création d'une armée royale permanente par Charles VII, et que, en prenant ses aides parmi la lie du tiers, son fils, Louis XI, a montré jusqu'à quelle profondeur il voulait l'extirper, pour mettre « le roi hors page ». C'était même pour lui une nécessité, car le plus puissant seigneur de son royaume, le duc de Bourgogne, disait : « J'aime tant le royaume, qu'au lieu d'un roi, j'en voudrais six » ; et son propre frère, le duc de Guyenne, ajoutait : « Nous lui mettrons tant de lévriers à la queue qu'il ne saura où fuir. » Quelle que soit la différence des temps, l'on ne saurait prendre un tel frère, ni un tel vassal, pour des modèles de loyalisme, ni même de monarchisme, et ce monarchisme du quinzième siècle sent le républicanisme à plein nez, quoique aristocratique ou encore féodal.

On classifie — et comme toutes les classifications, celle-là n'est pas très précise en soi ni pour les dates, mais elle est un à peu près — les diverses phases ou dégradations du second ordre de l'Etat, en disant qu'à partir de Charles VII et de Louis XI, il n'est plus la féodalité, mais l'aristocratie, c'est-à-dire les familles féodales gouvernant toujours la France, mais ne pouvant plus lever des troupes, n'ayant plus la force à la base de leur souveraineté, souveraineté établie sur la possession de la terre, mais la terre n'étant plus protégée que par les soldats du roi. D'ailleurs, par la naturelle ascension du tiers, le nombre étant toujours le grand générateur de force et d'énergie, par les affranchissements, chartes, institutions et privilèges, qu'il obtenait ou qu'il s'arrogeait, et que le roi n'était que trop enclin à accorder ou à sanctionner, pour lui faire battre en brèche la féodalité d'abord, puis l'aristocratie,

27

et être ainsi porté par lui au gouvernement de toute la France et
de tous les Français, tel que devait le définir Louis XV, sans
s'aviser que cet instrument deviendrait ensuite son maître et enfin
son successeur, l'aristocratie perdait chaque jour du terrain, et
lorsqu'après son revenez-y semi-féodal de la Fronde elle fut définitivement matée, elle ne fut plus que la noblesse, la cour, la suite
du roi. Un soldat de la garde royale ayant assassiné son seigneur, le marquis de Châteaumorand, qui se tenait toujours dans
ses terres, et l'affaire étant venue devant lui, Louis XIV dit : « Je
connais la maison de Châteaumorand, mais non le marquis ; certainement c'était quelqu'un de peu, car il ne venait pas à la cour » ;
et le soldat n'eut pas de peine à se disculper.

Aujourd'hui, la noblesse n'est plus que le monde, et le monde
vit à part, comme les juifs : ce sont deux Etats dans l'Etat, les
juifs soutenant l'Etat et ramassant l'argent, et le monde dépensant
l'argent et dédaignant l'Etat, mais étant encore la bonne compagnie, ou du moins la meilleure, malgré les vulgarités qui l'envahissent depuis qu'il tire de soi seul son ton et sa règle. Mais après
soixante-deux ans de suffrage universel, personne ne prétend que
le monde pourrait faire élire un conseiller municipal à Paris, ni
même à Pantin, pas plus, d'ailleurs, que l'institut. Quant au premier ordre de l'Etat, de Philippe-le-Bel révolté contre la prédominance du pouvoir spirituel sur le pouvoir temporel, à Charles VII,
qui a donné son statut à l'Eglise de France, et à Louis XIV, qui
lui a donné son credo, et depuis ces princes comme avant eux,
c'est une constante lutte contre le clergé, au spirituel comme au
temporel, quels que soient, suivant les temps, la piété de saint Louis,
l'incertitude d'Henri IV, ou le voltairianisme de Louis XVIII. L'histoire religieuse des Français est catholique, mais non cléricale,
elle est même d'un anticléricalisme maniaque, des clercs en communion avec le saint-siège s'étant eux-mêmes déclarés anticléricaux. En dénonçant aux appétits de « la vile multitude », comme
disait M. Thiers, et à la haine des bourgeois francs-maçons ou
libres penseurs, « le milliard des congrégations », M. Waldeck-Rousseau était donc assuré de trouver des échos, d'autant plus que,
sous cette république, les « cléricaux » n'ont cessé de « se manger
entre eux ». En 1873, le duc de Broglie a suspendu le journal de
M. Louis Veuillot, et M. Louis Veuillot a crossé Mgr Dupanloup
mieux que ne faisaient les anticléricaux, et, depuis lors comme
avant, toujours des rivalités, toujours des querelles, entre ex-gal-
licans, devenus libéraux, et ultramontains ; entre catholiques soumis aux « directions pontificales » et catholiques insoumis, ou
« obliques » ; entre américanistes et antiaméricanistes, comme aujourd'hui entre modernistes et antimodernistes, et, le plus souvent, sous ces étiquettes aussi grandiloquentes que ténébreuses,

« questions de boutique », et de petite boutique, question de journal, de siège législatif ou de vanité oratoire. Sauf de hauts esprits
et des cœurs droits dans l'épiscopat et le clergé des villes, ce sont
encore les curés de campagne qui ont le mieux compris, dans leur
simplicité plébéienne, que les congrégations étaient les troupes de
couverture de l'Église et qu'une fois ces troupes dispersées et que
la république, l'Église de France et le saint-siège avaient laissé se
multiplier au-delà de la prudence, sans en prévoir les suites,
l'Église, c'est-à-dire la religion dans ses œuvres vives, serait exposée à tous les coups. Mais M. Waldeck-Rousseau avait reçu de si
considérables adhésions privées derrière les protestations officielles, qu'il aurait pu se croire le réformateur attendu par le clergé
séculier, si toute sa politique n'avait été inspirée par la rancune.
Ah ! les modérés ne l'avaient pas élu président de la république ;
eh bien, ils lui en verraient faire de belles à la tête de leurs adversaires : il démolirait cette société qu'il s'était proposé de fortifier
de tours et de bastions, et il y ferait la brèche par le clergé régulier, aux encouragements de ses « préfets violets », dont l'un exprimait leur satisfaction devant des ecclésiastiques et des laïcs, — et
ce n'étaient pas les premiers qui étaient le plus étonnés, — en
rappelant que « les bons pères » « drainaient » leurs diocèses. Cet
évêque a, depuis, éteint le rouge peu canonique des parements de
sa soutane, et Pie X, qui ne l'avait pas ouï, a ajouté à ses titres.

Lorsque le cancer de sa langue artificieuse l'eut fait rentrer en
soi, M. Waldeck-Rousseau expliquait en vain qu'il n'en avait pas
voulu aux « colombes » et qu'il n'avait visé que « les moines d'affaires » et « les moines ligueurs », parce que « le milliard des congrégations » n'était pas le milliard de quelques-unes, mais le milliard de toutes, et que le choix de son successeur, M. Combes, ennemi de toutes les congrégations, choix indiqué par lui à M. Loubet, c'est-à-dire imposé à M. Loubet, qui craignait tout et n'avait
pas d'autre crainte, protestait que lui aussi voulait détruire toutes
les congrégations, dont le milliard devait fonder les retraites ouvrières. La liquidation des congrégations a donné beaucoup moins
d'un milliard, soit que les congrégations ne fussent pas aussi riches, soit qu'elles aient mis leur bien à couvert, et, pas plus que
les retraites ouvrières, le clergé séculier n'a profité de leur suppression, la vie bourgeoise de ce clergé n'excitant pas la généro-
sité des fidèles, comme la vie plus austère ou plus mystérieuse du
clergé régulier et comme ses « œuvres » d'apostolat, où ils voient,
même lorsqu'ils restent en projets, le sacrifice, la conquête, « la
marche à l'étoile ».

M. Waldeck-Rousseau avait plus de témérité que de suite, il
était fantasque et musard, il emmanchait tout et n'achevait rien.
Sa loi de 1884 sur les syndicats, qui a établi sa réputation de légis-

lateur, est une loi mal faite, le but de toute loi étant de régler les rapports des citoyens sur son objet et d'assurer l'ordre et la paix entre eux, et celle-ci ayant jeté la discorde entre le capital et le travail, les patrons et les ouvriers, les employeurs et les employés, puisqu'on se sert, aujourd'hui, de ce mot dur d' « employeurs », comme, depuis plus longtemps, de cette expression répugnante d' « assiette au beurre », pour désigner le pouvoir et la richesse. M. François Beslay, fils du membre de la commune de 1871, mais monarchiste constitutionnel et catholique libéral, collaborateur de M. Thureau-Dangin, et mort en 1883, ayant dit que les républicains n'avaient pas fait une faute, au point de vue de leurs intérêts, notamment dans leur législation, la réflexion, presque juste alors, de cet homme très fin et très mordant, s'est accréditée comme un axiome, et perpétuée, chez les hommes de droite, embaumés dans leur conservatisme, leur légitimisme, leur orléanisme, leur bonapartisme, ou leur cléricalisme, et qui y meurent les uns après les autres, comme des plantes sans terre, sans air et sans eau, et l'on entend encore tels ou tels redire le mot de M. Beslay. Mais il ne suffit pas qu'une loi soit bonne dans son principe, et nul n'a établi que toutes les lois de cette république, ni même la plupart, ont cette qualité ; il faut encore qu'elle le soit dans ses prescriptions et dans son application. Par exemple, la loi de sursis, ou loi Bérenger, qui est une de ses rares lois, sinon la seule, qui ait recueilli l'approbation on peut dire unanime, est appliquée sur recommandation, et non dans son esprit, elle est devenue une loi de désordre, parce que ses mailles sont trop lâches. La loi de 1884 a déchaîné les grèves, surtout à partir du ministère Waldeck-Rousseau, les ouvriers ayant pensé, non sans raison, que celui qui l'avait faite pour eux l'interpréterait à leur avantage. D'ailleurs, les républicains ont toujours penché pour les ouvriers contre les patrons, parce que les ouvriers sont le nombre et leur paraissaient d'un républicanisme plus sûr, bien que beaucoup de patrons, surtout parmi les nouveaux, aient rendu plus de services à la république en rassurant les intérêts et lui aient donné un concours plus intelligent et non moins actif.

Le rôle du gouvernement est d' « assurer la sécurité des biens et des personnes et la liberté du travail », comme dit fortement le pléonasme politique ; et s'il intervient dans une grève avec le parti-pris de donner raison aux patrons quand les patrons ont tort, ou aux ouvriers quand les torts sont aux ouvriers, ou aux uns ou aux autres quand les torts sont réciproques, il perd son autorité, il travaille à la ruine ou à la sédition. Telle grève peut avoir raison d'un patron dur et rapace, et être avantageuse aux ouvriers ; mais telle autre peut ruiner tel autre patron et, avec lui, ses ouvriers les grévistes, parce qu'il y a la double concurrence, française et étrangère, et que l'Allemagne, l'Angleterre et la Belgique, par exemple, fabriquant et vendant à meilleur marché, acculeraient peu à peu l'industrie française à la faillite, rendant la France leur tributaire et faisant retomber dans la misère des ouvriers dont l'élévation des salaires a fait des bourgeois.

M. Waldeck-Rousseau avait pris pour ministre de l'industrie et du commerce un avocat de son école, sceptique et « utilitaire », alors le socialiste le plus marquant de la chambre, M. Millerand, qui donnait en effet toute sa signification antipatronale à la loi de 1884, où des ouvriers avisés avaient, dès le premier jour, flairé le parti qu'ils en pourraient tirer, et que son auteur, homme léger, sous ses airs sombres, avait exhumée des cartons de son père, humanitaire de 1848, sans regarder au-delà. M. Millerand s'étant arrondi en plaidant pour les liquidateurs des « colombes » et manifesté quelque inquiétude de ses théories, les droites, qui attendent toujours qu'un homme de la majorité virevolte pour les mettre au pouvoir, ont eu quelque espoir en cet « arriviste ». Ils en ont eu aussi, en un de ses prédécesseurs à ce département ministériel, qui est parti de la société de saint Vincent de Paul pour aller aux sommets de la révolution et en redescendre aux vagues plaines conservatrices : M. Jules Roche. En 1879, M. Jules Roche siégeait à l'extrême-gauche la plus anticléricale du conseil municipal de Paris, lorsqu'un sien oncle, frère d'un huissier de Serrières et professeur à la Sorbonne, fut nommé évêque de Gap. Mgr Roche étant mort l'année suivante, M. Jules Roche, en qualité d'héritier et de chef de nom et d'armes, prétendit le faire enterrer civilement, et M. Jules Ferry, président du conseil, qui n'avait plus besoin de ces attrape-mouches pour « arriver », puisqu'il était le chef du gouvernement, dut ordonner les funérailles d'usage. Lorsqu'il était ministre de l'intérieur de M. Grévy, M. Waldeck-Rousseau avait prescrit aux préfets de visiter quatre fois par an chaque commune de leur département, de sorte que le préfet du Pas-de-Calais, qui a 903 communes, avait à visiter 3.612 communes en 365 jours, ou dix communes chaque jour de la semaine et neuf le dimanche, sans doute le temps d'entendre la messe avec les « colombes », et les autos étaient alors inconnus. Il faisait ses délices de la conversation acerbe et scatologique d'un ami dont il était inséparable, mais cet ami ayant eu l'impertinence de prétendre s'allier à sa famille, il brisa avec lui, bien qu'ils fussent du même monde.

Il était de l'école tranchante de MM. Clémenceau et Jules Ferry, mais il n'avait pas leur énergie physique, et il n'en a pas eu besoin, d'ailleurs, n'ayant eu affaire qu'à cette sempiternelle opposition, ni républicaine, ni monarchiste, et paraissant tantôt l'une et tantôt l'autre, on ne sait de quelle doctrine, avec des appellations abstraites — cette fois, elle s'appelait la « Patrie française » —

toujours parlant, quelquefois faisant un geste, mais d'acte jamais. La « Patrie française » avait pour parrains MM. François Coppée et Jules Lemaitre, tous deux académiciens, c'est-à-dire marquis pour le suffrage universel, l'un bonapartiste républicanisant, et l'autre républicain devenu royaliste, celui-ci mélancolique, ironiste indulgent, fin et délicat, celui-là le cœur sur la main, jovial, commun, mais avec la tare académique. A dix lieues de Paris, et même plus près, la « Patrie Française » était incomprise du gros de la population, et incompréhensible, et en condamnant ses hommes d'action, M. Paul Déroulède, pour avoir harangué le général Roget à la tête de ses troupes, et M. André Buffet, pour n'avoir pas ignoré la harangue, la haute cour n'a sans doute pas encouragé les conspirations, mais elle a frappé deux adversaires qui se jouaient l'un l'autre et se tenaient en échec, M. Déroulède n'allant pas, lui, républicain croyant, mettre le duc d'Orléans sur le trône, et aspirant d'ailleurs à un principat qui enlevait au duc d'Orléans sa « plateforme » objective. Mais de tous les présidents du conseil de cette république, M. Waldeck-Rousseau est celui qui a le moins été entraîné à ce qu'il a fait par sa pente naturelle, la « panurgerie » parlementaire, ou le cours des choses qui emporte comme un torrent hommes et partis de droite et de gauche : il a déchargé sa bile sur ceux qui n'avaient pas reconnu tous les mérites qu'il se donnait, et il est mort d'un cancer à la langue, un peu désillusionné du régime, comme MM. Jules Ferry, Challemel-Lacour et Gambetta, et peut-être aussi de lui-même, qui, grâce à sa grande situation au barreau, a pu faire ce que n'osait tenter aucun autre parlementaire, instaurer le « bloc » anticlérical, antimilitariste et socialiste au pouvoir, sous les regards mi-admiratifs et mi-narquois du corps diplomatique.

... Lorsque M. Combes succéda à M. Waldeck-Rousseau, ce fut un éclat de rire : « Pourquoi M. Combes ? » On aurait pu se poser la même question pour son successeur, M. Sarrien, comme pour ses prédécesseurs, MM. Loubet, Floquet, Tirard, Brisson, Fallières, Duclerc, le général de Rochebouët. Et lorsqu'on apprit que c'était sur l'indication de M. Waldeck-Rousseau que M. Loubet l'avait chargé de former le nouveau ministère, ceux qui savaient que M. Waldeck-Rousseau entrait en veston chez M. Loubet, comme chez son chef de cabinet, et que M. Loubet lui montrait une déférence craintive, ceux-là comprirent que le chef de l'Etat avait eu la main forcée, et que M. Combes était préposé à quelque besogne que M. Waldeck-Rousseau lui passait, ne voulant pas la faire lui-même ; et prétendre qu'il ne pensait pas que M. Combes ferait ce qu'il a fait, c'est croire à la fois que M. Combes était capable de faire autre chose et que M. Waldeck-Rousseau n'était pas capable de discerner ce dont était capable M. Combes, qui était comme l'au-

mônier de l'anticléricalisme au parlement et n'était rien autre. M.
Combes était fait exprès pour cette besogne, l'abolition de toutes
les congrégations religieuses, y compris « les colombes », et si on
l'appelle « le petit père », c'est non seulement parce qu'il l'a faite,
qu'il a dispersé « les bons pères », et qu'il est petit, mais parce qu'il
a l'âme ecclésiastique, chavirée et à rebours, bien qu'avec sa
moustache et sa barbiche blanches, il ressemble à un tambour de
l'ex-garde nationale ou à un garde champêtre. « Il a étudié pour être
prêtre », comme disent les paysans, et pas dans un grand séminai-
re de province, mais à Paris, à l'école des hautes études ecclésias-
ques, à l'école des Carmes, et même il y est devenu chantre, por-
tier, lecteur, exorciste : mais l'exorciste n'a pu chasser le laïc qui
est en lui, et il a jeté la soutane aux orties, et le « thomisme » où
il avait conquis le bonnet de docteur en Sorbonne ; il s'est fait
médecin, journaliste, sans sortir de l'obscurité, d'où tant d'autres
sont sortis sans bonnet de docteur, et en restant « ambiclérical »,
défenseur des deux clergés, et bonapartiste. La république venue,
il s'est fait républicain et anticlérical, avec le gros de la nation,
d'anciens bénéficiaires des régimes déchus, des doctrinaires, des
idéalistes et des butés, restant seuls fidèles à ces régimes, le plus
grand nombre s'accommodant du régime de fait, comme de la pluie
ou du soleil, en ouvrant son parapluie ou son ombrelle, avec résignation, quelquefois avec profit. M. Combes en a pu escalader toute
l'échelle élective, où l'on bouscule ceux qui sont au-dessus, en
criant que ce sont des culs-de-jatte et qu'il n'y a que soi d'assez
robuste et d'assez agile pour grimper jusqu'à la lumière et établir
la société dans le bonheur pour les siècles des siècles. Il a été ministre de l'instruction publique et des cultes dans le cabinet Bourgeois, et la reprise du contact avec le clergé et l'ambition que lui a
suggérée sa spécialité ecclésiastique ont éperonné le défroqué. Il
n'est pas, en effet, non initié au clergé et à l'Eglise, voire à la religion, comme les Clémenceau, les Waldeck-Rousseau, les Bourgeois, les Goblet, les Floquet, les Brisson, les Gambetta, les Jules
Ferry : il les connaît et il sait où frapper, et il a frappé « au bon
endroit », fort et vite, ne faisant qu'une bouchée des « colombes »,
hormis celles qui soignent les maladies de ces ministres anticléricaux, « areligieux », irréligieux ou athées et nonobstant les explications artificieuses de M. Waldeck-Rousseau. Cette suppression
des congrégations avait été précédée d'une loi sur la liberté d'association, — liberté de s'associer, excepté ce pour quoi l'on n'a pas
cette liberté, par exemple, pour vivre en commun dans des bâti-
ments appelés abbayes, monastères ou couvents, bien que la république impose ou autorise la vie en commun dans les casernes, les
lycées, les asiles, les hospices et les prisons, et bien que ses prisonniers, ses hospitalisés, ses écoliers et ses soldats aient aussi

un uniforme, ainsi que ses fonctionnaires, et que les clergés des deux ordres et les religieuses portent librement leur costume dans la rue ; avec une règle, bien que ses fonctionnaires et ses pensionnaires en aient une aussi; et pour exercices religieux, licites dans une église publique, mais interdits dans une chapelle privée. De ces congrégations, si les unes usaient du droit naturel de vivre en commun en observant les lois et en payant leurs impôts, si d'autres cherchaient leur voie dans l'action sociale, il en était aussi qui rendaient service à la société et à la république, en gardant, éduquant et instruisant les enfants, en visitant, secourant, assistant et soignant les pauvres, les vieillards, les infirmes et les malades, quoique souvent en double, la société civile étant aujourd'hui pourvue des organes dont l'Église l'a dotée en la christianisant, au risque de s'en dépouiller elle-même, et de ne plus être que la gardienne des dogmes et le ministre des rites. Mais dans plusieurs, se formaient de ces âmes d'élite qui sont l'honneur de l'humanité et qui lui font regarder les astres, selon le vœu du poète latin, païen pourtant ; et simplement ce que les historiens appellent « les modèles », Jeanne d'Arc ou Bayard, font plus pour l'idéalisation d'un peuple que Richelieu ou Catherine de Médicis. Pie X, qui a dit aux prêtres français : « Mes fils, allez à la pauvreté ! » a mis sur les autels Jeanne d'Arc qui est allée au sacrifice, « abandonnée par le roi, trahie par le peuple, livrée par les nobles, brûlée par les prêtres », disait, en son emphase jouée et de sa voix sifflante, M. Leconte de Lisle. M. Jules Simon redoutait, pour la république, les prêtres mendiant leur pain. Mais ils paraissent aujourd'hui peu redoutables dans une société où les prolétaires ne donnent l'assaut au capital que pour devenir capitalistes, et à la bourgeoisie que pour devenir bourgeois, et où un grand nombre sont déjà improprement appelés prolétaires, ou ouvriers, et sont des bourgeois par la culture, les revenus, les vêtements et le genre de vie, de petits bourgeois plus à leur aise que ceux de cette classe sociale, dont ils n'ont pas les charges. C'est pour supprimer leur influence que M. Combes a supprimé les congrégations : mais cette suppression s'est faite si facilement que leur influence n'était point ce que leurs ennemis disaient et que la société civile ne courait pas les périls qu'ils prétendaient.

M. Combes a ainsi achevé l'œuvre de M. Waldeck-Rousseau contre le clergé régulier, et il a engagé la même œuvre contre le clergé séculier, mais en en laissant l'achèvement à qui voudrait, dans la certitude que son quelconque successeur ne pourrait pas plus reculer devant la spoliation de ce clergé que lui-même n'aurait pu reculer devant la spoliation de l'autre, parce que si un ennemi de l'Église peut ne pas faire des lois contre elle, il ne peut, une fois les lois mises en train, s'arrêter sans se faire accuser de cléricalisme, ce

qui est au moins comme pour un croyant se faire accuser d'hérésie. Aussi, M. Waldeck-Rousseau a pu rejeter la responsabilité
de la séparation de l'Eglise et de l'Etat sur M. Rouvier, et M. Rouvier répondre qu'il a eu la main forcée par M. Combes, et M. Combes que M. Waldeck-Rousseau lui a joué le même tour, et tous que
le parlement seul est responsable, puisqu'il pouvait repousser les
projets de lois qui lui étaient présentés, et le parlement, qu'il lui
était doublement plus difficile de les repousser, puisqu'il se serait à
la fois déclaré clérical et qu'il aurait renversé le gouvernement.
Dans cet enchevêtrement de responsabilités, il n'y a plus de responsabilités, il n'y a plus de responsables, ou plutôt tous sont responsables et aucun ne l'est personnellement, et le comte de Paris,
intéressé il est vrai à cette définition comme prétendant au trône,
s'en prenait au régime lui-même comme étant la cause de tout.
Pour la séparation de l'Eglise et de l'Etat, M. Combes a été favorisé par les circonstances, comme l'avait été M. Waldeck-Rousseau pour « l'amorce » de la suppression des congrégations par leur
grand nombre sans but défini ou à but d'apparence trop politique
ou trop mercantile. Pendant qu'il laissait dire que son candidat
à la succession de Léon XIII était le cardinal Gotti, ou l'aîné des
cardinaux Vannutelli, ou le cardinal Oreglia lui-même, son ministre
des affaires étrangères, M. Delcassé, son gouvernement soutenait
ouvertement, trop ouvertement, le cardinal Rampolla, qui aurait
ainsi été moins l'élu du sacré-collège que l'élu de la république
« combiste », l'élu de M. Combes.

M. Delcassé a toujours eu une politique lourde. Il ne voit pas
mal, mais il veut que l'on voie qu'il voit bien, et c'est en quoi il
ne voit pas que lui-même fait voir ses plans. Aussi, au lieu d'avoir
un pape connaissant les affaires de France, et qui lui avait toujours témoigné des sympathies, a-t-il, par l'affichage de cette candidature, éveillé les susceptibilités de la triplice, qui a fait porter
par l'Autriche l' « exclusive » contre l'ancien secrétaire d'Etat de
Léon XIII et fait élire le cardinal Sarto, étranger aux affaires de
France. Il en a été de même pour le Maroc, où M. Delcassé poursuivait, sous forme de « pénétration pacifique », la conquête de cet
empire, ou, comme on disait, sa « tunisification », l'établissement
du protectorat de la France sur le Maroc, comme sur la Tunisie,
et, simultanément, l' « encerclement de l'Allemagne », les deux
opérations, au lieu de se dissimuler l'une l'autre, devant réciproquement se mettre en évidence et faire ce que les escrimeurs nom-
ment un « appel du pied » à l'adversaire qu'il s'agissait de cerner,
d'autant plus que les métèques de toute origine, naturalisés ou non,
presque tous aussi germanophiles et beaucoup gallophobes, dénon-
çaient, ceux-ci traîtreusement et ceux-là imprudemment, à l'Allemagne le péril que M. Delcassé lui faisait courir. Ce n'était pas encore

« la manière forte » à la Bismarck, ni même à la d'Ærenthal, mais
ce n'était plus « la manière faible » de ses prédécesseurs. Mais
pour suivre cette politique, dont ses accords avec les puissances ne
le laissaient pas maître et qui l'exposait à des surprises, il aurait
fallu toujours être prêt à la guerre. Or, si M. Waldeck-Rousseau
avait légué à M. Combes un ministre de la guerre, le général André, auprès de qui étaient des aigles les Galliffet, les Boulanger, les
Thibaudin, les Farre, dont les capacités et les actes ont été le plus
contestés parmi les ministres militaires de la guerre de cette république, M. Combes avait adjoint au général André un ministre de
la marine, M. Camille Pelletan, qui a fait regretter ses prédécesseurs, l'amiral Aube, le vaudevilliste Lockroy, le tanneur Félix
Faure, les professeurs de philosophie Charles Dupuy et Burdeau,
l'ingénieur des ponts et chaussées Cavaignac et les médecins de
Lanessan et de Mahy. Avec M. Camille Pelletan et le général André, acharnés comme des fous furieux à la destruction de l'armée
et de la marine, toute guerre menaçait d'être pire que Sedan et
Metz. Mais comme la responsabilité ministérielle consiste seulement à n'être plus ministre, même sans interdiction de le redevenir,
un ministre comme le général André ou comme M. Camille Pelletan peut désorganiser l'armée ou la flotte, et les mettre hors de
service, livrant le pays à l'ennemi, ou, comme M. Émile Ollivier,
M. Jules Favre, M. Gambetta, lui faire perdre deux provinces, sans
autre sanction. Et même, avec le régime représentatif et surtout
parlementaire, on ne sait à qui attribuer la responsabilité de la
perte de l'Alsace-Lorraine. Est-ce à Napoléon III qui a déclaré la
guerre que la Prusse l'excitait à déclarer ? Est-ce à M. Émile Ollivier, son premier ministre, qui, n'ayant pas donné sa démission,
a couvert son prince et a fait sienne la déclaration de guerre ? Est-
ce au général Trochu, président du gouvernement de la défense nationale, qui a continué la guerre, ou à M. Jules Favre, faisant fonction de premier ministre ? Ou bien au président de la délégation de
ce gouvernement à Tours et à Bordeaux, M. Gambetta, qui lui a
donné des espérances irréalisables sur l'issue de « la guerre à outrance » ? Est-ce à M. Thiers, ou à M. Dufaure, faisant aussi fonction de premier ministre, ou à ses plénipotentiaires à Francfort,
MM. Jules Favre et Pouyer-Quertier ? Voilà quarante ans que l'on
en discute. Mais si M. Delcassé pouvait s'illusionner sur les suites
de la visite de Victor-Emmanuel III à M. Loubet, à Paris, sauf sur
l'obligation de M. Loubet de la lui rendre à Rome, un homme au
sens ecclésiastique comme M. Combes ne pouvait pas ne pas voir,
comme M. de Bismarck en falsifiant la dépêche d'Ems, — et sans
pousser plus loin la comparaison, — en paraissant porter un coup
à la triplice, comme l'empereur Guillaume, « qui n'a point de tête »
et qui s'emporte comme une soupe au lait, l'a cru tout d'abord,

alors que la triplice se trouvait simplement libérée de toute appréhension du côté de la France, le moyen de rompre le concordat, de séparer l'État de l'Église et de ruiner la religion sans en prendre l'initiative, ou sans paraître la prendre, comme une réponse à une protestation du pape, et en présentant cette protestation comme une déclaration de guerre à la république française, à la France elle-même, puisque treize sénateurs et députés seulement avaient refusé les crédits du voyage de M. Loubet à Rome. Le succès de cet artifice était certain, avec un esprit bref et absolu comme le successeur de l'esprit large et souple qui avait vivoté un quart de siècle avec le « bloc », où les factions qui ont fait le « bloc », pour sauver le concordat, qu'on avait trop tendu des deux côtés, et qui aurait eu besoin d'être remis au point, et par lui les biens, l'organisme et la situation de l'Église de France. Ainsi a été déchiré le concordat, sans avoir été dénoncé par la France au saint-siège, et le « bloc », qui a fait faux bond à la signature nationale, n'a pas de paroles assez sévères pour François-Joseph, qui a déchiré le traité de Berlin et failli à sa parole, et pour l'Allemagne, qui n'a pas fait plébisciter par les Alsaciens-Lorrains leur annexion à l'empire, comme Napoléon III avait fait pour la Savoie et pour Nice. La canaille applaudit et comme elle a l'instinct de ce qui peut lui servir de « bouillon de culture », suivant l'expression depuis vingt ans mise à la mode par les savants qui étudient les microbes, toutes les fois qu'ils recueillent ses applaudissements, les pouvoirs publics peuvent être sûrs qu'ils n'ont pas agi pour le bien de la société ni de l'État. « Je suis catholique, dans le passé », a dit M. Jules Guesde, et un académicien, qui a plusieurs fois harangué Pie X en tête-à-tête, en français et en italien, s'en va disant que « le catholicisme se meurt ».

Mais il n'est pas encore mort, et tout fait prévoir qu'il enterrera les prophètes de sa mort, qui ont eu des prédécesseurs nombreux, et lointains, et comme il a rendu à la France des services qui lui ont valu cet hommage du gendre de M. Karl Marx, il prétend poursuivre son œuvre et demeurer la religion nationale, ne serait-ce que pour être la racine nourricière et la règle des mœurs, qui, par la promesse des récompenses, ou la menace des châtiments de l'au-delà, soutient les uns par l'espoir, contient les autres par la crainte, les empêche de commettre ces actes, ou au moins quelques-uns de ces actes, que les lois pénales et civiles ne peuvent empêcher, et qui sont si nombreux que presque tous les tolèrent, parce que presque chacun les commet, bien qu'ils soient plus pernicieux pour la famille et la société que les délits et les crimes qui peuplent les prisons. La foi, comme base de la règle des mœurs, donne, en outre, une force et une douceur qu'il est misérable de ruiner chez ceux dont elle est le soutien. Mais la plupart de ceux qui philosophent et tous ceux qui prétendent philosopher, et dont le suffrage universel et le parlementarisme accroissent sans cesse le nombre, de sorte que c'est là une tendance générale de la nation, séparent de plus en plus le dogme de la morale et donnent pour base à la morale l'utilité personnelle et sociale, la morale utilitaire, la religion restant affaire du for intérieur. Pour ceux dont le travail est le gagne-pain, la morale utilitaire est pratiquée, mais pas toujours, tant s'en faut, dans la mesure utile pour leur travail ; mais pour ceux qui ont naissance, fortune, talent ou pouvoir, ou le tout, ils sont au-dessus du qu'en-dira-t-on et aussi de cette morale. Il y a plus d'hommes que de femmes au cabaret et plus de femmes que d'hommes à l'église, et plus d'hommes que de femmes en prison, cinq fois plus : cette proportion semble marquer la différence entre la morale utilitaire et la morale religieuse. Les moralistes font toujours de leur temps une peinture en noir, et cette peinture est toujours ressemblante, parce que la morale religieuse elle-même n'arrive pas à affranchir complètement les hommes de leurs passions : mais ces passions se dissimulent ou s'affichent suivant que le gouvernement leur est hostile ou favorable.

Il y avait alors presque à la tête de la « Patrie française » un pédant antipathique pour son carreau dans l'œil et son air dédaigneux, et qui avait transporté à droite sa corruption de gauche : or, si les corrompus de droite sont croupissants, ceux de gauche sont tumultueux, et ce révolutionnaire, peu scrupuleux, était pour son nouveau camp une nouveauté prometteuse. Avec quelques articles et quelques discours gourmés, il n'a fait que deux choses qui ne le feront pas mieux passer à la postérité, mais qui ont fait parler ses contemporains pendant six mois : il a giflé le général André, qui a gardé la gifle, et un général, ministre de la guerre, en gardant cette gifle, a fait plus pour l'antimilitarisme que les déclamations de M. Gustave Hervé contre l'armée ; et il a fait l'acquisition des « fiches » que la franc-maçonnerie avait dressées sur les officiers, pour le compte du gouvernement. Qu'un gouvernement tienne des notes sur ses officiers, ses fonctionnaires de tous ordres et les citoyens qui sortent du rang par quelque côté, c'est l'a b c de son métier. Louis XIV a même fait dresser par ses intendants, pour l'instruction du duc de Bourgogne, une statistique de cette sorte, pour toutes les provinces, dont la lecture est encore des plus savoureuses. Mais confier ce soin à la franc-maçonnerie, association illicite et secrète, secte vivant en marge de la société française, moines de robe courte et d'ambition longue, c'était s'assujettir à leur joug, et ce joug pèse lourdement sur le « bloc ». Si, vers le milieu de cette république, l'on a pu sourire de ce que Mgr Fava voyait partout les francs-maçons, comme « le vieux père Raspail » voyait partout de l'arsenic, l'on ne pourrait plus en sourire aujourd'hui : M. Syveton a justifié Mgr Fava. Cette congrégation alliée, qui se vantait d'être l'apôtre de la tolérance, s'est montrée, depuis qu'elle est maîtresse du « bloc », plus intolérante qu'aucune faction de cette république depuis la commune, qui se trouvait d'ailleurs en état de guerre ; elle a fait disgracier des officiers parce qu'elle les soupçonnait de royalisme, de catholicisme, de réaction, ou simplement parce qu'ils étaient nobles. Donner de l'avancement à un officier uniquement parce qu'il est noble est une vilenie, et le lui refuser sous le même prétexte en est une autre, l'honorabilité et la capacité devant seules déterminer le choix, et en plus les services rendus et à rendre, et l'avancement, sauf pour certaines fonctions, celles d'ambassadeur, par exemple, où le nom, la fortune, les belles manières et les belles relations constituent un avantage, sinon un mérite, utile à la fonction elle-même et par suite au pays, lorsqu'on n'a pas sous la main un homme éminent qui vaut à lui seul tout cela, et quitte à doubler ce mannequin d'un ministre plénipotentiaire ou d'un conseiller d'ambassade ferré sur les affaires. Sans doute, l'armée est instituée pour la sécurité du dedans comme du dehors : cependant, lorsque le gouvernement fait des lois d'exception, lorsqu'il confisque les biens du clergé régulier et séculier, lorsqu'il enfonce les portes des couvents et des églises, lorsqu'en dehors de ces actes exécutoires, par ses attitudes et ses paroles, il blesse les consciences, lorsqu'en un mot, par ses brigandages, il suscite des troubles, c'est une question controversée et que M. Paul Bourget a résolue au théâtre contre l'obéissance passive, que celle du devoir des officiers et des soldats : mais il y a une distinction à faire entre ceux-ci et ceux-là, et en faveur des soldats, parce qu'avec le service obligatoire, les soldats ne sont pas volontaires, ils sont soldats involontaires, tandis que les officiers sont officiers de leur plein gré, ils ont choisi leur carrière, après en avoir pesé les charges, que l'histoire leur montre parfois très lourdes. Mais en la mêlant à ces besognes de pensionnaires de prison métamorphosés en pensionnaires de police, le gouvernement ne s'est pas moins exposé à voir l'armée se révolter contre lui, parce que les serviteurs, pas plus ceux du gouvernement que ceux des particuliers, ne sont des machines, qu'eux aussi ont leur conscience et leur honneur, leurs croyances et leurs opinions, et qu'il ne faut pas pousser leur service au point où leur devoir devient incertain.

En effet, des officiers ont donné aux soldats l'exemple de l'indiscipline, et cet exemple a porté ses fruits, car, depuis lors, les mutineries, individuelles ou collectives, n'ont pas cessé dans les troupes de terre et de mer, et même des régiments entiers ont mis la crosse en l'air, sous le ministère Clémenceau, lorsqu'il a eu l'impéritie de charger les réservistes indigènes de réprimer le soulèvement du « Midi viticole », en 1907. En employant son armée à donner la chasse aux curés et aux nonnes, et d'où ses officiers s'échappaient pour reprendre leurs vêtements civils, que, depuis plus de vingt-cinq ans, ils quittent seulement pour le service, comme si l'uniforme était une livrée ; en faisant ôter les christs des tribunaux et des écoles ; en faisant parade de son athéisme ; en ne s'appuyant que sur le nombre et en menant à la cravache ses fonctionnaires, pour qu'ils lui rabattent les électeurs comme des dindons, même par les moyens que les lois punissent, pour lui assurer le nombre : le gouvernement s'est fait de ses créatures, de ses séides, des ennemis secrets, dont rien que l'opportunité retient la vengeance dans cet État de matière et de force. A mesure qu'est ainsi étouffé l'idéal religieux de la conscience satisfaite et de la société saine, l'immoralité s'aggrave ou se cache moins, et à mesure que le quatrième État pousse dehors les trois anciens autres, prend le haut du pavé, est en vue, attire à soi l'attention qui poursuivait la bourgeoisie et surtout la noblesse, les cendres de M. Zola, qui a peint ses mœurs plus corrompues et plus grossières que celles des quasi ex- « classes dirigeantes », apparaissent aux symbolistes à leur place au Panthéon.

Sous le ministère Combes, tout ce qui s'est fait en dehors de l'anticléricalisme a moins été le fait de M. Combes qu'il n'a été celui de l'anticléricalisme lui-même, lequel a presque toujours été « suité », sous cette république, de l'antimilitarisme, de l'antipatriotisme, de l'anticapitalisme, et des autres « antiorganismes » de la société. Mais comme la guerre de 1870 et la commune de 1871 ont épuisé leur temps, les caractères, déjà déprimés, ne se sont pas encore refaits : on n'a, depuis, vu que des moitiés ou des quarts de caractère ; et, sauf pour M. Gambetta, à cause de son rôle pendant la guerre, leurs contemporains n'ont pu s'attacher longuement à ces présidents du conseil, même ceux dont ils estimaient le plus le caractère privé, M. Dufaure, le duc de Broglie, M. Buffet, M. Jules Simon, M. Waddington, M. Brisson, M. Ribot, M. Casimir-Périer ou M. Méline, parce qu'aucun ne s'est pleinement donné à son œuvre, que chacun s'est réservé pour l'avenir, et que tous, soit qu'ils eussent trop présumé de leurs forces, en étant renversés par les chambres, soit dans des desseins divers, en donnant leur démission, ont laissé leurs besognes plus ou moins basses à leurs successeurs, comme M. Waldeck-Rousseau à M. Combes, et comme M. Combes à M. Rouvier, à M. Sarrien et à M. Clémenceau.

... Lorsque M. Fallières a appelé M. Sarrien à la succession de M. Rouvier, personne n'en a montré le même étonnement que lorsque M. Loubet a appelé M. Combes à la succession de M. Waldeck-Rousseau, bien que la chose fût plus étonnante, M. Sarrien sachant moins bien ce qu'il veut que M. Combes, le disant moins nettement et le voulant avec moins de force et moins de suite. Mais M.

Sarrien avait été ministre dans les deux cabinets Brisson, dans le
cabinet Goblet, dans le troisième cabinet Freycinet et dans le
deuxième cabinet Tirard, ministre des postes, des télégraphes, des
cultes, de la justice, de l'intérieur, quasi de tous les départements,
et dans des cabinets ondoyants et divers, mais où la nuance radicale dominait. Il parle dans sa barbe, jadis rousse, et on ne l'entend pas ; mais ni ses amis, ni lui, n'ont réuni ses discours parlementaires en volumes, comme ont fait pour les leurs ses collègues
de la présidence du conseil, MM. Jules Favre, Jules Simon, Jules
Ferry, Gambetta, Ribot, Waldeck-Rousseau, Combes, ou même de
simples députés, comme MM. Paul Deschanel et Jaurès. Il a toujours l'air affairé, même aux enterrements, où il arrive l'hiver,
comme s'il descendait de diligence, avec un « ulster » qui lui bat
les talons, et les arcanes du gouvernement ne paraissent pas avoir
de secret pour lui. Lui et M. Casimir-Périer sont les seuls
présidents civils du conseil qui aient fait campagne en 1870, tous
deux comme capitaines de mobiles, et qui aient été, à la suite, décorés de la Légion d'honneur : les plus guerriers des autres ont fait
des patrouilles comme gardes nationaux : aussi les adversaires des
républicains ou de la république disaient-ils, alors : « Le patriotisme, c'est le sang des autres. » Mot dont s'est plus tard inspiré
M. Alexandre Dumas fils, dans sa non moins célèbre formule :
« Les affaires, c'est l'argent des autres. » Dans le fief électoral
de M. Sarrien, en Saône-et-Loire, l'on compte 298 châteaux appartenant à des nobles et 295 appartenant à des bourgeois, et, dans
ce département comme dans les autres, l'on appelle château toute
maison bourgeoise de quelque apparence et l' « apparence » est
surtout la poivrière ou le toit à la Mansard. Bourgeoisie et noblesse s'y serrent donc de près, mais leur vanité, leur jalousie,
leur rivalité, n'en sont pas moins ardentes, non plus que l'envie
de ceux qui n'ont pas de château. A l'assemblée nationale de 1871,
alors que le capitaine Sarrien allait reprendre sa robe d'avocat à
Charolles, ce département, riche en vin qui rend faraud, a donné
deux sièges sur douze aux châteaux nobles, les autres étant anti-
monarchistes, antinobles, anticléricaux, bourgeoisement, mais avec
entêtement, radicalement. Si, à cette époque, le comte de Chambord
avait mandé qu'il ferait quelque vingt mille nobles à Paris et
quelque mille par département, — les départements, les uns dans
les autres, — peut-être aurait-il suscité un élan autour du monarchisme imprévu de cette assemblée, en intéressant ainsi à sa restauration des milliers de familles bourgeoises qui avaient tout droit
à prendre place dans la noblesse et qui avaient encore alors de
l'influence électorale, au lieu qu'elles étaient inquiètes de leur future situation dans la monarchie légitimiste, bien que l' « internationale » vînt de leur en faire une dans la commune qui les avait fait

fuir de Paris à tire d'ailes, et, quarante ans après, la confédération générale du travail, héritière de l' « internationale », les menace, eux, les nobles et tous ceux qui possèdent, de les déposséder. Aussi les rôles étant renversés ou en train de l'être et l'influence électorale, voire sociale, étant passée, ou passant, des nobles et des bourgeois aux syndicats de paysans, d'ouvriers, d'employés et de fonctionnaires, il apparaît que le duc d'Orléans aurait moins de chances de rallier les influences nouvelles en faisant de M. Pataud le baron Pataud, de M. Griffuelhes le vicomte Griffuelhes, et de M. Subra le marquis de Subra, quoique bourgeoisie, noblesse et dynasties descendent toutes, à des degrés plus ou moins lointains, d'un Pataud. Ces diverses catégories du quatrième État et ces transfuges du tiers sont, en effet, plus pressés des réalités de la fortune que de ses ornements : mais lorsqu'il sera quart de cent-millionnaire, ou même demi-quart, s'il boudait devant un fortil M. Pataud serait fort différent des parvenus, et les belles couronnes se disputeront la main de sa fille, si elle est unique. Mais le comte de Chambord lui-même n'aurait pu « baronniser » M. Tolain avant que M. Tolain fût sénateur, et le sénateur baron Tolain en aurait remontré à plus d'un de ses collègues titrés du sénat, par ses connaissances d'ancien ouvrier ciseleur et par son intelligence, malheureusement doublée d'un caractère des plus grincheux. Même depuis l'abolition de l'hérédité de la pairie, de: dis qu'elle n'est plus qu'une décoration héréditaire, le monde de droit, l'attrape-grosses dots des bourgeois, aussi gonflés de leur fortune qu'elle l'est de ses parchemins, la noblesse pouvait encore être une des meilleures institutions sociales, en donnant à l'ambition un but idéal, à la condition d'être sans cesse échenillée de ses substitutions, déclinaisons, usurpations et manquements, et mise au point par l'accession de tous ceux qui se faisaient une place éminente dans toutes les branches de l'activité sociale, même « ceux qui ont brassé beaucoup de bière », comme disent les Anglais ; mais elle est une institution des plus antisociales, des plus subversives, lorsqu'elle est fermée et inaccessible autrement qu'à l'effronterie et à la supercherie, et qu'elle humilie ainsi le reste de la nation qui sert et honore la France, comme les ancêtres de ceux qui seuls figurent sur ses tables patriciennes. Déjà, l'on appelle le vingtième siècle « le siècle du quatrième État », « le siècle des ouvriers », bien que ce siècle soit encore au biberon et que la prudence commande d'attendre qu'il soit mort pour le baptiser, parce que les siècles ne finissent pas toujours comme ils ont commencé, témoin les deux derniers. Si la confédération — on la désigne par ses initiales : C. G. T., comme on désigne également l'association des postes, télégraphes et téléphones, par les siennes : P. T. T., et les autres associations professionnelles, syndicales et politiques ont de plus en plus la propension à se désigner par ces abréviations mystérieuses et qui veulent être inquiétantes ; — si la confédération générale pouvait pousser à ses conséquences ultimes les théories socialistes, collectivistes et « partageuses » de ses adhérents qui appartiennent à ces trois écoles successives, les vainqueurs seraient ensevelis dans leur victoire, d'où il sortirait une société si rudimentaire que chacun serait pour ainsi dire son propre ouvrier, patron, client et gouvernant, tirant la misère, et que la barbarie succéderait à cette civilisation, dont les jouissances se répandent sur un nombre de Français tel que l'histoire de France n'en mentionne à aucune époque. Alors, cette Eglise de France, à laquelle les confédérés ne croient pas, pourrait leur rappeler ce qu'elle a déjà eu l'occasion, au cours des siècles, de dire à tant de gouvernants, de partis, d'hommes et de systèmes, que Dieu a confondu leur orgueil. Mais les confédérés ne dépassent pas, en optimisme, les radicaux ou radicaux-socialistes, qu'ils prétendent remplacer, et qui, eux aussi, ont cru tenir des principes immuables, et, comme tout homme est missionnaire et despote, imposer à la société une organisation définitive. Eux-mêmes, les radicaux, n'étaient pas plus infatués que les progressistes, ci-devant opportunistes, qui ne l'étaient pas davantage que les républicains libéraux, les républicains conservateurs ou les monarchistes, qui se sont culbutés les uns les autres depuis 1871. En annonçant l'avènement, avec lui, des « nouvelles couches sociales », M. Gambetta semblait croire que, derrière ces couches, il n'y en avait pas d'autres et qu'elles seraient la pierre sur laquelle il établirait sa république. Mais, plus l'actuelle civilisation se développe et plus la richesse se répand, plus elles multiplient les « couches » supérieures et plus elles les amollissent, pendant que le service militaire et l'instruction obligatoires portent sans cesse des lueurs ou des éveils dans les profondeurs du peuple, d'où surgissent inlassablement de « nouvelles couches », des invasions « à la moderne », des invasions industrielles, comme les invasions de races ou de peuples, à la recherche d'un sol moins encombré et plus nourricier, les Huns après les Vandales, ou les Burgondes et les Goths après les Huns.

Les monarchistes ont donné à la république une constitution monarchique, dans l'espoir que la monarchie en sortirait, et il n'en est sorti que la république, parce que la tige monarchique et la greffe républicaine convenaient sans doute aux essences et au sol pour quoi elles ont été combinées, puisqu'elles subsistent encore et malgré les injures du temps. Après qu'ils ont eu perdu la majorité au parlement, ils ont, pour la plupart, discrédité le parlementarisme, non seulement le parlementarisme déformé et avili par la majorité républicaine, mais le parlementarisme lui-même,

28

toujours dans l'espoir que le contraire du parlementarisme sortirait du discrédit du parlementarisme, quelque dictature militaire,
sinon la monarchie absolue : et il arrive qu'à la première débâcle
du régime parlementaire se forment des icebergs, des syndicats
professionnels, lesquels se groupent et se confédèrent, comme les
bataillons des gardes nationaux en 1870-71, les « fédérés » de la
commune, et menacent de substituer à la foule inorganique du suffrage universel des corps d'armée électoraux, aux élus de dix mille
électeurs, des élus de cent mille électeurs, et au parlement actuel
un parlement, — peu importe le nom et l'institution seule importe, — qui promet d'être, vis-à-vis de lui, ce qu'une « 80 chevaux » est à un fiacre. Il eût été moins imprévu, mais plus piquant,
que l'absolutisme fût rétabli en France dans le même temps que le
tsar Nicolas II envoyait des troupes en Perse pour imposer au shah
Mohammed-Ali le rétablissement de la constitution et du parlement. Byron prisait peu — et il ne prisait guère que sa personne,
pas son pied bot, mais ses mains, qu'il avait belles, et son génie,
ou son talent, — ou plutôt il méprisait le parlement britannique,
engendreur et modèle de tous les parlementarismes, surtout à
cause de ses « maquignonnages ». Toute la politique est maqui-
gnonnage, et si plus souvent elle n'était brigandage, il n'y aurait
que dilettantisme dans ce mépris. Mais l'absolutisme ne donne pas
nécessairement ce que ne donne pas le parlementarisme, et, par
exemple, la guerre russo-japonaise a montré, jusque sur les marches du trône, la corruption et l'incapacité, sans rivales parmi les
contemporains, de l'autocratie russe. Un régime politique s'adapte
plus ou moins à un pays, comme une selle à un cheval ; mais ce
n'est pas la selle qui fait le cavalier, ni le cheval, sans quoi il n'y
aurait jamais de révolution ; et cependant la selle est nécessaire
qui ne blesse ni le cheval, ni le cavalier, et comme l'ancien régime
est tombé et, depuis sa chute, deux républiques, deux monarchies
et deux empires et trois dynasties, avec quelques cavaliers presque de premier ordre, et le premier cavalier de France, c'est donc
qu'aucune de ces selles, pas plus la selle de l'ancien régime que
les selles du nouveau, ne convenaient au cheval pur sang qui secoue toutes les selles, et les arrache, et les foule aux pieds, comme
s'il voulait être monté à cru, ou pas monté du tout, tour à tour
rosse, capricieux, sauvage, superbe et généreux. D'autres formules courent comme des axiomes, à droite et à gauche, et sont tout
aussi illusoires. Telle, parmi les monarchistes : « Le souverain n'a
pas à faire sa fortune. » On a trouvé des millions par brassées,
après sa déposition, dans les cachettes d'Abdul-Hamid II, et Léopold II, qui était le plus habile homme d'affaires de son royaume,
a fait une fortune, dont les nègres du Congo, dépouillés de leur
caoutchouc et de leur ivoire, savent quelque chose. Et même, con-

trairement à M. Fallières et à ses prédécesseurs, depuis le maréchal, qui n'ont pas su tirer de la constitution de 1875 ce qui s'y trouve pour la fonction présidentielle dans l'Etat, Léopold II a tiré de la constitution belge ce qui ne s'y trouve pas pour imposer à la Belgique l'annexion du Congo, prouvant ainsi qu'un homme supérieur est supérieur aux constitutions. Si Louis-Philippe n'a pas fait fortune comme son petit-fils belge, il a du moins mis à l'abri sa fortune en la faisant passer sur la tête de ses fils, la veille de ceindre la couronne, pour qu'elle ne tombât pas dans le domaine de cette couronne. Par contre, rien n'a montré et aucun homme sérieux n'a dit que les généraux Cavaignac et Trochu, le maréchal de Mac-Mahon et M. Casimir-Périer, avaient augmenté leur fortune pendant leur passage à la direction de l'Etat. Chefs d'Etat élus ou chefs d'Etat héréditaires n'en restent pas moins des hommes, et les uns sont indemnes et les autres ne le sont pas, ou le sont sur un point et pas sur un autre, et leurs vices, plus que leurs vertus, sont accrus par leur pouvoir. Tel autre axiome a non moins de force parmi les républicains : « La république est le règne de la loi ». Mais depuis quelque trente ans, et plus, ils ajoutent de moins en moins « et de la vertu », parce qu'ils ne pourraient le faire sans rire, non que leur république soit moins vertueuse que la monarchie de Louis XV, de Louis XIV, d'Henri IV ou de François Ier, mais elle n'est pas vertueuse, et elle n'a pas de prétention à l'être. Elle n'est pas davantage « le règne de la loi », ce qui serait un beau règne, car elle interprète la loi suivant son intérêt et même suivant son caprice, elle la fait non pas conforme au droit, mais conforme à sa thèse, et son conseiller d'Etat, le protestant J.-J. Weiss, a pu dire que la main qui a signé la révocation de l'édit de Nantes aurait hésité à signer les décrets de M. Grévy contre les congrégations dont son coreligionnaire, M. Rothan, disait par contre, en se frottant les mains, cette parole peu diplomatique : « C'est la revanche de la révocation de l'édit de Nantes ».

Pour ne pas prolonger cette nomenclature des illusions politiques, qui ne sont pas particulières à cette république et qui ont commencé au paradis terrestre pour finir à la vallée de Josaphat, sous Pie IX et sous la république mac-mahonienne, où elle était comme un coq en pâte, l'Eglise de France faisait des processions pour demander à Dieu la restauration de la monarchie légitime ; sous Léon XIII et sous la république des républicains, où elle ne rencontrait que mauvais procédés, elle portait des toasts à cette république pour se la rendre favorable ; et sous Pie X et sous la même république tombée en état de fureur, et qui l'a dépouillée de tous ses biens, elle est revenue au respect silencieux des « pouvoirs établis ». Au milieu de cette république qui, depuis 1899, ne décolère pas contre l'Eglise de France et « l'Eglise de Rome », « la

faction romaine », l'armée, la marine, la magistrature elle-même,
sa magistrature propre : les patrons, les riches, dont elle a besoin,
en excitant contre eux le quatrième État, dont elle a peur et parce
qu'elle en a peur, et pour qu'il l'épargne, c'est-à-dire ceux en qui
elle s'incarne dans le « bloc », bien qu'eux n'aient pas épargné les
monarchistes, qui l'ont constituée : au milieu de cette république,
M. Sarrien est le type du bourgeois radical, estimé de son parti
pour ses « prouesses militaires » et pour son caractère privé.

Leurs principes de religion ou de libre pensée, de patrie ou d'internationalisme, de république ou de monarchie, de conservation
sociale ou de révolution sociale, de protectionnisme ou de libre-
échange, de syndicalisme ou de mutualisme, d'autorité ou de liberté, de liberté du travail ou de droit au travail, et autres, — car
ils en sont très riches — ne sont, la plupart du temps, que des
grands mots, qui ne cachent que de petits intérêts, tous les partis
étant bornés et butés à leur réélection d'une part et à leurs rivalités ministérielles de l'autre, avec des patricotages interparlemen-
taires qui les relient les uns aux autres par des fils suspects. Tel est
protectionniste parce qu'il produit du blé, et tel autre est libre-
échangiste parce qu'il produit du vin, sans le moindre souci de l'intérêt général. Tel est catholique qui vit comme un païen et ne croit
à rien ; et tel autre, libre penseur, est sectaire comme un inquisi-
teur et prétend imposer ses dogmes à tout le monde, au nom de
la liberté pour chacun de penser ce qui lui plaît.

Pendant plus de quinze ans, M. Sarrien a été le critère et le magistère du parti radical à la chambre. « Que pense Sarrien ? »
Telle est la question que tout député radical se posait avant de penser lui-même, parce que dans l'oracle moyen de ce collègue, qui
ne penche jamais vers les extrêmes, ni ne tend vers les sommets, il
trouvait la vérité du radicalisme. Les radicaux sont, d'ailleurs,
parmi les plus caractéristiques spécimens de presque tous les
Français, bicéphales ou polycéphales, de cette république, — et
peut-être sous ces apparences beaucoup sont-ils acéphales, — et
dont les opinions publiques ne concordent pas avec les opinions privées, qui, en sortant de chez eux, se font « une tête », jouent « un
rôle », sont une énigme vivante, une contradiction ambulatoire. Ils
figurent assez bien des hommes qui dégradent leur maison et en
enlèvent les portes et les fenêtres, mais ne veulent ni la démolir,
ni la réparer : ce sont des révolutionnaires-bornés, comme il y a
des conservateurs-bornés, qui veulent conserver sans rien faire,
pour conserver, en bourgeois-rentiers et retraités, et ces bourgeois-
là sont à peu près toute la droite, du petit bourgeois « rond-de-
cuir », qui ne veut pas être dérangé, le dimanche, à la pêche à la
ligne, au grandissime bourgeois-duc, qui a épousé les millions
de la fille de M. Poirier, que M. Émile Augier aurait sans doute bap-

tisé, de 1880 à 1898, d'un nom israélite. Mais toute cette influence de M. Sarrien s'en est allée en fumée, parce qu'il a introduit dans son ministère, et à la place de choix, à l'intérieur, « le tombeur des ministères », le faiseur des présidents de la république, M. Clémenceau, qui, en goguenardant, l'a poussé dehors. Il a été si ouvertement joué, et si aisément, que les écailles sont tombées de tous les yeux radicaux, et il s'est réfugié au sénat, assemblée des hommes expérimentés, mais, comme son nom l'indique en même temps, asile des vieillards, invalides de la politique.

...M. Clémenceau a fait élire M. Carnot à la présidence de la république, et plus encore MM. Loubet et Fallières sont ses élus, ses créatures. Pourtant, jamais M. Loubet ne lui a confié le pouvoir, et M. Clémenceau s'en est vengé en faisant avorter ses velléités de candidature sénatoriale après son septennat, et M. Fallières n'y a pas mis d'élan, tous deux ayant peur de cet homme, dont le radical major Labordère, qui a ébauché presque un acte de révolte contre le maréchal de Mac-Mahon, disait à sa cousine, la marquise de R... : « Quand M. Clémenceau prendra la présidence du conseil, vous ferez bien de prendre votre billet de chemin de fer pour l'étranger. » Toute formule grossit son objet pour le mieux montrer. — M. Clémenceau était alors à l'extrême pointe de la république qui avait abattu la commune, sur la lisière de laquelle il s'était tenu par dilettantisme plus que par principe. Individualiste avec des idées grégaires. Bien que, dès le 18 mars 1871, ses adversaires aient attesté qu'il n'avait pu empêcher l'assassinat des généraux Lecomte et Clément Thomas, il ne s'en est pas moins formé la légende qu'il avait fait ou laissé faire, et cette légende a fait sa force plus que son talent, sec, incisif et tranchant d'écrivain et d'orateur, qui n'a jamais réuni autour de lui que la très restreinte clientèle des amateurs d'exécutions capitales bien faites par « Monsieur de Paris ». Il a fait peur, et il a doublé cette peur par ses duels, les duels conférant le droit de tout dire et de tout écrire, sans que ceux qui sont attaqués aient le droit de se plaindre, quiconque s'étant plaint des attaques de M. Clémenceau, de M. Edouard Drumont, de M. Henri Rochefort, de M. Octave Mirbeau, de feu M. Paul de Cassagnac, de M. Emile de Girardin, ayant quasiment fait figure de malotru, le peuple n'aimant pas qu'on touche à son belluaire, tant que ce belluaire l'amuse. M. Clémenceau avait une renommée encore plus noire que MM. Constans et Rouvier, mais depuis qu'il a dîné avec des rois il est blanc comme neige auprès des républicains comme auprès des monarchistes, et même ils se risqueraient moins à une plaisanterie sur Cornélius Herz que sur « le père la Pudeur », parce que « le père la Pudeur » n'a pas reçu l'accolade d'Edouard VII. Il est d'ailleurs plus avantageux d'être au fond, d'où l'on peut remonter, que d'être au sommet, d'où l'on ne peut guère que descendre. M. Clémenceau a encore plus de souplesse que MM. Rouvier et Constans, et aussi plus de ressort, un ressort qui grinche, et plus d'audace. Il est si durci aux aventures que l'on ne saurait quoi imaginer contre lui qui ne glissât comme l'eau sur le marbre. Mais c'est un esprit d'opposition, parce que c'est un esprit de contradiction.

Tous les partis de cette république se sont accusés les uns les autres de l'avoir gouvernée avec des doctrines ou avec des méthodes autres que celles qu'ils avaient préconisées dans l'opposition, comme aussi d'avoir fait, soit à cette république, soit aux monarchies qui l'ont précédée, une opposition anticonstitutionnelle, voire insurrectionnelle. Ce sont là vieilles coutumes nationales. Le futur Napoléon III a fait contre Louis-Philippe, les pointes de Strasbourg et de Boulogne ; le futur Louis-Philippe, nommé par Charles X lieutenant général du royaume, a pris sa place; les futurs Charles X et Louis XVIII ont conspiré contre Napoléon Ier et n'ont pas été pour Louis XVI des frères ni des sujets dont il ait eu à se louer : Louis XVI n'était pas plus fait pour faire de l'opposition que pour régner, et il n'en a pas fait à Louis XV : Louis XV, Louis XIV et Louis XIII, montés en bas âge sur le trône, n'ont pu en faire qu'à leur nourrice ou à leur gouvernante : — mais le futur Henri IV a porté les armes contre Henri III, le futur Louis XII contre Charles VIII, le futur Louis XI contre son propre père Charles VII le Victorieux, donnant ainsi le plus haut exemple d'antimonarchisme et d'antinationalisme au lendemain de l'expulsion des Anglais par ce prince et par Jeanne d'Arc, qui n'a jamais depuis été aussi populaire que sous le « bloc » clémenciste.

Lorsqu'on fait de l'opposition à un gouvernement pour le faire gouverner mieux, ou lorsqu'on le renverse pour gouverner mieux que lui, l'intérêt public y a son compte : mais si ce n'est que pour l'embarrasser et pour le remplacer, l'intérêt privé seul est en jeu. Et, ayant plus qu'homme de gauche ou de droite de cette république, trouvé que tous les ministères étaient mauvais et malfaisants, M. Clémenceau devait au moins, pour justifier un jugement aussi absolu, faire moins mal que le moins mauvais. De taille moyenne, sec, agile, agité, brusque, la tête d'un Mongol aux moustaches tombantes mais écourtées, dont l'âge a fait une tête de mort, au teint de cire, aux yeux enfoncés dans des trous profonds et qui se plantent dans les yeux de son interlocuteur, le chapeau sur l'oreille, les mains dans les poches de son veston, l'air gouailleur et agressif d'un gamin de Paris. Lorsqu'il souffre du foie, il est rabrouar, salé et même gras : il vous accable de ses interjections saccadées, précipitées, qui font l'effet de coups de knout. Au ministère de l'intérieur, on l'appelait « le tyran » et l'on se demandait si le « tyran » était de bonne ou de mauvaise humeur ; mais il n'en veut pas à ceux qu'il malmène. Lorsque, à la tribune, il lui faut parler sur dossier, il s'embrouille et il bredouille : mais lorsqu'un collègue se prend de bec avec lui, et qu'il se sent piqué au vif, sa parole est rapide, nette, nerveuse, sifflante, coupante. C'est un impulsif et un improvisateur. Aussi a-t-il dit de lui-même qu'il était « un vieux débutant » et qu'il « restait dans l'incohérence », c'est-à-dire qu'il est arrivé un peu tard au gouvernement pour l'apprendre.

Bien que le président du conseil soit quelquefois l'expression de la majorité parlementaire, plus rarement de la majorité électorale, il advient aussi, non seulement qu'il leur donne un tour personnel, lorsqu'il en a un, mais qu'il les fausse, alors qu'elles se sont déjà faussées l'une l'autre, l'électeur ne sachant pas toujours bien ce qu'il veut et ne pouvant l'exprimer que par son choix entre des candidats qui ne savent pertinemment, pour la plupart, qu'une chose, c'est qu'ils veulent être élus, et qu'ils sont prêts, pour l'être, à promettre tout ce qui peut les faire élire, alors même qu'ils ne peuvent ni ne veulent le donner. D'où des lois dont les effets sont inattendus de ceux qui les font comme de ceux pour qui elles sont faites et trompent leur commun espoir : telles, pour n'en citer que deux, la loi sur le service militaire obligatoire, qui a engendré l'antimilitarisme, l'antipatriotisme, la courbature nationale, et qui a fait la France plus faible au lieu de la faire plus forte ; et la loi sur les syndicats ouvriers qui, n'ayant pas le droit de posséder, cherchent dans la politique les avantages qu'ils ne trouvent pas dans leurs statuts, et reconstituent, contre la république de 1870-71-75, la fédération de la garde nationale de la commune, sous le nom de confédération générale du travail. En quoi le major Labordère avait raison, c'est qu'un parti qui met son avant-garde au pouvoir, — en « l'espèce » M. Clémenceau, — y met son arrière-garde, sa réserve, puisqu'il n'est pas une autre de ses factions qui n'en soit tombée, et qui se présente intacte et fraîche.

Aussi, comme les ministères Waldeck-Rousseau, Combes, Rouvier et Sarrien lui avaient donné l'exemple, avec prodigalité et avec fureur, du mépris du droit, en imposant ses arrêts à la justice, en persécutant les fonctionnaires de tout ordre et de tout rang, pour leurs titres nobiliaires, leurs opinions politiques ou leurs croyances religieuses, bien qu'ils n'en fissent pas parade contre le gouvernement ; en spoliant l'Église de ses biens, c'est-à-dire en la volant, même des messes des morts ; enfin, les dix lustres de révolutionnarisme quand même et contradictoire de M. Clémenceau, son scepticisme et son « incohérence » qui en sont issus, son usure et son décrédit ont délié de tout scrupule cette opposition qui, depuis quatre ans, fait craquer la république de toutes parts. M. Clémenceau est arrivé au pouvoir après une opposition trop prolongée, de même que M. Gambetta y est revenu dans des conditions trop bourgeoises, après y avoir été dans des conditions épiques, et ces contrastes extrêmes ont étriqué leur second rôle. On donne en France trois significations au mot de gentilhomme : la signification « légendaire » d'honneur et de chevalerie ; la signification littérale d'homme plus gentil que les autres hommes, par sa courtoisie, sa simplicité, sa sûreté, sa bonté, un gentilhomme sans gentillesse étant un contre-sens ; et la signification mondaine d'homme du bel air, mis à la mode et aux parfums un peu fades. Mais en Angleterre, dans l'Angleterre d'Édouard VII, le gentilhomme, le gentleman, est un homme décemment vêtu, mais qui est « un mâle » capable de se tirer partout d'affaire et de dominer les autres. M. Clémenceau promettait d'être un « mâle », mais il en a laissé passer l'âge et il en a la nervosité et la versatilité du regret.

Ce craquement de la république, sous son ministère, rappelle celui de 1789. Si le morcellement féodal avait abouti au « roi de Bourges », les successeurs du « roi de Bourges », surtout les Bourbons, ont peu à peu ramassé la France dans leurs mains, lui ont donné son organisme royal, en ont fait cet État centralisé que la convention a complété et que Napoléon Ier a parfait, qui est la France du dix-neuvième siècle, mais que, dès 1789, on pouvait concevoir sans le roi, subsistant par lui-même, avec un gouvernement quelconque. Il aurait fallu alors non pas un Louis XVI, — si tant est qu'il ne fût pas déjà trop tard, — mais un Louis XI, astucieux, habile et féroce, pour faire tomber dans ses cages ces bêtes fauves et sauver la dynastie nationale. Mais ce successeur de Louis XV, de Louis XIV, d'Henri IV, de ces princes dont les favorites sont plus connues que les femmes, qui a fait de cette séduisante Marie-Antoinette l'objet de la commisération dérisoire de la cour et de la ville, aurait pu régner tout au plus vers 1740. Les républicains sont menacés du même sort que les Bourbons et pour la même cause : ils ont renforcé l'État « louisquatorzien », c'est-à-dire l'État « napoléonien », de près du triple de fonctionnaires qu'il comptait à la chute de Napoléon III, afin d'extirper jusque dans le dernier hameau tout ce qui n'est pas républicain et d'y implanter les républicains et la république, ou plutôt leur république. En sorte que, jusque dans le dernier hameau, pendant leurs quarante-huit crises ministérielles, dont l'une, celle du deuxième cabinet Brisson au quatrième cabinet Dupuy, a duré dix-huit jours, l'on a vu la vie publique suivre son cours et l'on a entendu des hommes de toute opinion dire gravement, avec une pointe de boutade, que « les choses iraient tout aussi bien, et même mieux, s'il n'y avait ni ministère, ni chambres, ni président ». Certes, les étiquettes de monarchie et de république peuvent couvrir les institutions les plus variées et les plus contraires à l'idée que la généralité se fait de la république et au nom même de la monarchie : ainsi, la monarchie d'Edouard VII n'est pas le gouvernement d'un seul, comme son nom le voudrait, mais le gouvernement du parlement ; de même que la république de M. Taft n'est pas le gouvernement du parlement ni du peuple directement, mais le gouvernement de M. Taft, le gouvernement d'un monarque, tel qu'il n'en reste plus en Europe, depuis que les désordres de la guerre de Mandchourie, imputés à l'incurie et à la corruption du régime autocratique russe, et les exactions et les massacres d'Abul-Hamid, ont donné à la Russie une constitution moins absolutiste et à la Turquie une constitution à l'occidentale, et que le moulin à paroles de Guillaume II a lassé tous ses sujets, qui lui ont mis un cran d'arrêt. Peu s'en fût même que le prédécesseur de M. Taft, M. Roosevelt, de plus d'intelligence que l'empereur allemand et moins « gaffeur », n'ait été aussi impérieux et encombrant. Néanmoins, il serait plus extraordinaire de voir un gouvernement sans tête, au pluriel comme au singulier, et rien qu'avec des membres, ainsi qu'il est souvent arrivé avec ces nombreux changements ministériels et de politique.

Des bâtisseurs de la « cité future » prédisent qu'on le verra lorsque l'Etat sera socialiste ou collectiviste ; mais l'on a déjà bien assez à faire pour se reconnaître dans la « cité présente », où l'on est né, où l'on vit, et à laquelle on paye ses impôts, sans s'égarer dans « la cité future », qui est encore sur les plans des architectes ou dans leurs rêves. Dans « la cité présente », les fonctionnaires de la troisième république ont les mêmes devoirs que sous les régimes précédents et que dans les Etats voisins, parce que les conditions générales du gouvernement sont les mêmes. Mais pour avoir des agents policiers et électoraux dans leurs fonctionnaires, les républicains ont dû écarter des fonctions publiques des hommes que leur naissance, leur fortune, leur caractère ou leur talent rend rebelles à cette illégitime surmesure de fonctions, car le fonctionnaire qui sort de sa fonction pour en remplir une autre à côté et toute de parti, de délateur secret et d'intimidateur public, avilit sa personne et discrédite sa fonction, se fait mépriser encore plus qu'il ne se fait craindre, et la corruption du corps gouvernemental s'est répandue dans le corps social. L'organisme de ce corps gouvernemental est l'organisme même de la corruption : car, le conseiller municipal, le conseiller d'arrondissement, le conseiller général, le député, le sénateur, ne sont élus que pour rendre des services et obtenir des faveurs à leurs électeurs, dont ils sont les hommes d'affaires, les commissionnaires, les complices, et lorsqu'ils s'y refusent ou qu'ils les négligent, ils sont remplacés par d'autres plus dociles et plus ponctuels. De même, lorsqu'ils se font prendre dans quelque mauvaise besogne, leurs électeurs les remplacent par de plus adroits. Cette hiérarchie élective est la base de la hiérarchie administrative, puisque le gouvernement qui nomme celle-ci sur la recommandation de celle-là dépend lui-même de celle-là dont il est issu et qui le contrôle et qui le renverse. Ces élus ont fait de ces fonctionnaires ce que les électeurs ont fait d'eux-mêmes, ils en ont fait leurs valets, et ils ont tant multiplié ces valets, pour être mieux servis et mieux défendus, et plus solidement en place, en surchargeant le budget et la dette publique, en appauvrissant les professions libérales, l'agriculture, l'industrie, le commerce, la navigation, la colonisation de tous ces hommes cultivés, dont ils ont fait des parasitaires oisifs et vaniteux, qu'aujourd'hui les valets sont si nombreux et si puissants qu'ils se sentent les maîtres de leurs maîtres et du maître lui-même de leurs maîtres, du corps électoral, qui leur semble fait pour eux et non plus eux pour lui, bien que, d'un coup d'épaule, en refusant l'impôt, il ferait crouler leur pyramide. Mais la pyramide compte que trop de gens sont intéressés à la conserver et même à la fortifier, pour la laisser renverser. Ainsi raisonne encore le « bloc » à l'égard de la pyramide qui se dresse pourtant contre lui.

Ainsi ont raisonné les trois monarchies et les deux républiques défuntes, et aussi l'ancien régime, qui pouvait plus raisonnablement se faire illusion, parce qu'il subsistait depuis plus longtemps, et bien avant lui la féodalité. C'est au moment même où, au nom du « bloc », M. Clémenceau a mis le sceau du gouvernement sur l'organisme administratif en revisant le décret de messidor sur les préséances, en donnant au représentant le plus direct du gouvernement, le préfet, le pas, non sur le cardinal qui n'est plus rien dans la hiérarchie politique française, mais sur le premier président de la cour d'appel et sur le commandant de corps d'armée, en embrigadant toutes les administrations publiques sous la plume blanche du bicorne préfectoral, pour resserrer autour du gouvernement cette armée de « budgétivores », dont l'indépendance et l'appétit croissaient en même temps que leur nombre et leurs basses besognes extra-fonctionnelles : c'est à ce moment même, et comme sous ce resserrement, que cette armée s'est débandée, que certaines de ses bandes se sont révoltées, la révolte des esclaves. Ç'a été d'abord des soldats et des marins isolément, par groupes ou en corps, qui, suivant l'exemple de leurs chefs dans l'exécution des lois contre l'Église de France, ont refusé le service, insulté leurs officiers et abandonné leurs postes ; puis, des instituteurs publics qui, n'étant plus retenus par la concurrence des instituteurs privés, la plupart congréganistes, et se sachant indispensables, sont sortis de « la neutralité scolaire » promise par la loi et par le gouvernement, se sont arrogés la fonction de contre-curé, de curé de l'athéisme, de l'antimilitarisme et de l'antipatriotisme, d'oracle communal de la révolution sociale, matérialiste et anonyme, et se sont syndiqués et affiliés à la confédération générale du travail :

puis, des ouvriers et employés des manufactures et arsenaux
de l'Etat, des postiers, des télégraphistes, des téléphonistes, inter-
rompant les services publics et la vie sociale, et soutenus par des
syndicats ouvriers qui aggravaient à leur insu la lourdeur des impôts et la cherté de la vie, dont ce luxe de fonctionnaires est en
grande partie la cause. Un fonctionnaire qui se met en grève est
plus traître à sa fonction et à son pays, qu'un soldat qui met la
crosse en l'air, parce qu'avec le service militaire obligatoire, le
soldat est soldat de par la loi, tandis que le fonctionnaire a sollicité
sa fonction et que, sauf de rares exceptions, il ne pourrait pas gagner dans une carrière libre ce que lui rapporte sa fonction. Aussi
l'on s'est demandé, pendant la grève des postiers, des télégraphistes et des téléphonistes, pourquoi la loi n'est pas aussi sévère pour
le fonctionnaire que pour le soldat, puisque la grève de ces fonctionnaires a été plus préjudiciable à l'intérêt public que la grève
des soldats dans le soulèvement du « Midi viticole ».

Ces grèves ou révoltes de fonctionnaires se sont faites partie
pour mécontentement du « surmenage » politique dégradant que
le gouvernement leur infligeait, partie contre le favoritisme de leur
recrutement et de leur avancement, favoritisme qui a toujours
été le fond du fonctionnarisme et qui n'apparaît aujourd'hui avec
ce relief que parce qu'il s'exerce sur un corps trois ou quatre fois
plus nombreux que sous Napoléon III, Louis-Philippe, ou les deux
Bourbons, — et le piquant a été que les meneurs étaient parmi
les créatures de ces abus, qui, une fois en selle, n'entendaient pas
que ceux qui étaient à pied leur fissent le même coup, — partie pour
arracher à l'Etat de plus gros salaires et de plus nombreux con-
gés, les mêmes gens dont les pères se plaignaient jadis que l'Eglise
les « ruinât » en fêtes, étant insatiables de fêtes et de repos, et
partie enfin dans un but de domination, tels les instituteurs publics, qui ne sont pas recrutés ou avancés par favoritisme, puisque
toutes les communes n'en sont pas encore pourvues, mais qui forment un clergé impatient d'imposer ses dogmes et son apostolat.

Dans toutes les grèves de l'industrie et du commerce privés, de
Lens à Méru, au lieu de s'opposer aux commencements, de faire
respecter, par un acte qui aurait témoigné à tous que la répression
serait sans quartier, le drapeau national, l'ordre public, les pro-
priétés et les personnes, la liberté du travail, M. Clémenceau a paru
surpris, et sa vigilance a été mise en doute : il a laissé des grévistes promener le drapeau rouge et le drapeau noir, en chantant
la *Carmagnole*, le *Ça Ira*, l'*Internationale*, ou d'autres chants révolutionnaires, en tenant des discours séditieux, en saccageant, pil-
lant et incendiant usines et magasins, ou maisons particulières, en
empêchant de travailler les ouvriers qui voulaient travailler, en mo-
lestant les patrons, en blessant les policiers, gendarmes et soldats

ou en les tuant. Au bref, entre les patrons et les grévistes, il a été
comme, en 1871, entre la commune et le « gouvernement de Versailles », un tiers de chaque côté, et l'autre en spectateur.

Et à l'origine de presque toutes ces grèves ruineuses, il y a des
spéculations financières, la plupart anglaises, allemandes ou belges,
les trois peuples d'Europe pour qui l'industrie et le commerce sont
une nécessité physique, leur sol ne pouvant les nourrir, spécialement l'anglais, et c'est pourquoi la politique anglaise est si « pratique », parce que chacun de ses actes est pour elle un acte de vie
ou de mort, tandis que la politique française est si idéologiste, parce
que leurs expérimentations ne mettent pas nécessairement les Français en péril. Mais leur industrie et leur commerce n'étant pas de
nécessité, étant seulement de superflu, de luxe, n'ont qu'un ressort
individuel, un ressort de lucre, au lieu d'un ressort national, un
ressort de famine, et ce ressort factice semble facilement brisa-
ble par les grèves séditieuses sans cesse fomentées et subvention-
nées par les concurrences étrangères, depuis le ministère Waldeck-
Rousseau, et qui ont redoublé de fréquence et de violence sous le
ministère Clémenceau. Mais les ouvriers français « ne veulent rien
savoir », suivant une locution que l'on entend vingt fois par jour
depuis dix ans. Dans la griserie de la prospérité que leur a donnée
cette république, ou plutôt que le développement économique leur a
donnée sous son régime, comme il l'a donnée aux pays voisins et à
presque tous les pays du globe, qu'ils soient en république ou qu'ils
soient en monarchie, et quelles que soient les institutions de ces
monarchies et de ces républiques, et surtout dans l'orgueil du rôle
que leur a donné le second empire et que la république a porté à
son comble par les flagorneries de ses bourgeois bourgeoisant, mais candidats aux mandats électifs, ou candidats à ces can-
didatures, flagorneries qui auraient sans doute pâli en raffinement
mais non en platitude, auprès de celles des nobles domestiqués par
la monarchie et ruinés par la révolution, successivement entendues par Louis XIV et par Napoléon Ier : ils se croient assurés
de l'avènement du quatrième Etat au pouvoir, et, après les nobles
et les bourgeois, ils ont la conception bourbonienne de leur légitimité, de leur « indispensabilité » et de leur perpétuité.

Ils prennent pour ennemi quiconque leur dit qu'en se prêtant à
ces grèves perfides, ils ruineront le développement économique
dont ils sont si orgueilleux et le ramèneront à ce qu'il était en 1880,
1870 ou 1860, de plus en plus aux besoins nationaux, que ces besoins
eux-mêmes se restreindront avec l'amoindrissement des fortunes et
l'accroissement des impôts, que les salaires suivront cette dégres-
sion à mesure que l'offre dépassera la demande et que la moitié
ou les deux tiers des ouvriers auront ainsi à se reclasser on ne sait
où, ni en quoi ; enfin, que les « coopératives », les « mutualités »,

les « retraites », et autres institutions destinées à favoriser la vie ouvrière tomberont elles-mêmes en poudre, comme ont fait non pas telle ou telle partie des civilisations antiques, dont les terrassiers et les laboureurs mettent encore quotidiennement au jour quelque ruine, mais ces civilisations tout entières, même celles dont la magnificence force l'admiration des rêveurs de « la cité future ». D'autant qu'en « s'industrialisant », chaque pays réduit la production des autres à être de moins en moins internationale et de plus en plus nationale, de plus en plus restreinte à leurs besoins personnels. Quelque intelligents que soient beaucoup d'ouvriers, quelles que soient leurs études en dehors de leur travail, quelque surprenantes d'imprévu que soient parfois leurs objections dans les questions générales, ils sont encore — si tant est qu'ils ne le resteront pas toujours — prisonniers de leur métier, circonscrits dans leur isolateur, et n'ont que des échappées sur le dehors, réservé à la moyenne et à la haute culture, et seule la haute en embrasse tout l'horizon et l'on s'en aperçoit à des idées de derrière la tête, ou aux préjugés qui percent dans tous leurs discours et dans tous leurs actes. L'idée de déposséder leurs « employeurs » par la ruse et par la violence, idée de paysan, de « primaire », — mot souvent employé depuis 1900, avec dédain, même par des « secondaires », voisins des « primaires », — parce que si le fermier pourrait tout aussi bien cultiver en qualité de propriétaire la terre qu'il cultive en qualité de fermier, avec en plus l'avantage de ne pas payer de fermage, en s'emparant d'une étude de notaire ou d'avoué, il serait comme le coq qui a trouvé une perle, il ne saurait qu'en faire, il n'en tirerait pas un denier. Or, tout établissement industriel ou commercial est plus comparable à un office ministériel qu'à une terre, parce que l'ensemble des talents et des travaux de ses employés et ouvriers ne constitue pas la capacité et la fonction de leurs employeurs (patrons, directeurs ou gérants), qui sont tout autres et auxquelles ils ne suppléent pas ; en second lieu, l'idée que les « employeurs » sont des exploiteurs, — et il n'en manque pas — alors même que les « employés » « sabotent » — argot du vingtième siècle — leur ouvrage et, par conséquent, exploitent leurs « employeurs », et que ceux-ci ont à leur disposition une mine d'or, où il n'y a qu'à puiser, alors même qu'ils sont à la veille de la faillite, et presque tous les ouvriers s'indignent « qu'un patron puisse gagner 100 millions », — il en est bien peu, — pendant qu'eux gagnent le même salaire jusqu'à leur mort. C'est depuis toujours, que se débat, au milieu des révolutions, sous des formes et des noms variables, cette querelle des rapports du travail et du capital, si souvent front à front, comme deux bêtes fauves, et il paraît vraisemblable qu'elle se débattra jusqu'à la fin des temps et que, suivant le mot de Jésus, « le premier des socialistes » — les socialistes n'osent plus le dire, — « il y aura toujours des pauvres parmi vous »,... C'est comme pour « le statut des fonctionnaires » : ils ont beau dire, et avec raison, que les fonctionnaires doivent n'être ni les agents, ni les adversaires électoraux du gouvernement, mais se renfermer dans leurs fonctions et voter comme ils veulent — le vote étant secret, — dès qu'ils arrivent au pouvoir, les hommes politiques veulent avoir des fonctionnaires-agents, et agents zélés, et les fonctionnaires continuent d'être recrutés et avancés sur recommandations parlementaires et électorales, plus que sur leurs propres mérites. Mais il y a le plus et le moins, et il semble que l'on ait été au plus ou quasiment, et que désormais les fonctionnaires en feront plutôt à leur tête jusqu'à ce que ce nouvel abus en engendre un autre, et ainsi, d'abus en abus, se traînent les choses. Mais l'histoire retient surtout les victoires et les défaites, les agrandissements de territoire ou ses amoindrissements, les embellissements des villes et des villages ou leur ruine, la création des ports, canaux et routes, et autres voies permanentes de prospérité, ou leur abandon, les chefs-d'œuvre de la littérature et des arts, les inventions de la science ou la disette du génie, et la « cuisine » de tout cela tombe dans l'oubli, et seuls survivent quelques piquants détails des vices, la vertu trouvant aussi peu de lecteurs que de fidèles.

Toutes les solutions de ce problème du « capital et du travail », de « la question sociale », formulées par les économistes, les moralistes ou les politiciens, font si peu compte des personnes dans leur propriété et dans leur liberté, aussi bien que des futurs contingents, et leurs auteurs ont de telles âmes de gardiens de capucins pour les choses temporelles, que l'on ne saurait même fixer un point d'arrêt à cette avalanche de réformes qui grossit et qui roule plus vite que n'écrit cette plume, et c'est aux sorciers de faire le départ de ce qui en restera. Nul ne voit que ce que ses intérêts ou ses rêves lui font voir dans cette chaudière en ébullition. Ces associations de capitaux pour les grands travaux publics, l'industrie et le commerce, ces congrégations religieuses ou ces confréries charitables, ces académies littéraires, artistiques ou scientifiques, ces sociétés de gymnastique ou de tourisme, ces comices agricoles, ces caisses d'épargne, qui se sont si développées et si multipliées sous cette république, ont été suivies, depuis la loi de 1884, d'une nuée de syndicats de toute sorte, sous des noms tels qu' « amicales », « mutuelles », « solidaires », « fraternelles », « professionnelles »... qui n'ayant pas le droit de posséder, sont comme des moulins à vent broyant du vent et demandant à la politique ce qu'ils ne peuvent se donner eux-mêmes. Comme l'erreur n'est que l'exagération de la vérité, et que les hommes ne peuvent presque jamais discerner l'une de l'autre, le temps, le grand vanneur, le grand classeur, seul fera leur départ, seul dira, par exemple, ce qu'il adviendra de l'égalité des salaires, pour la conquête de laquelle des ouvriers versent le quart de leur salaire à la caisse des grèves, témoignant ainsi moins d'un sentiment chrétien qui se retrouve peu dans le reste de leur vie, comme l'ont dit des hommes qui veulent les flatter ou se rassurer eux-mêmes, que de leur résolution d'arriver à leur but en consentant un si gros sacrifice.

Mais, à force de courir après son avant-garde pour l'envelopper et l'empêcher de se former en commune sur son front, la république s'est prise à sa propre manœuvre et est en quelque sorte devenue sa propre avant-garde. On dirait que, pour se prémunir contre cette « révolution sociale », dont son ministère serait le précurseur, M. Clémenceau s'était donné un ministre de la guerre, le général Picquart, qu'il avait dans la main comme un marchand de bœufs a son gourdin et peut-être mieux que ce général n'avait l'armée dans la sienne, depuis que l'indiscipline s'est introduite parmi les soldats. Depuis que le général Boulanger l'a « roulé », comme disent aujourd'hui les politiciens, le premier souci de M. Clémenceau a paru être de ne pas se laisser « rouler » par un autre général, et c'est pourquoi il a fait de toutes pièces le général Picquart, et l'a façonné à sa main, — ce qui n'est pas un moyen infaillible de s'assurer les gens. Lui et les républicains ont toujours peur de ces généraux, dont ils ont besoin, et le souvenir du 4 septembre et du 24 février leur donne le frisson tout comme celui du 2 décembre et du 18 brumaire, et ainsi s'explique la contradiction de leurs sentiments pour l'armée, sans laquelle ils ne subsisteraient pas plus que tout autre gouvernement et dont ils redoutent les entreprises contre la république, bien que des milliers de généraux qu'elle a hérités des régimes précédents ou qu'elle a faits, les forces rébellionnaires n'aient donné que les pantalonnades du général Boulanger. Mais avec le service obligatoire et court, et la paix sans fin qui ne donne aucun prestige militaire aux généraux et qui fait d'eux des fonctionnaires comme les préfets, avec la défiance dont ils entourent tout officier qui fait le moindre geste attirant sur lui l'attention, — tel le « raid » du colonel Marchand, soldat énergique mais circonscrit et buté, — en vérité les républicains n'ont reçu des généraux que des services et leurs craintes sont rétrospectives et n'ont eu, jusqu'à présent, rien d'objectif.

Le second souci de M. Clémenceau a paru être, après s'être donné la satisfaction d'avoir eu le plus long ministère de cette république, de ne céder la place à aucun de ses collaborateurs, M. Briand ou M. Caillaux. Comme il a toujours été léger et préoccupé de paraître plus original qu'il n'est, il a souvent été dupe de sa peur d'être dupe, et être remplacé par l'un d'eux lui semblait être joué, tandis qu'être remplacé même par M. Poincaré, M. Méline ou M.

Ribot, n'aurait été qu'être battu, battu par un adversaire et par une autre politique, au lieu d'être joué, dans sa propre politique, par un collaborateur. Là encore il s'est trompé et il a dû presque recommander M. Briand à M. Fallières, pour éviter les lazzis. Mais, avec un ministère dont le chef et les principaux membres s'étaient fait un jeu des théories les plus subversives, l'occasion était trop tentante pour cette armée de fonctionnaires qui suffiraient à l'administration de la France, de la Grande-Bretagne et de l'Allemagne, pour secouer le joug de leur gouvernement. Louis-Philippe disait déjà qu' « on mène la France avec des fonctionnaires » et cette république l'a, en effet, menée avec eux tambour battant. Mais la révolte de leurs troupes inférieures a fait entrevoir au gouvernement une ère nouvelle, l'ère où les fonctionnaires feront, ou entendent faire, du gouvernement ce que le gouvernement a jusqu'ici fait d'eux, où ils feront de lui leur instrument, ensuite la possibilité de ce retournement des rôles, non seulement par la puissance numérique de ces fonctionnaires, mais par le « socialisme d'Etat », « l'Etat-patron », — l'Etat ayant les mains libres dans les grèves des ouvriers ou les « lock out » des patrons, dans les différends entre particuliers, où il n'a qu'à assurer le respect des biens et des personnes, et n'étant pas atteint par ces différends, tandis qu'il est lui-même en cause lorsque se substituant à l'industrie privée dans l'exploitation des chemins de fer, des télégraphes, des téléphones, des canaux, des lignes de navigation, des forges et chantiers maritimes et militaires, des poudres et salpêtres, des cartes à jouer, des tabacs, des allumettes, en un mot, de tout ce qui n'est pas de sa constitution propre, comme l'armée, la justice et la police, il devient industriel et patron, il a des employés et des ouvriers, qui, se prévalant de ce qu'ils sont en même temps des manières de fonctionnaires et ses électeurs, font en quatre jours le travail qu'ils devraient faire en un, et le font mal, beaucoup dans la croyance très répandue, même en dehors du peuple, que l'Etat, c'est-à-dire tout le monde et personne, peut-être fraudé. Et lui n'ose pas sévir contre leur paresse, leur indiscipline et leur improbité, parce qu'il a peur de leurs votes, qu'ils ne donnent d'ailleurs qu'à de plus « avancés » que lui, si « avancé » soit-il. Il n'ose même plus sévir contre l'industrie privée, pour ses malfaçons, dans la peur de la ruiner, elle et ses ouvriers, et de les tourner contre lui. De là ce désordre général, où a déjà sombré la marine qui, du deuxième rang, est tombée au cinquième sous le règne du « bloc ». Aussi, les économistes, dont les prédécesseurs ont frayé la voie aux socialistes, disent-ils que l'exploitation des chemins de fer, mines et autres industries qui ne sont pas encore entre ses mains, ferait de l'Etat un fantôme de patron et de l'industrie l'anarchie, la gabegie et la ruine.

En même temps que les discours et les écrits répandent à profusion, tantôt sous la forme attrayante ou tantôt sous la forme menaçante, les rêves paradisiaques non pas de liberté — la liberté de la trilogie républicaine étant fort abandonnée et même malmenée, mais d'égalité, de fraternité, de richesse et de bonheur du socialisme, où tous les détails de la vie sociale et individuelle, seront prévus et réglés, — le sénat, en 1909, a longuement discuté les biberons à tubes, — où chacun sera élevé dans du coton, travailler sans jamais se fatiguer autant qu'au tennis — une heure par jour, selon M. Jules Guesde — et sera payé comme s'il travaillait beaucoup, — avec un minimum de salaire, selon M. Albert de Mun, qui veut aussi que les mitrons travaillent le jour et non la nuit, ce qui dans la chaude saison sera peut-être plus pénible, — sera secouru, soigné, pensionné, bon souper, bon gîte et le reste : en même temps que les socialistes poussent le troupeau vers ce paradis terrestre aux accents de leurs bucoliques ou aux jurons de leurs menaces, un attentat à la dynamite, une grève pillarde, incendiaire ou sanglante, plonge Paris dans les ténèbres par l'extinction de l'électricité, ou l'isole par la suspension des services postaux, télégraphiques et téléphoniques, ou l'arrêt d'une ligne de chemin de fer, etc. Toutes choses qui ramènent pour quelques jours ou pour quelques heures « la ville-lumière » ou une partie de la France à l'état barbare et qui montrent que, sous les naïvetés des uns, les hypocrisies des autres, ce sont les brutalités des troisièmes qui recèlent la vérité, c'est la lutte des classes, la lutte des pauvres contre les riches, d'autant plus tenace que ces pauvres ne sont pas des pauvres, mais de petits ou moyens bourgeois qui ont toute l'énergie ouvrière et toute l'ambition bourgeoise, et qui, ayant déjà les dents dans le bien-être, le trouvent bon et bon aussi est leur appétit. Mais le grand défaut des synthèses, à plus forte raison des suites de synthèses, surtout quand l'auteur veut rester dans ce raccourci, c'est de manquer d'espace et de jour, d'être indigestes et noires, comme ce tableau que le télégraphe fait chaque jour dans les journaux, — on dirait pour donner à leurs lecteurs ce « besoin d'anxiété » qui tourmentait la première femme d'Henri IV. On y voit, en effet, les catastrophes terrestres et maritimes, les guerres, les révolutions ou les attentats, les crimes et les morts, les misères et les ruines, et il semble que le globe est à feu et à sang, et qu'on approche de sa fin, alors que, sauf les points et les gens sinistrés, en leur ensemble les champs sont toujours plus ou moins en fleur ou en fruit, et les hommes à peu près en paix, dans la crainte ou l'espérance du perpétuel devenir.

Même au seuil de 1910, « la douce France » est « si douce », que chacun en voudrait goûter toute la douceur, dont lui donne envie jusqu'à la rage le spectacle de tout ce luxe et de tout ce plaisir, si

29

païennement extérieurs, de ces « autos » qui jettent les désœuvrés
d'une fête à l'autre, et de ces femmes en fourreau blanc ou bleu,
violet évêque ou rouge cardinal, merde d'oie ou caca d'enfant, coif-
fées d'un chapeau-parterre ou d'un chapeau-volière, si vaste
qu'elles s'y peuvent abriter comme sous un champignon, sillon-
nant Paris, les villes et les campagnes, — où leur silhouette mélancolique semble descendre aux Champs-Elyséens, — pendant que
ceux qui gagnent leur pain à la sueur de leur front ruminent que
toutes ces bucoliques à faux air chrétien qu'ils ouïssent de tout côté
ne sont que piperie et qu'il faudra le « chambardement », comme
disaient, en 1898, les meneurs de la revision du procès Dreyfus.

Le 20 juillet a été le premier jour d'été de 1909, et, comme M. Clémenceau avait une poussée au foie et était impatient d'aller à Carls-
bad, que la chambre lui en voulait de la faire siéger après la fête
nationale, quoiqu'elle en eût exprimé la volonté, et qu'elle brûlait
d'aller à la campagne chercher la température dont elle se plaignait
la veille, il a été plus agressif et elle a été moins endurante, parce
que la veille il avait fait d'elle un tel éloge qu'elle comprit qu'il
avait peur d'elle, et alors elle n'eut plus peur de lui, et le ministère
Clémenceau n'a pas dépassé, ni même atteint, la longévité du ministère Waldeck-Rousseau, — deux ans neuf mois, — et les élections de 1910, que tous les partis croyaient qu'il ferait, seront faites
par un autre et pour une autre politique, et le résultat, qui ne sera
sans doute pas le même, sera tout de même « la volonté du pays ».
C'est presque toujours une petite cause personnelle et étrangère à
la chose publique, qui détermine les événements politiques, même
les plus grands. Bien que dans le même ordre d'idées, mais aux
deux pôles : si le comte de Chambord n'avait pas été boiteux et sa
femme si renfrognée, peut-être ne se serait-il pas si fort cramponné
au drapeau blanc, comme à ce qui le sauvait du trône, en quoi d'ailleurs il a peut-être été plus prévoyant que ceux qui voulaient restaurer la monarchie en ces vieux princes assombris par l'exil qui
avait fait d'eux comme des étrangers redoutés de la France, dont
ils étaient les plus anciens enfants, chargés de la gloire des aïeux,
— ironie et misère ; — et si la vicomtesse de Bonnemain n'avait pas
été « sa première femme du monde », peut-être aurait-on acculé le
général Boulanger à quelque coup d'audace, quoiqu'il y eût encore,
en ce fils de notaire, bien du notariat. La chute du ministère Clémenceau n'a pas causé plus d'émoi que la chute du ministère Fallières, parce qu'on avait attendu de son chef on ne sait quelles
choses extraordinaires, calquées sur le roman de sa vie, et dans une
réminiscence féodale, ce bleu de Vendée n'a donné que la taille,
contre laquelle ont protesté tous ceux qui défendent la société moderne contre l'ancien régime, — les rôles sont intervertis, — et qui
a soulevé maintes menaces de refus de l'impôt, même de membres

de l'académie française, comme étant de nature à troubler le corps social.

... De même que M. Waldeck-Rousseau s'était fait le maire du palais de M. Loubet et lui avait donné pour son successeur M. Combes, M. Clémenceau s'est fait le maire du palais de M. Fallières et lui a donné pour son successeur M. Briand ; toutefois, ayant fait élire et M. Loubet et M. Fallières, M. Clémenceau avait plus de titres que M. Waldeck-Rousseau à la succession des Erchinoald et des Warnachaire. Pour les questions sociales, la situation du ministère Briand à l'égard du ministère Clémenceau est la même que celle du ministère Combes à l'égard du ministère Waldeck-Rousseau pour les questions religieuses, M. Waldeck-Rousseau n'ayant pas poussé plus loin, mais ayant imposé celui qui pouvait le mieux pousser, et M. Clémenceau ayant fait de même, en quoi il n'a pas montré plus d'invention que pour la taille. Il y avait un socialiste dans le ministère Waldeck-Rousseau, M. Millerand ; deux dans le ministère Clémenceau, MM. Briand et Viviani ; il y en a trois dans le ministère Briand, MM. Briand, Millerand et Viviani. De sorte que les socialistes, qui ne sont pas un neuvième dans le parlement, sont un quart dans le ministère.

Avec ses cheveux et sa grosse moustache d'un noir de jais, et ses expressifs yeux bleus, M. Briand ressemble pourtant à un sergent de ville sensuel et tuberculeux. Il a une voix de basse-taille et une parole un peu lourde, et même un peu commune, qui se plie, s'insinue, enveloppe, caresse, charme, retient et prend. Il a toujours montré des goûts simples, mais pas austères. Il a un peu du bohème. Il affectionne les feutres mous des rapins de Montmartre où il perche, en l'un de leurs « quatre pièces », alors que M. Clémenceau habite, à Passy, un rez-de-chaussée avec un jardin, où il élève des paons, oiseaux de parade, que M. Caillaux a déjà sans doute notés comme « signe extérieur de la richesse », en vue de la taille. Il fréquente chez une grande dame qui a grande envie d'être décorée, parce qu'elle aime la musique, et de faire nommer son mari ambassadeur, parce qu'il est riche. D'autres non moins grandes dames, d'ailleurs, ambitionnent le même ruban rouge pour leur amour des arts ou des lettres, bien qu'il ne puisse rien ajouter à leur rang, mais pour témoigner qu'elles sont de leur temps, et même de la république, tout en restant fidèles à Dieu et au roi. Tous ces petits traits sont à noter pour la connaissance de son temps, et il faudrait noter les milliers que l'on a pu surprendre pour le bien connaître, parce que l'opinion, la politique et l'histoire sont faites de ces grains de poussière. Mais comme on ne passe pas aux rayons Roentgen la vie et la conscience des présidents de la république et du conseil, et des autres gouvernants, on ne les connaît que par à peu près, et on les attaque souvent à côté et les coups portent à faux. Aussi, avec la liberté de la presse et de la parole, ces coups ont tellement été sans nombre et sans mesure, qu'ils n'éveillent même plus la curiosité, chacun étant persuadé que pour obtenir un mandat électif quelconque, il faut dire des mensonges, faire des platitudes, distribuer des promesses et de l'argent, et « tripatouiller » les urnes, et ayant pour la gent élue même moins d'estime qu'elle n'en mérite. Mais c'est un mal en quelque sorte constitutionnel et auquel on s'est fait. D'ailleurs, l'opposition antirépublicaine étant conservatrice dans son ensemble, c'est-à-dire peu propre aux assauts et aux batailles, une garde nationale faite plutôt pour la parade, les patrouilles et les parlottes, ah ! pas chez les marchands de vin, mais dans les cercles et dans les salons, une anecdote sur M. Briand ou M. Jules Favre, ou une épigramme contre le général Trochu ou M. Fallières, dégonfle son mécontentement et lui persuade qu'elle a fait quelque chose pour renverser ses adversaires et se mettre à leur place.

Ceci dit en partie pour expliquer les débuts de M. Briand et de nombre d'hommes d'origine également ou plus modeste. Comme l'on est aussi étranger que possible à sa naissance, c'est la chose dont on peut le moins se vanter et s'excuser ; mais suivant que l'ont est né en haut ou en bas, ou dans un rang intermédiaire, l'on emploie des moyens différents, appropriés à sa condition, pour suivre la carrière politique, et cette genèse fait tout comprendre. Sans nom ni fortune, ni appui, n'ayant pas dépassé les degrés moyens du barreau et de la presse, — soit parce que la presse est devenue nombreuse et que les places y sont prises, n'y ayant pas eu de révolution depuis 1870, ni de demi-révolution depuis 1878 et 1899, celle-ci peut-être plus profonde qu'une des précédentes révolutions, mais sous la forme évolutionniste ; soit parce que le barreau est étouffé par la tribune politique, — M. Briand a sollicité les lettres de noblesse moderne, l'élection législative, qui, ainsi que les anciennes, sinon même mieux, vous ouvrent toutes les voies, sans vous rendre apte à aucune. Il s'est présenté plusieurs fois et en plusieurs circonscriptions avant d'être élu, mais toujours en homme qui, n'ayant rien à perdre, n'a rien non plus à conserver, et pour qui, dans sa logique égoïste, la société est mal faite ou plutôt inexistante, puisqu'elle est inopérante par elle-même en sa faveur et à sa convenance. Il n'était rien et n'a su rien être, donc il ne doit rien y avoir, tout doit être détruit, pour qu'il puisse devenir quelque chose. La société actuelle ne manque pas de défauts : le premier est d'être gouvernée par des députés et des sénateurs, dont la plupart ne gagnaient pas dans leur profession ce que leur mandat leur rapporte, et n'étaient pas capables de le gagner, et ne savent ni *a* ni *b* de leur fonction. Mais nul ne sait si la société vaudra mieux ou si elle vaudra moins, en 1920, en 1930 ou en

1950, ou plus tard, et tout ce qu'on en dit est faribole. Rien que l'abaissement du loyer de l'argent, que nul ne saurait conjurer, ni seulement calculer, peut faire crouler, comme un château de cartes, toute la société socialiste en formation. Il y a aussi la guerre, entre les autres accidents. Toujours est-il que la société, de 1891 à 1900, a donné à la propriété et aux personnes, et à ce que le député bonapartiste Joubert appelait « le plus grand nombre », une sécurité qu'ils n'ont connue à aucune autre époque en France, et que, de 1890 à 1910, cette sécurité, qui diminue progressivement depuis 1900, s'est doublée d'une prospérité générale, tout aussi nouvelle. Il ne leur a manqué que la monarchie à l'anglaise pour n'avoir rien à envier aux plus grands siècles de leur histoire ; car s'il leur a été inférieur pour la splendeur des cours ou pour la théologie, la philosophie, ou les moralistes, et en d'autres points, il leur a été supérieur en celui-là, dont toutes les classes sociales ont bénéficié, et aussi pour les découvertes scientifiques et leurs applications industrielles, qui ont répandu le bien-être partout, et même il leur a été supérieur en gloire militaire.

Mais les Français sont si habitués à cette sécurité intérieure, depuis 1891, et ils s'y sont si attachés qu'ils en ont perdu presque toute énergie, que si leurs mœurs sont devenues plus douces, elles sont aussi devenues plus molles, et que le meilleur moyen de capter leur confiance est de troubler leur quiétude, de leur faire peur, parce qu'alors ils se précipitent dans les bras du « brigand » ou de celui qui fait « le brigand », pour lui demander de les protéger, et ils en font leur chef, ou presque. A cette diminution de l'énergie politique, et presque nationale, s'ajoute la diminution correspondante de l'énergie privée, due à l'augmentation sans cesse croissante, d'une part des fonctionnaires oisifs, étroits, tâtillons, et, d'autre part, du monde, frivole, dissipé et vaniteux, autour des trois mille oiseaux de paradis duquel gravitent maints satellites parisiens, départementaux et cantonaux, qui ne servent même pas de modèles de manières gracieuses ou de modes élégantes. Deux des causes de la diminution de l'énergie, de la natalité et du génie de la race. M. Briand s'est donc fait « brigand » pour devenir « gendarme », soit parce que le rôle de brigand semble convenir mieux à qui n'est rien et n'a rien et qui veut avoir et être, soit parce que s'il avait d'abord voulu être « gendarme », il ne serait peut-être pas encore conseiller municipal à Saint-Nazaire. Mieux vaut tenir une boîte de décrotteur à l'angle d'une rue des Batignolles que d'entrer dans la politique comme conservateur. Aussi M. Briand s'est-il déclaré pour l' « areligion », le collectivisme, la grève générale, l'assassinat des généraux par leurs soldats et moult autres propositions superçoquentieuses ou horrifiques, très familières à ceux qui ont vécu à Paris pendant la commune de 1871, et aussi pendant le siège de 1870, où elles étaient la monnaie courante des journaux et des clubs, mais non pas une nouveauté, toutes étant de très vieilles choses. Elles ont fini par faire entrer M. Briand à la chambre, où il s'est bientôt fait remarquer par une correction d'attitude et de langage plus rares sur les bancs où il siégeait que sur les autres, une maîtrise de soi, une patience, une souplesse, une ingéniosité, un liant, un charme, qui captivaient même ses adversaires des droites, et surtout ceux-là, qui considèrent comme rocs les partis républicains classiques, c'est-à-dire auxquels elles ont affaire depuis 1870 — centre gauche, opportunistes, union républicaine, progressistes, radicaux, etc., — tandis qu'elles espèrent toujours elles ne savent quelle évolution des partis républicains nouveaux et composés d'hommes plus jeunes, qui n'ont plus la même conception de la république, et, en effet, ne peuvent pas l'avoir, qui peut-être même tiennent moins à cette forme du gouvernement, mais ne paraissent pas en chercher une autre. Outre leur inclination pour ces nouveautés, elles ont une attirance personnelle pour M. Briand, et cette attirance leur vient de ce qui aurait pu ou dû les éloigner de lui, son rapport sur la séparation des Eglises et de l'Etat, œuvre pas très creusée, où il y a des erreurs et du scepticisme, mais pas d'impiété, au moins affectée, et qu'il a reprise en sous-œuvre, à chaque maille qui se défaisait, d'une humeur toujours égale. Ses amis racontent que lorsqu'il le faisait, lui ou ses collaborateurs prenaient le concile de Trente pour un concile des trente, c'est-à-dire où il n'y aurait eu que trente pères, ces hommes « areligieux » se souvenant sans doute mieux de la « commission des trente » de l'assemblée nationale de 1871, du « combat des trente », ou des « trente tyrans », que de l'avant-dernier concile œcuménique. Mais en tout, on voit en lui une culture superficielle, on voit tout de suite le tuf, avec une parole séductrice et une assimilabilité qu'on n'a vu à ce degré chez aucun homme de cette république depuis M. Gambetta.

On a dit qu'avec Léon XIII, l'Eglise et l'Etat se seraient séparés sans se brouiller. Quoi qu'il en eût été, leur séparation s'est faite sous Pie X, tout aussi ouvert que son prédécesseur aux « combinaisons » en Italie, mais qui a opposé l'intégralité de la doctrine aux assauts donnés à la religion par le « bloc » pour imposer cette séparation : « D'un côté les clercs, c'est-à-dire les pasteurs, et, de l'autre, les laïques, c'est-à-dire le troupeau ; les pasteurs, pour enseigner et commander, le troupeau, pour croire et obéir. » Dans le troupeau, le président, le parlement, la noblesse, l'institut, — M. d'Haussonville et le cardinal Mathieu, pourtant grand clerc de toute manière, s'en sont fait leurs condoléances à l'académie française, « en bons protestants », a prétendu un de leurs confrères, le maître en ironie ; — et encore les professeurs, les avocats, les journalistes, gens fort dressés sur leurs ergots, et tout ce que l'on entend par bourgeois. Grande leçon d'humilité, — non pour le clergé déjà assez humilié dans sa confiance concordataire, ses illusions politiques et ses habitudes « fonctionnaires » — mais pour le peuple, à qui ses flatteurs ne parlent que de ses droits, et qui croit avoir tous les droits, et pour ses flatteurs, qui rivalisent de bassesse dans leur dispute de ses suffrages et de sa clientèle. D'ailleurs, mieux que Léon XIII, Pie X tient le clergé français dans sa main : Léon XIII exposait, expliquait, raisonnait, et le clergé discutait ; Pie X prononce, ordonne, frappe, et le clergé obéit. Avec leur penchant à l'illusionnisme, nombre de catholiques et même des prêtres, ont été intrigués de voir M. Briand remettre sans cesse la loi de séparation sur le métier pour la leur faire accepter, et bien que, finalement, elle les ait laissés nus comme la vérité au sortir du puits, ils sont restés convaincus de sa sincérité et leur espoir en lui de renouer avec Rome et de refaire un concordat approprié aux temps nouveaux n'a pas encore été ébranlé, malgré le peu de vraisemblance d'une reprise aussi prochaine, et par ceux mêmes qui ont rompu, quelque désirable qu'elle puisse être pour l'État. C'est qu'il a aussi un esprit ecclésiastique comme tous ces Bretons, les Trochu, les Jules Simon, les Renan, et ce Vendéen de M. Clémenceau. Seulement, M. Clémenceau est du clergé régulier, « un moine ligueur », voire « un moine d'affaires », tandis que M. Briand a un naturel fonds riche et presque vierge, d'où il tire, comme l'araignée d'elle-même, ses inépuisables fils, dont il enveloppe, sans science comme sans rhétorique, mais avec onction, quoique avec simplicité, son auditoire. Il a plus de naturel que M. Gambetta, avec moins de subjectivisme, moins de souci de l'unité.

Un candidat à la députation qui incitait les soldats à assassiner leurs généraux et qui, arrivé à la présidence du conseil, a pris pour ministre de la guerre, non pas un général, comme le général Picquart, « fait sur mesure » par M. Clémenceau, et pour son usage propre, mais un général que ses fonctions de chef d'état-major de l'armée semblaient désigner à son choix, n'est pas un homme de doctrine, mais un homme, comme il l'a dit, qui « s'adapte à sa fonction », « un homme de réalisation », jusqu'à ce que son intérêt, ou l'intérêt de sa fonction, ou du pays, — car les hypothèses peuvent être ondoyantes et diverses avec un homme que rien ne gêne dans ses évolutions, sinon l'impossibilité de les faire, ou leur inutilité, le fassent évoluer de nouveau. Dans les seconds rôles, il s'est montré agréable improvisateur — d'un genre assez rare, depuis M. Émile Ollivier, presque toujours supérieur dans la réplique, — qu'une simple note déroute, et un assez habile tacticien parlementaire. Comme premier ministre, on ne pourra le juger qu'après sa chute, et encore après que les suites de son ministère seront con-

nues. Déjà beaucoup de ces premiers ministres, dont la physionomie paraissait à leurs amis, et même à leurs adversaires, bien
frappée et bien nette, n'ayant pas eu de grandes occasions, n'ont
été l'expression que des petites occasions qui se sont offertes à eux,
et, à trente ans de distance, voire à vingt ou à dix, ils paraissent fa-
lots, et la jeune génération a peine, en 1910, à distinguer leurs
traits, d'autant que leur régime allant à gauche et toujours moulant
le programme de Belleville, tous ces hommes ont pris à la même
besogne, monotone et somnolente, un air de famille et les mêmes
habitudes d'esprit, comme s'ils étaient soumis à la règle de saint
Benoît ou à celle de saint Ignace, et ces « libres esprits », comme
on les a souvent appelés, et qu'ils se sont toujours flattés d'être,
restent asservis à des idées et à des disciplines qui ne leur agréent
pas à tous, car nombre se révoltent sous le manteau de la chemi-
née, mais se courbent au parlement et aux élections, parce qu'une
fois indépendant, « un sauvage » est rejeté par tous et peut encore
moins. Tous ces partis où il y a des générations, des doctrines et
des tactiques nouvelles, sont encore dans les moules formés en 1871,
après la guerre, qui a fait tomber comme un rideau de fer sur la
France antérieure et leur a fait voir tout, et le leur fait voir encore, du point de vue où cette guerre les avait mis. Ainsi empo-
tés, attendant un événement qui les dépote, tout en le redoutant,
ces masses lourdes suivent leur pente, comme les glaciers, et leurs
chefs les guident moins qu'ils ne s'en donnent l'air.

La liste des neuf présidents de la république et des vingt-neuf
présidents du conseil, — trois ont été l'un et l'autre et réduisent
à trente-quatre ces trente-sept chefs, nominaux ou réels, de la république, — a été soumise, mais à chacun et à part, à un petit
jury de quatre républicains et de quatre monarchistes des principales écoles des deux régimes. et tous hommes estimés de leurs
adversaires comme dans leur parti : or, l'unanimité, la majorité
ou la minorité, ont émis des doutes, plus ou moins vifs, sur l'honorabilité privée de six de ses membres : mais il est si peu d'hommes dont leurs plus intimes amis pourraient répondre qu'il est permis, et même prudent, de croire que les six sont plus de six.
D'ailleurs, l'histoire a sacré grands ministres Richelieu, Mazarin, Colbert et Louvois, sans se soucier de leur « honorabilité »,
dont le feu doyen de la faculté des lettres de la Sorbonne, M. Him-
ly, faisait des gorges chaudes, à la soutenance de la thèse de l'abbé Lacroix, pour le doctorat és-lettres — M. Lacroix a depuis été
évêque de Tarentaise et il est descendu de son siège appuyé au
bras de Pie X, — et elle fait peu état de l'estime dont entouraient
M. Buffet, de la droite, et M. Méline, de la gauche, les contemporains de leur ministère. Sous cette république, nul n'est allé
au théâtre pour admirer les vertus de Mᵐᵉ Sarah-Bernhardt, Bar-

tet, Réjane, Judic, Patti, Pasca, Krauss, Aimée Desclée, Augustine et Madeleine Brohan, Croizette, Léonide Leblanc, Fargueil, Nilsson, Carvalho, Cléo de Mérode, ou Otéro, mais pour se faire plaisir de leur talent ou de leur beauté. Des hommes d'État ne restent que leurs actes d'État, et leurs vices et leurs vertus hors de pair, et même ces vices-là, au degré « héroïque », sont rares.

Y compris les présidents du conseil, cette république a eu deux cent vingt-quatre ministres, dont un seul, M. Baïhaut, a été condamné par les tribunaux : mais l'on entend couramment dire que maint autre aurait dû l'être, ce qui prouve tout au moins que la gent ministérielle inspire peu de confiance. Le ministère du travail et de la prévoyance sociale, qui ne date que du ministère Clemenceau, et qui ne s'est pas encore fait connaître, n'a eu encore qu'un titulaire ; le ministère des postes et télégraphes, créé le 4 février 1879, supprimé le 12 décembre 1887, et rétabli le 3 décembre 1893, a eu quinze titulaires, dont plusieurs l'ont été plusieurs fois, ce qui fait vingt-huit changements ; le ministère de l'industrie, créé le 7 janvier 1886, a eu dix-neuf titulaires et vingt-huit changements ; le ministère des affaires étrangères, vingt-cinq titulaires et cinquante et un changements ; le ministère de l'agriculture, vingt-cinq titulaires et cinquante-deux changements ; le ministère des finances, vingt-cinq titulaires et cinquante-six changements ; le ministère des beaux-arts, non pas créé, puisqu'il existait sous Napoléon III, mais rétabli le 25 mai 1873, — la présidence de M. Thiers et le gouvernement de la défense nationale n'ayant sans doute pas eu le temps de s'occuper d'architecture, de sculpture, de peinture, ni de gravure, — a eu vingt-sept titulaires et quarante-cinq changements ; le ministère de l'instruction publique a eu vingt-neuf titulaires et cinquante changements ; le ministère de la guerre a eu vingt-neuf titulaires et soixante et un changements ; le ministère de la marine a eu vingt-neuf titulaires et cinquante-deux changements ; le ministère du commerce a eu trente-deux titulaires et cinquante-six changements ; le ministère de la justice, trente-deux titulaires et quarante-neuf changements ; le ministère des cultes, trente-cinq titulaires et cinquante-six changements ; le ministère de l'intérieur, trente-cinq titulaires et cinquante-cinq changements ; le ministère des travaux publics, trente-cinq titulaires et cinquante-quatre changements ; le ministère des colonies, trente-huit titulaires et cinquante-quatre changements. Dans ces changements, c'est le ministère de la guerre qui « détient le record », — puisque cette expression de la langue sportive est passée dans la langue politique, — avec soixante et un changements. La colonne de la France vaincue, soixante et une fois ébranlée par les Français eux-mêmes, qui tous ont fait de l'armée et de la revanche leur politique, mais une politique où il y avait plus l'amour-propre de couvrir la défaite et la nécessité de prévenir une agression, que la volonté de la revanche, qu'ils ont toujours ajournée, même lorsque l'occasion semblait favorable.

Au total, ces seize ministères ont changé sept cent trente-huit fois de direction, c'est-à-dire que mieux aurait peut-être valu qu'ils allassent tout seuls et par la seule force fonctionnelle, par la tradition et la routine des bureaux, comme on le leur a dit, et comme ils l'ont cru. En effet, M. Clémenceau, ministre de l'intérieur dans son propre ministère, n'a pas été le ministre de l'intérieur qu'il était dans le ministère Sarrien : il a été un autre ministre qui a suivi sa politique et non celle de M. Sarrien, parce que si peu qu'il lui en imposât, M. Sarrien n'en était pas moins au timon, et les chevaux de volée prennent, bon gré, mal gré, la vitesse du timonier. Si l'on veut aller au fond des choses y chercher le fin du fin, MM. de Freycinet et Rouvier n'étaient pas non plus le 6 mai 1899 et le 10 mars 1906, le dernier jour où ils ont été ministres, les mêmes ministres que le premier jour où ils l'ont été, le 13 décembre 1877 et le 14 novembre 1881, parce qu'ils avaient en plus l'âge, et l'expérience et l'autorité qu'ils s'étaient acquises. De telle sorte que la machine administrative a été soumise à une trépidation qui a faussé ses ressorts, outre qu'elle a été employée à un usage pour lequel elle n'a pas été faite et qui a achevé de la détraquer, tant et si bien que les Français ne disent plus, comme de 1820 à 1890 : « Notre administration que l'Europe nous envie ». Les grèves de fonctionnaires en ont montré les vices : chaque régime y ayant ajouté, celui-ci en a si fort augmenté la surcharge, sans regarder au-delà de son intérêt politique du moment, qu'elle croule sous son propre poids. Non seulement les départements ministériels ont trop souvent changé de direction pour en avoir une utile, mais on dirait que cette république, qu'elle fût aux mains de la droite ou qu'elle fût aux mains de la gauche, s'est fait un jeu de mettre à leur tête les hommes qui y étaient le moins à leur place. Ainsi l'on a vu aux affaires étrangères, M. Jules Favre en 1870, M. Barthélemy Saint-Hilaire en 1880, M. Goblet en 1888, M. Develle en 1893 ; à la justice, le duc de Broglie en 1877 ; au commerce, M. de La Bouillerie en 1873, et le vicomte de Meaux en 1875 ; à l'instruction publique, M. Joseph Brunet en 1877, M. Jules Ferry en 1879, M. Fallières en 1889 ; aux beaux-arts, M. Charles Dupuy en 1892, le plus « inesthète » des Auvergnats ; à la guerre, M. Lockroy en 1898, et sans doute pour répondre aux méchantes langues, qui prétendent que les journalistes parlent de tout parce qu'ils ne savent rien, ce journaliste a été aussi maître Jacques, à la marine, en 1898, à l'instruction publique et aux beaux-arts en 1888, au commerce et à l'industrie en

1886. Il est même tel ministère, celui des cultes, dont les titulaires ont eu des opinions négatives de leurs fonctions : en 1870, M. Jules Simon, pur déiste, souriant des religions positives et pourtant chef du département ministériel de ces religions ; en 1881, M. Paul Bert, athée, aigre et butor : en 1895, M. Combes, défroqué et renégat, qui a fait enterrer civilement son fils Edgard ; en 1910 même, M. Briand, « areligieux », pour qui il n'y a ni religions, ni religion.

Cet aperçu n'est pas limitatif, il est seulement indicatif. Des deux cent vingt-quatre ministres, la plupart n'étaient préparés par rien à leurs fonctions, tout en y étant moins impropres, en apparence, que ceux dont on vient de lire les noms. Mais tous, ou à peu près, — M. Hanotaux lisait ses discours, ou plutôt ses déclarations, car il ne faisait pas de discours, — avaient eu des succès au concours oratoire de leur arrondissement ou de leur département, qui constitue le régime électoral et parlementaire de cette république. C'est la Seine qui en a donné le plus, puis le Rhône, ensuite, en nombre égal, la Côte-d'Or, le Lot-et-Garonne et Seine-et-Oise, enfin, en nombre égal aussi, les Basses-Pyrénées, les Bouches-du-Rhône, la Gironde et le Pas-de-Calais. Du « conservateur, catholique et royaliste » Ouest sont arrivés aux ministères, à la présidence du conseil ou à la tête de l'Etat, le général Trochu, le général Le Flô, M. Jules Simon, M. Dufaure, M. Martin-Feuillée, M. Yves Guyot, le général Boulanger, M. Waldeck-Rousseau, M. Clémenceau, M. Briand, qui ont joué un rôle considérable dans le parti républicain et dans la république. Quelques départements, disséminés et solitaires, n'ont donné ni président de la république ou du conseil, ni ministres : l'Allier, l'Aube, la Creuse, la Haute-Saône, l'Indre, le Loir-et-Cher, la Mayenne, l'Orne, Seine-et-Marne. Mais il y a dans le Sud-Est tout un couvent de ces vierges : les Alpes-Maritimes, les Basses-Alpes, les Hautes-Alpes, l'Isère et la Savoie. Départements républicains pour le plaisir de l'être, plaisir d'il y a quarante ans, ou trente ans peut-être, mais presque aussi désuet que le pharaon et le reversi.

Si la constitution de 1875 a fait du président de la république un chef d'Etat irresponsable et du président du conseil un chef du gouvernement responsable, la jurisprudence présidentielle, ministérielle, parlementaire et nationale a également dénaturé leur fonction. Elle a fait du premier un successeur des rois fainéants, un bourgeois très renté, mais qui ne peut seulement pas dépenser ses rentes à son gré : s'il les dépense, ou parait les dépenser, comme le maréchal ou M. Casimir-Perier, ou même M. Carnot et M. Félix Faure, il est aussitôt accusé de « visées personnelles » d' « aspirations à la tyrannie » et autres noirs complots contre la république ; et lorsqu'il les économise, pour le cas où la république succomberait sans ses complots, il est taxé pour le moins d'avarice. Cette jurisprudence a fait du second un chef du gouvernement qui ne peut pas plus s'appuyer sur le chef d'Etat qui l'a nommé que si ce chef d'Etat avait disparu comme une ombre après l'avoir nommé. Il n'a pas affaire à une droite et à une gauche constitutionnelles, mais à une droite anticonstitutionnelle et à une gauche constitutionnelle. Cette gauche est composée de factions suivant la même route, à des kilomètres, à des lieues les unes des autres, et elles ont également trois peurs. Elles ont peur de leur route. Elles ont peur les unes des autres. Elles ont peur non pas de la droite anticonstitutionnelle, mais du passé millénaire qui est derrière cette droite et, quoi qu'elles en disent et quoi qu'elles en pensent, de la résurrection de cette monarchie, sur laquelle plus d'un demi-siècle de république n'a pas encore mis assez de terre pour qu'elles la croient à six pieds sous terre. Et alors, tout en s'attaquant à toutes les assises de cette monarchie et en y introduisant tous les désagrégeants, elles les ont fortifiées si terriblement pour y être en sûreté, qu'elles y sont prisonnières des troupes qu'elles y ont réunies à grand renfort de milliards. C'est à flatter la passion qui tantôt excite ou tantôt endort ces trois peurs, ou celle qui domine dans le moment, que, avec ses airs de dompteur ou d'esclave, le président du conseil s'use, s'égare et se perd dans la fondrière parlementaire.

X

Les monarchistes n'ont jamais cru à la restauration de la monarchie et les républicains n'ont jamais cru à la durée de la république.

Les monarchistes n'ont jamais cru à la restauration d'une de leurs trois dynasties dites nobiliaire, bourgeoise et démocratique — depuis 1883 réduites à deux — puisqu'ils n'ont profité d'aucune des occasions qui leur ont été offertes par le cours des choses, ou par la faute de leurs adversaires : l'invasion allemande, l'assemblée nationale monarchiste, la commune, la mort de Napoléon III, la réconciliation des chefs des deux branches de la maison de France, la mort du prince impérial, la mort du comte de Chambord, les élections de 1885, la démission de M. Grévy dans le « wilsonnisme », le « boulangisme », le « panamisme », la mort du prince Napoléon, l'assassinat de M. Carnot, la mort du comte de Paris, le « dreyfusisme », la séparation de l'Eglise et de l'Etat, l'insurrection du « Midi viticole », les grèves de fonctionnaires, les inondations de 1910, telles que Paris n'en avait pas vu depuis deux siècles et demi : tant il y a que maints monarchistes eux-mêmes ont maintes fois demandé qui ou quoi il fallait pour faire une monarchie. Les républicains n'ont pas cru davantage à la durée de leur régime, puisqu'ils n'ont cessé de s'attaquer de plus en plus à toutes les institutions sur lesquelles il est établi et ont été établis les régimes précédents, comme si elles suintaient ces régimes, et de démolir la maison dont ils sont les hôtes, pour en chasser les esprits du passé qui les empêchent de dormir. Leur mentalité politique est caractérisée par ce fait que leur premier ministère, le ministère Jules Favre, s'est institué de lui-même, en dehors de la constitution et contre elle, et que le chef de leur quarante-huitième ministère, le dernier en date, le ministère Briand, appartient à la faction de gauche la plus excentrique et qui ne forme pas la neuvième partie du parlement, contrairement à l'esprit de la constitution, aux règles et usages du régime parlementaire, et constituant un phénomène sans analogie dans aucun autre pays. Les rebouteurs constitutionnels et les astrologues politiques en diront les suites, bien qu'ils ne sachent pas comment M. Félix Faure est mort, ni pourquoi M. Casimir-Périer a donné sa démission.

Bien que tous, ou peu s'en faut, aient toujours protesté du contraire, et que peut-être ils l'aient cru, les républicains des diverses écoles ont toujours agi comme si la troisième république n'était qu' « un accident », comme si elle n'était que provisoire, — il n'est pour ainsi dire pas de semestre où, pour rallier leurs troupes et se tirer d'embarras, ils n'aient déclaré que la république était en danger et qu'il y allait de son salut, — tandis que les monarchistes des différentes dynasties ont toujours agi comme si elle n'était pas un « accident », comme si elle était définitive, c'est-à-dire pour un temps hors de l'intérêt des contemporains et de leur rayon visuel, ainsi qu'en témoigne leur politique, qui est tour à tour alliée de l'autonomie dynastique ou du système monarchique à l'union conservatrice, religieuse, libérale, ou simplement « antiblocarde », autrement dite négative.

On a beau être répandu dans le monde ou absorbé dans une thèse jusqu'à en oublier l'histoire, on n'en subit pas moins la pression de l'histoire. Le fait que Jean-Jacques Rousseau, sous Louis XV et Louis XVI, et Franklin et Necker sous ce dernier prince, ont été, eux étrangers, protestants et républicains, l'idole des Français, et de ce qu'il y avait de plus distingué parmi eux, bien avant qu'ils eussent l'idée de la république dans leur pays, et elle leur était alors bien plus étrangère qu'au temps de la ligue : ce fait n'était pas un « accident » après plus d'un siècle d'immobilisation dans la monarchie « louisquatorzienne » de gala, mais un détachement du passé, une prescience, peut-être une aspiration. Le fait qu'en 1789, cette monarchie n'a pu se transformer, comme elle l'avait déjà fait, on pourrait presque dire d'un règne à l'autre, et parfois plus profondément qu'il n'était alors nécessaire, par exemple lorsque de féodale elle est devenue absolue, cette ascension de la féodalité à l'absolutisme ayant été plus longue et plus rude que ne pouvait l'être le passage de l'absolutisme au constitutionnalisme britannique, but de la nouvelle transformation. Mais ce passage était une descente, et la monarchie s'y est effondrée, la logique et la fronde françaises ayant vu dans la délimitation du pouvoir royal à la fois l'abolition et l'abdication de ce pouvoir.

A la monarchie britannique rêvée, il manquait, d'ailleurs, une aristocratie. Depuis Richelieu, surtout depuis la Fronde, il n'y avait plus d'aristocratie, il n'y avait plus qu'une noblesse, qui rappelait ce patriciat romain, qu'Auguste avait vainement voulu restaurer, mais qu'une outrancière vie mondaine avait rendu incapable de décider au sénat des affaires de l'État, de remplir les ambassades, de conduire les armées, de gouverner les provinces. Même en son beau temps, cette aristocratie s'est toujours montrée impropre au rôle de l'aristocratie anglaise, parce qu'elle a tou-

jours eu l'arrière-pensée d'un retour à la féodalité, où chacun des
siens était roi pour sa portion du tiers et républicain vis-à-vis du
roi, de même que les parlements étaient aussi républicains vis-
à-vis du roi, mais royalistes vis-à-vis du pape, et comme tant de
descendants de cette aristocratie ou faux descendants, ou nobles
de contrebande, dont le grand-père vendait des lorgnettes ou lavait
la vaisselle, et comme quelques-uns encore, même aujourd'hui, si
incroyable que cela paraisse, ont rêvé depuis la révolution ou continuent de rêver un retour à l'ancien régime, c'est-à-dire à ce qui
est le plus impopulaire, puisque la révolution, dont les conséquences n'ont, depuis lors, cessé de se développer, s'est faite contre lui.
C'est cette antique connaissance de la psychiatrie du second ordre de l'Etat qui a le plus déterminé la fureur du tiers entraînant à sa suite partie de la noblesse, du clergé et de la famille
royale, laquelle fureur n'était que « la ruée des siècles » qui le
portait du dernier rang de l'Etat, où il était depuis si longtemps, au
premier, où l'appelaient sans doute ses capacités, si l'on en juge
parce qu'il n'en est pas tombé depuis. Cette révolution n'est pas
« un accident », à laquelle ont collaboré le bisaïeul et surtout le
trisaïeul du chef de la dynastie d'Orléans, et dont le fondateur
de la dynastie Bonaparte a été le dernier ordonnateur et le champion « mondial ».

Ne sont pas plus « un accident » ces deux empires, ces deux monarchies, avec leurs constitutions si différentes qu'elles ont fait de
Napoléon Ier un César-Louis XIV, de Louis-Philippe un Léopold II-
Fallières, de Napoléon III un Guillaume II — du moins ces chefs
d'Etat contemporains ou anciens, mais connus de tous en donnent-
ils une idée — et de Louis XVIII et de Charles X, des souverains
constitutionnels que Victor-Emmanuel III et Alphonse XIII rappellent moins que François-Joseph. Ce sont des gouvernements qui se
sont engendrés les uns les autres, dans la filiation la plus irrégulière pour les personnes et pour les noms, mais la plus régu-
lière pour les institutions et pour la suite. Mais il y a eu « un accident » d'où est issu tout ce qui se passe depuis quarante ans : en
effet, ce sont les élections du 8 février 1871 à l'assemblée nationale, où le corps électoral, humilié et irrité par la guerre, a élu,
pour conclure la paix et pour rétablir l'ordre, au lieu des bonapartistes qui avaient mal engagé cette guerre, et des républicains
qui l'avaient mal conduite, des hommes qui y étaient restés étranger, sauf pour se battre, et dont les opinions politiques, sous leurs
apparences indépendantes, lui étaient, pour la plupart, inconnues :
mais aussitôt que ces opinions se furent révélées légitimistes ou
orléanistes et restauratrices, la paix étant conclue, l'ordre étant
rétabli, même après que la commune en eût rendu le rétablissement plus difficile, aux élections complémentaires, il élut en

masse les républicains, qui, nonobstant leurs fautes, parce qu'ils avaient fait toutes les révolutions précédentes, qu'ils avaient été la faction agissante de l'opposition au second empire, qu'ils avaient fait le 4 septembre, qu'ils avaient tenté de relever la fortune des armes françaises et qu'ils avaient le pouvoir, avaient déjà le tiers de l'assemblée nationale, et le tiers qui savait ce qu'il voulait et qui le voulait, la république envers et contre tous et tout, tandis que les deux autres tiers poursuivaient la restauration de trois monarchies ennemies et n'avaient le moyen d'en restaurer aucune, et se sentaient prisonniers du tiers républicain.

Ce sont même des prisonniers qui ont fortifié leur prison en pourvoyant la république d'une constitution. Et c'est le chef le plus considérable qu'ils ont eu en ces quarante années, le duc de Broglie, qui leur a fait faire ce que M. Thiers leur avait prédit qu'ils feraient, parce que les événements ne leur permettraient pas de faire autre chose et les forceraient de le faire. Mais où M. Thiers s'est trompé, c'est lorsqu'il a cru les empêcher par là de le renverser, alors qu'au contraire, il leur en donnait l'envie, rien que pour voir si vraiment ils ne pourraient faire autre chose, et ce n'est qu'après l'avoir vu qu'ils l'ont fait, ce qui ne l'a pas consolé d'avoir été renvoyé par eux à ses « chères études ». Et, après avoir constitué la république, après l'avoir mise en état de résister à leurs assauts, c'est-à-dire après avoir fait l'acte le plus républicain qui pût être fait, ils se sont retirés de cette république, rôdant autour de la citadelle édifiée de leurs mains, sans plan, sans ordre, sans discipline, pas même en maraudeurs, mais en taquins, vingt fois changeant d'uniforme et de nom, et personne ne prenant le change. Ils n'ont su, ou plutôt ils n'ont pu être ni monarchistes, ni républicains, ni constitutionnels, ni anticonstitutionnels, ni conservateurs, ni révolutionnaires. Ils sont restés dans l'équivoque des élections de 1871, à laquelle ils ont dû leur rentrée sur la scène de la représentation nationale, en exprimant, mais de moins en moins, leurs regrets pour le second empire, la monarchie de juillet, la restauration, le premier empire ou l'ancien régime, et en ayant pour memento du passé, plutôt que pour programme de l'avenir, derrière leurs programmes électoraux qui n'ont jamais été, sauf de rarissimes et individuelles exceptions, que des programmes conservateurs et libéraux, autrement dits constitutionnels, les vagues formules de monarchie constitutionnelle, parlementaire, représentative ou autoritaire. Formules qui qualifient les régimes existants ou abolis, que chacun peut contrôler dans la réalité ou dans l'histoire, mais qui laissent très imprécis un régime à faire, leur application dans les autres pays n'en donnant qu'une image lointaine, et à des lettrés seulement. Et toutes les fois que la république a subi une crise — et presque toujours par sa

faute — qui semblait les mettre au pied du mur, ils ont toujours dit,
ou à peu près : « Il ne s'agit pas aujourd'hui de faire la monarchie,
mais de la préparer en réparant les fautes de la république... »
Toujours ils ont éloigné ce calice. Nombre se sont contentés du
ronron de ces berceurs qui leur répètent cinq ou six fois l'an,
avec des airs inspirés, que la monarchie est l'aboutissement fatal
de la république, et qui les endorment dans cette confiance. Toujours ils ont compté sur la Providence, voire sur le hasard, bien
que le hasard favorise seulement ceux qui sont à la table de jeu
et qui jouent, et jamais ceux qui ne font que regarder jouer. Ces
berceurs ne sont pas tous des sots, et il en est qui en tirent vanité ou profit, comme ce Palloy qui a fait fortune en vendant des
petites Bastilles, faites avec des pierres de la Bastille démolie.

Ainsi, quarante ans se sont écoulés, et voici la troisième république quadragénaire et bientôt sexagénaire, en lui ajoutant la
deuxième et la première. Plus d'un demi-siècle de république depuis la révolution de 89 ! De sorte qu'aux masses, dont l'horizon
est borné aux choses contemporaines, ils ne peuvent plus opposer
à l'instabilité républicaine la stabilité monarchique, puisqu'aucune monarchie, depuis cette révolution, n'a duré autant que cette
république, qui a même duré plus que les deux plus longues monarchies réunies. Opposition juste, d'ailleurs, pour la France antérieure à la révolution, mais non partout et toujours juste, puisque la république existe en Suisse depuis plus longtemps qu'aucune dynastie impériale ou royale sur un trône européen.

De leurs sept prétendants, trois ont fait un acte, ou des actes,
témoignant qu'ils ne croyaient pas plus que la république engen-
drerait la monarchie qu'ils ne croient que les pommiers portent
des oranges, et qu'ils n'attendent que d'eux-mêmes leur accession
au trône, la monarchie se faisant si on la fait, fonctionnant si on
lui a donné les organes nécessaires, — et, depuis 1789, on ne lui a
donné que des organes qui n'ont pu durer au-delà d'un ministère
de l'ancien régime, un peu plus que le ministère Choiseul ou le
ministère Dubois, et un peu moins que le ministère Mazarin ou le
ministère Richelieu — et si l'on sait se servir de ces organes : car
il n'est monarchie, ni république, qui aillent toutes seules, sans
quoi il n'y aurait jamais eu de révolution en France, ni ailleurs.
Chacun de ces gouvernements est comme la tente dressée par la
génération qui passait.

Le premier en date de ces prétendants est le prince impérial, qui
a montré qu'il avait du courage, et qui a fait là une démonstra-
tion que l'on ne demande pas aux princes, parce qu'on présuppo-
se qu'ils en ont de par leur qualité et que c'est même la seule vertu
qu'elle leur donne presque nécessairement, tant il leur serait plus
difficile de n'en avoir pas : on n'a même cru qu'à demi que le

feu prince Napoléon n'en avait pas, parce que l'égoïsme, le sans-gêne et l'insouciance du devoir ne l'excluent pas nécessairement. Mais il n'a pas montré qu'il n'avait pas peur de faire peur à ceux qu'il prétendait gouverner et par quoi il les aurait tenus et harponnés, et si un prince tue quelquefois pour monter sur le trône et qu'il doive risquer sa vie, il ne faut pas qu'il soit tué.

Le second est le comte de Paris. Représenté dans son propre parti comme un bourgeois serré et étroit, il a été plus prodigue et plus aventureux, mais en ayant l'air de tout le contraire, que tous les autres prétendants réunis. Ses amis les plus écoutés ont voté les lois constitutionnelles, et il ne les a pas désavoués, tous se flattant que le pays s'apercevrait un jour qu'à cette constitution, faite par une assemblée qui avait plus de rois que de monarchisme, il manquait, en effet, un roi. Il a fait les élections de 1885 en mettant à sa solde et à sa suite tous les partis d'opposition, faisant même les frais électoraux de partisans plus riches que lui : mais ces élections étant une coalition de monarchistes, d'impérialistes et de républicains, étaient conséquemment constitutionnelles. Il s'est aussi lancé dans le « boulangisme », toujours à sa solde, mais cette fois à la suite du général Boulanger, et il disait après l'échec : « Je sais que je suis un peu brûlé », comme l'ont été les monarchistes, toutes les fois qu'ils ont été en second ou en troisième, avec M. de Montalembert en 1850, et en 1870, au lieu d'être en premier, comme en 1885. Quelques-uns, aujourd'hui, « flirtent » avec la confédération générale du travail, qui est auprès d'eux de race plus rude, comme les républicains, il y a quarante ans, auprès de leurs pères, et comme les bonapartistes, il y a soixante ans, auprès de leurs grands-pères.

Le troisième, enfin, est le duc d'Orléans, dont l'équipée à Paris l'a conduit à Clairvaux. Il a pu alors sonder l'adultération de la foi monarchique par la défaite, en entendant le doyen des organes royalistes de France sommer le comte de Paris de renoncer à ses droits au profit du jeune prisonnier.

Tous trois ont ainsi témoigné qu'ils devaient conquérir le trône par toutes les voies qui pourraient s'ouvrir devant eux, et asseoir ce trône sur des bases toutes nouvelles, puisque les anciennes ont toutes été si rapidement emportées : mais eux et les autres prétendants se sont tous trouvés en présence de trois difficultés qui n'ont pas encore été résolues.

D'abord, quelle que soit la voie où ils s'engagent, et qu'ils le veuillent ou non, ils sont escortés du même état-major, ou de la même garde du corps ou du moins du gros de cette garde-là : cette société, ce monde, qui ne serait plus le monde s'il ne remplissait pas ce devoir, parce que l'opinion publique considère que tel est son devoir et qu'ils forment un tout, et aussi parce que l'idée monarchique ne subsisterait plus sans lui que chez quelques doctrinaires sans survivance personnelle. Par la même opinion publique, et bien que ce soit loin d'être exact, le monde est situé à l'extrême-droite d'un pays aimanté et tenu par l'extrême-gauche, et ayant perdu jusqu'à l'idée qu'il en pourrait être autrement, et entre lesquelles un peuple ne rêvant que de s'embourgeoiser et une bourgeoisie commençant au paysan qui a pour dix mille francs de terre et à l'ouvrier qui gagne dix francs par jour, sont gauchers et étriqués, pour ainsi dire de naissance, par peur de celle-ci ou par envie de celle-là, ou par « snobisme », car le « snobisme » est bourgeois et populaire non moins que mondain. Ensuite, le pays ne connaît pas d'autres programmes de monarchie que les constitutions impériales et les chartes monarchiques abolies, ou plutôt, il a seulement le souvenir brouillé et lointain de ces monarchies disparues, et il n'a pas l'idée de leur résurrection. En 1900, 25 % des soldats du 5e corps d'armée, à Orléans, n'avaient seulement pas entendu parler de la guerre de 1870. Pour donner l'idée d'un gouvernement plus stable, le comte de Paris avait imaginé la pérennité anglaise du budget, mais bien peu de monarchistes eux-mêmes s'en souviennent. Dans la monarchie ou dans l'empire, on semble voir le roi ou l'empereur à la place du président de la république, avec le monde autour de lui, et les clients du monde, mais on ne sait avec quelles institutions, puisque les impérialistes et les monarchistes ont plus que personne accusé la constitution actuelle de tout le mal dont ils se plaignent. Quant à l'hérédité de la monarchie, qui est toute la monarchie, et sans laquelle il n'y a pas de monarchie, elle est ignorée comme peut l'être un principe politique qui, depuis l'avènement de Louis XIV, n'a été appliqué que trois fois.

Enfin, et sans doute parce qu'ils ne savent pas quand, ni dans quelles circonstances ils feront la monarchie, ils ne savent pas non plus comment ils la feront et se bornent à célébrer historiquement ou doctrinalement sa supériorité sur la république, comme qui dirait à des pauvres qu'il vaudrait mieux pour eux être riches, mais qui ne leur dirait pas le moyen de le devenir. Au bref, il n'y a que le nom du régime sous lequel la France s'est faite et qui est comme le nom même de la France, mais qui a recouvert tant d'institutions si différentes et tant d'actes si contradictoires, que la synthèse ne s'en peut coordonner en constitution. Le roi a peu à peu, et par tous les moyens, unifié le territoire et centralisé le pouvoir, cette centralisation souvent pour son orgueil plus que pour le bien de l'État, et lorsqu'elle a été à son apogée, elle a fait comme toutes les institutions qui ne peuvent plus grandir, elle est tombée en décadence et en ruine. Mais, depuis, on a lassé l'opinion en ressassant, d'un côté, que la monarchie était le meilleur des régimes, et, de l'autre, qu'elle en était le pire : de sorte que l'opinion s'est demandé pourquoi, si elle était si bonne, elle n'est pas encore en place, et comment, si elle était si mauvaise, elle a duré si longtemps. Il a été souvent dit aussi que, pour ressusciter la monarchie de toutes ses ruines de l'ancien et du nouveau régime, il faudrait que le prétendant se rendît populaire, parce que la popularité le chargerait de tous les désirs du peuple et que de ces désirs jaillirait en quelque sorte l'âme de la nouvelle monarchie, la constitution, sur laquelle elle devrait s'établir. Mais les désirs du peuple ne sont souvent que des caprices et, là encore, il n'a pas été dit ce que le prétendant devrait faire pour se rendre populaire. Lorsqu'il était en France, ses moyens de popularisation ne pouvaient être que constitutionnels, sous peine de la plus immédiate répression, et encore, ne l'ont-ils pas empêché, en 1886, d'être exilé ; et, en exil, son petit Strasbourg ou son petit Boulogne de 1890, ne l'a conduit qu'en prison, et, en dehors d'une équipée plus agressive et qui pourrait n'être pas plus efficace, il n'a que les conciliabules, les discours, les manifestes, les livres, les voyages, toutes choses de la vie courante, et qui ne font plus que ce qu'on appelle « une impression d'art ».

Cependant, sous cette république, les monarchistes ont souvent parlé de coups d'État. Même depuis quelques années il s'est formé une école néo-monarchiste, recrutée un peu en dehors des partis dynastiques, qui professe que ces quarante ans d'insuccès condamnent ses prédécesseurs monarchistes et leurs méthodes, que si l'on veut renverser la république il ne faut pas la rendre « satisfaisante » et encore moins en accepter fonction, décoration ou faveurs, ni patricoter avec ses présidents, ses ministres, ses fonctionnaires et ses partisans, mais lui faire une guerre au poignard et à la bombe, et la renverser par un « coup de force ». Un « coup de force » diffère d'un coup d'État, en ce qu'il est fait, comme le renversement de Louis-Philippe, par des particuliers, tandis que le coup d'État est fait, comme le renversement de la république de 48, par un des pouvoirs de l'État contre les autres. Les monarchistes ne disposant d'aucun des pouvoirs de l'État, ne peuvent recourir qu'à un « coup de force », qu'à l'initiative des particuliers, c'est-à-dire à eux-mêmes. Charles-Quint ayant voulu, à Rome, voir l'intérieur du Panthéon par l'œil ouvert au centre de sa voûte et qui lui verse la lumière, le jeune gentilhomme romain, qui lui avait servi de cicerone sur le toit, confiait le soir à son père la tentation qu'il avait eue de le précipiter par cet orifice pour venger sa ville natale du sac qui l'avait déshonorée neuf ans auparavant. « Mon fils », lui répondit le vieillard, « ce sont là de ces choses que l'on fait mais que l'on ne dit pas ». Dire toujours qu'on va faire « un coup » et ne jamais le faire, c'est dire qu'on n'en est pas capable ou qu'il n'est pas possible. Mais ils sont dans la tradition révolutionnaire et même nationale, une des plus vieilles traditions françaises. Et lorsqu'on a poussé Charles-Quint, c'est-à-dire lorsqu'on a pris la Bastille, fait le 18 fructidor ou le 18 brumaire, les journées de juillet ou le 24 février, le 2 décembre ou le 4 septembre, ou le 18 mars, l'on a peine à croire que c'était si peu de chose à faire et qu'on ne l'ait pas fait plus tôt.

Plusieurs fois, ils ont eu l'air de peloter en attendant partie, par exemple, sous la présidence Grévy, lorsque des employés de commerce hissèrent le drapeau blanc sur l'Hôtel-de-Ville de Paris, ou lorsque, sous la présidence Fallières, les « camelots du roi » ont brisé quelques vitres et mutilé quelques statues. En ces quarante années, les monarchistes n'ont eu que des velléités de « révolutionnarisme », entrecoupées de velléités de constitutionnalisme, et leur monarchisme a été stagnant, leurs rivalités dynastiques peu à peu s'éteignant dans leurs relations de société et dans leurs alliances de famille : ils n'ont pu ouvrir la porte, ni la crocheter, ni l'enfoncer. On leur a souvent reproché, quoiqu'ils n'y puissent rien, et que ce ne soit pas reprochable, d'avoir trop de « monde » et pas assez de « foule », trop de cardinaux et de ducs, trop de nobles, vrais ou faux ; trop de bourgeois, grands ou gros ; trop de lettrés, qui, après avoir cueilli leurs lauriers un peu partout, aiment à se mêler, le soir, aux camélias, gardénias ou orchidées — suivant la mode — de ces boutonnières opulentes ou antiques ; trop de doctrinaires, qui supputent dans leur bibliothèque que tout ce qui a été fait depuis la révolution, à supposer qu'il eût été utile de le faire pour le bien public, aurait pu l'être tout aussi bien par la vieille monarchie que par tous ces gouvernements à travers lesquels la France court la prétentaine ; trop de bons pères, bons époux, bons voisins, bons contribuables ; trop de gens qui n'ont pas assez à désirer ou qui ne désirent que la tranquillité : — l'armée de Pompée, en face de l'armée de César. Mais les partis sont des formations historiques comme les pays sont des formations géologiques ; et les hommes sont les expressions, et non les créateurs, de leur temps ; ils ne font pas ce qu'ils veulent, quand et comment ils le veulent ; souvent leur lassitude, leur renoncement, leur frivolité, où il y a aussi de la fidélité et du désintéressement, puisque leurs générations disparaissent les unes après les autres, étrangères à la chose publique et inutiles à leur pays, et tout de même responsables de ce qu'elles ne font pas ou de ce qu'elles laissent faire, cachent des forces en puissance, comme dans les bois, sous les feuilles tombées, se prépare une végétation nouvelle. Ils ont l'instinct que la restauration d'une des constitutions déchues ou d'une combinaison de ces constitutions ne durerait que l'espace de l'une d'elles, peut-être moins, et que de mettre une tête royale à la cons-

titution de 1875 ne donnerait que peu ou pas de force à cette constitution, ou lui en ôterait, et que la monarchie ne pourrait s'y réim-
planter dans le tréfonds de l'âme française, où il faudrait qu'elle
jetât ses racines, après tant de revirements.

Quelquefois, dans leur romantisme ou leur symbolisme, ils se sont
représenté un prétendant comme une manière d'archange saint Michel, tranchant de son glaive, par quelque miraculeux acte de libération, les liens qui retiennent les Français à leur parti, et les partis au passé, et les entraînant tous à sa suite vers des destinées ré-
novées. A noter comme phénomène psychique et pour mémoire.

Par un phénomène analogue, mais à rebours, les républicains
ont toujours eu peur, ils ont toujours cru, tout en s'efforçant à ne
pas le croire, tout en protestant qu'ils croyaient le contraire, que
la république serait éphémère. Ils en ont eu peur, parce que les
deux premières ont été renversées par la force, et qu'elle leur a été
escamotée en 1830. Ils l'ont cru, parce que ni républiques ni monarchies, dans le nouveau régime, n'ont eu une opposition constitutionnelle, toutes n'ont eu qu'une opposition révolutionnaire, sinon dans l'action ou par le nom, mais dans l'intention et dans le
but. Ceux qui faisaient de l'opposition au second empire, au gouvernement de juillet ou à la restauration, ne se proposaient pas,
comme l'événement l'a montré, de s'y incorporer et de les transformer, mais de les renverser et de prendre leur place. Lorsque,
dans le régime parlementaire ou représentatif, l'opposition n'a pas
le caractère constitutionnel, lorsque les malcontents, dont le temps
augmente sans cesse le nombre, ne sont pas attachés au principe
du gouvernement, lorsqu'ils conçoivent leur accession au pouvoir
autrement que comme une gauche ou une droite, également constitutionnelles et loyalistes, la sécurité de ce gouvernement est particulièrement précaire, parce qu'un jour ou l'autre, si corrompue
soit-elle, il en peut surgir une faction conspiratrice et révolutionnaire. Au sens représentatif, ou parlementaire, il n'y a donc jamais eu de droite sous cette république de 1875, qui a été une république gauchère dans un pays où « le péril est à gauche », suivant
le mot de M. Jules Ferry, et sous un régime gaucher par destination, puisque, toutes les fois qu'il a été établi, il l'a été contre les
régimes de droite.

Pour conjurer ce péril, les républicains avaient cette droite, qui
a fait œuvre constitutionnelle de gauche et que lui avait léguée
l'assemblée nationale, et qui est unique dans le musée des parlements français : cette droite antirépublicaine qui, tout en protestant de son monarchisme, avait fait la constitution de la république, et qui, après l'avoir faite, avait derechef protesté de plus
belle de son monarchisme. Mais les républicains avaient eu trop

peur, même à Bordeaux, et au 24 mai et au 16 mai, pour s'être dit qu'elle s'était condamnée et qu'elle avait condamné ses successeurs, par cette contradiction fondamentale, par cette abdication, à ne pouvoir plus longtemps qu'être honoraire, et ne servir que de sabot à la république, et qu'il faudrait peut-être à la France autant de temps pour oublier ce Sedan politique et reprendre goût à la politique de ses auteurs, ou de leurs héritiers, que pour oublier le Sedan militaire et reprendre goût à la guerre. Au lieu de feindre d'en avoir peur, mais de ne plus la craindre parce qu'ils n'avaient plus rien à en craindre, et de laisser combler ses vides par le plus de prélats et de nobles possible — non pas qu'il y eût moins de mérites parmi ces nobles ou ces prélats, que parmi les factions bourgeoises ou demi-bourgeoises de droite ou de gauche, mais parce que toutes les jalousent et s'en défient davantage — et de s'en servir d'artifice pour rallier leurs troupes, comme ils ont fait tant que leurs adversaires ont été en nombre, et ce qui leur a permis de traverser bien en selle toutes leurs nombreuses crises ministérielles, ils l'ont décimée par la candidature officielle et les invalidations systématiques, jusqu'à ce qu'ils soient restés seuls maîtres du terrain, avec quelques rares cavaliers ennemis à l'horizon. Une fois taillés en pièces, légitimistes, orléanistes et bonapartistes, ils s'en sont pris aux catholiques, conservateurs et libéraux, indifférents à la forme du gouvernement, mais qui ont plus de points communs avec les monarchistes, bien qu'ils soient gouvernementaux sous tous les gouvernements, à condition que ces gouvernements respectent leurs idées, leurs intérêts et leurs personnes. Ils les ont pourchassés avec non moins d'acharnement et à ceux qui s'étaient ralliés à la république, ils ont infligé l'humiliation de leur en fermer la porte au nez. Ainsi écarté du parlement et des fonctions publiques qui ont suivi le sort du parlement, le fallacieux péril de droite qui, à cause de la composition en six principales factions énumérées tout à l'heure, de cette droite, n'a jamais été et ne pouvait pas être un péril pour la république, ni même pour les républicains, après la tentative avortée de restauration monarchique, le vrai péril de gauche est apparu sous deux espèces qui se sont développées et se développent sans cesse depuis lors : du côté des républicains de droite, si l'on peut se servir d'une expression aussi extraparlementaire en cette république, sous l'espèce de la réformation de la « mentalité » nationale : et du côté des républicains de gauche, ou socialistes, sous l'espèce de la réformation du corps social et du régime de la propriété.

Les républicains, plus attachés — surtout dans le passé — aux idées, aux formes, à l'esthétique, ont versé leur sang pour un mot, mais en s'en prenant corps à corps à l'État, en dressant leur république contre la monarchie ou contre l'empire. Les socialistes, au contraire, sont plus « substantialistes », plus égoïstes, chacun veut sa part du festin et la demande à la république, comme il la demanderait à l'empire ou à la monarchie, — aux administrations publiques, aux entreprises privées, jusqu'aux particuliers ; tout à la fois insurgé et brigand, plus méthodique et non moins utopiste, plus adroitement audacieux, sans plus de religion, mais plus altruiste, peut-être avec des sentiments plus chrétiens mais subconscients ; né avec moins de scrupules et moins de spiritualité que les autres, corrompus par le pouvoir, et sans de ces traits de chevalerie qu'on a quelquefois relevés chez les champions de « la république pour la république ».

Du moment que la république n'avait plus à combattre « le péril monarchique », puisqu'elle s'en proclamait victorieuse, elle ne pouvait plus rallier ses troupes par la menace de ce péril ; et comme elle n'avait plus de places ni de concessions à leur donner, après la curée de la première heure, que « le courant » et les augmentations successives de fonctions et de travaux publics, qui suffisaient à peine aux appétits particuliers, mais ne pouvaient servir de programme politique à leur parti, elle a dû appliquer son programme politique, qui a toujours compris la réformation organique du gouvernement et de l'État, et aussi de la société dans ses assises morales et matérielles, avec maintes exceptions, hésitations, restrictions et contradictions, les républicains n'ayant jamais été unis que sur le mot de république, bien qu'étant tous de gauche, ayant tous l'esprit de gauche, jusque dans leur résistance la plus totale à tel ou tel article de leur évangile.

Les charges de fonctionnaires, dont ils ont dès le début et sans cesse depuis écrasé le budget, pour mieux s'asseoir et pour faire une base plus solide à leurs réformes ultérieures, ont empêché l'amortissement de la dette publique, même de cette partie de la dette, l'indemnité de guerre à l'Allemagne, une dette d'honneur, qu'ils auraient dû tout de suite effacer du grand livre de la France, et ont rendu plus difficiles ces réformes, à cause du rétrécissement du crédit et de leurs conséquences économiques, et aussi la guerre. Les plus prévoyants d'entre eux confessent qu'heureuse ou malheureuse, les finances françaises n'y résisteraient pas. Quelques pessimistes, et peut-être des prophètes, se demandent même si, au cas d'une défaite, avec la réaction anticentraliste qui est au fond de tous les gouvernements issus de la révolution de 89, l'on pourrait réformer un pouvoir central, si les essais de ligues séparatistes et de communes indépendantes qui ont surgi en 1871 ne se renouvelleraient pas dans une forme moins rudimentaire et moins réductible. Ces fonctionnaires sont devenus pour la république un poids aussi lourd que le pouvoir absolu pour l'ancien régime, et eux-mêmes, tant ils se sentent maîtres du gouvernement, comme l'ont montré leurs grèves, commencent à concevoir ils ne savent encore quel état administratif en dehors du gouvernement politique et contre lui. Tout ceci n'étant qu'anatomie et synthèse, les choses ne sont indiquées qu'en l'état où elles sont et non en celui où elles pourront être un jour, et ainsi forcément sont-elles incomplètes, embryonnaires, et souvent elles ne se relient pas entre elles, parce que le lien n'existe pas, ou que le bistouri, et peut-être l'opérateur, ne le rencontre pas. Il y a quelque analogie entre cet enserrement du gouvernement par les fonctionnaires, et l'enserrement des monarchistes par le monde : seulement, si le gouvernement redoute la grève des fonctionnaires, les monarchistes n'espèrent guère la grève du monde. Après avoir écarté les monarchistes des fonctions publiques et autant que possible du parlement et des autres assemblées électives, les républicains ont entrepris d'en éteindre la race en en éteignant les foyers, en accaparant l'école et en détruisant l'Eglise, non d'un coup, parce que ce n'était pas possible, mais par des brèches et des emprises successives. Aucun témoignage n'apprend ce qu'a fait l'Eglise, en cette double tâche de la formation des âmes et des esprits, dans les dix premières années de son établissement en ce pays ; mais, après tant de siècles de conquête et de domination, où elle a dû sans cesse recommencer sa tâche, le « bloc » est sorti d'elle et lui donne l'assaut. Mais lui-même, dès son premier essai, depuis 1900, a vu maîtres et élèves lui échapper pour s'engager à travers des champs inconnus. A une religion l'Eglise a substitué une religion, c'est-à-dire des dogmes à des dogmes, une morale à une morale, dogmes et morale dont la supériorité a été reconnue par les docteurs eux-mêmes du « bloc » et par leurs ancêtres, tandis qu'à l'Eglise, le « bloc » ne substitue qu'un programme politique, philosophique en quelques parties seulement, et qui n'a pu satisfaire à la préoccupation spiritualiste de la première génération du peuple pour qui il a été fait.

Sans doute, rien ni personne, en ce pays, ne mérite autant de respect que l'Eglise de France et la monarchie française, parce que rien ni personne n'approchent, même du plus loin qu'on peut dire, de leur œuvre nationale. Mais, attribuer seulement à la « malice » de leurs ennemis la chute de l'une et l'ébranlement de l'autre, serait à la fois faire de ces ennemis des hommes très supérieurs à ce qu'ils sont et condamner ces institutions, qui doivent leurs destinées surtout à elles-mêmes. C'est ainsi que pendant le siècle dernier, sous le régime du concordat de 1801, consacrant, et l'aggravant peut-être, le principe ecclésiastique de « la soumission aux pouvoirs établis », avec les révolutions qui ont changé ces pouvoirs si souvent qu'on ne savait jamais s'ils étaient établis, dans le désir qu'elle avait, avec tant d'autres, de les établir, l'Eglise a été entraînée à s'y entremettre et à demander à la politique ce qu'elle ne devait demander qu'à la religion, et elle attend toujours d'un revirement politique un revirement religieux, au lieu de préparer par un revirement religieux un revirement politique.

Si la question monarchique n'est pas encore vidée, puisqu'il y a encore des prétendants que les souverains traitent en prétendants, et des monarchistes que les républicains traitent en monarchistes, les condamnant à la prison pour des peccadilles taquines mais non inquiétantes ; si la question scolaire et la question religieuse ne sont pas encore vidées non plus, et encore moins, puisqu'il y a toujours des établissements religieux d'enseignement primaire, secondaire et supérieur, des familles chrétiennes qui élèvent leurs enfants dans les croyances et les principes chrétiens, la liberté de la parole et de la presse, qui est aussi une école où tout s'enseigne et même davantage ; et que, dans toutes les communes, presque sans exception, les églises sont ouvertes au public et desservies par le clergé : à plus forte raison, la question de la réformation de la propriété, qui touche à plus de personnes et qui les touche plus personnellement, n'en est qu'à ses commencements, dont ceux qui ont la vue longue décrivent déjà, non seulement les suites, mais le couronnement. Au bref, les républicains ont entrepris la réformation du gouvernement, de la « mentalité » et de la propriété des Français, tout comme à la fois, quoique successivement, puisqu'ils sont passés de l'un à l'autre, sans rien achever, mais non sans se faire, le long de ces destructions, des ennemis qui ne savent comment se venger, mais qui n'en sont que plus dangereux, en ce qu'ils saisiront, avec d'autant moins de façons, la première occasion de le faire, dussent-ils en être eux-mêmes victimes, ainsi que nombre l'ont fait entendre. En embrassant tant de choses et en les étreignant mal, parce qu'une plus forte étreinte aurait fait se rebeller le pays, les républicains se sont montrés, en même temps que pratiques, les idéologues qu'on leur a toujours reproché d'être, leurs réformes ayant jusqu'à présent affaibli ceux qui les ont faites, autant et plus que ceux contre qui ils les ont faites, au bénéfice de la génération nouvelle, qui s'intéresse moins à la forme du gouvernement, tant l'âme d'un peuple est difficile à capter, si difficile que l'on retrouve encore dans l'âme française les traits qui la caractérisaient avant sa conquête par le christianisme. A de certains moments il a même semblé que ses ministres suffiraient à détruire l'Eglise de France : — à la révolution, la plupart de ses évêques s'étaient affranchis de la résidence ; on ne les rencontrait qu'à Versailles ou à Paris, menant une vie peu conforme à leur état ; et pourtant, sous le régime concordataire, elle est redevenue florissante, et elle a eu un de ses plus beaux épanouissements sous cette république.

Peu clérical ou anticlérical, douteur ou frondeur, peu ou pas pratiquant, le Français revient presque toujours, au soir de sa vie, à la religion catholique, qui est la religion nationale, comme à sa langue naturelle, pour s'entretenir, en son for intérieur, avec soi-même, avec Dieu, et « régler ses affaires », et il a aussi peu de goût pour toute autre religion que pour les langues étrangères. Mais depuis la séparation des Eglises et de l'Etat, et même avant, la république n'a plus de religion, et, bien qu'elle ignore Dieu, et que « Dieu l'ignore », ajoutent ceux que sa politique antireligieuse inquiète, elle a toujours un ministre des cultes, non pour veiller à la prospérité des administrations placées sous son autorité, comme telle est la fonction de tout ministre, mais pour les surveiller, comme des matérialistes peuvent surveiller des spiritualistes, comme des catholiques peuvent surveiller des francs-maçons, en haut commissaire hostile. Ce matérialisme devient grossier dans les villages, comme les paysans à peine équarris qui l'enseignent ; et comme il y a tantôt quarante ans qu'il n'y a pas eu de « saignée » révolutionnaire et que, depuis la révolution, la France n'était pas restée si longtemps sans de ces « saignées », il s'y est amassé beaucoup d'humeurs, et il les épaissit et les infuse dans les générations nouvelles, qui promettent de donner plus de bas coquins que de beaux brigands. On ne cite aucun autre gouvernement du globe, république ou monarchie, qui s'affranchisse ainsi de la croyance en Dieu, ne s'ajoute rien d'auguste ni de mystérieux, que ce que son orgueil, ou sa naïveté, attribue aux quatre syllabes de son nom de république et se présente aux peuples comme une entreprise commerciale quelconque, comme un chantier ou une banque. Ainsi, pour avoir voulu s'assurer immuablement le pouvoir en se faisant protéger par une armée de fonctionnaires, qui suffiraient à administrer un tiers de l'Europe, les républicains se sont faits leurs prisonniers, de même qu'en construisant, en 1840, les fortifications de Paris, pour le rendre imprenable, M. Thiers a dû, en 1871, en faire le siège pour y rentrer.

Aujourd'hui, républicain ou monarchique, le gouvernement est à leur merci, parce qu'ils se savent trop nombreux pour qu'il les puisse remplacer, ils se savent les maîtres de l'Etat et prétendent devenir l'Etat lui-même. Lors de la grève des postes, des télégraphes et des téléphones, qui, en 1909, a isolé la France et son gouvernement du reste du monde, ne leur permettant même pas de communiquer avec leurs ambassadeurs auprès des puissances, pour la première fois, de mémoire d'homme, des groupes de commerçants et d'industriels, des municipalités, des journaux, des membres de l'académie française, ont prêché le refus de l'impôt pour abattre cette féodalité d'un nouveau genre. Prisonnière, au dedans, de ses fonctionnaires, et ne pouvant faire que ce qui leur convient, la république est prisonnière, au dehors, de ses colonies, qui lui donnent trop de voisins et l'exposent à trop de dangers, dispersent ses forces et ne lui permettent pas de se ramasser pour rompre la vassalité du traité de Francfort, qui la tient au second rang ou au troisième.

D'où l'antimilitarisme et l'indiscipline, qui ne sont que le découragement d'une attente aussi prolongée que vaine. On a souvent reproché aux républicains de n'avoir pas eu d'autre idéal que cet idéal avorté par peur moitié égoïste de perdre le pouvoir, qu'ils fussent vainqueurs ou vaincus. Ils ont vu les légitimistes se faire, du comte de Chambord et de sa monarchie, un idéal de roi et de règne, tels qu'il n'y en avait jamais eu; et leur idéal ne s'est matérialisé que dans le testament de leur prince, qui a été d'un bon oncle. Toute l'histoire de France, depuis la révolution, est dominée par l'idéal militaire du consulat et de l'empire, et les Français étaient si rassasiés de cet idéal, qu'ils ont été presque aussi satisfaits que les alliés d'être débarrassés de Napoléon Ier et de Napoléon II. Sous Napoléon III, l'idéal des républicains était une république fondée sur la loi et la loi sur le droit. Mais après la présidence Grévy, un curieux entreprit de dresser un répertoire de leurs lois, faites en violation du droit, et de leurs actes, faits en violation de leurs lois, et il y a renoncé, le répertoire menaçant de devenir une bibliothèque. A cet idéal ils en ajoutaient un autre : le gouvernement de la république par l'aristocratie, c'est-à-dire par les meilleurs. On peut descendre de ceux qui ont été les meilleurs, il y a un siècle ou deux, ou dix, et n'être pas de l'aristocratie de 1910, parce qu'on n'est pas des meilleurs, parce qu'on n'a pas les qualités de l'aristocratie de 1910, ces qualités variant d'une époque à l'autre, et pouvant aussi s'appeler défauts, si on les considère sous un autre rapport que leur adaptation à la société. Les plus grands capitalistes de France, les Rothschild, n'ont été ni présidents de la république, ni ministres ; non plus que les plus grands propriétaires fonciers, comme le marquis de Pomereu ; ni les plus grands industriels, comme M. Schneider ; ni les plus gros bourgeois, comme M. Chauchard. Il est grand dommage, pour les cinématographes, que M. Chauchard n'ait pas été président, la reproduction de ses attitudes présidentielles aurait fait la joie de l'univers et la fortune de leurs reproducteurs.

Aujourd'hui, pour le populaire, les aristocrates, ce sont les riches, et lorsque ces riches sont nobles, ce sont des aristocrates de choix ; et ces exemples montrent que les plus grosses fortunes, même avec un beau nom, ne donnent pas, par elles-mêmes, le pouvoir, et le plus souvent elles suscitent l'envie démocratique et elles rendent leurs possesseurs dédaigneux de le conquérir, de même que les talents rémunérateurs d'argent et de renommée chez l'élite des professions libérales et industrielles, et les satisfactions de vanité chez les gens du monde, dont beaucoup brilleraient dans tous les genres, s'ils en prenaient la peine, et tous ainsi se rendent impropres aux affaires publiques et les abandonnent aux rinçures de la bourgeoisie. Mais qu'est-ce que pourrait être un gouvernement aristocratique en 1910 ? Serait-ce une sélection des cinq classes de l'institut, du corps des généraux et des amiraux, de l'épiscopat, des syndicats patronaux et ouvriers, industriels et agricoles ; du grand commerce, de la grande propriété, des administrations publiques, des hommes de loi, de la finance, de la grande industrie, de la noblesse et de la bourgeoisie historiques, etc. ? Et qui ferait cette sélection, et en quelle forme et dans quelles règles ? Toujours est-il qu'elle devrait représenter toutes les catégories de la société contemporaine, dont le génie promet de transformer le monde avant la fin du vingtième siècle, plus qu'il ne l'a été depuis Jésus-Christ. Mais le suffrage universel est impropre à faire cette sélection, parce qu'il n'élit que ceux qui viennent à lui et qu'il comprend, et que ceux qui devraient être ses chefs se dérobent à éclairer et à solliciter ses suffrages.

Si ses quatre premiers présidents, le général Trochu, M. Thiers, le maréchal de Mac-Mahon et M. Grévy, étaient des premiers dans leurs professions et, par conséquent, de cette naturelle aristocratie contemporaine, son cinquième, M. Carnot, et son sixième, M. Casimir-Perier, n'étaient que de l'aristocratie historique moderne, des fils et petits-fils de ses membres, mais ils n'étaient pas désignés par leur valeur professionnelle, et en dehors des contingences et des mécaniques du parlementarisme, pour cette première magistrature, qui devait être le régime du talent opposé au régime de la naissance. Avec ses trois derniers présidents, M. Félix Faure, M. Loubet et M. Fallières, la république est hors de toute aristocratie, parce qu'elle a cent Fallières, Loubet et Félix Faure au sénat, et cent autres à la chambre, aucun d'eux, ni aucun de leurs ancêtres ne s'étant mis au premier rang de l'armée, de la marine, des lettres, de la science, du barreau, de l'administration, du commerce, de la finance, de l'industrie, de l'agriculture, des arts, de la diplomatie ou d'une carrière quelconque.

C'est sous ces trois présidents que tous les souverains sont accourus en France comme pour voir un gouvernement qui n'était pas aristocratique et qui n'en avait même pas la moindre apparence, tant il est contre nature qu'un pays ne soit pas gouverné par son élite, et ne s'en cache point. Comme la république et la monarchie peuvent faire les mêmes choses et qu'elles les ont faites, hormis l'hérédité du chef de l'une et l'élection du chef de l'autre, ces neuf présidents sont tout ce que la monarchie ne pouvait pas donner à la France et tout ce que la république lui a donné. Neuf présidents pour soixante-quinze millions de Français environ, qui ont vécu de 1870 à 1910, font une bien petite loterie, un billet pour plus de huit millions ; seulement, les soixante-quinze millions ont pu espérer être des neuf, ou tout au moins ont été flattés que les neuf aient été pris parmi eux, surtout ceux des neuf qui sont le moins éloignés d'eux et où ils peuvent le mieux se reconnaître.

Un lecteur qui aurait eu la patience d'arriver à travers ces broussailles, au point final de cette Anatomie, se demanderait peut-être ce qu'il en faut conclure et ce qu'il faut faire. Mais ce livre n'a promis rien de semblable et ne le comporte point. Il faudrait avoir une bien haute idée de soi pour donner des conseils de cette envergure, et une bien fausse idée des autres pour s'imaginer qu'ils seraient suivis. Des monarchistes, anciens promoteurs, constituants ou fonctionnaires de la république, ou décorés par elle, « dans les intentions les plus monarchiques » sans doute, taxeraient peut-être de républicanisme un monarchiste qui n'a jamais rien été et qui prendrait la liberté de leur dire : « La politique monarchiste, depuis la chute de Napoléon III, et même avant, n'a pas été heureuse, puisqu'au lieu de faire la monarchie elle a fait la république, et, depuis qu'elle l'a faite, elle ne l'a pas été davantage, puisqu'elle ne l'a pas défaite. Elle ne l'a pas défaite, soit parce qu'elle ne pouvait pas la défaire, soit parce qu'elle s'y est mal prise ; et elle s'y est si mal prise, avec tant de zigzags, d'incertitudes et de mollesse, qu'elle a donné l'impression de la vanité de son entreprise et de son désir seulement de « sauver la face » et de laisser les choses suivre leur destinée, sans y prendre part autrement que par ses protestations, avec l'arrière-espoir, de plus en plus vague et rare, que la monarchie reviendra un jour ou l'autre, et quoi qu'il arrive, on ne sait par quel mécanisme de propulsion historique. La plupart des monarchistes se font honneur — beaucoup avec raison — d'être les plus zélés fidèles du « Dieu qui s'est fait chair » pour prêcher la religion, et qui est mort sur la croix pour la confirmer ; or, si même la religion, qui est de tous temps et de tous pays, a besoin de s'incarner pour s'imposer par des paroles et des actes, et par des actes allant jusqu'au sacrifice de soi-même et à l'effusion de son sang ; à plus forte raison la monarchie, qui n'est que relativité et contingence, ne saurait-elle s'établir ou se rétablir, toute seule, par l'opération de l'histoire. C'est cette « manière forte » — moins la croix — qui n'a pas encore été essayée, sauf par le prince impérial, mais dans une lointaine guerre étrangère et trop près de la chute du trône impérial pour que sa mort y fît remonter sa dynastie, laquelle, d'ailleurs, à moins de vie et de partisans, en 1910, que la dynastie royale, parce qu'elle a suivi la même politique, mais en second. Comme il y a eu sept prétendants et onze princes royaux ou impériaux, plusieurs jouissant d'une grande renommée d'intel-

ligence, de valeur et d'ambition, l'on doit en conclure, ou qu'ils
n'ont pas trouvé les circonstances favorables, ou qu'ils ne se sont
pas sentis assez soutenus par leurs partisans, que retiennent presque toujours leurs affaires ou leurs plaisirs, et dont l'état-major, le
monde, quel que soit son courage, — semble la classe la moins
faite pour faire une révolution, puisqu'elle est enviée par toutes
les autres, pour sa naissance, sa fortune, ses hôtels, ses châteaux,
son bel air, sa vie toujours en plaisirs, bien que toujours le plaisir ne soit plus le plaisir, et une révolution faite par les enviés
contre les envieux serait le plus piquant spectacle qu'on puisse
souhaiter, mais on ne paraît guère avoir la chance de le voir. Aussi,
avec cette politique de thèses sans liens avec les faits, de doléan-
ces de ce qu'il y a de plus heureux dans la « douce France », de
poésie et de parade, ne voit-on rien de ce côté-là et sur ce point,
qui pourrait empêcher la république de durer quatre cents ans, ou
quatre mille ans ; mais avec les moyens dont se sont servis les républicains pour renverser les monarchies, et aussi les princes pour
renverser les républiques ou pour se renverser les uns les autres ;
avec un acte audacieux, ou une série d'actes audacieux, qui, à la
place de ce cortège aussi beau que toujours le même, lui feraient une
clientèle personnelle, un parti nouveau, venant de tous les autres,
ainsi qu'il arrive toujours, lorsqu'il se révèle « un mâle », un
chef, dont l'appel vide les autres camps et remplit le sien : un prétendant, a-t-on pu espérer, en se fondant sur ces précédents si
constants, mettrait peut-être quatre ans, ou quatre mois, à arriver au pouvoir ». C'est, en effet, l'histoire et la tradition de France.
Mais la tradition change avec l'histoire. De même, un catholique, même partisan de ce gouvernement aristocratique, se sent
suspect, lorsqu'il rappelle au clergé que Léon XIII lui a recommandé « d'aller au peuple » et Pie X « d'aller à la pauvreté », ce qui
veut sans doute dire, non pas de prendre toujours parti pour les
petits contre les grands, parce que les petits n'ont pas toujours raison, et que l'on doit la justice à tous, mais de s'occuper davantage
d'eux, parce qu'ils en ont plus besoin : comme aussi que le clergé,
même dépouillé de ses biens, même en butte à l'hostilité des pouvoirs publics, ne saurait se prêter au païen orgueil de ces mariages
et de ces funérailles, dont le tarif est plus élevé que la dot ou que
l'héritage de la moitié des Français, et ainsi l'a interprété le cardinal Richard, en réduisant quelques-uns de ces abus qui s'étaient
glissés dans l'Eglise de Paris. Mais, pour le coup, ce catholique
s'entend accuser d'anticléricalisme, voire d' « areligion », sinon
d' « irréligion », lorsqu'il fait remarquer que si ni Léon XIII, ni
Pie X n'ont autorisé la formation d'un parti catholique, c'est sans
doute parce qu'ils savent que rien n'a plus, jusqu'à présent, éloigné les Français, même les plus catholiques, que le clergé s'immis-

ce dans leurs affaires politiques et administratives, bien qu'eux-
mêmes s'immiscent dans les affaires cléricales et religieuses avec
encore plus d'ardeur et moins de compétence.

Sans se dissimuler les difficultés de l'expérience, certains pensent que le clergé regagnerait de l'influence sur tous les terrains,
en se retirant complètement de la politique, en laissant les élections se faire en dehors de lui, en ne votant même pas, une voix
dans une commune ne faisant pas pencher la balance ; en se consacrant exclusivement à l'enseignement du dogme et de la morale,
surtout de la morale, à laquelle la génération actuelle est très sensible, parce que son intelligence cultivée y trouve un aliment supérieur ; à la visite de ses paroissiens, et principalement des malades,
des pauvres, des endeuillés, des infirmes, des vieillards ; aux œuvres d'assistance, de coopération ou de retraite, auxquelles il peut
collaborer par ses conseils, son aide, comme secrétaire, sa participation pécuniaire ou son entremise auprès des personnes fortu-
nées ou exerçant des charges publiques, et qui sont en situation
de favoriser la création et le développement de ces ruches populaires. Quoi qu'il en soit, ceux qui suivent depuis longtemps les affaires publiques ne sauraient assez dire, au soir de leur vie, combien les déclarations monarchiques ou républicaines du clergé et
son intervention dans les luttes politiques et administratives, lui
ont nui et ont nui aussi à la religion, en la matérialisant. Mais il
est plus facile de constater le mal que de donner au clergé le moyen
de se tenir en dehors et au-dessus des partis, et s'il y réussissait,
il serait capable, non moins que digne, des influences auxquelles
il a prétendu dans la politique.

Si la guerre de 1870, l'assemblée monarchique, la commune, la
renaissance religieuse, l'avortement de la restauration légitimiste,
ont fait voir mille chandelles aux monarchistes et au clergé, et si
leurs affaires en sont tombées de plus en plus dans l'embrouillamini, les républicains n'en ont pas vu moins et les suites n'en sont
pas moins embrouillées, mais ils ont l'avantage d'être au pouvoir.
Comme, en 1871, ils se sont trouvés entre deux dangers, l'assemblée monarchique et la commune, et qu'ils en ont eu d'autant plus
peur que ces deux dangers surgissaient sur le berceau de la troisième république, et qu'à peine ressuscité, leur régime était menacé derechef, ils ont entrepris de les conjurer coûte que coûte,
pour l'avenir, et ils ont progressivement et simultanément employé
les trois premiers moyens qui leur sont tombés sous la main. Ils
ont peu à peu porté à près d'un million le nombre des fonctionnaires, et ces fonctionnaires ne sont plus, aujourd'hui, des gardes du
corps, mais des révoltés dans la place et sont devenus un danger
pour ceux dont ils devaient assurer le gouvernement Ils surchar-
gent le budget et sont la principale cause des embarras financiers

et économiques de la république, en ce qu'elle ne peut consacrer ce qu'ils coûtent à des travaux publics et à des institutions sociales, dont l'Angleterre, l'Allemagne et la Belgique sont déjà pourvues, et qui n'ont pas au moins ce caractère de sinécures, quelque puisse être leur destinée. Ces sinécures tuent toute initiative, toute virilité, tout effort ; elles engendrent la musardise, la paperasserie, l'esprit tracassier ; elles jettent sur toutes les classes policées, intellectuelles et patronales, une apparence parasitaire et oppressive, et le nom de « bourgeois », sous lequel le populaire les englobe, est presque une injure.

Si les fonctionnaires créés par cette république étaient obligés de gagner leur vie dans les professions libres, l'essor que l'agriculture, l'industrie, le commerce, la finance, la navigation, la colonisation, ont pris depuis quarante ans, par la générale évolution économique, serait d'autant plus grand, et les dix-huit cents millions de tribut que l'étranger paye annuellement en or à la France s'accroîtraient, d'une année à l'autre, dans la même proportion, ainsi que la prospérité du peuple et de toutes les classes sociales. Mais créer tant de fonctionnaires en même temps qu'un si grand empire colonial, c'était priver ces colonies de colons, les frapper de stérilité, ajouter un poids mort à la métropole et paralyser celle-ci sur le continent.

C'est pour n'avoir pas regardé au-delà de leur intérêt du moment que les républicains ont commis ces fautes, qui pèsent, aujourd'hui, sur leur régime et sur leur pays ; mais s'il est facile aussi de les constater, et s'il l'a été plus encore de les commettre, il est aussi plus difficile d'y remédier. Bien que leurs fonctionnaires leur inspirent plus de peur que de confiance, les républicains n'osent même pas en élaguer « ceux qui ne rejoignent jamais leur poste et passent leur vie sur le boulevard ». M. Briand lui-même a maintenu les sous-préfets, dont tous les partis ont, dans l'opposition, demandé la suppression, et qu'au pouvoir tous ont maintenus. Il y a aussi « les droits acquis », l'inhumanité de jeter sur le pavé des hommes déshabitués de tout effort, et le danger social de créer ainsi une armée de bourgeois prolétaires. Sans doute il y a l'extinction des fonctions inutiles par le non-remplacement des titulaires décédés, démissionnaires ou retraités ; mais tous les vivants seront morts quand ce remède aura guéri le mal qui rabougrit la race.

À l'aide de ces fonctionnaires et de leurs troupes auxiliaires des multiples entreprises industrielles et commerciales de l'État, les républicains ont décimé les monarchistes de l'assemblée nationale, qui leur avaient fait tant de peur et qui avaient eu encore plus peur d'eux, et avec eux leur programme, programme antécésarien, programme conservateur-libéral, le meilleur programme de droite

31

que pût rêver cette république, et tout ce qu'ils considéraient comme superstructure ou dépendances de leur programme, de leur parti et de leurs personnes, et ils l'ont fait avec tant de rage, qu'ils y ont contracté une sorte de « droitophobie » et de « gauchomanie » qui semblent incurables. Ils ont même refusé l'investiture républicaine aux monarchistes qui, de guerre lasse ou dans un intérêt national, se sont ralliés à la république, pour y former une droite constitutionnelle, destinée à lui servir de port de radoub, quand elle aurait été trop battue par les tempêtes de la gauche. Bien plus, ils l'ont refusée à des conservateurs, à des libéraux, à des catholiques, indifférents à la forme du gouvernement, mais qui, une fois un gouvernement établi, sont enclins à en soutenir le principe, non par attachement à ce principe, mais par peur de « ce qui pourrait arriver », si ce principe était renversé, par « omniconservatisme »; ce sont même les conservateurs les plus tenaces, puisque la peur les cloue même à ce à quoi ils ne sont pas attachés en soi. Qu'ils voulussent la république sans monarchistes, comme les monarchistes, sous M. Thiers et sous le maréchal, l'avaient voulue sans républicains, c'était faire ce qu'ils reprochaient aux monarchistes d'avoir fait, bien que le monarchisme et le républicanisme soient d'un emploi nul dans au moins quatre-vingt-dix-neuf fonctions publiques sur cent, et qu'il n'y faille que le loyalisme commandé par l'acceptation de ces fonctions, la capacité et l'honnêteté dans leur exercice. Mais s'interdire ainsi toute droite, pourtant neutre et parce que neutre, sous prétexte qu'elle pourrait être génératrice de monarchisme, c'était tirer sur soi et sur la république, c'était la priver d'un contrepoids et d'une alternance nécessaires, nul gouvernement, comme aucun soldat, ne pouvant cheminer sans changer son fusil d'épaule. C'était aussi ajouter des proscrits à l'intérieur « aux émigrés à l'intérieur », et se rendre responsable de l'inutilisation de tous. Proscrivant les catholiques, ils ont pour ainsi dire dû les persécuter, parce qu'ils ont une organisation légale, générale et permanente, correspondant à celle de l'État, et, les persécutant, ils ont aussi persécuté le clergé et la religion, — et le mot de persécution, qu'on ne saurait appliquer à telle ou telle tracasserie, est le mot propre lorsque ces tracasseries sont générales et journalières, et, à plus forte raison, lorsqu'il qualifie la spoliation des biens ecclésiastiques, qui est un vol, et le pire des vols, le vol légal, le vol national, contre lequel le volé n'a aucun recours, et qui lâche la chaîne aux voleurs. On peut être très ennemi de l'Église sans rompre avec elle, mais, après avoir rompu, on peut, en recousant, en paraître trop l'ami, et c'est pourquoi recoudre est malaisé, et le sera davantage à mesure que le peuple est élevé en dehors de l'Église, ou à moitié en dehors, sans morale, ou avec une morale sans base, sans sanction, et errante, bien qu'il

y soit toujours revenu, comme à sa religion naturelle, après
s'en être souvent éloigné, et que M. Fallières, président de cette
république athée et officiellement athée lui-même, ne le soit pas
privément, puisqu'il a conduit sa fille à l'autel. Il reste donc encore
plus de religion que ne peut le croire le chef de l'Etat, puisqu'il
s'y soumet. Il reste encore aussi plus de monarchisme que les monarchistes eux-mêmes ne s'en doutent, puisque l'on en trouve
même du plus mauvais chez les républicains, jusque chez leurs ministres, témoin les harangues de M. Leygues au supercoquentieux
bourgeois qui lui a légué quinze millions en manière de satisfaction de son encens, qu'auraient à peine pu renifler les solides narines de Napoléon Ier et de Louis XIV.

Mais la formation d'une droite constitutionnelle est un peu devenue un casse-tête chinois, puisque des républicains aussi anciens que cette république, ou plus anciens, tels que MM. Ribot,
Méline ou Peytral, des progressistes, des radicaux même, usés ou
désabusés, se voient refuser par le saint-office de leur parti le titre
de républicains. Cette politique d'ostracisme et de monopole a
peu à peu éliminé des assemblées et des fonctions presque tous
les noms historiques nobles et bourgeois, presque tous ceux qui
se sont distingués dans leur profession, pour ne retenir presque
que les candidats à la sportule, c'est-à-dire ceux qui ne se sentent
d'autre vocation que de baguenauder sur un rond de cuir aux
frais de l'Etat, et de lui faire adopter leur famille, ne rêvant que
de faire augmenter leurs appointements et formant le cadre naturel du socialisme se disant élévateur et égalitaire. Aussi, le gouvernement et ses administrations semblent-ils être des petits bourgeois anonymes, et lorsque le chef que leur a donné la constitution de 1875, qui n'avait pour modèle que le maréchal de Mac-
Mahon, M. Thiers et le général Trochu, et qui ne prévoyait sans
doute pas la déchéance de la fonction, reçoit les souverains étrangers, ceux-ci ont l'air de croire que la France les fait recevoir par
le régisseur de ses palais.

Leur niveau menace de baisser encore, à mesure que le suffrage universel s'essaye, en dehors de son fonctionnement constitutionnel, à une représentation syndicataire, corporative, professionnelle. Si, dans sa forme collective et directe, il lui arrive encore
parfois d'élire des hommes distingués par leur situation sociale,
héritée ou acquise, et qui ont pris la peine de se rendre populaires dans une circonscription électorale ; sous la forme professionnelle, corporative, syndicataire, il n'y a plus d'idée nationale, plus
d'élan désintéressé : il n'y a plus que « la question de boutique » ;
et ceux que les maçons, les postiers, les électriciens, les savetiers, les maîtres d'école, les cigariers, les mitrons, les télégraphistes, les terrassiers ou les téléphonistes chargent de leurs in-

térêts ne paraissent pas être les plus capables ni les plus dignes
d'entre eux, leurs aristocrates, mais les politiciens et les « sportu-
laires », « les frères inférieurs » de ceux des professions libérales,
qui aiment mieux vivre des subsides de leur syndicat que de leur
travail professionnel.

Le gouvernement s'étant ainsi rabougri dans son chef et dans
ses membres, il est tout naturel qu'il ait couru après son avant-
garde, pour ne pas la laisser se former sur son front en une nouvelle commune, en l'enveloppant et en la confondant dans ses
rangs et en se confondant avec elle. Tant y a que dans un parlement de près de neuf cents membres, où il n'y a pas cent socialistes, c'est un socialiste, et un socialiste des plus révolutionnaires,
M. Briand, qui est président du conseil ; c'est la petite minorité
qui gouverne la grande majorité, c'est moins de cent qui font marcher près de neuf cents, c'est la déformation de la constitution de
1875, l'envers même du régime parlementaire, un régime qui n'a
d'analogue nulle part, et qui, étant aussi particulier à la France
que sa succession de républiques et de monarchies depuis 1789, fait
douter de sa pérennité ses bénéficiaires eux-mêmes. Bien que les
plus âgés d'entre eux n'aient pas vu dans leur pays un régime
aussi dépensier pour sa sportule, ni aussi onéreux pour les contribuables, ils n'ont pas vu non plus pareille prospérité générale,
dont leur régime aussi est bénéficiaire, tout en ne l'ayant pas pro-
curée dans son principe, puisqu'elle est commune à tous les États
européens, ou à peu près ; et cette prospérité leur fait illusion sur
les dangers auxquels est exposé un régime aussi insolite, bien que
les gouvernements les mieux établis et les mieux dirigés soient eux-
mêmes toujours sur le bord de l'abîme.

On comprendra pourquoi l'on ne doit pas chercher ici, à la date
du 1er avril 1910, où le manuscrit de ce livre a été terminé, des « vues
sur l'avenir », des pronostics sur la pérennité de la république, et de
quelle république, ou sur la restauration de la monarchie, et de
quelle monarchie, si l'on veut bien se rappeler que le plus grand
homme de l'histoire de France avait prédit qu'avant cinquante ans l'Europe serait cosaque ou républicaine. Il y a quatre-
vingt-neuf ans qu'il est mort, et l'Europe n'est pas cosaque,
elle est tudesque ; et elle n'est pas républicaine, elle est monarchique, bien que la fonction royale se soit partout amoindrie, même
en Russie. Mais si dépouillés qu'ils soient, les souverains sont toujours de meilleure maison que leurs sujets, et leur lustre originel
en donne à leur pouvoir et à leur pays, et de plus ils ont l'éducation de leur fonction, qui est ce que les peuples voient de cette
fonction, — et encore pas toujours, car Mme de Genlis, qui en avait
élevé, disait qu' « ils ne connaissent pas la contradiction », par
quoi le caractère se forme, et « l'adaptation à la fonction » se fait ;

mais depuis Mme de Genlis, « la contradiction » a fait des progrès. Ils ne sont pas constitutionnellement d'un parti, et même ils ne sont constitutionnellement d'aucun parti, puisqu'ils ne sont pas élus par un parti et que l'hérédité a pour objet, entre autres, de les mettre au-dessus des partis. Ils ne sont pas d'anciens collègues de leurs ministres, des sénateurs et des députés, et ils ont toujours été à côté d'eux et au-dessus d'eux. Et toutes ces conditions qui pourraient n'être pas un avantage pour le chef de l'État dans l'Amérique républicaine, n'ont pas cessé de l'être dans l'Europe encore presque tout entière monarchique, et où les relations internationales, les institutions politiques, la constitution des partis, comme les préjugés, les mœurs et l'histoire ne sont pas les mêmes.

Napoléon Ier s'étant si fort trompé dans ses prévisions sur le siècle qui a porté son nom, tenter après lui de dérober le feu du ciel serait plus que téméraire, et il sied de laisser dans le secret de Dieu la république et la monarchie, avec leurs ambitions rivales de maintenir, de réformer ou de détruire la civilisation chrétienne, qui a survécu à tant d'ennemis, comme à tant de serviteurs, en ce pays où le nonce Bentivoglio disait déjà sous Louis XIII, — et il n'était pas le premier à le dire : « La France ne peut vivre sans de continuels changements et nouveautés. »

Table des Matières

PARIS-LIMOGES. — IMP. DU « COURRIER DU CENTRE », 18, RUE TURGOT

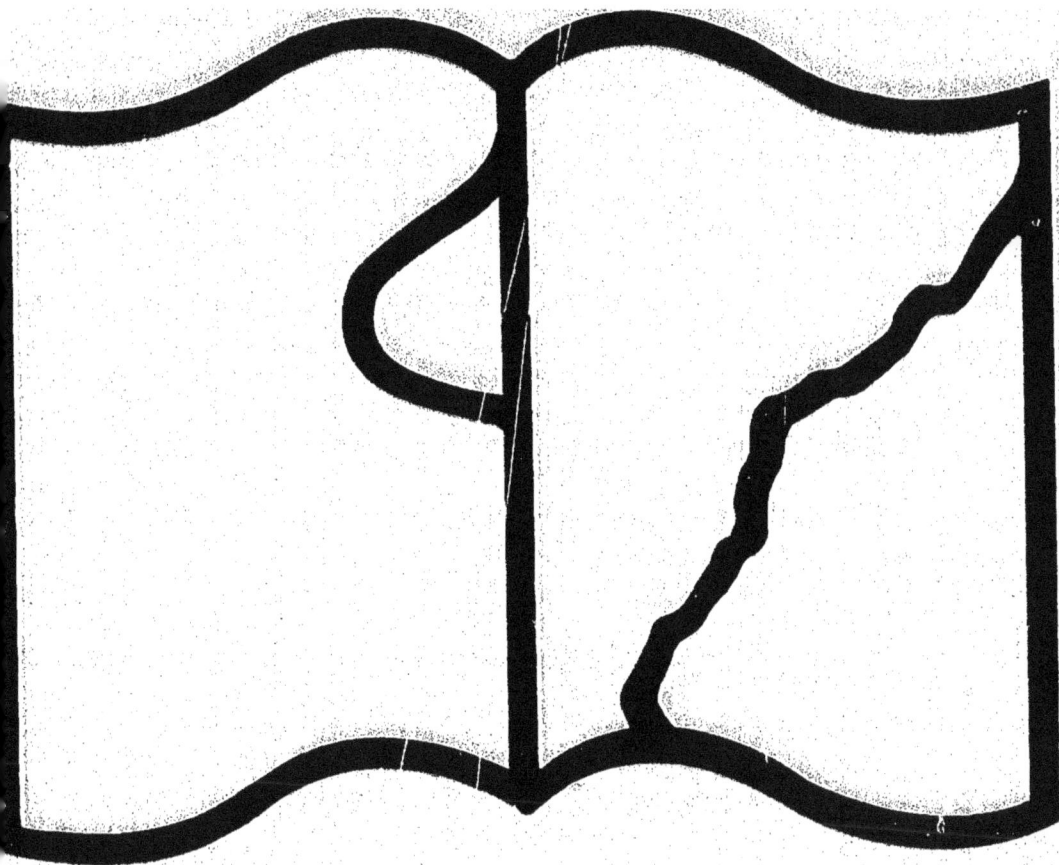

Texte détérioré — reliure défectueuse

NF Z 43-120-11

www.ingramcontent.com/pod-product-compliance
Lightning Source LLC
Chambersburg PA
CBHW050548270326
41926CB00012B/1971